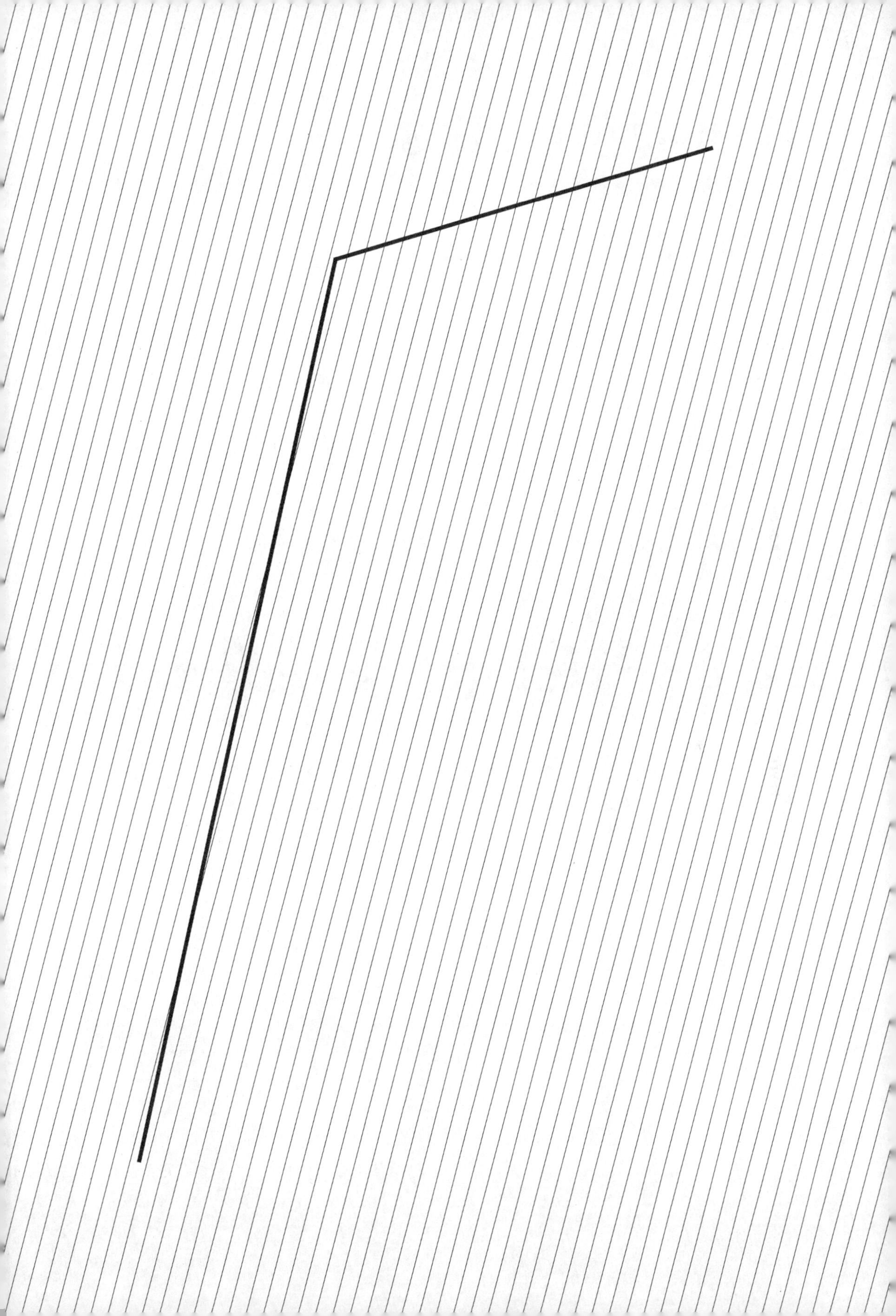

Finance in Nanjing: Legacy and Innovation

南京金融：传承与创新

刘永彪　孙武军　李士华　著

南京出版传媒集团　南京出版社

序 言

南京地处我国东部、长江下游，濒江近海，既是国务院规划定位的长三角辐射带动中西部地区发展的重要门户城市和中国东部地区的重要中心城市，也是东部沿海经济带与长江经济带战略交汇的重要节点城市。2021年2月，《南京都市圈发展规划》获批，成为全国第一个获得国家批复同意的都市圈发展规划，这标志着南京都市圈历经多年推动建设后正式上升到国家层面。继2016年首次突破万亿元大关后，南京经济总量持续增长，年均增速超过7%。2021年，南京经济总量成功突破1.6万亿元，人均GDP超过2.3万美元。“经济兴、金融兴；经济强、金融强”。同年，南京实现金融业增加值首次突破2000亿元，占GDP比重为12.4%，金融业成为名副其实的主导产业。根据2021年12月发布的第13期中国金融中心指数报告，南京金融业综合竞争力位列全省第1名、全国第8名，南京正在向全国重要金融中心的战略目标大步迈进。

长期在南京工作与生活，我对南京金融发展自然是高度关注的。新年伊始，我阅读了刘永彪教授送来的《南京金融：传承与创新》样稿，而且感受良多。我与刘永彪教授相识多年，他1988年研究生毕业后到中共中央党校工作，2004年起先后在南京高新区、南京证券、市金融办、市地方金融监管局等单位担任重要领导职务。2019年12月，来到金陵科技学院担任校长。刘永彪教授1994—1997年曾在香港研修金融业务，先后在美国沃顿商学院、哈佛大学商学院进修学习，其理论功底扎实、实践经验丰富，他对南京金融的历史、创新、发展有深入了解和独到见解，也为南京打造全国重要金融中心做出了积极贡献。我记得，刘永彪教授担任南京市金融发展办公室主任时主编的《南京金融创新与发展》出版后广受好评，还获得了第十六届江苏省哲学社会科学优秀成果奖。

担任金陵科技学院校长后，刘永彪教授依然致力于南京金融发展研究。我为他主编的《南京金融创新与发展》写过序言，现在又读了《南京金融：传承与创新》样稿。可以认为，《南京金融：传承与创新》这部著作不仅梳理了南京金融发展的历史脉络，而且彰显了改革开放和党的十八大以来南京金融发展取得的创新成就，其主要特点是：

1. 具有理论高度。这部著作以习近平新时代中国特色社会主义思想为指引，遵循金融回归本源、坚持服务实体经济的理念，围绕传承与创新的逻辑主线，系统分析了明代以降南京金融业发展的历史演进，深入研究了改革开放和党的十八大以来南京金融发展在制度创新、机制创新、产品与服务创新，以及科技赋能金融业等方面取得的重要进展，而且还对南京建设全国重要金融中心提出了独到见解和对策性建议。正因为有这样的理论高度，《南京金融：传承与创新》才能经得起读，耐得住看，能够使读者比较清晰地认知南京金融发展的过去、现在与未来。也正因为有这样的理论高度，这本著作才具有理论价值和现实意义，能够使读者从中得到有益的启发。

2. 聚焦南京金融。南京是有着“六朝古都、十朝都会”美誉的历史名城，几百年来商贾云集、物流丰富，金融活跃。新中国成立后，南京金融迅速发展，南京一直是全国的重要金融城市之一。随着中国特色社会主义进入了新时代，南京金融凭借深厚的历史底蕴和迸发的创新活力，积极打造全国重要金融中心。南京金融在历史长河中熠熠闪光，但迄今还没有一部聚焦南京金融，系统、深入研究南京金融传承与创新的高质量著作。刘永彪教授等长期关注并亲身参与了南京金融发展的主要实践，在《南京金融：传承与创新》这部著作中，他们着重挖掘明代、清代，以及民国时期南京金融业发展的重要史料，分析改革开放和党的十八大以来南京金融发展的创新与成就，并且还探讨了建设全国重要金融中心的路径与策略，这无疑是聚焦南京，为南京金融“编年史”增添了浓墨厚彩，同时也有利于以史为鉴，为南京金融未来发展提供重要指引。

3.分析方法合理。作者以习近平新时代中国特色社会主义思想为指引，综合采用金融学理论与方法、历史学理论与方法，以及统计分析和田野调查等手段，系统深入地研究南京金融发展。例如，采用金融学理论与方法确立所做研究的理论框架和论证角度，以历史学理论与方法梳理历史资料和廓清历史脉络，以统计学方法比较分析南京金融发展的动态样本与数据，以田野调查方法到南京金融城、江北新金融中心和金鱼嘴基金街区等主要产业载体获取一手资料等。分析方法合理，这明显提高了《南京金融：传承与创新》的理论与应用价值。

4.研究内容丰富。《南京金融：传承与创新》中收集了大量史料和案例，特别是分析了改革开放和党的十八大以来南京在科创金融、文化金融、小微金融、资本市场、宁台金融合作、农村金融、商贸金融、城镇化金融、投资者保护，以及金融风险防范和打造全国重要金融中心等方面的重要举措与进展，而且还收录了2020年以来刘永彪教授等关于南京金融发展专题研究的重要成果。通过阅读这部著作，读者能够比较全面地把握南京金融的历史脉络、主要创新、重要成就和未来发展。

5.有利于指导金融实践。“要把论文写在祖国的大地上”，这是新时代的呼唤，也要求所做研究的成果能够用于指导中国的金融实践。刘永彪教授等都有研究和参与南京金融发展实践的较多经历，他们在《南京金融：传承与创新》中不仅分析了南京金融的历史脉络、发展现状、创新与成绩，而且还针对南京的金融体系、金融业态、金融模式、金融集聚，以及金融创新等方面的不足之处，提出了可资借鉴的对策性建议，进而有利于指导南京金融发展的具体实践。

“金融活，经济活；金融稳，经济稳。”南京金融发展为南京经济稳健增长注入了活力、提供了动力，《南京金融：传承与创新》所做的研究也证明了这一结论。当然，南京金融发展的过去、现在与未来都还有不少理论难题和实践问题需要解决，希望刘永彪教授等能够在《南京金融创新与发展》和《南京金融：传承与创新》所做研究的基础上，进一步拓展和深化对南京金融发展的研究。南京应该有一部完备的金融发展编年史，南京金融发展更需要有坚实的理论支撑和有效的实践指引。

是以为序。

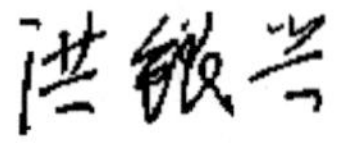

（著名经济学家，南京大学原党委书记和特聘教授）

2022年2月26日

目　录

Chapter-1

第一章 导论

一、研究的背景与意义

（一）研究的背景

“十三五”以来，南京金融业增加值年均增长10.6%，本外币存贷款年均增长13.04%，保费收入年均增长36.41%，金融总资产近8万亿元，金融市场规模约占全省20%。金融对经济的贡献进一步凸显，贷款投放持续保持了13%以上的增速。南京集聚各类金融和新型金融组织近1000家，是苏皖赣三地金融集聚度最高、组织体系较为完善的城市。金融业增加值、存贷款余额、保费收入、境内外上市企业等主要金融指标均居全省首位，如表1–1所示。2021年，南京市金融业增加值占GDP比重达到12.4%，保费收入895.44亿元。

表 1-1　2016—2021 年度南京市金融发展基本数据

年份	金融业增加值（亿元）	本外币存款余额（亿元）	保费收入（亿元）	境内外上市公司（家）
2016	1241.76	28355.89	485.8	85
2017	1355.05	30764.63	603.55	102
2018	1626.86	34524.86	603.55	109
2019	1732.54	35536.08	762.83	117
2020	1838.22	40056.45	890.26	126
2021	2010.10	44708.70	895.44	140

资料来源：南京市国民经济和社会发展公报

2021年，中国金融中心指数（CFCI）报告（第13期）显示，南京已经成为中国金融业的发展标杆之一，成为中国内地十大金融中心城市之一，十大金融中心城市排名，如表1-2所示。首先，回顾一下南京金融发展的历史与传承。洪武元年（1368），朱元璋即位，定都南京，国号大明，建元洪武。洪武宝钞的发行，既是明初的大事，也是南京金融史上的重大历史事件。在永乐北迁之前，南京是全国的金融中心。永乐十九年（1421）迁都北京后，南京作为陪都，金融中心的地位逐渐丧失。同时，南京的经济地位，也退化为仅仅是区域性的中心。至清代，南京虽然失去了留都的地位，但仍然是东南地区重要的经济中心。值得一提的是，清代的典当行业一枝独秀，是清代金融业的主体，承担着银行的角色。同时期太平天国推行的圣库制度与圣宝金融，同样在中国金融发展历史上产生了深远的影响。洋务运动时期，外国银行等金融机构由珠江流域转向长江流域，其金融影响也由沿海口岸传到沿江的南京等内地城市。国民政府定都南京后，由于显赫的政治地位、发达的商品贸易等得天独厚的条件，南京城市经济快速膨胀，金融业发展迅速进入快车道。因为其特殊的政治经济地位，银行业十分发达，各种类型的银行特别多。最早在南京成立的银行是中国银行南京分行，市政当局将新街口地区规划为指定的“银行区”。发达的金融业又为当时南京的社会和经济发展做出了巨大的贡献。新中国成立后，尤其是改革开放以来，南京金融业进入快速发展轨道，金融资源配置方式从计划转向市场，为经济社会转型发展提供了有力支持。进入新时代，南京现代金融产业体系与金融中心服务功能日臻完善。南京市各类金融机构服务地方经济社会发展再现新辉煌，繁荣的金融创新实践在促进区域经济社会发展方面，发挥着关键的支撑作用。南京金融中心综合竞争力排名全国第8位，在28个区域金融中心中排名第5位。其中，金融产业绩效、金融机构实力、金融市场规模和金融生态环境四大分项在国内28个区域金融中心中均排名前十。过去十年间，南京历次CFCI综合竞争力排名在全国均进入了前十、在28个区域金融中心中则进入前六，具备较强的金融中心发展竞争优势。

表 1-2　2021 年第 13 期中国金融中心综合竞争力前十

城市	CFCI13		CFCI12		变化	
	得分	排名	得分	排名	得分	排名
上海	305.35	1	293.82	1	▲ 11.53	–
北京	262.08	2	245.43	2	▲ 16.65	–
深圳	175.35	3	152.70	3	▲ 22.65	–
广州	85.48	4	78.62	4	▲ 6.86	–
杭州	70.96	5	69.60	5	▲ 1.35	–
成都	63.66	6	63.12	6	▲ 0.54	–
重庆	62.35	7	59.73	8	▲ 2.62	▲ 1
南京	61.82	8	58.04	9	▲ 3.78	▲ 1
天津	61.62	9	61.88	7	▼ 0.26	▼ 2
武汉	53.68	10	52.81	10	▲ 0.86	–

数据来源：2021 中国金融中心指数（CFCI）报告 13 期

金融中心是商品经济高度发达的产物，也是经济中心的最高形态。因此，成为金融中心，是一个城市的经济实力十分雄厚的重要表现。所以，成为金融中心也就成为许多城市发展的目标。金融活动的复杂性、多样性和开放性，使得金融中心必须具备广阔的经济腹地、完善的基础设施、发达的市场经济、卓越的经济人才等条件，通过对金融中心城市的研究，可以非常直

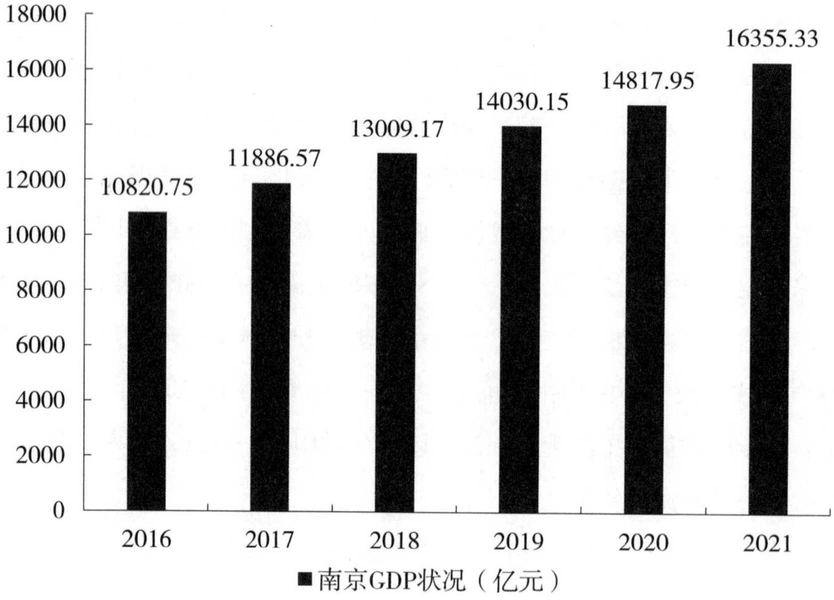

图 1–1　2016–2021 年度南京市国内生产总值状况

资料来源：南京市国民经济和社会发展公报

观地感受到一个城市乃至全国经济金融行业的发展状况。

2016年南京国内生产总值首次突破万亿，并逐年增长。从2020年起，南京GDP首次闯入国内十强，2021年，南京金融业增加值占比12.4%。2016–2021年度南京GDP发展状况，如图1–1所示。2021年南京再度入围GDP前十城市排名，如表1–3所示，这一排名更激发了南京大力发展现代金融的决心，在金融业发展定位上，已由过去的“区域金融中心”刷新为“重要金融中心”。

表 1–3　2021 年度 GDP 十强城市排行榜

排名	城市	GDP（万亿元）
1	上海	4.3
2	北京	4
3	深圳	3
4	广州	2.7
5	重庆	2.7

续 表

排名	城市	GDP（万亿元）
6	苏州	2.2
7	成都	1.9
8	杭州	1.8
9	武汉	1.7
10	南京	1.6

资料来源：根据各城市国民经济和社会发展公报整理

2021年南京市人民政府工作报告中明确提出：建设全国重要的物流中心、商务中心、数据中心和重要金融中心。在中国共产党江苏省第十四次代表大会上，中共江苏省第十三届委员会明确提出：支持引导金融更好服务实体经济，推动更多企业直接融资，助力科技、资本和实体经济高水平循环，支持南京建设重要金融中心。

2020年，在抗击新冠疫情过程中，人民银行南京分行出台使用专项再贷款资金十二条措施（2020年1月31日）。南京市各类金融机构服务地方经济再现新辉煌，南京市利用央行再贷款位居全省第一。战役情扩内需稳增长，提供金融支持超5000亿元。南京市金融创新在促进区域经济发展中发挥着重要的支撑作用，综上，系统研究南京市金融的传承与发展，不仅可以理清南京市金融创新与发展的脉络，更好地发挥金融的作用，还可以更好地为促进南京市的区域经济发展服务。

（二）研究的意义

世界知识产权组织（WIPO）在日内瓦发布了《2021年全球创新指数报告（Global Innovation Index 2021，GII）》显示，在131个经济体的年度创新排名中，中国排名第12位，较2020年上升2位。

《报告》高度评价中国在创新方面取得的进步，并强调了政府决策和激励措施对于促进创新的重要性。在全球“最佳科技集群”排名中，中国拥有19个全球领先的科技集群，深圳—香港—广州位于第2位，北京（第3位）、上海（第8位）、南京（第18位）、杭州（第21位）、武汉（第25位）等排名均有所上升，且相比全球的科技集群城市，中国城市上升幅度明显。其中，南京较上年前进3位，排全国第四。南京近年的排名逐年提高，如图1–2所示。因此，系统研究南京市金融创新以及其在促进企业研发以及成果转化与产业化的过程中发挥的重要作用，对进一步提高南京市的科技集群地位，具有重要的理论指导意义。

南京市金融业地位的不断增强，得益于国家金融业的加速开放、长三角一体化国家战略的推进实施和南京创新型城市建设的不断深化。围绕金融业扩大开放，南京市依托自由贸易试验区南京片区，深化金融改革，扩大金融开放，加强与国际金融中心城市和国际知名金融机构、金融组织的合作，深入推进跨境金融创新，推进合格境外有限合伙人（Qualified Foreign Limited Partner，QFLP）创新试点的启动，有力增强了南京与国际金融市场的联结度。推动贸易外汇收支便利化试点增量扩面；推动符合条件的跨境财务结算

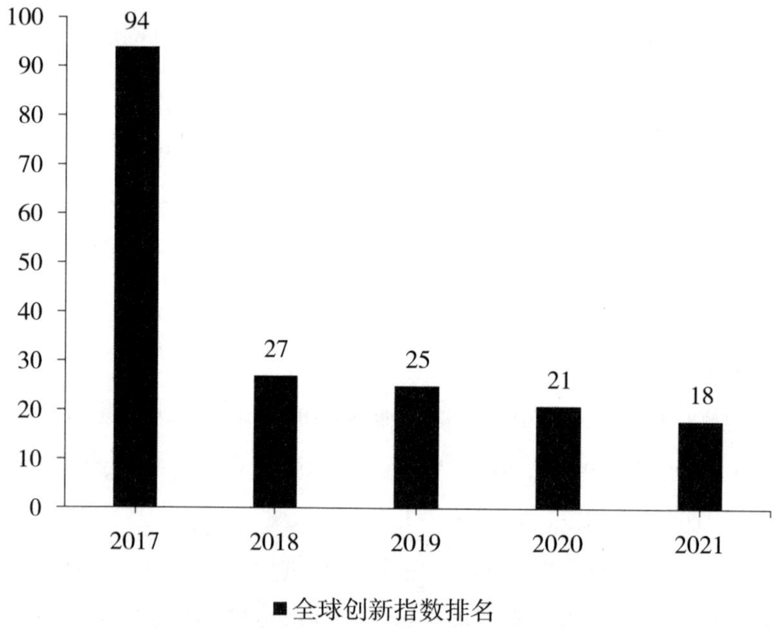

图 1–2　2017–2021 南京全球创新指数排名

数据来源：2021 年全球创新指数报告

中心积极参与境内银行间外汇市场交易；支持符合条件的跨国企业集团设立跨境双向人民币资金池业务；积极争取境内信贷资产跨境转让、外债一次性登记等制度型开放创新试点。围绕长三角一体化国家战略，南京市积极融入长三角区域金融协调发展和改革创新联动，积极布局长三角金融一体化金融基础设施和载体建设。围绕创新型城市建设，南京构建了全链条金融支持实体经济的政策工具，特别是一流的创新生态吸引了一大批知名投资机构落地南京或投资于南京企业。南京市将持续推进重要金融中心建设，推动金融功能和辐射带动能力向更高能级攀升，力争到2025年，建设成都市圈金融要素配置的重要枢纽，上海国际金融中心辐射带动区域金融一体化发展的重要战略支点，基本建成具有持续创新能力、专业特色和国际化特征的重要金融中心。可见，研究南京市金融创新发展问题，对于国家金融业的加速开放、长三角一体化国家战略的推进实施、南京创新型城市建设和南京打造"重要金融中心"有重要的实践指导意义。

二、金融创新相关的概念界定与文献综述

（一）金融创新概念厘清

20世纪70年代中期以来，随着经济全球化的进行，金融市场蓬勃发展，金融创新为世界经济的发展起到了基础性的作用。国内外的学者开始关注和研究金融创新问题。

1. 国外关于金融创新的界定

金融创新是一个动态的概念，从不同的研究视角给出了不同的概念。对象视角的金融创新观，金融工具创新、金融机构创新、金融市场创新从宏微观的视角，概括了金融创新的内涵。

国际清算银行指出金融创新是一个动态的创新过程，从金融创新的过程来看，金融创新是按照一定方向改变金融资产的收益性、风险性、期限性和流动性的动态组合的过程（国际清算银行）。从金融创新的产品创新来看，金融创新是现有金融产品不同特征的一个重新组合，是实现市场完整性

的手段。手段性则显示了金融创新的工具理性，表达了金融创新的动态组合特性。

金融创新不仅包括金融产品创新，还包括金融工具的创新。金融创新通过对金融工具的各种特性加以分解和重新组合，从金融工具的特性所能满足的市场需要出发，可以将金融创新划分为风险转移型创新、流动性增加型创新、信用创造型创新和股权创造型创新（十国集团中央银行研究小组，1990）。通过对英国的金融体系的研究，金融创新包括：设计新金融工具和金融中介技术，以及金融体系的结构变化，涉及新金融市场的出现、金融机构组织及行为方式的变化等。金融创新的外延，又扩展到金融中介、金融市场、金融机构乃至其行为方式的变化了。

金融创新的外延的不断延伸，必然发挥金融创新的特殊功能。从金融所发挥的服务功能出发，金融创新是指用于削减交易成本、金融风险或提供金融创新的新产品（服务创新、工具创新），以便更好地满足参与者需要的新事物。

金融创新离不开区域乃至一国的制度环境的约束。从新制度经济学视角来看，金融创新首先应表现出一种动态变化的过程，其不仅包括已有金融产品种类和形式的改变，还包括金融中介、金融市场的改变。

2. 国内关于金融创新的界定

国内学者多从“创新”一词的缘起，研究金融创新的内涵。“创新”一词最早由著名经济学家约瑟夫·阿罗斯·熊彼特（Joseph·Alois·Schumpeter）在1912年《经济发展理论》中提出。所谓创新（Innovation）就是企业家把一种从来没有过的生产要素和生产条件实行新组合，从而建立一种新的生产函数。因而，“金融创新就是在金融领域内建立‘新的生产函数’，是各种金融要素的新的结合”，包括新的金融工具、新的融资方式、新的金融市场、新的支付清算手段以及新的金融组织形式与管理方法等内容。

高材林归纳出金融创新的三个基本要素，分别为金融制度创新、金融工具（产品）创新和金融技术创新。

谢赤则根据金融创新的存在形态，将金融创新分为金融制度创新、金融市场创新、金融业务创新、金融机构创新、金融技术创新、金融管理创新。

可见，国内外的学者均根据其研究的需要界定金融创新的内涵与外延。国内以熊彼特的创新思想为基础来研究金融创新，但是没有明确“产业创新”与“金融创新”的差异性。可见，“金融创新”概念的界定具有一定的开放性，具有狭义和广义之分。

从金融功能观的角度，“金融创新”可以定义为：金融中介机构或其他经济主体，通过新的技术、方法、组织形式提供金融产品或创造具有新的功能特征的金融产品的行为。该定义突出了金融中介机构或非金融机构是创新主体，金融产品及其生产的技术、方法和组织形式是创新客体。同时，新的金融市场将由新的金融产品在交易中形成。因此，可以将金融创新分为金融产品创新、金融技术创新、金融机构创新、金融市场创新。这一定义将金融创新视为一种微观行为，创新的对象具有微观性。如果考虑到政府如何发挥金融的宏观调控作用，还包括金融制度的创新，则金融创新就可以划分为：金融产品创新、金融技术创新、金融机构创新、金融市场创新、金融制度创新。

综上所述，本书对金融创新概念采用如下界定：金融创新是金融当局或金融机构为更好地实现金融资产的流动性、安全性和营利性目标，利用新的观念、新的技术、新的管理方法或组织形式，来改变金融体系中基本要素的搭配和组合，推出新的工具、新的机构、新的市场、新的制度，创造和组合一个新的高效率的资金营运方式或营运体系的过程。

（二）金融创新研究综述

1. 国外的相关研究

（1）金融创新与经济发展的高度相关性

通过对美国金融产品创新的市场发展与美国实体经济的关系进行研究，论证了金融创新与实体经济发展呈正相关关系，表明金融创新可以促进经济发展。在金融创新的环境下国家应重视货币政策和财政政策的使用，金融创新影响宏观经济。熊彼特的资本主义动力学就揭示了政策等制度环境对金融创新的作用，并通过创新来保证经济发展的可行性。通过研究孟加拉国的金融创新得出，政府应鼓励金融系统的金融创新，特别是金融机构的金融创新，使得企业或用户获得金融服务的机会更加容易，有利于促进社会公平；政府还应鼓励资本市场的金融创新，这将有助于筹集长期投资资金，加快整体经济增长。

（2）金融创新与社会福利

从帕累托最优的角度，金融创新给投资者带来更充分自由的选择，在帕累托最优的定义上，提高了整个社会的福利。通过对共同基金市场发展的社会净福利进行分析，金融创新造成延期交税或避税，减少了国家税收，从而增加社会福利。

（3）金融创新与金融稳定

金融创新导致金融机构扩张信用，但是整体的信用就出现了非理性扩张，在经历扩张、上升、繁荣等阶段之后，当市场达到高峰阶段，市场价格开始下滑，金融机构将产生财务困难，进而需要流动性支持，即将出售资产、收回现金，这对商品和证券价格将产生灾难性后果，整个金融体系可能演变为一场溃逃。新的金融衍生品允许银行将风险的所有权与资产本身的所有权分开，金融创新为银行带来了新的盈利机会，并有助于扩大金融业的规模，但与此同时，正如全球金融危机事件所揭示的那样，这些创新也使银行和金融体系面临新的风险。金融创新和市场治理安排可以结合起来形成不稳定性的另一种方式，金融创新不仅重塑了市场治理安排，而且市场治理安排对金融创新的结果具有交互作用；关注公司治理安排的效果会发现，这些安排激励高管或多或少谨慎地使用金融创新，密切关注这些安排，可以更深入地了解何时何地最有可能出现金融不稳定。

（4）金融创新与金融风险

国际清算银行指出，金融创新可以有效地转移包括价格风险、信用风险在内的金融风险（BIS，1986）。金融创新具有重新配置风险的功能，有利于降低交易成本，同时还可以减少代理成本。从金融风险管理方面，金融创新导致了金融的脆弱性，从而会对经济运转造成威胁或加剧经济的不稳定性。

（5）金融创新与金融监管

严格的金融监管激励投资银行的创新，客户特点和市场结构在很大程度上影响着这些动因，较大市场份额的投资银行有更大的创新动力，市场份额较小的投资银行更多是分享大投资银行的创新成果。金融行业的风险和金融监管力度有关，金融创新可能影响金融稳定性和加速市场风险的恶化，金融监管的激励功能可以引导实现合理的金融创新，避免金融创新产品和金融制度的滥用，保证经济的稳健发展。

（6）金融创新对科技创新的支持

金融机构有意识地向指定的优先的技术领域提供有吸引力的融资选择和相关支持，金融机构在进行技术评估时，在提高企业的技术吸收能力与建设国家创新能力之间形成一定的联系。在市场化金融体系下，与银行主导型金融体系相比，金融创新对国家科技进步的促进作用更为显著。信息和通信技术（ICT）的实施和发展改变了英国银行业结构，使得银行业的发展呈现出分布式创新过程的特征，成为影响银行业金融服务发展的重要因素。金融业务创新主要依赖于信息技术的不断进步，信息通信技术通过生产重组和技术进步促进了资本的深化。

2. 国内的相关研究

（1）金融创新与经济增长

金融创新增加了公司的融资渠道，使得公司的融资约束减少，同时又使公司的融资和投资能力得以提高，最终对公司的经营业绩的正向影响显著。基于科技型中小企业发展的视角，科技金融创新对经济增长的作用可以分为正效应和负效应。正效应大于负效应，科技金融创新有助于金融业资源的有效配置，促进经济平稳发展。从整体来看，金融创新对实体经济发展的作用效应不确定，制度环境对实体经济发展具有显著的促进作用，金融创新与制度环境的结合对实体经济增长具有促进作用。这表明在我国现有的市场机制下，还需要完善金融市场，加强对金融创新的监管。

（2）金融创新与科技创新

金融结构影响自主创新能力的微观机制，金融结构与自主创新之间存在着长期稳定的关系，但金融结构对自主创新能力的影响不显著。在金融体系框架下，风险投资和股票市场的发展对技术创新有积极的促进作用，而银行和债券市场的发展对技术创新没有明显的促进作用。基于内生增长理论，金融发展的规模和效率对研发创新具有显著的正效应，但区域差异显著。

（3）金融创新与金融集聚

蒋岳祥（2014）通过空间计量模型验证了金融创新对相邻区域的空间负外部效应：从宏观方面，区域金融创新在空间上具有明显的挤出效应，主因在于中国的金融创新具有区域“试点效应”，导致各省份之间为竞争金融资源而加剧金融竞争；而在微观方面，由于金融业在地理上集聚正负力量的作用，即Aghion效应和Schumpeter效应的存在，使金融业地理集聚与区域金融创新之间表现出非线性的特征；并且通过加入空间滞后项的影响验证了区域之间金融创新与金融业地理集聚的非线性关系。通过区域金融创新，各省份应扬长避短，依托于地理位置临近的金融创新“高地”，展开与其紧密联系的金融合作，形成金融资源的集聚和辐射。胡国晖等（2020）通过实证研究指出，金融集聚和金融创新均可以显著推动区域经济增长，溢出效应较强，但间接效应高于直接效应；二者的协同作用相对于其单独作用更有利于区域经济发展，且存在显著溢出效应；在区域层面，金融集聚和金融创新是造成区域差异的重要因素，沿海较内陆地区存在更显著的溢出效应。

（4）金融创新与金融竞争

金融市场竞争的加剧，迫使金融商品的经营者改变长期以来所形成的经营策略，无论在金融品种、金融机构的设置及内部管理等方面都要走金融创新之路，以使其在金融商品市场的供求关系中去寻找自己的最大利益和安排各自的经营活动。中国经济上的分税制改革造成地方政府为GDP而展开竞争，为在区域竞争中获取稀缺的金融资源，排除政治寻租的可能性，地方政府必然会加大投资力度以促进当地经济的快速增长，其有利的一面是金融组织的创新和金融业务突破原有的局限，出现了各地方激烈的“金融竞赛”局面。这种竞争关系体现在经济生活中就是一个地区的金融创新水平提高会导致另一个或其他一些地区相应比重下降。从短期来看，一方面区域金融竞争致使我国金融机构在数量上的扩张，同时制造了我国金融创新的多样性产出；另一方面区域金融创新在空间上的外部效应会刺激与其他地区的进一步竞争。

（5）金融创新与金融监管

李妍（2010）认为，金融体系演化需要金融监管体制做出及时的动态调整，金融体系的演化和方向在一定程度上决定了金融监管变革的方向和速度。张萍等（2010）分析了金融创新与金融监管的博弈，发现监管的质量取决于监管的频率。张汝根等（2020）认为，金融监管机构应转变思路，既要根据时代要求不断调整自己的监管规则、建立新的监管体系确保金融系统的稳定，又要为金融机构创造一个相对宽松的外部环境来支持金融机构进行适度创新。许文彬等（2019）认为，金融监管机构应当在监管理念上改弦更张，变触发式监管为过程监管，及时跟踪观测金融创新和金融市场的发展状况，并根据其发展速度而非其既有的规模调控监管力度，这样的监管策略才有可能实现稳定市场的监管目标；而这要求监管机构对金融创新以及金融市场的发展状况有深入的了解和精准的分析，而不仅仅是从市场交易量或存量市值这类明显易得的指标出发来制定监管政策。

（6）金融创新与金融稳定

金融创新对于金融稳定是把“双刃剑”，从大量的金融创新的实际案例分析中可以看出，有些金融创新有利于金融稳定，发挥“熨平效应、稳定效应”的作用，而有些金融创新并不利于金融稳定，起到“时滞效应、游走效应、转化效应”。

“金融监管—金融创新—再监管—再创新”不是一个的静态过程。石睿（2011）认为，“创新—风险—监管—再创新”是一个动态的发展过程，金融创新是规避或削减金融风险、保障金融安全的主要途径；无论是金融机构对金融产品的设计和信息披露，还是金融机构和投资者改进风险管理模式，或是金融监管当局提高监管水平，都包含了更多的金融创新；如果金融创新能够满足相应的信息披露要求，投资者能客观定位风险偏好和改善风险管理，金融监管机构能有效加强监管，那么金融创新就可以有效地保障并促进金融安全。

创新是金融发展的不竭动力，但在历史上金融发展往往沿着“危机—管制—金融抑制—放松管制—过度创新—新的危机”的路径演进。要跳出这样的循环，必须把握好金融创新、金融效率和金融稳定的平衡，不断完善金融监管理念和监管规则，提高监管有效性，通过强化金融监管的制度建设，为金融创新提供更好的环境和土壤，确保金融创新朝着更有效、更有序、更健康的方向发展。

（7）金融创新与投资者保护

伴随着金融创新步伐的加速，金融创新应做到“返璞归真”，不应在复杂、华丽、花哨上下功夫，回归金融的资金融通本质，实现金融创新与投资者保护应并重。以对冲基金为例，金融创新能够促使投资者们进一步将投资组合分散化，进而也就可以将风险分散化，这在很大程度上推进了投资者保护目标的实现；“金融创新会给投资者保护带来挑战”的观点具有一定的合理性，“对冲”掉的恐怕只是“系统性风险”，“非系统性风险”仍然会使投资者遭受损失；金融创新对增进投资者福利的作用应当是积极的，而保护投资者的利益才是持续的金融创新的根基。资产管理业务作为证券公司的金融创新备受推崇，但其准入从审批制转为备案制的变化，在提升证券公司服务资本市场和实体经济能力的同时却带来了投资者保护的新挑战，应充分发挥证券业协会的自律监管作用，细化资产管理合同必备条款和禁止不合理规定，建立有效的信息披露系统，以平衡证券公司金融创新与投资者保护的关系，促进资产管理业务的可持续发展。

三、研究的相关理论

（一）金融创新理论

根据前述，沿用熊彼特创新的概念（Schumpeter，1912），金融创新就是在金融领域内建立“新的生产函数”，是各种金融要素的新的组合，是为了追求利润机会而形成的改革。它泛指金融体系和金融市场上出现的一系列新事物，包括新的金融工具、新的融资方式、新的金融市场、新的支付清算手段以及新的金融组织形式与管理方法等内容。金融创新理论可以分成两个方面，即金融创新动因和经济效应。

1. 金融创新起源的研究

金融创新理论产生了多种分支，根据各自的特点以及形成条件，以及研究的需要进行分类，比较常用的分类为：需求促进创新理论、资源功能理论、供给创新理论和规避管制创新理论，如图1–3所示。其中，需求促进理论和资源功能理论是金融创新理论的典型。

（1）需求促进与资源功能理论

需求促进理论提出，满足客户对金融服务不断升级的需求是推动金融创新的动力，低风险、高收益的逆向联系导致金融产品在供应过程中出现供求速度加快和效益增加（需求促进创新的动因指的是金融机构出于追求更大的利润的目的而主动进行的创新）。资源功能理论认为，客户对金融服务的需求趋势会由于资源的改变而发生变化，客户对金融产品数量和种类的要求都在不断提高。

（2）供给促进创新理论

供给促进创新理论主要由交易投入理论和科技发展理论组成（供给变化的动因是指由于环境的改变可能会产生一些不利于经济发展的因素，金融机构为了避免这些影响而选择金融创新，这是一种不得不选择的方式）。交易

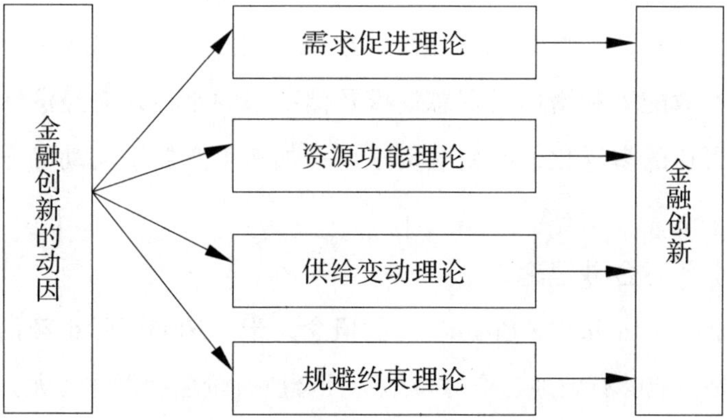

图 1–3　金融创新的动因分析

投入理论的观点是，金融创新所进行的一切活动都会受限于交易投入的多少，投入太多会制约创新，只有适当的投入才会促进金融创新不断发展。科技发展理论则认为科学技术的不断进步会促进金融创新的不断发展，科学技术以及网络信息的发展都成为金融创新在技术方面的新型动力。

（3）规避管制创新理论

规避管制创新理论，包括规避管制理论以及导向限制理论。金融机构在获取高额的效益过程中需要规避政府监管的约束力，这也是规避管制理论的中心原则（规避现有制度的动因中包括了需求变化和供给变化，既是因为金融机构面对的顾客群有相对应的需求，也是金融机构为了在当前制度下获得最大利润而产生的）。导向限制理论的观点是，金融创新在实施创新过程中采取的自我保护措施，根源在于客观社会环境带来的各种压力。

2. 经济效应的研究

金融创新的经济效应可以分为微观经济效应以及宏观经济效应。在微观经济效应下，金融创新过程影响了微观经济的变化；同时也可以看到，在宏观经济效应下，金融创新过程也影响了宏观经济的变化。金融创新微观经济效应从金融功能的角度来分析金融创新促进经济增长的微观机理。金融系统的良好运行能够减少信息不对称，降低交易成本，从而影响到居民的储蓄率和社会投资水平，推动社会技术进步以及经济增长，如图1-4所示。金融系统能否充分发挥其功能作用直接影响着经济增长情况。

金融创新对经济的宏观效应主要表现在金融创新影响资本的形成；推动货币深化，促进了金融工具和金融机构的多样化，通过对投资和储蓄两条资金渠道的有效配置和增加投资总规模及储蓄率的路径来对经济增长产生影响；融资渠道的多样化，改变融资格局；加速生产要素流动等方面，如图1-5所示。

（二）普惠金融理论

普惠金融（Inclusive Finance）的概念，于“2005国际小额信贷年”提出，含义是指能够有效地、全方位地为社会所有阶层和群体（尤其是贫困与低收入人群）提供金融服务的制度安排。有别于传统金融，普惠金融着重强

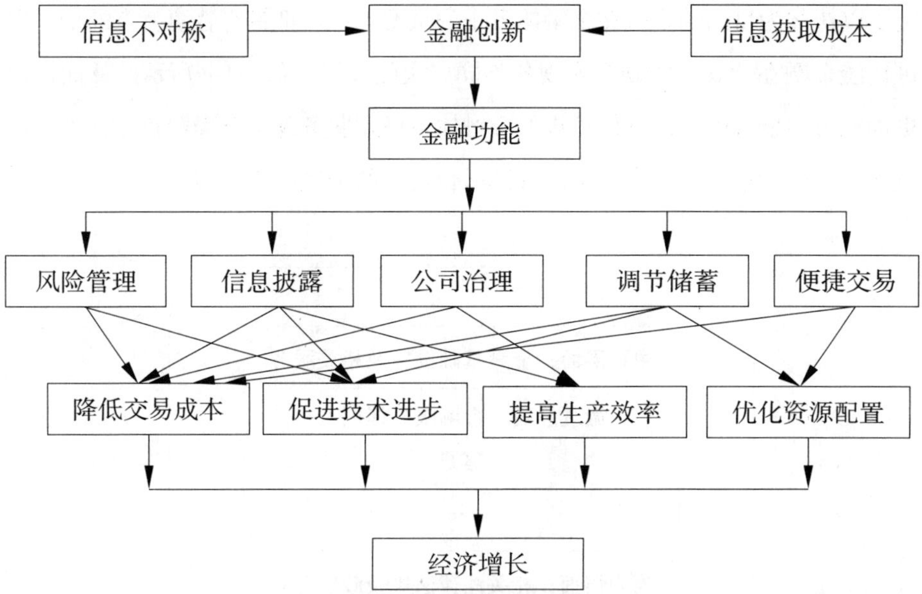

图 1-4 金融创新的微观经济效应

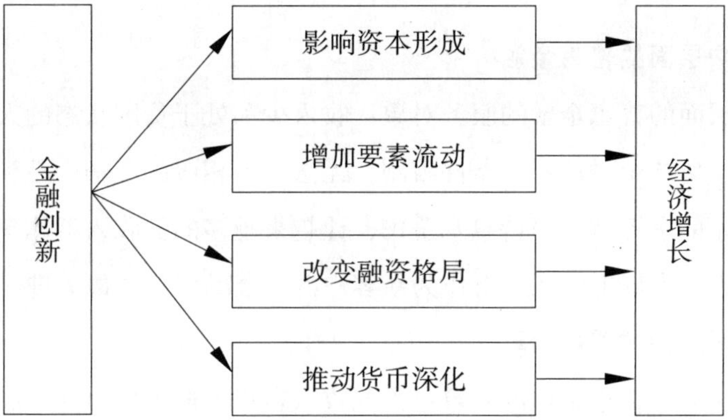

图 1-5 金融创新的宏观经济效应

调构建一个包容性的金融体系，旨在实现每一个经济主体在有金融服务需求的时候都能够获得金融服务的目标。

普惠金融的形式是小额信贷和微型金融，但是又对小额信贷和微型金融做出了更深层次的延伸和发展，成为传统金融体系的新生力量，充分显示了小额信贷和微型金融为贫困群众谋发展的服务宗旨，完善、壮大了金融体系，稳定了以扶贫为目的的金融在金融体系中的重要地位。把带有普惠特点的金融引进传统金融在微观、中观和宏观各不同层次的领域，如图1-6所示，从而构建更加完善的金融体系，确保正规的金融体系做到服务范围全面覆盖，让处于低收入和贫困状态的人群一样可以选择适合自己的金融产品和服务。

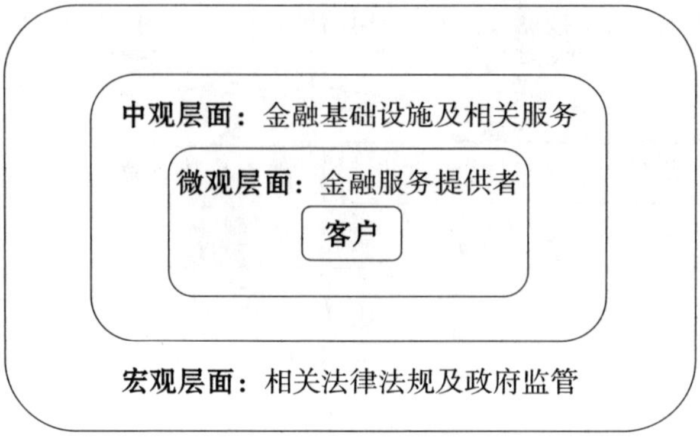

图 1-6　普惠制金融框架

1. 客户层面的普惠金融

客户层面的普惠金融的服务对象：收入少和处于贫困状态的人群。此类客户群由于传统金融体系的条件限制，无法获得相应的金融产品和服务。普惠金融体系的宗旨就是坚持惠及全民，让越来越多的低收入群体享受到金融产品和服务，发展低收入人群作为新客户群是金融创新的最大进步。

2. 微观层面的普惠金融

微观层面的普惠金融的对象：为低收入客户人群提供金融产品和服务的金融服务供应商。微观层面普惠金融服务供应商的机构包括正规金融机构、个体金融信贷供应者。由于低收入客户群体具有无法提供抵押资产、无法承担过高的信贷成本和高额的金融服务成本的特点，因此，亟须开发研制适合低收入客户群体的金融产品和服务，吸引更多的低收入客户群走进金融领域，最终实现名副其实的金融服务的普惠特性。

3. 中观层面的普惠金融

中观层面的普惠金融的对象：金融基础设施的建设。重点投入金融基础工程的建设，逐渐满足低收入客户群对金融产品和服务的需求。长远来看，作为系统性工程的金融基础工程，必须建立支持普惠金融发展的基础设施体系，如图1-7所示。此外，中观层面还要关注法律系统和制度约束等相关问题。

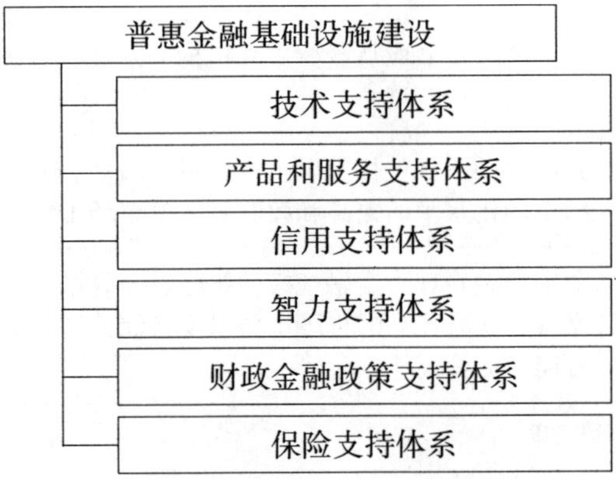

图 1-7　支持普惠金融发展的基础设施建设体系

4. 宏观层面的普惠金融

强调政府在普惠金融建设过程中的引导作用。受到市场客观规律的影响，传统金融容易出现重视高端客户、忽视低收入客户的行为，阻碍了普惠金融的真正实现，所以政府的引导作用不可忽视。政府部门通过制定相应的税收优惠、项目扶持以及利率优惠等政策支持和推动普惠金融的发展，在确保金融产品服务供应商获得收益的过程中，普惠金融也实现了提高社会效益的目标，从而最终实现真正的普惠。

（三）区域金融创新理论

1. 区域金融发展与经济增长

金融发展不仅是金融规模和机构上的扩张，而且还表现在金融效率的提高以及金融对经济发展的贡献程度的提高。关于金融发展的相关定义，如表1-4所示。金融发展对经济增长有着显著的促进作用，随着金融的发展以及研究的深入，金融发展的内涵也会更加丰富，至少包括金融结构、金融制度、金融抑制、金融约束、金融深化、金融效率等范畴。

表 1–4 金融发展的定义

文献作者	金融发展的定义
解维敏等（2011）	中国金融市场存在较大的预算软约束，采用银行金融资产 /GDP 或 M2/GDP 等指标作为金融发展的测度会过高估计中国金融发展水平，而应采用金融市场化水平来衡量中国金融发展水平。
谈儒勇（1999）	中国金融发展应从金融中介机构的发展、二级股票市场的发展两个方面进行解读。
戴相龙等（1998）	金融发展不仅包括金融机构数量的增加和质量的提高，还包含金融市场化水平的提高和政府对金融市场干预的适度减少。
李延凯等（2013）	金融发展表现为金融规模的扩张、金融结构的演变、金融功能的完善、金融产品的推陈出新以及将储蓄转化为投资的金融资源配置能力的提高等。

资料来源：根据文献资料整理

从区域层面看，金融集聚和区域金融中心的形成是区域金融发展的重要方式和表现。区域金融发展通过区域金融集聚，汇集资金流、信息流以及相对应的人力资源优势，通过形成区域金融中心实现区域资源配置的优化，促进区域经济增长。金融参与者会更加倾向于在某一区域进行集中交易，而且随着产业的不断发展，这种集中的区域会更加显著，并形成一定的经济规模，当金融产业规模到达较高的程度后，就会产生出空间外部性和规模经济效应，从而又进一步吸引大量的金融机构在此区域投资，最终形成了金融产业集聚的现象。

中国经济进入新常态，正在全面推进供给侧结构性改革，加快区域产业结构优化调整，传统生产要素促进经济增长的作用缺乏可持续性，技术创新要素的供给乏力，金融资源很难自发流入技术创新领域。金融原本因实体产业发展的所需而生，却不具备专为实体产业发展提供金融供给的执着。因此，金融发展对区域产业结构优化的影响存在不确定性。

金融发展有助于技术创新进而促进经济增长得到了许多理论研究的肯定，而在计量分析却有不同结论；分析表明，在经济发展程度越低，技术进步越多地选择模仿时，金融深化对经济增长作用越显著；而随着经济发展，自主创新比重增加时，金融深化对增长的促进作用开始显现。

南京金融发展水平与经济全球化背景下把南京建成国内外著名商贸中心的目标还有较大差距，突出表现为金融结构具有明显的初级金融的不平衡和不对称；要通过解决金融发展中的结构性问题，在南京构筑起全方位和高度开放的现代金融服务体系。

金融集聚是一个动态的过程，金融服务业在特定的区域内形成密集的金融系统，会促进该地域空间内金融业的繁荣和发展；静态来看，金融集聚则是金融产业经历密集汇聚使得整个金融产业达到了一定的规模，区域内的金融机构、金融产品和金融工具形成的有机结合的状态。

金融发展促进技术创新，银行规模、金融结构、股票市场效率等3个代表金融发展的指标与用专利衡量的技术创新显著正相关：银行规模越大，越能为技术创新提供金融支持；资本市场比银行中介更能促进技术创新；股票市场效率是股市流动性的直接体现，保证了技术创新的长期资本供给。

2. 区域金融创新与区域金融效率

金融创新扩大了金融机构资金来源渠道、加强了利率的杠杆作用、推进了金融自由化的进程等方面对经济增长具有积极作用。金融创新是金融发展的主要驱动力之一，不同区域经济特点的差异性，决定了区域金融创新的特点与差异性。

区域经济发展中区域金融创新与发展不平衡的问题，在某种程度上加剧了区域经济的不平衡，制约了经济协同发展，从而需要通过自主创新、合作创新和模仿创新三种金融创新模式，提高金融创新的质量和速度，促进区域金融融合和协同发展，最终实现金融一体化和经济一体化目标；必须进行区域金融合作创新，对金融资源进行合理均衡分配，尤其要加大对薄弱地区的投入力度，只有实现区域金融协调发展，才能更好地促进区域经济协调发展。

区域金融创新存在主体的多元化和微小化并存、特殊性和普遍性并存、收敛性和扩散性并存等特点，要处理好区域金融创新与宏观调控、地方经济转型升级和区域金融审慎监管的关系；根据区域经济金融的特点通过金融机构、业务、结构创新，更好地服务当地经济金融发展。

政府法制有效供给是实现区域金融创新的重要制度保障。政府法制在区域金融创新中具有主导作用，必须明晰区域金融创新的制度需求，以及与对应的政府制度供给可能之间的关系，这将有助于地方政府明确自己在地方社会经济发展中的定位。

中国的金融政策调整凸现区域性特征，金融创新向区域内的拓展对深化金融改革有深远的影响，研究金融创新在区域的表现以及与外部环境的作用机制具有重要意义。从省际和区际层面衡量我国区域金融创新的效率差异后发现：地区经济基础、政府贷款干预、区域金融市场建立等环境变量会影响区域金融创新的效率水平，省际和区际之间的效率差距仍存在。因此，培育良好的外部环境有利于提高区域金融创新效率以及缩小与前沿省份之间的差距。

区域金融创新是提升区域金融效率、经济发展效能的重要力量，不同层面的金融创新对金融效率和经济发展的影响不同。同时，还要处理好区域金融创新与金融风险防范、与政府职能转变等方面的关系问题。

3. 区域金融发展与区域金融生态环境

中国人民银行原行长周小川指出，金融生态环境恶化会影响金融主体的运行，要强调金融生态环境建设的重要性。金融生态系统是金融主体与其所生存的金融生态环境的有机结合。金融生态系统并不等同于金融生态环境。

从系统观看，金融生态环境系统应包含金融主体和外部金融生态环境两大部分，其中：金融主体应包括金融机构、金融市场、监管部门；而金融生态环境则包括金融产品、服务的消费对象和外部社会环境（如政治、经济、文化等）。金融生态环境为金融主体提供了必要的生存空间，并决定其外部环境的优劣；而各金融主体发挥资源融通、风险管理的职能，反过来会影响金融生态环境的发展质量。

从仿生学看，金融生态系统同样具有生态学的共生关系（食物链—学习适应性、竞争—相互竞争性、共生—相互依存性、新陈代谢—优胜劣汰）。

金融生态环境与公司现金流断流概率存在负相关关系。良好的金融生态环境使得治理水平较好的公司现金流断流的风险更低，且会弱化较差的治理水平给现金流带来的负效应。

（四）金融中心理论

1. 金融中心的内涵

金融中心的形成原因是金融中介和银行的集聚，它是金融产业在产业集群的基础上形成的金融中心，集聚着银行、证券发行者和交易商，是发挥资金交易中介和跨地区价值贮藏功能的中心区。金融中心的主要功能在于生产、获取、解释、传播流动信息，金融体系运行的核心载体在于信息，金融中心是处理在全球经济体系内部循环的货币信息的工具。金融中心多指聚集大量金融机构和相关服务产业，能够提供快捷的金融服务，金融创新能力较强，具有非常活跃的金融市场的城市。一个地理位置优越，拥有世界本位货币，开放、发达的经济体最容易成为国际金融中心。中国具有发展中国家的二元结构特征，金融活动受政府管制较强，市场化、国际化程度不高，金融集聚不足，因而构建一个国际金融中心须克服众多困难。为了实现构建金融中心城市的目标，需要我国经济保持可持续增长，金融业逐步实行对内改革、对外开放，以期实现人民币的可自由兑换。

2. 区域金融中心的内涵

区域金融中心，是必须拥有发达的金融市场、先进的金融设施、密集的金融机构、高效的投融资服务，并能够有力地推动该城市及周边地区经济增长的城市。按照金融中心所涉及金融业务及所提供金融服务的辐射范围，将金融中心分为三个层次：全球金融中心（国际金融中心）、国际区域金融中心、国内区域金融中心。可见区域金融中心，必须是在一定的地理区域内（主要是城市），聚集大量金融机构和相关服务产业，金融市场活跃，金融基础及配套设施较为完善，金融人才集聚的城市（经济独立性）；它能够为区域乃至全国提供高效的金融服务，信息交流通畅，展现突出的金融创新能力，对商品货币的运行等金融活动起着中枢作用。区域金融领域正在分化成不同梯队的群体，按照经济成分与特点划分区域金融创新更能找到区域之间的异质性：从时间趋势上看，区域之间的金融创新效率差异呈收敛趋势；其次，地区经济基础、地方政府干预、区域金融市场等外部环境对金融业创新效率有很大影响，应培育良好的外部环境，以促进区域金融创新效率水平的提高；最后，在地区的经济发展过程中，金融创新不应以金融业投入要素的消耗和浪费为代价。

3. 区域金融中心的功能

集聚功能：区域金融中心在其发展过程中，不断吸引区域内和区域外的生产要素向其所在城市流动，增强了其所在城市的经济金融实力，成为带动区域经济发展的领头羊。各类金融产业和金融机构的集中，将促进资源的优化配置，推动区域经济的增长。

辐射功能：区域金融中心经过极化效应，实现自身的发展之后会产生对周边地区的扩散效应，区内金融机构、工商企业可通过区域金融中心参与区外金融市场的业务以及投资经营。

金融监管功能：通过对区域内金融风险扩散的监管，实现对辐射范围内的金融市场进行监管，区域金融中心的金融主体及金融活动的集中，便于行业间的相互监督，降低监管成本，提高监管效率。

金融创新功能：区域金融中心中金融机构的汇聚，加剧了各金融机构之间的竞争，促进各金融机构改进服务质量，加速金融工具和交易方式等方面的金融创新。

结构调整功能：区域金融中心不仅促进当地金融业的发展，创造了更多的金融业以及相关行业的就业机会，推进产业结构的优化升级，还促进了当地市场与国内外市场的接轨。

信息处理功能：区域金融中心是金融信息生产、分配和消费的地方。及时准确充分的信息收集和处理是区域金融中心其他功能正常发挥作用的基础和关键。区域金融中心的功能，如图1–8所示。

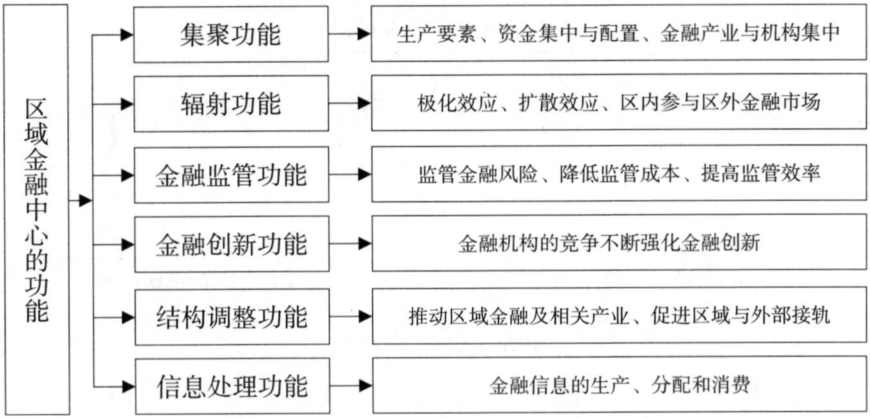

图 1–8　区域金融中心的功能

四、研究思路与研究方法

（一）研究思路

为贯彻落实新发展理念和服务构建新发展格局，本书站在全球大变局和中国改革开放的大背景下，以金融发展为理论视角，立足南京加快建设国家引领性创新型城市和重要金融中心的战略目标，围绕南京金融历史传承和创新发展的主题，梳理和借鉴国内外文献与相关理论，进而构建起本书所做研究的理论分析框架。本书采用定性与定量相结合，综合运用经济学、管理学、历史学和统计学的主要方法，系统研究了南京金融的萌芽起源、资源禀赋、产业变迁和演进趋势等发展基础，集中提炼了明代以降南京金融传承与创新的历史脉络，深入剖析了推动南京金融创新与发展的政策体系和体制机制，全景式地呈现了保障南京金融创新与发展的现实基础、核心支撑和未来新动能，并就未来南京金融创新与发展的重点方向、空间布局和风险防范等提出相关建议。本书的整体构思，如图1–9所示。

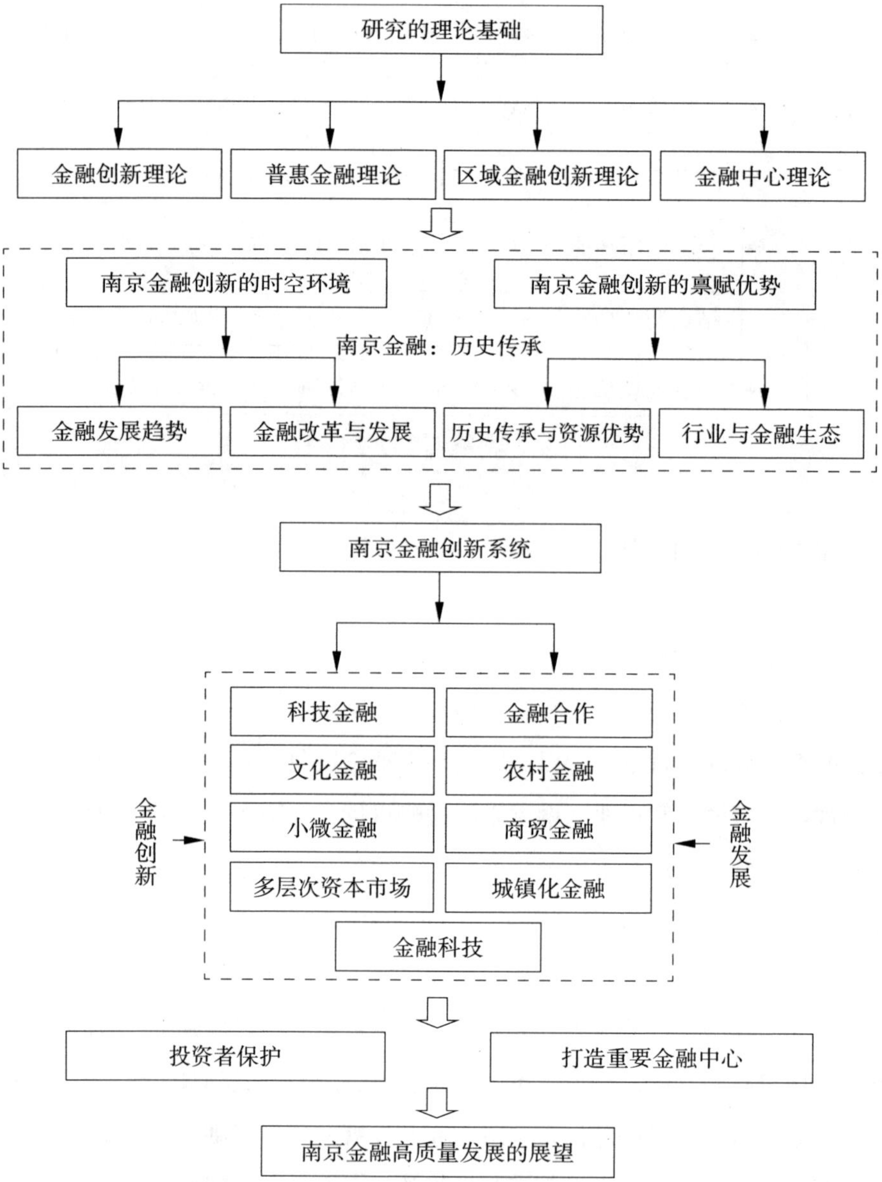

图 1-9　本书的整体思路

（二）研究方法

本书根据研究的需要采用多种研究方法以及现代信息技术方法，主要研究方法包括：

文献研究法：搜集、整理、查阅相关研究的专著、论文、报刊等文献资料及有关历史数据，了解本领域的研究成果，把握本领域的研究现状与前沿动态，以此为基础，提出问题，形成本书的具体研究思路、研究框架、基本命题。

理论分析法：梳理国内外有关金融创新、普惠金融、区域金融创新、金融中心理论的研究成果，为研究南京市金融传承与创新奠定了理论基础。根据本书的多学科交叉性，研究中综合运用经济学、管理学、系统科学以及社会学的有关研究方法。

实例验证法：理论研究与实践应用相结合，收集南京市金融发展的传承与创新相关记载、事件以及金融创新子系统的相关数据，结合金融创新体系构建的需要，对南京金融传承，以及金融创新各子系统做出实证分析。

图表分析法：使用图表分析，力争用数据与事实言事、有理有据。通过对金融创新发展中相关数据的时序趋势图的分析与应用等，发现南京金融创新与发展中规律，图文并茂，有效地反映南京市金融的传承以及发展变化。

比较研究法：通过对国内外金融创新相关理论研究的比较分析，探究国内外金融创新相关研究的深度与广度；收集整理数据，对区域间金融创新与发展的状况以及区域金融中心建设的发展现状做出比较分析等。

数据挖掘法：应用现代软件技术分析相关数据，运用现代信息技术工具挖掘处理相关数据。根据实际数据进行实证分析，使本书的研究成果更具可读性。

另外，对于一些难以确定的研究范畴，采用头脑风暴的方式，采用无拘束的规则，参与者能够更自由地思考，进入思想的新区域，从而产生很多的新观点和问题解决方法。通过聘请南京大学金融学的专家学者、南京市地方金融监督管理局相关研究团队、人民银行南京分行、江苏证监局、紫金投资集团、江苏高投等相关的业内资深人士开展研讨，集思广益。

（三）研究内容

探究南京金融传承的时空环境：通过研究金融创新的时空环境，探究全球经济形势分化、货币政策分化以及金融格局分化的深层原因。金融服务在技术创新、金融产品设计、政府政策、金融教育等因素的推动下，各国的金融包容性在不断地提高。通过提高金融市场开放度，资金价格市场化改革，完善宏观监管和行业管理，研究中国金融改革与发展的历程，进一步明确南京市金融业的发展方向是由整个国家的金融改革趋势引导的，南京市的金融改革发展同样要立足于国家的金融改革大局。

挖掘南京金融的历史传承与文化底蕴：南京城市金融的历史、禀赋和传承的奥秘，离不开人口的聚集和城市的发展。从明朝起，史料比较完整和详细地记载了南京的城市金融活动。第一，明代的南京在货币的铸造与流通领域占据着独特的地位。作为明朝前期的京城和明朝中后期的重要城市，南京城市的资金集散功能，催生出众多的金融机构。第二，太平天国时期，洪仁玕的《资政新篇》被认为是在中国传播资本主义思想的启蒙著作之一，在当时的历史条件下曾起过推动社会发展的作用，他有关保险的主张，为后来我国民族保险的创办起着开舆论先河的作用。第三，跨越洋务运动江南铸币局、民国初期的江南造币厂、北伐之后的江南造币厂三个历史时期的江南铸币局，既反映了当时南京已是开展洋务运动的重要城市，具备江南制造总局那样的工业基础，又有以两江总督刘坤一为代表的一心致力于洋务运动的地方主政大员和一大批优秀人才，同时反映南京有深厚的城市金融文化底蕴和城市金融活动基础。第四，传承明代南京“三铺”（当铺、钱铺、银铺）兴旺的历史，加上当时政府的行业准入和管理松懈，清朝和民国时期南京的典当行依然盛行。第五，民国时期南京的近现代金融业快速发展，设在南京的分支机构有中国银行南京分行（1912年）、交通银行南京分行（1920年）、中央银行南京分行（1928年）、中国农民银行南京分行（1935年）、中央信托局南京分局（1935年）、中央信托局南京分局（1918年）。在南京设立的地方政府银行有江苏省银行南京分行（1917年）、江苏省农民银行南京分行（1930年）、南京市银行（1928年），以及大量的外省商业银行在南京开设分支机构。民国时期南京的钱庄也逐渐被银行所取代，南京下关开埠后，许多外商保险公司来到南京设立分公司。第六，以及南京建设国家引领性创新型城市、建设成为重要金融中心的现实基础、资源禀赋与文化底蕴。

构建南京金融创新与发展的子系统：金融创新系统是产业创新系统的子

系统，金融创新系统与产业创新系统其他子系统不断进行着技术、人力、信息和资金资源的交换。产业创新系统中其他子系统的各类资源不断地流入金融创新系统，促进金融创新系统的发展。反之，金融创新系统的创新成果也向产业创新系统其他子系统扩散，并推动产业创新系统其他子系统的发展。金融创新系统既是国家创新系统的子系统，也是产业创新系统的子系统，而产业创新系统又是国家创新系统的重要组成部分。将金融创新纳入国家引领性创新型城市建设的产业创新系统，全方位构建南京金融创新子系统。南京全方位构建金融创新系统，服务区域经济高质发展，子系统包括科技金融、文化金融、小微金融、农村金融、宁台金融、商贸金融以及多层次资本市场建设等系统，本书较为系统地研究和总结了各金融创新子系统的创新与发展。

南京建设重要金融中心的路径与载体：金融中心产生的基本条件由总体环境因素和金融因素构成。环境因素包括：优越的区位条件，主要指地理优势和时区优势；良好的基础设施，主要指发达的交通通信设施和城市建设；稳定的政治环境，主要指社会的安定和政府的合理作为；持续增长的经济，形成经济持续增长和金融创新发展的良性运行；开放的经济体系，主要指经济市场化和国际化、生产要素和产品的流动性等；充足的金融人才资源。南京已经具备了建设重要金融中心的基础条件以及禀赋优势。金融中心的形成过程，离不开政府行为，政府有效的制度供给是金融中心形成的又一特殊动力，发挥政府的规划、协调功能，出台相应的优惠政策和创新政策，制定金融法规，提供制度保障并进行有效的监管。南京河西金融城的建设，定位为区域金融中心核心功能区，成为南京建设重要金融中心的载体；南京新街口金融街升级提高；南京江北新区打造国际知名的扬子江新金融中心，成为南京重要金融中心建设的另一增长极。

南京投资者保护：投资者保护是金融市场的重要内容，随着金融市场的发展应运而生，自始至终位于金融市场的核心与基础性地位。投资者保护是否有效而全面，是评价金融市场制度建设是否健全、金融市场是否有效的关键性指标。在南京市金融业创新发展以及取得一系列成绩的过程中，最突出的亮点就是与时俱进地进行“投资者保护”的制度体系的构建、完善与有效落实。蓬勃发展的金融业，伴随的是南京市投资者规模与分布复杂程度的提升。南京市不断创新投资者保护的边界与内涵，高度重视投资者保护程度与金融业发展阶段和特征相匹配，以制度保障为基础、以制度落实为抓手，将投资者权益的保护贯穿于金融市场特别是资本市场改革发展与稳定的各项工作之中，切切实实地保护了广大投资者的权益与利益。

Chapter-2

第二章

南京金融传承与创新的时空环境

一、全球视野下的金融发展趋势

近年来，国际国内安全问题愈发突出，从全球来看，单边主义、霸权主义和贸易保护主义卷土重来，使得全球经济不确定性显著提高，对中国国内经济金融安全产生了较大冲击。全球性新冠肺炎疫情以及中美经贸摩擦升级，越发突出逆全球化趋势和地缘政治风险，全球分工与国际循环的原有发展格局难以为继，致使现有世界金融体系稳定性难以得到保障。而且，随着各国在危机后恢复程度的不同，全球金融格局出现“大分化”的趋势。尤其是2022年2月，俄乌冲突超预期爆发，引发全球对世界经济衰退的担忧。俄乌冲突引发全球通胀，抑制全球交易、投资与消费；欧洲面临经济和金融双重压力，欧洲经济增速可能明显下滑，拖累世界经济增长。而对于美国来说，通胀是决定美联储后续加息路径的首要因素，在疫情反复和地缘政治冲突影响下，大宗商品价格飙升，给美国的通胀施加了巨大的压力。现代金融体系对于稳定经济内循环、驱动经济外循环，并黏合国内、国外经济形成双循环至关重要。然而现阶段，我国金融体系建设还存在一定的约束条件，在支持双循环新发展格局构建过程中仍面临诸多困境。

（一）复苏各异，金融格局分化

1. 国际金融格局分化

全球经济形势的分化，带来的是货币政策的分化，进而造成金融格局的分化。各国金融市场的联系愈加紧密，跨境资金的流动限制减少，各国央行的货币政策影响也会跨越国界。美联储启动加息进程，欧洲央行和日本央行继续维持宽松的货币政策，新兴市场国家低通胀的经济环境也给宽松的货币政策提供了操作空间。美元在全球金融市场的重要地位，决定了美国的货币政策与其他国家的分化，会造成资本的大规模流动。美联储退出量化宽松政策，推高利率，美元资产更高的回报率将吸引欧元区、日本、新兴市场的资金流向美元资产，美元走强，其他国家货币相对贬值，资本的外流使得美国以外的国家金融市场产生波动，影响金融稳定和经济的复苏，全球金融格局进一步分化。

2020年，在新冠疫情的影响下，全球各类资产价格大起大落。疫情暴发导致的经济萎缩使市场避险情绪急剧升温，恐慌指数（Volatility Index，VIX）在3月中旬飙升至2008年金融危机时的水平。全球股市瀑布式下跌，美股在短短的一周内三次熔断，原油、黄金等大宗商品价格也大幅下挫。投资者纷纷将手上持有的股票、债券和黄金等资产变现，作为避险货币的美元遭到疯狂地“抢购”，使美元指数3月中旬一度暴涨至100关口之上，达到102.9971点。不过以美联储为首的各国央行迅速采取降息及资产购买等货币政策手段维持了金融市场稳定，各国政府也陆续通过规模空前的财政刺激政策来支撑经济。随着疫情逐渐稳定，各国开始重启经济，在宽松的货币政策和积极财政政策的刺激下，市场恐慌情绪明显降温，风险资产在3月下旬开启一轮强势反弹，而美元指数则走出了一轮下跌趋势。美元指数虽然在8–9月有所反弹，但随着全球经济在三季度强劲复苏，以及年末美国大选、英国脱欧等风险事件尘埃落定，叠加新冠疫苗加速落地等利好消息，全球市场风

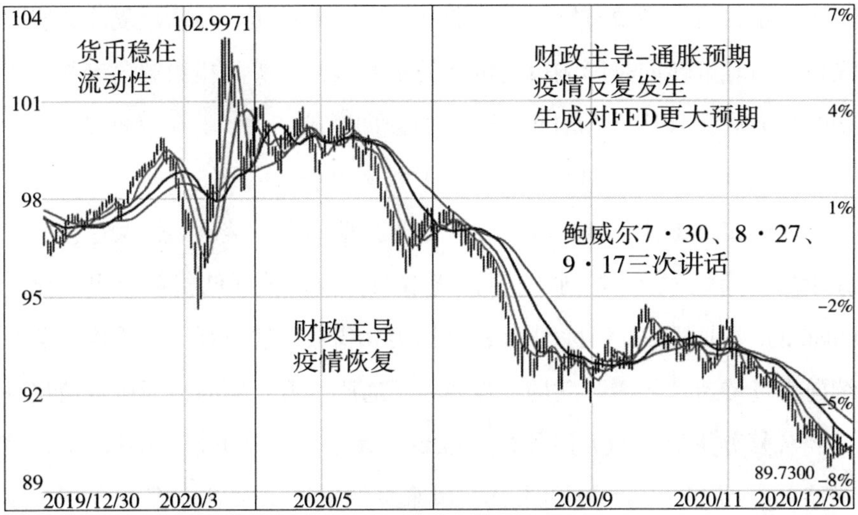

图 2-1　2020 年度美元指数波动状况

数据来源：倚天数据

险偏好持续回升，美元指数持续下行。总体上，2020年度，美元指数波动较大，美元指数2020年下跌了6.7%，以接近全年最低位90以下收盘，89.73点创两年来低点，如图2-1所示。

2020年，美国美元指数的波动，围绕疫情、货币、财政三个主要变量之间的变化和组合，经历四个发展阶段，如表2-1所示。疫情恶化和好转，货币更激进的预期，财政赤字是否继续扩大；通过名义利率、通胀、实际利率、赤字信用等方面作用于美元变动的节奏。

表 2-1　2020 年美元指数伴随疫情变化的四个阶段

阶段	疫情变化	各阶段财政和货币政策
第一阶段	3月	传导影响了金融体系流动性，美联储扩表稳住三大流动性问题，阻止了名义利率的走高
第二阶段	4月	美国出台财政补贴应对疫情；此时疫情开始放缓，通缩预期开始收敛，通胀预期开始回升；名义利率也逐步抬升。
第三阶段	6月中旬	财政补贴尚未到期，疫情反复—财政不能退出—赤字加剧—信用，同时疫情反复—货币不能退出—更低的实际利率；美元加速下行。
第四阶段	7月底	面对疫情，暂停财政政策，两党分歧，赤字加剧的预期消退一些，同时7、8、9月美联储三次公开讲话，鲍威尔不断地阐述其观点—货币政策功能有限，名义利率预期被封住。

资料来源：根据公开资料整理

2021年，美元指数持续走高，非美货币普遍承压。疫情反复、通胀上升和央行货币政策转向是影响市场情绪的主要因素。美元指数震荡走强，年末站稳96上方高位。进入2021年，美元指数即跌破90关口，触及89.209点的三年低位后逐渐企稳，2021年度美元指数波动状况，如图2-2所示。一季度，因美国疫苗接种工作推进良好，经济复苏预期强劲，美欧经济增速差扩大，欧元承压。市场对美国通胀前景担忧增加，预期美联储提前退出量化宽松（Quantitative Easing，简称QE），助推美元指数筑底反弹。二季度，美联储持续向市场传递“鸽派”立场，强调容忍通胀上升，同时欧元区疫苗接种加速，经济复苏重启，欧元阶段性走强令美元指数承压下挫。6月以来，随着美联储Taper路径（即不断向市场放风来降低退出QE带来的负面预期）逐渐明晰，市场对于Taper前景的交易愈加广泛，美元指数重拾涨势，于9月末重新站上94关口上方。四季度，美联储意外放弃“通胀暂时性”表述，并在12月明确要加快Taper步伐并于2022年3月结束购债，点阵图显示在2022年将加息三次。截至12月28日，美元指数收至96.1703，站稳96上方，较2020年末增长6.94%，全年波动区间为[89.2193，96.9367]。

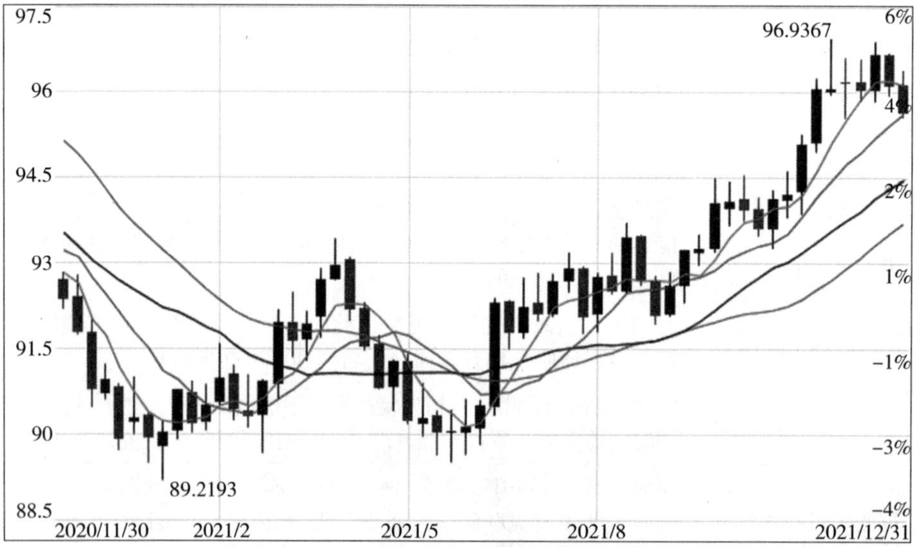

图 2-2　2021 年度美元指数波动状况

数据来源：倚天数据

2020年5月14日，中央政治局常委会会议指出：要深化供给侧结构性改革，充分发挥我国超大规模市场优势和内需潜力，构建国内国际双循环相互促进的新发展格局。5月23日，习近平总书记再次指出：逐步形成以国内大循环为主体、国内国际双循环相互促进的新发展格局。强调国内大市场，对内是提高居民生活水平的新发展战略，对外就是走相对平衡的发展之路。

2020年以来，由于新冠肺炎疫情的冲击，使得全球经济失衡的矛盾进一步显现，各国金融竞争进入快车道。根据人民银行发布的《2021年人民币国际化报告》，2020年以来，面对复杂严峻的内外部环境，特别是新冠肺炎疫情带来的严重冲击，人民银行坚持以习近平新时代中国特色社会主义思想为指导，坚决贯彻党中央、国务院决策部署，做好“六稳”工作、落实“六保”任务，推动形成以国内大循环为主体、国内国际双循环相互促进的新发展格局，稳步推进人民币国际化工作，更好地发挥跨境人民币业务服务实体经济、促进贸易投资便利化的作用。人民币的支付货币功能进一步增强，投融资货币功能深化，储备货币功能上升，计价货币功能有新的突破，人民币国际化取得积极进展。

2. 金融体系支持构建“双循环”新发展格局的困境犹存

2020年5月，以习近平同志为核心的党中央基于对内外部复杂形势的研判，做出了构建以国内大循环为主体、国内国际双循环相互促进的新发展格局重大战略部署。加快构建“双循环”新发展格局，需要从国内与国际两个方面进行分析。一是要以国内大循环为主体，构建完整的内需体系，促进我国经济发展，带动世界经济复苏。二是通过发挥内需潜力，提高开放水平，更好地联通国内国际两个市场，更好地利用国内国际两种资源，实现经济的可持续发展。同时，“双循环”新发展格局的形成，离不开金融体系的支持，金融是现代经济的血脉，是资源配置和宏观调控的重要工具。在加快构建“双循环”新发展格局的过程中，须充分利用好各项金融手段和金融工具。然而当前，我国金融体系建设仍待完善，在支持“双循环”新发展格局构建过程中困境犹存。

（1）金融资源配置“两极分化”严重

区域端“两极分化”。东、中西部两极分化：金融资源普遍集中在东部发达地区，中部和西部地区分配严重不足。改革开放以来，为加快国内经济发展水平，我国采用率先发展东部经济的策略，将大量金融资源向东部地区倾斜，形成了东部地区和中西部地区金融资源配置明显不均衡的局面。城市和农村两极分化：金融资源普遍集中在城市，农村分配总量较少。金融资源配置区域的“两极分化”，使得中西部地区和农村地区金融资源供给严重不足，成为经济发展短板，阻碍了国内大循环稳步运行。

产业端“两极分化”。现阶段金融机构风险偏好整体仍然比较保守，金融资源倾向于流向风险较低的传统产业，对新兴产业的供给相对较少。这主要是由于传统产业已发展成熟，金融机构面临的风险较小。此外，传统产业可以提供固定资产作为抵押，这使得金融机构可以在获取较高收益基础上，将所承担风险降到最低。

企业端“两极分化”。金融资源在配置上普遍倾向于国有企业，而民营企业在这一分配机制下获取金融资源的成本和难度都在不断加大。金融机构在进行金融资源配置时，更倾向于选择偿债能力较强的国有企业和大型企业，民营小微企业融资占比较低。银保监会数据显示，截至2021年末，全国民营企业贷款余额达52.7万亿元，仅占国有企业贷款余额的30%左右。这极易导致国有企业金融资源供给过剩，大量的民营企业却因为难以获取金融资源呈现供应短缺现象，金融资源的严重错配大幅增加了民营企业参与“双循环”的融资成本，一定程度上阻碍了“双循环”新发展格局的构建。

（2）金融市场发展“风险防控”难度大

系统性金融风险。所谓系统性金融风险，即主要由社会、政治、经济环境对金融市场造成的影响，是现代金融体系中金融市场发展面临的主要外部风险。当前，国际国内系统性金融风险复杂度上升，形势严峻，金融机构、金融业务的风险防控难度显著提升。2008年金融危机以来，全球经济的活跃度持续走低，低迷的全球市场一定程度上弱化了国际经济大循环的动能。2020—2021年新冠肺炎疫情的暴发、蔓延以及传播的不确定性，国际经济活动处于停滞和倒退状态。全球经济发展的不稳定因素暗流涌动，如何防控系统性金融风险成为世界主要经济体共同面临的重要议题之一。为了降低风险，国际金融机构的金融业务开展变得更为保守，对外投资与资金支援大幅减少。国内方面，当前中国经济正处于向高质量发展过渡的关键阶段，对系统性金融风险的反应更为敏感。

信用风险。信用风险是指在合同规定时间内，交易对方不偿还债务引发的风险。国际金融协会（IIF）发布《全球债务监测》报告显示，2021年，全球债务总额达到303万亿美元，比上一年增加了10万亿美元，创下历史新高，债务占全球GDP比重为351%。企业与金融机构信用风险不断集聚，债务状况的恶化为未来经济增加了不确定性。到2021年底，美国债务规模突破30万亿美元大关。而其GDP为23万亿美元，也就是说债务占GDP比重高达130%。同期，俄罗斯外债高达4782亿美元，欧洲债权占比较高。截至2021年末，中国债务规模336万亿，按照14.13亿来计算，平均每个人负债23.77万，2015—2021年，中国地方政府债状况如图2-3所示。总需求的下滑更加重了广大中小型制造业、服务业企业的现金流问题，同时人员流动受限直

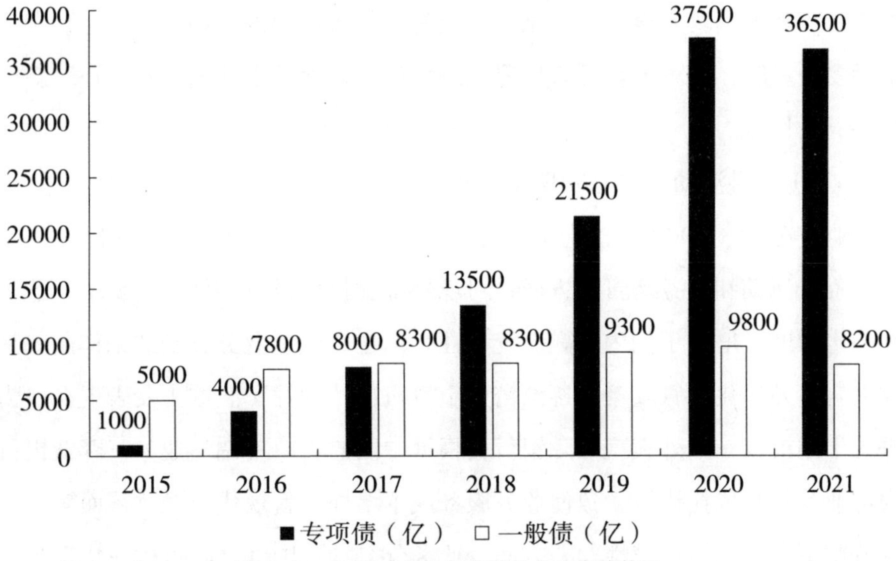

图 2-3　2015-2021 年中国地方政府债状况

数据来源：政府工作报告

接、间接导致企业成本的上升，不少小微企业甚至在短期冲击下被淘汰，金融机构面临的信用风险突出。总之，面对国际国内双重信用风险的提升，金融机构会采用流动性紧缩策略来规避信用风险，导致“双循环”新发展格局构建进程受阻。

安全风险。金融安全风险主要指货币资金安全性降低和现代金融体系无法平稳运行。近些年，国际国内安全风险增大，从全球来看，单边主义、霸权主义和贸易保护主义卷土重来，使得全球经济不确定性显著提高，对我国国内经济金融安全产生了较大冲击。全球性新冠肺炎疫情以及中美经贸摩擦升级，越发突出逆全球化趋势和地缘政治风险，全球分工与国际循环的原有发展格局难以为继，现有世界金融体系稳定性难以保障。中国金融安全形势也不容乐观，一方面，对外开放力度的加大，一定程度上必然导致非法流入资本规模的扩大，影响国内金融秩序的稳定性。如果管控不力，政府对金融的宏观调控难度会增大，货币政策的有效性会显著降低，引发金融泡沫。另一方面，网络金融安全问题凸显。在现代金融科技快速发展态势下，网络金融逐渐取代传统金融，成为金融业的主流形式。从某种角度看，网络金融的兴起使得金融业变得更加脆弱，网络金融的开放性特征，会使其极易受到外界威胁，降低金融安全性。可见，无论是国外还是国内，均面临一定程度的金融安全风险，这可能会导致世界金融危机，进而冲击我国“双循环”新发展格局的构建。

（3）金融活动中“分割现象”凸现

业务分割。2008年金融危机以来，为维护国内金融稳定，我国在资本金、资金流动和业务运营等方面，对境外金融机构设置额外合规要求。这虽在一定程度上增加了国内金融系统韧性，但也产生了业务分割的副作用。具体而言，差异化监管政策正逐渐铸就金融机构“围栏”。这主要表现在：为进入中国市场，国外大型国际银行会根据中国监管政策调整业务，降低银行内部业务相互依托优势，致使业务服务成本增加。就现代金融体系而言，业务分割不利于整体稳健性。一方面，业务分割导致国外金融机构在华发展受限，可能减少国外金融机构在华投资积极性。另一方面，若其他国家效仿，可能导致将过多资金和流动性圈在境内，限制金融机构跨境调拨资金的灵活性，影响“双循环”新发展格局构建。

产品定价分割。国际监管政策要求：即使在境外开展业务，金融机构也必须符合本国监管要求，合理确定金融产品价格。然而，近年来，金融机构产品定价分割问题逐渐增多，导致“双循环”新发展格局构建受阻。加之，伴随近几年贸易保护主义抬头，各国开始高筑贸易壁垒，采用政策、技术、市场多重挤压方式，制约境外金融机构发展，致使境外金融机构经营成本迅速提升。为达到预期投资回报率，保障自身经营效率，境外金融机构会被迫提高金融产品定价，出现不同地区的产品定价分割。这种金融产品定价分割会降低全球金融系统韧性，影响“双循环”新发展格局构建的稳定性。

资本与风险分割。当前，在国际金融市场中，资本流动性水平与风险水平不匹配状况普遍存在，金融服务可获得性仍待提高。虽然随着G20峰会影响的持续发酵，各国相继协调出台国际监管标准，监管灵活性相对较高。G20的金融稳定委员会（FSB）在2020年10月，再次强调了监管“全球稳定币”（GSC）的建议，GSC应遵守所有适用的监管标准，并在开始运营前处理对金融稳定的风险，并在必要时适应新的监管要求。但该标准在落实时间、方式上存在较大差异，导致在资本相同情况下，国外金融机构面临付出资本与承担风险不匹配的分割问题。美国在2019年通过《沃尔克规则修正案》，整体上放宽对金融机构监管，放松金融监管是“双刃剑”，在为金融机构带来活力的同时，往往也让金融机构主动或者被动地承担着更多风险。但是随着中美贸易摩擦不断加剧，中国赴美金融机构在付出相同资本的同时还要承担额外系统性金融风险。因此，为规避资本与风险分割带来的不利影响，国外金融机构可能会选择进入风险相对较低的地区，出现金融资源向部分地区流动。可见资本与风险分割可能会降低金融服务可得性，不利于“双循环”新发展格局构建。

（二）金融服务普及程度平稳提升

曾经，衡量国家或地区的金融发展程度更多的是使用“金融深度”这一指标，即国内私人部门信贷额与GDP的比例，但是金融系统内存在大量的信贷，并不对应着金融服务的广泛普及，这些信贷有可能集中在少数的大企业或富人手里。影响经济增长的重要因素是完善的金融系统，而完善的金融系统不是对特定的企业或项目、个人提供金融支持，因此，现在诸如世界银行等国际金融组织倡导使用“金融包容性”（Financial Inclusion）来衡量国家或地区的金融发展程度。普惠型金融体系、多层次的金融体系正在成为很多国家制订金融发展战略时的方向。

“金融包容性”所代表的是一个国家或地区金融服务普及程度。其最初概念来源于联合国为解决中小企业信贷提出的普惠性金融体系建设，旨在建立有效的、全方位的为社会所有阶层和群体提供服务的金融体系，即让广大被排斥在正规金融体系之外的客户获得金融服务。金融包容性的核心内涵是共享与普惠，包含两层含义：一是从生产角度来看，把金融视为资源，让所有的企业和个人都能够掌握和使用这种资源，通过金融资源的占有和使用推进生产，从而带动企业和个人财富的增长；二是从消费角度来看，金融是一种产品，通过发展金融包容性，不断完善和优化金融产品，使得普通的企业和个人能够消费金融产品，通过金融消费提高消费者的收益，改善消费者的福利状况。

从个人角度，金融包容性可以使用持有银行账户的成人比例、购买商业性保险的比例、过去一年内在正规金融机构拥有储蓄的比例、过去一年内从整个金融机构获得过贷款的比例等进行衡量。从企业角度，金融包容性可以使用企业内部融资结构、使用银行贷款融资的比例、在证券市场中进行融资的难易程度等指标进行衡量。

金融服务在减少贫困、促进共同富裕、支持可持续发展上发挥着关键作用，这已成为各国的共识。但是，现实中手续烦琐、金融基础设施匮乏、交易成本高昂等因素阻碍了金融服务的普及，不少国家从政策设计上来减少这些因素的阻碍，提高当地的金融包容性。但是，忽视金融稳定性的信用扩展，不恰当地提升金融包容性会导致违约风险升高和其他负面后果。

根据普华永道的统计，在印度，大约有近1.9亿成年人未和银行打过交道。印度当然不是孤例，实际上，在许多的新兴市场或欠发达国家中，这种现象颇为普遍。全球范围内，截至2021年末，仍有大约17亿成年人没有银行账户。在发达国家，小企业更容易在证券市场上融资；而欠发达国家或新兴市场国家，大企业和小企业在证券市场上的融资难易程度产生分化，小企业发行股票受到限制。但是，从近二十年的情况看，在技术创新、金融产品设计、政府政策、金融教育等因素的推动下，各国的金融包容性在缓慢稳步地提高。

《2020年度中国银行业社会责任报告》显示，2020年，中国银行业积极推进普惠金融发展，建立健全与小康社会相适应的普惠金融服务和保障体系，不断提升小微企业、“三农”和偏远地区的金融服务覆盖率和可得性，增强市场主体和人民群众对金融服务的满意度。截至2020年末，银行业金融机构用于小微企业的贷款（包括小微型企业贷款、个体工商户贷款和小微企业主贷款）余额为42.7万亿元，其中单户授信总额1000万元及以下的普惠型小微企业贷款余额为15.3万亿元，较年初增长30.9%。金融机构本外币涉农贷款余额为38.95万亿元，同比增长10.7%；农户贷款余额为11.81万亿元，同比增长14.2%。

据2021中国普惠金融发展报告显示，2021年末，普惠小微贷款余额同比增长27.3%，普惠小微授信户数超过4400万户。未来五年普惠金融需在普惠保险等领域发力。普惠型贷款利率有所下降。企业类贷款年化利率为4.62%，较2020年末下降0.05个百分点。其中，普惠型小微企业贷款年化利率为5.65%，较2020年末下降0.23个百分点，五家国有大型银行新发放此类贷款利率为4.25%，为中小微企业和个人经营性贷款客户减免了60亿元费用。

手机银行和支付系统的发展，催生了以技术为基础的新的金融服务商业模式，现代信息技术降低了征集借款人信用信息的成本，金融机构可以以更低的成本向个人和企业提供融资，移动电话的普及也使得很多人突破金融基础设施匮乏的限制，使用手机银行获得金融服务。

金融机构对金融产品的创新性设计，降低了它们向更多个体提供金融服务的风险和成本，也促进了更多个体享受金融服务。例如，集团贷款的设计使得借款人之间负有连带责任，促使借款人内部相互督促制约，降低违约风险。再如自动提醒储蓄账户，可以根据储户未来支出设计储蓄目标，并提醒其逐步达到储蓄目标。

金融知识教育使得更多个体理性使用金融服务，例如，一些低收入国家通过金融扫盲课程来教育人民关于银行账户的知识，提高了人民开立银行账户的意愿。一些国家也通过金融知识教育，使得更多的人合理使用消费信贷，做好财务规划，避免了违约风险造成的损失。

政府在促进提高金融包容性方面发挥了重要作用，完善法律和监管框架，进行金融消费者保护，加强金融市场监管，以政策引导金融机构为中小企业提供融资、引导市场建设更多金融基础设施，这些都极大地促进了金融包容性的提高。例如，国家指导的定向信贷，政府为中小企业贷款提供部分风险分担，促使银行向中小企业发放贷款。又如一些国家对中小企业信用评级机构进行补贴，帮助更多金融机构对中小企业的信誉信息进行准确判断。

二、立足本土的金融改革与发展

城市金融业的发展方向是由整个国家的金融改革趋势所引导的，一个城市的金融改革发展也要立足于国家的金融改革大局。

2013年11月，党的十八届三中全会提出了我国全面深化改革的方案，开启了中国全面改革的新局面，此次会议通过了《中共中央关于全面改革若干重大问题的决定》，涉及经济、政治、社会、行政、科技、文化、生态等多个领域的体制改革，并提出了“让市场在资源配置中起决定性作用”的重要改革理念。党的十八届三中全会也勾勒出了金融改革的蓝图，将金融改革的目标重点放在“完善金融市场体系”。

在党的十八届三中全会的改革蓝图指导下，我国本次的金融市场改革主要涉及三方面：一是提高金融市场开放度，二是资金价格的市场化，三是完善宏观监管和行业管理。这也是国内金融发展的三大重要趋势。

（一）推动金融市场开放

党的十八届三中全会提出“扩大金融业对内对外开放，在加强监管前提下，允许具备条件的民间资本依法发起设立中小型银行等金融机构。推进政策性金融机构改革。健全多层次资本市场体系，推进股票发行注册制改革，多渠道推动股权融资，发展并规范债券市场，提高直接融资比重。完善保险经济补偿机制，建立巨灾保险制度。发展普惠金融。鼓励金融创新，丰富金融市场层次和产品”。金融业的对内对外开放、多层次资本市场体系建立、鼓励金融市场创新等一系列政策方向，将促使我国金融市场开放度的大幅提升。

1. 金融行业对内对外开放

首先，金融市场开放度的提高体现在金融行业的市场准入门槛降低。

党的十八届三中全会提出，扩大金融业对内对外开放，在加强监管前提下，允许具备条件的民间资本依法发起设立中小型银行等金融机构。2014年7月，由腾讯、百业源、立业为主发起人的深圳前海微众银行，正泰、华峰为主发起人的温州民商银行，华北、麦购为主发起人的天津金城银行，这三家民营银行的筹建申请正式获得批准。2014年9月，由蚂蚁小微金融服务集团和复星为主发起人的浙江网商银行，由均瑶、美特斯邦威为主发起人的上海华瑞银行，这两家民营银行获得银监会批复筹建。2015年1月初，我国首家开业的互联网民营银行“微众银行”完成了第一笔放贷业务。

民营银行的设立，是为了弥补现有金融机构服务能力的不足，同时也以创新的金融服务水平倒逼传统金融机构改革，调动民间资本进入金融业的积极性，激发金融市场竞争活力，缓解小微企业融资难题，让金融业更好地服务于实体经济。可以预见，随着相关制度的不断完善，地区性的民营银行会越来越多，民营银行很可能成为未来小微企业金融服务的主力。

2014年9月18日，银监会发布《外资银行行政许可事项实施办法》，最大限度缩减外资银行的行政许可范围，简化行政许可程序，删除已取消的外资银行开办电子银行业务、开办借记卡业务等行政许可审批事项；进一步统一中外资银行市场准入标准，取消外资银行在一个城市只能申请一家支行的规定，取消外资银行支行运营资金的最低限额要求。进一步向外开放金融市场，为中外资银行创造公平、规范、透明的政策环境。

2014年10月23日，国务院发布《关于取消和调整一批行政审批项目等事项的决定》，取消中国人民银行、国家外汇局、证监会等金融监管机构的部分行政审批项目，进一步简政放权，赋予金融市场更多的自由度。

2014年10月29日，国务院常务会议决定进一步放开银行卡清算市场，符合条件的内外资企业，均可申请在我国境内设立银行卡清算机构。进一步扩大金融市场开放度，推动国内银行卡市场和支付市场的创新发展，提高金融市场便利性，向消费者普及。

2014年11月，沪港股票交易互联互通机制试点正式开通。境内投资者可以参与港股交易，境外投资者也可以便利地投资A股市场，境内资本市场的投资限制放开，打破了境内外资本市场之间的鸿沟，增强市场获利，也为境内投资者扩展了投资渠道，提高跨境资本和金融交易可兑换程度。

2014年12月，保监会发布《关于保险资金投资创业投资基金有关事项的通知》，允许保险资金投资创业投资基金，为创业企业和小微企业拓宽资本来源，向其提供增量融资资金，缓解融资难题，并支持保险机构积极融入创业企业引领经济转型和科技创新。

2015年10月26日至29日，中国共产党第十八届中央委员会第五次全体会议在北京举行。全会审议通过了《中共中央关于制定国民经济和社会发展第十三个五年规划的建议》以及《中国共产党第十八届中央委员会第五次全体会议公报》。规划建议提出，“扩大金融业双向开放，有序实现人民币资本项目可兑换，推动人民币加入特别提款权，成为可兑换、可自由使用货币。”在完成第一个百年目标的最后一个五年规划中提出要扩大金融业双向开放，将意味着金融市场将会迎来“内外联动、东西双向开放的全面开放新格局”。

2016年2月18日，Apple Pay正式进入中国，支持的银行近20家，其中，五大行、浦发、招行等12家股份银行和4家城商行早已开通。进入中国第一天，Apple Pay成功绑卡3000万。与此同时，三星Samsung Pay也正在中国门口等候进场。预示着中国支付领域的战争即将开始：苹果选择了以NFC硬件作为基础，与银联已经站到了一队；而一向看不起NFC支付模式的支付宝与微信，则形成了另外两派。

2016年12月5日，中国资本市场对外开放迈出重要一步。备受期待的深港通启动，至此沪深港三地证券市场成功实现互联互通，汇集内地、香港、全球市场的资本、技术、信息、智慧、文化，从而惠及内地、香港、全球的经济发展。两地金融监管机关将进一步密切协作，加强两地市场监管，加大跨市场执法的协作力度，严厉打击跨境市场操纵等各类违法违规行为，切实保护两地和全球投资者的合法权益。

2017年5月16日，中国人民银行、香港金融管理局发布联合公告，决定同意内地和香港相关基础设施机构开展香港与内地债券市场互联互通合作（债券通）。

2018年3月5日，在第十三届全国人民代表大会第一次会议上，《政府工作报告》中提出，要坚持对外开放的基本国策，着力实现合作共赢，显著提升开放型经济水平。具体到银行业而言，《政府工作报告》提出，要有序开放银行卡清算等市场，放宽或取消银行外资股比限制，统一中外资银行市场准入标准。2018年博鳌亚洲论坛上，习近平总书记宣布将大幅放宽包括金融业在内的市场准入。

2019年7月20日，国务院金融稳定发展委员会办公室，为贯彻落实党中央、国务院关于进一步扩大对外开放的决策部署，按照“宜快不宜慢、宜早不宜迟”的原则，在深入研究评估的基础上，推出以下11条金融业对外开放措施，如表2-2所示。

表 2-2　2019 年中国金融业对外开放措施 11 条

序号	具体措施
1	允许外资机构在华开展信用评级业务时，可以对银行间债券市场和交易所债券市场的所有种类债券评级。
2	鼓励境外金融机构参与设立、投资入股商业银行理财子公司。
3	允许境外资产管理机构与中资银行或保险公司的子公司合资设立由外方控股的理财公司。

续 表

序号	具体措施
4	允许境外金融机构投资设立、参股养老金管理公司。
5	支持外资全资设立或参股货币经纪公司。
6	人身险外资股比限制从 51% 提高至 100% 的过渡期，由原定的 2021 年提前到 2020 年。
7	取消境内保险公司合计持有保险资产管理公司的股份不得低于 75% 的规定，允许境外投资者持有股份超过 25%。
8	放宽外资保险公司准入条件，取消 30 年经营年限要求。
9	将原定于 2021 年取消证券公司、基金管理公司和期货公司外资股比限制的时间点提前到 2020 年。
10	允许外资机构获得银行间债券市场 A 类主承销牌照。
11	进一步便利境外机构投资者投资银行间债券市场。

2019年10月15日，国务院决定对《中华人民共和国外资保险公司管理条例》和《中华人民共和国外资银行管理条例》部分条款予以修改，自公布之日起施行。对《外资保险公司管理条例》的修改，放宽了外资保险公司准入条件，对申请设立外资保险公司的外国保险公司，取消“经营保险业务30年以上”和“在中国境内已经设立代表机构2年以上”的条件。此外，修改后的《外资保险公司管理条例》允许外国保险集团公司在中国境内投资设立外资保险公司，允许境外金融机构入股外资保险公司，并授权国务院保险监督管理机构制定具体管理办法。《外资银行管理条例》的修改内容则放宽了对外资银行管理的四项限制，包括放宽对拟设外资银行的股东以及拟设分行的外国银行的条件、放宽对外国银行在中国境内同时设立法人银行和外国银行分行的限制、进一步放宽对外资银行业务的限制、调整对外国银行分行营运资金的监管要求。

2020年2月11日，人民银行审查通过万事网联公司银行卡清算机构筹备申请：根据《国务院关于实施银行卡清算机构准入管理的决定》（国发[2015]22号）、《银行卡清算机构管理办法》（中国人民银行中国银行业监督管理委员会令[2016]第2号）等有关规定，中国人民银行会同中国银行保险监督管理委员会审查通过“万事网联信息技术（北京）有限公司”（以下简称万事网联公司）提交的银行卡清算机构筹备申请。万事网联公司是万事达卡公司在我国境内发起设立的合资公司，作为市场主体申请筹备银行卡清算机构、运营万事达卡品牌。银行卡市场开放是我国金融业开放的重要组成部分，有利于推动我国支付清算服务更加开放化、国际化发展，为产业各方提供多元化和差异化的服务。另外，惠誉成为继标普之后第二家进入中国市场的国际评级公司，高盛和摩根士丹利已实现对其在华合资证券公司的控股，贝莱德、路博迈等外资金融机构的准入工作正在有序推进。

2021年9月，“跨境理财通”“债券通”南向通陆续开闸，扩大金融市场双向开放。“债券通”南向通上线，境内投资者可经由内地与香港相关机构投资香港债券市场交易流通的债券，年度总额度为5000亿元等值人民币，每日额度为200亿元等值人民币。10月，粤港澳大湾区“跨境理财通”20家试点银行正式公布上线，内地和港澳投资者可通过湾区内银行体系闭环式资金管道，跨境投资对方银行的合资格投资产品或理财产品，总额度暂定为1500亿元人民币。通过特殊制度设计，“跨境理财通”“债券通”南向通在不突破三地法律法规、不改变三地交易习惯的前提下，扩大了港澳与内地居民和机构进行跨境投资的空间。同时，新的跨境交易机制也为香港金融市场带来新的投资机遇，有利于提振各界对香港前景的信心，巩固香港国际金融中心地位。

近年来，金融部门集中宣布了40多条对内对外自主开放措施，且各项措施落地进展良好，绝大多数措施已在法律层面和实践层面落地。目前，银行、证券、基金管理、期货、人身险等领域外资股比限制已完全取消，外资股东资质限制不断放宽。这些开放措施着眼于提供开放、包容、充分竞争的金融环境，最大限度地鼓励创新，促进金融服务实体经济。

我国金融市场的开放步伐逐渐加快，金融市场交易的行政限制逐渐减少，投融资渠道进一步扩展，市场活力日益增强。

2. 健全多层次资本市场体系

党的十八届三中全会提出，健全多层次资本市场体系，推进股票发行注册制改革，多渠道推动股权融资，发展并规范债券市场，提高直接融资比重。健全多层次资本市场体系成为改革趋势，做市商制度、资本中介业务、柜台交易系统间互联互通等将会助推三板、四板市场机制完善与规模扩容，使股权融资多渠道发展，企业容量在多层次资本市场呈金字塔结构发展。

2013年1月，全国中小企业股份转让系统正式挂牌。同年12月，国务院发布《关于全国中小企业股份转让系统有关问题的决定》，提出境内符合条件的股份公司均可通过主办券商申请在全国中小企业股份转让系统挂牌，公开转让股份，进行股权融资、债权融资、资产重组等。2014年1月24日，全国中小企业股份转让系统扩容后首批266家企业挂牌。2014年6月，《全国中小企业股份转让系统做市商做市业务管理规定》出台。全国中小企业股份转让系统不断完善，截至2015年12月31日，在全国中小企业股份转让系统挂牌的公司总计5129家，与2014年同比增加了约144%。①

2014年5月，国务院发布《关于进一步促进资本市场健康发展的若干意见》，提出发展多层次股票市场、规范发展债券市场、培育私募市场、推进期货市场建设、提高证券期货服务业竞争力、扩大资本市场开放、防范和化解金融风险、营造资本市场良好发展环境等多个完善资本市场发展的政策措施。针对发展多层次资本市场的问题，提出完善全国中小企业股份转让系统，在清理整顿的基础上将区域性股份市场纳入多层次资本市场体系，鼓励上市公司建立市值管理制度、完善股权激励制度，积极推进股票发行注册制改革，构建有利于投资者保护的退市制度等。

2015年1月，证监会发布《公司债券发行与交易管理办法》，进一步规范和发展债券市场。丰富债券发行方式，在中小企业私募债试点经验基础上，建立非公开发行制度；增加债券交易场所，将公开发行公司债券的交易场所由上海、深圳证券交易所拓展至全国中小企业股份转让系统；非公开发

①数据来源：全国中小企业股份转让系统（http://www.neeq.cc/）.

行公司债券的交易场所由上海、深圳证券交易所拓展至全国中小企业股份转让系统、机构间私募产品报价与服务系统和证券公司柜台。简化发行审批流程，取消公司债券公开发行的保荐制和发审委制度；实施分类管理，完善相关投资者适当性管理安排，加强债券市场监管，强化持有人权益保护。

2015年10月，《十三五规划建议》中明确提出，“积极培育公开透明、健康发展的资本市场，推进股票和债券发行交易制度改革，提高直接融资比重，降低杠杆率”以及“深化创业板、新三板改革”。这标志着国家对多层次资本市场发展提出了不同以往的和更高层次的新要求。

2016年政府工作报告提出，要促进多层次资本市场健康发展，提高直接融资比重。

2017年6月30日，国家发改委、工业和信息化部、财政部、人民银行联合发布《关于做好2017年降成本重点工作的通知》（以下简称《通知》），《通知》提到深化多层次资本市场改革，扩大直接融资比例；完善主板市场基础性制度，积极发展创业板、新三板，规范发展区域性股权市场；完善新三板分层管理，推动融资制度规则创新；完善摘牌制度，修订《股票转让细则》；加快推动优先股和资产证券化业务发展；继续扩大债券发行规模，推动债券市场对外开放，扩大创新创业债试点规模。

2018年11月5日，国家主席习近平在首届中国国际进口博览会开幕式上宣布设立科创板，是独立于现有主板市场的新设板块，并在该板块内进行注册制试点。

2019年6月13日，科创板正式开板；当年7月22日，科创板首批公司上市；当年8月8日，第二批科创板公司挂牌上市。至此，形成具有中国特色的多层次资本市场体系，如图2–4所示。

2021年9月2日，国家主席习近平在2021年中国国际服务贸易交易会全球服务贸易峰会上指出，为继续支持中小企业创新发展，深化新三板改革，设立北京证券交易所，打造服务创新型中小企业主阵地。9月3日，北京证券交易所有限责任公司成立，是经国务院批准设立的我国第一家公司制证券交易所；9月10日，北京证券交易所官方网站上线试运行；11月15日，北京证券

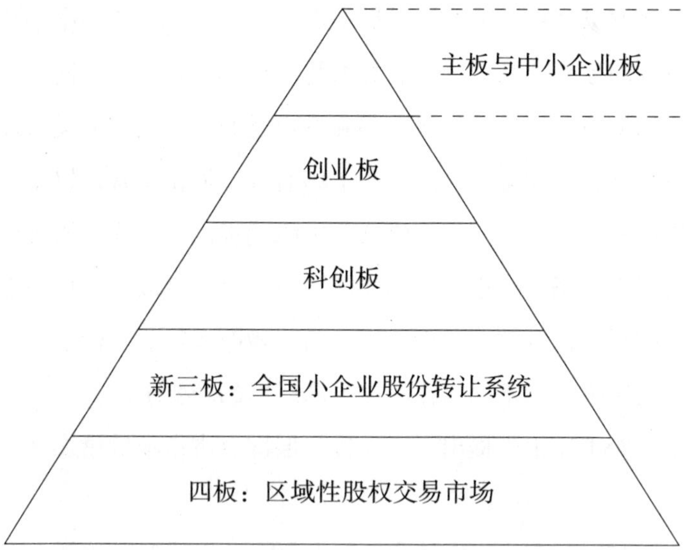

图 2–4　中国多层次资本市场体系

交易所在北京市西城区金融街金阳大厦正式开市；11月19日，发售的8只北交所主题基金全部售罄，完成了“开市首秀”。

北交所，是继设立科创板并试点注册制后，我国资本市场的又一重要制度改革，是党中央着眼于构建新发展格局作出的重大决策部署，是实施国家创新驱动发展战略的重要举措，也是完善多层次资本市场体系的重要内容；是我国科技创新的融资链条再度延伸，“专精特新”企业的培育也将与科创板的融资支持进一步贯通。北交所的功能定位与其他板块、交易所有着天然错位。科创板聚焦“硬科技”，创业板服务“成长型创新创业企业”，定位“三创”，而北交所紧紧围绕服务中小企业，突出“更早、更小、更新”，体现错位发展、特色发展。

北交所以现有的新三板精选层为基础组建的北交所，维持了新三板基础层、创新层与北交所“层层递进”的市场结构。在市场内部，新三板的基础层、创新层是基础，承担规范培育功能，源源不断为北交所输送优质上市资源，新三板与三大交易所关系，如图2–5所示。此外，与私募性质的区域股权市场相比，在北交所挂牌的企业将是真正意义上的上市公司，而不是简单的挂牌企业。2021年11月12日，北京证券交易所宣布，将于11月15日开市。

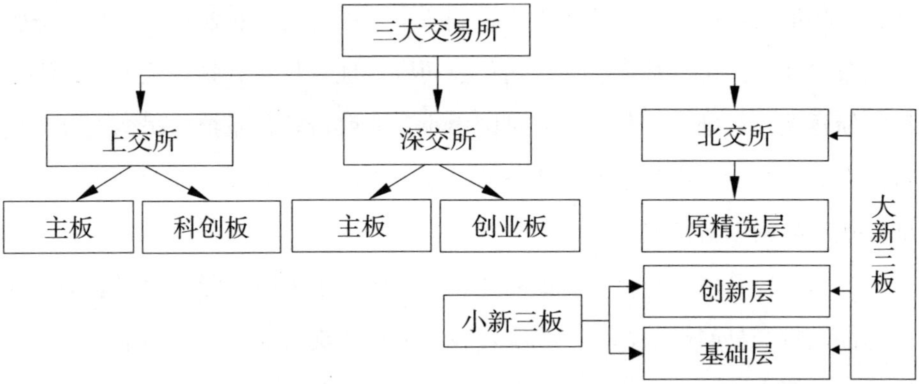

图 2-5 新三板与三大交易所的关系

届时，新三板精选层的71家挂牌公司，将平移至北交所。另外，10家已完成公开发行等程序的企业将直接在北交所上市。开市首日，北交所上市公司数量将达81家。2021年11月15日，北京金融大街钟声响起，宣告北京证券交易所开市，81家中小企业成为首批上市公司。开门迎客首日，北交所股票合计成交95.76亿元，其中10只新股收盘全部上涨，平均涨幅199.80%。

2021年12月，证监会会同有关部门研究起草《国务院关于境内企业境外发行证券和上市的管理规定（草案征求意见稿）》及其配套规则《境内企业境外发行证券和上市备案管理办法（征求意见稿）》，向社会公开征求意见。其中，明确对境内企业境外上市活动实施备案管理，将法律法规禁止上市融资、威胁或危害国家安全、存在重大权属纠纷、存在违法犯罪行为等列为不可境外上市情形，满足合规要求的协议控制（VIE）架构企业备案后可赴境外上市。

多层次资本市场体系逐步建立，直接融资比重逐步提高，金融市场结构日趋完善，金融市场的功能更多的向服务实体经济倾斜。

3. 鼓励金融创新

金融市场的开放还体现在金融产品创新限制的放开，党的十八届三中全会上明确提出“发展普惠金融，鼓励金融创新，丰富金融市场层次和产品”。

2014年11月，银监会发布《关于信贷资产证券化备案登记工作流程的通知》，将信贷资产证券化业务由审批制改为业务备案制；2014年12月，证监会发布《证券公司及基金管理公司子公司资产证券化业务管理规定》，将租赁的债券纳入基础债券范围，将全国中小企业股份转让系统公司纳入资产支持证券交易场所。资产证券化业务的政策限制进一步放开，推动了我国资产证券化产品的创新发展。

2014年12月，证监会批复上海期货交易所关于上海国际能源交易中心开展原油期货交易的申请，进一步丰富我国的期货交易品种，提高金融服务实体经济的能力。

2015年1月，证监会正式批准上海交易所开展股票期权交易试点，出台《股票期权交易试点管理办法》和《证券期货经营机构参与股票期权交易试点指引》，保障股票期权交易的试点工作。2015年2月9日，上证50ETF正式上市交易，进一步丰富了我国金融衍生产品交易品种，促进了我国资本市场健康发展，提升了我国资本市场的国际竞争力。

2015年11月24日，国务院发布关于鼓励互联网金融产品和服务创新、完善金融服务体系、坚持发展普惠金融的《关于促进互联网金融健康发展的指导意见（银发[2015]221号）》。

2018年9月20日，中共中央、国务院发布关于完善促进消费体制机制、进一步激发居民消费潜力的若干意见：鼓励消费金融创新、规范发展消费信贷，把握好保持居民合理杠杆水平与消费信贷合理增长的关系。鼓励保险公司在风险可控的前提下，为消费信贷提供融资增信支持。

2019年12月28日，十三届全国人大常委会第十五次会议审议通过了新修订的《证券法》，新法于2020年3月1日起正式实施，其中将核准制改为注册制，这是金融管理制度创新的具体体现。

2021年，绿色金融工具加快创新，助力实现“双碳”目标。央行先后制定《推动绿色金融改革创新试验区金融机构环境信息披露工作方案》《银行业金融机构环境信息披露操作手册（试行）》《金融机构碳核算技术指南（试行）》《银行业金融机构绿色金融评价方案》，发布国内首批绿色金融标准《金融机构环境信息披露指南》和《环境权益融资工具》，对绿色金融基础制度体系进行补充完善。同时，央行还创设推出碳减排支持工具，设立2000亿元支持煤炭清洁高效利用专项再贷款，与发改委、证监会联合发布《绿色债券支持项目目录》等，进一步丰富绿色金融工具供给。

（二）深化利率市场化改革

党的十八届三中全会还提出，完善人民币汇率市场化形成机制，加快推进利率市场化，健全反映市场供求关系的国债收益率曲线。推动资本市场双向开放，有序提高跨境资本和金融交易可兑换程度，建立健全宏观审慎管理框架下的外债和资本流动管理体系，加快实现人民币资本项目可兑换。利率市场化、人民币汇率市场化改革成为我国现阶段金融改革中的两大内容。

1. 利率市场化改革

资金价格市场化步伐逐渐加快，随着存款保险制度的建立，存款利率规制逐渐放开，利率将在五年内实现初步市场化。

我国的利率市场化改革早在1993年党的十四届三中全会就提出来了，在金融抑制政策惯性和国内外金融经济环境变化的影响下，直到2003年农村信用社改革试点地区才将信用社的贷款利率浮动上限扩大到基准利率的2倍。在此之前，利率市场化改革进展相当缓慢，2004年10月，我国基本取消了金融机构人民币贷款利率上限，之后一直维持着贷款利率下限管理和存款利率上限管理的状态。但进入2012年以来，利率市场化改革的进程明显加快。

贷款利率市场化方面，2012年6月，央行将贷款利率浮动区间的下限调整为基准利率的0.8倍。2012年7月6日，央行将金融机构贷款利率浮动区间的下限调整为基准利率的0.7倍。2013年7月20日，央行取消金融机构贷款利率0.7倍的下限，由金融机构根据商业原则自主确定贷款利率水平，全面放开对金融机构贷款利率的管制。

存款利率市场化的改革也在加快。2012年6月，央行将存款利率浮动区间的上限调整为基准利率的1.1倍。2014年3月1日，央行又从外币存款利率着手，放开上海自贸区范围内300万美元以下小额外币存款利率上限，同年6月27日，央行上海分行宣布，在自贸区率先放开的小额外币存款利率上限政策，将在整个上海市辖区推广复制。

2014年11月22日，央行下调金融机构人民币贷款和存款基准利率，同时为了推动利率市场化改革进程，将金融机构存款利率浮动区间的上限由存款基准利率的1.1倍调整为1.2倍，此外还对存贷款基准利率的期限档次进行了简化和合并，不再公布五年期定期存款基准利率，并将贷款基准利率简并为一年以内（含一年）、一至五年（含五年）和五年以上三个档次，进一步拓宽金融机构的自主定价空间，提高市场化定价能力。

2014年11月30日，央行发布《存款保险条例（征求意见稿）》，就建立规范存款保险制度，向社会征求意见，存款保险制度出台在即，进一步为利率市场化改革提供制度保障。2015年3月31日，国务院正式公布《存款保险条例》，该条例自2015年5月1日起正式实施。《条例》确定了50万元的最高偿付限额，将保险范围覆盖至所有存款类金融机构，有利于更好地保护存款人的权益。《条例》的通过不仅在制度层面上保障了用户的存款安全，同时能使得金融机构审慎稳健经营，有利于中小银行的改革和发展。

2015年10月24日，中国人民银行决定，对商业银行和农村合作金融机构等不再设置存款利率浮动上限。这标志着中国经济改革取得历史性突破，也标志着历时多年的利率市场化改革迈出了极其关键性的一步，中国利率管制时代终结。

2016年2月21日起，职工住房公积金账户存款利率，由按照归集时间执行活期、三个月存款基准利率，调整为统一按一年期定期存款基准利率执行。

2019年8月17日，为深化利率市场化改革，提高利率传导效率，推动降低实体经济融资成本，中国人民银行决定改革完善贷款市场报价利率（LPR）形成机制。自2019年8月20日起，中国人民银行授权全国银行间同业拆借中心于每月20日（遇节假日顺延）9时30分公布贷款市场报价利率。新的贷款市场报价利率（LPR）机制有利于打破贷款定价的隐性下限，有利于切实将政策利率、银行间利率等的下降反映至贷款中，有助于降低实体经济融资成本。

2020年4月9日，《中共中央国务院关于构建更加完善的要素市场化配置体制机制的意见》提出，稳妥推进存贷款基准利率与市场利率并轨，提高债券市场定价效率，健全反映市场供求关系的国债收益率曲线，更好发挥国债收益率曲线定价基准作用。增强人民币汇率弹性，保持人民币汇率在合理均衡水平上的基本稳定。

利率市场化改革进展迅速，未来利率管制将全面放开，有利于发挥市场在资源配置中的决定性作用。

2. 人民币汇率市场化改革

与此同时，人民币汇率市场改革也在快速进行。跨境贸易人民币结算的推广、自贸区（港）的扩大、离岸人民币业务试点扩展、货币互换国别的拓宽、以及人民币资本项目可兑换改革，人民币汇率市场化步入顺利推进通道。

人民币汇率市场化改革是以人民币的国家化来推动的，而人民币的国际化则是通过跨境人民币业务、离岸人民币市场、资本项目开放来进行，因此，人民币汇率市场化改革是与这一系列的金融改革相配合的。

2009年7月，我国启动跨境贸易人民币结算试点。2011年8月，跨境贸易人民币结算范围扩大到全国。2012年3月，中国人民银行、财政部、商务部、海关总署、国家税务总局和银监会联合宣布，参与出口货物贸易人民币结算的主体不再限于试点企业，所有具有进出口经营资格的企业均可开展出口货物贸易人民币结算业务。2014年6月，央行发布关于贯彻落实《国务院办公厅关于支持外贸稳定增长的若干意见》的指导意见，支持银行业金融机构与支付机构合作开展跨境人民币结算业务，个人跨境人民币结算业务也全面放开。

2013年9月29日，作为新一轮对外开放改革试验田的上海自由贸易试验区（上海自贸区）挂牌成立。上海自贸区在政策创新上取得了突出成果，实行负面清单管理制度，全面引入境外投资者参与境内期货交易，支持外资银行入区经营，鼓励金融机构开展跨境投融资服务，支持双向投资境内外证券期货市场等等一系列政策，促进了我国金融市场的开放，推进人民币国际化。2014年12月12日，国务院常务会议对推广上海自贸区试点经验进行部署，在广东、天津、福建再设三个自由贸易园区，并扩展上海自贸区的区域范围。自贸区的扩容，将进一步推动我国贸易和金融的开放。

从香港与内地城市开通货物贸易项下的人民币结算通道，到点心债在香港的大量发行，再到“沪港通”的实施，进一步推动了香港人民币业务的发展，香港已拥有全球最大离岸人民币资金池，成为目前最为重要的离岸人民币中心。离岸人民币业务也从亚洲，向欧洲、北美洲，进而向全球扩张。2014年6月，央行已与法兰西银行、卢森堡中央银行签署了建立人民币清算安排的备忘录，确定中国建设银行为伦敦人民币业务清算行，确定中国银行担任法兰克福清算行。7月央行又授权交通银行首尔分行担任首尔人民币业务的清算行。2014年11月，法兰克福离岸清算中心完成其首笔人民币清算业务。2014年11月，工商银行（加拿大）有限公司担任多伦多人民银行业务清算行，北美建立了第一个人民币离岸中心，同期，澳大利亚西太平洋银行获得中国人民银行和澳大利亚储备银行批准，成为澳大利亚首个人民币清算中心基础银行。人民币清算网络向全球布局，加快了人民币国际化进程，为人民币汇率市场化奠定基础。

伴随着人民币清算中心的建立，中国人民银行还积极与各国货币当局签订货币互换协议，从我国的周边国家和地区，再到东南亚国家，逐渐扩展到欧洲、南美洲、北美洲，截至2014年11月，央行已与28个境外央行或货币当局签署双边货币互换协议，促进人民币的跨境交易，促进人民币在离岸金融市场的自由流通。

同时，为推进人民币资本项目可兑换，2014年，外汇管理局做了多项关于资本项目的改革措施，包括返程投资的外汇管理改革、资本金结汇的试点和对外担保的行政许可的取消，还涉及其他项目，如外债转贷款管理的完全取消，不良资产处置审批的完全取消。这一系列措施有利于提高资本项目可兑换的程度。2014年12月，人民银行、国家发改委等十部委联合发布《关于支持广州南沙新区深化粤港澳台金融合作和探索金融改革创新的意见》，提出探索开展人民币资本项目可兑换先行试验。此外，上海自贸区建立自由贸易账户分账核算体系，以双规制的监管模式，将自由贸易账户（FT账户）

和普通账户隔离，为人民币资本项目可兑换试点提供基础。

自从2005年汇率制度改革以来，人民币对美元持续呈现单边升值的态势，但进入2014年以来，人民币汇率出现大幅波动，从6.0406对美元历史新高到4月末触及6.2676的阶段性新低，9月份人民币对美元又升值到6.1元左右，人民币对美元单边升值预期已消失。2014年3月，央行宣布外汇市场人民币兑美元交易价浮动幅度由1%扩大至2%。12月，外汇管理局宣布放宽银行间外汇市场准入政策，取消事前资格许可，允许合格的货币经纪公司在银行间外汇市场开展相关业务。银行间外汇市场主体的增多会提高汇率波动性，汇率双向浮动成为常态，人民币汇率市场化步伐加快。

2015年8月11日，人民银行进一步完善人民币汇率市场化形成机制。一方面在中间价形成机制上充分体现市场供求对汇率形成的决定性作用，提高中间价的市场化程度；另一方面，则顺应市场的力量对人民币汇率适当调整，使汇率向合理均衡水平回归。2016年2月，人民银行明确了人民币兑美元汇率中间价形成机制，提高了汇率机制的规则性、透明度和市场化水平。

2015年以来，中国外汇交易中心（CFETS）发布人民币汇率指数，外汇市场自律机制和中国外汇市场委员会（CFXC）成立，外汇市场得到大力发展。

2019年初，国民经济开局平稳，中美贸易形势有所缓和，人民币对美元汇率升值至6.70元；随着贸易形势变化，8月人民币对美元汇率至7.10元附近。2019年8月5日，受单边主义和贸易保护主义措施及对中国加征关税预期等影响，人民币对美元汇率在市场力量推动下贬值突破7.0元。人民银行综合施策，加强预期引导，外汇市场运行有序，外汇供需基本自主平衡，人民币汇率实现了预期稳定下的有序调整，被市场称为“不叫改革的改革”。

2020年初，中美签署第一阶段贸易协定，市场乐观情绪一度推动人民币对美元汇率升值至6.90元附近，5月国际形势变化又推动人民币汇率小幅贬值。近来随着中国率先有效控制疫情，经济增长表现出强劲韧性，人民币对美元汇率又升至6.95元附近。在中美经贸摩擦、新冠肺炎疫情暴发并在全球蔓延、世界经济衰退、国际金融市场动荡等多轮重大冲击考验中，人民币汇率均能迅速调整，并在较短时间内恢复均衡，有效发挥了对冲冲击的作用。

2021年12月24日，中国人民银行货币政策委员会例会指出，深化汇率市场化改革，增强人民币汇率弹性，引导企业和金融机构坚持“风险中性”理念，加强预期管理，把握好内部均衡和外部均衡的平衡，保持人民币汇率在合理均衡水平上的基本稳定。

（三）完善行业宏观监管

我国经济进入“新常态”，“经济增速换挡期、结构调整阵痛期、前期刺激政策消化期”三期叠加，在宏观经济变化压力下，金融风险加剧，我国金融监管面临着越来越多的新挑战。党的十八届三中全会提出，落实金融监管改革措施和稳健标准，完善监管协调机制，界定中央和地方金融监管职责和风险处置责任。建立存款保险制度，完善金融机构市场化退出机制。加强金融基础设施建设，保障金融市场安全高效运行和整体稳定。

1. 地方政府融资平台监管升级

经济增速放缓，部分行业产能过剩，投资增长疲软，实体经济债务水平大幅上升，财政风险不断累积，进入“新常态”，财政风险即将达到高点，经济去杠杆化任务紧迫，防范地方融资平台风险成为监管部门的首要任务。2014年

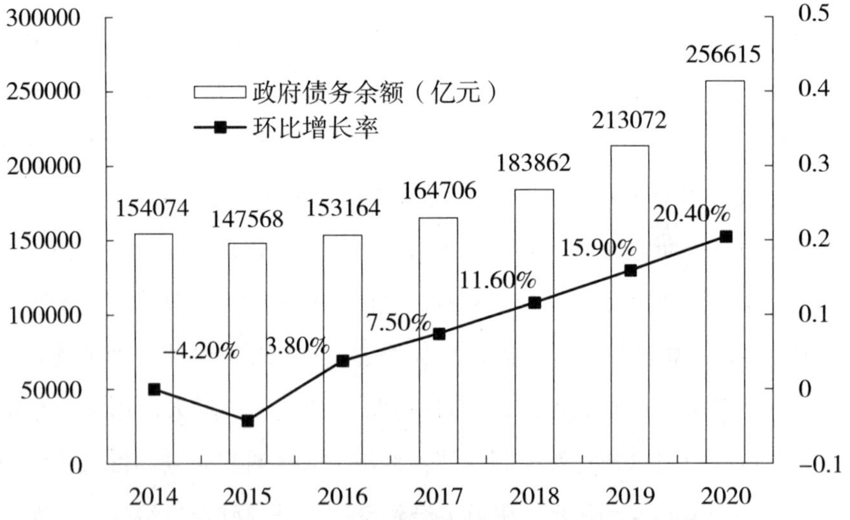

图 2-6　2014-2020 中国地方政府债务余额及环比增长状况

数据来源：财政部

至2020年度，中国地方债务余额以及环比增长状况，如图2-6所示。

2014年8月，《预算法》首次修改获得通过，修改后的《预算法》规定，地方政府发行债券，举债规模必须由国务院报请全国人大或全国人大常委会批准。经国务院批准的省、自治区、直辖市预算中必需的建设投资的部分资金，可以在国务院确定的限额内，通过发行地方政府债券以举借债务的方式筹措。不但限定了举债主体、方式和规模，而且要求举债的用途为“预算中必需的建设投资的部分资金”，地方政府债务受到制度硬约束。

2014年9月，国务院发布《关于加强地方政府性债务管理的意见》，明确加快建立规范的地方政府举债机制，对地方政府债务实行规模控制，严格限定政府举债程序和资金用途，剥离融资平台公司政府融资职能，融资平台公司不得新增政府债务。地方政府举债采用政府债券的方式，政府债务规模实行限额管理，地方政府举债不得突破批准限额，严格限定地方政府举债程序和资金用途，把地方政府债务分门别类纳入全口径管理，实现“借、用、还”相统一。建立地方政府性债务风险预警、应急处置机制，控制化解地方政府性债务风险。

同期，国务院发布《关于深化预算管理制度改革的决定》，进一步明确地方政府举债权限、举债规模控制分类、举债程序和资金用途、地方政府信用评级制度、风险预警及化解机制、政府性债务管理的考核问责制等，规范地方政府债务管理，防范化解财政风险。

2016年1月11日，财政部发布《对地方政府债务实行限额管理的实施意见》，合理确定地方政府债务总限额，对地方政府债务余额实行限额管理。《意见》指出，将取消融资平台公司的政府融资职能，推动有经营收益和现金流的融资平台公司市场化转型改制，通过政府和社会资本合作（PPP）、政府购买服务等措施予以支持。

2016年以来，地方政府性债务的管理工作已取得明显的成效，地方政府举债融资机制逐步得到规范，存量债务置换工作也在稳步推进。国家在控制和化解债务风险、完善相应的配套制度以及加强组织领导方面出台了许多政策措施，如表2-3所示。但局部地区政府债务形势依旧非常严峻，地方政府违法违规举债问题仍时有发生。仍然存在着存量隐性债务统计不清，地方政府偿债压力大、“明渠”变“暗道”，增量隐性债务屡禁不止等现象。

表 2–3 政府化解地方债务风险的相关措施

各项措施	发布时间	具体文件
控制和化解债务风险	2016.10	《地方政府债务风险应急处置预案》（国办函 [2016]88 号）
	2016.11	《地方政府债务风险分类处置指南》（财预 [2016]152 号）
	2016.11	《财政部驻地财政监察专员办事处实施地方政府债务监管暂行办法》（财预 [2016]175 号）
完善配套制度	2015.11	关于印发《政府财务报告编制办法（试行）》的通知（财库 [2015]212 号）
	2017.07	全国金融工作会议，地方党委和政府要树立正确的政绩观，严控债务增量，终身问责，倒查责任。
	2018.03	关于规范金融企业地方政府和国有企业投资行为有关问题的通知（财金 [2018]23 号）
加强组织领导	2018.02	关于进一步增强企业债券服务实体经济能力，严格防范地方债务风险的通知（发改办 [2018]194 号）
	2018.02	关于做好 2018 年地方政府债务管理工作的通知（财预 [2018]34 号）
	2108.04	2017 年第四季度国家重大政策措施落实情况跟踪审计结果

关于地方政府隐性债务监管方面。2018年8月，监管部门已完成了对隐性债务的统计。诸多地方公布了隐性债务化解方案，大多要求在5—10年间将隐性债务化解完毕。化解方式包括六类：直接安排财政资金偿还；出让政府股权以及经营性国有资产权益偿还；利用项目结转资金、经营收入偿还；合规转化为企业经营性债务；通过借新还旧、展期等方式偿还；采取破产重整或清算方式化解。2021年7月，中央办公厅印发了《关于加强地方人大对政府债务审查监督的意见》明确，地方人大要加强监督问责：加强对以政府投资基金、政府和社会资本合作（PPP）、政府购买服务等名义变相举债行为的监督，加强对政府通过地方国有企业变相融资行为的监督。

总之，各项政策从控制平台债务、地方政府债务，到防范隐性债务，目的是控制地方债务风险，守住不发生区域系统性风险的底线。但效果欠佳，隐性的地方政府债务仍然难以发现。未来针对政府融资平台政策的方向将是双管齐下，即从需求端和供给端两头控制。特别是需求端，仅仅对资金需求的控制是远远不够的，要从源头上解决问题，政策调控将从融资需求控制转到投资需求控制。

2. 影子银行监管难题加剧

除了对地方政府融资平台的风险监管，对影子银行的监管也是监管当局目前的主要任务。影子银行作为传统银行体系的补充，在服务实体经济、丰富居民投资渠道等方面起到了正面作用，但影子银行存在经营不规范、监管套利等问题，随着经济增速下行，部分产业经营过剩、风险累积，给这些行业提供高息融资的影子银行成为一颗随时可能爆炸的定时炸弹。如何规范影子银行，将其纳入监管体系，及时控制潜在金融风险，成为金融监管的难题。

2010年以来，监管机构陆续发布关于银信理财业务、同业业务等监管政策，例如，2010年银监会72号文《关于规范银信合作理财合作业务有关通知》限制融资类银信合作理财业务规模，2011年银监会197号文《关于切实加强票据业务监管的通知》禁止通过票据贴现逃脱信贷规模监管，2012年银监会237号文《关于规范同业代付业务管理的通知》进一步规范同业代付业务。2013年更是连续出台多项规定，如银监会8号文《关于规范商业银行理财业务投资运作有关问题》，银监会135号文《关于排查农村中小机构违规票据业务的通知》，2013年12月国务院发布的107号文《关于加强影子银行监管有关问题的通知》，明确了影子银行的业务监管范围，首次将新型网络金融公司、第三方理财机构等完全无监管的信用中介机构纳入监管体系，规范金融机构理财业务、网络金融活动、融资担保业务和民间融资业务等，引导影子银行健康发展，防范其潜在风险。

2015年1月16日，银监会又发布《商业银行委托贷款管理（征求意见稿）》，对委托贷款的资金来源进行限制，金融资产管理公司和具有贷款业务资格的各类机构不能成为委托贷款的委托人，同时严格规定委托贷款流向，不得用于投资债券、期货、金融衍生品、理财产品、股权收益等。这也是对影子银行监管政策的进一步落实。

一方面，对影子银行的监管政策趋严，但另一方面，影子银行仍在通过各种新的渠道释放资金。2015年1月，穆迪投资服务公司在《中国影子银行季度监测报告》中指出，截至2014年底，中国影子银行业资产价值占GDP的比重由2013年底的66%上升到71%，房地产市场低迷和经济增长减速，加大了影子银行的风险，并且各种影子银行正在转移到线上融资平台和股市保证金融资等新领域。

银保监会针对信托公司、理财产品、银信合作等影子银行业务颁布了大量规范性监管文件，如表2-4所示。

表 2-4　银保监会相关监管文件

年份	相关监管措施
2015	《中国保监会关于严格规范非保险金产品销售的通知》
2016	《网络借贷信息中介业务机构活动管理暂行办法》
	《关于规范银行业金融机构信贷资产收益权转让业务的通知》
	《商业银行理财业务监督管理办法（征求意见稿）》
2017	《关于规范银信类业务的通知》
2018	《商业银行理财业务监督管理办法（征求意见稿）》
2019	《关于推动银行业和保险业高质量发展的指导意见》
2020	《关于近年影子银行和交叉金融业务监管检查发现主要问题的通报》
2021	《关于开展银行业保险业“内控合规管理建设年”活动的通知》

证监会针对信托公司、资产证券化、私募基金等影子银行业务颁布规范性文件，如表2-5所示。

表 2-5　证监会相关监管文件

年份	相关监管措施
2004	《货币市场基金管理暂行规定》
2005	《金融机构信贷资产证券化监督管理办法》

续　表

年份	相关监管措施
2012	《基金管理公司特定客户资产管理业务试点办法》
	《证券投资基金管理公司子公司管理暂行规定》
2013	《关于加强证券公司资产管理业务监管的通知》
	《证券公司资产证券化业务管理规定》
2014	《私募投资基金监督管理暂行办法》
	《证券公司融资融券业务管理办法》
	《货币市场基金监督管理办法》
2015	《关于清理整顿违法从事证券业务活动的意见》
2016	《基金管理公司子公司管理规定》
	基金管理公司特定客户资产管理子公司风险控制指标管理行规定》
2018	《证券期货经营机构私募资产管理业务管理办法（征求意见稿）》
	《证券期货经营机构私募资产管理计划运作管理规定（征求意见稿）》
	《关于进一步明确规范金融机构资产管理业务指导意见有关事项的通知》
2019	《关于加强非上市公众公司监管工作的指导意见》
2020	《可转换公司债券管理办法》
2021	《关于加强私募投资基金监管的若干规定》

影子银行的风险加剧，给我国的金融稳定造成重大隐患，但另一方面，不少企业在正规金融机构无法获得信贷融资，只能求助影子银行，如何在不增加实体经济融资难度的情况下，将影子银行纳入监管，防范控制风险，是当前金融监管的一大难题。

3. 互联网金融监管迫在眉睫

中国互联网金融经历爆发阶段、狂热阶段、协同阶段和成熟阶段四个发展阶段。1999—2012年是我国互联网金融爆发阶段，2013—2015年是狂热阶段。国家虽然出台了多项应对措施，但是互联网金融风险尚存，还需在立法等监管方面有所创新。

2013年以来，互联网金融在国内迅猛发展，但快速的创新也带来了很多风险隐患，2014年互联网金融的风险问题开始大量浮出水面，尤其P2P网贷平台安全问题集中暴发。

2014年下旬P2P网贷行业甚至出现老板纷纷卷款“跑路”的恶性违约事件，给投资者造成了严重的资金损失；部分P2P网贷平台客户资金与平台资金未有效隔离，违规发行理财产品，触碰“非法吸收公众存款”的法律底线。

还有一些互联网金融平台信息安全保护水平低，系统遭到黑客攻击，部分客户数据被泄露；有的平台没有建立客户身份识别、交易记录和可以交易分析报告机制，不法分子利用平台进行洗钱、信用卡套现等违法活动。

互联网金融的监管存在大片空白，监管归责更是缺失。互联网金融风险升级，监管措施的制度和落实，监管体制的构建迫在眉睫。

2013年8月，由央行出资入股的征信公司——上海资信有限公司上线网络金融征信系统，帮助P2P网贷公司实现信贷信息共享，防范信用风险，截至2014年12月底，该征信系统共接入网贷机构370家，收录客户52.4万人。该系统有望与央行征信系统对接，为网贷公司监管提供支持。

2014年3月，为了遏制不法分子利用第三方支付对POS机申请审核不严的漏洞，通过预授权交易进行套现的风险事件，央行下发《中国人民银行关于银行卡预授权风险事件的通报》，要求包括汇付天下、易宝支付、随行付、富友、卡友、海科融通、盛付通、捷付睿通在内的8家机构在全国范围内暂停接入新商户。另外，中国银联旗下的银联商务、广东嘉联两家将被要求自查。

在行业自律方面，2014年4月，中国互联网金融协会获得国务院批复，开展筹备工作。2014年3月，上海金融业联合会互联网金融专业委员会成立，为政府部门提供互联网金融监管制度建设提供智力支持。2014年5月，全国首家由政府批准成立的省级互联网金融行业组织——广东互联网金融协会正式成立，公布了《广东互联网金融协会自律公约》，规范协会成员行为。2014年12月，江苏也成立了省级互联网金融协会，促进了互联网金融机构健康发展。

2014年6月，中国人民银行公布《中国人民银行年报2013》，以专题的形式对互联网金融风险作出警示，指出了互联网金融机构法律定位不明确、客户资金第三方存款制度缺失、风险控制不健全三方面风险问题；并表示根据国务院指示以及应对国际金融危机小组决定，央行将牵头相关部委对互联网金融发展和监管问题进行深入研究，制定促进互联网金融行业健康发展的指导意见。

2015年1月，银监会进行成立12年以来首次组织架构改革，设立银行业普惠金融工作部，将P2P网贷公司监管纳入责任范围。组织架构的落定，表明监管细节的出台也为时不远，P2P网贷行业野蛮生长的状态即将得到扭转。

2015年7月，人民银行等十部门发布《关于促进互联网金融健康发展的指导意见》（银发[2015]221号）。《指导意见》确定了在互联网金融问题上“鼓励创新、防范风险、趋利避害、健康发展”的总体要求，同时也按照“依法监管、适度监管、分类监管、协同监管、创新监管”的原则，确定了在互联网支付、网络借贷、股权众筹融资、互联网基金销售、互联网保险、互联网信托和互联网消费金融等互联网金融主要业态上的监管职责分工，对监管责任进行落实，也明确了业务边界。

2016年开始，互联网金融行业开启了全面监管时代。2016年以后，我国互联网金融进入一个转折点，监管层、业界和学术界都在反思和调整互联网金融发展路线，通过制度建设、重组和创新，规范发展互联网金融。尤其在2017年，监管层不断加大整治力度，出台了多项政策措施，2016-2019年部分相关的互联网金融监管政策，如表2-6所示。

表2-6　2016—2019年国家互联网金融监管政策汇编

时间	具体监管措施
2016.01.19	《中国保监会关于加强互联网平台保证保险业务管理的通知》
2016.04.12	《互联金融风险专项整治工作实施方案的通知》
2016.04.13	《非银行支付机构专项整治工作实施方案》

续 表

时间	具体监管措施
2016.04.13	《P2P 网络借贷风险专项整治工作实施方案》
2016.04.14	《互联网保险风险专项整治工作实施方案》
2016.04.14	《通过互联网开展资产管理及跨界从事金融业务专项整治工作实施方案》
2016.04.14	《股权众筹风险专项整治工作实施方案》
2016.10.12	《促进民间投资健康发展若干政策措施》
2016.10.30	《网络借贷信息中介机构备案登记管理指引》
2017.02.22	《网络借贷资金存款业务指引》
2017.06.26	《关于进一步加强校园借贷规范管理工作的通知》
2017.06.29	《关于进一步做好互联网金融专项整治清理整顿工作的通知》
2017.08.23	《网络借贷信息中介机构业务活动信息披露指引》
2017.09.04	《关于落实对代币发行融资开展清理整顿工作加强支付结算管理的通知》
2017.11.21	《关于立即暂停批设小额贷款公司的通知》
2017.11.23	《关于进一步加强无证经营支付业务整治工作的通知》
2017.12.01	《关于整顿现金贷业务的通知》
2017.12.08	《关于印发小额贷款公司网络小额贷款业务风险专项整治业务的通知》
2017.12.22	《关于支付创新业务的通知》
2017.12.27	《中国人民银行关于印发条码支付规范（试行）的通知》
2017.12.29	《关于调整支付机构客户备付金集中交存比例的通知》
2018.01.17	《关于开展为非法虚拟货币交易提供支付服务自查整改工作的通知》
2019.01	《关于做好网贷机构分类处置和风险防范工作的意见》（175 号文）
2019.04	《网络借贷信息中介机构有条件备案试点工作方案》
2019.09	《关于加强 P2P 网贷领域征信体系建设的通知》
2019.11.15	《关于网络借贷信息中介机构转型为小额贷款公司试点的指导意见》

互联网金融风险暴露，各级金融监管部门也在加紧步伐制定互联网金融监管政策和制度，开展互联网金融专项整治，成立互联网金融协会，弥补在互联网金融这一新兴金融业态上监管的空白。但由于互联网金融发展速度飞快，很有可能出现政策滞后的问题，再加上互联网金融产品众多、范围广泛，各级金融监管部门及时出台互联网金融具体监管政策任重道远。

2020年7月，中国银保监会公布《商业银行互联网贷款管理暂行办法》，对联合贷款、助贷业务提出相应规范要求。

2020年8月，中国最高人民法院发布的《最高人民法院关于审理民间借贷案件适用法律若干问题的规定》，将民间借贷利率的司法保护上限调整为一年期贷款市场报价利率（LPR）的四倍，此前上限为“以24%和36%为基准的两线三区”。

2020年11月，银保监会、中国人民银行发布《网络小额贷款业务管理暂行办法（征求意见稿）》，将绝大部分网络小贷公司的经营范围限制在了注册地所属省级行政区域，只有“极个别”网络小贷公司在经过银保监会批准后可以跨省经营，并且将直接由银保监会负责监督管理和风险处置；提高网络小贷公司注册资本门槛至10亿元，跨省经营的网络小贷公司注册资本则不低于50亿元；要求网络小贷在开展联合贷款业务时单笔出资比例不得低于30%，由此限制了网络小贷公司通过联合贷款可以放大的贷款规模的做法。

2020年11月，中国银监会发布了《中国银保监会办公厅关于促进消费金融公司和汽车金融公司增强可持续发展能力、提升金融服务质效的通知》，为消费金融公司和汽车金融公司带来了3条监管支持政策：适当降低拨备监管要求，拓宽市场化融资渠道，增加资本补充方式。

2021年1月13日，银保监会网站发布《消费金融公司监管评级办法（试行）》（下称《办法》），将消费金融公司监管评级结果分为1级、2级（A、B）、3级（A、B）、4级和5级，评级结果将作为消费金融公司市场准入等事项的参考因素。银保监会表示，《办法》的发布和实施，进一步完善了消费金融公司监管规制，为强化分类监管提供了制度支撑，有利于提升监管工作效能，引导消费金融公司强化风险防控，发挥特色功能，加快向高质量发展转变，更好地服务实体经济。

Chapter-3

第三章

南京金融传承与创新的禀赋优势

作为一座城市，南京经历了2500多个春秋，历史积淀丰富，城市金融历史可圈可点。

一、历史传承与文化底蕴

人口的聚集和城市的发展互为因果。作为六朝古都、十朝都会，南京金融发展的历史充分证明：“贸易是金融之父，城市是金融之母。”

（一）人口聚集与城市金融发展

从金融发展史的角度来看，一个地区（或城市）金融业的兴起，起着先决条件和主要推动作用的因素有两个，一个是贸易的发展，一个是人口的聚集。其中，第一个因素已经被经济理论和金融理论反复考证和论述，甚至有的经济史和金融史专家将贸易与金融的关系比喻为“亚当和夏娃的关系”——夏娃是上帝用亚当身上的骨头和泥土捏成的，金融是由贸易分离出来的，贸易发展到一定程度（高度发达），金融就会从贸易中分离出来。犹如夏娃一旦脱离亚当，便有了自己独立的人格；金融一旦从贸易中分离出来，便有了自己的运行方式和规律。“金融脱颖于贸易”的理论，不但可以用来解释和研究一国金融业的发展史，也可以用于探究一个地区金融发展的历史和规律。

其实，第二个因素——金融与人口聚集的关系是显而易见的。第一，人口的聚集产生贸易，贸易必然推动金融的诞生和发展；第二，人口的聚集催生了分工，分工又促进金融的独立和发展；第三，人口的聚集带动资金的集散，而资金的集散正是金融在区域坐标上定位与发展的重要依据；第四，人口的聚集孕育着城市，而正是城市直接孕育着金融活动并推动其发展，这就是各个层次的金融中心总是生根于城市的原因，如果说贸易是金融之父，那么城市就是金融之母。这一点，在南京金融发展史上表现得淋漓尽致。

人口的聚集和城市的发展互为因果。在漫长的封建社会，城市尤其是京城（超）大规模的资金集散，主要是通过（封建）财政渠道完成的，但由于经济活动的多样性和复杂性即经济规律使然，财政不可能囊括全部的资金集散，这就给了城市金融发展的机会。城市资金集聚规模越大，城市金融发展的机会也就越大。这正是南京城市金融的历史、禀赋和传承的奥秘。

南京作为一个城市，有着至少2500年的建城历史，城市的形成使南京的人口不断聚集，贸易和资金集散的规模不断扩大；南京又具有450多年的建都历史，每当这座城市成为国都时，它的贸易和资金集散规模都会骤增，并超过同期的其他城市。可见，作为六朝古都、十朝都会，南京拥有可圈可点的城市金融的历史、禀赋和传承，也属必然。

（二）南京金融两则传说

作为六朝古都，南京有许多脍炙人口的经典传说和神话故事。其中，与南京金融业发展密切相关的传说有以下两则：

1.“金陵”之称的由来

南京古称金陵。唐朝大诗人刘禹锡在《西塞山怀古》中有“王濬楼船下益州，金陵王气黯然收”的千古绝唱。诗里的“金陵”正是指当时的南京。作为历史名城，南京在漫长的岁月中曾经有过“秦淮”“建业”“玄武”“白下”“江宁”“应天”等许多名称，其中最响亮的名称莫过于“金陵”。时至今日，金陵仍是南京最雅致的别称。南京别称金陵的原因，有“因山立号”之说。金陵最初指南京的钟山（钟山也是南京的又一别称），“陵”就是指钟山的山丘，而“金”意指钟山山石的颜色，深层则蕴含着古城南京与金融的关系。原来，金陵之“金”作“金色”解，其实是指铜的颜色，而非黄金。铜也称赤金，人们现在把纯铜称为紫铜。故钟山又有紫金山之称①。而铜正是漫长的中国封建社会所使用过的主要币材。

“金陵”之名的来源还有另外一说，即“埋金”之说。在这种说法中，“陵”被解释为坟墓。相传金陵的名称是因秦始皇埋金以镇王气而得，即“埋金的陵墓”，故名金陵。而地点据说在今天的南京幕府山西侧。《景定建康志》记载：“秦（始皇）厌东南王气，铸金人埋于此”。“帝王埋金”之说也暗示南京是聚财之地。作为都城，南京汇聚着帝王家族和达官贵人，正是他们居于斯，使这座城市具有异常强大的聚财功能。如果说聚财是金融发展的序曲前奏，城市金融则是都市聚财功能的延续、拓展和深化。

总之，解释“金陵”之称由来的“因山立号说”和“帝王埋金说”背后，都有历史坐标意义上南京城市金融的身影。

2. 沈万三埋聚宝盆修筑南京城门的神话故事

根据历史传说，沈万三是大明王朝的首富，曾经富可敌国。朱元璋定都南京后，觉得南京城市规制面积太狭小、城墙不坚固，于是决定扩建南京城垣。可是当时大明天下初定，国库空虚，根本没有足够的财力保障这一扩城计划。于是有人向洪武皇帝献上一策：让江南巨贾沈万三捐资助建南京城墙。朱元璋欣然采纳，召见沈万三，约定整个南京国都的城墙扩建改建工程分成两半，东南的一半工程由这位沈大老板出钱，西北的另一半工程由国库出钱。

传说沈万三家中有一个聚宝盆，可以源源不断地涌出金银财宝，所以他

---

①胡阿祥.蒋山、蒋州、蒋王庙与蒋子文崇拜[J].南京师范专科学报，1999,(02):10-15.

最初并未把朱元璋交办的筑城任务当成难事，兴冲冲地跪领了圣旨，然后破土开工。这项耗资巨大的扩建工程经历了数年，等到沈万三负责的东南城墙工程临近收尾时，终于出现了不可思议的事情：南京正南那座按设计共有三道瓮城四门贯通、横宽达一百一十八米、纵深达一百二十八米的正门城堡屡建屡垮，无论如何也完不了工。眼看工期临近，沈万三心急如焚，四处求教。经高人指点，他拜见了刘伯温。刘伯温仙人指道，让沈万三把家里的聚宝盆埋在城墙下，然后再动工。沈万三照此办理，正门城堡果然再筑而成，持续数年的南京城墙修筑工程终于按期完工。此城门因此得名为“聚宝门”。

沈万三修筑的聚宝门就是现在南京的中华门，如图3–1所示。中华门现在仍为南京城正南门，位于秦淮河北岸。南京中华门瓮城是中国现存最大的城堡式瓮城，如图3–2所示，也被认为是世界上保存最完好、结构最复杂的古城堡，被列为全国重点保护文物。

这个神话故事在南京流传了几百年。经后人考证，南京聚宝门是因附近有座聚宝山而得名，聚宝门的城墙下并未埋聚宝盆。但是，明代南京确有富翁沈万三。明代奇书《金瓶梅词话》中就引用过“南京沈万三，北京枯柳树”的民谚。

从研究南京城市金融历史的角度来看，沈万三修筑南京聚宝门的故事，暗指南京是天下财物的汇聚集散之地，也反映着南京作为聚财之地即资金汇聚（金融）中心的历史地位。这个妇孺皆知的故事还隐含着这样一层意思：

图 3–1　聚宝门（中华门）

图 3–2　南京中华门瓮城

前人已经为南京的金融发展奠定了基础，后来的南京人理所当然也要把南京的金融业发展好。

（三）明代南京城市金融发展

从明朝起，史料比较完整和详细地记载了南京的城市金融活动。大一统的明王朝无论就政治、对外交往还是经济领域而言，都是我国历史上的一个重要时期，在其长达二百七十六年的统治期间，社会经济有了显著发展。作为明朝初期京城的南京，金融烙印清晰。

图 3-3　洪武通宝

明代的南京在货币的铸造与流通领域占据着独特的地位。元顺帝至正二十一年（1361年），朱元璋在应天府（南京）设立宝源局，铸造“大中通宝钱”。朱元璋为避讳元朝的“元”字，把所铸之钱一律称之为“通宝”而不叫“元宝”。明洪武元年（1368年），明朝在各行省设宝泉局，与宝源局同铸“洪武通宝”币，如图3-3所示，并禁止私人铸币。有所不同的是，设在南京的宝源局属工部，而设在外省的宝泉局属户部。据此推断，设在南京的宝源局，在铸币印钞的生产技术方面更加专业化。

明太祖朱元璋在洪武七年（1374年）印制大明通行宝钞，分100文、200文、300文、400文、500文和一贯钞共六种，如图3-4所示。一贯钞长约34厘米，宽约22厘米，是我国票幅最大的纸币，也是世界上票幅最大的纸币。

图 3-4　大明通行宝钞

洪武八年（1375年），“大明宝钞”正式发行，明朝重新统一了纸币的发行流通。宝钞发行期间，严禁金银流通，铜钱仍可流通，洪武二十七年（1394年）铜钱禁用，此时实行单一货币制度。洪武二十三年（1390年），一贯钞只值250文铜钱，四年后跌至160文，七年后跌到25文，贬值90%。英宗正统元年（1463年）以后，废止纸币，白银重新成为合法的货币。南京城见证了明代单一货币制度的设计和实施，见证了明朝纸币制度的推行和崩盘，也见证了明代银本位货币制度[①]的重新确立。

明崇祯十七年（1644年），李自成率兵攻下北京，崇祯帝吊死煤山（今景山），明朝灭亡；明军山海关总兵吴三桂引清兵入关，清军开始征战中原。明朝在南方的宗室藩王们前后相继建立了政权，继续用大明国号，同清军对抗，史称南明政权。明崇祯十七年，史可法等人拥立福王朱由崧在南京登位，第二年改元弘光。福王政权在京城南京铸行“弘光通宝”，分小平、折二钱两种。但此钱仅铸行了一年，福王政权就被清军推翻。南京再次见证了明代（南明）铸币制度的终结。

作为明朝前期的京城和明朝中后期的重要城市，南京城市的资金集散功能，催生出众多的金融机构。首先是南京的当铺业发达。这些当铺大多由私人经营，即为典型的民营机构，有些当铺由财物典当转变为经营吸收存款和货币兑换业务。后来南京又出现了新的金融机构——钱铺，它是钱庄的前身，亦指包括钱庄在内的经营货币业务的所有店铺的统称。接踵而来的是银铺，1463年以后，随着白银成为主要货币，南京的银铺也得到相应的发展。

汇票、银票、钱票都是明末开始使用的信用凭证或信用工具，秉承城市“三铺”（当铺、钱铺、银铺）金融业务的成熟，南京的汇兑也领全国之先。汇兑产生于唐代，延续于宋，明后期银钱并用，汇兑又兴起，唐宋的汇兑以汇钱为主，明末开始的汇兑以汇银为主，汇票、银票、钱票等可取银钱，相当于兑换券，既可以作为价值符号转移，又使兑换券具有纸币的性质，南京再次见证了明朝由白银本位货币向纸币回归的趋势。

（四）《资政新篇》引入保险观念

洪仁玕（1822—1864）又名谦益，号吉甫，广东花县（今广州市花都

---

①从1463年至1933年，中国一直实行以银本位为主体的货币制度.

区）人，洪秀全的族弟。1859年，他由香港到达天京（今南京）后，得到洪秀全重用，被封为“天朝精忠军师顶天扶朝纲干王”，担负总理太平天国朝政的重任。

图 3–5　洪仁玕

洪仁玕主政不久，便写出传世之作《资政新篇》，这是一本以资本主义制度为蓝本实行改革，旨在中兴太平天国的施政纲领。《资政新篇》分为四部分，其中第三部分是“法法类”，其内容包括政治、经济、文化等多方面的立法主张，是《资政新篇》全书的重点。

在“法法类”中，他提出了开办保险事业的观点，成为中国引入保险观念第一人。其内容为：“外国有兴保人物之例”。西方资本主义国家已开办了人寿保险和财产保险。其承保范围和保险责任是：“凡屋宇、人命、货物、船等有防于水火者”，都可以参加保险。投保方式是：“先与保人议定，每年纳银若干。”这里的“议”字意味着保险公司与保户可以经过协商达成协议。保险的赔偿方式是：“有失保人赔其所值，无失则赢其所奉。”以此体现保险权利义务的均等对称。通过保险的赔偿，使“失物不致尽亏”，“若失命，则父母妻子有赖”。言简意赅的十几个字，把保险的作用、功能和意义充分地表达出来。

图 3–6　《资政新篇》书影

洪仁玕独具慧眼，看到保险这种新事物对恢复经济、安定社会所起的积极作用，把它作为“堂正之技”列入《资政新篇》“法法类”中，同造船、铁路、办银行、开发矿藏等30多种兴国大计相提并举，其远见卓识令人折服。

洪仁玕能率先提出中国兴办保险的倡议决

非偶然。他自幼喜读经史，曾向外国传教士学习基督教义，是洪秀全“拜上帝会”的第一批信徒。

1852至1858年，他居港六年，先后结交了不少外国传教士，努力学习西方的“天文、地理、历数、医道”等科学知识，了解欧美列强的“国中体制情伪”。正如近代资产阶级改良派代表人物容闳所评价的那样，洪仁玕“居外久，见闻稍广……凡欧洲各大强国所以富强之故，亦能知其秘钥所在。”当时在香港已经有不少外商保险公司开业，他耳闻目睹，对保险有了更深刻的了解。

洪仁玕《资政新篇》中的许多主张并没有来得及付诸实践，但《资政新篇》仍被认为是在中国传播资本主义思想的启蒙著作之一，在当时的历史条件下曾起过推动社会发展的作用，他有关保险的主张，对后来我国民族保险业的创办起了开舆论先河的作用。

1864年清军击败太平天国、再次占领南京后，李鸿章等“中兴名臣”和其他一些清廷高官暗读洪仁玕的《资政新篇》，拍案叫绝。晚清的有识之士都接受了洪仁玕“大力举办保险业”这一救国主张，并以不同方式支持和促使外资和本国资本涉足保险业，南京因此“近水楼台先得月”，其保险业发展走在全国前列。

（五）跨越三个时期的铸币局

1. 洋务运动时期的江南铸币局

始发于1860年代的洋务运动，是清王朝在饱受外侮和内乱之后图强自救、奋发作为的历史运动。甲午战争之后，洋务运动由大力发展军事工厂转向大力发展民用工业和国民经济。光绪年间，清政府在南京开设江南铸币局。

铸币局的设立与机器局、船政局、制造局不同，机器局和制造局的设立强调均衡布局，船政局的设立必须沿海岸线选择优良港湾布局，而铸币局（厂）既不能像机器局、制造局那样多点设立、均衡布局，又不能像船政局那样依海岸线沿港湾设立。在南京设立铸币局，主要原因有二，一是当时南京已是开展洋务运动的重要城市，这个城市里既有江南制造总局那样的工业基础，又有以两江总督刘坤一为代表的一心致力于洋务运动的杰出的地方主政大员和一大批优秀人才的支持；二是南京有深厚的城市金融文化底蕴和城市金融活动基础。

清代末年，为了遏制大量外国银元的涌入，保护国家金融秩序，清政府先后在广东、湖北和南京设立造币厂，铸造银元。

光绪二十二年（1896年），时任两江总督的刘坤一奏请在江宁（今南京）设钱局铸造银元得到批准。刘坤一随即在南京西水关云台闸南岸沿河收地44亩，向江南筹防局借银8万两建造厂房，并命人到上海订购制造银元的机器，钱局定名为“江南铸造银元制钱总局”。西水关是当时南京内外秦淮河交汇处，在这里设厂铸币便于利用水路妥当地运输大量银材和银元。

图 3–7　刘坤一

光绪二十三年（1897年）秋，江南铸造银元制钱总局正式建成，下辖铸造银元的东厂和铸造铜钱的西厂。1897年10月28日，江南铸造银元制钱总局的东厂就铸造出“光绪元宝”银元，也就是后来民间俗称的“龙洋”，其中第一年铸造的没有标注年份，收藏界通常称为“老江南”或“江南老龙”；其第二年开始铸造的正面钱文中有干支纪年，被收藏界称为“新江南”。

光绪二十六年（1900年），由于多地铸币造成混乱，清廷下令除广东、湖北两局外的全部裁撤，但在刘坤一的努力下，江南局得以保存。光绪二十七年（1901年），江南铸造银元制钱总局开始铸造铜元。光绪二十八年（1902年），由于铜元的铸造获利颇丰，该局于10月添购了铸机5台，每日可铸铜元28万枚，每月可铸700多万枚。1905年，该局又增设铸铜元分厂，企图获得更多的“铸币税”。

宣统三年（1911年），清廷打算进行“废两改元”的改革，即坚决废除银两制，在流通中统一使用银元。正面标注面值的新版大清银币因当年辛亥革命爆发，未进入正常发行。

图 3–8　清末江南造币总厂鸟瞰模型

清朝时期，江南铸造银元制钱总局管辖范围曾扩大到苏州铸币厂、上海造币局、扬州造币局。该局先后改名为“江南户部造币厂”“江南银铜元总局”“江宁造币分厂”。当时铸造的银元，主要在两江总督管辖的范围内流通，即在江苏、安徽等地区流通。

2. 民国初期的江南造币厂

1912年，民国初建，该厂改名为“中华民国江南造币厂”。孙中山任命余成烈为该厂监理，仍以清代旧模铸银元以济军需。1月20日，时任财政部长陈锦涛改厂名为“中华民国财政部江南造币总厂”，并呈报国民政府批准。4月，中华民国临时政府迁往北京后，留守府以军法科长张孝准兼厂长，开铸“开国纪念”铜币。5月铸银币，即俗称“孙小头”银元。该币面值一元，正面为孙中山像，上铸“中华民国”四个字。8月续铸二角金币和二角银币。其中，开国纪念金币重量为9.6克，直径23毫米，是我国近代造

图 3–9　江南造币厂旧址

币史上第一次铸造纪念金币。江南造币厂同时也铸造了一元纪念银币，由于纪念银币的产量很大，后来脱离了纪念币的范畴，成为流通货币。

图 3-10　民国时期的南京造币厂

1914年，中华民国政府财政部下令造币总厂更名为“财政部南京造币厂”，还下发了铸造袁世凯像纪念币的新模。5月开始铸造“袁大头”，每天产量4万枚。同时回收旧币，到了10月，每日铸币14万枚。因为10个“袁大头”摞起来厚度刚好为一寸，故有“头寸”之金融术语，泛指款项并在金融业内延续使用这一术语至今日。

3. 北伐之后的江南造币厂

1927年，北伐军到达南京，成立了新的国民政府。南京造币厂遂改铸孙中山像银元。当年，南京造币厂铸出中华民国开国纪念币（孙像六角星），面值为一元。

1929年6月4日晚，江南造币厂突发火灾，损失极为惨重。8月，国民政府顺势关闭造币厂，其铸币设备全部被运往上海。江南造币厂就此完成历史使命。江南造币厂存在的32年里，共铸造银元5.41亿元，占全国铸造银元总数的30%。

1929年后，江南造币厂一直空置。中华人民共和国成立后，在此旧厂址上建立度量衡制造所，1952年改为南京第一机械厂，1958年改为南京第二机床厂。

（六）清末民初的南京典当业

典当是中国古老的信用行业，收取抵押品，贷出款项，其主要功能是周济平民生活的，并为农户生产和小手工业者融通资金。传承明代南京“三铺”（当铺、钱铺、银铺）兴旺的历史，加上当时政府的行业准入和管理松懈，清朝和民国时期南京的典当行依然活跃。

典当行在历史上被称作“第二银行”；对于大部分平民百姓来说，典当行是面向他们的唯一金融机构，走进去的基本上是穷人。虽然，当时的典当行以盈利为目的，但也带有救济性质。因此，当时南京的众多典当行既是民营或公私合营的商业（准）金融机构，又具有一定的普惠金融色彩。

当时南京的典当行“以商为主、官商合办”的特征十分明显，私人典当行在政府的支持和参与下开展经营业务，许多典当行称之为“公典”，规模较大的典当行有公济公典、协济公典、会济公典、通济公典。与钱庄的纯融资功能不同，由于典当业具有一定融资与融物相结合功能或者说较强的质押融资功能，其他金融机构无法替代故典当行的融资功能，使典当业能在一定程度上得到政府的支持，这是南京典当行得以延续的一个重要原因。

南京的典当行与其他城市的典当行一样，其客户主要是平民，包括城市中下层和乡村的农民，还有一些破产的工商业者、没落贵族乃至赌徒等。这些人的特点：一是穷，没有积蓄，又没有足够信用向朋友借贷，只能与典当行打交道；二是困，他们生活上有上顿没下顿，只好把随身衣物当掉换钱吃饭；或者还债日期已到，无处逃遁，只好把家中值钱物品当掉还债。

南京典当行古已有之，据资料显示，清嘉庆十五年（1810年）时，南京已经有典当行49家。后来屡经兵燹，典当行逐渐减少。辛亥革命前后，南京还有典当行十几家。1913年，张勋率“辫子军”攻入南京，城中秩序大乱，兵匪大肆抢劫，典当行首当其冲遭遇人为“重灾”，因此全部歇业。

图 3–11　时任江苏省省长韩国钧

事态平息后，时任江苏省省长韩国钧竭力主张重开典当行，以满足南京平民百姓的融资需求。1914年，由省公署出面，在珠宝廊开设“公济典”，这是民国时期南京较为著名的一家典当行。同年，江苏省当局与民国政府工商总长盛宣怀[1]接洽，在李府巷续开官商合办性质的“协济典”。“公济典”和“协济典”是当时南京城内仅有的两家典当行，规模大，生意也相当红火。

图 3-12　盛宣怀

1916年，韩国钧致函江苏省典业联合会，在花市街开设了“会济典”。当时，因南京城北荒芜，因此这三家典当行均设在了城南。这三家典当行营业状况良好，资本不断增加。“公济典”的资本后来增长到50万元，成为当时国内资本最大的典当行。

此后不久，南京下关地区出现了“接典”（相当于大典当铺的分店），亦称“本代”。1916年，“同济典”在下关惠民桥开办；1919年，“隆济典”在下关鲜鱼巷开办；同年，“和济典”在下关升和里创办。下关这三家接典，一家是“会济典”的分店，两家是“协济典”的分店，这三家分店的年度营业额也达到10余万元。下关的接典，与其他地方的接典运作方式略有不同。当入金银首饰，直接抵押于银行；收入的一部分衣服，则留存接典内；接典还会以自己商号的名义，单独发行当票，这是其他普通接典所没有的。

1921年，南京的典当行与商人合股，在城东南通济门大中桥创办了“通济典”，该店生意也不错。1935年，“通济典”被一把火全部烧毁，令人叹惜。

南京典当行开设的地点很有讲究。在典当行的旁边，一般都会有一条小巷子，巷子与当铺相通。当铺的门口，有的还会写着“穿堂门”三个大字，这样，当来典当的客户遇到熟人就有个托词，以遮掩其经济窘态。这是典当行老板顾及顾主面子而想出的法子，体现着当时典当融资业务的人性化及人文情怀。

①盛宣怀，中国近代工商业的奠基人，被誉为“中国实业之父”和“中国商父”.

民国期间南京的典当行，因为数量少，所以竞争不是很激烈，但典当业的限制或者说行规却相当严格。比如，摩登女服（即时尚女装）一律不当；铜、锡等金属器皿，因为太占地方，也一概谢绝典当。

典当行为何不做摩登女服的典当生意？原来，当时所谓的“摩登女士”，十有八九是有了钱就挥金如土的人。她们吃了上顿，还不知是否有下顿。于是，她们往往当了皮的，去做棉的；当了棉的，去做夹的；她们只穿新衣，属于那种当了绝对不再赎回的人。典当行了解她们的心思，所以这种现金回流艰难、甚至是血本无归的生意，典当行绝对不做。

民国期间南京各典当行均设经理、副经理，“公济典”和“协济典”还有由市政府委派的监理驻典当行进行督察。监理、经理以下有管楼、钱房、饰房等职务，合称“内缺”，为典当行高级职员；典当行的普通岗位有柜员、写帐、写票、清票、卷包、挂牌等，则统称“外缺”。当铺的内部管理和岗位设置，实行严格的分工责任制和细密的登记分类制度。当铺的分工和岗位，除了总管以外，分为接待顾客并估价的“朝奉”，开当票的“管账”，收发钱币的“管钱”，对当物打包的“学生”，存放当品的“管包”等。

1933年，南京的7家典当行年度营业额达到320多万元，有店员200多人，店员最多的典当行有60人，店员较少的典当行也有10多人。春秋两季为典当旺季。典当行职员的薪水比其他行业略高一些。另外，他们还有存箱、陈利、包皮、红利等诸多名目的额外收入，所以，典当行这一职业令人羡慕。

当铺的资金，基本上是从银行或者钱庄借支来的。每月当铺的利息为2分，但利息的收入，一大部分要归还给银行或者钱庄。因此，当铺用人十分讲究，万一用人不当，上了“跑老虎”的当，就亏大了。所谓“跑老虎”，是指一些人凭着自己鉴别货物的能力，到店里买进衣服，然后，到当铺里高价当掉，从中牟利，因此这些人被称为“跑老虎”。

典当行还有一种经营风险就是“满货”。所谓“满货”就是典当行接收的典当货物几乎占押着典当行的全部流动资金。有的当铺一旦遇到“满货”，只能牺牲利息，原价、甚至亏本卖出物品。可见，典当行的生意并不是那么好做，典当行的高薪也并不好拿。

（七）民国时期南京近现代金融业

1. 民国时期南京的银行区

民国时期的南京，因为其特殊的地位，银行特别多，最早在南京成立的银行是中国银行南京分行。1927年在南京成立国民政府后，各种银行机构迅速扎根南京。到1937年抗日战争爆发时，除了中央政府特许设立的中央银行、中国银行、交通银行、中国农民银行及中央信托局、邮政储汇局等6家银行机构（简称“四行两局”）外，还有省市银行、商业银行等共34家之多。1927年之后，南京商业日盛，市政革新，南京城内新设银行多设在中山路、太平路一带。市政当局就将新街口规划为指定的“银行区”。

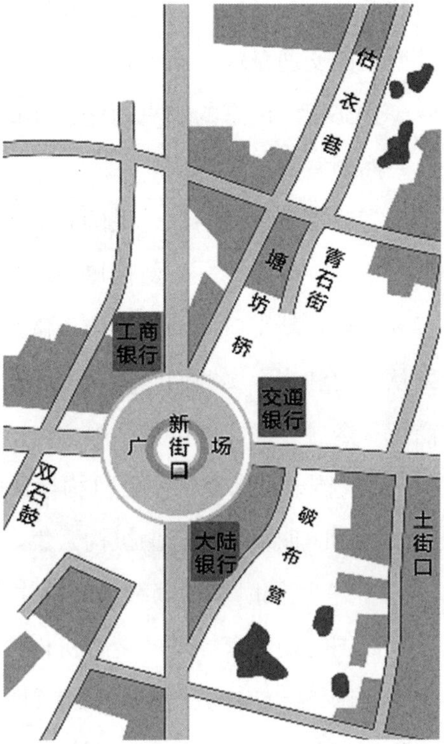

图 3-13　1934 年南京新街口的银行区示意图

从1934年的南京地图看，紧邻新街口广场，就出现了交通银行、工商银行、大陆银行三家银行，民国交通银行南京分行设在中山东路1号，如图3-14所示。因此，以新街口为中心的南京“银行区”之说名副其实。

图 3-14　民国交通银行南京分行旧址

当时南京的银行区形成于新街口并非偶然。1928年国民政府将首都设在南京后，把新街口规划为首都第一商业区。1929年，南京国民政府首都建设委员会实施了对新街口地区的大规模改造，由此掀起一波空前的“首都建设”浪潮。经过历时数年的道路拓宽和旧城区改造，四条宽40多米的林荫大道交会于新街口，形成环形广场，新街口由此成为整个南京市的交通枢纽和商贸中心，成为当时南京城的“心脏”。由于具有特殊的区位优势和极其便利的交通条件，新街口吸引了众多商家入驻，新的商业中心迅速发育成熟。1936年，南京的中央商场在新街口开业，标志着新街口这一当时“中华第一商圈”的正式形成。

需要特别指出的是，民国时期南京“银行区”的地理位置与当时南京的“中华第一商圈”——新街口商圈的位置高度吻合；无论是当时的南京“银行区”还是新街口商圈，都位于南京的市中心。这种吻合一直延续至今日，并从历史和当今实践两个维度上再次印证了商业贸易、城市与金融的关系：商贸是金融之父，城市是金融之母。

2.民国时期南京的金融机构与业务

民国时期，南京金融机构云集。当时设在南京的金融机构主要有：

（1）民国时期国家级金融机构在南京设立的分支机构

民国时期国家控股的金融机构设在南京的分支机构有以下六家：

中国银行南京分行。1912年2月，中国银行南京分行成立。到1937年，中行南京分行辖属机构增加到34个。分行成立初期主要执行国家银行职能，发行钞票，代理国库，支持政府财政。后来，其业务重点转向商业，在省内及安徽遍设机构，促进了经济的繁荣。

交通银行南京分行。1908年，交通银行在北京成立。1910年，交通银行在南京马府街试办驻宁分支机构，简称“陵行”；1920年，交通银行南京分行成立，简称“京行”。1933年，交通银行南京分行在南京新街口东北角兴建分行大厦，该银行大厦由上海缪凯伯工程公司设计，新亨营造厂承建，1935年7月竣工，即为今南京中山东路1号建筑。交通银行南京分行在资本构成、人事管理以及业务经营等方面，均可以称得上是国民政府的金融支柱之一。

南京中山东路1号交通银行南京分行大厦在抗战时间曾为汪伪政权中央储备银行行址；抗战胜利后一度为中央银行南京分行占用；后来，交通银行南京分行在原址恢复营业。

中央银行南京分行。中央银行南京分行成立于1928年，并设有二等分行、三等分行及办事处等。中央银行是国家银行，承担一定的政府职能：发行钞券、代理国库、调剂金融、管理外汇和支应军政用款，业务特别发达，起到了调剂金融、发展社会经济事业的作用。

中国农民银行南京分行。中国农民银行原名豫、鄂、皖、赣四省农民银行，1935年在南京设立分行，还在城市的西北角下关设有办事处。虽名为农民银行，但是该行的业务始终以军政贷款为主，并代理总行的钞券发行和军费垫支业务。

中央信托局南京分局。中央信托局成立于1935年，其经营业务宽泛。中央信托局南京分局的主要业务涉及国民政府中央机构及其在宁公务人员的储蓄及保险、公有财产及机关团体重要文件、证券、契据之保管及保险；经理债券、股票的募集与发行；经收机关团体的信托存款并代理运用等。

邮政储金汇业局南京分局。1918年，中华民国政府发布《邮政储蓄条例》，1919年《邮政储蓄条例实施细则》公布实施，南京与北京、上海、天津、太原、开封、济南、汉口、安庆、南昌、杭州11个城市率先开办邮储业务；同年，南京邮政储汇局成立。1931年邮政储金汇业局南京分局成立（由原南京邮政储汇局改制而来），负责苏皖地区的邮政业务，下属地方局87个。南京分局在通储区内开展通存通兑业务，成为当时国内金融界的一大创举。

（2）民国时期在南京设立的地方政府银行

民国时期在南京设立的地方政府银行有以下3家：

江苏省银行南京分行。江苏省银行原名江苏银行，1917年成立南京分行。当时，省内政局稳定，经济日益发展，省政府的财政尚称充裕，因此江苏银行代理省金库，营运资金，在江南、苏北遍设机构，收益不少。

江苏省农民银行南京分行。1930年，江苏省农民银行在南京设立分行，负责本埠及郊县农村的农业贷款业务。该分行办理合作事业起步较早，发展很快。

南京市银行。1928年，南京市政府设立南京市银行，1935年改名为南京市民银行。南京市银行具有鲜明的地方银行的经营特色，各时期行长及董事会的成员大多由市政府任命，市长兼任董事长。该银行对南京市政府的金融运作贡献较大。

（3）民国时期外省银行设立的驻宁机构

民国时期，陆续有一些外省地方银行来南京开设分支机构。例如，山东省、河南省和陕西省银行先后在南京设办事处或分行。这些外省银行的驻宁机构主要办理本省在宁的金融业务，对南京的金融事业影响不大。

（4）民国时期南京的商业银行及其分支机构

清末和民国时期，开钱庄不需要政府的特殊牌照，从北洋政府开始，全国有4600多家钱庄，这些钱庄或多或少地经营部分银行业务，官办银行和私营银行一度非常繁荣，众多私营的商业银行也是百花齐放。

宣统年间，上海商办信成银行和扬州大和银行均曾在南京设立机构。民国成立后，上海商业储蓄银行率先于1917年来南京设分行，此后各银行分支机构逐渐增多，到抗战前，在南京设有分支机构的商业银行共有22家。这些商业银行按其派系和地区可分为"北四行""南四行""小四行"和其他商业银行。

北四行是指民国时期总行设在北方（京、津地区）的盐业银行、金城银行、中南银行和大陆银行的合称。北四行的业务比较灵活，除经营信贷、汇款外，还兼营储蓄、信托、仓库、房地产和证券交易、外汇交易，甚至还参与工商企业投资。北四行驻宁分支机构对南京的市政建设和工商交通业发展起到了积极作用。

南四行是指当时总行设在上海的浙江兴业银行、浙江实业银行、上海商业储蓄银行和新华信托储蓄银行的合称。这四家银行在金融界中占有重要的地位。在金融机构的激烈竞争中，南四行的效益很可观。南四行设在南京的分支机构在经营和业务上保持高度的协调一致，使其在南京金融市场上具有很强的竞争力和影响力。

小四行是指官商合办的中国通商银行、四明商业储蓄银行、中国实业银行和中国国货银行的合称。小四行与南京的中央机关大都有往来，抗战前小四行的军政存款占90%，小四行驻宁机构虽然规模略小，但业务量并不小。

此外，还有其他商业银行来南京开设分行，如川帮银行南京分行。

（5）民国时期南京的钱庄

南京的钱庄按照营业范围、资本大小，大体上可分为三种：汇划庄、钱庄、兑换铺。南京的钱庄曾经是银行的劲敌，在1948年南京物价飞涨前，交通银行的利息是二到三厘，而钱庄能给出五厘左右的存款利率。此外，由于国民政府严格规定，银行存款必须实行实名制，也促使南京的相当一部分民间资金流向不实行实名制的钱庄。

钱庄虽然资金周转快，但是经营规模小、成本高，抗风险能力差，钱庄的盛衰与经济周期关系密切。由于钱庄的封建性业务方向和经营模式、落后的经营技术与组织制度不能适应民国社会经济发展的需要，因此，南京的钱庄逐渐为当地的银行所代替。

（6）民国时期南京的保险机构

南京下关开埠后，许多外商保险公司来到南京设立分公司。1931年后，在宁的华商保险公司达20余家。同时，在金融界的大力支持下，加之国民政府提倡民众购买国货，南京的华商保险公司一度经营业务红火，发展较快。南京政治经济商业中心和交通航运港口枢纽的城市地位促使人流物流财流（资金流）在南京集散，这是成就当时南京保险业发展的重要原因。

3. 南京金陵大学对民国时期农村信用合作事业和农民贷款的贡献

1923年，在河北香河诞生了中国最早的农村信用社。1929年南京市政府设立合作事业指导委员会。在该委员会的推动下，成立了一系列信用社，主要有住宅合作社、劳工合作社及各种农产品运销合作社。

20世纪30年代，中国农村极度衰败。一方面，不仅内地，即使苏浙等沿海省份也常常田亩荒芜，歉收地区农民生活困苦，丰收地区因交通闭塞，农产品不能运销外地，谷贱伤农；另一方面，农民税赋杂捐负担沉重。凋敝之下，乡间富户迁徙进城，大量的资金纷纷从农村流出，流向大城市和上海，绝大部分乡村和县城金融枯竭。1934年，一些内陆地区的银币和铜元几乎绝迹。金融机构、钱庄认为无利可图，纷纷停止对这些地区融通资金，导致当地高利贷盛行。

当时现金集中于都市，农村金融枯竭，要拯救都市工商业，必须先拯救农村，必须将资金安稳地流到内地，这是解决中国经济的一条出路。有识之士看到了这一点，他们认为，农村合作制度为最适合中国农村的金融组织，不仅可以直接救济农村，甚至可以提倡平民教育，而增加农民之智识。于是，农村金融合作与农民贷款运动成为扭转当时农村经济衰败的重要举措。

1930年代，南京在推动全国（尤其是内地）农村合作事业的大发展过程中起了重要的作用。当时，中国农村经济濒于破产的边缘。为了挽救陷于危机中的农村经济，国民政府中央农业推广委员会和金陵大学（现今南京大学和南京农业大学的前身），在南京附近的安徽省和县乌江镇联合创办了乌江农业推广实验区，并取得成效。

随后，金陵大学又与上海商业储蓄银行（即上海银行）董事长、当时著名的银行家陈光甫在乌江联合创办农村合作社，办理低息农村贷款。1933年1月，陈光甫在上海商业储蓄银行总行设立农村合作贷款部，成为民国，也是中国银行史上第一个商业银行内设的专门办理农民贷款的业务部门。

陈光甫的实验引起了中国银行总经理张嘉璈的关注。中国银行于1932年开始在农村尝试合作社贷款，1933年，张嘉璈先花1个月到西北各省调研，第2年又花一个半月去四川调研。调研回来，张嘉璈呼吁上海金融界及工商界转移目光，向内地投资，救助穷人。一场声势浩大的开办农村合作社和“农民贷款”运动由此掀起。

1936年，仅中国银行对农村合作社的贷款就增加到808万元，合作贷款范围扩展至10省117县，关系94个合作社联合会、3200个农村合作社、20.5万农户。此后两年，中国银行又在全国13个省设立分支机构27处。1939年年底，中国、中央、交通、农民等四大银行都开办了农民贷款业务。这场“农民贷款”运动，将珍贵如血液的资金注入嗷嗷待哺的中国内地农村，为当时陷入绝境的内地农民开辟了一条“血脉通道”，也为中国抗战中大后方的农村经济发展奠定了基础。

这场由南京金陵大学率先发起的农村合作社与“农民贷款”运动，也为1949年以后中国农村信用合作事业的普及与发展提供了理论准备和实践参照。

4. 民国时期南京银行业的储蓄存款实名制

20世纪30年代，南京各银行之间的竞争激烈。当时南京的银行一般都经营存款、放款业务。但是，当时南京几乎所有银行的营业厅里，鲜见人影。因为市民们并非特别信任国内银行，许多人把钱存入外国在华银行。一些大商人不放心国民政府的银行，就把钱存到上海的美国花旗银行里。

一般的老百姓，也不到银行存钱。到南京解放前，许多有工资收入或经营收入的“老南京”甚至都没有进过银行的大门。除了因为储户青睐钱庄的高利率外，还有一个原因，这就是民国政府财政部规定，银行存款必须实行实名制，否则将罚款。作为入驻首都的银行机构，南京银行业执行这一规定十分严格，但结果却导致银行的私人存款越来越少。

其实，民国时期南京银行存款实行实名制，有一个发展过程。民国银行刚开始在南京出现时，人们在存款时可以随便使用字号，甚至使用假名登记。这样做，一方面，与传统习惯有关；另一方面，也是为了防止露富。比如，1915年4月，上海商业储蓄银行开办时，孔祥熙入股的第一笔股份10000元，实际上是孙中山先生的投资，而由孔祥熙以“孔庸”之户名出面登记。当时各家银行完全听任客户自便，银行监管机关对此也一直没有明确的规定和要求。20世纪30年代中期，国民政府财政部规定，国民的本名，以一个为限，就是登记在户籍上的姓名。储户在银行存款，如果不使用本名，就要缴纳罚金。

南京的银行在实际执行财政部的储户实名制规定时，遇到了相当大的困难。储户必须先缴验市民身份证或服务证，以确定其真实姓名，才可以在银行开户；而事实上，有许多市民不愿多此麻烦，更不愿因此让他人知道自己的经济情况。于是，银行的存款户越来越少，这造成银行资金窘迫，并导致银行放贷业务十分艰难。

5. 民国时期南京银政关系案例

南京的银行业，尤其是官办银行，与官僚资本和政治权力之间存在着密切的联系，仅从以下两个案例中便可见一斑。

（1）民国时期南京的银行遭劫案

南京银行业在发展过程中，还受到民国政府的强力保护。1932年9月9日上午10点，5名劫匪在10分钟内洗劫了南京北门桥下薛家巷中国银行分行，劫去银行和客户手中的钱款共计一万七千余元。此案发生后，举市震惊。南京作为民国首都，军警机关林立，戒备森严，竟然大白天在繁华的商业区发生了银行抢劫案，且匪徒来去自由，实在是骇人听闻。9月10日，管辖出事地点的警察第一局局长金斌即被处分。9月13日，国民政府首都警察厅厅长吴思豫向内政部自请处分，被内政部记大过一次，并被要求“戴罪缉凶，务获破案”。首都警察厅厅长因一起案件而自请处分并被记过，这在南京国民政府成立以来尚属首次。

1932年，一石大米的价格在8元左右，约为2021年南京大米价格的1/40，按照购买力平价（PPP）计算，1932年的一万七千余元相当于今天的六十多万元。对于一家银行而言，这并不是巨额数字。其实，扣除劫匪直接从储户手里抢的钱，银行被抢劫的钱只不过是银行当天提出来备用的钱。

时任首都警察厅厅长的吴思豫是老国民党员，与孙中山交情匪浅，在南京国民政府中人脉很广、声望颇高。但由于被抢劫的是中国银行，终受牵连。中国银行作为民国时期的国有四大行之一，一向被四大家族所操纵，是四大家族进行资本积累的重要工具，别说抢劫了一万七千元，就算是抢了中国银行七块钱，也算“太岁头上动土”，作为首都警界的“一哥”，吴思豫难辞其咎。

在国民政府内政部严令重压之下，1932年9月30日，中国银行南京分行被劫案迅速告破，五名劫匪归案。此案发生与侦破过程足以表明当时南京的官僚金融资本与国家政权的特殊关系。

（2）民国时期南京市市长马超俊直接插手的银行舞弊案

20世纪30年代中期，民国的银行舞弊现象达到了一个高潮。南京金融界的舞弊案层出不穷。1933年9月，江宁法院开庭审理了一起市金库舞弊案；1935年9月南京又发生了一起银行舞弊案——南京市民银行舞弊案，受到社会的高度关注。此案的涉案嫌疑人石灼华，其兄长为南京市前任市长石瑛。于是，当时的南京市市长马超俊直接插手此案。1935年9月7日，《中央日报》对南京的这一案件做了详尽报道，指出马超俊插手这起舞弊案，是希望石灼华舞弊成为铁板钉钉的事情。尽管江宁法院侦查处已经查实，市民银行舞弊案与石灼华等人无关，但这位马市长对江宁法院初次的调查结果并不认可，他要求法院再议。经过江宁法院检察处再次侦查，发现舞弊案的嫌疑人原来另有其人。江宁法院的审理结果令马超俊失望。此案反映了民国首都的南京地方银行业，当时所受到政治和权势干预的状况。

综上所述，民国时期南京的金融业相当发达。虽然当时南京实业发展较弱，但是，国民政府定都南京后，由于显赫的政治地位、发达的商品贸易等得天独厚的条件，南京城市经济快速膨胀，金融业发展迅速。而发达的金融业又为当时南京的社会和经济发展做出了巨大的贡献。

二、现实基础与资源禀赋

（一）自然条件与区位交通优势

巍峨钟山（即紫金山）主峰海拔448.9米，方圆约30公里，自古被誉为江南四大名山之一，有“金陵毓秀”的美誉，是南京名胜古迹荟萃之地。全国生态文化示范地和世界文化遗产所在地，首批国家5A级景区——钟山风景名胜区就位于钟山南麓。南京紧依钟山立城，借紫金山之林荫草茂，南京绿地面积率一直居于全国前列。紫金山西北侧的玄武湖，曾经是孙权训练水军的演兵场，玄武湖直抵南京城墙，被誉为“南京的绿肺”。发源于溧水东庐山、句容宝华山以及紫金山青溪的秦淮河，全长约110公里，流域面积2630平方公里，是南京的母亲河。秦淮河携手金川河和玄武湖，贯穿南京古城的东西南北（即南京的江南全境），再连通长江，连接南京市境内的江南与江北，形成融江、河、湖为一体的环水亲水城市，为南京提供了优越的航行、水文、水利和景观等资源。因此，南京是一座是集山、水、城、林于一体、自然景观美妙秀丽的城市。

南京位于我国生产力布局中重要的经济核心区——长江三角洲的北端，既是“长三角”面向内地广袤区域的重要门户，又是“环太湖经济带”的腹地；南京与杭州、宁波遥相呼应，构成了以上海为中心的长三角地区的南北两翼，是承接和传导上海辐射的主动脉。南京也是沪宁杭“一小时都市圈”内的核心城市之一。南京位于沿海、沿江两条轴线的“T”形交叉点上，是联结“黄金海岸”和“黄金水道”的枢纽城市之一。南京具有“承东启西、连接南北”的区位优势，是连接长三角地区与中部地区的重要通道，也是长三角一体化发展和沿江开发（长江经济带）两大战略交会的城市，即为联接长三角城市群和长江中游城市群的枢纽城市。借助长江，南京还可以直接沟通长三角城市群与成渝城市群的经济联系。

2010年，国务院公布的“长三角区域规划”提出，建设以南京为中心，覆盖苏皖两省的镇江、扬州、淮安、马鞍山、滁州、巢湖和芜湖等8个省辖市的区域都市圈，形成跨越苏皖两省、融合长三角与皖江城市带，连接东中部两大经济发展区域。

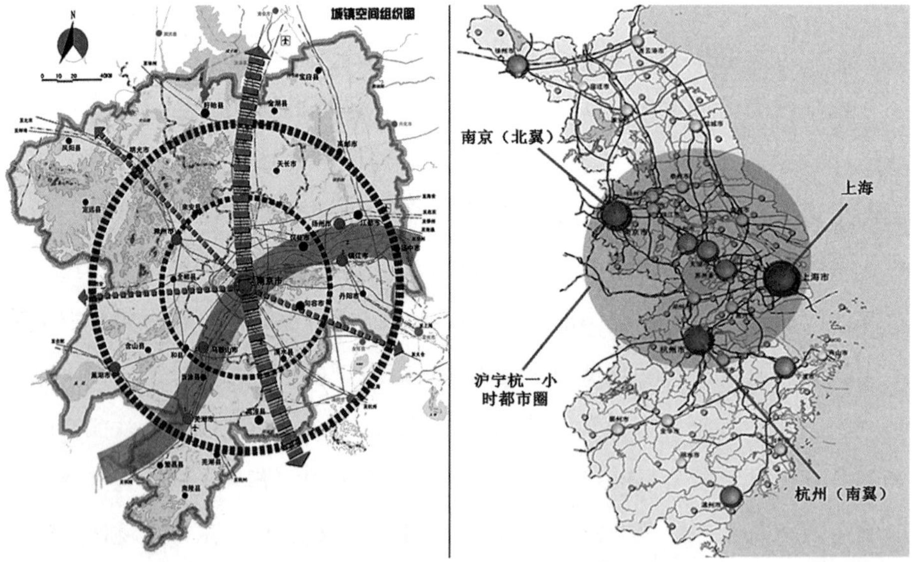

图 3-15　南京都市圈及南京在长三角的区位

南京地处沿海和长江水道交通线上，是东南沿海和长江下游地区的重要交通枢纽，如图3-15所示。南京跨越长江两岸立市，拥有195.2公里的长江岸线资源和150多公里的内河流径。南京拥有现代化的机场、高铁、地铁和港口，各种交通设施齐全，且相互连接、相互贯通，形成优越的水陆空和地面地下多元立体交通格局，其中包括亚洲最大的内河港、华东地区最大的铁路枢纽中心、全国第六大国际货运机场。南京是一座现代化的交通枢纽城市，物流和铁路运输发达，也是海峡两岸直航口岸之一。南京既是有条件大力发展货运、外贸、集装箱运输和港口装卸中转的城市，又是有条件大力发展与航运物流相关的商贸和金融的重要城市。

（二）历史文化与科教文卫优势

南京是一座具有2500多年历史的文化名城，是我国历史上南北经济、文化、语言交流发展的重要结点，是一座融会吴楚文化、南北文化的文化熔炉，具有深厚的历史文化底蕴，是一座自然景观和人文景观“并佳双绝”的城市。南京有良好的人文和生态环境，是国家卫生城市、国家园林城市、国家环保模范城市、全国绿化模范城市、全国文明城市，全国文化体制改革综合试点城市。2010年南京荣膺联合国“世界人居环境奖”。2013年亚青会和2014年青奥会已在南京成功举办，为南京的科教与人文优势增添新的活力和亮丽的光彩。

南京人文荟萃，大批科技人才聚集，是我国重要的教育和科研基地城市。南京是我国高等教育的摇篮城市之一，南京大学、东南大学等全国著名高校已建校120年，其前身是张之洞创办的“三江师范学堂”和“两江学堂”，这两所坐落于南京的近代高等教育机构的历史之悠久、名声之显赫，可与北大、清华的前身——“京师大学堂”相媲美。清光绪十四年（1888年）由美国基督教会创办的金陵大学（University of Nanking，后来并入南京大学和南京农业大学），曾被社会评价为“中国最好的教会大学”，享有“江东之雄”“钟山之英”的美誉。南京大学的大气物理和天文等专业、东南大学的建筑和电子等专业，以及南京紫金山天文台的科研水准享誉全世界。2020年末，全年新增高新技术企业1827家，累计达6507家，比上年增长39%；入库科技型中小企业10042家，比上年增长50.2%。新增市级新型研发机构113家，累计达323家。新增省级以上工程技术研究中心44家，累计达444家。拥有省级以上重点实验室92家，其中国家级29家。市级科创基金新增17支合作子基金；累计成立子基金46支，已出资10.8亿元。

整合集成各类创新载体，持续完善“巷港湾园”的总体布局。深化高新园区体制机制改革，截至2021年末，已完成15家高新园区的去行政化改革，形成“一区多园”发展格局，南京高新区全国排名从2016年的31位提升至12位。南京有数十所驻宁高校，大院大所云集，在校大学生超80万人。近年来，南京大力实施紫金山英才计划，累计集聚科技顶尖专家248名，其中诺奖图灵奖得主9名、在宁两院院士96名，引进海内外高层次创业人才1376名。南京与不少大学在新能源汽车关联领域推进产学研协同创新，全市新能源汽车行业从业人员超10万人。

（三）资源集聚与辐射能力

南京作为江苏省省会，具有吸收、聚集全省资源并向全省辐射经济能量的优势。

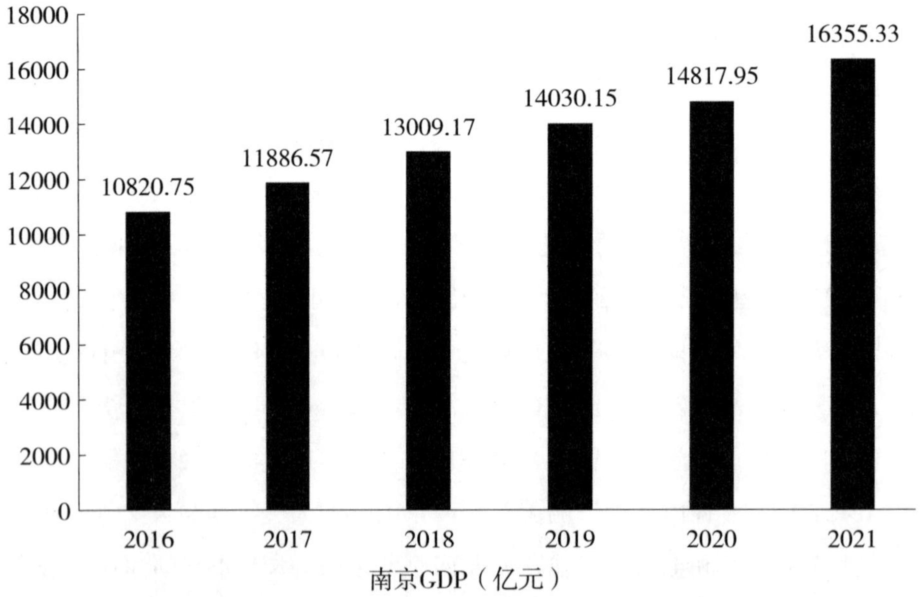

图 3-16　2016-2021 年，南京市 GDP 增长状况

历史上的江苏虽不居中原之利，却自隋唐以后就担负着打造中华文化灿烂发展的重任，并确实打造出骄人的经济基础；明清两朝时江苏商业经济发达、文化繁荣昌盛，经济、文化均领全国之先；近代江苏率先吸收接纳西方现代文明成果，在思想文化上和产业经济上均开中华民族近代文明之先河。当今江苏是一个经济大省和富省，并正在转变为一个强省。2021年全市地区生产总值16355.32亿元，按不变价格计算，同比增长7.5%，两年平均增长6.0%。2016—2021年，南京市GDP增长状况，如图3-16所示。

中共中央总书记、国家主席、中央军委主席习近平2020年在江苏考察时强调，要全面把握新发展阶段的新任务新要求，坚定不移贯彻新发展理念、构建新发展格局，坚持稳中求进工作总基调，统筹发展和安全，把保护生态环境摆在更加突出的位置，推动经济社会高质量发展、可持续发展，着力在改革创新、推动高质量发展上争当表率，在服务全国构建新发展格局上争做示范，在率先实现社会主义现代化上走在前列。

省会城市是一省政治经济文化中心，也是一省经济建设和各项社会事业发展的重点和全省资源配置、资金集散的中心。南京作为一个经济大省、富省和强省的省会城市，汇聚全省经济和金融资源并向全省辐射的能力更加突出。

第一，南京作为省会，吸引省内外各类人才汇聚南京，拥有942.34万人的常住人口和数百万流动人口。按照江苏省统计局日前发布的2021年全省增加28.1万人来计算，南京2021年人口增量占全省36.9%，彰显出南京对人口有着强劲吸引力，人口保持持续增长态势。2021年，全市城镇新增就业34.52万人，超额完成全年目标。全年全体居民人均可支配收入66140元，同比增长9.1%，增幅比上年提高3.9个百分点；两年平均增长7.1%。

第二，作为省会城市，南京成为全省的投资建设重点和政策扶持重点，有全省唯一的国家级新区——江北新区，且全国副省级城市的经济地位使南京能够得到更多省级和市级资源、财力的双重投入。

第三，南京是省级机关、省属单位所在地，大批省属机构资源充沛、人才济济、实力雄厚，这些机构尤其是省属经济、科研、贸易、金融实体落户南京，促使省属资源在宁集聚与集散。例如，国信集团和华泰证券都是江苏省属金融集团，它们在国内金融行业具有良好的声誉和较大的影响力。国信集团被誉为国内“企业债券之王”；华泰证券是全国一流券商，在互联网证券交易及其他证券业务、证券公司专业子公司等（证券业）金融创新方面一直走在全国同行业的前列。凤凰传媒股份有限公司是江苏省省属文化出版单位市场化、股份制改革的结晶，这家2007年上市的传媒公司已经成为全国文化出版传媒行业的领军企业。[①]国信集团、华泰证券和凤凰传媒的总部都设在南京，它们分别为南京的金融发展和文化金融发展做出巨大的贡献。

第四，中央部委派驻江苏机关均设在南京，如“一行两会”、国家审计署、财政部等中央部委派驻江苏的一级分支机构[②]均设在南京；江苏省与教育部、科技部、中科院共管的教育、科研机构大部分设在南京，这些单位对南京的发展做出了较多、较大、较重要的贡献。

第五，央企和外省市大企业、大机构驻江苏的地区总部和业务实体也大多设在南京；江苏省属企业与中央有关单位、央企合作成立的实体也大多设在南京。例如，江苏金农公司与原国开金融[③]合作开办的全国知名的“开鑫科技”就是在南京注册的。开鑫科技托江苏金农公司的业务网络覆盖全省，并借助国开行的业务系统辐射全国。

第六，一些全球性大集团、大公司、大银行驻江苏的地区总部和核心经营实体基本上都落户南京，为南京市大型企业集团的国际化发展提供了契机，更为南京金融业的国际化发展提供了直接推动力。

因此，南京必然成为上述中央、省属单位和境外驻苏机构配置资源的聚焦点和集散中心。南京集中了全省22%—25%的金融资源，除南京自身的金融实力外，其中一个重要原因就是以其省会城市的地位吸引了江苏省级金融资源和省外、境外进入江苏的金融资本集聚南京。

---

①根据国家新闻出版署统计并公布的资料，凤凰传媒是我国出版发行行业的龙头企业，是中国最大的图书发行企业，已经连续20年保持全国图书发行规模第一.

②中国人民银行南京分行实际上管辖江苏和安徽两个省的央行业务。2018年，金融监管机构有重大改革，“一行三会”变成“一行两会”.

③国家开发银行的合资子公司.

（四）经济基础与科技产业优势

南京具有良好的经济基础、突出的产业优势和较高的科技与经济一体化发展水平。

改革开放以来，南京市经济以年均12%以上的速度增长。2021年全市地区生产总值16355.32亿元，按不变价格计算，同比增长7.5%，两年平均增长6.0%。从年度增长走势看，一季度、上半年、前三季度和全年GDP同比增速分别为16.0%、12.7%、8.3%和7.5%，两年平均增速分别为8.6%、7.3%、5.8%和6.0%，呈现缓中趋稳的态势。

1. 南京较早就拥有服务业完整和相对发达的优势

在现代经济发展中，金融属于现代服务业。其实，金融的本质就是服务，在漫长的城市经济发展过程中，金融一直位居服务业之列。城市金融从来都是城市服务业的一部分，城市金融的发展依赖于整个城市服务业体系的完整和完善。从城市金融发展史来看，鲜见整个城市服务业体系不完整、不发达，而金融业一花独放、一枝独秀的案例。南京城市金融的长期发展，得益于南京消费和服务业体系的完整和发达。

南京一直是商业、物流和消费服务业发达的城市。自古秦淮河水量充沛，满载粮食和货物的大小船只穿梭其中，造就了南京六朝古都、十朝都会的繁荣景象。南京长干里（雨花台至中华门一带）在六朝时期就是繁华的商业区，此地居民能方便地驾船从横塘进入秦淮河。连通长江的秦淮河无疑给南京人出航、行商和运输货物提供了极大的便利。宋朝以后，长干里商业中心北移，夫子庙繁华商业区后来居上。1895年张之洞主政南京后，下关码头惠民桥一带形成新的繁华商业区——下关滨江商业区。民国之后，以新街口为中心的商业区崛起，其繁华之盛，当之无愧地坐上国内商业圈的头把交椅，被誉为“中华第一商圈”。此后，在相当长的时间内，南京新街口商圈是与北京王府井、上海南京路齐名的中国三大商业街区。

清朝光绪年间，南京不过二三十万人口，却有八个邮政局：两个总局分别在下关惠民桥和城南大功坊，六个分局分别在升平桥、钟鼓楼、陡门桥、三牌楼、督府、璇子巷口。南京邮政服务业发达程度居全国前列。

民国时期，一般一个大城市不超过千余辆黄包车，而南京的黄包车达到9000多辆；民国时期，南京的达官贵人争抢着在紫金山麓、玄武湖畔建屋而居住、建墓而归土；南京的洗澡堂、老虎灶（兼设女子浴室）、磨剪刀、倒马桶、弹棉花、修棕棚、皮匠、箍桶、补锅、剃头掏耳修脚、白铁匠、篾匠、染坊、裁缝、修钟表等服务行业门类齐全、密集分布于全城街头巷尾。

解放之后，南京的商业、物流和消费服务业得到整顿，商业继续发展，水上运输等物流重心转向长江航运和港口货物吞吐，消费服务业萎缩。改革开放后，南京重视商业、物流和消费服务业的发展，一些消失多年的消费服务业再现南京街头，整个商业、物流和消费服务业焕发了生机。上世纪90年代，南京市提出大力发展以商业、物流和服务业为主的第三产业，消费服务、生产服务和科技服务三业携手并进。2000年以来，南京市确立了大力发展现代服务业的目标，在产业结构调整中大力发展金融、旅游、教育培训、软件服务等现代服务业，南京市的现代物流、大型商贸集团得到长足发展，特色消费服务业把南京人的生活质量不断推向新的高度。2006年以来，被誉为“南京第二大商圈”的湖南路商业街异军突起，蜚声全国。

2020年，在“新消费”行动的推动下，全市消费市场加快复苏，从疫情冻结需求的“谷底”持续回升，全年累计实现社会消费品零售总额7203亿元，同比增幅0.9%，高于全省平均水平2.5个百分点。其中，网络零售额实现5440亿元，同比增长29%；直播网络（淘宝天猫）零售额为477亿元，同比增幅达77.4%。2020年全市社会零售总额均实现了正增长。正是各企业、各板块、各商圈、各街区多措并举、全力以赴，使得在以国内大循环为主体、国内国际双循环相互促进的新发展格局下，“南京消费”韧劲十足。2021年，全市社会消费品零售总额7899.41亿元，同比增长9.7%，两年平均增长5.2%，两年平均增速与2019年同期增速持平。南京服务业的完整和发达，在南京市大力发展现代服务业的过程中，为城市金融发展提供了良好的生态条件。

2. 南京较早就拥有产业基础和产业优势

金融源于商贸，而商贸的发展和发达则是以产业为基础的，商贸成就了金融，产业则成就了商贸；如果说，商业是金融之母，那么，实体产业则是商贸之母、金融之祖。作为金融之祖的产业，在机器大生产诞生之前就以手工业的形态存在着；在机器大生产诞生之后，则集中表现为现代工业；而在知识经济时代，则转化为科技与制造业高度融合的新兴产业。

南京手工制造业历史悠久，可以追溯到三国时期孙权在南京弓箭坊等地制造弓箭兵器；南京的箍桶巷、木匠营的手工制造，代表着当年中国南方木匠的最高工艺水平；南京扫帚巷产的扫帚，不仅实用，而且被人们借助沈万山的神话故事而赋予灵性；南京白酒坊产出的白酒，不仅用于满足京城军民巨量之需求，还供往外地。被誉为“锦中之锦”“东方瑰宝”和“中华一绝”的南京云锦，曾经是皇家御用贡品，元代由东西织造局、明代由内织染局、清代由江宁织造府等官办机构负责制造。《红楼梦》作者曹雪芹的曾祖父、祖父（曹寅）、父亲和叔叔三代四人均在江宁织造府任职做官。清代法律规定，百姓每家织机不得超过100张，每机开机要交50两银子，曹寅取消了这两项规定，极大地推动了南京云锦织造业的发展，而云锦织造又带动了南京纺织业的发展。明清两代，南京是江南绸缎纺织的重要基地，清代南京已有5万台织机。绸缎只有经过漂洗，才能得到五彩的面料，南京巨大的绸缎丝织产量和产能推动了南京印染业的发展，南京门西和水西门染坊成片成林，颜料坊、锦绣坊等南京的老街老巷应运而生。

南京是近代中国洋务运动的重要发源地城市。1864年，曾国藩将正在研制轮船的安庆军械所迁至南京的燕子矶，这个军械所内设一个造船机构，以后逐渐发展为笆斗山下的南京金陵造船厂（南京因此成为全国的造船中心之一）。1865年，代理两江总督李鸿章将其先前在苏州创办的西洋炮局迁至南京，在中华门外扫帚巷东首西天寺的废墟上兴建厂房，开办金陵机器制造局（即后来的南京晨光机器制造厂、现在南京晨光集团有限责任公司的前身）。金陵造船厂和金陵机器制造局不仅为中国近代中国军事工业的发展做出重要贡献，而且为全国尤其是南京民用工业的发展提供了物质技术基

图 3-17　清朝末期南京金陵机器制造局旧影

础和人才管理准备。甲午战争前后，金陵造船厂和金陵机器制造局等军工企业直接从事民用生产，在它们的带动和支持下，南京一批近代民用企业脱颖而出。1908年津浦铁路①动工兴建后，南京又拥有了中国第一个铁路机车厂——浦镇车辆厂。今天，这家企业成为中车集团所属的浦镇车辆厂②。

民国时期，南京的民族工业得到进一步发展。1921年9月，由上海民族工商业者姚锡舟等人筹集白银50万两，在南京东北郊龙潭镇③创建中国水泥厂，该厂是我国民族工业创办最早的水泥厂，“中国水泥第一炉”由此诞生。1933年12月，著名化工实业家、中国重化学工业的奠基人、“中国民族化学工业之父”范旭东，先生在南京长江北岸六合卸甲甸创办永利铔厂，由中国著名化学家、“侯氏制碱法”的创始人侯德榜先生亲自任该厂总工程

图 3-18　范旭东先生

图 3-19　侯德榜先生

①津浦铁路于1908年动工兴建，1912年建成通车.

②2015年中国南车集团与中国北车集团合并后，浦镇车辆厂划归中国中车集团.

③龙潭镇紧邻南京，当时归句容县管辖，1953年划归南京市.

师，1937年2月5日该厂生产出我国第一批硫酸铵产品，南京境内长江两岸的工业布局得到平衡发展。南京永利铔厂就是后来南京化学工业公司的前身。

1949年南京解放前夕，南京有国民政府资源委员会直属的电照厂、有线电厂、无线电厂和马鞍山机械厂等“南京五厂”。“南京五厂”是当时中国工业精华中的精华。在国民政府资源委员会委员长孙越崎和工厂负责人及广大工人群众的努力下，这五家工厂顶住国民政府下达的迁台命令，完好无缺地留在原地迎接解放。南京的五厂后来成为新中国电子业的重要基地工厂，以后在南京和其他地区兴办的电子企业，其创业时的技术骨干，大多来自南京这五家工厂。其中南京无线电厂就是现今的中电熊猫电子集团的前身。完好保留下来的“南京五厂”为解放后南京成为全国电子工业、机械工业摇篮和基地城市奠定了基础。

解放之后，南京的钢铁、机械、化工、汽车、军工、电子、纺织、轻工和传统工艺制作等产业获得了长足的发展，新中国第一台收音机就生产于南京无线电厂；南京产的钟山牌手表曾经以其物美价廉蜚声国内，经历了长时期“一表难求”的风光；南京产的“跃进”汽车也曾经是国内同类汽车产品的翘楚。经过长期的建设，南京在产业基础上，形成了以电子、汽车、化工和一批地方特色产品为主导的综合性工业体系。20世纪90年代以来，南京市对纺织、机械、冶金等传统优势产业进行了升级改造，不断培育、形成汽车、住房等新的消费热点，全市计算机及通信设备制造业、智能电网、新材料、生物医药、风电光伏、新兴化工、节能环保、轨道交通、航天航空等战略性新兴产业和其他高新技术产业迅速崛起，不断为全市经济增添新的亮点，注入新的活力，为南京城市商贸和金融业的迅速发展奠定了坚实的产业基础。而南京商贸也以城市的产业优势为支撑，有力地促进城市金融的发展。

南京还具有通信电子产业强大的城市优势。早在20世纪90年代，南京兴建起“珠江路电子一条街”，该电子街东起小营路，西至中山路，全长2.7千米，企业多达千家，是华东地区最大、影响最广的电子数码产品市场，与中关村齐名，因此在相当长的时间里有“北有中关村，南有珠江路”之美誉。2000年以来，南京市通过政策引导和驱动，将通信电子的产业优势嵌入传统商业，推动了电子商务这一新型商贸业态的快速发展。2011年，南京市成为国家的电子商务示范城市；此后，南京的建邺区和玄武区也分别成为国家电子商务示范基地和江苏省电子商务示范基地。2013年苏宁转型“云商”轰动全国，成为南京电子商务发展中标志性事件和经典案例。同年，阿里研究院发布《中国城市电子商务发展指数报告》，将南京列入“年度中国电子商务发展十佳城市”之一。2015年，南京市电子商务交易额增长30%。

2017年，江苏省电子商务规模持续扩大，活跃网店达87万多家，交易额稳居全国第三，网络零售额稳居全国前五。南京网络零售额占全省34.53%，排名全省第一。

2021年网络零售发展迅速，全年通过公共网络实现的商品零售额同比增长25.0%，两年平均增长24.9%；网络零售额占商品零售额的比重达到22.4%，比上年提高4.0个百分点。南京市产业的升级与发展不断产生新的金融需求，从而为城市金融的集聚、升级和快速发展提供导向和动力。

3. 南京市产业结构调整成效显著

产业经济学中的“配第—克拉克法则”指出，一个国家或地区在工业化过程中三次产业的变动具有如下趋势：第一产业占国内（地区）生产总值的比重持续下降，第二产业比重先上升后趋稳再下降，第三产业比重持续上升。在南京市的产业结构中，第一产业比重原本就不高，过去支撑南京经济发展的主要是第二产业。2000年来，城市第三产业比重先后跨过超越第二产业比重、超过地区GDP总量的50%两道标志性门槛。2015年，全市第一产业增加值232.39亿元，增长3.4%；第二产业增加值3916.11亿元，增长7.2%；第三产业增加值5572.27亿元，增长11.3%。三次产业增加值比例调整为2.4：40.3：57.3。

2020年，南京三大产业增势良好，其中，第一产业增加值296.80亿元，增长0.9%；第二产业增加值5214.35亿元，增长5.6%；第三产业增加值9306.80亿元，增长4.1%。2020年，南京工业生产持续回升，全年规模以上工业增加值比上年增长6.5%，高技术制造业和装备制造业增加值较快增长，增速分别为28.8%、14.1%。新型电子、绿色智能汽车、高端智能装备、生物医药与节能环保新材料四大主导产业增加值增长9.9%。服务业生产平稳复苏，现代服务业增势良好。全年规模以上服务业企业营业收入比上年增长2.1%。以新技术为引领的现代服务业增势较好，规模以上高技术服务业、科技服务业营业收入分别增长11.8%、16.5%；与数字经济相关的信息传输、软件和信息技术服务业营业收入增长14.1%。

2021年南京市地区生产总值16355.33亿元。第一产业增加值303.94亿元，同比增长0.8%；第二产业增加值5902.65亿元，同比增长7.6%；第三产业增加值10148.73亿元，同比增长7.6%。三次产业增加值结构由上年2.0∶35.2∶62.8调整为1.8∶36.1∶62.1。

4. 南京市具有较强的科技和创新能力

南京市作为全国唯一的科技体制综合改革试点城市和国家创新型城市试点城市，全市一流的独立科研机构林立，高校科研实力雄厚，科研硬件设施先进，科研软件设施配套完善，科研人才济济。2016—2020年，南京市专利申请状况，如图3-20所示。2019年度国家知识产权行政保护绩效考核中，

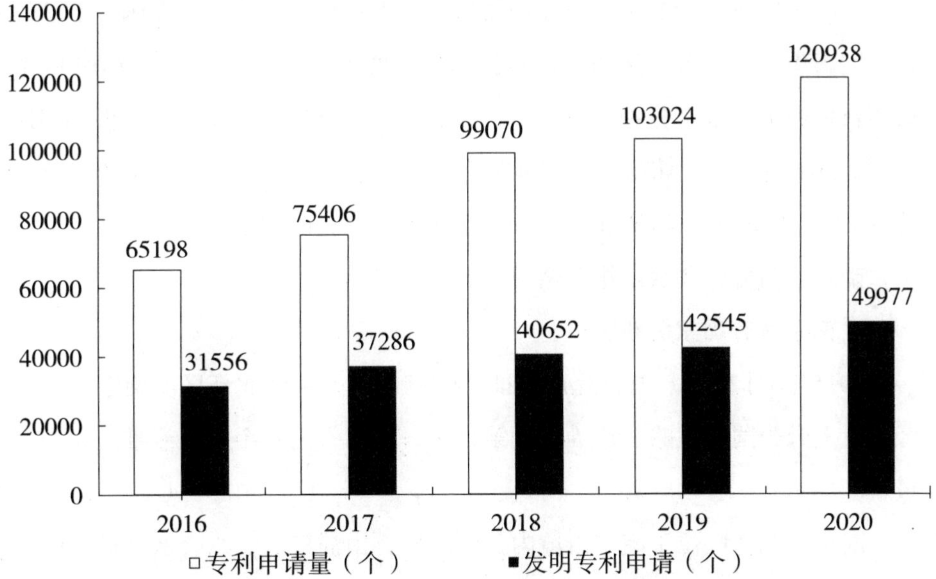

图3-20　2016-2020年南京市专利申请状况

南京取得了全国第三、全省第一的历史最好成绩。2020年，全市知识产权数量和质量稳步提升，全年专利申请量为120938件，比上年增长17.4%，其中发明专利申请量49977件；专利授权量76323件，其中发明专利授权量14897件。拥有有效发明专利70428件，PCT专利申请量3128件。全年技术合同成交项数2.63万项，技术合同成交额686.82亿元。

近年来，南京市实施了“全面赶超、重点突破、局部超越”的创新型经济发展战略，取得了巨大的成绩。截至2020年，南京市共有627个产业园区（不含在建、未建园区）。从区域分布情况看，主要集中于江宁、浦口、雨花台等区。其中，江宁区共有产业园区209个，占比为33.3%；浦口区共有产业园区91个，占比为14.5%；雨花台区共有产业园区69个，占比为11.0%。从开发主体看，企业开发为绝对主力，由企业主导开发的园区达523个，占比为83.4%，政企合作开发的园区数量最少，仅有8个。从园区类型看，以科研办公园区为主，占比为54.4%，此外，生产制造园区、产业综合体占比分别为17.1%、10.5%。南京市已经建成10个省级以上高新技术产业园区，这些园区的发展有力地带动了全市产业经济的技术进步和科技产业化的发展。

经过几年的创新型城市建设，南京的城市创新水平空前提升。世界知识产权组织发布的2020年版全球创新指数，南京排名第21位，在国内上榜的17个创新集群中仅次于深圳、香港、广州、北京、上海。2017—2020年的全球创新指数中，南京分别为第94位、第27位、第25位、第21位，实现“四连跳”。2018年至2020年末，南京4次公布了南京市独角兽、瞪羚企业榜单，总计422家独角兽和瞪羚企业。最新发布的《2020胡润全球独角兽榜》显示，南京独角兽企业数量排名全国第五、全球第九。

5. 南京具有国家级新区

2015年6月27日，国务院正式批复同意设立南京江北新区。南京江北新区建设上升为国家战略，成为中国第13个、江苏省内首个且现今唯一的国家级新区。

南京江北新区位于南京市境内长江以北，由浦口区、六合区和栖霞区八卦洲街道构成，总面积788平方公里，是华东面向内陆腹地的战略支点。江北新区拥有便捷的公路、铁路、水路和航空枢纽，是长江经济带与东部沿海经济带的重要交汇节点，也是长三角辐射中西部地区的综合门户，还是南京北上、连接中西部的重要区域。

江北新区的发展定位是国家级产业转型升级、新型城镇化和开放合作示范新区；长江经济带和长江三角洲的重要发展支点；南京都市圈和苏南地区的新增长极；南京市相对独立、产城融合、辐射周边、生态宜居的城市副中心。

江北新区的职能是中国重要的科技创新基地和先进产业基地，南京都市圈的北部服务中心和综合交通枢纽，南京市生态宜居、相对独立的城市副中心。南京江北新区的设立，打开了未来20年南京发展的新空间，也为南京区域金融中心建设创造了极为有利的条件。

《2021南京江北新区创新活力指数报告》显示，2015—2020年江北新区创新活力指数增长了227.50%，2020年江北新区创新活力指数达到327.50，相比2015年增加了两倍，增速显著，如图3-21所示。2020年，江北新区地区生产总值达到3061亿元，经济总量占全市比重超过20%，较成立前区域占

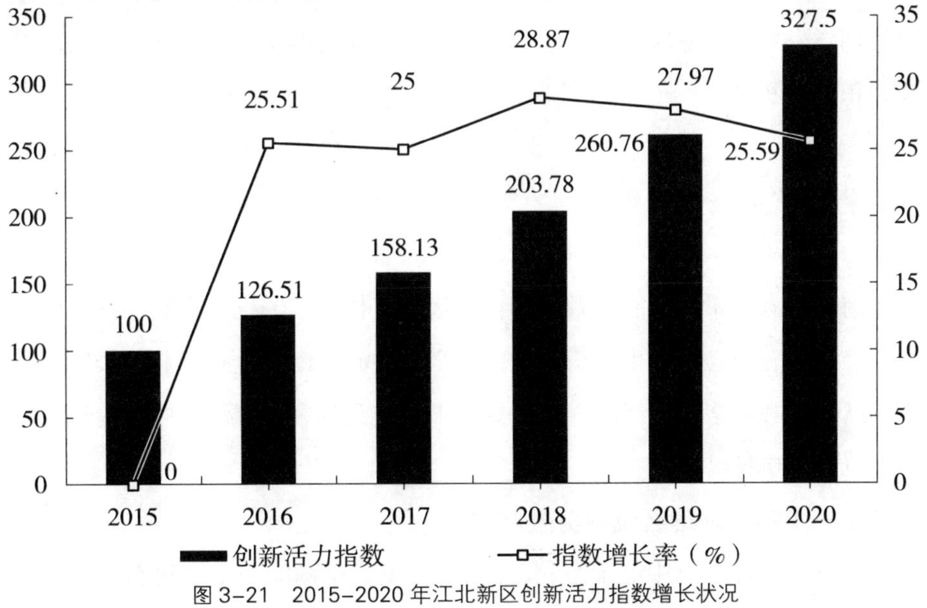

图 3-21　2015–2020 年江北新区创新活力指数增长状况

（数据来源：江北新区与紫金传媒智库）

比提高了5个百分点。从2017年首次测算开始，江北新区创新活力指数连续5年都保持在25%以上的增长速度。创新潜力指数与创新集聚指数保持了稳健持续的增长态势，分别为新区成立之时的4倍、2.8倍（2015—2020年间），年均保持27.78%的增长幅度，创新组织能力提升了5倍，创新成效指数则保持年均13%左右的稳定增长，展现出江北创新特有的“江北现象”和“江北模式”。

6. 南京江北新区自贸区

2019年08月26日国务院批复设立江北新区自由贸易区。2019年8月27日，南京江北新区管委会官方公布了中国（江苏）自由贸易试验区南京片区范围示意图，自贸区四至范围：东至长江、横江大道、浦滨路，南至虎桥路、西江路，西至环山路、沿山大道、浦乌路，北至锦绣路、凯天路、浦东路。实施范围共39.55平方公里。南京自贸区主要覆盖了江北核心区、研创园板块、桥北和长江三桥板块。在已经拥有国家级新区的背景下，自贸区的加持让江北未来定位更加国际化。南京片区将发挥好国家级新区和自由贸易试验区的叠加优势，推动全方位高水平对外开放，推进“两城一中心”建设，加快“一带一路”交汇点建设，着力打造开放型经济发展先行区、实体经济创新发展和产业转型升级示范区，为全面深化改革和扩大开放探索新途径，积累新经验。

三、行业优势与金融生态

南京具有一系列发展金融业的独特优势。作为宁沪杭都市圈的核心城市之一、泛长三角经济区重要门户和区域金融中心，南京金融产业比较发达，有活跃的金融要素、广泛的金融服务需求、充足的客户资源、广阔的经济腹地和巨大的市场潜力。

（一）经济地理区位优势显著

南京与国际金融中心上海相距约300公里，这两座城市之间有高铁、高速公路、空中航线和长江相连。随着交通和通信业的日益发展，原先集中于上海的金融资源会以不同方式转移至南京或为南京所运用。

当前，上海自贸区建设如火如荼，为南京就近接受上海的经济和金融辐射提供了新的内涵和更高层次的起点。作为长三角北翼的经济中心和金融中心城市，南京既是长三角辐射带动苏北和联系渗透淮海经济区的重要城市，又是长三角向皖江经济带延伸辐射的支点城市，同时还是长三角辐射带动中西部地区发展的重要门户。苏北地区、淮海经济带是我国沿海地区经济发展的后起之秀，发展空间广阔、潜力巨大；皖江经济带和中西部地区未来经济发展的增速可以超越甚至大大超越沿海地区，这些地区未来对长三角地区的金融需求，就是南京金融发展的重要机遇，也是南京金融中心建设的重要导向。

从历史上看，南京一直是资金的集散之地。得益于南京的产业、商贸和服务业优势以及南京作为省会的城市地位，南京一直是资金流入的“洼地”。2013年以来，省内苏州、无锡等经济发展城市和全国绝大多数大中城市房价下跌，南京房价依然坚挺，其原因就在于资金依然在涌入南京。资金的集散，尤其是源源不断的净流入（资金流入大于流出），为南京金融业的发展创造了比其他大中城市更加有利的条件。

（二）金融发展成绩位于前列

2008年以来，南京市确定了大力发展以金融业为龙头的现代服务业的战略目标，并采取强力措施推进实施，取得了巨大的成效。按照国际通行看法，支柱产业占GDP的比重需达到5%。据此，我国《金融业发展和改革“十二五”规划》提出，“十二五”时期，金融服务业增加值占国内生产总值比重保持在5%左右。2013年，南京市的金融增加值占地区生产总值比重达到10.56%，提前两年实现了市委、市政府原定2015年实现金融增加值占地区GDP10%的目标，金融业成为南京发展最迅猛、成果最显著、实力最强大的支柱产业。全市金融业增加值翻了两番，金融业综合实力显著增强，并保持了持续发展的良好态势。2011—2015年，南京金融业实现了跨越式发展，金融市场规模和主要金融指标均占全省20%左右。其中，金融业增加值2015年突破1100亿元，成为全国十大“千亿元城市俱乐部”成员，占GDP的比重超过11%，居全国第六，占全市第三产业比重的20%，位居第三产业之首，成为引领全市现代服务业和第三产业加速发展的“新龙头”。南京的金融业已经成为全市的重要战略性、支柱性产业。在2015年“中国金融中心指数”评估中，南京金融综合竞争力位列全国第九，尤其是金融人才环境在全国排名第四，仅次于北京、上海和广州。2020年，由证券时报中国资本市场研究院与新财富共同编制的《中国内地省市金融竞争力榜》正式发布，中国内地城市金融竞争力50强名单中，南京排名第6位。2020年，南京市成为中国金融业发展十强城市之一，如表3-1所示。

表 3-1　2020 年中国金融业增加值 10 强城市排名

排名	城市	金融业增加值（亿元）
1	北京	6600.6
2	上海	6544.8
3	深圳	3667.6
4	重庆	2097.9
5	广州	2041.9
6	天津	2025.9
7	成都	1893.7
8	杭州	1789.4
9	南京	1621
10	苏州	1581

数据来源：2020 中国内地省市金融竞争力榜

2019年末南京市金融机构本外币各项存款余额为35536.08亿元，比上年增加1007.34亿元，比上年增长2.9%。其中住户存款为8299.64亿元，比年初增加1190.67亿元；非银行业金融机构存款为5197.18亿元。年末金融机构本外币各项贷款余额为33585.88亿元，比年初增加4428.62亿元，比上年增长15.6%。其中住户贷款11448.33亿元，比年初增加2220.10亿元；非金融企业及机关团体贷款21948.50亿元，比年初增加2227.03亿元。截至2020年末，全市金融机构本外币存款余额为40056.45亿元；金融机构本外币贷款余额为38189.99亿元。2016—2020年南京市本外币存贷款余额及保费收入状况，如

表3-2所示。

表 3-2　2016-2020 年南京市本外币存贷款余额及保费收入状况（单位：亿元）

年度	金融机构本外币存款余额	金融机构本外币贷款余额	保费收入
2016	28355.89	22268.94	485.8
2017	30764.63	25159.48	697.95
2018	34524.86	29065.66	603.55
2019	35536.08	33585.88	762.83
2020	40056.45	38189.99	890.26

数据来源：南京市各年国民经济和社会发展公报

金融服务实体经济成效同样显著。截至2020年11月末，全市金融机构存款余额已经突破4万亿元，贷款余额近3.8万亿元，存贷款余额同比增长12.9%，保险业保费收入实现了近20%的增速，证券交易额同比增长超过22%，金融业在全省的首位度进一步巩固，南京作为区域金融中心城市的影响力和显示度得到稳步提升。全市小微企业贷款余额近6000亿元，同比增长10.2%；普惠金融贷款余额近2500亿元，增速超过47%，新增普惠金融贷款近700亿元；中小微企业信贷加权平均利率下降近50个基点。

南京在利用多层次资本市场方面一直走在全国前列。2020年，南京市新增沪深上市企业7家，新增新三板企业2家。2017至2019年，每年新增上市公司1家，累计境外上市26家，新三板挂牌企业162家。截至2020年末，南京市共有上市公司94家，江苏四板775家。2019年南京市已设立引导基金数量达到33支，基金目标规模达到2693.06亿元人民币，已到位规模达到767.06亿元人民币。2020年南京市第十六届人民代表大会提出：要求成立市级科技创新基金（子基金）投资联盟，新设10支以上天使子基金，加大对初创期、成长型企业支持力度，激发创新载体发展活力。

2013年以来，南京市在金融体系建设方面迈出坚实的步伐，形成集科技创业投资基金、科技银行、科技保险、科技小贷、科技担保等一体的多元化、多层次科技创业投融资体系，搭建“科技金融投贷保联盟”；组建全国第一家文化金融服务中心，搭建文化产业投融资体系，形成文化金融创新的

“南京模式”，享誉全国。2017年7月南京出台《关于加快科技金融体系建设促进科技创新创业的若干意见》，首次明确：大力推动“投贷联动”试点工作，设立专项扶持资金。加快科技金融体系建设，促进科技创新创业，是南京践行全国金融工作会议精神、做好新形势下金融工作的一项重要举措。

2013年以来，为了破解中小文化企业融资难题，南京市制定出台了《南京市文化产业投融资体系建设计划》，在南京挂牌成立了全国首家综合性文化金融服务中心。这个中心发挥集聚效应，为文化企业与金融资本牵线搭桥，降低文化企业融资成本，促进文化科技成果转化。江苏省文化产权交易所和南京市文化艺术产权交易所也同时挂牌；南京市还成立了全省第一家文化科技小贷公司，组建了1亿元的南京文创科技投资基金。南京银行、北京银行、交通银行和中国银行积极作为，为在宁文化企业提供金融助力，被授予南京首批“文化银行”。显然，南京市在文化金融市场体系的开拓和建设方面走在全国前列。《2020年南京市文化和旅游工作要点》强调拓宽文旅产业投融资渠道，加强与财政、金融等部门联合，发挥金融杠杆作用，推动文旅产业投融资体系建设；做好与“宁创贷”政策衔接，推进文化金融服务平台与“宁创贷”平台对接，服务全市中小微文化旅游企业，不断缓解企业融资难、融资贵的压力。

（三）区域金融生态环境优良

南京具有优良的金融生态环境和丰富的金融业态，金融综合实力强大，发展潜力巨大。

南京金融体系日趋健全，形成了银行、保险、证券并举，中外资金融机构并存、功能完备、运行稳健的金融体系。与“十一五”时期相比较，“十二五”期间进入南京和在宁开业的金融机构数量倍增。“十三五”以来，南京金融业增加值年均增长10.6%，本外币存贷款年均增长13.04%，保费收入年均增长36.41%，金融总资产近8万亿元，金融市场规模约占全省20%。金融业增加值、存贷款余额、证券交易额、保费收入等主要金融指标均居全省首位。截至2021年底，全市境内上市公司106家（含1家北交所），境外上市公司39家（含3家A+H），新三板挂牌公司129家。南京市已集聚各类金融和新型金融组织近1000家，是苏皖赣三地金融集聚度最高、组织体系较为完善的城市。此外，一批外资（含台资）金融机构还在南京设立了金融租赁公司和保险分支机构。

全国三大政策性银行在南京都设立了省级分支机构；“一行两会”在南京均设有一级分支机构，奠定了南京的区域金融监管中心的地位。

面对新型互联网金融机构和外资金融机构的挑战，南京原有的持牌金融机构大力开拓互联网金融业务、财富（资产）管理业务、专业金融业务和智慧金融业务。南京还出现了一批专业的金融会计审计事务所、金融律师事务所、民营金融业务培训机构、金融业务评估机构、金融中介服务机构、金融（理财）投资顾问公司、金融产品开发和交易机构以及金融外包服务机构。此外，南京市还在积极筹建金融仲裁院，完善南京金融市场的服务和法制环境。

南京区域金融市场建设迈开新步伐。江苏省股权交易中心、南京金融资产交易中心等13家要素交易平台在宁设立；开鑫贷成立之初，成为全国颇具活力和影响力的网络借贷平台，2020年，因国家开展互联网金融专项整治，开鑫贷转型升级“开鑫金服”，2021年，开鑫金服进一步升级，更名为开鑫科技。

2013年，经国务院批准，南京成为消费金融公司试点城市，国内四大消费金融公司和海外金融资本纷纷看好南京消费金融市场，国内著名的产业消费金融机构正在积极布局南京。

南京金融布局呈“一区两街”的格局。南京新城区——河西金融集聚区已进驻各类金融类机构300多家，40多家省级或一级分支机构；还有一些地方金融机构和外资在华金融机构总部入驻，金融聚集效应显现。

2015年，南京河西金融集聚区内设有金融机构298家，占全市金融机构总数的77.8%；集聚了17家金融机构法人总部和178家地区总部或一级分支机构，外资、中外合资金融机构达33家；初步形成了以保险业带动整个金融业，银行、证券、其他新兴金融业态集聚的发展格局。河西金融集聚区也是宁台金融合作的高地，南京金融城的4号金融大厦——“台资总部大厦”（暂定名）为宁台金融合作预留了发展空间。2015年，建设面积80多万平方米的南京金融城一期基本竣工，建设规模超过一期的金融城二期开工。2016

年，南京金融城建设继续落户江苏省重大项目名册，南京金融城一期和二期的建成，为南京城市金融的聚集、升级和跨越式发展奠定坚实雄厚的物质基础。

截至2020年底，建邺区集聚金融机构超800家，被业内誉为“超级牌照”的银行理财子公司，目前全省仅2家，均已落户于此；河西CBD已集聚各类金融及准金融机构340家，其中银行类金融机构90家，证券类金融机构27家，保险类金融机构35家，各类准金融机构88家；南京金鱼嘴基金街区实质运作仅一年，集聚基金管理机构超300家、基金管理规模超2000亿元，均居全市第一；发起设立总规模5亿元的巨石科创成长基金，20亿元的停车场基金，50亿元的城市更新基金。2021年1月21日，总规模为100亿元的母基金正式在金鱼嘴基金街区设立。该基金由南京市交通建设投资控股集团、南京交通产业集团、南京公路发展集团、南京铁路建设投资公司和南京交控投资基金管理公司共同设立。据悉，南京交通产业计划每年新设不少于20亿元市场化子基金，积极参与投资南京及周边区域基础设施建设，通过母子基金联动发展撬动总投资规模超过200亿元。

南京山西路金融街（区）也是民国时期南京金融街区的延续和发展，设立于此街的金融机构密度仅次于新街口。这条街的金融机构层级虽然不高，但专业性强，特色鲜明，科技金融和新型金融是山西路金融街的特点和亮点，从而成为丰富南京金融业态的著名街区。2014年，南京市下关区并入鼓楼区，从而为整合两个城区的金融资源，优化山西路金融街（区）资源配置和布局，向下关滨江方向延伸和拓展山西路金融集聚街（区）创造了有利条件。

素有“中华第一商圈”之称的南京新街口，汇集了多家银行、证券等金融机构。形成以新街口中央商务区为核心、以洪武路金融街为特色品牌的金融业集聚发展格局。

另外，除上述区域外，南京的另一块金融沃土是江北新区的新金融示范区。江北新区2015年获批，是我国第十三个国家级新区，建设目标是聚焦“两城一中心”，即芯片之城、基因之城和新金融中心。目前，江北新区已经投入使用的扬子江新金融示范区，地处江北新区中央商务区七里河片区，作为新区中央商务区的先期载体和先行区，总占地面积约7.4万平方米。总建筑面积约5.2万平方米，2018年6月3日开工建设，2019年1月29日投入使用。扬子江新金融示范区以金融科技、金融服务为主，已经吸引中国人民银行数字货币研究所、中研绿色金融研究院等多家金融机构入驻。

2021年2月24日，南京市发布《南京市优化营商环境政策100条（2021版）》，深入贯彻落实党的十九大和十九届二中、三中、四中、五中全会精神，全面落实《优化营商环境条例》《江苏省优化营商环境条例》和《南京市优化营商环境办法》，以市场化法治化国际化为原则，以体制机制创新为支撑，以市场主体需求为导向，对标国际先进水平，大力倡导先行先试，推动简政放权改革再深化、精准监管举措再细化、政务服务体验再优化、要素保障能级再提升、法治化建设进程再加快，全力打造国际一流营商环境。其中，第71条至74条涉及金融创新营商环境建设，内容如表3-3所示。

表3-3　2021南京市优化营商环境政策涉及金融营商环境建设（71–74条）

条目	条目内容	条目解释
71	推动知识产权金融创新。	完善知识产权金融线上服务平台，探索开展知识产权证券化，企业可通过知识产权质押等方式获得融资。
72	扩大企业直接融资规模。	做好企业上市融资服务。扩大债券融资规模，促进更多符合条件的企业发债融资。调整政府基金投资决策、运作、奖励机制，优化市产业、科创母基金管理模式，在明确投资领域、目标任务等前提下，赋予基金管理单位更大自主决策权。
73	支持中小企业信贷融资。	提高“宁创贷”对科技型中小企业、新型研发机构、海外人才创业企业和知识产权质押企业的支持力度，单户贷款授信上限提高至2000万元。发挥民营企业转贷互助基金作用，对初创科技型企业、科技型中小企业、高新技术企业、新型研发机构及其孵化企业建立绿色通道，提升效率。推动金融机构落实小微企业贷款阶段性延期还本付息政策，加大小微企业信用贷款支持力度。
74	支持金融机构拓展新型融资服务。	根据轻资产类服务业企业的融资需求，引导银行机构扩大知识产权、股权、特许经营权、应收账款、收费权、动产等抵（质）押贷款业务等新型融资服务。推动银行加强与保险公司沟通合作，做好系统对接，实现业务数据信息共享。推动保险公司在风险可控情况下，为小微企业提供灵活的银行小微企业贷款保证保险产品。

Chapter-4

第四章

科技金融：南京创新创业发展的金融加速器

科技创新是加快转变经济增长方式的重要支撑，是增强综合国力的必然要求。科技创新创业的孵化、发展离不开金融行业的投融资等金融支持。因此，金融产业利用自身的资源优势，为科技产业提供相应的综合配套服务，发挥科技创新创业的“助推器”作用，进而实现科技产业与金融产业的有机融合和协同发展，从而实现科技资源与金融资源的契合。这便是所谓的“科技金融”。

一、南京科技创新创业发展情况

科学技术是第一生产力。知识经济时代的来临让我们认识到只有通过不断的创新才能走在时代的前列。党的十八大提出：“科技创新是提高社会生产力和综合国力的战略支撑。”科技创新是指通过开展科学研究，发现新科学，探索新规律，发明新技术，创造新方法的过程。可以预见，科技创新要素将是未来经济发展的核心动力，也是决定新一轮城市发展格局的主要力量。

作为六朝古都的南京，不仅有厚重的历史积淀，也拥有丰富的科技资源，在现代中国社会的发展中具有特殊地位。特别是在中国走向近现代化的过程中，南京创造了许多具有特殊历史意义的“第一”，如中国水泥第一炉、中国最早的机车厂——浦镇车辆厂和中国最早的机械厂——金陵机械厂。改革开放后，南京没能及时抓住利用民营经济和外向型经济发展的机遇，因而经济发展的总体水平稍稍落后于苏南地区。如今的南京，是中国最发达的泛长三角地区重要的中心城市之一，拥有大量优质的科教资源和众多的科技企业，在推动科技创新方面具有先天优势。在新一轮的经济发展方式的转型过程中，南京需要抓住历史新机遇，把科技创新作为城市未来发展的驱动力，以科技创新带动城市整体经济的发展。

（一）南京科技创新发展历程

南京拥有悠久的科技创新历史，从发展历程来看，主要经历了四个阶段：

一是调整恢复阶段（1949—1978年）。这一时期南京由于之前遭受了战争的重创，工业生产处于停滞状态，亟须整顿工业发展的秩序，尽快恢复到历史发展水平，为下一步的发展奠定基础。在计划经济的政策下，南京凭借原有的工业基础，成为国家重要的工业基地，为全国的经济发展贡献了自己的力量。

二是自发发展阶段（1978—2000年）。这一时期南京已经进入工业化初中期，在改革开放的背景下，南京也积极寻求自身的发展。但由于没有专门针对南京的相关优惠政策，南京也没有及时抓住发展民营经济和外向型经济的机会，而是选择了以要素投资为主的数量型经济增长方式，在原有的工业基础上继续发展，从而导致发展速度明显落后于苏南等地区。由于发展主要依靠投资拉动，科技创新对于经济发展的推动作用有限，企业自主创新的内在动力不强。因此，该阶段南京的科技创新主要集中在教育、科研单位内部，产学研相分离，对南京城市经济发展的关联度、带动性不强。

三是主动推进阶段（2001—2010年）。这一时期南京的经济发展面临较大的外部竞争压力，广州、深圳依靠外向型经济后来居上，杭州也凭借民营经济走在了全国前列，依靠科技创新推动生产力的发展成为南京市委市政府的普遍共识。南京市确定了科教兴市的战略，做出了将南京建设成为在全国具有影响力的高等教育科研中心的决定。南京市相继出台了多项文件，如2006年出台的《关于增强自主创新能力加快建设创新型城市的意见》，为南京自主创新创造了有利条件，调动了企业和教育科研单位进行科技创新的积极性。在相关政策的扶持下，南京自主创新能力明显得到了加强，教育科研优势逐步显现，创新驱动的经济发展模式——“南京模式”初步形成。2009年，南京市建设国家科技体制综合改革试点城市工作得到科技部的正式批准，由此成为全国唯一的科技体制综合改革试点城市，同年被工业和信息化部列为中国软件名城创建试点城市，2010年又被科技部列为首批创新型城市建设试点城市，同时也被国家发展和改革委员会列为国家创新型城市建设试点城市。但在这一时期，科技对南京产业的提升能力有限，科研成果和专利产品转化为现实生产力的转化率较低，著名的科技创业型的企业家仍然较少，与深圳等地仍然存在较大差距。

四是快速发展阶段（2011年至今）。这一时期，南京已经进入工业化后期，资源和环境对经济发展的约束进一步加强，为了实现“率先基本实现现代化”的目标要求，南京市努力增强科技创新对经济发展的关联度，提升科技创新对经济发展的带动能力。2011年以来，南京以建设“国家科技体制综合改革试点城市”为契机，陆续出台系列扶持政策，为全市科技创新创造良好的发展环境。这些政策已经在全市形成强烈反响，创业创新正引领南京新一轮科学发展的潮流，创新驱动已成为南京城市发展的“自动引擎”。南京正逐步迈向“创新驱动、内生增长、绿色发展”之路。

（二）南京科技创新创业现状

伴随多年来的改革发展，南京在科技创新创业领域已逐步形成了自己的独特优势，主要包括丰富的科教资源、雄厚的产业基础和有力的金融优势，已初步具备了实现科技创新产业化与科技金融相互支持、协同发展的客观条件。

1. 科教资源

作为中国重要的科研和教育基地，南京拥有丰富的科教资源，这为南京的科技创新创业提供了科教资源、人力资源等方面的有力支持。

教育资源方面，至2020年末，全市在宁普通高等学校53所（不含部队院校），在校学生（不含研究生）72.15万人。在宁高校及研究生培养机构在学研究生11.92万人。普通中学232所，在校学生23.42万人；中等职业学校（含成人中专，不包括技工学校）24所，在校学生6.64万人。小学349所，在校学生39.31万人；幼儿园907所，在园儿童23.57万人。新改扩建达省优质园建设标准幼儿园25所。全市义务教育优质资源覆盖率达92.24%。

2020年，南京市创新型城市建设成效显著。全年新增高新技术企业1562家、增长50.1%，总量达4680家；入库科技型中小企业6685家、比上年翻一番；新增备案新型研发机构102家，累计备案210家，累计孵化引进科技企业3000多家；建成运营城市“硅巷”61.6万平方米。拥有省级以上工程技术研究中心403家、新增49家，省级以上科技公共服务平台85家，省级以上重点实验室89家，其中国家重点实验室29家。全年培育引进66名科技顶尖专家，

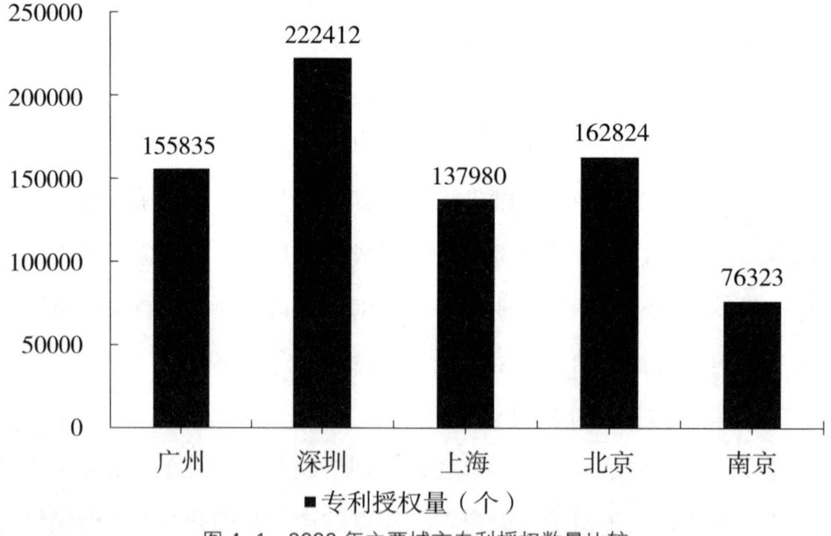

图 4–1　2020 年主要城市专利授权数量比较

数据来源：各市 2020 年各市国民经济和社会发展统计公报

121名创新型企业家，833名高层次创业人才。新增就业参保大学生39.13万人、增长14.6%。

科研成果方面，全年专利申请量120938件，比上年增长17.4%，其中，发明专利申请量49977件、增长17.5%；专利授权量76323件，比上年增长38.8%，其中发明专利授权量14897件、增长20.2%。拥有有效发明专利70428件，比上年增长20.5%。PCT专利申请量3128件，比上年增长78.3%。全年技术合同成交项数2.63万项，技术合同成交额686.82亿元，比上年增长16.2%。2020年主要城市专利授权数量比较，如表4-1所示。

表 4-1　2016-2020 年南京市专利申请与授予情况

年份	2016	2017	2018	2019	2020
专利申请量（个）	65198	75406	99070	103024	120938
发明专利申请（个）	31556	37286	40652	42545	49977
专利授权（个）	28782	32073	44089	55004	76323
发明专利授权（个）	8697	10723	11090	12392	14897

数据来源：南京市各年国民经济和社会发展公报整理

2. 产业基础

科技创新创业的发展离不开坚实的产业基础的支撑。南京传统产业基础雄厚，2020年，全年全部工业增加值4215.77亿元，增长6.9%。规模以上工业增加值3092.26亿元、增长7.0%。规模以上工业中，国有及国有控股企业增加值下降0.2%，民营企业增加值增长20.3%，外商及港澳台企业增加值增长7.0%。大中型企业增加值增长3.9%，小微型企业增加值增长18.2%。列统的37个行业大类中，有22个行业增加值实现增长。按累计增加值排名前十的行业中，电子、电气机械、钢铁、医药、通用设备、非金属制品等六个行业分别增长20.2%、31.8%、10.4%、29.7%、11.5%、10.4%。

2020年南京高新技术产业实现工业总产值增长9.2%，占规模以上工业比重53.4%，比上年同期提高2.7个百分点，2017—2020年南京高新技术企业数量与营业收入状况，如图4-2所示。净增高新技术企业超1800家、总量达到6507家；入库科技型中小企业10042家、增长50.2%；新增市级新型研发机构

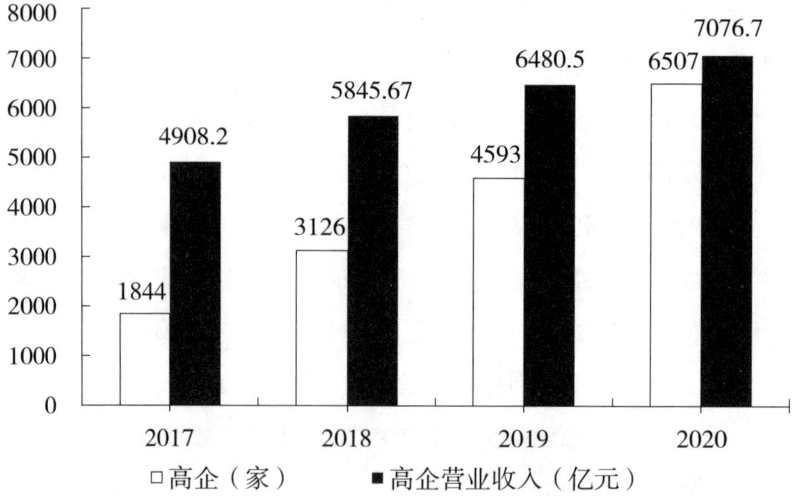

图 4-2　2017-2020 年南京高新技术企业数量与营业收入状况

数据来源：各市 2020 年各市国民经济和社会发展统计公报

113家；孵化和引进科技企业7248家，建成并投入使用城市“硅巷”104万平方米。高技术制造业、装备制造业增加值分别增长18.5%、9.3%，占规模以上工业比重分别为20.7%、45.3%，比上年同期分别提高3.3、4.7个百分点。新型电子、绿色智能汽车、高端智能设备、生物医药与节能环保新材料等四大先进制造业合计实现增加值2179.90亿元、增长9.9%，占规模以上工业比重70.5%，比上年同期提高2.7个百分点。

规模以上工业销售产值增长4.7%，其中出口交货值增长11.4%。分行业看，计算机、通信和其他电子设备制造业、电气机械和器材制造业、通用设备制造业、医药制造业出口交货值分别增长13.2%、26.7%、19.5%、62.4%。

全年集成电路产量增长36.5%，电子计算机整机增长13.5%，光电子器件增长26.3%，光缆产量增长33.6%，城市轨道车辆增长87.7%，工业机器人增长8.9%。

3. 金融优势

较为完善的金融体系也为科技创新创业提供了各类金融服务，有力地推动了科技创新和科技企业的发展。南京利用其居于泛长三角中心区以及江苏省省会的区位优势，吸引了包括银行、证券、保险、小贷、创投在内的国内外各类金融机构聚集。如今，全市已基本形成功能完备、业务覆盖面广、竞争有序、运行稳健的多层次金融体系。

2020年，全市新增上市公司12家，总数达到126家。共有新三板挂牌企业163家。现有银行业金融机构63家，保险业金融机构110家，法人证券公司2家、法人期货公司5家。同时，创业投资、小额贷款、担保、农村资金互助社等为“三农”和中小企业服务的融资体系逐步形成规模。截至2020年末，南京市的金融机构本外币各项存款余额超过4万亿元，同比增长13%；各项贷款余额3.8万亿元，增长14%。金融业增加值、存贷款余额、证券交易额、保费收入等主要金融指标均居江苏省首位。2021年末，全市金融机构本外币存款余额44708.7亿元，同比增长11.6%，新增沪深上市公司10家；金融机构本外币贷款余额43305.4亿元，同比增长13.4%。

在金融体系的支撑下，科技创新和金融行业协同发展，相辅相成。一方面，科技企业通过金融机构的融资渠道为产品的研发和生产筹集资金，实现了快速孵化、高效成长；另一方面，金融机构通过与科技创业企业的业务往来扩展了业务渠道，获得了新的发展契机。

（三）南京科技创新创业瓶颈

在2010年之前，南京的科技创新及产业化已经取得了喜人的发展成果，显现出较大的发展空间及特殊优势，但在发展过程中仍然面临各种困难，受到各方面因素的制约，主要体现在以下几个方面：

1. 政策制度体系需要完善

虽然南京市政府大力支持科技创新创业，各级政府、各个部门陆续出台了相关的文件和办法，但因缺乏统筹规划，各个政策间配合的紧密度不高，执行力度也因此受到一定程度的影响，从而对科技创新创业的推动作用有限。继2006年出台《关于增强自主创新能力加快建设创新型城市的意见》后，由于缺乏相应的配套政策文件，南京市推进创新发展的进程一直较慢。直至2009年南京市建设国家科技体制综合改革试点城市工作的开展，2011年以后系列扶持政策陆续出台，相关的政策制度体系才日渐成熟完善。

2. 科技创新能力亟待提升

科技创新能力主要由科技创新投入能力、科技创新产出能力、科技创新经济绩效等几部分构成。

科技创新投入能力的主要评价指标量为科技创新人员投入和科技经费投入。南京虽然拥有较为丰富的科技教育资源，在科技创新人员的投入上具有相对优势，但在科技经费的投入上，R&D经费投入总量及其占GDP的比重与北京、上海等城市相比仍然存在差距。

“十三五”期间，南京全社会研发经费支出占GDP比重从2.95%提升至3.38%，高新技术企业数增长4.1倍；而同期北京全社会研发经费支出占GDP比重约6%，居全国首位，上海也在4%以上。科技经费投入总量偏低将直接影响单位科研人员获得的科研经费数额，从而影响到科技创新产出或者造成科研经费集中在某些领域而大量的科研人员面临科研经费不足的现象。总体来看，不利于科技创新产业均衡、长足的发展。

科技创新产出能力主要指通过科技创新活动转化为科研成果的能力。科技创新产出能力主要的评价指标为发表SCI科技论文指数和专利申请量。通过与北京、上海、广州、深圳和杭州的相关数据对比可以发现，在SCI科技论文发表方面，南京居于前列，具有较强的科研能力，但在专利申请数量上，南京明显落后于北京和上海，而与其他几个城市基本持平。科技论文多而专利申请量少的现象从侧面反映了南京的科技经费投入大多集中于高校、科研院所，而企业作为创新主体的地位不明显，中小企业科研经费的投入总量明显偏低。产学研的分离使得创新成果的转化程度低，中小企业创新能力得不到提高，理论上的研究成果无法转化为实实在在的产出。

科技创新经济绩效主要指科研成果转化为经济产出，实现产品产业化生产的能力。科技创新经济绩效的主要评价指标为高新技术产品产值和高新技术产品占外贸出口额比重。据相关部门统计，南京高校的科研成果约有10%有可能应用转化，高校科研课题只有20%直接面向市场应用，尚有70%左右的职务发明专利在“沉睡”。这说明南京的科技成果转化效率明显不足，这与南京较为丰富的科技教育资源不相称。如何更好地将科技成果转化为实在的经济产出，利用已有的科技教育资源带动科技创新、科技产业的发展，成为南京目前亟待突破的瓶颈。

3. 知识产权服务体系尚需进一步完善

南京市长期不断地提升和关注知识产权管理和服务，建有中国（南京）知识产权保护中心、国家级知识产权服务业集聚发展试验区，以及专利导航示范区，在知识产权的审批、管理以及保护等方面取得了相当的成果。但在实践中还存在一定的不足，需要不断地完善和拓展，尤其在知识产权质押贷款和海外维护体系上需要进一步完善。目前知识产权质押贷款政策还不够完善，真正需要融资的小微企业贷不到款，对于缓解小微企业融资困境的效果不明显，而且对知识产权这样的无形资产，评估起来需要一定的专业性且评价标准难以界定，不太容易准确给出产权价值，金融机构积极性不高。因此需要进一步提高知识产权管理机构以及金融机构知识产权评估的专业水平。此外，南京在知识产权海外维护较为缺失，缺乏成熟的海外知识产权服务平台和海外知识产权维护培训体系，不利于龙头企业“走出去”进行跨国经营。

4. 金融服务支撑体系缺乏配套

通过金融机构进行融资是企业一项重要的融资渠道，而间接融资对于科技企业的重要性更加明显。科技创新创业的发展离不开金融服务业强有力的支撑，但由于科技企业天生具有轻资产、高风险的特性，部分金融机构在面对具有迫切融资需求的科技企业时难免心存顾虑，无法及时地为科技企业提供配套金融服务，以满足其创新创业的相关需求，从而产生了金融服务支撑体系缺位的现状，一定程度上阻碍了科技企业的长远发展。具体而言，金融服务支撑体系缺位表现为以下三个方面：

（1）“不愿为”

近年来，南京经济一直保持快速稳健的发展态势，在宁金融机构拥有良好的经营环境，依靠传统业务的自然增长，业务规模、经营利润等各项考核指标就能达到预期，快速发展的态势就能够保持。在缺乏相关配套政策扶持的情况下，金融机构不愿将业务扩展至陌生的科技金融领域，不愿承担科技成果转化的风险。同时，创业投资机构也偏好投资于即将上市的企业，不愿对风险更大、投资回收期更长的处于初创期的科技企业给予支持。

（2）“不敢为”

科技型中小企业具有轻资本、风险高、融资难等特点，其发展主要依赖于创新成果的转化，一旦失败，前期的投入将全部损失。由于我国金融机构的发展水平不高，机构内部尚未建立针对科技中小企业的风险管控体系（如准入标准、风险评价指标体系等），加上风险分担政策不健全，不良资产处置能力欠缺，从风险防范和内部考核压力等方面考虑，金融机构不敢涉足科技型中小企业的业务也就在情理之中了。

（3）“不能为”

各金融机构在宁多为分支机构，缺乏专业的科技金融团队和独立的科技金融操作规程，欠缺做深做精科技金融业务的能力。科技型中小企业成长价值的发掘、准入评价体系的建设、金融产品的研发、风险的防范与控制都需要专业人才，目前仍缺乏既懂科技又熟悉金融的专业化人才队伍。

此外，银行、保险、创投、担保等各类科技金融服务机构之间，尚未建立有效的合作联动机制。在为科技创业企业提供资金、产品、信息等服务过程中停留在“单打一”的状态，未能形成“组合拳”，尚不能够针对企业不同发展阶段提供全程化、差异化、多元化的金融服务，尚未实现为科技型中小企业提供全方位、多层次的“定制”服务。

总体而言，为推动南京科技创新创业的发展，亟须推动金融机构转变“不愿为”“不敢为”“不能为”的现状。因此，南京需尽快建立专门为科技创业企业服务的金融组织体系，帮助科技创业企业特别是处于初创、成长阶段的科技型中小企业跨越准入门槛，从金融机构获得资金支持。此外，南京亟须搭建科技金融服务平台，为金融机构、企业提供科技企业信息查询、科技企业推荐、科技企业资金需求信息发布、科技企业产权交易等方面的综合服务，有效解决政府部门、金融机构、科技创业企业之间信息沟通不充分、对接渠道不顺畅等问题。

二、南京科技金融体系建设情况

（一）政策松绑打造南京样本

1. 南京科技金融的政策环境

2010年以前，由于科技创新政策存在配套性差、紧密度低的问题，南京市的科技与金融产业实际上缺乏真正有效的联动配合，科技金融的发展没有形成政策环境的优势。从2011年开始，审视科技创新及科技金融发展的紧迫形势，南京市政府以“顶层设计”的形式，从理念、政策、体制、机制等方面对科技创新、科技金融的发展进行了统筹规划，力求打破南京科技创新创业的瓶颈制约，为南京科技金融的出海扬帆保驾护航。

（1）出台“1+8”系列文件

实施创新驱动战略，推动“国家科技体制综合改革试点城市”的建设，南京市委、市政府就“人才引领、科技创业，制度先试、园区先行”关键举措，制定出台了“1+8”系列文件，包括了创新创业人才特别集聚区建设计划、领军型科技创业人才引进计划、科技创业家培养计划、科技创业企业上市辅导计划、科技创新创业平台共建计划、科技创业投融资体系建设计划、高端研发机构集聚（世界500强和中国500强企业研发机构引进）计划和自主知识产权开发计划八项计划。

该计划将创新驱动和投资拉动相互融合，力争引导更多的资金投入到科技含量高的项目、产品和企业，优化投资结构，创新投资方式，要求各类金融机构积极融入，增强金融与经济的契合度，在全市创新驱动战略实施中发挥引领和促进作用。

（2）出台科技创业投融资体系政策

科技创新创业的发展离不开对应的投融资体系的建立。为了建立“创有所扶、长有所促、成有所励”的南京特色的科技创业投融资机制，需要以科技金融制度安排和政策创新为突破，综合运用财政金融手段，实现政府引导和市场主导的有机契合，建立健全较为完整的科技金融服务链，吸引和带动各类社会资本投入科技创业领域，从而建立和完善覆盖科技研发、科技创业、科技产业化等不同阶段、不同特点的多元化、多级次科技投融资服务体系。南京政府针对科技银行、科技小贷、科技保险、科技创投等业务均出台了相关优惠性政策，为打造优质的科技创业投融资体系奠定了政策体系基础。

（3）出台系列配套文件

为了推动上述政策的贯彻落实，相关部门出台了一系列的配套文件，改善政策法规环境，保障金融资本与科技创新形成合力。如制定《科技创业企业上市辅导计划》，以领军型科技创业人才创办的科技创业企业为重点，力争“十二五”期间在境内外多层次证券市场实现辅导上市100家企业，并对首发上市科技创业企业及企业高管人员给予奖励；制定《关于鼓励和促进科技银行发展的实施办法》《关于鼓励和促进科技保险发展的实施办法》《南京市资本市场融资目标分解和考核奖励办法》《南京市紫金科技创业投资基金暂行管理办法》等系列配套文件，促进金融资源向科技资源的集聚。下表4-2是对各政府部门出台文件的总结：

表 4-2　南京市推动科技金融发展的文件汇总表

<table>
<tr><th colspan="2">文件类型</th><th>文件名称</th><th>出台年份</th></tr>
<tr><td colspan="2" rowspan="4">总体规划类</td><td>《南京市人民政府关于进一步加快全市金融业改革创新发展的若干意见》</td><td>2011 年</td></tr>
<tr><td>《中共南京市委南京市人民政府关于印发“人才引领、科技创业，制度先试、园区先行”八项重点计划的通知》</td><td>2011 年</td></tr>
<tr><td>市政府关于印发南京市金融创新奖励暂行办法的通知</td><td>2015 年</td></tr>
<tr><td>市政府关于加快科技金融体系建设促进科技创新创业的若干意见</td><td>2017 年</td></tr>
<tr><td rowspan="6">业务指导政策</td><td rowspan="6">银行保险类</td><td>关于鼓励和促进科技银行发展的实施办法</td><td>2011 年</td></tr>
<tr><td>关于鼓励和促进科技保险发展的实施办法</td><td>2011 年</td></tr>
<tr><td>关于进一步加强科技银行有关工作的通知</td><td>2011 年</td></tr>
<tr><td>关于印发《南京市科技保险专项补贴资金管理暂行办法》的通知</td><td>2011 年</td></tr>
<tr><td>关于印发《南京市科技银行专项扶持资金管理暂行办法》的通知</td><td>2011 年</td></tr>
<tr><td>关于印发《南京科技银行建设指引》的通知</td><td>2012 年</td></tr>
</table>

续 表

文件类型		文件名称	出台年份
业务指导政策	银行保险类	关于对鼓励和促进科技银行、科技保险发展实施办法的补充通知	2012 年
		关于鼓励和促进知识产权质押贷款的暂行办法	2012 年
		南京市科技银行创新发展实施办法	2015 年
		南京市科技保险创新发展实施办法	2015 年
		南京市科技银行综合考核实施办法	2015 年
	资本市场类	关于印发《关于推进全市发展和利用资本市场实施细则》的通知	2011 年
		关于印发《南京市政府股权投资优先支持入选“321 计划”软件团队的实施细则（试行）》的通知	2012 年
		关于印发南京市紫金科技创业投资基金暂行管理办法的通知	2011 年
		南京市紫金科技创业投资基金暂行管理办法实施细则	2013 年
		关于印发《促进我市股权投资业发展实施细则》的通知	2013 年
		关于开展 2016 年南京市股权投资基金补贴奖励申报工作的通知	2016 年
		推动南京企业上市“宁航行动”计划	2020 年
		关于印发《关于促进南京市私募股权投资行业发展的实施细则》的通知	2021 年
		关于印发《健全科创金融生态体系行动计划》的通知	2021 年
		关于进一步支持企业利用资本市场的实施细则	2021 年
	融资担保类	南京市融资担保业务补助实施办法	2014 年
		南京市小额贷款保险试点工作实施办法	2014 年
		南京市小微企业应急互助基金实施暂行办法	2014 年
		关于开展南京市融资担保风险分担试点工作的通知	2017 年
		南京市融资担保风险分担试点工作实施办法	2017 年
		融资担保公司监督管理条例四项配套制度	2018 年
		南京市促进融资担保支持小微企业、“三农”发展奖补实施办法的通知	2019 年
		关于完善科技型企业融资担保支持政策实施方案的通知	2021 年

2. 南京科技金融的组织架构

科技金融主要由直接融资和间接融资两部分构成，如图4–3所示。其中，直接融资主要指的是股权投资、股权交易市场等，由风险投资家提供，典型的如天使基金、创投公司等等，而间接融资主要指银行提供的贷款及其他金融服务。

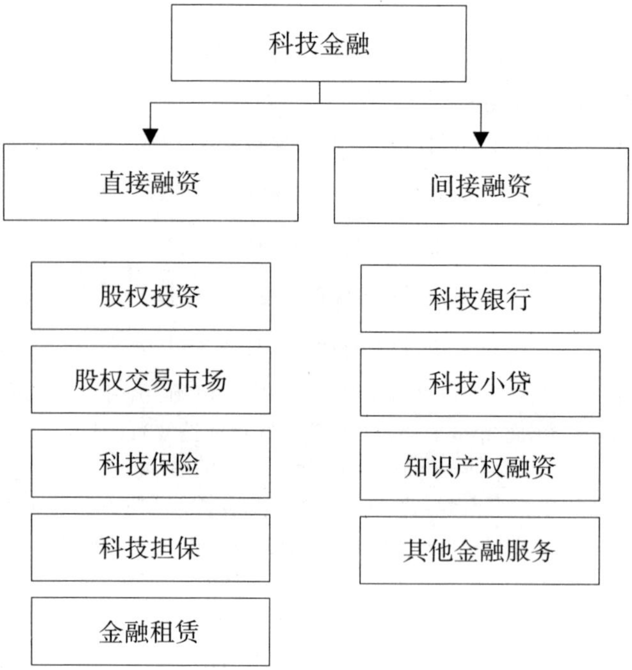

图 4-3　科技金融组织架构

随着金融体制创新步伐的加快，南京也顺势开创出科技金融投融资体系，创新科技投入机制，以政策性金融资源的整合为先导，构建由紫金科技投资基金等科技创投引导基金、科技风险投资基金、科技银行、科技保险公司、紫金担保等国资担保公司、再担保公司等为成员的南京投贷保联盟，搭建投融资服务平台，为科技型中小企业提供全方位、全程式的投融资服务。目前已初步形成了科技信贷、科技创投、科技保险、科技担保相互协同的组织架构，设立了科技银行、科技保险、科技创投、科技小贷、金融租赁、科技金融服务中心等一系列科技金融专营机构。

（1）科技信贷

学者洪银兴指出，从创新驱动型经济对金融的需求以及金融自身的创新要求分析，商业性银行和金融机构应该也可能成为科技金融的主体[①]。科技

①洪银兴.科技金融及其培育.经济学家，2010,（06）：22-26.

金融不仅需要风险性的股权融资的介入，而且需要银行信贷的大力支持。因此，在科技信贷方面，南京市也着手积极开展科技银行及科技小贷业务的试点工作。

一是科技银行：

科技银行是指经南京市金融办、市科委、市财政局共同授牌认定的、重点为科技创业企业提供专营金融服务的银行业金融机构，具有机构独立、业务专营、流程再造、全行营销、单点运作、信贷规模独立和考核体系独立等特点，其主要的服务对象是在南京市行政区域内注册登记，具有独立企业法人资格的初创期、成长期科技创业企业。

科技银行的特色之处主要体现在业务专营化、特殊的营销模式、贷款的优惠政策以及动态情况报告制度等方面。业务专营化主要是指科技银行应该逐渐退出其他业务，专门为科技金融提供服务。在营销模式上，科技银行鼓励采用全行营销、单点操作的模式。科技支行依托上级行及系统内部的营销网络，建立全行各网点与科技支行的对接机制，通过全行各个网点发掘科技创业企业信息资源，汇集科技创业企业金融服务需求，通过内部业务流转渠道交由科技支行进行重点跟进，并最终通过科技支行发放贷款，形成上下联动、点面结合的营销推动与服务支撑网络，推动科技支行的专业、专营。在贷款方面，科技支行享有独立配置的信贷规模，建立了信贷审批的便捷通道以提高审批效率。在政策的扶持下，科技银行还享有对信用贷款和贷款抵质押不足部分风险分担的财政扶持，充分发挥了科技银行专项扶持资金引导和风险补偿作用。

二是科技小贷：

科技小额贷款公司是由自然人、企业法人与其他社会组织投资设立，不以吸收公众存款为目的，面向高科技产业开发区（园区）内企业，经营小额贷款和创业投资业务的有限责任公司或者股份有限公司。与银行相比，小额贷款公司更为便捷、迅速，适合中小企业、个体工商户的资金需求；与民间借贷相比，小额贷款更加规范、贷款利息可双方协商。小额贷款公司是企业法人，有独立的法人财产，享有法人财产权，以全部财产对其债务承担民事责任。小额贷款公司股东依法享有资产收益、参与重大决策和选择管理者等权利，以其认缴的出资额或认购的股份为限对公司承担责任。

2011年，南京市启动了以省级以上经济技术开发区、国家级大学科技园、部分核心功能区为载体的科技小额贷款公司试点工作。由此，科技小贷公司开始在宁设立，原有的小贷公司也开始办理科技类贷款业务。截至2020年12月25日，江苏省小额贷款注册企业总计583家，其中，苏州市、南京市、无锡市小额贷款注册企业排名前三。苏州市小额贷款企业达93家，排名第一，南京市小额贷款企业总计66家，无锡市小额贷款企业总计62家。

（2）科技创投

科技创投就是科技创业投资，又称为科技风险投资，是指对未上市的中小型科技企业进行股权投资，并为其提供管理和经营服务，以期在企业取得较为稳定的盈利之后，能够通过股权转让的方式成功地撤出企业，获得高额的中长期收益的投资行为。

从国内外的相关经验来看，科技创投对中小科技企业的成长起着十分重要的作用，也是科技金融体系中重要的组成部分，股权投资基金既是企业上市的一个重要助力，又是缓解企业推进上市过程中融资问题的有效手段。南京也非常重视科技创投在宁的发展，随着政策性创业投资引导基金——紫金科技创业投资基金的设立，南京的创业投资呈现良好的发展态势。目前，引导基金已引进深创投、汉能投资等知名创投企业合作设立新的基金。税收、奖励等扶持政策的陆续出台，进而吸引了大批创业投资机构在宁投资，德同资本、联想投资等知名的风险投资机构也在南京市设立了分支机构。此举措一方面可以扩大创业和股权投资集聚规模；另一方面，能够引导投资阶段前移，让更多处于种子期和初创期的中小型科技企业获得宝贵的资金支持。

（3）科技保险

科技保险公司是指经南京市地方金融监督管理局、市科委和市财政局共同授牌认定的、重点为科技创业企业提供专营保险服务的保险业金融机构。科技保险的支持对象为初创期、成长期科技创业企业。经认定的科技创业企业购买由中国保监会和科技部批准的科技保险险种，可享受科技保险专项补贴。经市金融局会同市科委、市财政局审核，确定人保南京分公司、紫金财险江苏分公司为南京市首批科技保险公司。

科技保险公司以科技创业企业为优先服务对象，建立专门的营销机构和营销团队，积极研究、开发适应不同行业、不同发展阶段科技创业企业的保险产品，满足科技创业企业的特殊保险需求。同时，科技保险公司专门建立针对科技创业企业的风险跟踪、控制体系，帮助企业优化内部管理模式、组织架构及盈利模式。

（4）科技担保

科技担保公司指的是专门为科技型创业企业的融资提供担保服务的金融中介机构。科技担保公司以安全性、流动性、收益性为经营原则，建立市场化运作的可持续审慎经营模式。在科技担保方面，南京市积极推进科技担保体系建设，将南京市科技创新投资担保管理有限公司和南京紫金投资信用担保有限公司列为南京市科技担保公司。

科技担保公司针对科技型中小企业的特征，积极开展业务创新，推出了以知识产权质押、应收账款质押以及股权质押作为反担保手段的科技型担保业务，有效地缓解了科技型中小企业因抵质押物不足而造成的融资难问题，受到广大科技型中小企业的欢迎。

（5）金融租赁

金融租赁是指由承租人选定所需设备后，由租赁公司（出租人）负责购置，然后交付承租人使用，承租人按租约定期交纳租金。金融租赁合同通常规定任何一方不能中途毁约，租赁期满后，租赁设备可以由承租人选择退租、续租或将产权转移给承租人。金融租赁方式大多用于大型成套设备的租赁。金融租赁公司是为具有一定生产技术和管理经验但生产资料不足的企业和个人提供融资融物服务的金融机构。截至2020年末，南京市共有融资租赁公司法人机构59家，外地在南京设立的分支机构82家。

（6）知识产权融资

知识产权质押融资，是指企业以合法拥有的专利权、商标权、著作权中的财产权经评估作为质押物从银行获得贷款的一种融资方式，旨在帮助科技型中小企业解决因缺少不动产担保而带来的资金紧张难题。2019年8月20日，银保监会联合国家知识产权局、国家版权局发布了《关于进一步加强知识产权质押融资工作的通知》。南京片区打造的知识产权交易融资服务运营平台给出了解决方案——利用区块链技术、在线特色交易，让优质“知产”更方便、高效地转化为“资产”。《南京市“十四五”知识产权发展规划》提出，到2025年，知识产权对南京经济社会发展的贡献度将大幅提升，每万人高价值发明专利拥有量达50件，每万人一般作品和软件著作权登记量超过150件，每万家企业拥有有效注册商标企业数超过1300家。知识产权质押融资总额超过200亿元。知识产权行政保护绩效考核在全国保持前列，南京在全国率先全面建成知识产权强市。

（二）主体联动建设科技金融

经过几年的发展，南京的科技金融综合体系已初步建立，如图4–4所示。整个体系的建设可以概括为——“以政府为主导、以企业为中心、以机构为支持、以市场为基础”。四大主体联动驱动，共同推进科技金融工作深入展开。

1. 以政府为主导

在科技金融体系中，政府应发挥主导作用，“主导”体现在以下几个方面。

一是在政策层面，政府部门需要为科技金融的发展提出总体的规划构想，需要为其他主体参与、加入科技金融体系做出规范和指引，需要提出各项优惠、扶持政策调动其他主体参与科技金融的积极性。

二是政府需要为科技金融的发展搭建平台。通过政府牵头设立综合性的科技金融服务中心，一方面，需要将投融资机构与科技型中小企业对接，实现信息集中共享、需求集中发布、认定集中受理，针对科技型中小企业成长、发展过程中的投融资需求提供“量身定制”的专业化、精准化的服务；另一方面，也要做好科技型中小企业的资信审查和上市工作，建立科技型中小企业征信体系和科技企业上市储备库，推进重点拟上市企业培育计划，对有条件两年内报会的企业进行重点培育辅导。

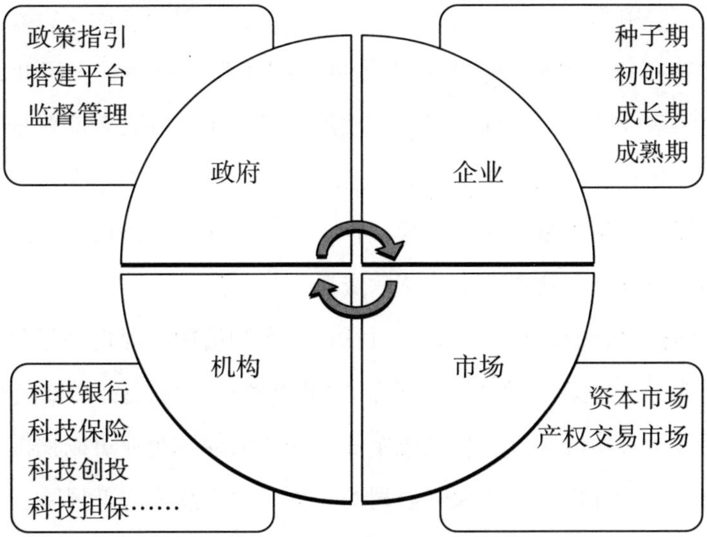

图 4-4　南京科技金融综合体系结构图

三是充分发挥监督管理的职能。在推进科技金融的过程中，必然会遇到各种各样的问题，如科技担保公司的资本金要求、科技银行贷款审批的流程等等，都需要政府相关部门的实时监管和规范，才能有效保障科技金融体系的良好运转。

2. 以企业为中心

在科技金融综合体系中，企业占据中心的地位，也是科技金融支持的主要对象。科技型中小企业根据其成长的生命周期，可以划分种子期、初创期、成长期和成熟期。企业所处的成长阶段不同，风险不同，投融资需求也不同。

科技企业处于种子期时，正处于科技的研究阶段，对未来市场的预期存在很大的不确定性，科技失败的风险性较大。而且由于成果正处于孵化当中，缺乏有形产品作为抵押物，难以得到投融资的支持。处于此阶段的企业的科技金融服务，除了需要天使投资之外，更加需要政府提供集中性的孵化器，依托孵化器建设形成政产学研合作创新的平台，为种子期的企业提供资金、技术等全方位的支持。

企业处于初创期，需要开发最初的产品并在市场展示，支出包括工资、设备和推销费用等。但由于企业缺乏业绩支撑，信用制度尚未完善，很难通过正常的途径从金融机构和证券市场进行间接和直接融资。因此，在该阶段，企业的融资应该更多地依赖科技金融创新体系中具有政府背景的市场主体来完成，如政策性创业投资引导基金。此外，科技型中小企业可以通过知识产权质押、应收账款质押、股权质押、寻求担保公司担保等方式，在科技银行和科技小贷公司获得一定的贷款资金。

成长期科技企业，盈利能力、可抵押资产和信用状况得到显著改善，市场能够得到该企业较为完善的信息。因此该类企业的融资需要充分选择市场，利用金融市场自发机制来完成企业的融资活动。企业可以积极申请科技银行的贷款，通过购买科技保险公司的相关保险产品来降低风险，提升自身信用，以获得更多的投融资支持。另外，还可以根据科创板的IPO条件，进入资本市场进行直接融资。

科技型中小企业步入成熟阶段，经营风险进一步降低，盈利能力进一步提高，除了科技金融机构，一般的市场性金融机构也可以介入，提供更加一般性和广泛性的服务。科技企业一方面可以继续向科技银行申请贷款，获得更多的间接融资；另一方面还可以通过产权市场、资本市场进行交易，积极进入创业板和中小板进行直接融资。

总而言之，中小科技企业应该积极主动地参与到科技金融创新体系的建设中来，提高科技成果转化为高科技产品的成功率，规范自身的财务制度，提升信用水平，加强与政府和金融界的沟通，降低融资风险。

3. 以机构为支持

科技金融的主要创新点就在于为科技创业企业提供金融服务的金融机构的创新。这类机构主要包括科技银行、科技小贷、科技保险、科技创投和科技担保等。

其中，科技银行和科技小贷主要为科技创业企业发放贷款，提供间接融资服务；科技保险主要负责开发针对科技创业企业的险种，以帮助银行分散风险，减少后顾之忧；科技创投主要在科技企业种子期和初创期时进行股权投资，帮助企业孵化，使企业发展壮大；科技担保主要为科技创业企业的融资提供担保，增强其信用等级，解决企业的融资难题。

金融机构对科技金融的支持作用，主要体现在其专营性和创新性两方面。所谓专营性，是指金融机构以科技型中小企业为专门的服务对象，开展针对科技企业的专门业务，其他业务逐步撤出。所谓创新性，主要是指金融机构针对科技型中小企业的特点，进行产品创新、业务流程创新和服务创新。在创新的带动作用下，一方面，科技型中小企业得到了更加贴合实际需求的金融服务；另一方面，金融机构的风险管理和业务专业化能力得到了提升。

4. 以市场为基础

市场在科技综合金融体系中居于基础性地位，无论是企业的生产、经营，还是金融机构开展的投资、融资服务，都是在有序竞争的市场上进行的。为了更好地发挥市场在科技金融综合体系中的基础性作用，需要大力推动产权市场和资本市场的建立和完善。

产权市场的建立，一方面为种子期、初创期进入企业进行股权投资的风险资本提供了退出机制，使风险资本在完成使命后及时退出并得到回报，进入新的项目开展下一轮投资，保证了风险投资的可持续性；另一方面，科技型中小企业可以在产权市场上进行股权抵押和定向增资，通过一级市场获得资金，以满足企业成长过程中的融资需求。

对于那些成熟期的科技企业，则需要通过资本市场进一步进行融资活动。该类企业可以通过新三板、创业板等上市等途径来吸引更多社会资金的流入。

三、南京科技金融的制度创新

总体而言，南京科技金融工作主要是围绕解决科技企业“融资难、融资贵”问题来开展。核心工作是通过财政支持和政策引导，解决市场失灵部分，促进科技金融机构“专营、专业”化发展，提供科技专属服务，增加科技投资和信贷投放规模。同时，鼓励采用信用方式或知识产权质押、科技保险等创新担保方式发放贷款，化解科技企业轻资产、少抵押的融资瓶颈。并且鼓励以基准利率发放贷款，降低科技企业融资成本。回顾南京科技金融取得的成果，我们可以将获得的经验总结为政策扶持、专营再造、组织及机制创新三方面。

（一）政策扶持完善激励机制

解决科技创业企业融资矛盾的关键切入点在于弥补资金供求双方在风险承受和价格方面的差距，充分发挥政府公共服务的职能和公共财政资源的资金撬动作用，通过设立科技贷款风险补偿专项资金、贷款利息补贴、科技保费补贴资金，通过保险、担保、再担保建立贷款增信机制，完善科技创业投融资正向激励机制，有效解决市场失灵部分造成的动力不足问题。南京市政府在推动科技金融发展过程中给予的政策倾斜力度是巨大的，主要包括：

1. 建立科技贷款风险补偿和贷款利息补贴机制

为了增强科技银行抵御风险的能力，南京市财政从2011年起连续三年每年安排3000万元贷款风险补偿专项资金，用于科技创业企业贷款风险补偿，各区县、国家级开发区财政按1∶1进行配套。对列入扶持的企业，其抵押、质押不足的部分或信用贷款所产生的实际损失，按7∶3的比例由专项资金和科技银行进行分担。

在贷款利息补贴方面，市财政每年安排专项资金用于科技创业企业贷款贴息，科技银行对科技创业企业贷款执行基准利率的，给予基准利率10%的利息补贴，鼓励和引导科技银行在利率上给予科技创业企业优惠，有效降低科技企业融资成本。

在2015年新出台的《南京市科技银行创新发展实施办法》中，重点突出贷款风险补偿方式的改革，由确认最终损失后补偿转变为提前代偿，由逐笔按比例进行分担转变为集中按总额比例进行上限控制，在提高政策落实时效性的同时也增强了对科技信贷人员尽职免责的支持力度。同时，提高对科技银行发放基准利率贷款的利息补贴比例（由10%提升至20%），在给予科技创业企业实质优惠的同时也增强了科技银行的市场竞争优势和可持续发展能力。

2019年，南京市政府办公厅印发《南京市创新创业贷款实施办法》（宁政办发[2019]19号）。根据《中共南京市委南京市人民政府关于支持民营经济健康发展的若干意见》（宁委发[2018]39号）设立“南京市创新创业贷款”（简称“宁创贷”）要求，鼓励驻宁银行业金融机构自愿申请成为“宁创贷”合作银行，向在我市注册并正常生产经营的小微企业提供贷款。“宁创贷”鼓励银行发放基准利率贷款。合作银行对小微企业发放的不超过同期限贷款基准利率上浮30%的信用贷款等弱抵押、弱担保贷款（原则上无有形资产抵质押或第三方全额担保，均可考虑视同为弱抵押、弱担保贷款）发生风险，由市财政对贷款逾期60天本金未收回部分给予风险代偿。其中，上年末信用贷款等弱抵押、弱担保贷款余额占“宁创贷”贷款总余额20%以上（含20%）的给予90%代偿，占比20%以下的给予80%代偿。对合作银行申报的贷款风险，市财政在10个工作日内办理提前代偿，直接归还贷款。对提前代偿的逾期贷款，由市财政局定期聘请中介机构进行审计，会同相关主管部门对审计结果进行确认后多退少补。年度最高代偿总额按单个银行核算不超过上年末“宁创贷”余额的5%，超过部分由合作银行承担。对由风险代偿资金代偿的逾期贷款，合作银行应继续履行追偿责任，追回的资金扣除必要费用后按原比例及时返还市财政。2019—2021年实行“宁创贷”以来贷款规模及用户发展状况，如图4-5所示。2021年以来，市财政局聚焦服务实体经济，积极优化“宁创贷”政策体系，引导金融活水支持企业发展。“宁创贷”合作银行扩面至37家，对科技型中小企业、新型研发机构、海外人才创业3类企业授信上限提高至2000万元。“宁创贷”规模达到2780亿元，较上年增长25%；平均贷款利率4.77%，低于全省同期普惠型贷款平均利率45个基点；发放无抵押、无质押信用类贷款516亿元，信用贷款比例上升至18.6%，贷款易得性进一步提升。

2021年，南京市财政局会同市地方金融监管局，制定出台了《“宁科贷”增量补贴、风险代偿实施细则（试行）》（宁金监发[2021]19号）。一是扩大了企业的享受范围，将初创期、成长期科技型企业扩大为科技型中小企业、新型研发机构、海外人才创业企业；二是提高了单户授信额度，将授

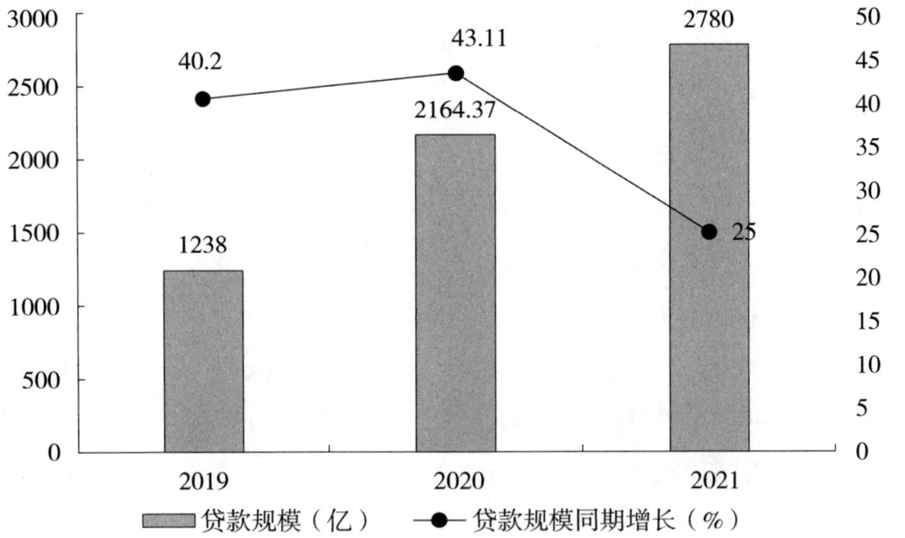

图 4-5　2019-2021 年实行宁创贷以来贷款规模及用户变化

数据来源：南京市地方金融监督管理局

信上限从1000万提高至2000万；三是放宽了科技型企业的认定标准，将年销售收入不超过1亿元提高至2亿元；四是增加了合作银行的数量，将11家科技合作银行扩大至“宁创贷”所有合作银行。

2. 设立科技保险专项补贴资金，建立科技保险机制

为贯彻落实《市政府关于全面深化金融改革创新发展的若干意见》（宁政发[2014]172号），深化科技创业投融资体系建设，进一步推进科技保险公司改革创新和专营专业发展，加大对科技企业的保险支持，特制定《南京市科技保险创新发展实施办法》（宁金融局银[2015]2号）。

市财政在预算中每年安排1000万元科技保险专项补贴资金（以下简称“专项资金”），用于科技创业企业购买科技保险公司相关险种的保费补贴，并由相关部门建立科技保险专项补贴资金管理委员会，对专项资金进行管理、使用和监督。鼓励保险公司创新产品，积极推广面向科技创业企业的险种，鼓励科技创业企业积极投保，通过保险分散科技创业企业研发、市场开拓等活动中的风险。同时由科技银行与科技保险合作，推出小额贷款履约保证保险，通过保险增信方式帮助科技企业获得信贷资金支持。

此外，为了鼓励科技保险公司与科技银行合作，开发有助于科技创业企业融资的保险产品，对小额贷款保证保险给予该险种保费50%补贴。对于科技创业企业购买科技保险的具体补贴方式，可以总结为“先缴后补、比例封顶、半年结算”。购买关键研发设备险、产品责任险、产品研发责任险险种的企业，给予该类险种保费40%补贴；购买财产险、产品质量保证险、团体健康险、团体意外险、雇主责任险险种的企业，给予该类险种保费30%补贴。

3. 引入政府担保和再担保体系，建立贷款担保补贴机制

对担保机构与科技银行合作为科技创业企业提供担保的，按实际担保额给予资金补贴。为扩大科技担保业务量，市政府积极引导国有控股的担保公司与科技银行合作。在引入再担保体系方面，南京市委市政府组织江苏省再担保南京分公司与科技担保合作，分散风险，增加信用，扩大科技贷款规模。

4. 设立种子基金，大力发展科技创投，扶持科技创新企业成长孵化

一是提供开办资金奖励。在《关于促进南京市私募股权投资行业发展的实施细则（2021）》（宁委发[2021]1号）中明确规定：以合伙制形式新设立的基金（不含母基金），根据基金实际募集到位资金规模和实际股权投资额分期给予奖励；以公司制形式新注册设立的基金（不含母基金），按照其实缴到位注册资本规模和实际投资额分期给予奖励，如4–3表所示。

表 4–3　南京市私募股权投资奖励措施

以合伙制形式新设立的基金（不含母基金）		公司制形式新注册设立的基金（不含母基金）	
实际募集到位资金	首期奖励（万元）	实缴注册资本	首期奖励（万元）
2000 万元—2 亿元（不含 2 亿元）	10	1000 万元—1 亿元（不含 1 亿元）	10
2 亿—10 亿元（不含 10 亿元）	50	1 亿—5 亿元（不含 5 亿元）	50
10 亿—30 亿元（不含 30 亿元）	200	5 亿—15 亿元（不含 15 亿元）	200
30 亿—50 亿元（不含 50 亿元）	400	15 亿—30 亿元（不含 30 亿元）	400
50 亿元及以上	1500	到 30 亿元及以上	1500

数据来源：《关于促进南京市私募股权投资行业发展的实施细则（2021）》

二是投资及并购奖励。对投资于注册纳税在本市的新型研发机构和种子期、初创期科技型企业，持有股权超过24个月，且投资资金全部到位的基金，按投资额5%给予基金管理机构奖励，投资单个企业累计奖励最高500万元。对基金并购标的迁入南京市，经各产业链专班牵头部门认定，符合八大产业链强链补链要求，且标的公司迁入当年起2个会计年度内，累计地方经济贡献达200万元以上的，给予基金管理机构地方经济贡献20%奖励，最高不超过100万元。

（二）专营科技再造服务流程

针对科技创业企业自身的特点以及传统信贷模式与之不相匹配的难点，全方位地推进科技金融工作，需要鼓励和促进各金融机构发挥主观能动性，从经营理念、业务流程、产品设计、管理机制、资源配置、团队建设等方面进行全方位的转变。

1.“准事业部制”科技银行创新模式

“准事业部制”的模式首先体现在它的“独立”上，即信贷规模独立、考核体系独立、贷款审批独立、风险容忍独立和利率定价独立。独立的特点保障了科技银行拥有足够的资源、权限和动力来进行各种创新和试点，大力推进差异化的业务发展。

其次表现在“专营”上。科技银行其他业务逐步退出，专注于科技金融业务，培养专业服务团队，开发专属信贷产品。这一特点保障了科技银行拥有足够的专业能力来适应科技创新创业的需求，反过来也增强了科技企业对科技银行的认可。

最后一个特点是“再造”。南京市委市政府鼓励科技银行上级行给予大力支持，实施信贷流程再造。在全市范围内采取“全行营销、单点发放”的运作模式，调动全行资源，支持科技银行壮大规模、避免在发展初期陷入单打独斗、举步维艰的境地。

2. 建立统计制度和定期通报机制

南京市地方金融监督管理局会同市科委建立科技金融统计制度和定期通报机制。对采取全行营销模式并通过科技银行放贷的，经科技银行盖章确认后，纳入统计并按规定享受科技银行扶持政策。定期编发《科技金融简报》，对科技金融阶段性工作推进情况和成效进行通报，督促各家科技银行比、学、赶、超，形成百舸争流、力争上游的良性竞争氛围。

（三）组织机制创新保驾护航

南京市的科技创新进程的快速推进，离不开组织及配套制度创新的贡献。回顾近年来南京市在科技创新活动上的组织创新，主要包括打造科技金融服务链、搭建投融资服务平台以及成立贷保联盟，完成了配套保障机制的改革创新。

1. 打造完整的科技创业金融服务链

南京的科技创业金融服务链主要由三部分组成：一是科技创业投资体系：设立创业投资基金，通过直投、引投、跟投等多种投资方式，投资于初创期和成长期科技创业企业；同时，探索组建新能源、新材料、生物技术与新医药等新兴产业基金。二是科技创业间接和直接融资体系：深化科技银行建设，加快设立科技小额贷款公司；加大资金补助和损失代偿力度，鼓励担保机构为科技创业企业融资提供担保服务；创新融资工具，拓宽科技创业企业多元化债权融资渠道。三是科技创业保险服务体系：通过提供针对科技创业企业的新险种，解决科技创业企业的风险分担问题。

2. 搭建三大科技创业投融资服务平台

为了更好地推动南京科技创新及产业化发展，南京市政府陆续搭建了三大科技创业投融资服务平台，具体为：

一是设立科技创业金融服务中心，实现科技创业企业信息集中、融资需求受理、融资解决方案提供、融资机构对接等功能，形成为科技创业提供全方位、全程化投融资服务的科技创业投融资综合服务平台。

二是组建科技创业投资集团，打造一个集创业投资、融资担保、小额贷款、基金募集和管理等多种业务为一体的综合性专业科技创业投资平台。

三是建设综合性产权交易市场，整合产权市场、技术市场，推进设立区域性非公开科技企业柜台交易市场，为科技企业提供综合金融服务，培育沪深主板、创业板、新三板上市资源。

3. 成立投贷保联盟

2012年8月16日，南京市地方金融监督管理局与市创业投资协会、科技银行、科技担保和科技保险等13家组织、机构签订了南京科技金融“投贷保联盟”战略合作协议，正式成立了南京市科技金融投贷保联盟。联盟定期召开各类对接活动，加强各类科技金融服务载体有机串联，形成为科技创业企业提供专业金融服务的共同体。此外，由市金融局、市科委牵头建立的信息共享平台，为科技企业和联盟成员单位提供科技人才和科技项目查询，同时利用科技专家库和科技专家网上咨询，为各类科技金融服务载体提供服务。

4. 完善配套保障机制

为了更好地配合科技金融组织创新及发展，南京市也逐步完成了配套的保障机制：一是建立市科技创业投融资体系建设领导小组，协调解决工作中的重大问题。二是加大财政投入，完善科技创业投融资正向激励机制，形成财政资金杠杆撬动和滚动发展机制。三是建立科技创业投融资考核机制。健全运行机制，规范服务流程，明确各服务环节的责任部门，确保科技创业投融资服务体系建设和各项配套奖励政策措施及时落实到位。四是市区县联动，区县、开发区、各相关部门相应建立有效工作机制，形成条块结合、整体联动的工作格局。

四、南京科技金融的创新成果

2011年8月10日，南京科技银行、科技保险、科技担保、科技创投、科技金融服务中心等一系列机构正式挂牌运营。同时，以省级以上经济技术开发区、国家级大学科技园、部分核心功能区为载体的科技小额贷款公司试点工作启动。

经过长时间不断地探索、创新和推进，南京市各类科技金融机构立足专营专业发展，不断进行业务和产品创新，不断深化机制改革，不断开展机构间的合作，取得了较为显著的成果。从全省来看，截至2020年末，江苏省共有小额贷款公司、融资担保公司、典当企业、融资租赁公司、商业保理公司、地方资产管理公司6类机构法人1660余家、资产总额5239亿元，分别较2018年末增长3.36%、73.08%。其中，融资租赁、融资担保行业资产规模增长较快，分别较2018年末增加1233亿余元、569亿余元，增长182.27%、67.5%。

（一）科技银行保险快速发展

在机构数量上，北京银行、杭州银行、上海银行和紫金农村商业银行分别于2012年、2013年、2014年、2015年加入南京市科技银行体系，全市科技支行数量由7家增加到11家。南京市11家科技银行历年累计对4000多家科技企业发放贷款超过180亿元，其中对3600多家初创期、成长期科技企业发放贷款150亿元。科技贷款规模呈逐年上涨态势，从2011年末的6.2亿元，到2012年末的22亿元，再到2013年末37.43亿元，2014年末的52.93亿元，再到2015年末的72.51亿元，保持了每年贷款余额新增15亿元的高速发展。2011—2015年，南京市科技银行贷款余额及户数增长情况，如图4–6所示。

同时，科技银行贷款支持的科技创业企业数量也在不断增加，从2011年的110户，到2012年的374户，再到2013年741户，再到2014年的892户，再到2015年的1898户，历年来累计户数已超过4000余家。

在贷款结构方面，初创期、成长期科技企业贷款余额57.45亿元，比年

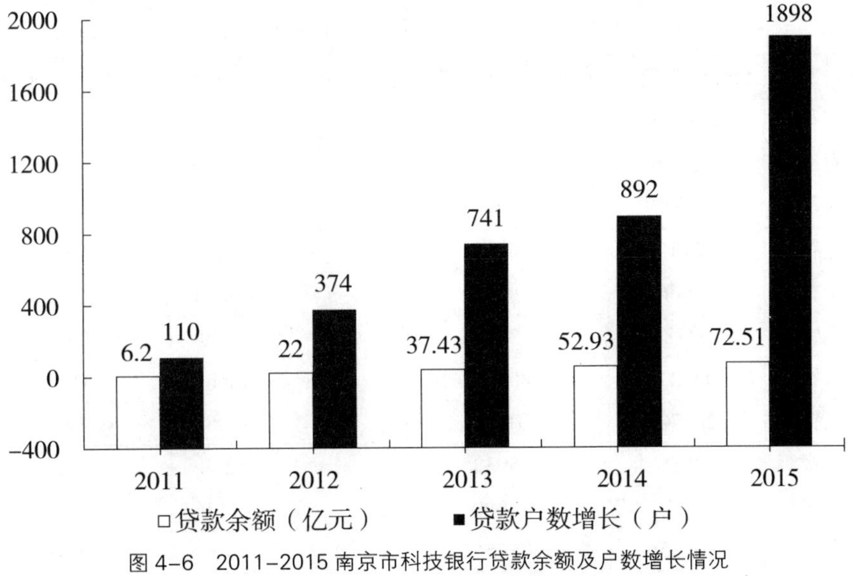

图4–6　2011–2015南京市科技银行贷款余额及户数增长情况

数据来源：南京市地方金融监督管理局

初新增16.72亿元。而成熟期科技企业在2015年12月贷款余额为15.05亿元，当年贷款企业户数为157户。具体的统计数据如表4–4所示：

表 4–4　2015 年 12 月南京市初创期、成长期科技企业贷款情况表

行别	余额（万元）	其中：基准利率贷款	比上月	比年初	当年贷款企业户数
工行	16077	14780	–493	–5906	20
农行	25955	25955	3165	5925	63
中行	55238	52292	16628	23586	124
建行	8630	8630	1100	3580	21
交行	43985	33065	3361	9255	93
江苏银行	63739	56804	17386	8789	165
南京银行	314049	159865	5109	109200	1050
北京银行	24361	21981	–4159	5552	116
杭州银行	7289	7289	–4355	–7917	57
上海银行	15180	10190	3400	15180	32
合计	574503	390851	41142	167244	1741

数据来源：南京市地方金融监督管理局

截至2020年12月，南京市商业银行南京市初创期、成长期科技企业贷款达到1868856万元，如表4–5所示。

表 4–5　2020 年 12 月南京市初创期、成长期科技企业贷款情况表

行别	余额（万元）	其中：基准利率贷款	比上月	比年初	当年贷款企业户数
工行	113956	43289		–11675	421
农行	103766	89332		49989	465
中行	250037	30042		29846	689
建行	22142	4406		3888	151
交行	98666	28720		–9064	201
江苏银行	193786	137624		7039	786
南京银行	1052270	400247		58062	5122
北京银行	26370	16970		–8982	127
杭州银行	6032	5932		1288	32
上海银行	1831	1000		–1146	7
合计	1868856	757562		119245	8001

数据来源：南京市地方金融监督管理局

截至2020年末，11家科技银行本年度共对南京市科技型企业发放贷款10310笔，金额303.55亿元，2016—2020年，南京科技银行贷款余额状况，如图4-7所示。对初创期、成长期科技型企业发放贷款8740笔，金额215.73亿元，占比71.07%。其中，信用贷款81.68亿元，占比26.9%，知识产权质押贷款23.1亿元。科技贷款余额289.3亿元，比年初新增38.31亿元，其中，初创期、成长期科技型企业贷款余额203.84亿元，比年初新增21.57亿元。基准利率贷款余额90.57亿元，占比达到44.43%。

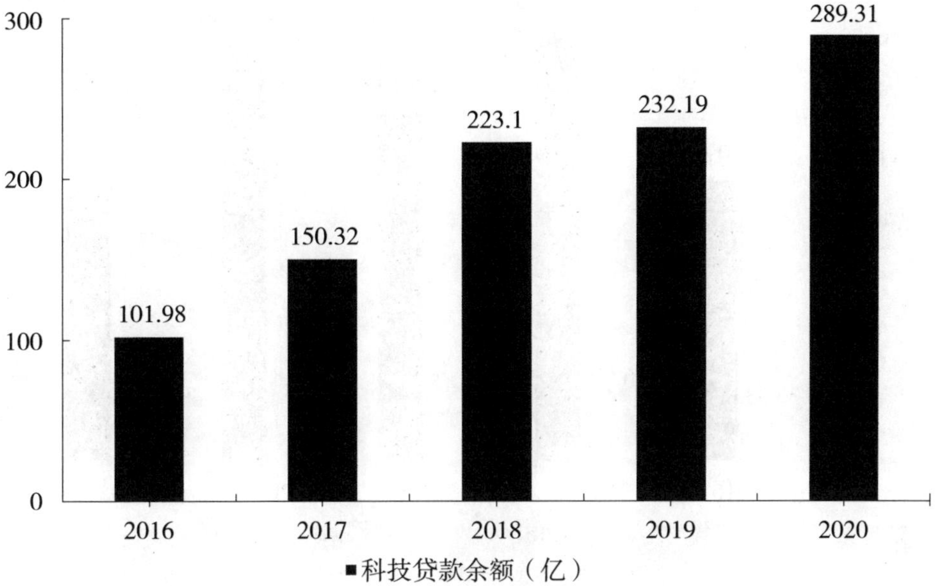

图 4-7　2016—2020 年南京市科技银行贷款余额状况

数据来源：南京市地方金融监督管理局

在贷款的担保方式方面，信用贷款、小额贷款保证保险贷款、知识产权质押贷款等创新担保方式贷款占比逐年提升，2011年末仅占6%左右，2012年末为16%，2013年全年累计发放6.9亿元，占比达到24.4%。2014年全年累计发放7.6亿元，占比约为18.2%。创新担保方式的运用大幅提升，科技创业企业因轻资产造成的贷款难问题进一步得到缓解。

南京保险机构的数量在全国名列前茅，几乎所有全国性的重要保险公司都在南京设立分公司，截至2020年末，各类保险公司总部及地方性总部达到了108家。南京的科技保险在经历了一定的积累期后，也于2013年实现了爆发式增长，在保余额超过1亿元。保费收入一年上一个台阶，由2011年的2.4万元，到2012年的63.1万元，到2013年的500万元，再到2014年的600万元，再到2015年的521万元。到“十二五”年末，全市科技保险保费收入累计超过1700万元，为小微企业提供超过5亿元的贷款增信支持。与“十二五”相比，南京市“十三五”期间的科技保险的保险额快速增长，2016-2020年度南京市科技保险保费收入以及保险额情况，如图4-8所示。

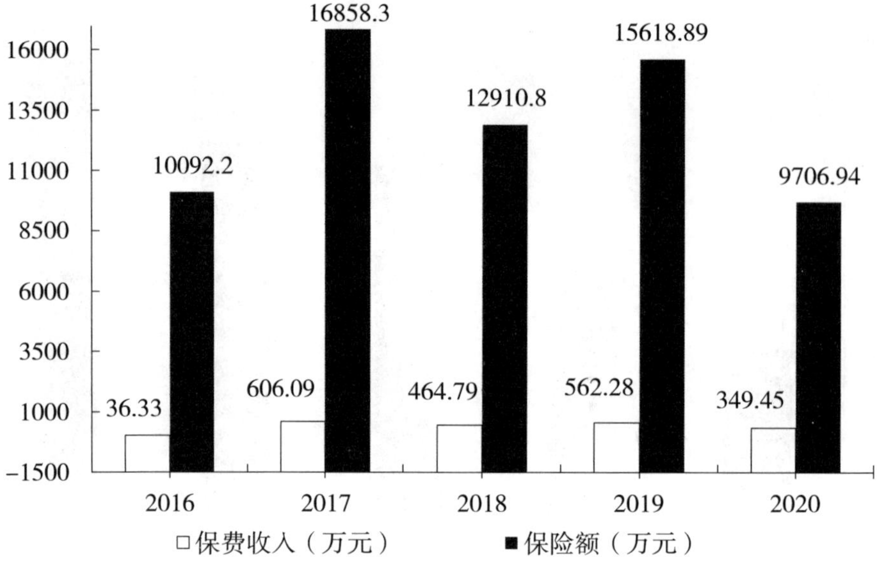

图 4-8　南京市科技保险保发展状况

数据来源：南京市地方金融监督管理局

（二）科技小贷公司稳步推进

截至2020年末，南京市共开业25家科技小贷公司，覆盖了全市近三分之二的省级以上经济开发区。当年累计发放贷款达到39.81亿元，科技贷款余额占全部小贷款公司贷款余额的30.9%，开业数量和贷款规模均位居全省第一，2016—2020年南京市科技小额贷款公司贷款状况，如图4-9所示。

值得一提的是，2016至2020年科技类不良贷款余额远低于其他行业的不良贷款，显示了其相对较低的风险。

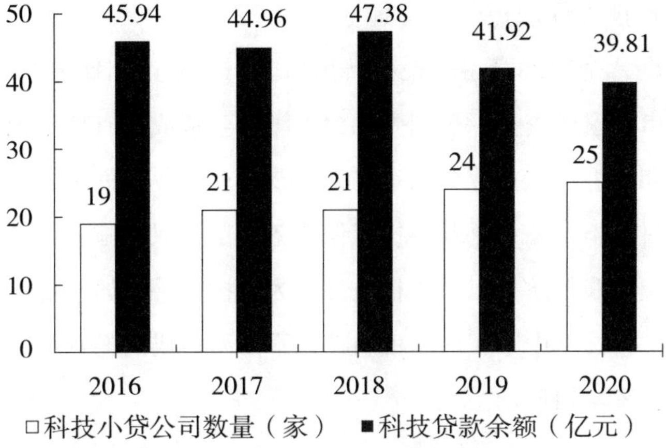

图 4-9　2016-2020 年南京市科技小额贷款公司贷款状况

数据来源：南京市地方金融监督管理局

据中国银保监会统计，2020年，银行业共处置不良资产3.02万亿元。截至2020年末，不良贷款余额3.5万亿元，较年初增加2816亿元；不良贷款率1.92%，较年初下降0.06个百分点；逾期90天以上贷款与不良贷款比例76%，较年初下降5.1个百分点。2016—2020年度，中国商业银行不良贷款余额及不良贷款率，如图4-10所示。

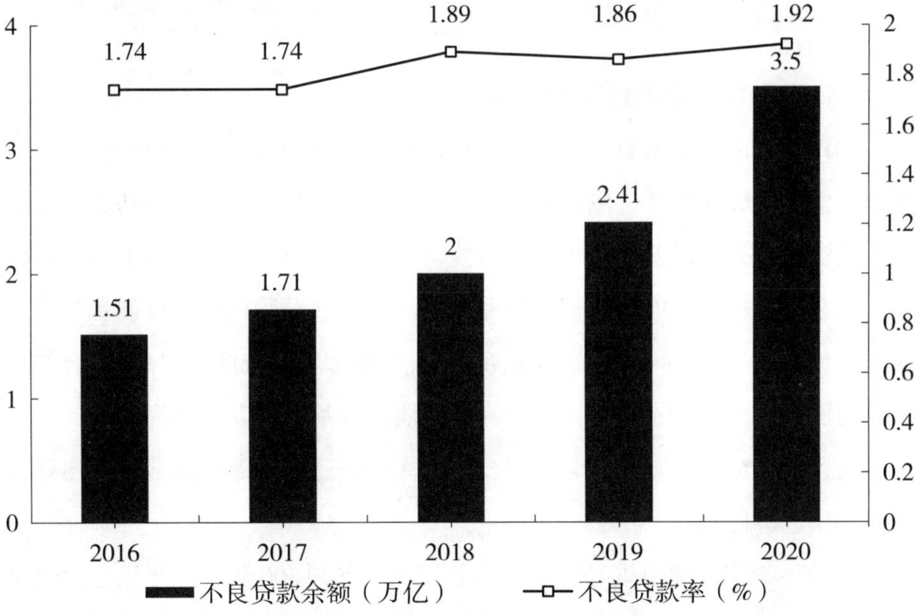

图 4-10　2016-2020 年度中国商业银行不良贷款余额及不良贷款率

（三）科技担保规模逐步增加

2020年度，全市28家融资性科技担保公司，累计担保额332.5亿元。同时，针对全市28家融资担保公司中的14家国有全资或国有控股担保公司，政府积极鼓励和推进这些担保公司率先把科技创业企业作为优先支持和服务对象。此外，科技担保公司创新科技担保业务的反担保措施，积极开展以知识产权质押、应收账款质押以及股权质押作为反担保手段的科技型担保业务，有效地缓解了科技型中小企业因抵质押物不足而造成的融资难问题。融资担保的分类，如图4–11所示。

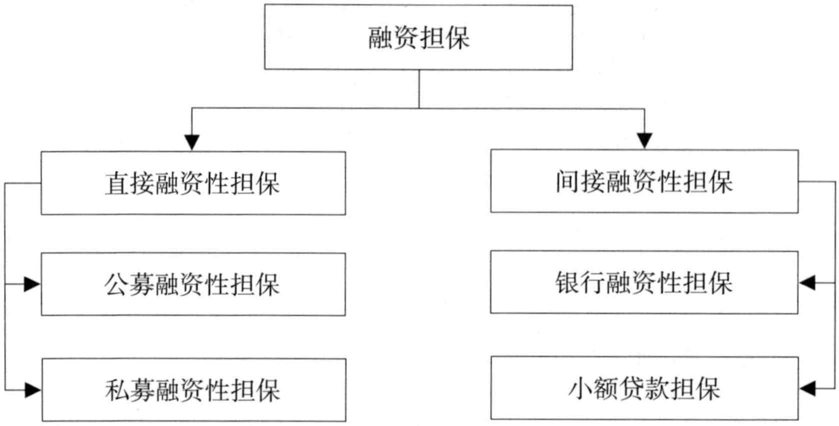

图 4–11　融资担保分类

（四）科技创投发挥引领作用

2011年，南京紫金科创集团正式注册设立，注册资本金5.12亿元。科创集团以紫金控股为依托，围绕完善科创集团构架、紫金创业投资基金、紫金创业投资管理公司以及科技小额贷款公司组建等方面正积极开展工作。集团设立了总规模10亿元的紫金科技创业投资基金。截至2015年，科创基金完成大学生创业项目300个，同时与南航、东大、南邮等高校成立8只校园合作基金，与区合作成立了玄武、雨花、六合天使投资基金，以及扎根溧水、专注农业的种子基金，与知名基金公司合作成立中医药、膜等产业基金，18只基金总规模达27亿元。

2020年，培育和引进基金及基金管理机构超过300家，新增基金管理规模超过2600亿元，南京共有127个项目获得145笔投资，融资总额达271.49亿元，在全省中占比44%，近50%。南京融资总额已连续4年位居省内第一，彰显了头部企业聚集优势。如2020年度，满帮集团和紫金财险分别完成17亿美元、56.35亿元战略融资，仅这两起融资事件总额就超过166.85亿元，高出省内其他城市的融资总额；而2019年度，苏宁金服则完成100亿元战略融资；2018年度，满帮集团、汇通达分别完成19亿美元、45亿元战略融资。2017–2020年度南京投资融资项目与融资金额状况，如图4–12所示。

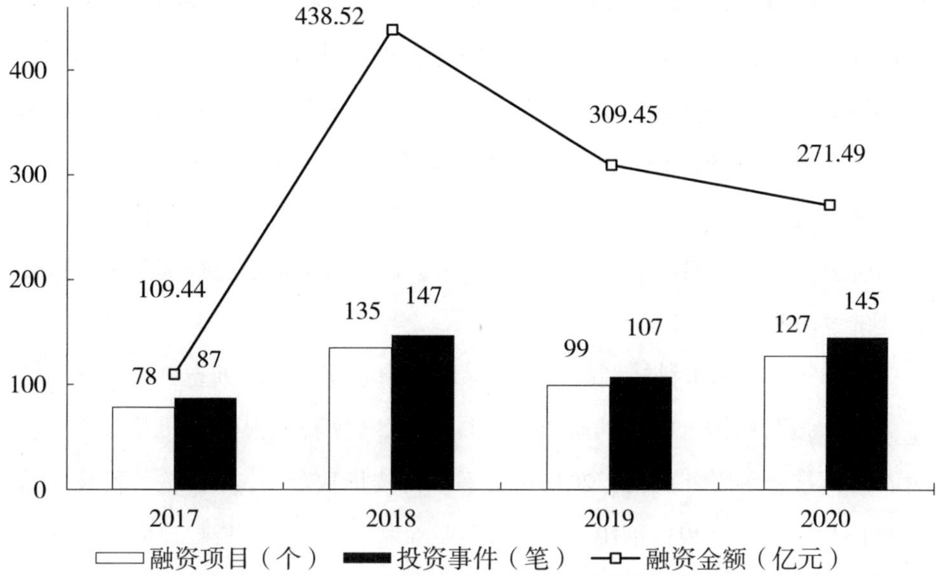

图 4–12　2017–2020 年度南京投资融资项目与融资金额状况

数据来源：南京市地方金融监督管理局

此外，政府还十分注重创投主体的创新。首先是引导创投企业建立行业自律性组织，成立“南京市创业投资协会”，创始会员33家，进一步提高创投企业组团服务的能力。其次是通过政、银合作，建立新兴产业投资基金，南京市与建行江苏省分行签订了组建“建宁紫金股权投资基金”的合作协议，进一步发挥驻宁银行直接投资服务南京科技创业企业的能力。

（五）金融服务中心整合资源

2011年8月10日，南京市科技创新创业金融服务中心正式对外服务，中心集成了政府、创投、银行、保险、小贷、担保等各类金融服务资源，以“政府主导、企业创业需求导向、金融服务合作联运”为原则，建立和完善科技创新、科技研发、科技产业化等不同阶段的科技创新创业投融资综合服务平台。为了满足南京科技创业企业、金融机构和政府三方的需求，中心拥有综合信息交流平台、融资需求受理、征信体系建设、融资解决方案提供、融资机构对接五大服务功能，实现了信息共享、业务协同、工具创新和方案优化，是区域科技创业投融资体系重要组成部分。

目前，该中心已开发了容纳4000多家科技型企业的数据库，建设了“南京市科技创新创业金融服务中心”网站，开辟了科技创业企业融资网上直通窗口等服务模式，开通了“962020”融资服务呼叫中心，及时更新了相关政府部门出台的各项政策文件，整合了有关科技、金融政策、专利、人才、国际合作等既有资源，初步实现信息发布服务、融资需求受理、融资解决方案、融资机构对接、征信体系建设等功能。该平台的设立，为科技型中小企业与金融机构之间架设了一座便捷的桥梁，进一步丰富了科技部门服务科技企业的手段和方式。

2016年，南京市科技创新创业金融服务中心获年度江苏省科技金融综合服务“十强”机构。中心共有11家科技银行、2家科技保险公司及多家创投公司等科技金融服务机构。2016年，平台科技贷款余额100.27亿，科技贷款户数1722家，截至2017年10月份科技贷款余额130.66亿，贷款户数3208家。截至2020年12月，南京市科技金融综合服务平台企业用户已超过7000家，年均服务企业3000多家，区级科技金融服务分中心已实现全覆盖。

（六）知识产权金融特色突出

积极探索知识产权运用新方式，打造的知识产权交易融资服务运营平台入选国家服务贸易创新发展试点“最佳实践案例”，向全国复制推广。“知识产权质押融资”“1+N科创融资综合解决方案”“打造资产数字化应用新场景”等8项制度创新成果在全省推广。建立“政府引导、多方参与、利益共享、责任共担”知识产权质押融资机制，打造“互联网+金融+知识产权”知识产权互联网公共服务平台，实现知识产权质押融资供需两侧有效对接，为科技型中小企业提供集资讯、金融、服务商供应、大数据为一体的知识产权公共服务。截至2021年10月，南京片区申请知识产权质押融资的高科技企业已超过5559家，获得贷款授信审批的企业则超过2700家，多家金融机构已累计完成知识产权质押贷款金额超81亿元。

（七）融资租赁服务体系完善

融资租赁作为连接金融资本与实体经济的新型金融服务工具，成为企业设备投资和技术更新的重要手段。2020年5月，中国银保监会印发《融资租赁公司监督管理暂行办法》，对企业经营规则、监管指标、监管工作等进行明确，这是机构改革后国家监管部门出台的最新政策，但还缺少市场准入、退出、评级等配套实施细则。2020年8月，市金融监管局在吸收原有成熟政策基础上，结合当前防范金融风险工作要求，印发《融资租赁、商业保理、地方资产管理公司监督管理指引》，指导规范市区两级金融监管工作。积极学习上海自贸区金融创新和融资租赁发展成功做法，为南京融资租赁行业发展提供借鉴。加强日常监督管理责任，抓好重点环节的监督管理，防范区域性、系统性金融风险。发挥政策鼓励作用，持续优化营商环境，引导依法合规经营，为推动非正常经营企业有序退出，南京市采取名单制管理和分类监管措施。经过引导服务，2020年，其中34家融资租赁公司共纳税3.39亿元，同比增长32.04%；27家融资租赁公司共为134家有需求企业调整还款计划、下调利率，涉及租金1.35亿元。截至2020年末，南京市共有融资租赁公司法人机构59家，注册资本159.5亿元，资产总额432.5亿元，其中融资租赁资产总额341.5亿元，另有外地在南京设立的分支机构82家。机构数和融资租赁资产总额分别位列全省第一、第二。在服务科研机构方面，江北新区扬子融资租赁等企业积极为区内科研机构提供融资，提供设备采购免首付、缓收租金、低于市场价20%等服务，2020年服务近40家企业，涉及合同金额约4.5亿余元。

（八）产权交易市场成效显著

南京联合产权（科技）交易所（以下简称“联交所”）成立于2011年7月，是由南京产权交易中心和科技成果转化服务中心通过资源整合、模式创新组建而成。作为南京市科技创业投融资体系中的重要组成部分，其重要职能就是帮助企业进行融资，包括股权抵押、定向增资、提供基本的股权流转和技术流转交易以及引进战略投资者。联交所自成立以来，已经引进了23家战略合作机构，包括8家银行、1家证券公司、1家期货公司、6家投资公司以及7家服务类机构如会计师事务所、律师事务所等。正式挂牌进行股权转让的企业有7家，涉及商业地产、新能源、电力和金属加工等行业[①]。

联交所目前实行直接服务交易与会员代理的混合交易模式。业务领域上，划分为若干专业板块，实行专业板块与专业团队运作相结合。专业板块分解为两大类：一类，是适宜于南京联交所自身直接承担的业务板块，如股权交易集成服务，其运作主要由联交所自行完成；另一类，如VC/PE服务，则面向社会，吸引具有相应专业水准的团队加盟。

1. 联交所联结银企

2018年12月，南京市政府设立10亿元民营企业转贷基金，由南京联交所受托管理。市地方金融监管局、市财政局、紫金投资集团等抱团协作，各合作银行通力配合，基金运营首年就取得良好成效。

2019年转贷融资规模位居全省前列，转贷笔数、户数双双第一。2020年，在抗疫、复工两个“战场”，这支转贷基金派上大用场。2020年，疫情暴发之初，南京发布“稳企十条”，对符合条件企业免收转贷基金费用、因疫情造成的逾期罚息暂予减免。前后共有3634家中小微企业享受零成本转贷，免交费用5753万元。联结银企供需双方，转贷基金解的是企业“过桥”之困，救的是企业断链之危。

截至2020年底，累计承做转贷业务7912笔，总转贷金额约408亿元，惠及民营企业4411家。为进一步惠民便企，基金管委会最近修订出台新管理办法，目前每日转贷费用仅不到万分之一点一。

2. 联交所联袂搭桥

2018年初，南京市委首个支持创新“一号文”发布后，南京联合深圳证券交易所共同打造“科技金融路演中心”。该中心由南京市地方金融监管局、深圳证券信息有限公司主办，深交所创新创业投融资服务平台、南京联

①此数据来自南京联合产权（科技）交易所网站公布的相关数据.

交所是“操盘手”。

南京科技金融路演中心，利用深交所资本市场特殊地位，每场路演同步面向全国8000多家投资机构、23000余位专业投资人直播；参加路演企业经过专门辅导、精挑细选，通过PK掉竞争对手才能入围。

截至2020年末，南京科技金融路演中心至今共组织举办30期路演，先后有171家科技企业登台，与6317位投资人建立联系，在线公布的商业计划书被1.7万位投资人查阅和关注。截至2021年末，已为135家南京科技企业“牵线搭桥”，帮助企业累计获得融资金额25.90亿元。

3. 联交所联动资源

用创新的方式推进金融服务供给，南京自2020年起开始大踏步部署建设一站式金融服务平台——“南京金服”。该平台由南京紫金投资集团建设、南京联交所运营，聚合银行、创投和各类服务机构，集合债权融资、股权融资、资本市场、信用服务、政策匹配五大功能，目标是八个字——“科技赋能、精准直达”。

“南京金服”既是企业创新的服务者，也是政策落地的推动者。平台联动市科技局构建“宁科投”服务系统，为市级科创基金提供直达通道；配合市财政局清理36家“宁创贷”合作银行16万条普惠信贷数据，为全市普惠贷款提供更好支持；协助市金融局搭建涵盖3298家私募基金公司的跟踪服务系统，实时监测潜在风险。目前，10亿元“宁创贷”、10亿元转贷基金、10亿元政府性担保、50亿元科创基金四项主导产品已通过“南京金服”运行，一站式服务模式初具雏形。

截至2021年初，平台累计入库企业4.29万家、授权注册企业7225家，直接或间接汇总、实现融资规模2311.72亿元，沉淀涉企数据近60万条，成为南京重要的金融服务基础设施。运用大数据、人工智能、区块链等手段，平台在风险控制、企业估值授信方面将更加智能。

Chapter-5

第五章

文化金融：南京文化科技和产业发展的新动力

在新的经济形态下，随着社会主义市场经济的建设和发展，文化产业日益成为各国国民经济的支柱性产业，像所有的产业形态一样，文化产业发展到一定阶段，必然需要金融的大力支持。在国内，相较于已成形的科技金融概念，文化金融的概念只是眉目初现，还没有完整确定的定义。其实在文化产业发达的美国、日本等国家，文化金融体系已成为支撑他们的文化企业在全球范围内进行生产要素配置和产品开发销售的最主要工具。比如，在美国，随着上世纪八九十年代经济的金融化，如今大型文化传媒集团普遍按照资本的逻辑来运作，对于从事文化传媒的公司来说是一个挑战，于是诸如摩根士丹利这样的金融机构就顺其自然地介入了此类复杂的资本交易。虽然目前国内文化产业投融资工作仍然处在“摸着石头过河”的探索阶段，相关投融资的“游戏规则”正在塑造和形成中，但作为后发产业，文化产业自身的特殊性决定着我们必须在其发展的各个环节进行具有前瞻性的创新，而文化金融既是创新的途径，更是创新的关键环节。

邓小平同志曾说过："金融很重要，金融是现代经济的核心，金融搞好了，一着棋活，全盘皆活。"随着文化产业投融资体系的发展和成熟，文化金融也必将成为搞活文化企业这盘棋的关键所在，并成为不断发展壮大的文化产业的重要支撑。中央宣传部、中国人民银行、财政部、文化部、广电总局、新闻出版总署、银监会、证监会、保监会等九部门联合发布的《关于金融支持文化产业振兴和发展繁荣的指导意见》（银发[2021]94号）文件中就提到，文化产业快速发展迫切需要金融业的大力支持。金融是现代经济的核心，在全面建设小康社会加快现代化建设的进程中，金融引导资源配置、调节经济运行、服务经济社会，对国民经济的持续、健康、稳定发展具有重要作用。文化产业是国民经济的重要组成部分，近年来，中央实施重要战略部署和政策措施，深化文化体制改革，加快发展文化产业，文化产业呈现出良好的发展态势，正成为经济发展新的增长点，在保增长、扩内需、调结构、促发展中发挥着重要作用。自该文件出台以来，各级文化部门与银行、证券、保险等金融机构进行了全方位的合作，尤其是部行合作机制确立以来，通过推动银行的文化信贷产品创新，进行了保险、债券等一系列试点工作，为解决文化企业融资难题搭起了一座座桥梁。在一定意义上讲，文化金融业正蓄势待发。因此，文化金融概念的提出以及全服务链体系的搭建，不仅是破解目前文化产业投融资难题的一个新突破口，而且也是全面推进金融创新工作的切入点。

南京市文化产业和金融业得到了长足的发展，为文化和金融深度融合打下了坚实的基础。在我国文化金融日益壮大的大环境下，全国首家综合性文化金融服务中心于2013年11月14日在南京挂牌，进一步促进了南京市文化与金融的融合发展。

一、南京文化金融的发展基础

（一）文化产业基础较为雄厚

1. 文化产业增加值不断上升

近年来，南京文化产业取得长足发展，文化产业增加值不断增加，占GDP比例也不断增大。2020年南京文化产业增加值903.89亿元，占地区生产总值比重6.1%，人均接受文化场馆服务次数6.0次，均位居全省第一，2016—2020年南京市文化产业增加值及占GDP比重，如图5-1所示。截至2021年一季度末，南京规模以上文化企业共有1793家，从业人数288011人，营业收入达764.17亿元，较上年同期增加48.3%，营业利润26.85亿元，净增29.33亿元。

2020年全国文化及相关产业增加值为44945亿元，比上年增长1.3%（未扣除价格因素），占GDP的比重为4.43%，2016—2020年中国文化及相关产业增加值，如图5-2所示。

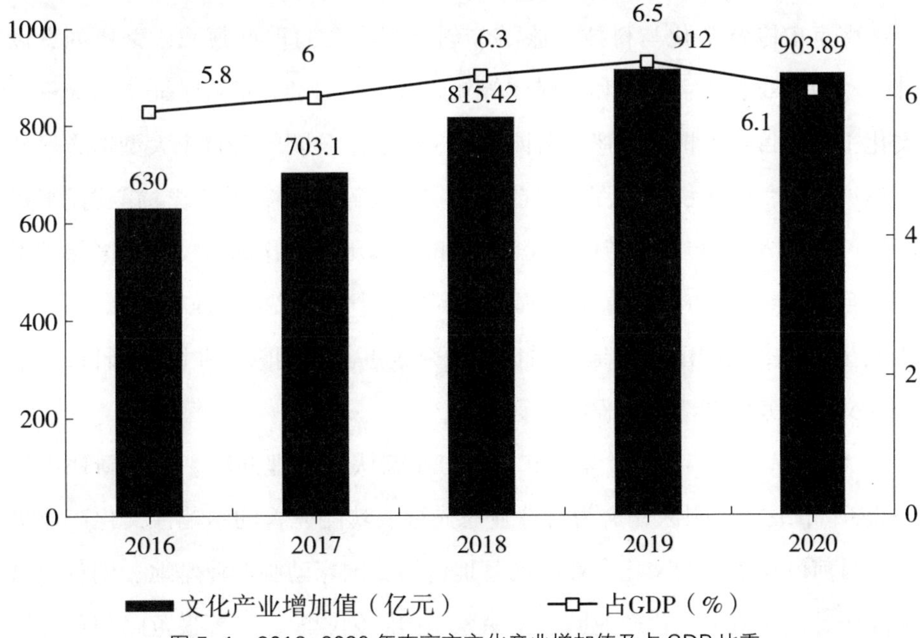

图5-1　2016-2020年南京市文化产业增加值及占GDP比重

数据来源：公开数据整理

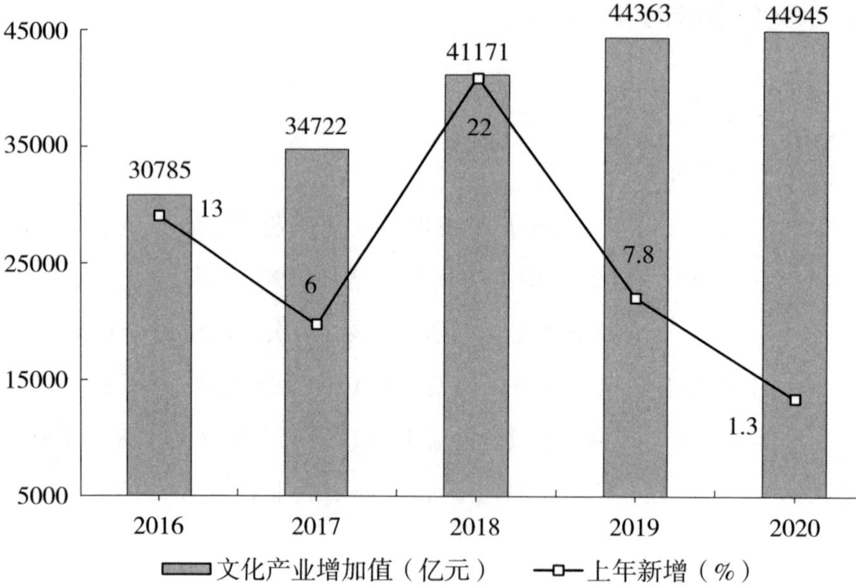

图 5-2　2016-2020 年中国文化及相关产业增加值

数据来源：公开数据整理

2. 文化产业园及项目不断发展

南京市围绕文化与科技、旅游、创意等融合的重点领域，聚焦创意设计、动漫游戏、数字出版和新媒体等新兴业态，启动并推进了60个市级重点文化工程项目：大报恩寺遗址公园、明皇宫遗址公园等等11个大型遗产保护工程项目，六朝博物馆、江宁织造府博物馆等等12个博物馆纪念馆建设工程项目，2个非物质文化遗产保护工程项目，5个历史文化街区、风貌区保护工程项目，4个历史古镇村保护工程项目，2个明城墙保护工程项目，5个国家级文化创意产业园区（基地）项目，12个重点文化创意产业园区项目，7个公共文化服务体系建设工程项目等。

2012年，南京市出台《全市文化产业园认定管理办法》，重新评出第一批8个市级重点园区，努力打造业态先进、功能完善的示范性文化产业集群。目前设在南京的文化产业园区基地包括：国家动画产业基地、创意中央文化园、徐庄数字文化产业园、南京紫东国际创业园、江苏模范路创意设计产业集聚区、垠坤·西祠数字网络文化产业园、南京云锦研究所股份有限公司、南京国家广告创业园、江苏国家数字出版基地、江苏省文化产业集团有限公司、白下高新科技创意文化产业园、南京1912文化休闲街区、江苏省演艺集团有限公司、晨光1865创意园、江苏东方影业有限责任公司、江苏省爱涛艺术精品有限公司、江苏（国家）未来影视文化创意园、高淳陶瓷文化创意园等。2015年，南京秦淮特色文化产业园成为我省首个国家级文化产业试验园区，标志着南京市园区（基地）建设坚持走规模化、集约化、专业化的发展道路，在促进经济转型升级、推动文化产业跨越发展等方面取得重要进展，具有里程碑意义①。2019年，1934文化产业园、东南大学高新科技园、苏宁青创园等23个园区被认定为南京市文化产业园区；2020年，德必长江WE南京时尚设计中心、十朝历史文化园、鼓楼荔枝广场等23个园区被认定为南京市文化产业园区；2020年，南京市文化产业资源共享会在南京国际展览中心举行，38个文化产业项目签约，投资金额近350亿元。截至2021年初，南京市文化企业数量超过2.1万家，挂牌上市文化企业64家，南京市1793家规模以上文化企业，坐拥122家市级以上文化产业园区。

3. 服务环境不断优化

为了推动文化产业的蓬勃发展，南京市积极改善服务环境，在组织架构、平台搭建等各个方面支持文化产业的发展。中国（南京建邺）数字文化产业公共技术服务平台、动漫等产业公共技术平台，文化产权交易平台等在南京市相继设立，充分发挥了引导产业资金的作用。南京市文化科技小额贷款公司，先后举办六届南京文化创意产业交易会和五届名城博览会，大力引进和培养高层次文创人才，构建企业、项目、金融、人才有效融合的生态系统。

为了提高南京地区不同所有制、不同隶属关系和业态的文化企业和文化机构提供公共服务的水平，南京市于2008年10月24日成立了南京文化产业协会。该协会以提升南京地区文化产业的综合竞争力为目标，积极引导和组织成员单位开展战略研究、学术交流和产业调研，参与公共文化设施与公共服

①数据来源：江苏省人民政府官网.

务平台建设，扩大南京地区文化产业的影响力和综合实力，辐射和服务全省及周边地区，促进公益性文化业态的协调发展。

（二）文化体制发展较为成熟

南京市文化体制不断改革，在改革过程中取得了显著成效，并获得多项荣誉，文化体制的发展较为成熟。早在2007年，南京市就被确定为全国文化体制改革第二批综合试点城市，在中央和江苏省文化体制改革工作领导小组的直接领导下，南京市积极有序稳步推进文化体制改革，改革激发了发展活力，使文化事业和文化产业的发展取得了显著成效。南京市文化体制改革工作主要体现在以下三方面：

1. 顶层设计，深化管理体制改革

文化体制改革工作首先体现在文化相关的企事业单位的管理体制改革，通过合并、重组等方式，实现机构精简、职能突出和分工的明确的目标。2009年，南京市将原市文化局、广电局、新闻出版局合并组建了南京市文化广电新闻出版局（文物局、版权局），成为全市政府机构大部制改革率先完成改革的政府职能部门，各区县也相应合并重组文化主管局。为进一步深化文化体制改革，建立和完善管人管事管资产管导向相结合的国有文化资产管理体制和工作机制，2012年10月12日，南京市委、市政府正式下发了《关于组建市属国有文化资产监督管理办公室的通知》，在市委宣传部内下设两个职能处室：国资发展促进处和国资监督管理处作为国有文化资产监督管理办公室的具体办事机构（简称“市文资办”）。根据2019年《南京市机构改革方案》，原南京市文广新局、市旅游委不再保留，新组建市文化和旅游局，为市政府工作部门（正局级）。市文化和旅游局整合了原市文广新局的文化广电管理职责、原市旅游委的主要职责，加挂市文物局、市广播电视局牌子。

2. 文化管理体制与生产经营机制创新

（1）出台数字文化产业高质量发展相关政策

市委宣传部联合市工信局、科技局、文旅局、统计局等部门出台《关于促进南京市数字文化产业高质量发展的实施方案》（宁委宣通

[2021]12号）。

（2）支持文化产业带、文化园区和艺术街区建设

完成2021年度市级文化发展专项资金（产业类）评审和下达，对环南艺等文化产业带，晨光1865等文化园区和小西湖等艺术街区进行精准扶持。联合科技、工信、文旅、统计等部门，开展市级文化产业园区和数字文化产业园区评定工作。

（3）深化市属国有文化企业改革和市属文艺院团改革

加快推进广电、报业媒体深度融合发展。着眼深化改革、增强活力，深化媒体内部体制机制改革，在精品内容生产、传播平台建设、先进技术应用、紧缺人才培养等重点领域和关键环节实现突破。深化出版信息化、数字化建设，完成搭建出版集团融媒体传播创新平台，印发《出版集团融媒体中心建设方案》，成立融媒体中心，统一建设运营集团所有新媒体账号。完成市演艺集团经理层目标拟制和配套薪酬方案，结合国有企业任期制、契约制改革，推动市属院团收入分配制度改革。

（4）完善市属国有文化企业考核评价机制

制定印发《市属国有文化企业2021年度综合考核指标》（宁委宣通[2021]16号），采取“一企一策”差异化考核方式设置目标任务。开展年度考核工作，完成文化企业年度综合业绩考核。

3. 健全公共文化服务体系

（1）完善公共文化服务体制机制

研究编制“十四五”全市文旅融合发展专项规划，制定《中国纪念馆高质量发展评价指标体系》。进一步深化国家文化和旅游消费示范城市建设，2家单位入选国家级夜间文化和旅游消费集聚、3家单位被认定为第一批省级夜间文化和旅游消费集聚，认定10个市级夜间文化和旅游消费集聚区。鼓励文化和旅游场所开发特色IP文创旅游商品，支持与国际知名品牌合作，推动文旅商品研发生产；已命名授牌19家南京特色文旅商店、5家南京特色文旅商品研发基地、3条南京特色文旅商品街区。

（2）推进建党100周年主题文艺创作

完成大型交响组歌《雨花台——信仰的力量》、杂技剧《桥》、音乐剧《之爱》、大型民族交响乐《国之当康》创排演出。2021年3月18日，《雨花台——信仰的力量》在国家大剧院举办新闻发布会，并于2021年4月23日和24日在国家大剧院上演。创新发展对外交流话语体系和传播方式，成功举办南京和平论坛。

（3）推动区级融媒体中心提质增效

强化区级融媒体中心建设管理，构建符合本地区情、适应区域特征，且具有操作性、可持续性的“新闻+政务+服务”综合信息服务平台。六合、溧水、高淳三区融媒体中心顺利通过省级验收。江宁区融媒体中心《架构“1+5”智慧融媒立体网络，更好引导群众服务群众》，溧水区融媒体中心《突出“人防+技防”守好清朗网络舆论空间》两个案例被省委宣传部评为全省县级融媒体中心建设优秀案例。市属网络媒体、政务新媒体开设“奋斗百年路 启航新征程”“南京党史大事记”等专题，打造“金陵e评”“龙虎漫评”“牛咔时评”等理论品牌栏目，正面宣传报道80余万篇次。成立南京都市圈融媒体发展联盟，覆盖苏皖两省9个市36家县级融媒体中心，举办“奋斗百年路 传播时代声”等联合采访活动。

（4）加强公益性小剧场建设

召开小剧场建设系列座谈会，下发《南京市“小剧场”建设实施意见》，调研指导各区推进公益性小剧场建设；积极推动区域小剧场品牌建设，策划紫金小剧场艺术节。

（5）有序推进乡镇影院建设

六合区竹镇镇影院主体工程已经完工。溧水区白马镇、和凤镇已经完成主体工程建设，正在细化内部建设方案；晶桥镇已经完成工程选址，正在完善后续建设方案。高淳区阳江镇已经完成主体工程建设，正在进行后续建设，预计年底完成；砖墙镇已经完成主体工程选址，正在进行后续装修建设方案。

（6）实施“网上文联”南京文艺资源数据化工程

完成市各文艺家协会主席团成员等105名艺术家的全部资料采集工作，包括艺术家作品视频采集转换130件、手稿扫描50件、作品扫描50件、剧照、资料照片420件，并制作了总时长约9小时的105部纪录片。

（三）文化金融支持力度较大

1. 致力于打造文化产业投融资体系

为构建特色文化产业投融资体系，破解中小文化企业融资难题，南京市于2013年8月26日发布的《南京市文化产业投融资体系建设计划》提出：“为深入贯彻落实市委市政府关于文化建设‘1+5+1’文件精神，深入贯彻落实《南京文化科技融合发展规划纲要》，加大金融支持文化产业发展力度，加大金融支持文化科技企业发展力度，加大金融支持文化小微企业发展力度，进一步做大产业规模，增强产业活力，提升产业质量，扶持企业成长，特制定文化产业投融资体系建设计划。以加快文化建设，提升文化实力，打造独具魅力的人文都市和世界历史文化名城为目标，借鉴国内外金融支持文化产业发展以及南京市金融支持科技创业的成功经验，加强文化创新、科技创业和金融资本要素之间的融通和互动，满足不同发展阶段和发展规模，特别是文化科技创业企业和小微企业成长需要，建立和完善覆盖文化产业各相关行业，多元化、多级次的投融资服务体系，形成具有南京特色的文化产业发展投融资机制，加快推动南京文化大发展大繁荣。”

目前南京已建成多个文化产业专业服务类机构。例如，为南京市拥有核心自主知识产权、具备较高创新水平、文化科技领军人才等处于初创期的文化企业提供资金扶持的南京市文创科技投资基金，为文化企业提供贷款融资服务的文化银行和文化小贷公司等。

2. 成立文化金融服务中心

南京文化金融服务中心是全国首家综合性文化金融服务中心，依托市文化投资控股集团组建，于2013年11月正式运营。中心本着“政府引导、整合资源、打通路径、多方共赢”的原则，在政策支持引导下，让文化企业和各类金融机构通过平台对接。该中心在南京市文化集团的筹办下，打通了包括文化银行、文化小贷公司、文交所、担保公司、保险公司、版权评估公司、天使基金、风投基金等在内的文化金融全套服务链。

从2013年初开始，南京市政府就从顶层设计入手，先后走访了南京银行、科技金融服务中心、紫金投资集团、江苏高科技投资集团等金融机构，为平台搭建设计框架。2013年11月，南京文化金融服务中心正式投入运作，与全市11个区、8个市级文化园区、11个行业协会等，形成一张覆盖全市的文化金融服务网。2020年，南京出台《关于加强文化金融稳企业保就业工作的意见》（宁委宣通[2020]34号），明确要求市文化金融服务中心要加快升级信息系统，加强与各部门信息互联，让数据多跑路，让企业少跑腿。定期走进园区企业，开展银企对接，解读贷款发债最新政策，梳理汇总融资需求，探索开展与风投机构等合作，不断丰富企业融资形式。要定期梳理文化金融数据，提高综合分析能力，按月向市有关部门、人民银行南京分行营业管理部通报情况。截至2020年9月底，南京文化金融服务中心已累计服务企业5289批次，10家文化银行及文化小贷公司累计发放贷款175.26亿元。其中，基准利率或低于LPR利率的贷款67.13亿元，占比38.71%；信用贷款33.03亿元，占比19.05%；初创期、成长期文化企业贷款142.85亿元，占比80%以上。相当数量的中小文化企业通过南京文化金融服务中心这个平台推荐，获得了融资机构的资金支持。

（1）南京文化金融服务中心建设的现实需要

当前，文化与金融的合作，必将进一步激发文化创意产业的活力与魅力。通过调研可以推断，文化金融工作必须充分利用国家推进文化产业大发展的各类政策，有效借鉴世界各国及全国各地文化金融工作的成功经验，从制约文化金融工作的难点和瓶颈问题出发，严格遵循文化金融合作的基本规律、有效发挥市场内生力量，通过加强顶层设计和社会各方协调联动，推动和深化文化金融合作。

一是阶段性要求。文化产业发展及文化金融的基础还很薄弱，文化金融政策体系还要在摸索中不断完善，市场主体的成熟以及成熟市场机制的建立还要经历一定的过程。如何充分发挥金融的引导和撬动作用，并将金融资本的力量有机嵌入文化产业发展各阶段和领域，如何充分尊重小微文化企业轻资产、成长阶段性、金融需求分散、发展不确定等基本特点，切实破解当前小微文化企业面临的融资难、融资贵难题都是不可回避的。因此，必须对文化金融合作中存在的现实问题有一个清醒的认识，不能好高骛远、希望毕其功于一役，在短期内解决所有的问题。文化金融工作必须结合区域文化产业特色和金融基础，制订切实可行的发展规划，循序渐进、稳妥推进。

二是专业性要求。文化产业轻资产、重创意、高风险的发展特点和文化产品难以估值的特殊性等都决定了金融服务必须通过有针对性的产业政策、服务机制和金融产品创新等，满足文化产业发展相关需求。从政策支持看，必须在遵循客观规律基础上，加强相关产业和金融政策的衔接和配合，突出政策有效性和针对性。从产业增值看，必须通过构建专业评级模型、开展资信评估等为文化企业增信。从金融资源整合看，必须依托专业金融工具，有效整合信贷融资、风险投资、小额信贷等基本金融工具，通过投贷联动、开展开发性金融等拓展文化金融发展空间。因此，金融基本规律决定了文化金融工作本身是专业性的工作。必须结合文化企业的特点，通过打造专业金融服务主体、搭建专业化的服务平台，来促进文化创意与金融投资理念的整合。而在整个过程中，专业人才是核心因素。

三是综合性要求。文化金融工作是一个系统性的工作。在宏观层面，政府掌握着最全面的文化产业信息资源，必须通过政府规制手段和政策激励方式的革新主动引导文化产业资源集聚，实现综合调控。在微观层面，市场有着价格发现功能和要素自由配置功能，必须有效发挥市场机制在提升资源综合利用效率中的作用；在金融组织层面，银行、证券、保险各类金融组织在金融资本集聚和风险组合方面具有各自的比较优势，必须加强机构协调为文化产业提供综合金融服务；在公共服务层面，各类中介组织在政策信息传导、促进各方交流以及加速要素流转等方面具有平台优势，必须构建平台体系和打通要素流转通道，才能挖掘文化产业综合价值。因此，文化金融工作必须着眼于整个文化金融服务链条，统筹构建和利用包括政府、市场、金融机构及社会中介等合力，形成多层次的金融服务体系，综合施策、协调推进。

四是开放性要求。从长远发展看，仅局限于特定区域和产业或仅由某个金融机构来推动文化金融工作很难实现整体推进，反而容易造成政策短板、市场缺位或形成不公平竞争。须摒弃所有制、地域、行业及行政级别等传统束缚，按照百花齐放、百家争鸣的指导思想，为文化产业提供平等、开放的金融服务。因此，文化金融工作必须遵循公开、公平、竞争等市场化原则，为各类资本和要素资源进入和退出市场提供完整的通道。必须依托开放性的交易平台，从某一方面或某一点的示范，转为利用各类激励机制的导向作用促进更多金融机构开展文化金融工作，实现金融服务全覆盖。

五是避险性要求。近年来，互联网金融、众筹模式等新兴金融业态快速发展，在为文化金融发展注入了活力的同时，也比传统金融更易集聚系统性风险，对监管机构的反应时效性和风险鉴别力都提出了挑战。相关文化金融业务受市场预期和公众信心的影响将远高于传统方式，特别是在技术和法律尚不完善的情况下，各类文化金融新兴领域的潜在风险还有待进一步明确。因此，文化金融工作必须保证政策导向性的正确，必须保证相关财政支持资金的安全。应借助专业化的培训提升风险防范意识，借助专业化的工具提升风险防范能力，不断夯实微观基础。应不断完善风险监测体系和风险分摊机制建设，通过跨部门、跨领域的协调配合防范系统性风险。

综上所述，文化金融合作需要以一定的平台作为载体，通过有效整合各层面的政策资源和发挥协同优势，形成文化金融工作的系统工程。从具体形式上看，搭建一个文化和金融资源融合的文化金融服务中心是基于现实基础上的历史性选择。特别是在文化资源、金融资本整合集聚过程中，文化金融服务平台将充分发挥中枢节点作用。具体来讲，文化金融平台的任务是整合区域文化产业优势资源和金融资源，并促进资源优化集聚，其本质是文化产业和金融产业融合的枢纽和交易中介，是文化产业资源集聚和再配置的枢纽和引导金融资本联合的媒介，其优势是通过专业的知识和服务促进资源的整合和利用效率的提升，其定位是公共服务机构，使得文化产业投融资主体均等化享有公共服务，其职能是充分发挥联系各方作用，通过综合风险监测和管理，对全局性风险进行掌控，有效降低系统性风险。

（2）南京文化金融服务中心建设的实践基础

近年来，南京文化产业一直保持良好发展势头，文化产业增加值年均增长超过15%以上，连续在全省文化发展绩效考核和“文化建设工程”考核中名列全省第一，领先优势进一步扩大，文化影响力和整体竞争力不断提升。

一是在产业发展方面，注重顶层设计，出台《关于加快文化建设，提升文化实力，打造独具魅力的人文都市和世界历史文化名城的决定》，组建南京市文化产业专家指导委员会，成立南京文化产业研究中心。推动产业融合，获评国家级文化和科技融合示范基地，率先出台《全市文化与科技融合发展规划纲要》，制定《示范基地建设方案》，现有9个国家级、7个省级和8个市级文化产业园区和一大批特色园区，载体面积超过300万平方米。加快推进大报恩寺遗址公园、中国科举博物馆等60个重点文化项目。投资1.5亿元建设中国（南京建邺）数字文化产业公共技术服务平台。组建南京创意设计中心，成立南京未来网络与文化融合创新产业联盟，充分发挥市文化产业协会等行业协会组织作用。依托江苏文化产权交易所和南京文化艺术产权交易所，建设专业化的文化版权（物权、股权）和文化艺术品交易平台。投入2亿元面向全国引进文化科技创业人才团队140余个，设立3000万文化人才队伍建设资金，举办国内首个科技创业真人秀节目——《创赢未来》电视大赛，吸引3600多名海内外创业人才参赛，100余个优质项目落户南京。

二是在文化金融合作方面，做好以下几方面工作：在政策保障方面：市委宣传部联合人民银行、财政局、金融局、科委等部门建立联席会议制度，开展“金融支持转型升级系列工程”和“小微企业升级扩面计划”重点工程，出台信贷指导意见，开展政策导向效果评估，遴选“文化金融”的重点项目，利用再贴现、再贷款等多种货币政策工具进行综合支持，同时，加大财政投入力度，安排3000万元文化产业信用保证资金支持文化金融工作。

在产品创新方面：北京银行南京分行首开江苏省内影视版权质押贷款业务先河，与江苏感动文化发展有限公司签署1000万元影视版权质押贷款协议，支持电视剧新版《亮剑》的制作发行。此外，发行江苏省首支文化创意中小企业集合票据，为大贺投资控股集团有限公司文化中小企业募集资金0.5亿元，期限3年；南京银行专门设计了“鑫动文化”特色文化金融产品系列，成功对接了南京广电集团、报业集团、文投集团和紫金文交所等企业；民生银行成立文化产业金融事业部，对文化产业进行产业链整合和延伸开发，建立了专业化营销体制和集约化发展模式。交通银行设立文化企业快速审批流程，为南京睿辰欣创网络科技有限责任公司发放300万元额度的信用贷款。

在合作交流方面：市委宣传部、人行营管部等部门创设了“南京市文化科技高端沙龙”俱乐部，进行主题讲座、专项培训、项目研讨等多种形式的专题交流。打造“中国南京文化创意产业交易”（简称“文交会”）品牌，包括影视、传媒、创意设计、艺术品投资等文化产业各领域重大项目签约。以2012年为例，举行了银企对接暨重大项目签约仪式，共有22个文化产业项目成功签约，总投资额189.5亿元，为文化产业对接金融资本搭建了一个良好的合作平台。

2018年，南京把连续举办九届的“文化创意产业交易会”升级更名为“文化科技融合成果交易会”，搭建了全国首个文化和科技融合成果展览交易平台。

2019年，科技部、中宣部等六部委联合印发了《关于促进文化和科技深度融合的指导意见》，意见中明确提出，定期开展文化和科技融合成果展览交易，打造交流对接平台，破解信息不对称难题。南京率先在全国范围内落实这一工作要求，以科技创新助推文化高质量发展，全力推动文化科技深度融合，将创新型城市建设推向新的高度。

2020年，第三届融交会，创新办展模式，首创“大会展+”模式，线上线下同步办展，首次提出：要把产业展会与城市生活紧密相连，走进城市空间打造文化艺术体验项目；重点规划了“文化和科技融合典型应用案例”“国家文化和科技融合示范基地”“国家文化大数据建设成果”“数字产业应用”“江苏业态创新”等多个板块，充分发挥集聚效应，为文化科技融合树立行业发展风向标。前两届融交会已服务各类市场主体近3000家，累计达成交易近300亿元，接待行业观众超过5万人次。

2021年10月21日，中国（南京）文化和科技融合成果展览交易会在宁开幕，各类参展主体共608家，其中南京市参展企业达317家。本届展会呈现以下特点：一是树立产业发展“风向标”。增加国家文化和科技融合示范基地成果展、红色基因库建设成果展和国家文化大数据区域中心成果等特色展览，大力展现国家“文化产业数字化”建设成果。展会期间将举办文化和科技融合热点趋势论坛、南京文化产业创意资源共享会等各类活动15场。二是展现技术引领“创新源”。南京、无锡、常州、苏州高新区、上海张江、深圳南山、华强方特、完美世界等24家国家文化和科技融合示范基地积极参与，全方位展现动作捕捉、云渲染、虚拟现实、大数据分析、区块链确权等最具前沿性技术成果。三是唱好本土企业“主场戏”。南京江北新区产业技术研创园，组织园区内国内领先的XR场景应用运营商超级队长、网易南京数字产业基地等行业顶端企业参展。建邺高新区组织优必选、咪咕互娱、魔鱼互动等国内知名的企业参展，带来全球领先的人工智能和人形机器人、数字内容游戏板块、虚拟沙盘数字孪生技术等，还将为现场观众提供体感游戏、VR游戏等现场体验。新港高新园围绕新型显示、激光技术、固体照明、高端装备制造等领域，展示以语音交互和软硬结合为核心的人工智能技术和应用计算机视觉为体育数字化提供解决方案的现场体验。先后组织文旅夜游专场对接会、新品发布会等，促成交易4950万元。举办文化产业招商推介活动，促成签约项目39个，投资金额达161亿元。签约项目包括南京首个原创赛博科幻主题的沉浸式体验空间——地下城项目等，涵盖人工智能、广播影视、动漫游戏、电商供应链等数字文化产业。

（3）南京文化金融服务中心建设要点

一是坚持公共服务，整合资源。南京文化金融服务中心本着“政府主导、整合资源、打通路径、多方共赢”的原则，强化政府在产业推动、政策扶持、平台建设上的引导功能，充分发挥市场在配置文化产业金融资源中的基础性作用，建立健全集股权融资和债权融资、直接融资和间接融资、融资担保和风险保障于一体的文化金融服务体系，确保各项金融政策真正惠及文化企业，让金融机构和文化企业能够风险共担、利益共享、共同发展。充分发挥产业发展主力军作用，坚持专业性、公共性和非营利性的发展定位。

二是坚持问题导向，开放合作。以当前制约文化金融合作的突出问题为导向，通过创新中介体系完善服务中心功能，创新组织形式打造专业金融机构，创新服务模式丰富特色金融产品，创新合作机制破解融资实践难题，创新扶持方式提高财政投入效益。

三是坚持综合功能，特色示范。充分发挥全国第一家文化金融服务中心综合功能，集聚银行、小贷、担保、会计、法律、评估、咨询等机构，发挥复合金融优势，多渠道、全手段重点服务小微文化企业，进一步完善中心的融资对接、信用增进、人才培训、资产评估、法律咨询等功能，将中心逐步建设成为全市文化产业发展的全产业链服务机构。

四是坚持政策保障，推进落实。主动接受国家文化部、中国人民银行总行、国家财政部等国家部委和省有关部门指导，市有关部门形成合力，与国家和省市各类金融机构强化合作，出台一批精准管用的保障政策。以2015年底为节点，将各项任务细化分解成具体项目，文化金融服务中心作为具体执行者，逐一明确工作目标、进度安排、责任部门和成果形式，抓好落实。

（4）南京文化金融服务中心建设的主要特点

文化金融是一项系统工程，南京文化金融服务中心建设始终坚持“四化一优先”。

一是顶层设计系统化。南京市委宣传部、市金融局、市财政局、市科委、省市人行营管部等六部门联合印发了《南京市文化产业投融资体系建设计划》《关于鼓励和促进文化银行发展的实施办法（试行）》《南京市创建“全国文化金融合作试验区”工作方案》《南京市小微文化企业金融服务券实施管理办法（试行）》等一批文件，初步构成了具有南京特色的文化金融制度性文件体系。

二是综合服务平台化。南京在文化金融工作探索中，始终坚持问题导向，主要依托文化金融服务中心完善综合功能，为广大文化小微企业提供有针对性的贴心服务。针对融资信息搜集难，组建全市文化企业资源库；针对操作路径不通畅，致力打通金融服务全流程；针对信用体系不健全，创新探索各种组合增信手段；针对企业家金融素养弱，强化对文化企业家的全面培训。

三是金融工具专业化。招标遴选授牌南京银行、北京银行、中国银行、交通银行、工商银行、江苏银行、浦发银行、广发银行、民生银行等多家银行作为“文化银行”；成立全国第一家文化小额贷款公司，满足小额分散的贷款需求；南京文化艺术产权交易所在全国率先推出钱币邮票电子交易平台，省文交所实现版权集约化平台及艺术品质押融资交易，建立文化天使基金和产业基金，鼓励担保、保险机构开展业务，积极支持鼓励文化企业通过多层次资本市场融资。

四是保障体系综合化。南京市委宣传部、市地方金融监督管理局、市财政局、市科委、省市人行营管部等六部门形成会商合作机制，召开全市银行业金融机构服务文化金融工作推进会，签订共建“国家文化金融合作实验区”协议。建立稳定的政府财政扶持引导机制，设立南京市文化银行风险代偿专项资金，共享科技金融1个亿风险代偿专项资金，对符合条件的企业贷款所发生的损失，由风险金和文化银行共同分担。文化产业专项资金中投入3000万元用于文化金融特色创新项目，市财政出资3000万元，引导成立江苏聚合新兴文化产业基金。

五是优先服务文化小微企业。积极落实国家支持小微企业发展的文件精神，实施南京小微文化企业客观信用金融服务“梧桐计划”，依托服务中心，整合各方资源。为广大小微文化企业提供全过程的培育服务。在全国率先发放第一期南京市小微文化企业金融服务券，积极探索文化金融形式手段创新，提升财政贴息资金综合效能。

（5）南京文化金融服务中心的创新价值

南京文化金融服务中心是全国首家全方位整合文化银行、文化小贷、担保、保险、文化基金、文交所等金融资源为区域文化企业服务的文化金融公共性中介服务组织，经过近年来的实践探索，该中心具有以下创新价值：

一是初步探索一条政府职能转型引导产业服务企业的创新路径。近年来各级政府出台了一大批文化金融政策，文化金融合作的难点，不是缺政策，而是缺乏专业性的操作力量去有效推动政策的整合、转换和落地。南京文化金融服务中心作为政府相关部门共同引导建立的公共服务平台，纵向上打破了部门藩篱和层级障碍，通过中心平台汇总各部门出台的文化金融政策，开展集中宣传；整合各部门拥有的推动实施力量，形成操作细则；承接各部门下沉的公共服务职能，惠及广大企业。横向上解决了市场信息不对称难题，通过中心平台将全市16000余家文化企业和众多金融专业机构连接起来，组建专业团队推动银企合作和政策落实，构建一个立体的合作网络，打通文化金融政策落地的“最初一公里”和“最后一公里”，成为推动政策落地的转化器。

二是初步打造一个利用市场机制驱动文化金融合作的创新平台。南京文化金融服务中心一直坚持文化金融合作的专业性、市场性和开放性，在中心平台上运用市场机制集聚了文化银行、全国首家文化小额贷款公司、文化产权交易所、文化创投基金、天使基金、产业并购基金，担保公司、保险公司、区域股权交易市场等各类金融机构资源，形成了一条较为完整的金融服务链条，不仅能够为处于不同成长阶段的文化企业提供全方位、有针对性的金融服务，发生“物理变化”，而且让各类资源和工具通过中心平台探索组合创新，产生“化学变化”，为构建现代文化金融市场体系服务，成为整合各方资源的黏合剂。

三是初步形成一种金融服务小微文化企业的创新模式。南京文化金融服务中心优先服务广大小微文化企业，推出小微文化企业“梧桐计划”，在各类金融服务中向小微文化企业倾斜；在全国率先应用互联网和大数据技术，开发小微文化企业信用评级系统，率先推出小微文化企业金融服务券，促进产业政策、金融政策和财政政策协同配合，举办全市文化产业“金梧桐”奖评选和“南京最具投资价值文化企业”评选活动，定期为广大小微文化企业家开设各类培训讲座，成为服务小微文化企业的主力军。

四是初步构建一个文化和相关产业融合发展的创新生态。南京文化金融服务中心“一手托两端”：面对金融机构，它既激励了它们的文化金融创新，又有效帮助它们进行了风险控制。所谓激励创新是通过平台，金融机构可以充分了解文化项目的需求，从而有针对性地进行创新，所谓提高风控水平是因为通过平台的集约化信息管理，金融机构的风控成本、风控压力都会降低；面对文化企业，它推动文化企业向规范化运营方向发展，借助于平台，文化企业可以了解金融机构需要什么，从而向现代企业转变。南京文化金融服务中心始终将文化金融合作纳入全市文化产业工作大格局，以中心为主要依托，按照“面向企业、需求导向；系统设计，模块组合；政府引导，主体多元；专业运营，融合开放”的原则，专门成立了“创意南京”文化产业融合公共服务平台，该平台整合了全市数字文化产业公共技术服务平台、南京创意设计中心、各类行业协会组织等能够为全市文化企业提供服务的40余个平台资源，构建信息资讯、企业资源、公共技术、创意设计、金融服务、项目对接、人力资源、行业协作、资金申报、产权交易、展会交流、产业咨询十二个子模块，与文化金融服务中心一起，为全市广大文化企业提供线上线下综合服务，构建文化金融合作的生态圈。

二、文化金融的发展模式

（一）多元化融资模式逐渐形成

推进投资主体多元化，意味着要重视非公有资本在资本运作、生产管理、技术运用、市场营销等方面的作用，引导非公有资本以多种形式参与发展文化事业产业，鼓励民营企业在政策许可范围内，通过产权交易、共同投资、联合开发等途径参与国有文化单位改革改制，参与全市重大文化产业项目和聚集区建设，形成以公有制为主体、多种所有制共同发展的多元投入格局。支持形成一批大型民营文化企业，在投资核准、信用信贷、土地使用、上市融资、发行债券、对外贸易和申请专项资金等方面给予支持和服务。文化领域融资渠道因而逐步拓宽，股权、债权等多样化融资方式不断增加，包括：信贷、直接债务融资、股票以及创业投资等等。

1. 信贷融资

信贷融资在融资方式中占据较大比重，是文化企业融资的主要渠道。2020年，全市文化贷款全年发放805批次，较上年同期增长8.49%；金额26.01亿，较上年同期增长9.88%，实现文化贷款企业数和贷款量的双增长。截至2020年末，10家文化银行及文化小贷累计发放初创期、成长期、成熟期文化企业贷款180.64亿元，其中基准利率贷款73亿元，占比40.41%；信用贷款37.91亿元，占比20.99%，服务本地小微文化企业超过300家，支持的客户涉及广告传媒、影视动漫制作、创意设计、出版发行、教育服务、会展策划、商业咨询、艺术品经营等多个领域。以代表性的南京银行为例，南京银行致力打造具有特色的文化金融品牌，2016—2020年，该行累计为超8000家科技文化企业发放超过1700亿元信贷资金。

2. 直接债务融资

近年来，南京市文化企业直接债务融资步伐明显加快。2018—2020年，江苏省金融机构文化产业贷款余额4433.8亿元，年均增幅13.6%。江苏省财政先后各出资20亿元，成立省文投集团和设立大运河文化旅游发展基金，出资15亿元设立紫金文化产业基金（一期、二期），每年安排文化旅游、新闻出版、广播电视等产业发展专项资金。南京银行通过创新集合债发行模式，帮助文化企业利用新型债务融资工具实现融资目的，摆脱了融资渠道单一、融资成本高的困境，开辟了中小企业融资的新途径。例如，南京牛首山文旅集团发行2021年第一期中期票据，3年期固定利率债券，发行规模7亿元人民币，用于偿还有息债务，优化融资结构。

3. 创业投资

南京文化创业投资有限公司（即文创基金）规模初具，其中由6家国有、民营企业共同先期发起的1亿元“文化创业投资基金”运行良好，已有所投企业进入上市辅导。文创基金的宗旨是运用现代投资理念，作为致力于南京市文化产业发展的战略投资者，引导社会资金向文化产业倾斜，扶持南京文化企业上市。南京文化创业投资有限公司成立以来，惠通创意等多家文化企业从南京文化创业投资基金融资5000万元；1亿元南京文创天使投资基金已经完成组建开始运行，为处于初创期的文化企业和领军人才提供资金扶持；总规模10亿元，初始规模4.7亿元的聚合创意新兴产业基金已于2014年上半年组建完毕，并设立开放期引导社会资本进入，重点围绕文化创意重点产业门类，以资本为纽带开展产业链的整合和并购。

（二）文化金融产品日趋丰富

1. 逐步打造服务品牌

为了打造出独具特色的文化金融产品，营造品牌效应，南京市银行业机构相继推出“文化悦民”“文创贷”“鑫动文化”“创意贷”等文化金融专属产品，通过创新联保、互保、应收账款质押、版权质押、收益权质押等抵押担保方式，满足文化企业融资需求。如南京银行“鑫动文化”系列产品自2012年6月开办以来，截至2020年11月末，全行文化企业贷款超50亿元，文化企业客户数达500余户，已累计支持初创型文化企业超1000户，累计发放贷款超200亿，客户主要涉及新闻出版、广告传媒、影视制作、动漫游戏等行业。

下面，我们将以南京银行“鑫动文化”系列金融产品为例介绍南京市文化金融产品。

“鑫动文化”系列产品是南京银行文化企业客户专属的金融品牌，主要由八大产品系列组成，分别是演艺贷、出版贷、影视贷、动漫贷、广告贷、设计贷、文教贷和旅游贷。这八大产品全面满足了影视制作、文艺演出、新闻出版、动漫网游等文化产业发展的融资需求。南京银行同时为文化企业融资成立了专业的客户经理团队，提供专门的绿色审批通道、专门的信贷额度以及专门的服务网点，为文化企业提供高效、便捷、全面的金融支持。下表是对“鑫动文化”系列产品的简要介绍。

表 5-1 文化金融八大产品信息汇总表

产品名称	产品介绍	适用对象	担保方式	产品优势
演艺贷	为从事文艺创作表演、策划组织文化商务活动的企业提供信贷资金支持	从事文艺创作、文艺表演，各类文化商务活动的策划、组织和提供服务的企业	可采用商标权质押、版权质押、应收账款质押、未来收益权质押、小企业联保等担保方式。	拓宽企业融资渠道，帮助企业解决资金临时性不足的问题，改善企业经营状况
出版贷	为从事新闻服务、出版发行、印刷制作的企业提供信贷资金支持	从事新闻服务、书报刊及音像、电子出版物的出版发行、印刷制作等服务的企业	可采用版权质押、设备抵押、订单融资、应收账款质押、小企业联保等担保方式	融资方式多样，有效提高企业资源利用度，盘活无形资产
影视贷	为从事影视制作、发行和放映的企业提供信贷资金支持	提供广播、电视、电影的制作与发行、放映等服务的企业	可采用版权质押、应收账款质押、小企业联保、未来收益权质押等担保方式	企业可通过版权质押为核心的产品组合、打包贷款等多种方式获取融资，满足企业“制作——发行——终端”各阶段的资金需求
动漫贷	为研发、制作动漫产品、网络游戏及衍生品的相关企业提供信贷资金支持	从事动漫产品、网络游戏及其衍生品的研发、制作和销售的企业，重点支持具有自主创新知识产权的企业	可采用包括订单融资、软件著作权、应收账款质押、版权质押、未来收益权质押在内的担保方式	拓宽企业的融资渠道，有效提高企业资源利用度和资金流动性
广告贷	为从事广告业和提供会展服务的企业提供信贷资金支持	从事广告业和提供会展服务的企业	可采用包括订单融资、应收账款质押、版权质押、未来收益权质押在内的担保方式	拓宽企业的融资渠道，帮助企业解决资金临时性不足的问题，加速企业资金周转，改善企业经营状况
设计贷	为从事设计服务的企业提供信贷资金支持	从事工业设计、建筑设计、平面设计、工艺美术设计、服饰设计、软件设计、网络设计等服务的企业	可采用包括订单融资、应收账款质押、软件著作权质押、专利权质押在内的担保方式	拓宽企业的融资渠道，有效提高企业资源利用度，盘活无形资产

续 表

产品名称	产品介绍	适用对象	担保方式	产品优势
文教贷	为从事文化相关产业的企业提供信贷资金支持	从事教育培训、艺术品交易、文化休闲娱乐服务相关的企业	可采用包括订单融资、应收账款质押、未来收益权质押在内的担保方式	提高文化相关企业的资源利用度和资金流动性，降低企业资金周转压力
旅游贷	为从事旅游服务的企业提供信贷资金支持	从事国内旅游业务、入境旅游业务、旅游商品的销售、旅游票务代理、旅游酒店预订、旅游景区建设的企业	可采用包括订单融资、应收账款质押、未来收益权质押在内的担保方式	拓宽旅游融资渠道，根据旅游项目情况合理确定期限和还款方式，优化企业财务结构，节省财务费用

南京银行开展小微金融特色化经营：坚持“服务地方经济、服务小微企业”的发展理念，持续加强对民营实体、小微企业金融服务的力度，迭代创新特色产品，深入推进“鑫伙伴”成长计划，打造普惠金融特色业务模式，不断下沉客户服务重心，加强产品创新，升级“鑫高企”“鑫知贷”，推出“鑫人才”“增额保”，疫情期间主动担当，快速出台抗疫产品“同鑫贷”“苏影保”等。深化渠道合作，组织“鑫智力杯”“鑫高企”“知识产权金融”“鑫园区”等活动。升级投贷联动，成立总行级投贷联动业务中心，搭建外部投资机构合作库；创新探索积极推动“政银园投”新型投贷联动合作模式。

面对疫情，南京银行创新推出抗疫定制类产品“同鑫贷”“苏影保”纾困贷款产品，缓解小微企业融资困难问题，为构建电影金融生态服务体系提供“江苏样本”，截至2020年11月末，发放贷款超过2亿元，惠及36家影院企业。

除此以外，为解决南京市文化企业融资难题、促进文化产业发展，各商业银行的南京分行都纷纷推出新的产品服务，对南京市文化金融的发展起了非常重要的作用，如表5–2所示。

表 5-2　部分银行南京分行文化金融创新

银行	服务模式创新	产品创新	合作、服务对象
工商银行南京分行	科创企业金融服务中心	新研投保贷	南创投、紫金担保、联交所四方合作
		工银创 e 贷	瞪羚、独角兽
		工银 e 信	八大产业链客群
	基金投资 + 投贷联动	20 亿元的新动能基金	南创投、紫金集团
民生银行南京分行	创新“银政担”模式	“增值贷”“云快贷”	小（文化）微企业
		科创贷	
		纳税网乐贷	
中国进出口银行	政策性（文化）金融	文化产品和服务（含动漫）出口信贷	文化企业
		旅游文化国际化贷款	
		国际会展服务设施建设贷款	
建设银行南京分行	文化悦民方案	成长之路	文化企业
		速贷通	
		网银循环贷	
		善融贷等	
南京银行	南京市科技文化金融服务中心	投联贷	科技、文化企业
		税联贷	
		知识产权质押贷等	

中国进出口银行在全行范围内率先开办了旅游文化国际贷款，利用地方政府搭建的中小企业“统贷”平台，提供文化产品和服务（含动漫）出口信贷（包括出口买方信贷和出口卖方信贷）业务、影视文化国际贷款业务。华夏银行南京分行坚持不断创新小微企业业务特色金融服务产品，开发创新了具备“小、快、灵”小企业金融服务特点的“龙舟计划”系列多项特色服务产品，包括了小企业批量贷、信用增值贷、网络贷、循环贷、租金贷、快捷贷、助力贷、买断型和卖断型接力贷、房产按揭贷、品牌连锁按揭贷、联保联贷、宽限期还本付息贷、票据置换、房抵贷、保函等，其中多项产品可为文化小微企业提供特色产品支持，为中小文化企业开放了便捷、快速的融资渠道。建设银行南京分行实行文化悦民方案，包括“振兴演艺”“繁荣影

视”“支持出版”“千年旅游”“特色会展”“多彩动漫”六个子方案，分别针对文化演出业、影视制作、新闻出版、文化旅游、文化会展和动漫动画等六个重点领域提供支持，包含成长之路、速贷通、网银循环贷、善融贷、保理等产品，覆盖了文化产业中最具活力和发展潜力的领域，也是《文化产业振兴规划》中所提出的重点发展领域，通过建设银行的金融服务支持优秀的文化客户和作品的发展创作，促进文化的大发展大繁荣，进一步满足人民群众心灵及精神层面的需求服务，实现服务民生与银行价值的有机统一。“创意贷”文化创意系列产品是北京银行南京分行专为支持文化创意企业及文化创意集聚区建设而量身定制的特色金融组合产品，旨在满足不同行业文化创意企业的各项融资需求。针对文化创意企业所属行业特点及文化创意集聚区建设的不同用途，北京银行南京分行文化创意企业贷款细分为10类子产品，以满足不同项目的融资需要。

2. 积极探索专业服务模式

部分银行业金融机构通过设立专营机构、组织专家团队、开发专属产品、配套专项规模、提供专门流程、进行专项考核“六专”，促进文化与金融有效对接。例如，中国民生银行南京分行为文化企业开通特色通道，促进了文化金融的发展，于2012年12月6日正式组建银行文化产业金融事业部，着力为影视、艺术品、文化旅游、出版发行、演艺、传统文化和文化创意七大细分行业企业提供专业的各项金融服务。金融文化事业部以“间接融资+直接融资”“融资+融智”的准投行服务模式开展特色经营，文化产业专家团队和专业研究力量的组建，成为中国民生银行在文化产业领域持续发挥专业化研究及营销优势的基础。南京银行依据“五专（专门的综合服务机制、专门的统计核算机制、专门的风险管理机制、专门的资源配置机制，以及专门的考核评价机制）”工程，加强内部机制建设。推出专属金融服务品牌“鑫动文化”，设置专营的服务网点，建立专职的客户经理团队，设立专项信贷额度，开设专门绿色审批通道；依托文化银行这一平台，专业专注拓展了文化金融业务。除此以外，南京市各大商业银行致力于改造和完善客户服务渠道、持续推动网点服务质量提升、利用电子渠道提高服务效率等等都为积极探索专业服务模式提供了基础。

3. 逐步加强同业合作

南京银行为提升广大中小银行的市场竞争力，共同应对挑战，携手超过七十家中小银行，发起成立紫金山·鑫合金融家俱乐部，设立六大专业委员会并陆续开展实质性运作，实现中小银行在六大合作领域的协同创新、优势互补、互利合作、共赢发展，为经济健康发展、行业稳定繁荣做出更大贡献。此外，部分银行也与保险机构合作，推出针对中小文化企业的中小企业履约保证保险贷款，该类产品通过为银行分担风险、提高银行放贷信心，为包括文化企业的中小企业创造了更有利的融资环境。经过七年的良好运营，截至2020年末，紫金山·鑫合金融家俱乐部正式成员行已达127家，成员覆盖全国26个省、自治区、直辖市，成员资产总规模超20万亿。

（三）文化金融体系初步探索

构建多层次的文化金融体系，是文化金融发展的最终目标。目前，南京市已经开始初步探索多层次文化金融体系的架构。通过设立文化银行、文化担保小贷公司和创业投资基金等，多层次、多角度地为文化企业提供服务。

1. 探索成立文化银行

2012年2月，江苏省文化厅授予的全省首家“文化金融”特色支行——北京银行南京华侨路支行正式挂牌成立。2013年，为深入贯彻落实市委市政府关于文化建设“1+5+1”文件，以及《南京市文化与科技融合发展规划纲要》《南京市文化产业投融资体系建设计划》等文件精神，加大金融支持文化产业发展力度，南京市授予南京银行珠江支行、北京银行华侨路支行、交通银行渊声巷支行、中国银行新城科技园支行四家分行作为南京首批“文化银行”，2015年又遴选出工商银行新城科技支行、江苏银行泰山路支行、中国民生银行江宁支行、浦发银行新街口支行和广发银行南京分行营业部5家授牌第二批文化银行。截至2020年末，10家文化银行已累计向初创期、成长期文化企业发放贷款超过180.64亿元。

2. 创新设立文化小贷公司

为了应对中小文化企业在融资中产生的违约风险等问题，南京市设立了中小文化企业担保风险补偿资金，专项用于文化担保公司对于中小文化企业提供融资担保可能产生的风险补偿。文化担保公司针对文化产业的特性，结合文化企业的特点，进行担保方式的创新。通过研究文化企业的专利权、版权和收费权等无形资产的价值评估方法，创新以专利权、版权和收费权等无形资产为核心质押物，同时接收传统资产质押物，法人无限责任等组合反担保措施。公司也在文化企业的信用评级体系的构建方面进行创新，侧重对企业实际现金流和非财务信息的考察，重点关注文化企业的商业模式、管理团队和职业品行等多方面因素，积极发展新型融资担保、审批模式。

2013年5月，南京市成立了全省首家以文化科技企业对服务对象的金陵文化科技小额贷款有限公司。公司以文化科技企业为融资服务对象、以支持文化、科技型中小企业发展为目标，是一个致力于将文化与金融结合做尝试与探索的创新型组织。公司主要开展中小企业小额贷款、创业投资业务，融合传统信贷和风险投资的互补优势，以“债权+股权”的“硅谷模式”为文化、科技型中小企业提供专业、优质、高效的融资服务。在实现发展可持续和股东利益最大化的同时，体现文化科技小贷公司的自身市场定位，探索具有自身特色和创新亮点的运营模式，服务“文化强市”建设工作，促进地方经济转型和产业升级。在文化科技小贷公司试运营4个月期间，授信文化企业40户，累计发放贷款1.5亿元，尚无一笔不良贷款。截至2015年底，已向南京市200余家文化企业提供综合授信，累计发放贷款超过8.5亿元，年均资金周转率达到4次以上。2018年，发放各类贷款3296笔，总额达11.45亿元。2020年，全年发放贷款7.7亿元，发放各项贷款1032笔。

3. 加快发展创业投资基金

创业投资基金是处于孵化器和成长期的小微企业迫切需要的一种融资方式，投资基金主要投资于新兴且快速成长的科技公司。文化企业具有高成长性的特点，是创业投资基金的重点投资对象，其发展离不开创业投资基金的大力支持。就目前南京市创业投资基金对文化企业的投资规模来看，远远不能满足文化企业的融资需求，因而需要充分发挥政府相关政策措施的引导和带动作用。具体而言，可以从以下两方面着手：

一是在对重点文化企业、重点文化项目进行补贴的基础上，南京市文化产业发展专项资金逐步加大对文化渠道建设、文化孵化平台、金融保险和投资基金的支持力度，通过加大对文化产业链中间环节的支持力度，实现对文化产业关键发展路径的政策引导作用，吸引更多机构和投资人共同创造多元化的投融资服务体系。二是以“拨改投”的模式将一部分政府投入逐步转化为投资基金，发挥政府资金的引导和放大效应，带动社会资本共同支持文化企业，鼓励有条件的社会资本参与组建文化小贷公司。同时，通过完善资金的进入、转让和退出机制，增强资本的循环使用效率。

2010年3月，南京市成立了规模为20亿元的紫金文化产业发展基金，为具有高成长潜力的优秀文化企业和优质文化项目提供融资支持。由南京文化创业投资有限公司牵头，联合相关国有、民营企业共同发起的“文化创业投资基金”运行良好，先期发起的1亿元基金中已有所投企业进入上市辅导阶段。1亿元南京文创天使投资基金已经完成组建开始运行，为处于初创期的文化企业和领军人才提供资金扶持。总规模10亿元，初始规模4.7亿元的聚合创意新兴产业基金已于2014年上半年组建完毕，并设立开放期引导社会资本进入，重点围绕文化创意重点产业门类，以资本为纽带开展产业链的整合和并购。

三、文化金融品牌塑造

（一）政府引导，构建特色文化

文化金融品牌的塑造，需要根据南京市文化产业发展的特点，构建出具有南京特色的文化金融体系。从宏观上为文化金融品牌的塑造提供体系上的支持。政府相关部门为了推动该体系的建立，从搭建文化产业公共服务平台、设立文化产业发展专项基金和培养文化金融专业人才三方面提供助力。

1. 建立文化产业公共服务平台

按照《南京市文化产业投融资建设计划》，依托市文投集团建立的南京市文化金融服务中心，是专门为全市中小文化企业提供全方位金融支持的服务平台，2013年11月14日正式启用。中心通过招标，确定多家文化银行，同时整合文交所、文化小贷公司、文创基金、保险、担保信托等机构，打造一条文化产业金融服务体系；同时依托文化交易所等机构，建立文化资产评估体系。2014年9月，南京市发布《南京市小微文化企业金融服务券实施管理办法（试行）》，“服务券”是为充分发挥文化、财政、金融、经信等部门合力，重点扶持小微文化企业，积极探索文化金融形式手段创新，提升财政贴息资金综合效能，鼓励银行业金融机构加大对小微文化企业的信贷投放力度，实现产业引导、财政支持、金融放大的效果，促进全市小微文化企业健康快速成长。

“十三五”期间，通过一系列的文化金融制度创新，不断强化文化产业公共平台的服务功能。2017年，《南京市小微文化企业设计服务券实施管理办法（试行）》正式实施。经评审入选的蕴含南京历史文化元素的文创设计产品，将享受打样补贴、登记保护、路演交易、推广宣传、专业培训等一系列配套服务，单款产品的打样补贴最高可达1万元。面向小微文化企业推出的“设计服务券”，旨在鼓励扶持文创设计企业和设计人才挖掘南京历史文化资源，设计开发特色文创产品，在补贴打样经费的同时，提供设计培训、产品诊断、销售平台、知识产权保护等各方面扶持，实现“完善设计服务链条、孵化原创设计品牌、培育优秀设计人才、激发文化消费活力”的目标。成立产业母基金，市财政从有关专项统筹出资引导，主要面向市场募集设立产业融合母基金，首期规模10亿元。鼓励知识产权融资，设立3000万元政策资金风险池，为金融机构面向小微文化企业提供贷款分担风险，鼓励金融机构创新开展与创意知识产权相关的金融产品和融资服务，对获贷企业给予不超过50%的利息补贴。

2019年，修订完善《小微文化企业金融服务券管理办法》，扩大服务券领取范围，简化服务券申领和兑付程序；召开全市文化企业信用贷款风险补偿联席会议，启动并落实小微文化企业信用贷款风险代偿工作；发起设立文化产业股权投资基金，助力小微文化企业股权融资。出台《关于推动文化建设高质量走在前列的实施方案》，着力完善财税激励和金融支持等导向鲜明、务实管用的政策举措，加大对重点工程和项目扶持力度，优化资金投入方式，提高资金使用效益，充分发挥各级各类文化建设专项资金、投资基金的作用，推进实施文化产业发展提质等“十大工程”，提升南京文化建设品质。

2020年9月，文化金融服务中心“首贷中心”“续贷中心”挂牌成立。截至2020年9月底，南京文化金融已累计服务企业5289批次，10家文化银行及文化小贷公司累计发放贷款175.26亿元。其中，基准利率或低于LPR利率的贷款67.13亿元，占比38.71%；信用贷款33.03亿元，占比19.05%；初创期、成长期文化企业贷款142.85亿元，占比80%以上。文化企业出现融资需求后，可以填写融资申请表，经区宣传和文化部门初步审核后报至中心，中心根据企业的发展阶段和具体情况，有针对性地向文化银行、文化小贷公

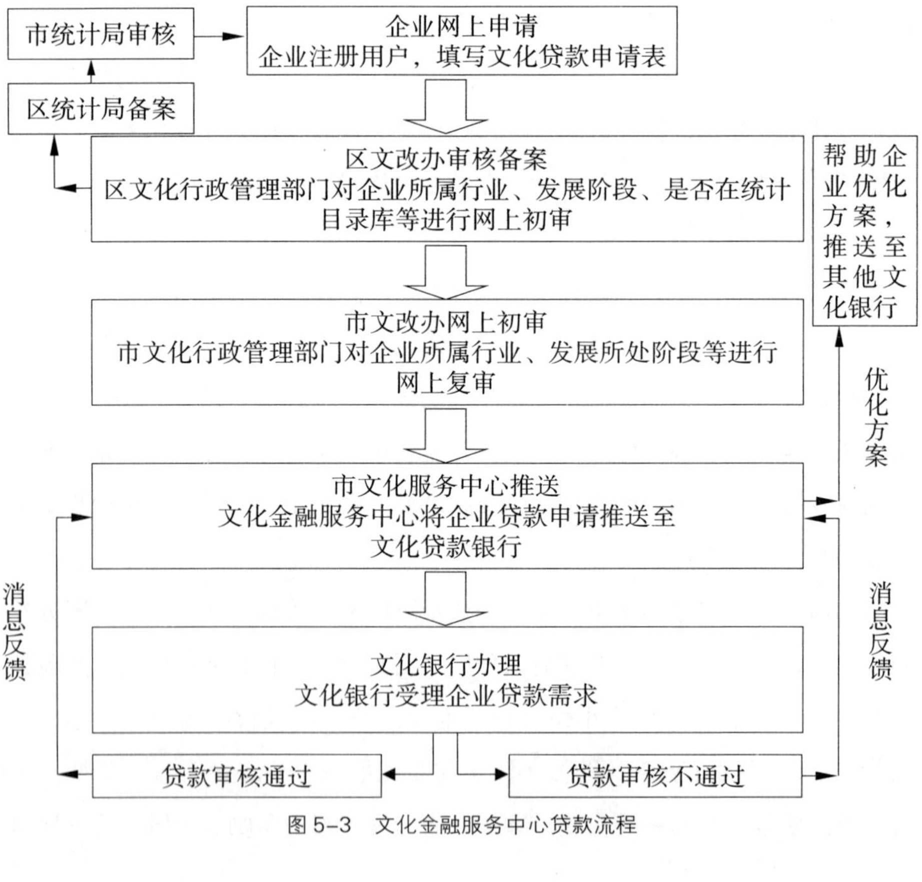

图 5-3　文化金融服务中心贷款流程

司、基金公司等进行推荐，并对结果实行全过程跟踪，及时跟进提供后续服务，文化金融服务中心贷款流程，如图5–3所示。

2. 设立文化产业发展的各类专项资金

根据《南京市文化发展专项资金（产业类）管理办法（2019）》设立文化产业发展专项资金。市级财政资金预算安排，专项用于支持文化产业发展。鼓励各区设立文化产业发展专项资金（产业类），加大对文化产业的扶持力度。专项资金实行项目制管理，管理和使用坚持“突出重点、择优扶持、强化监管、注重绩效”的原则。结合全市文化产业发展重点，专项资金支持范围包括：载体集聚类：国家、省和市各级文化产业园区、楼宇和空间等文化载体的培育、建设和扶持。产业引领类：对推动全市文化产业贡献突出，实现增加值达到亿元以上，且连续三年增加值保持15%以上增长的企业。内容生产类：网络文学、数字出版、动漫、广播影视节目和文旅融合的表演艺术等的创作生产。创新发展类：文化产业新业态培育；传统文化资源开发利用；艺术品市场化经营；工艺美术品产业化运作；激发文化和旅游消费潜力的新模式。产业服务类：文创设计、出版版权、网络文学、动漫影视和文化金融等重点产业公共服务平台的建设和提升；重大文化展会、文化活动和文化招商、推介。其他类：包括文化装备制造、对外文化贸易以及其他具有成长性、创新性、示范性和融合性的重点发展行业项目。

专项资金主要采取项目补助、以奖代补和服务购买等扶持方式：项目补助：对资助项目实施过程中发生的相关性支出给予补助，补助额度原则上不超过项目实际总投资的30%、不超过200万元，申报项目的财务支出进度不低于50%；以奖代补：对申报截止日已经完成的，具有良好社会效益和经济效益的项目；奖励额度原则上不超过项目实际总投资的30%、不超过200万元；服务购买：用于贯彻落实市委市政府工作部署，或者推进宣传文化系统年度工作计划，通过政府购买服务等方式采购的文化产业公共服务项目和服务产品。

引导成立文化产业股权投资基金。2010年，就成立了规模1亿的南京文化创投基金，南京文化旅游产业基金30亿、江苏紫金文化发展投资基金

（2014）20亿均是由财政出资引导，吸收国有骨干文化企业、大型国有企业和金融机构认购，通过股权投资等方式，推动文化资源重组和结构调整。2020年9月，江苏省大运河（南京）文化旅游发展基金是国家“一带一路”倡议和江苏省大运河文化带建设的省市合作重点项目，同时也是南京市首只文化产业投资引导基金，基金总规模6.67亿元，初期规模4亿元。

南京文化企业也应充分利用资本市场工具，打破地域、行业和部门的界限实现纵向和横向的市场化扩张，打造一批资产规模大、核心竞争力强、市场占有率高的文化领域龙头企业。截至2020年末，南京市文化企业数量超过2.1万家，挂牌上市文化企业64家，南京市1793家规模以上文化企业。

3. 培养文化金融专业人才

南京文化大发展就要按照“抓紧培养善于开拓文化新领域的拔尖创新人才、掌握现代传媒技术的专门人才、懂经营善管理的复合型人才、适应文化走出去需要的国际化人才”的要求打造全方位人才培养模式。一是要加强文化领域人才培养。南京文化人才的培养要借助本土大专院校资源优势、南京大学国家文化产业研究中心品牌优势、紫金文化产权交易所实践基地优势，以培养高层次领军人物和高素质文化人才队伍为目标，采用理论学习、专家讲座、实战运作的方式，形成短期培训和中长期培养相结合的文化人才培养模式。二是要对金融保险机构开展培训。针对文化企业特点开设动漫、出版、发行、影视制作等业务培训模块，让金融、保险等机构更加了解文化企业的特点和规律，制定出切实可行的金融保险支持方案。三是加强文化政策宣传。加大对文化发展政策的宣传力度，通过向社会广泛宣传文化发展对各类资本的优惠政策，以此来吸引各类资本的注意力，提高参与积极性。

根据《南京文化产业发展专项资金（产业类）管理使用办法（2016）》、《南京文化产业发展专项资金（人才类）管理使用办法（2016）》以及《南京市小微文化企业设计服务券实施管理办法（试行）（2017）》等相关政策，设置文化人才专项资金、金梧桐人才服务券、设计服务券，实施“创业南京”人才计划2016、金梧桐融合人才双百培养计划等人才培养计划，培养文化创意设计型人才，促进文化产业的发展。

（二）塑造市场化投融资主体

1. 制订文化企业培育和上市计划

文化产业作为新兴产业风险较高，许多文化企业的风险管理体系尚未形成，风险管理意识不够，政府应引导企业利用多层次资本市场降低融资风险，如通过新三板市场以及债券与票据市场的建立与发展改变中小企业在直接融资市场上投资工具单一的局面，降低融资风险，拓宽融资渠道，实现融资市场化。其次，还可以通过多渠道筹资，建立“多方投入，风险共担，利益共享”的风险投资运行机制，发挥不同投资主体的作用。还可通过金融工具的创新使金融市场的交易品种增加，为投资者和发行者提供更加广泛的金融工具选择范围，投资者可以进行多元化的组合投资，而且可以及时调整组合，在保证收益的同时分散风险，从而将风险降到最低，增加防范风险的能力。

“十二五”期间，南京市重点支持了时代传媒股份有限公司、南京金陵金箔有限公司、江苏可一出版物发行集团、南京“1912”投资集团、南京新与力文化传播有限公司、江苏原力电脑动画制作有限公司等文化企业上市。

“十三五”期间南京重点建设12个创意文化产业功能区，出台了支撑南京“十三五”文化产业发展的“1+1+1”文件体系，突出创意对文化产业发展的引领作用，助力南京建设成为全国重要文化创意中心和世界历史文化名城。

2. 发展文化产业社会商业诚信体系

由于现有的文化企业多为中小企业，商业银行在授信过程中往往存在信息不对称问题。为解决商业银行为文化产业企业融资时无法有效获取准确信息的问题，消除商业银行的融资顾虑，可以考虑引入社会资源和资本，整合税务、工商、海关、水电、社保等信息数据库，为金融机构对文化产业企业的融资提供信息平台支持，引入社会资本和资源，促进社会商业诚信建设，打开文化企业的融资渠道。

3. 完善文化产业投资管理体制

塑造市场化的投融资主体，拓宽文化产业投融资渠道，需要考虑现有的管理体制，降低投资准入门槛，鼓励民间资本、外资等各类社会资本以多种形式对文化产业进行投资经营。释放文化生产力，提升文化竞争力，努力使文化产业在与其他产业门类吸收资金的竞争中处于有利地位。确立文化产业作为绿色产业、朝阳产业的宣传导向，引导社会资本流向文化产业。建立公共财政投入稳定增长机制，保证财政文化支出增幅高于财政一般预算支出增幅，占财政总支出比重达到2%以上。全面落实深化文化体制改革和鼓励文化产业发展的各项税收优惠政策，提高对文化企业的税收优惠力度。对设在国家和省市级文化产业园区内并经有关部门确认属于高新技术的文化企业，按高新技术企业标准享受国家“两免三减半”的税收优惠政策；鼓励文化企业总部落户南京，给予总部统一纳税的总部经济政策；鼓励社会法人和各界人士捐资新建各类非营利性的公益性文化项目，提高原公益性捐赠在年度纳税所得额中3%的扣除标准；鼓励社会组织、机构和个人向经国家有关部门登记确认的非关联重点文化项目实施捐赠，按照公益性捐赠税前扣除的一定比例享受税前扣除；鼓励知识产权、创意成果转让，经文化产权交易所鉴定的文化创意成果，参照科技企业技术转让合同政策免交营业税。进一步放开市场、放宽准入、创新政策，引导和鼓励各类资本依法进入文化产业领域。此外，需要政府充分运用文化产业投资基金，带动社会资本和民间资本围绕政府整体产业布局来有效聚集、整合资金。

（三）引导金融自身创新发展

1. 鼓励商业银行增强服务专业性

鼓励和引导商业银行结合自身比较优势和战略定位等，开展错位竞争，明确定位于服务文化产业中的若干个行业，以增强服务的专业性。

鼓励金融机构加强与各文化企业、专业协会的合作，不断创新适合文化产业发展的金融产品与服务。对于处于成熟期、经营模式稳定、经济效益较好的文化企业，优先考虑信贷发放；对于具有稳定的物流和现金流的企业，可采用以应收账款质押、仓单质押的形式来发放贷款；对于以演艺、展览、动漫、游戏等为主营业务的文化企业，从事出版内容的采集、加工、制作、存储和出版物物流、印刷复制的出版类文化企业，以及广播影视节目的制作、传输、集成和电影放映等相关设备的企业，可考虑发放融资租赁贷款。对重点文化项目给予金融支持的金融部门按照新增文化贷款余额的一定比例给予风险补贴。

2. 引导金融机构提高产品创新性

首先，针对部分文化企业缺少固定资产抵押品，但却拥有版权等知识产权类无形资产的实际情况，政府部门应当积极引导商业银行以“信贷政策产品化”思路为导向，逐步开展以版权质押为核心、辅助以专业担保的方式向文化企业提供信贷支持，创新文化金融服务产品。一是积极支持和鼓励各家银行针对文化企业开展信贷创新，并就单个创新产品进行深入研究，不断总结创新机理，提供创新思路。如，北京银行南京分行的知识产权质押贷款、“创意贷”文化企业贷款；交通银行的“展业通”知识产权质押、商标权与专利权担保以及文化企业版权担保贷款等。二是通过举行商业银行、相关企业的现场座谈，进行电话访谈，开展知识产权质押贷款创新情况的调研和推广活动，有效破解文化型中小企业融资难题。

其次，政府相关部门应当积极探索开展文化保险业务。在文化产品保险试点初期，加强与保险部门的合作，探索开展知识产权侵权险、艺术品综合保险、文化活动公共安全综合保险、演艺人员意外和健康保险、动漫游戏企业关键人员意外和健康保险等文化产业专属产品的研发，探索符合文化产业特点的新型保险模式。2010年12月，保监会与文化部联合发布了《关于保险业支持文化产业发展有关工作的通知》，全面部署了保险业支持和服务文化产业发展的工作进程，并确定演艺活动财产保险、艺术品综合保险、文化企业知识产权侵权保险等11个险种为首批试点险种，从而为文化保险的发展提供了明确的政策指引。

（四）提升文化金融服务效能

疫情的发生，一定程度上改变了大众的生活方式，催生了人民群众对动漫游戏、网络文学、网络演艺、网络视频、数字艺术的需求，加快了数字文化产业的发展，数字文化企业的数量和质量快速提高，新兴业态持续涌现。南京市面对不断出现的文化产业新业态，持续推进“互联网+文化金融服务”，树立数据“共享增值”的理念，打通各类信息孤岛，依托文化金融服务中心，紧跟市场变化，关注新业态文化企业需求变化，针对性解决问题，提升文化金融服务效能。

四、推动南京文化金融进一步发展

南京市在文化金融方面的探索具有先发优势，有效推动了本市文化产业的持续快速发展。但从总体上来看，依然存在文化娱乐和中介服务行业线上迁移缓慢、文化制造业核心关键技术对外依赖程度高、内容创作生产行业冷热不均等问题。同时3.5万余家南京文化企业，龙头企业数量有限，呈现多而分散的状态。文化企业经营者对接资本市场的意识还较为薄弱，融资能力普遍不足。面对新兴文化产业不断发展的新环境，南京需要采取更加积极有效的措施，使文化金融深度融合发展，促进文化产业再上新台阶。

（一）优化资源配置加大支持

通过改进本市文化金融机构内部资源配置、优化内部绩效考核，发展金融科技等方式，加大对文化企业的信贷支持力度。同时，建立金融服务中小微文化企业长效机制，使金融资源更加契合本地区文化产业发展需要，加快发展线上金融服务，为文化企业提供高效的文化金融及相关服务，在已有的政策措施基础上，进一步降低文化企业特别是中小微文化企业的融资难度与成本。

（二）顺应趋势布局数字文化

顺应文化产业新业态新趋势，加速数字文化产业布局，发展数字文化新业态，发挥数字经济优势，加快大数据、云计算、区块链、人工智能等新技术在文化产业领域的应用，大力发展数字出版、数字阅读、动漫游戏、短视频、电子竞技、智慧广电、数字娱乐、在线教育、数字文博等新型文化业态。推进传统文化产业数字化、智能化改造，支持文化企业利用网站、APP、小程序等方式拓宽电商化、数字化经营渠道。

（三）完善文化金融政策体系

新时代新发展，在数字化浪潮之下，需要紧密关注文化产业发展变化，及时为新兴文化业态出台相应的扶持政策，不断完善文化产业发展的金融支持政策，加大金融业支持文化产业的力度，推动文化产业与金融业的对接，针对不同业态的文化企业、不同类业务实行差异扶持。

（四）联动文化金融完善服务

加强文化金融机构之间的联动合作，联合文化银行、担保、投资、法律、版权登记等机构，形成完备的文化金融服务体系，切实为文化产业新业态企业解决实际难题。新冠肺炎疫情为文化企业特别是中小微文化企业带来冲击，文化新业态领域的企业资金压力将更加凸显，融资需求将更加迫切。建议南京市加快发展线上金融服务，支持信用评级机构、担保机构、银行、财务审计公司启动、完善网络办公通道并优化工作流程，为文化企业提供高效的文化金融及相关服务。

（五）创新文化金融合作模式

打造文化金融聚集区，重点吸引新兴文化金融企业入驻，促进新兴文化金融加速聚集，带动实体经济转型升级。金融与文化产业的融合将为文化产业打开新局面、创造新机遇、激发新动能。在文化产业与高科技和互联网高度融合的过程中，需要金融创新的力量，为整个文化产业打开新局面。金融创新将促进文化产业链的完善，整体提升文化产品的质量。通过系统性、持续性的资本要素支持，建设文化金融聚集区能刺激文化产业持续创新，形成文化产业良性循环。

Chapter-6

第六章

小微金融：南京小微企业发展的金融“助推器”

“小微企业”这一概念最早来源于2005年由世界银行联合中国银监会、中国人民银行举办的“微小企业融资国际研讨会”，这次会议正式将小企业和微型企业合称为微小企业。2011年7月4日，工业和信息化部、国家统计局、国家发改委、财政部四部门联合发布了《中小企业划型标准规定》，首次提出了微型企业的划分标准，规定根据企业从业人员、营业收入、资产总额等指标把不同行业的中小企业划分为中型、小型和微型。小微企业对推动经济增长、增加政府税收、促进科技创新和解决社会就业发挥着不可抵挡的巨大作用。

“十三五”期间，中国新办小微企业占比超九成，数量近5200万户。2017—2019年，每年小微企业新增注册数量都超过1000万家。2019年，全国新增小微企业数量达到近1500万家。根据艾瑞咨询发布的《2021年中国小微企业融资发展报告》（以下简称《小微企业报告》）数据显示，截至2020年，全国小微企业数量达到13300余万户，占全国各类市场主体的96.8%。小

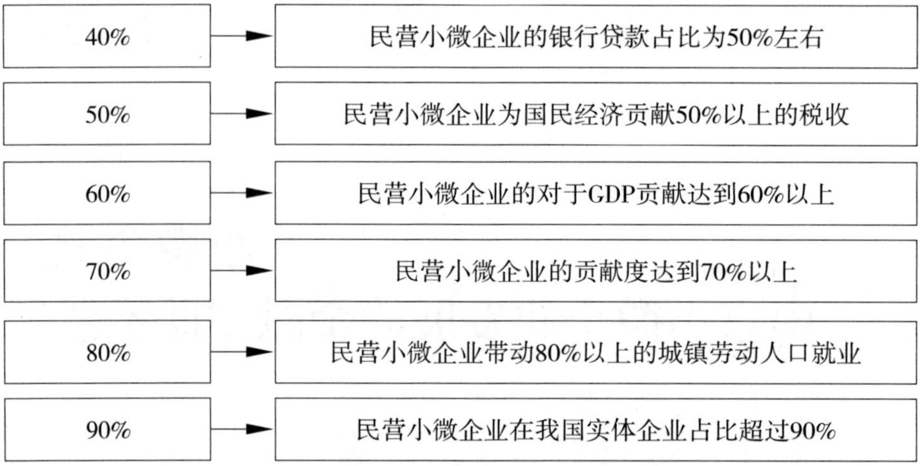

图 6-1　民营企业对于国民经济贡献的“456789”

微企业作为国民经济的重要组成部分，在拉动经济增长、增加就业、活跃市场、促进技术创新等方面起着积极的作用，2018年11月，习近平总书记在民营企业座谈会上强调，民营小微企业贡献了中国经济的“56789”：50%以上的税收、60%以上的GDP、70%以上的技术创新成果、80%以上的城镇劳动就业、90%以上的企业数量。民营小微企业的贡献，如图6-1所示。

根据《小微企业报告》2020年全国小微企业贷款余额43.2万亿元，仅占当年金融机构各项贷款余额的24.3%，小微企业融资难问题，特别是获得中长期贷款难问题长期存在。近年来，中国出台多项措施鼓励商业银行加大对小微企业贷款力度，扶持小微企业发展，如表6-1所示。这在一定程度上降低了小微企业的融资成本，缓解了融资难题，推动了小微企业的发展。

表 6-1　2017-2021 年度普惠小微金融贷款状况

年度	人民币普惠金融领域贷款余额（万亿）	普惠小微贷款余额（万亿）	农户生产经营贷款余额（万亿）	创业担保贷款余额（亿元）
2017	11.77	6.78	4.7	869
2018	13.39	8	5.06	1064
2019	17.29	11.59	5.37	1442
2020	21.53	15.1	5.99	2216
2021	26.52	19.23	6.84	2349

数据来源：央行各年普惠金融发展报告

然而，小微企业一直面临着短期贷款缺口大，长期贷款更无着落的融资难题。数据显示，为了获得融资，小微企业采取了不同的内源和外源的渠融资道。

小微企业可以获得资金来源的主要融资渠道包括内源融资（留存收益）、银行融资、资本市场融资、民间融资，然而这四种渠道都不是小微企业融资的最优途径。第一，在内源融资方面，虽然企业可以通过留存收益、票据贴现、典当资产以及吸收合伙人入股等方式实现内部自筹，但是我国小微企业大多处于初创阶段，企业规模小、资产少、利润薄，难以通过内源融资获得持续稳定的资金来源。第二，由于小微企业自身存在诸多缺陷，如经营风险较大、财务制度不健全、资金实力较弱、缺乏抵押品等原因，小微企业难以获得有效的融资担保，银行出于贷款风险的考虑，不愿意向其发放贷款。另一方面，小微企业通过银行贷款进行融资的成本较高，即使能获得银行贷款支持，也需要在正常的贷款利率下增加额外的利息和费用支持，其融

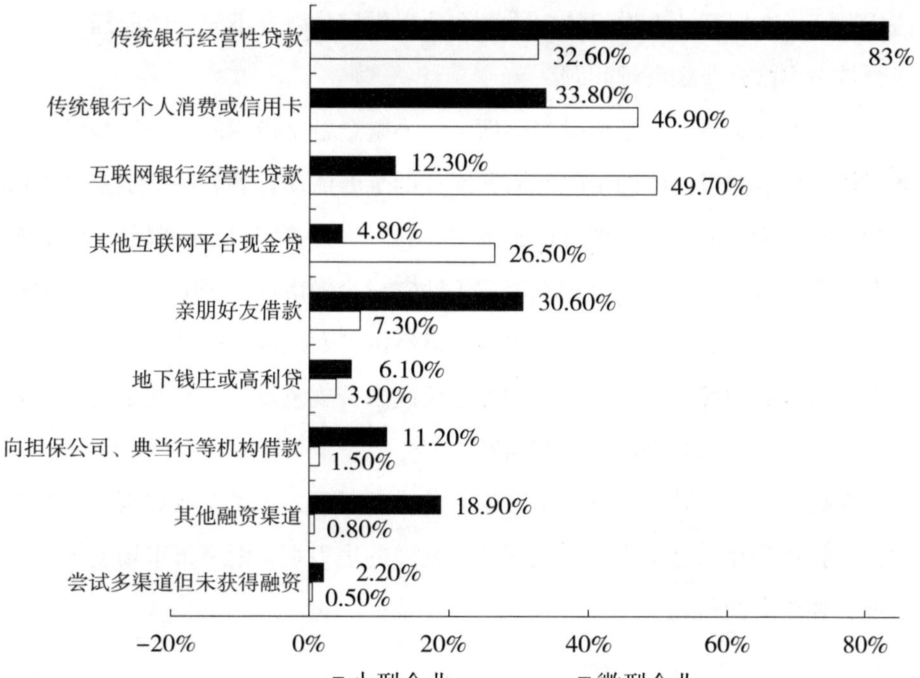

图 6–2　小微企业常用的融资渠道对比

资成本远高于国有大中型企业。第三，在资本市场融资方面，我国小微企业融资平台包括债券市场、中小板、创业板、科创板、新三板市场以及区域性股权交易市场，然而由于中国资本市场起步较晚、上市融资门槛高、服务对象大多为大中型企业，支持小微企业融资功能有限。按照我国《公司法》规定的上市条件和《证券法》规定的公司债券发行的条件，众多小微企业难以达到这一标准，所以通过资本市场直接融资对小微企业来说缺乏实际上的可行性。第四，在民间融资方面，民间借贷的成本相对银行贷款要高得多，数倍于银行贷款利率。另外，民间融资多以地下方式运行，操作并不规范，很容易引起经济纠纷甚至引发犯罪，需要承担较高的法律风险，给小微企业正常运转带来诸多不利影响。

如图6–2显示，小型企业的主要融资方式是银行业金融机构提供的经营性贷款，占比83%。而微型企业的主要融资方式主要是互联网银行的经营性贷款和银行业金融机构的个人消费贷或者信用卡贷款，分别占比49.7%和46.9%。这说明，小微企业的融资方式还主要依赖于银行业金融机构提供的信贷融资。在银行业金融机构向小微企业提供信贷融资不充分的前提下，无疑会带来小微企业融资难问题。

这样的背景下，小微金融应运而生。小微金融是指专门向小型和微型企业提供小额度的可持续的金融产品和服务的金融活动。著名经济学家巴曙松认为，小微金融的有效发展可以服务“三农”、完善农村金融服务，缓解农村金融市场资金需求；培育和发展竞争性农村金融市场，开辟满足农民和农村小微企业资金需求的新渠道，进而促进经济欠发达地区的经济发展；有利于合理有效利用民间资本，引导和促进民间融资规范发展；有利于支持小微企业发展，缓解小微企业融资难问题[①]。

在政府支持、政策利好、全民创业的大氛围下，小微企业如雨后春笋般在南京扎根生存，已成为南京经济社会发展的生力军，南京市市场主体发展状况，如表6–2所示。

①巴曙松.将小微金融发展作为下一步金融改革的重点.浙江金融，2012（6）.

表 6-2　2020 年度南京市市场主体发展状况

市场主体类型	市场主体数量（万户）	市场主体占比（%）
个体工商户	84.4	55.05%
私营企业	61.3	40.10%
国有、集体及其控股企业	6.1	3.98%
外商投资企业	1	0.65%
农民专业合作社	0.4	0.26%
合计	153.3	100%

数据来源：南京市商务局市场主体发展报告

截至2020年12月31日，南京市共有各类市场主体153.3万户，其中，个体工商户84.4万户，占比最高，达到55.05%，可见个体经济在整个国民经济中占据十分重要的地位；其次是私营企业61.3万户，占比为40.00%。小微企业作为个体经济与民营经济的市场主体占全部市场主体的九成以上。可见，小微企业在整个市场主体中扮演着关键角色。

为了更好地服务小微企业，南京市建立了多元化的小微金融体系。除了商业银行纷纷建立小微金融部，为小微企业提供专业化的金融服务外，小额贷款公司以及融资担保公司，也发挥了小微企业融资的有效补充作用，并推出了创新性的融资产品满足小微企业的融资需求，缓解小微企业融资难问题。

一、小额贷款公司

小额贷款公司，是指由自然人、企业法人与其他社会组织投资设立，不吸收公众存款，经营小额贷款业务的有限责任公司或股份有限公司。早在20世纪70年代，诺贝尔和平奖获得者穆罕默德·尤努斯就在孟加拉国创建的格莱明银行（Grameen Bank）创新发展了小额贷款模式，通过向当地的贫困家庭提供小额短期贷款支持，使其摆脱贫困状况，这是一种较成功的小额贷款模式。20世纪90年代，小额贷款以扶贫模式被引入中国。2005年，中国银监会和人民银行决定在山西、四川、陕西、贵州、内蒙古5省（自治区）进行小额贷款公司试点工作。2008年5月，中国银监会和人民银行联合发布《关于小额贷款公司试点的指导意见》（银监发[2008]23号）后，小额贷款公司如雨后春笋般在全国各地涌现。

（一）南京小额贷款公司运行概况

自2008年以来，南京市小额贷款公司从无到有迅速发展，行业规模初具雏形，农村小额贷款公司和科技小额贷款公司共同发展。其中，农村小额贷款公司面向“三农”，科技小额贷款公司面向“以创新为驱动力，属于先进制造、现代服务和农业科技等领域的科技型中小微企业”。根据统计数据，到2020年底，南京市小额贷款公司数量达到66家，其中农村小额贷款公司41家，覆盖了全市3/4的乡镇和街道。当年，已开业的小额贷款公司注册资本金102.15亿元，贷款余额128.85亿元，当年累放贷款220.21亿元。小额贷款公司在引导民间资本支持“三农”发展方面发挥了积极作用。2016—2020年，南京市小额贷款公司发展状况以及贷款状况，如图6-3所示。

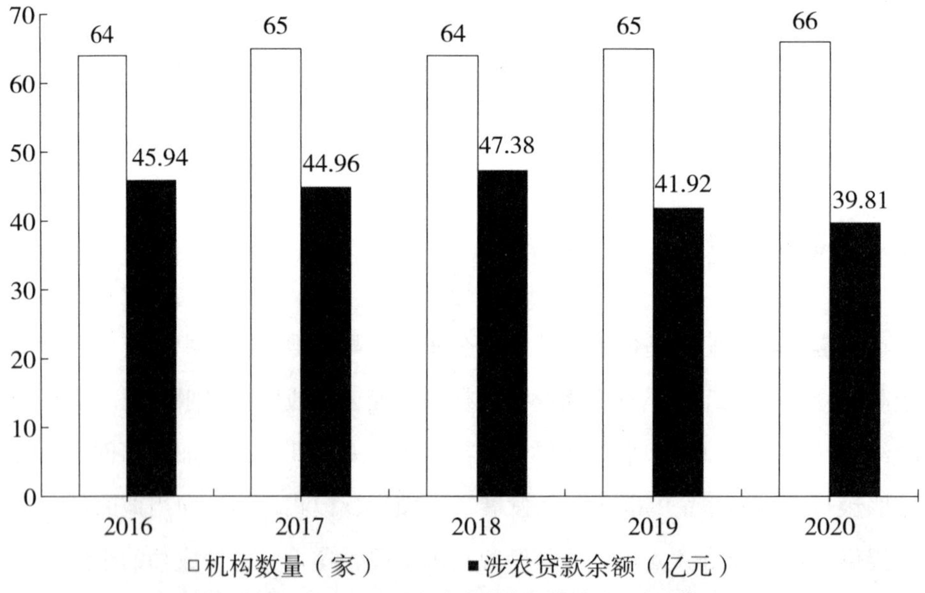

图6-3　2016—2020年南京市小额贷款公司发展状况

数据来源：《南京金融发展报告2020》《南京金融发展报告2021》

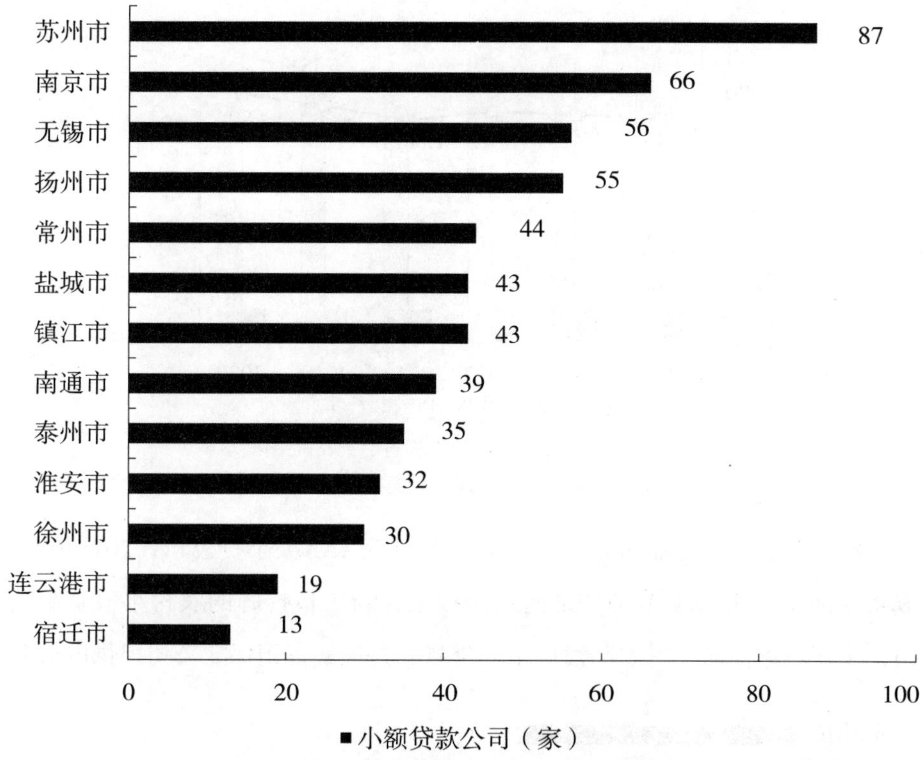

图 6-4　2020 年度江苏省各市小额贷款公司数量

数据来源：江苏省地方金融监督管理局

2020年，江苏省各市小额贷款公司数量，如图6-4所示。截至2020年，江苏省小额贷款公司数量总计562家，其中，苏州市、南京市、无锡市小额贷款公司数量排名前三。苏州市小额贷款公司数量87家，排名第一，南京市小额贷款公司数量66家，排名第二，无锡市小额贷款公司数量56家。

根据中国人民银行的统计数据，截至2020年12月末，全国共有小额贷款公司7118家，贷款余额8888亿元。江苏省有小贷公司562家，数量全国第一，实收资本692.71亿元，贷款余额761.83亿元，均排名全国第3，2015—2020年江苏省小贷公司变化，如图6-5所示。

2020年，江苏省评级为AAA级的小额贷款公司数量总计14家，其中，苏州市4家，无锡市、南通市、扬州市各2家，南京市、镇江市、淮安市、盐城市各1家。南京市雨花台区银信农村小额贷款股份有限公司成立于2011年12

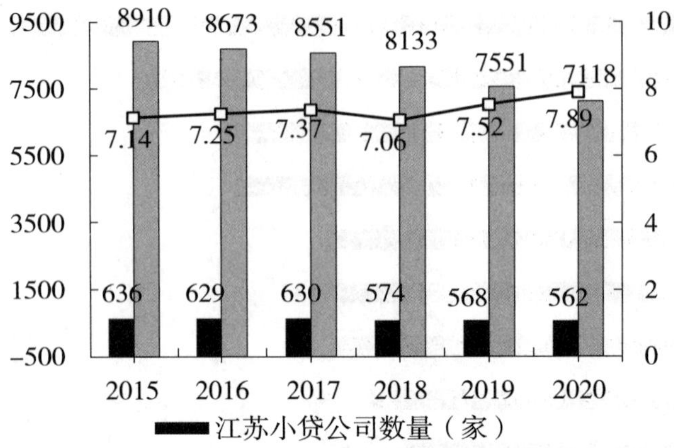

图 6-5　2015-2020 年江苏省小贷公司变化

资料来源：中国人民银行网站

月，经江苏省金融办批准成立，2013年被评为AAA级小贷公司，2015年7月成功登陆新三板资本市场，是南京市首家在新三板挂牌的农村小额贷款公司，主营业务面向“三农”发放小额贷款、提供融资担保。公司提供的服务

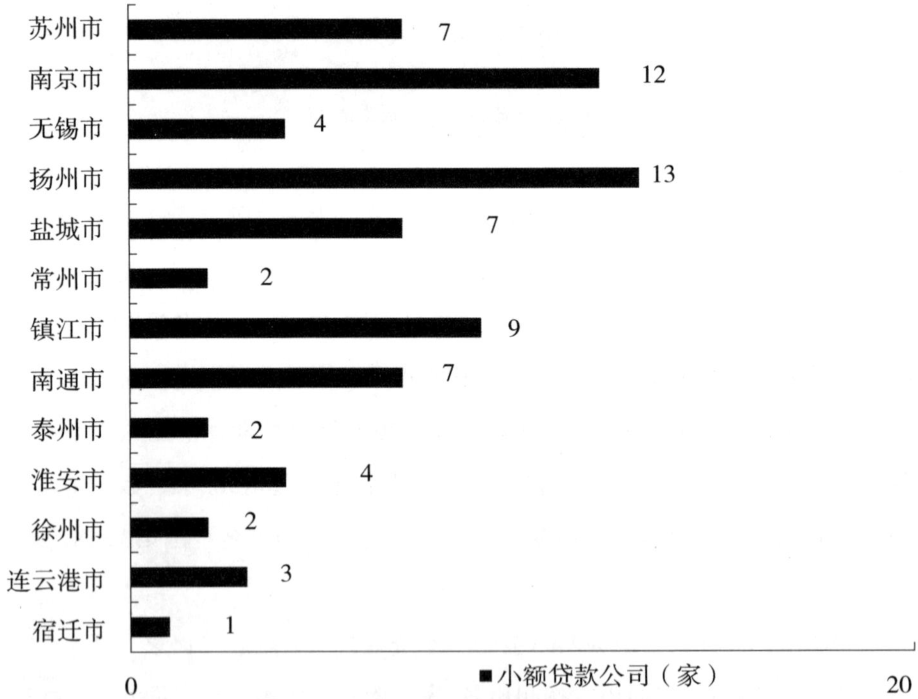

图 6-6　2019 年江苏省 AA 级小额贷款公司各市分布数量

数据来源：江苏省地方金融监督管理局

为小额贷款、资产证券化、小微企业私募债、融资担保等。2019年江苏省小贷公司监管评级AA级企业总计73家，其中，扬州市13家，排名第一，南京市12家，排名第二，镇江市9家，南通市、盐城市、苏州市各7家，如图6-6所示。

（二）南京小额贷款公司的监管经验

1. 健全的日常监管体系

为加强小额贷款公司的监督管理，在江苏省地方金融监管局牵头下，南京市建立了健全的监督管理体系。南京市地方金融监管局负责南京市小额贷款公司的日常监管工作，主要包括：制定南京市小额贷款公司发展规划，组织招标，审核股东和高管人员资格，初审筹建、开业及业务创新申请，制定南京市小额贷款标准，审批除银行贷款外的融入资金，审批涉及公司名称、注册资本、股权结构、营业场所、组织章程、高管人员调整等变更事项，建立并落实举报制度，组织开展现场及非现场监管等工作。其中，发展规划、筹建、开业及业务创新初审后报省地方金融监管局审批，其他审批事项报省地方金融监管局备案。南京市地方金融监管局重点监管小额贷款公司吸收或变相吸收社会公众存款行为，未按照规定程序擅自设立小额贷款公司，账外经营的行为，采取不法手段进行收贷，在执行财务制度和会计核算中弄虚作假、故意隐瞒实际经营状况的行为。

南京市还成立了南京市小额贷款行业协会，建立了行业自律约束机制。行业协会负责制定行业规则，开展行业交流，加强行业自律。行业协会因聚集了本行业整体的力量，更具有行业信息优势。行业协会通过制定自律公约，健全小额贷款公司治理机制，共同抵制行业内不正当竞争行为，维护合理有序、公平竞争的环境，发挥在防范经营风险方面的作用，成为政府监管的有力补充。

南京市地方金融监管局与市场监管、财政、税务、人民银行等部门建立了协同监管机制，在各自的职权范围内依法履行对小额贷款公司的业务指导和监督管理职责。市场监管部门加强对小额贷款公司的登记和管理以及对小额贷款公司违反工商行政管理法规行为进行查处；财政部门加强对小额贷款公司的财务管理和监督；人民银行负责监测风险等级和风险拨备；税务部门进行发票管理及打击逃税行为。南京市小额贷款公司监管体系，如图6-7所示。

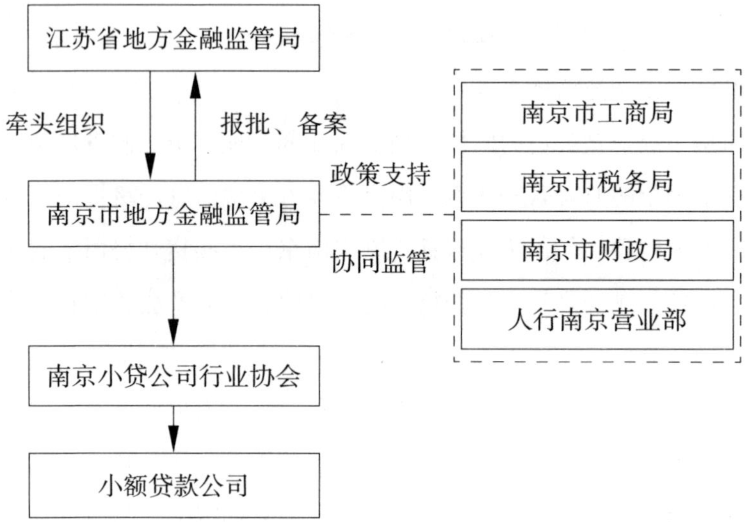

图 6-7　南京市小额贷款公司监管体系

2. 完善的非现场监测体系

首先，江苏金农股份有限公司（简称“金农公司”，一家为服务全省小额贷款公司行业发展而设立的小微金融服务平台）依托监管系统和风险识别团队，对小额贷款公司开展非现场监管，重点关注小贷公司“三个70%”（即小额贷款余额之和占全部贷款余额的比重不低于70%，“三农贷款”或“涉科贷款”余额之和占全部贷款余额的比重不低于70%，贷款期限在3个月以上的经营性贷款余额之和占全部贷款余额的比重不低于70%）、股东关联贷款、关联担保、融资担保、对外融资、贷款集中度、跨区经营、利率水平、不良贷款和准备金计提等情况。

其次，南京市地方金融监管局通过公众举报、新闻媒体披露等渠道对小贷公司进行非现场检查，重点关注小贷公司违规吸收公众存款、股权和高管人员变动、做假账和账外账、财务管理和内控制度、其他经主管部门认定的重大违法违规等事项。

最后，南京市地方金融监管局负责撰写季度、年度非现场检查分析报告，全面揭示小贷公司风险状况，判断小贷公司的风险变化趋势，提出下一阶段监管工作计划。在省地方金融监管局的授权下，部分或全部向社会公布非现场检查结果，以强化公众监督和市场约束，促进小贷公司自律管理机制的形成。

3. 科学的评级制度

江苏省地方金融监管局建立对小贷公司监管评级的分析框架，对农村小额贷款公司进行级别划分，共分三等九级：包括AAA、AA、A，BBB、BB、B，CCC、CC、C，帮助监管部门及时识别、判断小贷公司的风险状况与严重程度，评级结果是监管部门确定对小贷公司监管内容的依据，如表6–3所示。

表 6–3　评级符号含义

级别	经营合规情况	风险管理能力	持续发展能力
AAA	完全合规	很强	很强
AA	合规	较强	较强
A	基本合格	较强	具有
BBB	一般	一般	一般
BB	不足	不足	不足
B	明显问题	明显问题	偏弱
CCC	较大问题	较大问题	威胁
CC	重大问题	重大问题	严重威胁
C	严重问题	严重问题	无法持续

整个评级体系包括非现场监管指标和现场监管指标，江苏省金农股份有限公司根据全省小贷公司监管信息系统采集的信息，对非现场监管指标进行评分；南京市地方金融监管局指导区地方金融监管局负责对现场监管指标进行评分，现场监管评级也可委托第三方中介机构开展。南京市小额贷款公司评级框架，如图6–8所示。

监管评级要素包括基本项、扣分项和一票否决项等多个方面，采用综合评级方式，基本项按指标要求相应得分，扣分项按指标要求相应扣分，据此

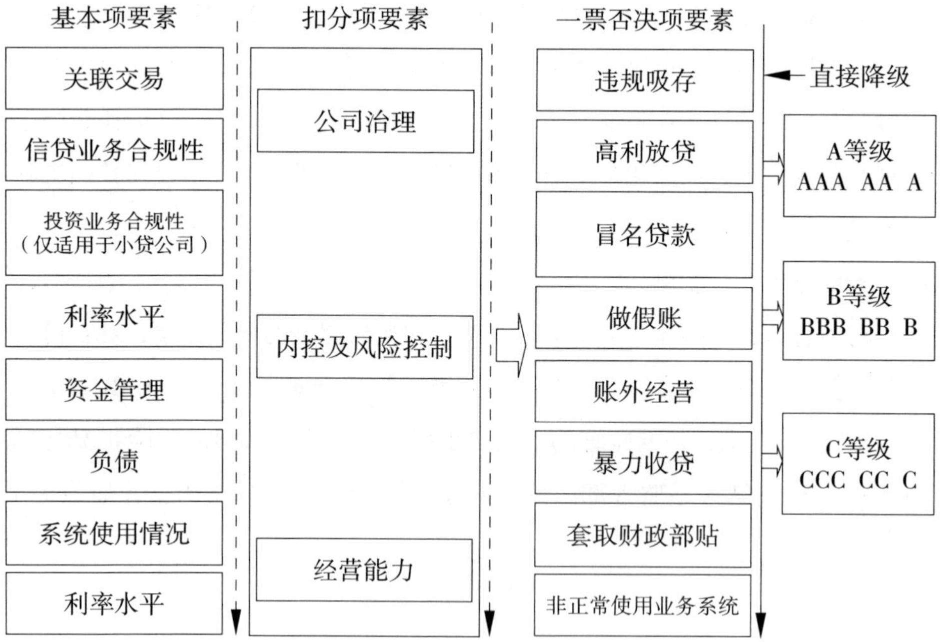

图 6-8　南京市小额贷款公司评级框架

加减后得出综合得分。一票否决项则按要求直接降级。基本项要素主要从合规性方面对小贷公司进行综合考量，包括关联交易、信贷业务合规性、投资业务合规性（仅适用于科技小额贷款公司）、利率水平、资金管理、负债、系统使用情况和未经审批的许可事项八方面内容。扣分项要素主要针对小贷公司治理情况、内部控制、风险控制以及经营持续性等方面的风险和缺陷进行综合考量，包括公司治理、内控及风险控制和经营能力等多方面内容。一票否决项要素主要针对小贷公司严重违法违规行为进行一票否决，包括违规吸存、高利放贷、冒名贷款、做假账、账外经营、暴力收贷、套取财政补贴、未正常使用全省统一的小贷公司业务系统以及其他违法违规事项。

4. 扶优限劣，分类监管

南京市地方金融监管局采取分类监管的方式，针对不同等级的小额贷款公司设定不同的监管要求。通过分类监管提高监管有效性，引导南京市小额贷款公司的可持续发展。

对A级以上（包括AAA、AA、A级）小贷公司，主要以原则性、常规性监管为主，相应放宽现场检查的频率，在对外融资、中间业务和创新业务开展等方面给予鼓励和支持。对B级以上（包括BBB、BB、B级）小贷公司，采取针对性监管措施，定期开展非现场和现场检查，适当限制或暂停对外融资，加强对创新业务、担保业务的监管指导，直至暂停业务。对C级以上（包括CCC、CC、C级）小贷公司，采取必要的监管措施，严格控制经营风险，同时暂停对外融资、创新业务和担保业务，提高现场检查频率，制定和启动应急处置预案，直至停业整顿、重组救助或终止经营。南京市小额贷款公司业务许可要求，如表6-4所示。

表 6-4　南京市小额贷款公司业务许可要求

监管内容		AAA	AA	A	BBB	BB	B	CCC	CC	C
融资类业务	银行融资	√	√	√	√					
	股东特别借款	√	√	√	√	√				
	其他机构借款	√	√	√						
或有负债业务	融资担保	√	√	√	√	√	√			
	预付款保函	√	√	√	√					
	开鑫贷	√	√	√						
中间业务	委托贷款	√	√	√	√					
	保险业务代理	√	√	√	√					
	融资租赁代理	√	√	√	√					
现金池调剂业务		√	√	√	√					
设立分支机构		√	√	√						

对于不同等级的小额贷款公司，监管部门还设定了详细的融资业务、或有负债业务、中间业务、设立分支机构的准入要求，农贷公司的级别越高，可开展的业务种类越多，融资额上限越大。CCC级及以下小贷公司不能开展上述业务，如表6-5所示。

表 6-5　南京市小额贷款公司业务上限

监管内容		AAA	AA	A	BBB	BB	B
融资类业务上限	银行金融占资本净额的额比例（%）	100	50	40	20	0	0
	股东特别借款占股东净额的比例（%）	100	80	80	50	50	0
	其他机构借款占资本净额的比例（%）	50	40	30	0	0	0
或有负债业务上限	融资担保占资本净额的比例（%）	200	100	100	100	100	50
	应付保函开票总额占资本净额的比例（%）	200	100	100	100	0	0
	开鑫贷承保额占资本净额的比例（%）	150	120	80	0	0	0
中间业务上限	委托贷款占资本净额的比例（%）	200	150	100	50	0	0

（三）小贷公司发展制约因素

1. 政策导向性较强，但实际经营有所背离

小贷公司的目标定位主要是为“三农”和科技型中小企业服务，具有一定的政策目的，所发放的贷款坚持“小额、分散”的原则，鼓励面向农户和小型企业提供信贷服务。然而小贷公司同时也是自负盈亏的市场主体，在市场经济条件下，也要谋求自身产业利益最大化，实现可持续发展，因此，部分小额贷款公司为了追逐商业利益，更乐于面向盈利能力较强、风险较低的规模化生产市场主体放贷，而不是数额小、风险大、管理成本高的客户。因此，市场主体与制度设计目标存在矛盾。截至2020年末，南京市小贷公司贷款余额128.85亿元，2016—2020年，南京小额贷款公司发展状况，如图6-9所示。

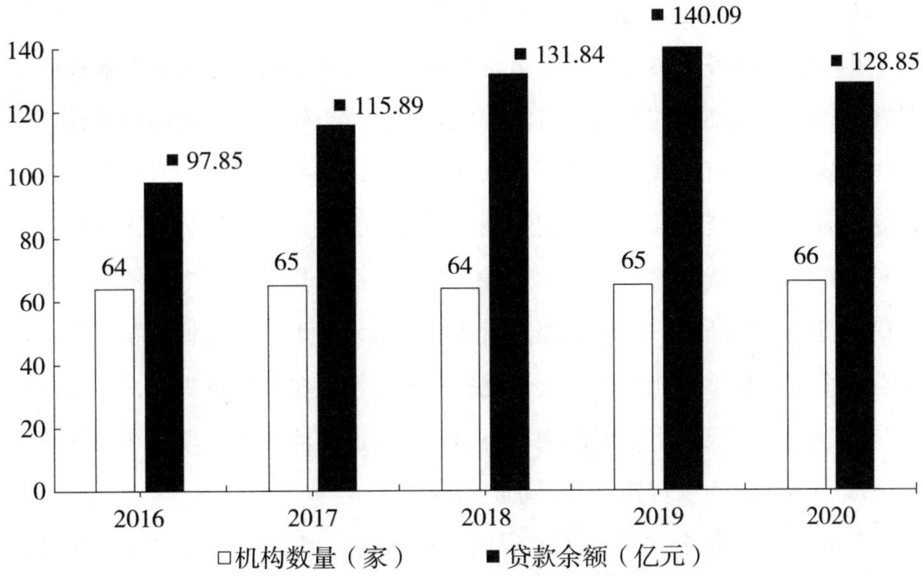

图 6-9　2016-2020 年南京小额贷款公司贷款余额状况

数据来源：《南京金融发展报告 2020》《南京金融发展报告 2021》

2. 融资渠道较窄，后续资金不足

由于小额贷款市场的需求广阔，小额贷款公司客户资源丰富，小额贷款公司的实收资本会很快放贷出去。但按照小额贷款公司试点管理办法，小额贷款公司只贷不存，这造成了小贷体系放贷资金不足。小额贷款公司开始探索对外融资渠道，例如，江苏金农公司发起的用于小额贷款公司资金调剂的资金池，向银行融资，吸引新旧股东持续增资扩股。

小额贷款公司通过银行进行融资较为困难。一是相关政策文件对小贷公司向金融机构融资做出了明确要求。农贷公司和开业一年内的科技小贷公司向银行业金融机构融资，须向地方金融监管局备案；二是部分小贷公司定位不准，与商业银行形成客户竞争关系；三是融入资金成本高，银行对小贷公司融资利率一般上浮20%—30%，有的还需要融资担保公司提供担保，担保公司需收取担保费和保证金。目前，只有少数小贷公司获得了银行融资，融资面很窄。后续贷款资金已严重不足，并出现很短时间内无钱可贷的尴尬局面。

3. 行业人才匮乏，内控体系有待完善

小贷公司业务人员普遍缺乏金融、财务、经济、法律方面的专业技能，对客户风险的识别与控制能力较弱，风险防范意识较差，带来的结果是业务操作不规范，没有现成的信贷管理软件和客户评分系统，贷款流程大多效仿正规金融机构的贷款流程。在实际经营过程中，缺乏严格的贷前详细调查、贷时跟踪审查和贷后检查的操作规范。业务人员对贷款客户进行考察主要是凭借自身经验判断客户的还款能力及还款意愿，对于风险的管理和控制，并未有一个可以科学量化的标准，缺乏有效的决策程序和内审机制，这对控制信贷风险带来了很多不确定因素。小额贷款行业整体风险管理水平较低，难以适应小贷公司的经营特点及行业监管规定。

尽管小额贷款公司建立了相应的治理结构，但实际运行中权限分置不清，监事会或监事基本形同虚设，难以形成有效发挥公司治理结构的制衡作用。公司治理主体议事规则和决策程序不够清晰，信息披露不够透明；内部控制制度不够完备有效，未能覆盖各业务流程和各操作环节。特别是大多机构没有建立稽核机制，尚未形成完整的内控制度体系。

4. 客户信用度难把握，长期风险较大

与商业银行相比，小额贷款公司的客户信用难以把握，长期风险识别和控制压力较大。第一，小额贷款公司的客户相当一部分是银行不愿做的客户，或是股东的关联客户，缺乏有效的抵押或担保，信用风险大。第二，小额贷款公司贷款操作流程和信贷人员规程较简单，缺乏先进的风险管理理念与措施。小额贷款公司发放贷款的特点是“快速、简便”，管理模式比较粗放，审查时间较短，审查程序偏松，缺乏系统的风险控制和内部控制制度。与商业银行相比，小额贷款公司没有符合其经营特点的信贷管理软件和客户评级系统。目前，绝大部分小额贷款公司客户的信用记录尚未纳入中国人民银行的信贷征信系统，不可避免地造成一定程度的信用信息不对称。小额贷款公司对客户的了解主要靠走访、调查，只能简单地依据经验、人缘、地缘关系了解、判断客户的风险状况，主观随意性较大。对不了解的客户则通过提高利率、增加抵押品金额等方式发放贷款，加大了发放贷款的难度。第三，风险拨备规定有欠缺。根据规定，小额贷款公司应提风险拨备的比例是参照银行机构的现行规定，按贷款余额的1%计提一般贷款损失准备，但小额贷款公司所经营贷款产品的风险远高于银行机构的资产风险，较低的风险拨备难以覆盖较高的贷款风险。第四，小额贷款公司经营的业务较单一，规模较小，经营的地域性较强，风险对冲能力较差。由于地域内产业分布比较集中，一旦该行业市场波动，必将严重影响对小贷公司的贷款清偿。

（四）小额贷款公司未来发展展望

1. 拓宽资金渠道，增强资金实力

对坚持服务“三农”和小微企业、合规经营、风险控制严格、利率水平合理的小贷公司，采取以下措施：一是可以效仿GB银行设立风险基金的模式设立小额信贷基金。由于我国的小额贷款公司不允许跨县域经营，因此，可以依托南京市企业联合会或者其他协会类的组织，向商业银行、国际金融机构或者其他金融机构融资。在风险有效防范的前提下，可逐步提高小额贷款公司的对外融资比例。支持银行业金融机构与小贷公司开展资金批发业务与小额贷款零售业务合作，放宽小额贷款公司对外融资比例，且放开选择合作银行家数限制，小额贷款公司可自主选择若干银行融资。二是放宽借款限制，小额贷款公司经监管部门批准，可向主要法人股东定向借款。经批准，同城小贷公司之间可以进行资金调剂拆借。三是稳步拓展直接融资渠道，可逐步开展资产转让业务；鼓励符合条件的小贷公司通过境内外资本市场上市融资。四是放宽增资扩股限制，对符合条件的小贷公司原始股东增资扩股不设上限。

2. 建立小额贷款公司贷款五级分类制度

及时、严格地按五级分类标准对贷款进行分类有利于小贷公司对贷款系统化、规范化监测和追踪，杜绝人为不利因素影响，同时便于监管机构审查。因此，应尽快建立小额贷款公司贷款五级分类制度，提高小额贷款公司风险防范能力，同时加强对持续运营规范、风险管理能力强、信用等级高的小额贷款公司的宣传及政策支持，引导金融机构与这类机构的合作，促进其为更多的“三农”和科技型企业提供融资服务。

3. 加强信用环境建设

一方面，应积极推进将小额贷款公司接入人民银行征信系统，实现客户信用信息资源共享，方便各公司查询客户信息，控制多头借债，有利于保证贷款的有效收回，降低小贷公司风险。另一方面，农村小贷公司要深入农村，做好农户信用调查，建立农户信用等级档案，全面记录本服务区农户从事经营活动能力、收入状况、家庭实有资产状况、还款的历史记录、所在村委会组织意见等，评出相应的信用等级，并根据信用等级授予不同的信贷额度。这样既可以便于贷后的监督管理，确保农村小额贷款按规定用途和要求使用，又可以强化农户信用观念，在一定程度上防范信贷过程中的道德风险和信息不对称。

二、融资担保公司

融资担保，是指担保人为被担保人借款、发行债券等债务融资提供担保的行为。融资担保公司是指依法设立，经营融资担保业务的有限责任公司和股份有限公司。融资担保人与银行业金融机构等债权人约定，当被担保人不履行对债权人负有的融资性债务时，由担保人依法承担合同约定的担保责任。融资担保作为重要的融资服务工具，在间接融资中一直被广泛使用。美国约80%的小型企业贷款是通过担保获得的，英国85%的小型工商业贷款的担保贷款比率（即担保额/贷款额）超过了100%。

我国的担保行业起始于20世纪90年代初，自1993年11月我国第一家全国性专业信用担保公司——中国经济技术投资担保有限公司成立以来，经过近三十年的发展，已形成了以政策性担保机构为主体、商业性和互助性担保机构为两翼的“一体两翼”型基本框架。截至2020年12月，全国融资担保公司担保责任余额达到1385.7亿元。

融资担保公司能够缓解银企之间的信息不对称问题。小微企业与银行之间存在严重的信息不对称，缺乏完善的信息披露机制的小微企业的业务开展受经济波动的影响较大，银行向小微企业提供贷款规模小而成本高。融资担保公司参与贷款活动能够有效利用自身资源优势缓解银行与企业之间的信息不对称问题。一方面，融资担保公司与某些小微企业之间建立了长期的合作关系，了解这些企业的经营业绩和财务状况；另一方面，对于第一次合作的小微企业，融资担保公司有专业的人员对企业进行调查，评估担保风险，担保机构根据评估对是否进行担保以及担保费率等做出专业判断，可以简化银行对企业的调查程序，能够降低交易成本。融资担保公司有专门的人才和先进的风险控制体系，在经营过程中凭借自身优势形成规模经济。融资担保公司能够引导资金流向，通过对服务对象的选择，引导资金流向政府鼓励的产业。因此，融资担保公司是帮助中小企业走出融资困境的重要融资保障。

（一）南京融资担保运行概况

2015年8月7日，国务院下发了《关于促进融资担保行业加快发展的意见》，充分肯定了融资担保行业在经济社会发展中的作用，也为新形势下融资担保行业的发展指明了方向。作为破解中小微企业“融资难”的关键举措，加快融资担保公司改革，健全完善中小微企业信用担保体系显得尤为重要。南京市融资担保行业始于上世纪90年代中期，应中小微企业融资服务需求而出现。据不完全统计，全市各类担保公司数量最高时逾千家。2010年市发改委根据银监会等国家7部委《融资担保公司暂行管理办法》等相关文件精神对开展融资担保业务的担保公司进行了清理整顿，由相关监管部门对首批82家担保机构正式发放了融资担保公司经营许可证。之后，又通过连续4年的许可证年检、资本金托管等监管措施，持续对行业进行清理规范，行业发展日趋规范，专业化水平不断上升。

南京市融资担保行业成为缓解中小微企业融资难、融资贵问题的重要手段和关键环节。仅2013年，全市融资担保公司就累计服务中小微企业6000余户，年末在保企业数量近3000户。2011年高峰时期，当年度服务中小微企业达到10000余户。2020年末，南京市共有融资担保公司28家。2021年1月5日，江苏省地方金融监管局发布江苏省75家政府性融资担保（再担保）机构名单，南京有5家，如表6–6所示。

表 6-6　南京市政府性融资担保公司名单

序号	公司名称
1	南京紫金融资担保有限责任公司
2	南京润业融资担保有限公司
3	南京市江宁区创业融资担保有限责任公司
4	南京市江北新区绿色融资担保有限公司
5	南京市高淳区融资担保有限公司

数据来源：南京市地方金融监督管理局

融资担保公司除了经营传统的融资担保业务（贷款担保、票据承兑担保、贸易融资担保等）以外，还可以兼营等非融资担保业务（投标担保、预付款担保、工程履约担保等），提供融资担保有关的融资咨询、财务顾问等中介服务，部分融资担保公司还可以为其他融资担保公司的担保责任提供再担保和办理债券发行担保业务，如表6–7所示。

表 6–7　南京市融资担保公司业务范围

融资担保	非融资担保	金融中介服务	创新服务	自有资金投资
贷款担保	诉讼保全担保	融资咨询	再担保	
票据承兑担保	投标担保	财务顾问	债券发行担保	
贸易融资担保	预付款担保			
项目融资担保	工程履约担保			
信用保证	尾款如约偿付担保			

（二）南京融资担保发展成效

1. 加大资金扶持力度，完善风险补偿机制

为充分发挥财政资金导向作用，推动全市融资担保行业规范、健康、可持续发展，南京市政府于2004年出台《关于促进全市中小企业信用担保体系建设的意见》，明确提出要大力发展为中小企业融资服务的担保机构，设立中小企业信用担保资金，加大对担保机构的财政支持。从2015年起，南京市将促进融资担保行业健康发展专项资金从原来的3000万元调整为5000万元，拓宽了专项资金的补贴实施范围。调整补贴资金结构，加大对中小微企业业

务、科技型企业、涉农企业业务的补贴力度，引导融资担保公司积极支持小微企业和“三农”的发展。

同时，进一步健全财政资金的风险补偿机制，改变传统的在“融资担保公司发生实际代偿损失的情况下，依次冲减税前扣除的担保赔偿准备和在税后利润提取的一般风险准备部分后给予30%补偿”的风险补偿机制，根据企业的季均在保余额情况直接予以风险补贴，增加风险补偿的及时性。

2. 引导资金效果明显，科技型担保业务良性运行

南京市重点引导资金流向科技型企业担保业务。2011年南京市政府出台的《市政府关于进一步加快全市金融业改革创新发展的若干意见》明确指出：科技性企业担保业务的补助比例较一般业务提高至2.5%，符合一定政策的科技型担保业务可以不受日均担保额3倍的限制享受2.5%的补助，审计后的补贴额超过当年财政预算资金时，科技担保业务补贴不在资金主管部门对补贴资金进行调整的范围之内。南京市政策扶持引导资金效果明显，科技型担保业务良性运行，2017—2020年，科技补贴额、科技补贴机构、符合条件的科技担保业务额、申报科技担保业务笔数，如表6-8所示。

表 6-8　南京市科技型企业担保业务补贴情况

年度	科技补贴额（万元）	科技补贴机构（家）	符合条件的科技担保业务额（万元）	申报科技担保业务（笔）
2017	2106	19	209728.63	581
2018	1699	18	158464	441
2019	1634.86	19	210648.22	553
2020	1866	20	163718	477

数据来源：南京市地方金融监督管理局

3. 建立风险共担模式，构建和谐银担关系

在融资担保公司与商业银行的合作中，商业银行往往处于强势地位，融资担保公司和商业银行在银担合作中地位严重不对等。融资担保公司成为银行资产安全的屏障，一旦借款人违约，融资担保公司全额代偿，承担全部风险。但同时，融资担保公司收取的担保费却相对较低，不足银行贷款利率的

一半，盈利空间不足以覆盖业务风险。银担合作模式的不完善严重影响融资担保公司的可持续发展。

以“利益共享、风险共担”的原则，持续推动南京银行等银行业金融机构与南京市风险控制水平较高、业务经营状况良好的融资担保公司建立银担风险共担或政银担风险共担的业务合作模式，如图6-10所示。目前，南京银行已与南京市多家融资担保公司以不低于1∶9的风险分担比例，建立了银担风险共担合作机制。

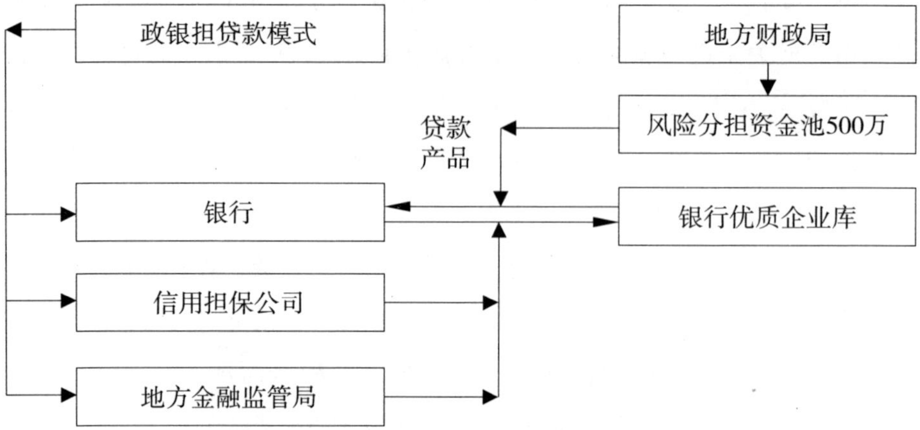

图 6-10　银担或政银担风险共担的基本框架

（三）南京融资担保行业难点

1. 担保公司规模小、资金利用效率低

目前，南京市融资担保公司总体数量偏少，注册资本金总量不大，尚未形成规模优势，行业抗风险能力较弱。南京市26家融资担保公司注册资本金超过2亿元的融资担保公司仅3家。目前全市现有的14家国资融资担保公司，总注册资本达13.4亿，但单体体量较小，国有资产资源较为分散，政策性融资担保业务支持作用表现尚不明显。26家融资担保公司平均注册资本仅为1.58亿元，远远小于其他国家担保机构的资产规模。

此外，担保机构经营思路保守，平均担保放大倍数不足2.5倍，而国外平均资金放大倍数在10倍以上。南京市融资担保公司资产规模较小，规模效应不显著，抗风险能力较弱，抑制了南京市融资担保公司服务中小企业融资

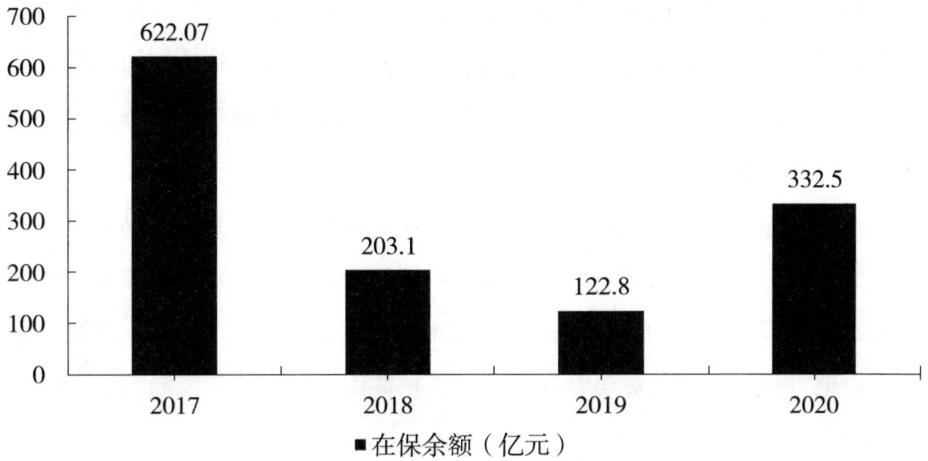

图 6–11　2017–2020 年南京市融资担保贷款余额

数据来源：南京市地方金融监管局

力度。2017—2020年度，南京市担保公司担保责任余额变化情况，如图6–11所示。

2. 未形成有效的可持续发展的商业模式

南京市融资担保公司主要的业务发展模式是与银行业金融机构开展业务合作，为中小微企业提供融资担保服务，商业模式单一。这种单一的商业模式决定了融资担保行业的发展对于银行业金融机构存在较强依赖性，同时也决定了在银担合作中双方地位的不对等，从而制约了融资担保行业的发展。此外，根据《融资担保公司管理条例》对融资担保公司的融资担保责任余额、未到期责任准备金比例以及担保赔偿准备金比例的要求，融资担保公司的平均净资产收益率理论上限为10%，实际上只有个别优质的融资担保公司的净资产收益率可以达到6%左右，南京市融资担保公司整体的盈利水平较低。盈利空间狭小导致资金流出融资担保行业，整个行业的发展受到很大影响。

（四）南京市融资担保未来展望

1. 创新担保模式

（1）台湾信保基金模式

台湾中小企业信用保证基金（以下简称“台湾信保基金”）是由台湾地

方政府及相关金融机构共同出资捐助成立的非营利财团法人，为具有发展潜力但担保品不足的中小企业提供信用保证，使中小企业能够顺利地从金融机构获得所需资金。台湾信保基金运营效果显著，有效缓解了中小企业融资难题，值得南京市借鉴。

台湾信保基金的资金由地方政府、金融机构及企业界共同捐助形成。基金成立之初，地方政府出资约占六成，银行和企业捐助分别占三成和一成。其后，金融机构捐助的总额根据需要逐年增加至总捐助额的35%。台湾信保基金由地方政府部门负责运营。台湾中小企业信用保证基金机制，如图6-12所示。

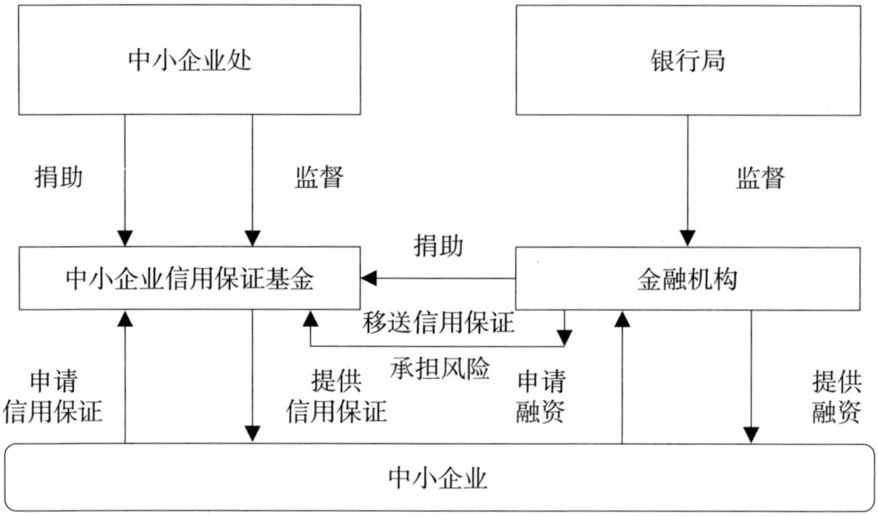

图 6-12　台湾中小企业信用保证基金机制

台湾信保基金模式值得借鉴之处有两点①。首先，建立银保合作、风险共担的长效运作机制。在台湾信保基金运作机制中，商业银行扮演着非常重要角色。商业银行以捐助方式入股基金，并基于其在基金中的份额享有一定的决策权和监督权，商业银行具有在资金上支持基金的“法律义务”。台湾信保基金不实行全额担保，而是与银行机构约定各自承担一定比例的风险，担保比例平均为80%，这意味着当担保贷款发生代偿时，银行要承担20%的

①单玉丽. 台湾中小企业信用保证基金运行机制及其借鉴[J].福建金融，2012,(06):4-9.

风险损失。这一机制促使商业银行加强对借款企业经营和财务状况进行持续监测和评估，提高了担保贷款安全性。

其次，是建立配套的信保服务体系。第一，设立“中小企业联合辅导中心”，负责对申请担保的中小企业的财务、管理以及其他尚不符合要求的事项进行辅导，使这些中小企业达到信保基金规定的要求和银行的信贷准入条件。第二，建立“中小企业融资服务平台”，通过为银行提供中小企业营运信息，提高银行对中小企业的融资额度，满足中小企业的资金需求。第三，成立“薪传辅导基金”，通过发挥薪火相传的精神，由曾经利用信用保证且成功上市或上柜的企业以及签约金融机构捐助，协助有心经营的中小企业获得专业辅导机构的辅导，以帮助其健全财会制度、改善经营体质以及提升竞争力，并降低送保银行及信保基金的风险。

（2）桥隧模式

针对具有高价值和高增长潜力的小微企业，可以引入“桥隧模式”[①]。“桥隧模式”是一种创新型的贷款担保运作模式，如图6-13所示。该模式与

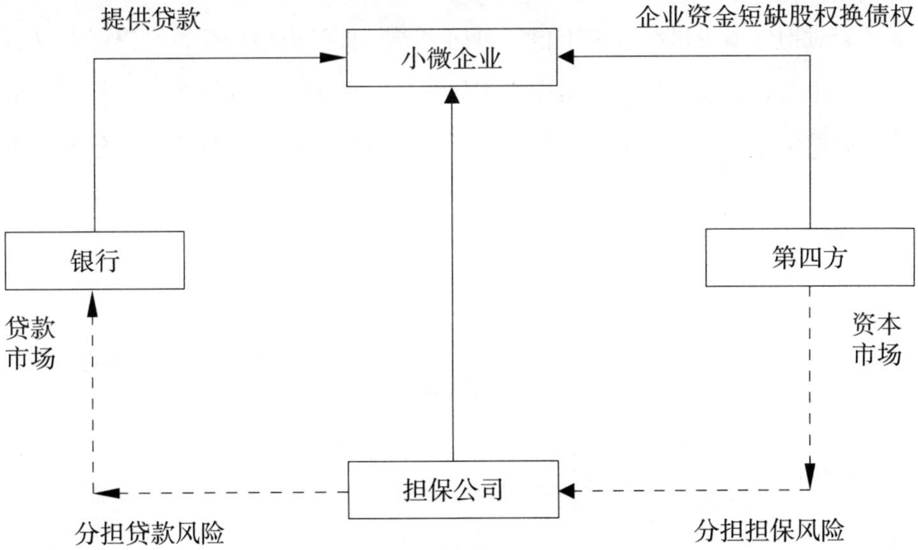

图 6-13　“桥隧模式”运作图

①金雪军、陈杭生等.桥隧模式——架通信贷市场与资本市场的创新型贷款担保运作模式[J].浙江大学出版社，2007，05：6-9.

传统模式的区别在于：在担保公司、银行和小微企业三方关系中导入了第四方——业界投资者（包括风险投资者和上下游企业），第四方以某种形式承诺，当受保企业现金流发生未预期的变化而导致财务危机，进而无法按时偿还银行贷款时，第四方将以股权收购等形式进入该企业，从而架通了信贷市场与资本市场，也为受保企业带来现金流用于偿还银行债务。

在新型的担保模式下，实现了担保公司、银行、小微企业和业界投资者四方共赢。首先，通过引入第四方，保证企业在需要偿债时有现金流支撑，能够按时还款；其次，业界投资者可以化被动为主动，购得企业股权，获取企业的潜在价值；再次，担保机构由简单的风险承担者转变为风险传递者，由简单的风险经营者转变为风险经营者+价值推动者；最后，具备了担保机构和第四方的双重保障，银行的不良贷款率下降，风险得以降低。

（3）"联合增信"担保模式

"联合增信"模式是指由政府机构打造小微企业发展中心作为服务平台，选取某一银行作为项目主导行，选择一批经营稳健、风险控制能力较强的担保机构作为合作方，由担保机构推荐小微企业并给予担保，由风险评估委员会对担保项目进行评估审核，再向主导行批量申请贷款，经银行审议通过后向小微企业发放贷款，运作流程如图6-14所示。主导银行不与每一家小微企业发生直接的信贷关系，而是由小微企业发展中心将贷款项目分批次整

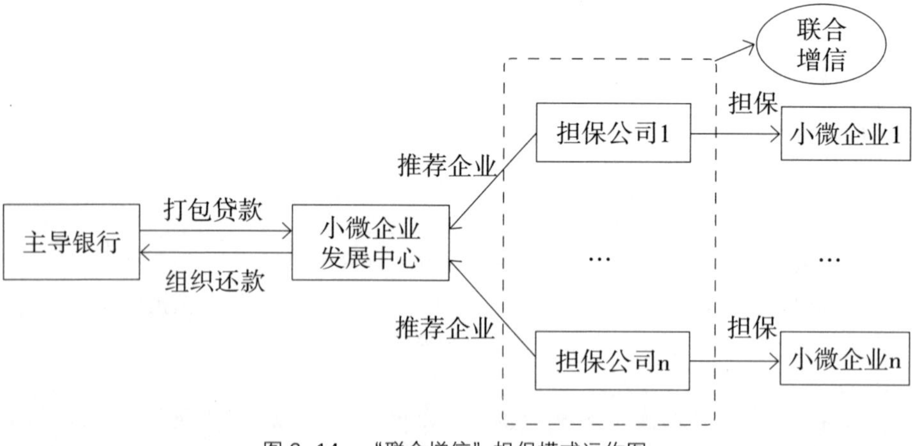

图 6-14 "联合增信"担保模式运作图

理后向银行递交申请，主导行对审核通过的项目与小微企业发展中心签订贷款合同，以打包贷款的形式发放给发展中心。小微企业发展中心是“联合增信”融资模式的核心载体，其主要负责受理企业提交的贷款申请，将申请材料打包报送主导行。同时，还要组织担保公司建立风险评估委员会，并监督贷款企业资金使用情况和财务状况。发展中心连接着贷款银行和担保公司，保障了“联合增信”融资模式有序稳健运作。

“联合增信”模式可以充分发挥各参与主体的职能，通过严密的风险控制机制和多渠道的还款资金来源保障该模式顺利运行。首先，各担保机构信用级别不同，部分规模较小的担保公司难以获得银行的认可，担保放大率较低。通过“联合”方式，将多家担保机构捆绑在一起，能够从整体上提升担保机构的信用级别，达到“1+1>2”的效果。此外，在“联合增信”模式中，贷款过程中的每一阶段都有严密的风险控制机制来保障资金的安全。申请贷款前，各担保机构需要对申请企业进行尽职调查，申请贷款时，风险评估委员会要对担保机构提交项目的风险进行评估，主导行审核发展中心提交的材料决定是否发放贷款。贷款发放后，发展中心负责监督贷款企业的经营状况。最后，“联合增信”模式保障了还款资金来源。在企业无力还款时，“联合增信”模式下的每家担保公司计提的风险准备金负责还款。

2. 发展再担保

再担保是指为担保人设立的担保，当担保人不能独立承担担保责任时，再担保人将按合同约定比例向债权人继续剩余的清偿，以保障债权的实现。再担保能提高体系内的担保机构的放大倍数，充分发挥杠杆效应，有效缓解企业融资难、担保资源利用不充分等问题；再担保具有为担保机构增资补信的作用，通过建立再担保体系，担保机构能更有保障地进行产品与模式创新；通过再担保体系，政府政策可以在企业间接融资领域充分贯彻落实，有限的资金将流向政府鼓励和重点扶持的产业，实现财政资金充分利用。

值得借鉴的是“苏州模式”。苏州市成立了以国资为主导的苏州市信用再担保有限公司，首期注册资金6亿元，后期计划增资到10亿元。在市政府的引导下，苏州市信用再担保有限公司充分发挥“分险”“增信”“规范”“扶持”的作用和功能，不仅有效提升了苏州市担保体系的抗风险能力和运营能力，还对促进苏州市担保行业的规范化发展发挥了重要作用。

因此，南京市可以探索逐步建立再担保体系。南京市再担保体系的参与主体包括南京市政府、南京市再担保中心、各担保机构、中小微企业、银行等主体，图6–15清晰地表达了各主体之间的关系。由南京市政府出资为主，同时吸收其他机构、团体的捐助或资助共同成立南京市再担保中心。南京市再担保中心与银行等金融机构签订《再担保合作协议》，明确建立再担保战略性合作关系，确定再担保基本合作框架。担保机构向南京市再担保中心提交再担保申请，南京市再担保中心对提出申请的担保机构进行调查和评级，确定合作基本内容和条件，与相应担保机构签订《委托再担保协议》。银行、担保机构、再担保中心三方共同签订《再担保合作协议》，并根据三方签订的合作协议各自享受相关权利、承担相应的义务。

要逐步建立与南京市再担保体系相适应的风险补偿机制。再担保中心主要依托政府的信用资源，以国家政策为主要导向，系统地为南京市小微企业发展提供准公共信用服务，虽然依托市场化机制，但是部分行使了政府职

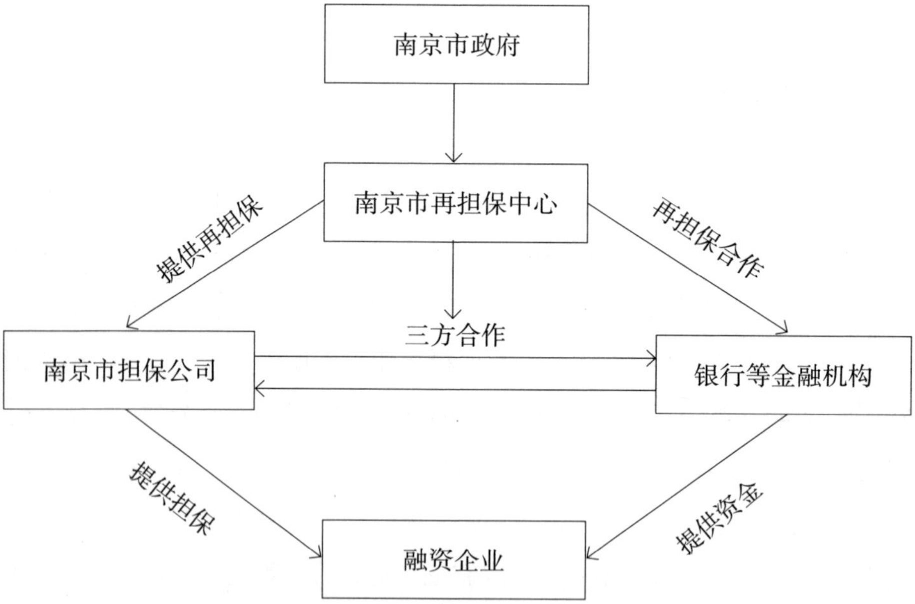

图 6–15　南京市再担保体系运作模式

能，随着业务逐渐发展，再担保机构会逐渐出现代偿现象，业务收入将无法弥补代偿损失缺口，为了再担保机构健康、可持续的发展，建立完善的再担保风险补偿机制十分必要。南京市政府应在年度财政预算中设置专项资金，以定额补助和按担保额比例补助方式对再担保机构进行直接的资金补偿。

2020年6月15日，江苏再保科贷公司在上海证券交易所成功发行以江苏省信用再担保集团有限公司作为增信方的“南京证券-江苏再保科贷第1期资产支持专项计划”。该项目为江苏省首单小贷资产支持证券（ABS）项目。项目发行总规模4亿元，首期发行规模2亿元，产品期限3年，发行利率为3.5%。通过发行ABS，公司在有效降低融资成本的同时盘活了优质信贷资产，进一步优化了财务结构。这对引领江苏小贷行业创新运用金融工具破解资金瓶颈、提质增效促进高质量发展起到了良好的示范作用。

三、创新金融产品支持小微企业发展

（一）小微企业私募债

小微企业私募债是指小微企业通过发行私募债券的方式，直接对接社会投资人的资金提供，私募债券到期还本付息。小微企业私募债不仅有助于小微企业直接对接社会资金，最大限度减少融资环节、降低融资成本；也有利

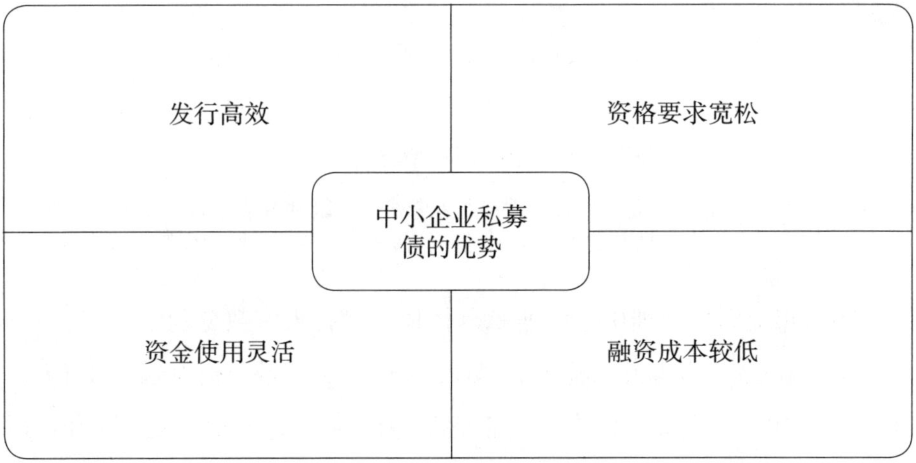

图 6-16　中小企业私募债的优势

于小贷公司缓解其融资瓶颈、降低流动性压力、用好用活业务杠杆，其主要优势如图6–16所示。

2012年5月，深沪交易所分别发布了《中小企业私募债券业务试点办法》，启动了中小企业私募债业务试点，中小企业私募债发行条件与条款设计，如表6–9所示。截至2012年12月底，沪深交易所共有81只中小企业私募债完成发行，募集资金90.83亿元。南京市借鉴中小企业私募债的经验，针对小微企业推出了小微企业私募债。小微企业私募债的创造性之处在于在国内首创了“小微中心平台发行+小贷公司担保+信用再担保暨承销模式”，打通了小微企业直接融资渠道。

表 6–9　中小企业私募债发行条件与条款设计

<table>
<tr><td rowspan="4">发行条件</td><td>发行人</td><td>符合《关于印发中小企业划分标准规定的通知》规定，未上市，暂不包括房地产和金融业</td></tr>
<tr><td rowspan="3">投资者</td><td>机构投资者：1. 金融机构及理财产品；2. 注册资本大于 1000 万的法人；3. 认缴出资大于 5000 万元或实缴出资大于 1000 万的合伙企业</td></tr>
<tr><td>个人投资者：1. 资产大于 500 万；2. 两年以上债券投资经验；3. 理解并接受私募债券风险</td></tr>
<tr><td>董监高、持股 5% 以上股东、承销商也可以参与认购与转让</td></tr>
<tr><td rowspan="7">条款设计</td><td>发行利率</td><td>不得超过同期银行贷款基准利率的 3 倍</td></tr>
<tr><td>债券期限</td><td>1 年（含）以上</td></tr>
<tr><td>债券评级</td><td>未限定</td></tr>
<tr><td>转股条件</td><td>发行人可以设置附认股权或可转股条件</td></tr>
<tr><td>赎回回售</td><td>可设置附发行人赎回、上调票面利率选择权或投资者回售选择权</td></tr>
<tr><td>担保评级</td><td>私募债券增信措施以及评级安排由买卖双方自主协商确定</td></tr>
<tr><td>承销安排</td><td>证券承销商：1. 具备承销业务资格；2. 级别 B 类（含）以上；3. 净资本承销商资本大于 10 亿元 RMB；4. 各项风控指标符合规定等</td></tr>
</table>

2019年上海、深圳中小企业私募债债券发行人家数分别为77家、426家；2020年上海、深圳中小企业私募债债券发行人家数分别为5家、441家，2014—2020年，上海、深圳中小企业私募债债券发行人家数，如图6–17所示。

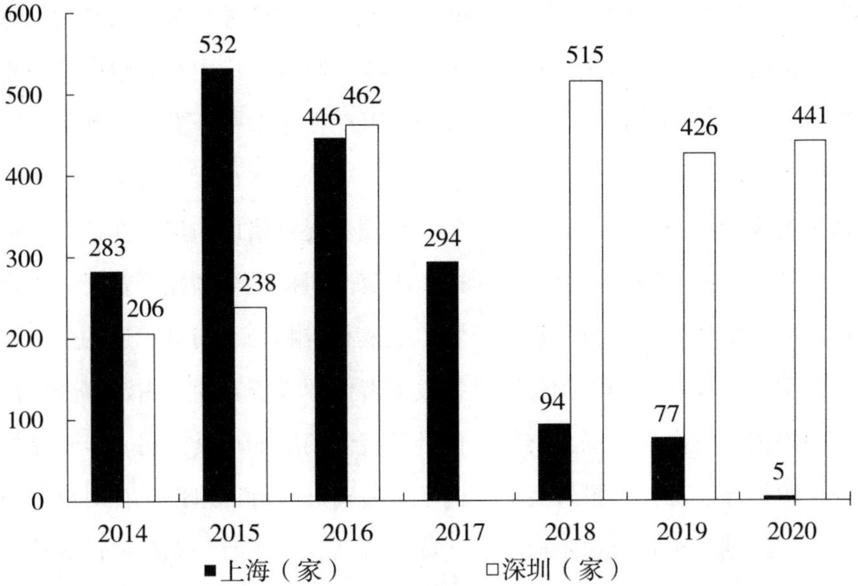

图 6-17　2014-2020 上海、深圳中小企业私募债债券发行人家数

数据来源：上海、深圳交易所公开数据整理

2017—2020年上海没有中小企业私募债新登记证券；2017—2020年深圳中小企业私募债新登记证券只数分别为303只、153只、232只、236只，2014—2020年深圳、上海中小企业私募债新登记证券家数与面值对比，如表6-10所示。

表 6-10　2014-2020 年深圳、上海中小企业私募债新登记证券家数与面值对比

	深圳（只）	债券面值（亿元）	上海（只）	债券面值
2014	122	241.7	396.8	221
2015	117	1288.4	299.7	148
2016	545	6731.9	6.9	3
2017	303	3537.4	–	–
2018	153	1802.9	–	–
2019	232	2584	–	–
2020	236	2396.4	–	–

数据来源：上海、深圳交易所公开数据整理

“小微中心”是指经江苏省地方金融监管局牵头，江苏交易场所登记结算有限公司、江苏股权交易中心有限责任公司拟共同出资设立江苏小微企业

融资产品交易中心。中心注册资本3000万元，其中江苏交易场所登记结算有限公司出资1530万元，出资比例占51%，江苏股权交易中心有限责任公司出资1470万元，出资比例占49%。小微企业可以在小微中心发行"江苏版"小微企业备案发行私募债，利用资本市场直接融资。"小贷公司担保"是指由小贷公司推荐小微企业并为其发行的私募债券提供信用担保。在债券投资存续期间及投资期限届满之日起两年内，小贷公司提供全额连带责任。小贷公司承担保证责任的范围包括债券投资本金及相应利息、罚息、违约金、实现债权的费用等。"信用再担保"是指投资者债券投资款项，由江苏金创再担保公司提供一般保证责任再担保。债券投资到期后如小贷公司未全额兑付本息或未履行保证责任，投资者应先向小贷公司进行诉讼追偿，在对小贷公司诉讼追偿终结且小贷公司按照相关法律法规清算完毕后仍无法清偿的债券投资本息余额，由江苏金创代偿；江苏金创仅对本金和利息承担代偿责任，对罚息、违约金、损害赔偿金、实现债权的费用等其他债务不承担代偿责任。江苏金创承担再担保责任的保证期间为小贷公司按照相关法律法规清算完毕之日起两年。

为了进一步降低小微企业融资成本，南京市取消小微企业发行私募债过程中的中间环节，包括券商、会计师事务所、律师事务所等服务机构的一切收费服务。

这种模式运行顺利，自从2014年5月备案发行小贷公司小微企业私募债以来，短短几个月已经募集社会资金7.4亿多元，解决了近500家小微企业融资难问题。江苏小微企业融资产品交易中心会同深圳金证科技公司、中国银行设计研发了"江苏小微企业融资产品交易中心柜台交易系统"，支持个人及机构投资者通过线上开户更便捷地认购投资产品。系统上线运行以来，业务发展形势良好。

（二）小额贷款保证保险

在小微企业融资过程中，银行为降低自身风险往往会提高准入标准并且使用风险缓释工具。在货币政策外生的情况下，提高准入标准势必会增加小微企业融资难度。当前，我国金融机构普遍采用政府担保机构保证、第三方企业保证、不动产抵押和动产权利质押作为风险缓释工具。但对于小微企业而言，这些工具均较难获得。在这种背景下．小额贷款保证保险应运而生。小额贷款保证保险针对小微企业普遍存在的轻资产、缺担保和无抵押的现状。通过引入保险工具分散贷款风险。撬动保险和银行这两个金融杠杆，实现资源的有效配置，为缓解小微企业融资难提供了新的解决方案。数据显示，2014年上半年，保险业通过小额贷款保证保险支持8.22万家小微企业获得融资564.13亿元，有效缓解小微企业融资难问题。

小额贷款保证保险是指企业以自身信用作为保险标的投保，获得保险企业为企业还款能力提供保险，并以此获得银行贷款。当企业因故不能如期还款时，保险公司将向银行承担相应的经济赔偿，事后再向企业追偿。

与小微企业的其他融资渠道相比，小额贷款保证保险具有显著的优势。首先，与担保公司相比，保险公司具有较强的风险分散能力，小额贷款属于可保范畴，可运用保险精算原则及再保险安排等来分散风险。保险公司业务范围和机构可能分布在全国，通过再保险甚至以分布在全球，因此能在更广的范围内分散风险，有较高的信用等级。同时，贷款风险往往呈现出地域性，即企业的还款能力受当地经济发展水平以及地方政策的影响。担保公司由于其规模小，所接受的业务相对比较集中，其承担的风险往往具有较高的关联性，经营波动较大。其次，保险公司具有专业风险管理优势。保险公司尤其是财险公司，保险产品体系宽泛，涵盖企业财产、第三者责任、雇员意外等范围，对投保企业的风险状况和其他基本情况有深入的了解，且具有良好的客户基础。现代保险公司更注重企业的风险管理，可以为企业设计“损失前、损失中以及损失后”的一揽子的风险管理方案，帮助企业在分散和转移经营风险的基础上，实现企业发展的目标。最后，通过小额贷款保证保险进行融资能够有效降低企业的融资成本。小微企业的融资成本由银行贷款利率、保证保险费率及附加性保险费率三部分组成。以宁波市进行的科技小额贷款保证保险为例，宁波小微企业的融资成本由银行贷款利率、保证保险费率及附加性保险费率三部分组成，小额贷款保证保险试点期间，银行贷款利率最高不超过同期基准利率上浮40%。保证保险费率和借款人意外伤害险费率合计最高不超过贷款本金的2.004%（保险公司目前年费率统一为保证保险1.8%，借款人意外综合保险为0.204%）。借款人融资成本一般在10%左右，低于融资担保公司保证的贷款成本，也明显低于小额贷款公司的利率。

《南京市小额贷款保证保险试点工作实施办法》指出，试点保险公司可针对“小贷险”组建共保体，首席承保人和共保人以共保协议为基础，共同承担相关保险责任与义务。试点商业银行向中小微企业发放以“小贷险”为单一担保方式的贷款，由小额贷款保证保险专项扶持资金提供帮扶。市财政每年安排1000万元小额贷款保证保险专项扶持资金，对“小贷险”赔付率超过150%后应由共保体承担的超赔部分给予补偿，年度补偿总额不超过小额贷款保证保险专项扶持资金余额。

南京市小额贷款保证保险建立了保险公司、银行和政府风险共担机制，小额贷款保证保险的具体运作模式，如图6-18。小额贷款保证保险的投保人是申请贷款的小微企业，被保险人是贷款银行。在保险期间内，如果贷款人连续三个月完全未履行与被保险人签订的借款合同中约定的还款义务，贷款银行可以根据借款合同、担保合同的约定和相关法律的规定向投保人主张借款合同的债权、向担保人行使并实现担保权后，对仍不足以清偿投保人的借款本金与借款利息的剩余部分，向保险公司提出索赔。保险公司年度支付赔款总额超过实收保费一定比例时，由南京市政府专项风险补偿基金支付。

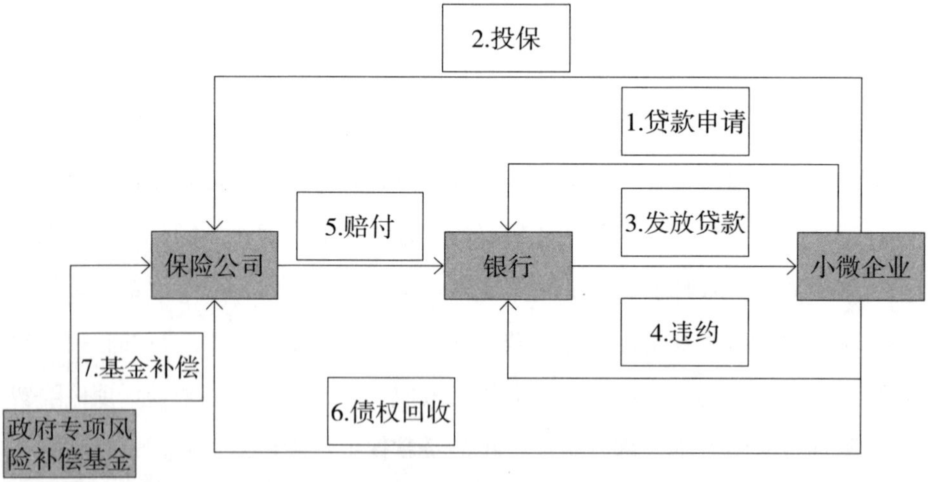

图6-18　南京市小额贷款保证保险运作模式

当贷款企业逾期不还款时，银行就该笔贷款启动追偿程序：企业逾期不还款且达到赔偿条件时，政府、保险公司按照约定的责任承担比例承担风险并进行赔付。同时，按照下列顺序进行追偿：第一，政府、银行和保险公司按照责任比例进行赔偿后，由银行作为主追偿人对违约企业进行追偿，政府及保险公司向银行出具代为追偿的委托书。第二，银行享有追偿所得款优先受偿权利。追偿所得的剩余部分按照各方实际赔偿的比例分配追偿所得款。第三，银行作为追偿主体受政府及保险公司委托，代表各方向违约企业追偿所产生的追偿费用按各方实际分配的追偿所得款的比例分摊。第四，政府追偿净得放入专项补偿资金账户循环使用。

借鉴北京、宁波、上海小额贷款保证保险的试点经验，南京市小贷险的发展应逐步建立以下机制。第一，建立业务叫停机制。当贷款逾期率达到10%或赔付率超过150%时，应立即停办此项业务，并对金融机构进行专项检查。第二，控制小额贷款额度。对初创型小企业单户发放金额不超过100万元，产品进行改进成熟后，可以逐步放开额度。第三，提高借款人的其他风险保障。要求借款人投保小额贷款保证保险的同时，必须向保险机构投保借款人意外保险。同时，对某些相当高风险的危险单位，进一步通过财产险、农业险等险种分散其遭受自然灾害或意外事故的财产风险。通过不同险种的组合搭配，实现综合性风险保障结构，使得小额贷款保证保险与其他保险良性互动发展。第四，建立失信惩戒机制。小额贷款保证保险引入保险机制，会使借款人产生有保险机构负责赔付的心理，从而产生道德风险。因此，要建立对小额贷款借款人失信行为的联合制约机制，对于借款人骗贷、恶意拖欠贷款等失信行为，其企业和个人信息将被纳入人民银行征信系统；工商、劳动、人事等部门对恶意拖欠小额贷款的借款人在行政许可、公职录用等方面将参照有关规定进行限制。第五，要加强银保联合程度。要求银行对贷款实施全过程风险管控，对每笔贷款必须进行双人、实地资信审查。从客户申请受理、贷前调查、贷中分析决策到贷后跟踪管理、逾期催收等各个环节，全程严格把好小额贷款授信的质量关口；银保双方加强信息交换和工作配合机制，实现客户信息、授信决策、贷款逾期、追索欠款等情况进行信息共享。

Chapter-7

第七章

资本市场：南京市场主体做强做大的“加油站”

资本市场，广义上是指期限在一年以上的各种资金借贷和证券交易的场所，而多层次资本市场是指针对不同质量、规模、风险程度的企业的融资需求，设置不同的挂牌上市标准和不同的监管要求而建立起来的分层次资本市场交易体系。

当今世界各国的竞争已经从过去在工业制造领域的竞争过渡到金融领域的竞争，一国金融行业的实力往往决定了该国的经济实力，甚至是国际竞争力。随着经济和金融的发展，资本市场凭借其高效的资源配置功能，逐渐成为金融市场的核心，成为金融市场体系中最基础性的一环，发挥着举足轻重、甚至是决定性的作用。资本市场建设不仅成为当今各国竞争的战略制高点，各省市也在探索建立区域性多层次资本市场体系，更好地推动地方经济发展，提升当地的金融实力。

南京市金融业发展迅速，金融生态环境优异。2021年，中国金融中心指数（CFCI）报告（第13期）显示，南京已经成为中国内地10大金融中心城市之一，也成为中国金融业的发展标杆之一，10大金融中心城市排名第8。下一步，南京市更应该发挥自身金融优势，建设和完善多层次资本市场，以此促进南京市经济社会发展、产业结构的调整、推动自主创新、优化企业融资结构。

一、资本市场发展的宏观背景

（一）资本市场发展政策背景

多层次资本市场体系的建设源于我国经济发展的需求，对我国国民经济可持续发展起着至关重要的作用。发展多层次资本市场是解决中小企业融资难的重要手段、是解决风险投资退出的重要渠道、是优化金融市场结构和企业融资结构的重要手段。发展多层次资本市场发展能够迅速提升国家竞争力、可以有效推动自主创新、能够高效推动产业结构调整。

1993年，党的十四届三中全会通过的《中共中央关于建立社会主义市场经济体制若干问题的决定》中，第一次在党的正式文件上明确地使用了“资本市场”这个概念。2003年，党的十六届三中全会《中共中央关于完善社会主义市场经济体制若干问题的决定》提出建立多层次资本市场体系，《决定》中精辟地指出：“应建立多层次资本市场体系，完善资本市场结构，丰富资本市场产品。”2013年，党的十八届三中全会《决定》提出“健全多层次资本市场体系，是完善现代市场体系的重要内容，也是促进我国经济转型升级的一项战略任务。”2014年，《国务院关于进一步促进资本市场健康发展的若干意见》提出：“进一步促进资本市场健康发展，健全多层次资本市场体系，对于加快完善现代市场体系、拓宽企业和居民投融资渠道、优化资源配置、促进经济转型升级具有重要意义。”2014年，党的十八届四中全会明确提出：“到2020年要建设完成多层次资本市场”。

2020年10月，国务院印发《关于进一步提高上市公司质量的意见》，提出要加强资本市场基础制度建设，通过多项举措大力提高上市公司质量。2020年12月16日至18日，中央经济工作会议指出，要促进资本市场健康发展，提高上市公司质量。

2021年2月1日，中共中央办公厅、国务院办公厅印发《建设高标准市场体系行动方案》，明确要通过5年左右的努力，基本建成统一开放、竞争有序、制度完备、治理完善的高标准市场体系，为推动经济高质量发展、加快构建新发展格局、推进国家治理体系和治理能力现代化打下坚实基础。其中，“促进资本市场健康发展”，涉及4大具体举措：稳步推进股票发行注册制改革；建立常态化退市机制；培育资本市场机构投资者；降低实体经济融资成本。

（二）国内资本市场发展概况

我国对多层次市场体系进行了积极的探索。1990年11月26日，上海证券交易所成立，同年12月19日正式运营。1990年12月1日，深圳证券交易所成立，1991年7月3日正式营业。2001年证券公司代办股份转让系统正式启动，2002年8月沪、深证交所的退市公司纳入代办股份转让试点范围，2006年中关村园区非上市股份有限公司也进入这一板块，“新三板”正式形成，这是对我国多层次资本市场体系中场外市场建设模式的有效探索。2004年5月“中小企业板”获准设立，开启了培育中小企业成长的新时代。2009年，创业板推出。2012年，“新三板”全面扩容，在原有中关村科技园区试点的基础上，将范围扩大到其他具备条件的国家级高新技术园区。经过多年探索，我国多层次资本市场体系探索初见成效。2018年11月5日，国家主席习近平在首届中国国际进口博览会开幕式上宣布设立科创板，是独立于现有主板市场的新设板块，并在该板块内进行注册制试点。2019年7月22日，科创板正式开市，中国资本市场迎来了一个全新板块。2021年11月15日，北京证券交易所正式揭牌开市，是我国资本市场改革发展的又一重要标志性事件。

近年来，我国资本市场发展迅猛。股票交易所市场日益壮大，早在2011年，美国BIG投资公司在一份研究报告中指出，中国沪深股市占全球股市市值7.38%，首次超过日本股市，位列全球第二。截至2021年底，A股市值首次突破90万亿，全年成交金额再次突破250万亿元，北上资金净买入金额创纪录，退市股数量同时也创新高；A股上市公司共有4685家，京沪深三市A

股市值突破91万亿人民币，均为历年新高。纳斯达克交易所总市值178.9万亿人民币，A股市值占到纳斯达克的一半以上，2016—2021年，中国股票市场基本状况，如图7-1所示。2021年沪深两市共有484家企业IPO，融资5351.5亿元；546家上市公司完成再融资；日均成交额1.06万亿元，市场活跃度和韧性明显增强。年末公募基金规模超25万亿，创历史新高。外资保持稳步流入，全年外资净流入A股市场3846亿元，为过去五年最高水平。

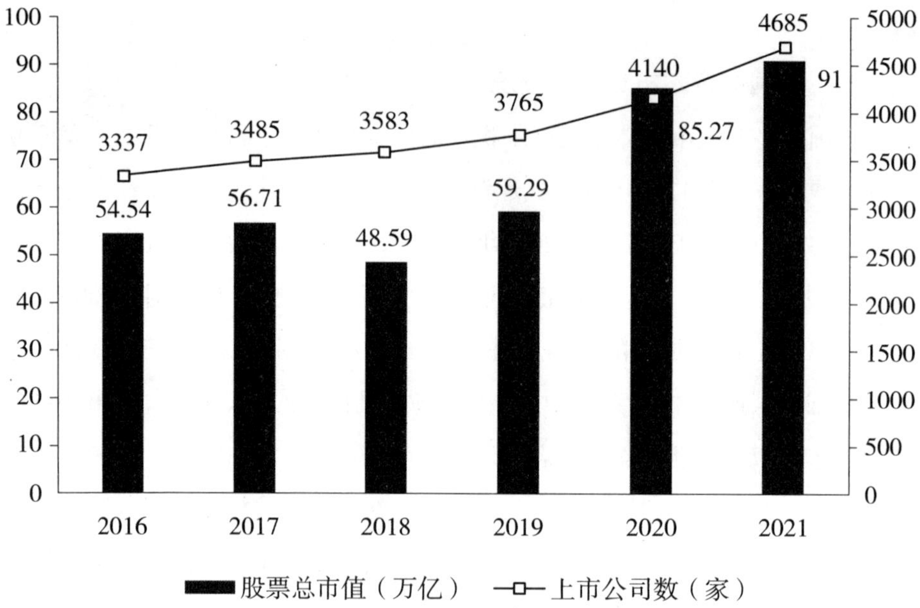

图 7-1 2016-2021 中国股票市场发展情况

数据来源：证券交易所公开披露数据整理

债券市场蓬勃发展，产品日益丰富，规模不断扩大，2016—2021年中国发行各类债券发行总额及变化，如图7-2所示。2020年，债券市场共发行各类债券57.3万亿元，较上年增长26.7%。2021年全年各类债券发行合计61.63万亿元，增长8%，较往年增速趋缓；截至2021年12月31日，境内债券市场总存量达130.40万亿元，较上年增加16.15万亿元。其中，利率债73.79万亿元、信用债42.71万亿元、同业存单13.90万亿元。

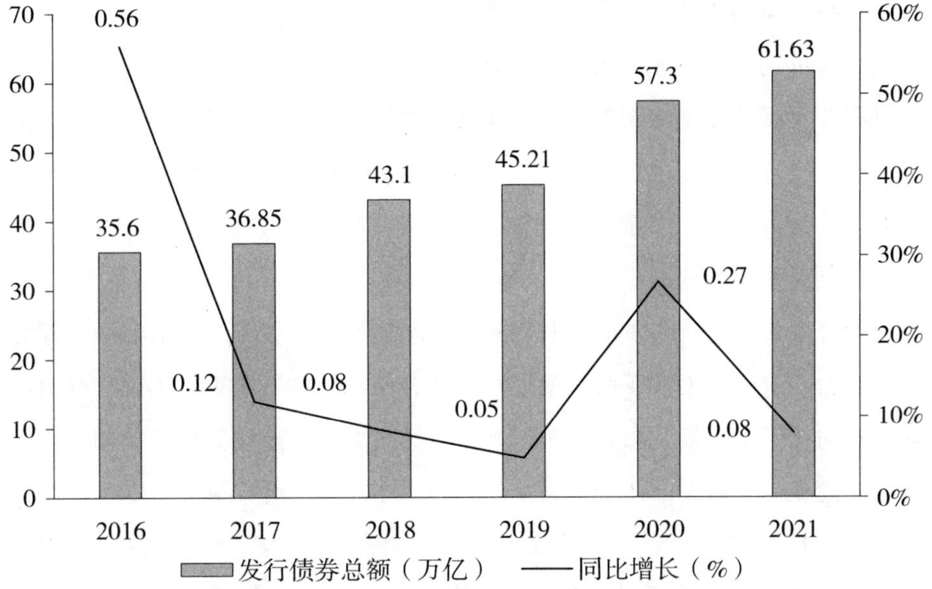

图 7-2　2016-2021 年中国发行各类债券发行总额及变化

数据来源：证券交易所公开披露数据整理

中国中小企业股份转让系统（“新三板”）服务范围已扩展至全国，各地区域股权转让市场和证券公司柜台市场积极探索前行。经过三十年的发展，我国资本市场从无到有，目前已初步建立了包括沪深主板、创业板、科创板、北交所、全国中小企业股份转让系统（“新三板”）、区域股权交易市场、产权交易市场的多层次资本市场体系。

二、南京市多层次资本市场发展的创新实践

（一）多层次资本市场之挂牌上市

经过多年的建设与发展，南京市的多层次资本市场已经初具规模，稳步发展。南京市采取“三个优化”策略以促进企业挂牌上市。

一是优化政策环境。结合国内外形势发展需要和企业呼声，不断完善有关上市扶持政策，提高政策的导向性和针对性，切实加大对企业上市和上市公司再发展的支持。继出台《关于进一步加快全市金融业改革创新发展的若干意见》（[2011]73号）之后，又相继出台了《关于加快科技金融体系建设

促进科技创新创业的若干意见》《关于进一步支持企业利用资本市场的实施细则》《推动南京企业上市“宁航行动”计划》《关于促进南京市私募股权投资行业发展的实施细则》等系列文件，形成了支持和促进中小企业融资担保、创业投资、企业上市、金融集聚区建设、科技创业企业投融资等具有南京特色的政策体系，多重政策的叠加形成了有利于金融机构集聚、有利于金融服务创新的政策洼地。

而《关于推进全市发展和利用资本市场实施办法》（[2014]102号）等文件的出台，进一步发挥了政策的杠杆作用，引导公共资源重点集聚，推动企业加快对接资本市场。根据《关于加快科技金融体系建设促进科技创新创业的若干意见（宁政发[2017]142号）》、《关于印发〈关于进一步支持企业利用资本市场的实施细则〉的通知》（宁金监发[2022]19号）等文件，南京市企业利用资本市场给予财政奖励，支持强度，如图7-3所示，进一步调动了企业利用资本市场的积极性，加快了企业对接资本市场的步伐。

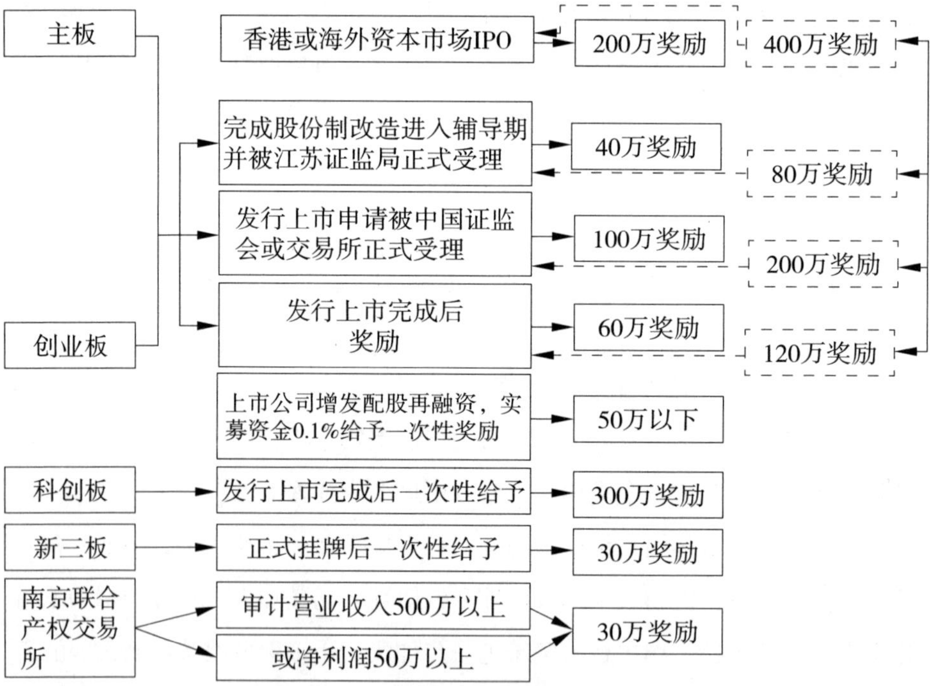

图 7-3　南京市引导企业上市的资金支持情况

二是优化服务环境。一方面，建立资本市场信息管理机制，消除服务盲区。联合深交所共同建设南京市上市企业培育信息系统，建立了拟上市企业信息动态数据库，将出具合规证明协调函等工作线上化，简化服务流程。开设“你上市、我服务”7×24小时全天候线上服务平台，邀请券商、律师、审计等行业专家为拟上市企业免费答疑解惑。另一方面，建立企业上市服务专员制度，对入库企业进行分级分类网格化管理，实现重点培育拟上市企业行政服务区域全覆盖。市、区金融监管局明确专人负责对接网格内重点培育拟上市企业，定期跟踪企业上市工作进展，并实现对相关服务需求及时响应。建立“一站式”企业上市服务机制。入库企业上市过程中，涉及市、区各部门材料报送和服务需求，可交对应市、区金融监管局，由市、区金融监管局转交相关部门，相关部门指定专人与企业对接，限时反馈和办理，做到让“企业少跑腿”。

2019市委“一号文”共18条，第一条是打造高新技术企业集群，为资本市场提供优质市场主体。打造一个大、中、小科技企业梯度化发展的全生态系统，如图7–4所示。从孵化器孵育企业开始，到初创型科技企业、科技型

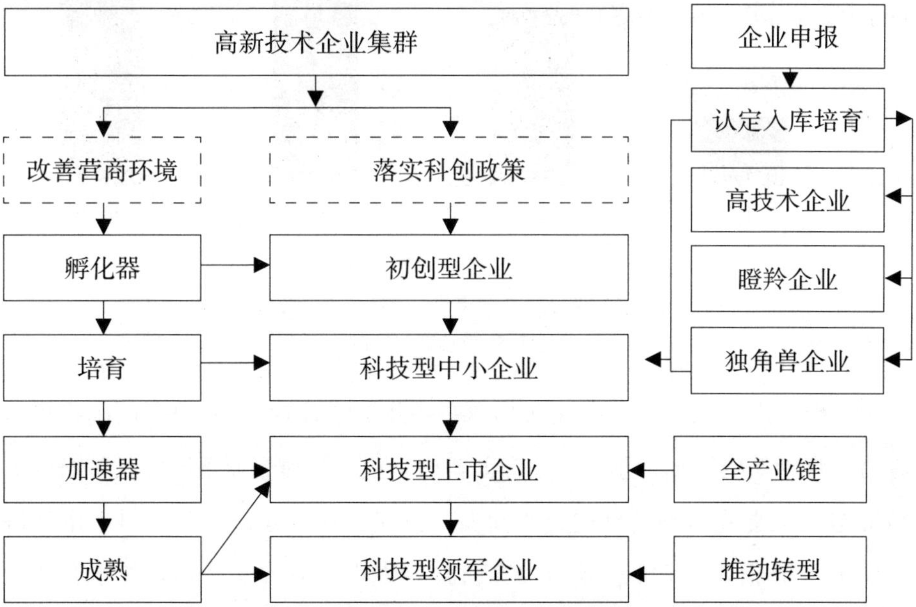

图 7–4　南京打造高新技术企业集群模型

中小企业，再到科技型上市公司、科技领军企业等，涵盖了大中小科技企业的各个梯度，从而形成高新技术企业集群。通过改善营商环境来提高了“创新的浓度”，服务好每一家高新技术企业；创造性地落实科创政策，具体问题具体对待。

截至2020年末，南京共有高新技术企业6507家，2017—2020年高新技术企业数量增长，如图7–5所示。南京有独角兽企业15家、培育独角兽企业95家、瞪羚企业312家，数量远超同类城市；作为新兴的独角兽企业聚集地，独角兽企业总量在全国排名第五，在全球位居第七，充分彰显了南京创新型城市建设的强劲韧性和发展活力。

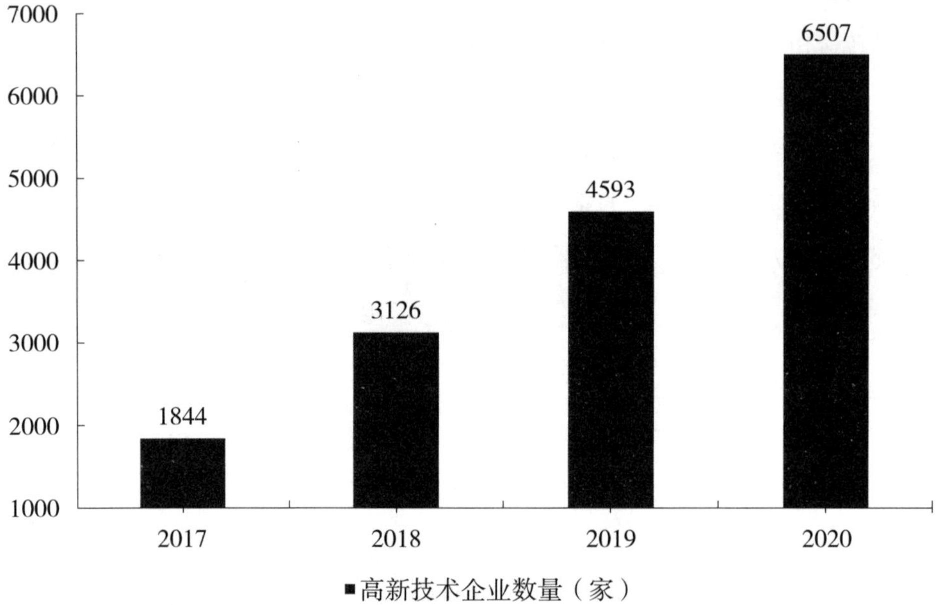

图 7–5　2017–2020 年度南京市高新技术企业增长状况

数据来源：南京市科技局

《南京市生态文明建设规划2018—2020》宁政发[2019]41号明确指出，着力培育创新型领军企业：“培育创新型企业，针对企业不同成长阶段分类精准施策。支持初创期科技企业发展，自获利年度起，三年内对本市经济发展贡献全部奖励企业。着力培育科技型中小企业。支持高新技术企业发展。对瞪羚企业、独角兽企业、拟上市企业，开设绿色通道，实行‘一企一策’。鼓励企业建立研发准备金制度。支持企业牵头组建国家级产业技术创新战略联盟。鼓励企业收购或投资设立海外研发机构。”为贯彻落实南京市引领性国家创新型城市建设要求和市委市政府建设引领性国家创新型城市的总体部署，加快各类高成长性科技型企业的培育，南京市科技局开展了南京市创新型领军企业培育库项目。2020年，市科技局牵头启动了创新型领军企业建库工作，以高新技术企业、已备案的新型研发机构为重点，对标科创板科技属性，优选了189家创新能力强、成长速度快、市场前景好、引领作用大的科技创新企业，围绕企业进入高成长阶段的独特发展需求，推动一批优质企业在“科创板”等板块上市。截至2021年末，除160家企业维持在库外，当年新增108家企业，在库企业达到268家。

三是**优化资本市场发展氛围**。针对企业对资本市场认识还不够到位的情况，南京市通过各种形式，大力度、多层次开展了宣传发动。多次邀请沪深交所、知名券商等一批权威专家来宁，为全市企业家讲授对接资本市场相关业务知识，扩大了对资本市场发展政策和意义的知晓面，营造了良好的资本市场发展氛围。2020年4月，南京实施“宁航行动”计划。在培育辅导方面，南京市、区金融工作部门通过走访调研，开展政策宣讲，及时响应企业诉求。还联合沪深交所、全国股权系统公司组织开展拟上市企业辅导问诊，年内开展上市公司高质量发展推进会、再融资新规培训、新三板精选层推进会、债券培训会等系列活动10余场。此外，南京还建立了全市推进企业上市联席会议机制，并建立“一企两专员”制度，市、区两级分设上市服务专员，及时响应拟上市企业诉求。2020年，市金融监管局牵头协调解决拟上市企业困难50余件，帮助一批企业顺利报会。与深交所共建的南京科技金融路演中心，已成功举办30场路演活动，共有171家科技企业进行了直播路演，其中85家（次）路演企业累计获得融资15.09亿元；与上交所、华泰证券、南京证券共建的南京资本市场学院，编制并印发了《资本市场100问》，组织各类培训10余场，累计服务企业近千家（次）。

在各方面的大力支持和推动下，南京市境内外上市和“新三板”挂牌相关工作取得令人骄傲的成绩，2016—2021年度，南京市沪深两市新增上市企

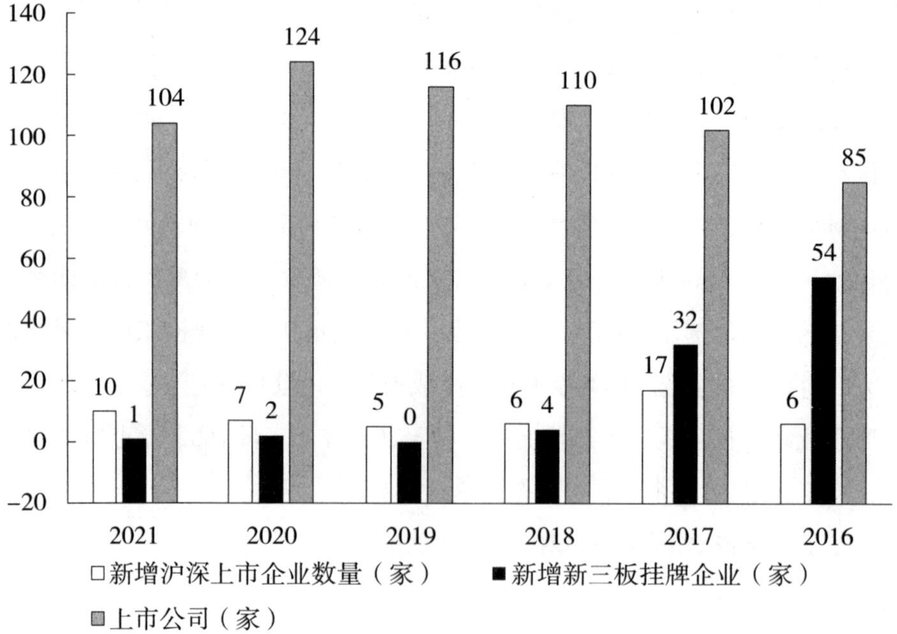

图 7-6　2016-2021 年南京市沪深两市新增上市企业数量

数据来源：证券交易所公开披露数据整理

业数量如图7-6所示。

在境内上市公司方面，自1993年10月18日南京新百成为南京市第一家境内上市企业以来，南京市企业上市进程稳步推进，2020年，南京市证券交易额30.26万亿元，位居全省第一，占全省总交易额的34.1%。南京市境内上市公司包括批发和零售业、交通运输仓储和邮政业、制造业、信息传输软件和信息技术服务业等各类企业。其中，制造业上市公司占据了南京市上市公司的半壁江山。截至2022年3月25日，南京108家境内上市公司市值累计13807亿元，其中，33家上市公司市值超100亿，4家上市公司市值超500亿，3家上市公司市值超1000亿。2022年3月，南京上市公司市值排名，如表7-2所示。

表 7-2 南京市境内上市公司市值排名一览（截至 2022 年 3 月）

排名	证券代码	证券简称	上市板	总市值（亿元）	排名	证券代码	证券简称	上市板	总市值（亿元）
1	600406.SH	国电南瑞	主板	1,721.08	55	603912.SH	佳力图	主板	47.1797
2	601688.SH	华泰证券	主板	1,226.20	56	300856.SZ	科思股份	创业板	47.15
3	601009.SH	南京银行	主板	1,039.60	57	688580.SH	伟思医疗	科创板	44.9106
4	600919.SH	江苏银行	主板	991.0421	58	000525.SZ	ST 红太阳	主板	44.4291
5	002080.SZ	中材科技	主板	408.1197	59	300631.SZ	久吾高科	创业板	44.3841
6	600377.SH	宁沪高速	主板	399.1084	60	300402.SZ	宝色股份	创业板	43.127
7	688105.SH	诺唯赞	科创板	388.6897	61	600533.SH	栖霞建设	主板	41.58
8	603707.SH	健友股份	主板	376.9352	62	000919.SZ	金陵药业	主板	40.7299
9	002024.SZ	苏宁易购	主板	321.1964	63	300575.SZ	中旗股份	创业板	39.6435
10	601990.SH	南京证券	主板	300.4384	64	600358.SH	国旅联合	主板	39.2336
11	600282.SH	南钢股份	主板	222.9528	65	603351.SH	威尔药业	主板	38.6926
12	002608.SZ	江苏国信	主板	216.8618	66	603528.SH	多伦科技	主板	38.5317
13	600970.SH	中材国际	主板	207.4843	67	300172.SZ	中电环保	创业板	37.8281
14	600562.SH	国睿科技	主板	200.8084	68	002546.SZ	新联电子	主板	37.282
15	300618.SZ	寒锐钴业	创业板	199.734	69	002165.SZ	红宝丽	主板	36.1017
16	601952.SH	苏垦农发	主板	199.5344	70	603518.SH	锦泓集团	主板	34.8934
17	301078.SZ	孩子王	创业板	194.5344	71	002090.SZ	金智科技	主板	34.7668
18	300725.SZ	药石科技	创业板	192.1311	72	300864.SZ	南大环境	创业板	32.9597

续 表

排名	证券代码	证券简称	上市板	总市值（亿元）	排名	证券代码	证券简称	上市板	总市值（亿元）
19	601928.SH	凤凰传媒	主板	187.3046	73	001205.SZ	盛航股份	主板	31.6348
20	688029.SH	南微医学	科创板	170.3003	74	301006.SZ	迈拓股份	创业板	30.948
21	002747.SZ	埃斯顿	主板	167.126	75	002040.SZ	南京港	主板	30.6835
22	600959.SH	江苏有线	主板	161.5232	76	603326.SH	我乐家居	主板	30.5966
23	300339.SZ	润和软件	创业板	148.6899	77	600280.SH	中央商场	主板	28.9137
24	600901.SH	江苏租赁	主板	140.6712	78	000421.SZ	南京公用	主板	28.2804
25	600682.SH	南京新百	主板	139.0555	79	300964.SZ	本川智能	创业板	28.1211
26	002182.SZ	云海金属	主板	136.9769	80	601007.SH	金陵饭店	主板	27.729
27	603693.SH	江苏新能	主板	129.8812	81	603900.SH	莱绅通灵	主板	27.6805
28	603906.SH	龙蟠科技	主板	126.6454	82	301016.SZ	雷尔伟	创业板	27.636
29	600064.SH	南京高科	主板	120.2586	83	002380.SZ	科远智慧	主板	27.527
30	603666.SH	亿嘉和	主板	115.6682	84	300585.SZ	奥联电子	创业板	27.0527
31	000727.SZ	冠捷科技	主板	110.9744	85	301098.SZ	金埔园林	创业板	26.4
32	601860.SH	紫金银行	主板	109.0965	86	300528.SZ	幸福蓝海	创业板	25.9335
33	688225.SH	亚信安全	科创板	100.0025	87	300670.SZ	大烨智能	创业板	25.9241
34	601975.SH	招商南油	主板	89.7765	88	605588.SH	冠石科技	主板	25.7676
35	603916.SH	苏博特	主板	87.2981	89	300742.SZ	越博动力	创业板	25.0489
36	300284.SZ	苏交科	创业板	80.821	90	301076.SZ	新瀚新材	创业板	24.9148

续 表

排名	证券代码	证券简称	上市板	总市值（亿元）	排名	证券代码	证券简称	上市板	总市值（亿元）
37	300598.SZ	诚迈科技	创业板	80.242	91	603066.SH	音飞储存	主板	24.4171
38	600981.SH	汇鸿集团	主板	78.7094	92	300295.SZ	三六五网	创业板	24.2127
39	300584.SZ	海辰药业	创业板	77.784	93	600287.SH	江苏舜天	主板	22.7404
40	600710.SH	苏美达	主板	76.0528	94	603955.SH	大千生态	主板	22.1224
41	603387.SH	基蛋生物	主板	72.1806	95	600122.SH	ST 宏图	主板	21.5436
42	600713.SH	南京医药	主板	70.1528	96	600128.SH	弘业股份	主板	21.0986
43	600775.SH	南京熊猫	主板	66.1408	97	300826.SZ	测绘股份	创业板	20.3504
44	688221.SH	前沿生物 -U	科创板	64.7928	98	835305.BJ	云创数据	北证	20.28
45	300975.SZ	商络电子	创业板	62.37	99	600889.SH	南京化纤	主板	19.4896
46	600268.SH	国电南自	主板	60.4881	100	603042.SH	华脉科技	主板	19.062
47	300447.SZ	全信股份	创业板	57.4372	101	600250.SH	南纺股份	主板	18.6046
48	603018.SH	华设集团	主板	56.8222	102	300644.SZ	南京聚隆	创业板	17.9217
49	603111.SH	康尼机电	主板	51.7497	103	688178.SH	万德斯	科创板	17.8325
50	600501.SH	航天晨光	主板	51.6915	104	603041.SH	美思德	主板	16.2438
51	603982.SH	泉峰汽车	主板	50.8575	105	300554.SZ	三超新材	创业板	16.0172
52	688377.SH	迪威尔	科创板	50.6329	106	300356.SZ	ST 光一	创业板	11.2582
53	002315.SZ	焦点科技	主板	48.4162	107	200468.SZ	宁通信 B	主板	9.1375
54	600716.SH	凤凰股份	主板	47.9263	108	870204.BJ	沪江材料	北证	7.8944

到2021年底，南京市共有境内上市公司105家，总市值15681.86亿元。南京上市公司总市值排名前十的企业有：国电南瑞、华泰证券、南京银行、江苏银行、金斯瑞生物科技、中材科技、健友股份、宁沪高速、诺维赞、苏宁易购。国电南瑞总市值2219.84亿元。截至2021年末，南京市上市公司市值前10名，如表7–3所示。

表 7–3　2021 年南京上市公司市值前十名

排名	代码	股票名	市值（亿元）
1	600406	国电南瑞	2219.84
2	601688	华泰证券	1463.28
3	601009	南京银行	896.63
4	600919	江苏银行	861.07
5	01548	金斯瑞生物科技	590.55
6	002080	中材科技	570.90
7	603707	健友股份	522.31
8	600377	宁沪高速	434.25
9	688105	诺维赞	424.01
10	002024	苏宁易购	383.57

截至2021年12月31日，江苏辖区共有上市公司558家，包括上交所主板202家、科创板71家，深交所主板129家（含纯B股1家）、创业板156家。2021年度，江苏辖区新增上市公司79家，减少3家。2021年度，江苏辖区上市公司融资（含首发、增发、可转债）家数共160家，募集资金总额为2059.14亿元。其中，苏州上市公司共有171家，数量位居第一；南京105家，紧随其后；无锡102家，排名第三。2021年，江苏13个地级市中有11个地级市有企业实现IPO，盐城、淮安挂零。各市上市公司发展状况，如图7–7所示。

在新三板方面，自2014年1月，新三板正式扩容以来，南京市企业新三板挂牌发展迅速，仅2015年就有66家企业实现新三板挂牌。至2021年底，南京市挂牌企业129家，挂牌企业排名全省第三位，绝大多数企业属于符合产业发展方向的战略性新兴产业，覆盖节能环保、生物医药等多个领域，江苏各地级市挂牌企业数量如图7-8所示。

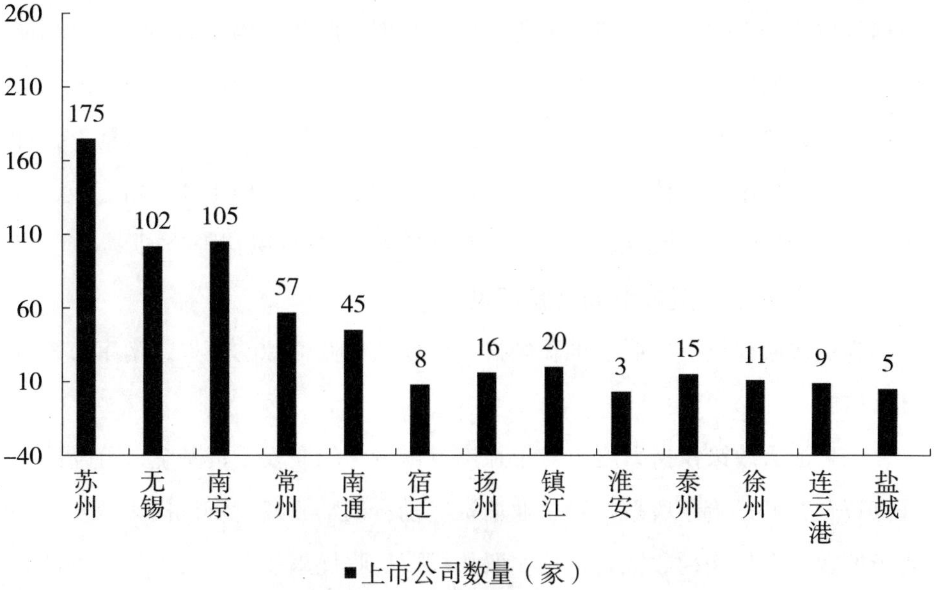

图 7-7　2021 年各市新增上市公司状况

数据来源：证券交易所公开披露数据整理

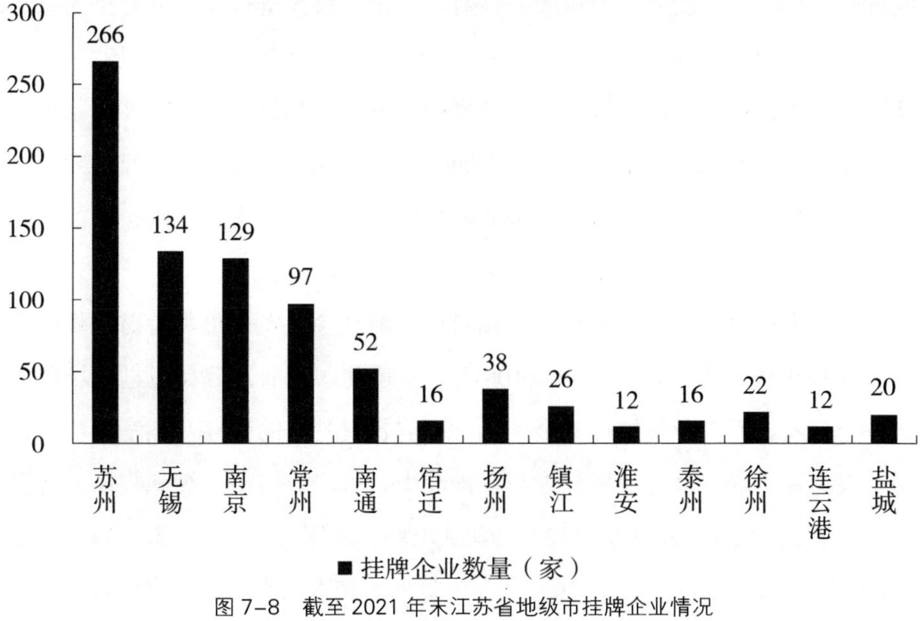

图 7-8　截至 2021 年末江苏省地级市挂牌企业情况

数据来源：证券交易所公开披露数据整理

2021年11月15日，北京证券交易所81家首批上市公司，江苏12家，其中苏州4家，南通3家，常州2家，泰州1家，连云港1家，南京1家。南京云创大数据科技股份有限公司（股票简称：云创数据，股票代码：835305，公司简称：云创大数据）南京市在北交所的唯一上市公司。云创数据成立于2011年3月，以大数据存储与智能处理为核心业务，是集人工智能、大数据、云计算、云存储技术于一体的高新技术企业。云创数据于2015年挂牌新三板，今年8月26日成功进入精选层，也成为南京市第一家精选层挂牌公司。

（二）多层次资本市场之股权投资

为加快股权投资发展，推动创投、创新、创业资源的集聚，南京市采取五大措施。

一是加大政策扶持力度。对于在南京市设立的股权投资基金，分期给予开办资金补贴；给予股权投资企业增资奖励；鼓励股权投资机构集聚发展；规范股权投资机构税收征管；落实股权投资税收优惠政策，对于符合条件的股权投资基金和股权投资基金管理机构给予财税补助；对于为符合南京市特定条件的企业提供创业投资的社会创投机构给予投资奖励和风险补偿；加强促进股权投资机构发展的集成服务；对南京市股权投资行业发展有重大意义的股权投资机构（实际管理规模100亿元以上）落户本市，可按照“一事一议”的原则，报市政府同意后予以特别政策安排（2018年，出台《南京市关于扶持股权投资机构发展促进科技创新创业的实施细则》）。2021年2月，进一步出台《关于促进南京市私募股权投资行业发展的实施细则》，加大对南京股权投资的行业的奖励力度，促进南京创投行业发展。

二是重点新兴产业发展母基金和科技创新基金，发挥母基金财政杠杆作用。2016年底，南京市政府出资100亿元发起设立基金，旨在通过市场化方式，充分发新兴产业发展母基金，发挥政府投资基金的引导、激励和杠杆作用，吸引社会资本及专业机构参与，推动南京市产业转型升级和实体经济发展。基金重点投向新一代信息技术、集成电路、高端装备制造、新材料、生物医药等7大类14个重点领域。2018年，为贯彻落实南京市委市政府出台的《关于建设具有全球影响力创新名城的若干政策措施》文件要求，强化金融、产业、技术融合，加快科技成果产业化，促进大众创业、万众创新，推动创新名城建设。南京市政府分期出资不低于50亿元，设立市级科技创新基金。科技创新基金以各新型研发机构和高新园区为主阵地，大力发展创新产业集群，助力培育创新型领军企业。通过合作成立子基金和直接投资等方式，支持新型研发机构及其项目培育、创新型企业和产业培育、人才引进项目培育等。重点投向处于天使、初创期的科技创新项目。

表 7-4　2021 中国股权投资基金有限合伙人榜单前十名

排名	引导基金名称	管理机构名称
1	深圳市政府投资引导基金	深圳市创新投资集团有限公司
2	山东省新旧动能转换引导基金	山东省新动能基金管理有限公司
3	湖北省长江经济带产业引导基金合伙企业	湖北省长江经济带产业基金管理有限公司
4	天津市海河产业基金合伙企业	天津市海河产业基金管理有限公司
5	江苏省政府投资基金	江苏金财投资有限公司
6	青岛市新旧动能转换引导基金	青岛市市级创业投资引导基金管理中心
7	北京市科技创新引导基金	北京科技创新投资管理有限公司
8	厦门市产业投资引导基金	厦门市创业投资有限公司
9	南京市政府投资基金	南京市创新投资集团
10	安徽省高投母基金	安徽省高新技术投资有限公司

数据来源：清科数据

2021年5月19—21日，清科创业、投资界联合主办第15届中国基金合伙人峰会，南京市政府投资基金入围2021年中国政府引导基金50强，前十名排名如表7-4所示。近年来，股权投资市场竞争持续分化，同时受LP出资相关政策影响，股权投资基金募资难发酵，疫情影响也使投资机构募资活动在过去一年持续承压。在此环境下，引导基金、国企/央企及企业（上市&非上市）资金投资步伐加快，为人民币基金带来源头活水。

2020年12月29日，由南京市地方金融监管局、南京紫金投资集团主办的“2020南京科创资本招商推介暨青年投资人峰会”在南京顺利举办，峰会发布了“2020年南京市股权投资机构综合排名10强”榜单，协会多家会员单位上榜，如表7-5所示。

表 7-5　2020 年南京市股权投资机构综合排名 10 强

排名	机构简称
1	毅达资本
2	南京创新投集团
3	华泰紫金
4	金雨茂物
5	动平衡资本
6	扬子江投资
7	苏宁控股
8	苏豪一带一路
9	南京新工新兴创业投资
10	南京俱成股权投资

数据来源：证券交易所公开披露

三是鼓励、支持天使投资基金发展。由南京市政府牵头，各区配比，引进专业投资机构运作管理，成立了玄武、雨花、六合多支天使投资基金，为服务科技创业企业，推动创新创业提供资金、资源支持。

四是探索“硅谷模式”。硅谷模式，为早期企业或者项目提供科技创业孵化器与基金投资、市场推广相结合的一站式服务，即从0到1的技术创新纵向发展模式，不是从1到n的横向发展复制模式，如图7-9所示。

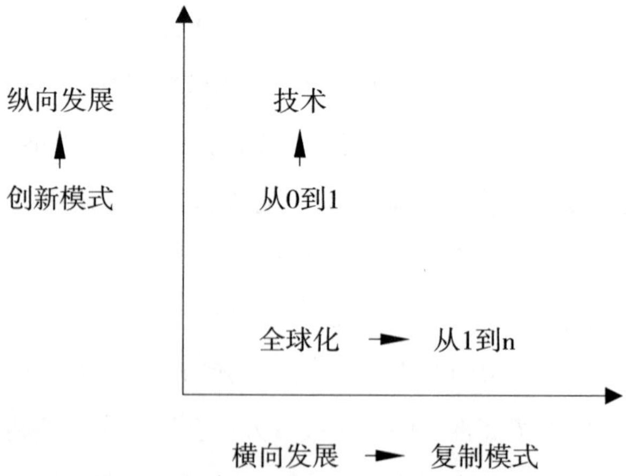

图 7-9　从无到有的硅谷模式

在各方的共同努力下，南京市股权投资稳步发展，成为创业热度城市。南京属于国内创投市场最热门的Top15城市，其中苏州以367起融资事件超越广州成为创投最活跃的第5城，南京以288起融资事件，位列第8，如图7-10所示。Top15城融资数量占比从2019年的79.17%稳步提升至2020年的80.50%，南京连续两年排名相同，创业热度城市格局基本确定。

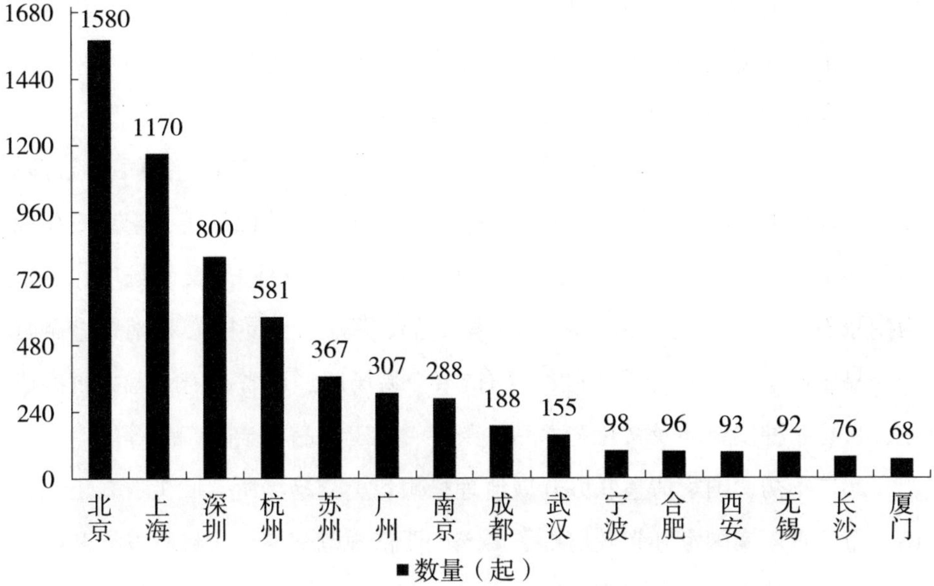

图 7-10　2020 中国创业投资 TOP15 热点城市排名及融资事件

数据来源：清科数据

证券时报社中国资本市场研究院编制的《2021中国内地省市创投实力榜》发布，《中国内地城市创投实力30强》显示，长三角有10座城市入围，除排名第2的上海外，杭州位居第4，苏州、南京分别位居第6、第7位，合肥、宁波、无锡、嘉兴、绍兴、常州也悉数上榜，入围城市数量远超珠三角和京津冀两大城市群。“京沪深”汇聚了国内头部创投机构和创业公司，注册备案的私募股权、创投基金管理人占全国近半，资金管理规模占全国近6成，孵化了国内近半的独角兽公司；长三角是当下创投机构重仓区域，此次有10座城市上榜，数量远超珠三角和京津冀两大城市群；中西部创投新势力加速崛起，资金和资源逐步向成都、武汉、长沙等中西部核心城市倾斜，获投资金规模逐年增加，和其他区域出现不同程度下降形成较大反差。

（三）多层次资本市场之要素市场

2012年，南京市根据《国务院关于清理整顿各类交易场所切实防范金融风险的决定》《国务院办公厅关于清理整顿各类交易场所的实施意见》及《省政府关于开展全省各类交易场所清理整顿工作的通知》等相关文件精神，对全市交易所情况进行了摸底调查。出台了南京交易所清理整顿方案和应急预案，并对此次列入范围的8家交易所（中心）的投资者信用、代理商资质、市场交易规则等不同方面进行了详细调查，且敦促各交易所严格按照文件要求进行自查自纠，完成整改与申报工作。

此后，南京市要素市场建设稳步推进。2013年，南京市上报国务院部际联席会议的8家交易场所全部通过清理整顿检查验收。12月底，南京石化商品合约交易中心通过筹备验收。2014年，南京市新开业3家交易场所，分别为南京石化商品合约交易中心、新华商品现货合约交易中心和南京金融资产交易中心。2013年后我市陆续又有7家交易场所经原省政府金融办批准成立，交易品种主要涉及文化艺术品、茶叶、化工产品、金融产品等。

2017年初，国家清整联办开展清理整顿各类交易场所“回头看”工作，南京市认真落实国家和省政府部署要求，严格规范交易场所经营发展和风险防控，推动地方交易场所更好服务实体经济，同类型地方交易场所实现合并压降，要素市场发展更加稳妥有序。

2021年4月，南京诞生全国首个资本交易要素撮合平台“金鱼嘴每日路演”。至今，全市已有各类要素交易场所多家，涉及文化、石油、化工、金融等多个领域，服务范围涵盖产权、股权、债权、专利转让交易等多方面。

1. 区域股权交易市场

区域股权交易市场从本质上来说是股权投资的过程，建立股权交易市场可以推动股权投资机构的集聚，国内区域股权交易中心一览如表7–6所示。股权投资的对象主要是中小微和企业和处于成长初期的初创企业。投资方选择有投资价值的中小微企业，为其筹措资金、进行战略指导并提供丰富的客户资源，最大限度地提高中小微企业的价值，帮助区域内中小微企业和初创企业成长。当中小微企业逐步发展壮大后，能从不同渠道全面推动区域内的实体经济，以及包含股票市场、债券市场、银行业在内的金融市场的迅速发展成熟。随着区域内股权投资机构集聚程度的提高，以及区域内实体经济和虚拟经济的加速发展，其外部效应和辐射效应会更加显著，一方面使得集聚区内的股权投资机构和企业的综合竞争力进一步提升，另一方面又会进一步吸引更多优质的企业、银行、保险、信托各类配套的金融机构接踵而至，形成整个金融产业的集聚。

表 7–6　国内区域股权交易中心一览表

地区	区域性股权市场营机构名称	地区	区域性股权市场机构名称
北京	北京股权交易中心	新疆	新疆股权交易中心
河北	石家庄股权交易所股份	大连	大连股权交易中心
内蒙古	内蒙古股权交易中心	宁波	宁波股权交易中心
辽宁	辽宁股权交易中心	厦门	厦门两岸股权交易中心
上海	上海股权托管交易中心	天津	天津滨海柜台交易市场
江苏	江苏股权交易中心	浙江	浙江股权交易中心
安徽	安徽省股权托管交易中心	山东	山东齐鲁股权交易中心
福建	海峡股权交易中心（福建）	河南	河南中原股权交易中心
江西	江西联合股权交易中心	湖北	武汉股权托管交易中心
湖南	湖南股权交易所	广东	广东股权交易中心
广西	广西北部湾股权交易所	海南	海南股权交易中心
重庆	重庆股份转让中心	深圳	深圳前海股权交易中心
四川	天府联合股权交易中心	青岛	青岛蓝海股权交易中心
陕西	陕西股权交易中心股份	山西	山西股权交易中心
甘肃	甘肃股权交易中心股份	吉林	吉林股权交易所股份
青海	青海股权交易中心	黑龙江	哈尔滨股权交易中心
宁夏	宁夏股权托管交易中心	贵州	贵州股权交易中心

“十三五”期间，南京全社会研发投入占GDP比重从2.95%提升至3.8%，高新技术企业数量增长4.1倍。孕育了大量的优质中小企业，也培育了许多风险投资和股权投资机构业，中小企业有直接融资和股份交易流通的巨大需求，风险投资和股权投资机构也有通过股份转让实现投资退出的迫切

需要。全国性资本市场由于上市门槛高，程序繁杂，监管要求严格，上市费用和维护费用高等原因，使得众多中小企业不符合全国证券交易所市场和全国统一的场外交易市场的上市标准，或者虽符合交易所上市标准，但又不愿意在交易所或全国统一的场外交易市场挂牌上市的公司，迫切有其他的融资和股份转让流通渠道。针对这一情况，南京市探索建立区域性股权交易市场。

2013年7月，经江苏省人民政府授权批准，南京市设立江苏唯一的区域性股权交易市场。截至2021年底，挂牌江苏四板的企业已经达到1161家，2016—2021年江苏省股权交易中心挂牌企业新增状况，如图7-11所示。

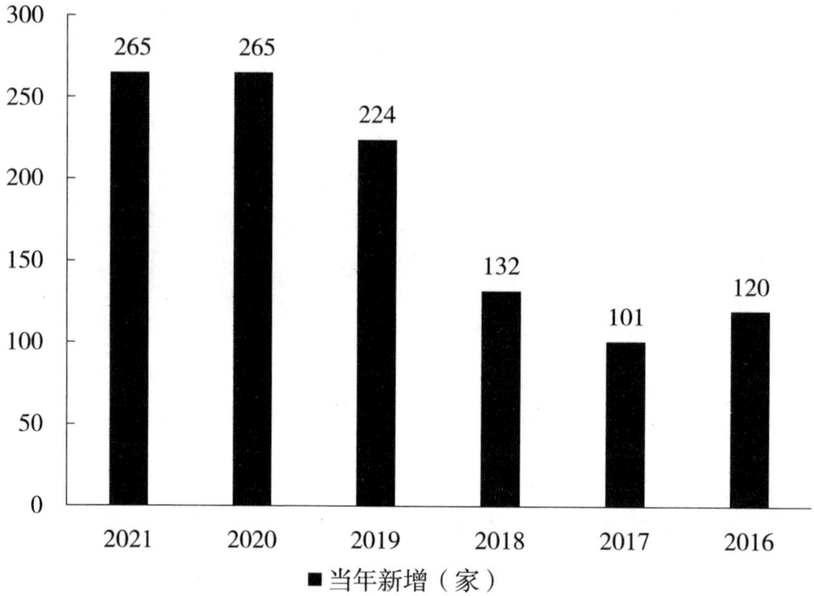

图 7-11　2016-2021 年江苏省股权交易中心挂牌企业新增状况

数据来源：江苏省股权交易中心

江苏股权交易中心采取公司制的运作方式和券商主导型的股权结构，以华泰证券为主的5家证券公司参与区域股权交易市场的发起设立，同时也全程参与区域股权市场的业务，在区域股权交易中心既是股东，也是会员。江苏股权交易中心作为南京市多层次资本市场的重要组成部分，通过为非上市的公司股权、债券、资产和相关金融及其衍生品的批准募集挂牌、登记、托

图 7-12　江苏四板的 8 大主要功能

管、交易、融资、结算、过户、分红、质押等提供场所、设施和服务，实现融资、投资、定价、规范、孵化筛选、宣传等功能，江苏四板的主要功能，如图7-12所示。

江苏股权交易中心的运作机制可以由“一个绿色通道，两大企业板块，三种业务类型，四类会员服务，五个突出特色”来概括。其中，“一个绿色通道”指盈利能力强、具有突出创新优势、具有核心竞争力的公司可以经由江苏省经信（中小企业）部门的推荐，进入股交中心成长板挂牌，享受资本市场服务。“两大企业板块”指价值板和成长板，江苏股权交易中心两大企业体板块设计如图7-13所示。其中价值板挂牌的企业是符合股交中心挂牌条件或挂牌流程要求的非上市股份有限公司，目标是将企业培育成未来的上市公司。成长板挂牌的企业包含有限责任公司以及部分和价值板挂牌条件或流程要求的股份有限公司，目标是帮助企业借助资本市场发展壮大。两大

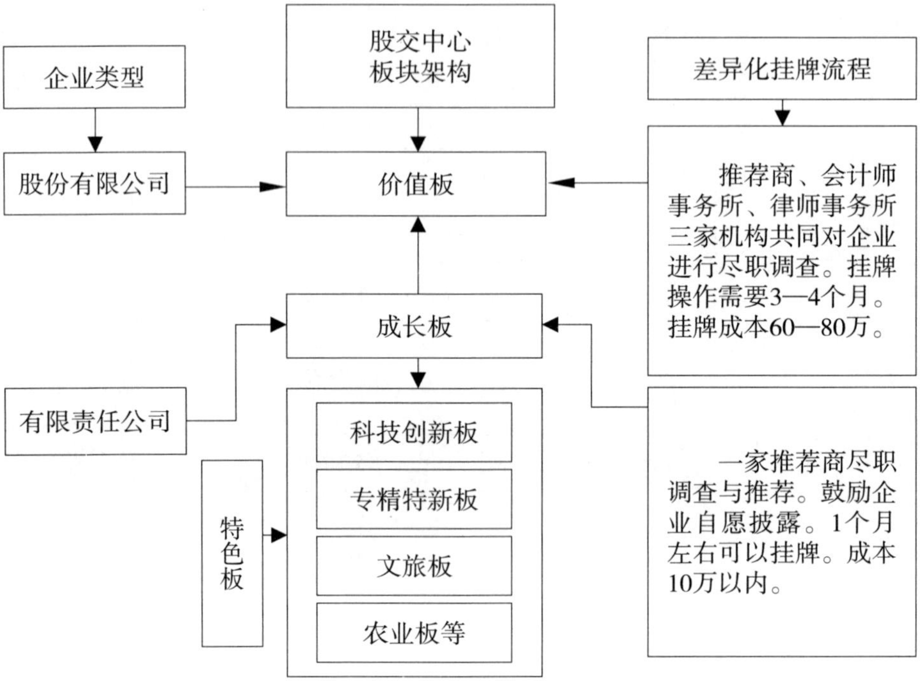

图 7–13 江苏股权交易中心两大企业体板块

板块的挂牌要求和挂牌流程有所不同。“三种业务类型”指江苏股权交易中心提供三大类产品服务，一是为股权、债券、资产和相关金融及其衍生品挂牌、登记、托管、交易、融资、结算、过户、分红、质押提供标准化管理；二是组织和监督市场活动，发布市场信息；三是金融创新业务，股交中心通过与银行建立战略合作关系，为挂牌企业提供包括挂牌企业集体授信、股权质押贷款、认股选择权贷款、挂牌贷、挂牌企业集合贷款计划等创新融资产品。“四类会员机构”指推荐商、专业服务商、战略合作商和经纪商。“五个突出特色”是指无行业限制、低门槛、无上市障碍、合理披露信息、政策支持。

2. 区域产权交易市场

产权交易市场具有一般资本市场所具有的信息积聚、价格发掘、中介服务功能。其一，产权交易市场能提供权威的产权交易的信息，公开待交易标的价格和其他相关信息，沟通买卖双方，使交易者通过市场建立固定的联络渠道。其二，产权交易市场为交易建立了程序和惯例，利用协议定价制度减少议价成本，通过产权交易市场进行有组织的交易，促使价格趋于合理。其三，产权交易市场通过实行进场交易委托代理制，简化产权交易手续，缩短产权交易过程，提高产权交易的工作效率。

中国产权交易市场分为三个层次：第一层次为北京、天津、上海、重庆四个直辖市的联合产权交易所，这一层次的交易所是经国务院国资委批准的，是中央国有企业产权转让的试点单位，交易量约占我国产权交易总量的60%以上，在全国产权交易市场中占据核心地位；第二个层次是省级产权交易机构，各省基本上都建立了自己的产权交易市场；第三个层次是市级产权交易市场。

2011年，经南京市政府批准，南京产权交易中心成立。南京产权交易中心是不以盈利为目的，为社会产权交易提供场所、信息和撮合等服务，并履行相关职责的事业法人，产权交易的主要内容，如表7–7所示。2011年7月，南京联合产权（科技）交易所设立，联交所由南京产权交易中心和科技成果转化服务中心通过资源整合、模式创新而组建。联交所依托各有关方面的强力支持，充分发挥产权交易市场的要素聚集与资源配置的优势，严格按照市场化方式运作，立足南京、面向泛长三角地区，开展中小企业、科技企业及非上市公司产权交易服务、股权融资服务、技术产权交易及其他综合服务，为中小企业、科技企业的孵化成长提供集成服务，加速科技成果资本化，打通区域性基础资本市场的价值服务链，培育上市资源。

表 7–7　产权交易的主要内容

程序	主要内容
受理转让申请	转让方与会员签订委托代理合同，提交相关材料，填写《产权出让委托书》，中心审核
挂牌公告	中心会同转让方商定挂牌公告内容，在报刊、网站发布
登记受让意向	意向受让方提交材料，填写《意向受让报名表》，中心审核
选择意向受让方	通过拍卖、竞价、竞争性谈判等方式选择受让方
组织交易签约成交	组织交易双方签订《产权交易合同》

续 表

程序	主要内容
结算交易资金	交易价款交易费用打到中心专业结算账户
出具交易凭证	给交易双方出具产权交易凭证

三、多层次资本市场发展的创新展望

（一）国家层面顶层设计思路

多层次资本市场的建设，离不开国家制度层面的顶层设计。只有从宏观层面进行制度体系的架构，才能系统、全面、有序地推进多层次资本市场的建设与完善工作，促进南京市资本市场的发展与繁荣。

1. 注册制

2015年12月27日，第十二届全国人民代表大会常务委员会第十八次会议审议通过《关于授权国务院在实施股票发行注册制改革中调整适用<中华人民共和国证券法>有关规定的决定（草案）》的议案，明确授权国务院可以根据股票发行注册制改革的要求，调整适用现行《证券法》关于股票核准制的规定，对注册制改革的具体制度做出专门安排①，注册制与核准制的区别如图7-14所示。这一决定的正式通过，标志着推进股票发行注册制改革具有了明确的法律依据，也是完善资本市场顶层设计的重大举措，对于多层次资本市场的建设也具有重要意义。

股票发行注册制改革的核心在于理顺市场和政府的关系，既要缓解发行人与投资者的信息不对称，又要规范监管部门的职责边界，充分发挥市场配置资源的决定性作用，防止政府部门对市场的过度干预。实施注册制以后，对股票发行审核的理念和方式将会发生很大变化，审核的重点在于信息披露的齐备性、一致性和可理解性，不再对企业发展前景和投资价值做出判断；信息披露的真实性、准确性、完整性均由发行人和中介机构负责。下一步，证监会将依照全国人大的授权决定，认真落实注册制改革的工作要求，做好

①资料来源：中国证监会官网.

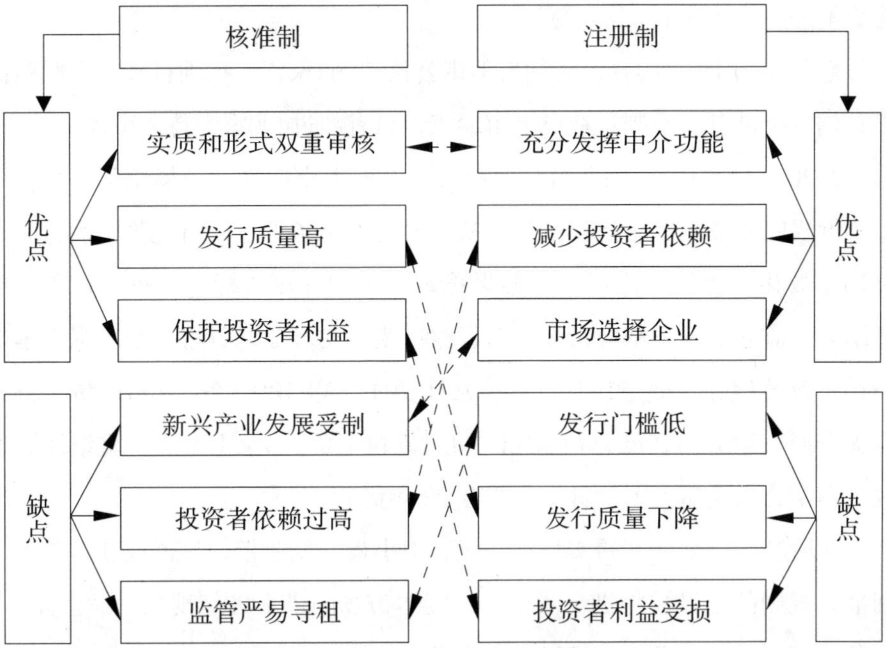

图 7–14　核准制与注册制的比较

配套规则的制定等工作，积极稳妥、平稳有序地推进注册制改革。

2018年11月5日，习近平总书记在首届中国国际进口博览会开幕式上宣布设立科创板并试点注册制的重大决策，标志着注册制改革进入启动实施的阶段。

2020年4月27日，中央全面深化改革委员会第13次会议审议通过了《创业板改革并试点注册制总体实施方案》。当晚，证监会就4项部门规章公开征求意见，随后，深交所同步就《创业板股票发行上市审核规则》等8项业务规则向社会公开征求意见，创业板试点注册制改革进入实施阶段。

2020年10月22日，中国证监会在2020金融街论坛年会分论坛上表示，注册制改革不是简单的股票发行制度改革，而是资本市场“牵一发而动全身”的关键改革，同时也需同步对其他基础制度进行改革。注册制改革能够连通审核、发行、估值、市场优胜劣汰、投资者适当性管理和权益保护等多个环节，形成“注册制+N”的协同效果，需要统筹推进资本市场关键制度创新，“注册制+基础制度改革”的生态协同。将“注册制+试点板块”制，稳步推进至“注册制+全市场”制。

截至2020年12月9日，科创板上市公司达268家，一批硬科技企业脱颖而出；创业板试点注册制企业已上市54家，另有超过400家等待入市。

2020年8月24日，创业板注册制首批企业上市以来，市场总体平稳，主要制度规则和技术系统运行顺畅，实现发行上市条件、发行定价、发行节奏更加市场化，审核进度和审核结果稳定可预期，审核标准、审核进程、审核结果、监管措施全部向市场公开，改革成效初步显现，进一步增强资本市场存量改革信心。截至12月31日，共计受理533家IPO、263家再融资、15家重大资产重组申请，已有74家IPO、131家再融资、6家重大资产重组注册生效，63家公司成功上市，募集资金合计660亿元。

注册制一旦全面开始实行，主板、中小板、创业板、科创板和新三板之间准入规则的差异性将进一步缩小，资本市场的供求失衡现象、“三高”[①]现象将得到缓解，发行效率将进一步提高，权力寻租现象将进一步减少，多层次资本市场体系的运转将更加顺畅。

2. 新股发行制度改革

自1990年上海证券交易所成立以来，新股发行制度历经多次改革，由行政审批制到核准制，再到即将实施的注册制。

1992年以前，我国新股发行主要采取新股认购证和认购表的方式，但这一方式由于自身机制不够完善，导致了炒作严重等问题，影响了证券市场秩序。1993年，国务院颁布《股票发行与交易管理暂行条例》，标志着审批制的正式确立。同年，国务院证券委颁发关于《关于1993年股票发售与认购办法的意见》，对新股发行方式做出改进，按照居民在银行定期储蓄存款的一定比例进行新股认购申请表的配售工作，再通过摇号抽签的方式完成认购工作。但受到无限量发行的影响，新股中签率过低，发行效率不高。1996年，证监会发布《关于股票发行与认购方式的暂行规定》的文件，将股票发行方式与认购方式暂定为“上网定价”发行方式、“全额预缴款”方式、与储

① “三高”：高IPO发行价，高市盈率，高超募额.

蓄存款挂钩发行方式三种。虽然降低了由认购证发行方式带来的成本过高的问题，但是中小投资者的中签率较小，新股发行时地区间资金大量转移问题也没有得到根本解决。为了解决上述问题，我国继续推进新股发行制度改革工作，1999年出台的《证券法》及其相关的政策文件，为核准制的实施搭建了基本框架。2001年3月17日，证监会正式宣布取消审批制，并规定"公司股本总额在4亿元以下的公司，仍按照《关于股票发行与认购方式的暂行规定》，采用上网定价、全额预缴款或与储蓄存款挂钩的方式发行股票。公司股本总额在4亿元以上的公司，可采用对一般投资者上网发行和对法人配售相结合的方式发行股票。①"2001年，证监会发布《新股发行上网竞价方式指导意见》，规定上网竞价方式是可选用的新股发行方式之一，并规定了上网竞价方式的基本原则。2002年，在《关于向二级市场投资者配售新股的补充通知》中，对二级市场上按市值配售新股做出了相关规定。此后，证监会又对IPO询价机制，中止发行和回拨机制等陆续做出规定，不断完善新股发行制度。

2013年11月30日出台的《关于进一步推进新股发行体制改革的意见》，标志着新股发行制度由核准制向注册制的过渡。此次改革的亮点主要体现在以下方面：一是引入主承销商的自主配售机制，防止主承销商与发行人共谋抬高发行价；二是转变监管方式，由事前审核向事中监管、事后执法转变；三是首次提出赔偿机制，加大惩罚力度，加重了发行人和保荐机构的责任；四是以信息披露为中心，不再对发行人的盈利能力和投资价值作出判断，强化社会监督的作用；五是抑制股东的高价减持行为，保护中小投资者利益，体现出市场"公平性"。这次的《意见》充分发挥了市场的决定性作用，理顺发行、定价、配售等环节的运行机制，加强市场监管，为实行股票发行注册制奠定了良好基础。

2019年1月30日，中国证监会发布《关于在上海证券交易所设立科创板并试点注册制的实施意见》。7月22日，首批25家科创板企业在上交所挂牌

①资料来源：中国证监会《关于进一步完善股票发行方式的通知》，1999年.

交易。

2019年12月28日，第十三届全国人大常委会第十五次会议审议通过了修订后的《中华人民共和国证券法》（以下简称新证券法），已于2020年3月1日起施行。目前，新股发行制度上注册制与核准制并行。

3. 各级转板机制

所谓转板机制，是指在某层次市场上市交易的股票转向其他层次的市场进行交易的机制。低层次市场上挂牌的公司在发展到一定阶段满足高层次市场的上市标准，可以进入高层次市场，而高层次资本市场内公司运营不善导致不再满足上市标准，可以将其降入标准较低的市场层次。国外多层次资本市场已建立了成熟的转板机制。从各国资本市场的发展实践看，发达国家和地区的多层次资本市场均设计了灵活便利的转板机制，为多层次资本市场各层次之间的合理有效衔接奠定了重要的制度基础，使多层次资本市场体系之间形成高效的整体。

目前中国的资本市场，已经逐步形成由以沪深交易所为代表的主板和中小板，以高增长性、高科技性企业融资为目的的创业板组成的场内交易市场和由全国中小企业股份转让系统（俗称“新三板”）、区域性股权交易市场、证券公司主导的柜台市场等组成的场外交易市场。不同层次的融资平台有不同的交易机制和运行机制，为不同企业的不同需求提供了多方面的选择。多层次资本市场体系已经基本成形，主板、中小板、创业板及场外市场之间设立转板制度的基本条件已基本具备。2013年国务院颁布《关于全国中小企业股份转让系统有关问题的决定》国发[2013]49号，对全国中小企业股份转让系统（通称新三板市场）挂牌公司的转板制度做出了明确的规定：“在全国股份转让系统挂牌的公司，达到股票上市条件的，可以直接向证券交易所申请上市交易。”然而，自新三板成立以来，仅有为数不多的企业成功实现了“转板”，且其中的大部分企业主要是通过IPO的方式完成上市。

2015年11月20日，证监会发布《关于进一步推进全国中小企业股份转让系统发展的若干意见》，指出：“建立多层次资本市场的有机联系，研究推出全国股转系统挂牌公司向创业板转板的试点”。

2020年6月，中国证监会发布《关于全国中小企业股份转让系统挂牌公司转板上市的指导意见[2020]（29号），指出了转板的基本原则、制度安排和监管安排。

转板工作的推进，需要循序渐进，首先需要设计出相对完善的由新三板向创业板转板的转板制度。而新三板和创业板之间的有序流动，首先需要贯彻落实新三板的分层制度，通过分层制度对股转系统中挂牌上市的企业进一步筛选，只有符合更高监管标准，具有更大发展潜力的创新层的企业才等得到转板上市的机会。由此，转板过程中的监管套利问题能在一定程度上有所缓和，板块间的溢价差距也能缩小。

新三板和创业板之间的转板机制一旦有效运转，下一步可以考虑开展区域性股权交易市场与新三板、创业板之间的转板工作。这些制度设计也将为南京本土的股权交易市场中挂牌转让的企业提供转板上市的条件。除了需要设计出板块之间的向上流动机制，还可以涉及向下流动机制，即降板问题，以增强板块间的流动性。如果上市公司达到更高层级市场的挂牌标准，则可以申请转板到更高级市场，也可以仍然保留在原市场继续挂牌交易。但是，如果上市公司已不能维持在现有层级市场的挂牌交易条件，则必须予以降板或者退市。此举是提升市场效率，保护投资者利益的必要措施。

4. 要素市场建设

要素市场是多层次资本市场的重要组成部分，是其健康发展的基石，也是为中小微企业提供投融资服务的重要平台。在要素市场中，市场主体充分利用市场提供的金融工具和金融资本，促进自身的发展壮大，对于我国实体经济的发展，小微企业现代企业制度的建立和法人治理结构的规范都具有重要作用。

正是由于要素市场的重要作用，如何对该市场进行有效监管也是亟待解决的问题，其中区域性股权交易市场更是监管的重中之重。

继2012年证监会出台《关于规范证券公司参与区域性股权交易市场的指导意见（试行）》政策后，2015年6月，证监会发布了《区域性股权市场监督管理试行办法（草案）》，以加强对区域股权交易所为中心的区域性股权市场的监管工作。《办法》中与监管相关的内容如下：

第一，在监管设置上，在区域性股权市场进行私募证券的发行、转让及相关活动，应接受运营机构所在地省级人民政府指定的地方政府监管部门的监督管理。

第二，在中央与地方的监管协作上，中国证监会派出机构应当与地方政府监管部门建立监管协作机制，与其互通互报与区域性股权市场有关的信息，对地方政府监管部门开展区域性股权市场监管工作进行指导、协调和监督，对可能出现的金融风险进行预警提示和处置督导。

第三，对跨区域挂牌交易行为作出限制。区域性股权市场不得为其运营机构所在地省级行政区划外的企业提供服务。但是，运营机构所在地和企业所在地省级人民政府已就此类企业的日常监管和风险处置职责签订协议、明确分工的除外。区域性股权市场为其运营机构所在地省级行政区划外企业提供服务的，运营机构应当事先将前款规定的两地省级人民政府的职责分工协议报中国证监会备案。

此外，《办法》还将对区域性股权市场的功能进行界定，规定了违反规定的处罚标准，以及对运营机构工作要求等，为区域股权市场的监管工作指明了方向。

但是，《办法》中未对已经在外省股权交易市场挂牌但两地省级政府不能达成协议的外省挂牌企业如何操作的问题给出明确的操作规范，是否要清退回到本省市场还是继续留在挂牌市场。

2017年7月1日，区域性股权市场监督管理试行办法（证监会第132号令）施行。上述《办法》同时废止。

南京市也积极推进要素市场建设：一方面，南京市政府积极做好统筹工作，稳步推进要素市场的建设。按照“服务实体经济、合理布局”原则，积极推动区要素市场功能的不断完善。另一方面，南京市政府不断完善监管机制，督促区域交易场所规范发展。积极贯彻落实《江苏省交易场所监督管理办法》的要求，并草拟了《关于进一步规范交易场所健康发展的若干意见》，强化交易场所监督管理，如积极开展非法交易场所排查工作和督导工作、组织召开南京市要素市场监管会议等，进一步强化区级监管主体和市场主体的监管和责任意识。与此同时，针对交易所投诉较为集中的问题开展清理整顿，南京市政府切实做好交易场所的维稳工作，推动要素市场交易得以稳妥有序进行。各区、开发园区的金融工作部门配合密切，建立了属地监管体系，明确职责，切实防范系统性金融风险。

5. 股权投资基金

在多层次资本市场中，股权投资基金也是重要补充。例如，在美国的多层次资本市场中，还存在PORTAL市场（Private Offering Resales and Trading through Automated Linkages）即私募证券自动报价系统。PORTAL系统由美国全国交易商协会（NASD）发起运营，可显示交易证券公司的价格等基本信息。在该系统中，合格的机构投资者可以自由交易私募证券，以增强私募证券的流动性。

2014年8月21日，中国证监会公布《私募投资基金监督管理暂行办法》（下称《办法》），终结了长期以来私募基金市场缺少统一法律监管的现象。

此次公布的《办法》的亮点在于私募基金的合格投资者制度得以确立。一方面，《办法》从资产规模或收入水平、风险识别能力和风险承担能力、单笔最低认购金额三个方面规定了适度的合格投资者标准，即投资于单只私募基金的金额不低于100万元且符合下列条件：净资产不低于1000万元的单位，金融资产不低于300万元或者最近三年个人年均收入不低于50万元的个人。由于养老基金等机构投资者和私募基金管理机构及其从业人员等具备专业能力，并能够识别和承担风险，《办法》也将其视为合格投资者。

另一方面，为防止变相公开募集，《办法》明确了以合伙企业、契约等非法人形式通过汇集多数投资者资金直接或间接投资于私募基金的，应当穿透核查最终投资者是否为合格投资者，并合并计算投资者人数。但是，对依法设立并在基金业协会备案的投资计划，《办法》将其视为单一合格投资者，豁免穿透核查和合并计算投资者人数。

值得注意的是，《办法》还对创业投资基金做出了特别规定："享受国家财政税收扶持政策的创业投资基金，其投资范围应当符合国家相关规定。基金业协会在基金管理人登记、基金备案、投资情况报告要求和会员管理等环节，对创业投资基金采取区别于其他私募基金的差异化行业自律，并提供差异化会员服务。中国证监会及其派出机构对创业投资基金在投资方向检察等环节，采取区别于其他私募基金的差异化监督管理；在账户开立、发行交易和投资退出等方面，为创业投资基金提供便利服务。”上述规定充分体现了政府部门对创业投资基金的重视，但是并未详细说明创业投资基金扶持政策，这主要是因为扶持政策的制定实施，需要证监会协调国资委、财税部门等联合进行。

由于《规定》是首次将私募基金纳入监管范围，因此证监会缺乏相关的监管经验，《规定》中只涉及框架性、原则性的规定，而没有细化的监管要求。需要监管部门进一步推进监管工作，在积累了丰富的监管经验之后再进行修改和补充。

南京市也积极支持股权投资基金的发展，出台了《南京市创业投资风险补偿办法》，鼓励创业投资基金加大对科技创业企业的投资力度。

（二）推进市资本市场制度建设

1. 公开上市

从2018年宣布设立科创板并试点注册制以来，我国股票发行制度从过去的核准制向着注册制大步迈进。2019年，科创板在上交所开市，注册制试点正式落地。2020年，深交所创业板开启注册制试点。“十四五”规划和2035年远景目标纲要中提出，全面实行股票发行注册制。在注册制改革逐步推进的背景下，南京市政府在推动当地企业挂牌上市的过程中，应当更加注重理顺市场、企业、政府三者间的关系，既能够通过政府合理引导企业完善自身组织架构，规范企业的管理运作，又要保证企业的自由度，充分发挥市场的导向功能，强化市场的内在约束，不断完善企业挂牌上市的生态环境，积极培育创新型市场主体。

一是推进企业培育库的建设工作，加强对南京市范围内的各家企业的考察，遴选出具有挂牌上市潜力的企业加入企业培育库中，并对入库企业的发展情况进行全面摸底和梳理，打造拟挂牌上市企业梯队。

二是进一步完善对拟上市企业的分类指导工作，推动上述企业在主板、创业板、北交所、新三板市场等挂牌上市。第一，对于行业龙头企业，主要引导其在主板上市，政府的作用主要体现在协调企业上市过程中与证监会、证券交易所等部门以及与证券公司、会计师事务所、律师事务所等中介服务机构上，以推动上市工作的顺利开展。第二，针对行业发展前景较好、处于高速成长期的企业，政府需要引导其向科创板、创业板、北交所上市。把工作重点放在积极推进该类企业的改制重组工作上，整合优质资源，提升企业核心竞争力以满足上市要求。第三，对于规模较小的高新技术企业，政府可以积极引导其在新三板挂牌进行股份流通转让。对该类企业，南京市政府应当重点加强对该类企业的股份制改造工作，提高企业运作的规范性，缓解企业因法人治理不完善、财务规范性差、投资主体单一等带来的对外融资难、发展路径窄、抵御风险能力弱等问题。对于挂牌成功的企业，还可以给予一定的奖励措施，加大对小微企业的政策扶持力度，调动企业挂牌上市的积极性。

三是创新宣传手段，提高企业利用多层次资本市场的积极性。首先，可以充分利用报纸、电视、互联网、移动终端媒介加大对资本市场和扶持政策的宣传力度。其次，可以邀请沪深交易所、股转公司、证券公司等对挂牌上市的基本流程、基本要求等开展相关讲座或是专题培训，加深企业对资本市场的了解。

四是促进市场化的专业服务与政府的行政服务的有机结合，进一步优化对拟挂牌上市企业的服务：如商业银行建立专门的为企业上市提供服务的金融团队，为企业的贷款融资提供专业化服务；证券公司为拟上市企业的上市发行提供服务；会计师事务所负责审计工作；资产评估机构进行企业资产评估等等。

资本市场全面注册制改革是一项系统性的工程，需要整体规划、分步实施。只有如此，市场定价机制才能更加有效，市场的枢纽功能才能更加畅通。实行注册制的三个市场对新一代信息技术产业、生物产业、新材料产业、高端装备制造产业、新能源产业等战略性新兴产业的支持尤为突出，体现出资本市场对以上产业的包容性。应该加快南京本土企业的产业转型升级，为南京培养出一大批领军型的科创企业，打造出优质的资本市场上市主体。科创板、创业板、北交所试点注册制改革在优化发行上市条件上取得突破，将实质性门槛尽可能转化为严格的信息披露要求，提高对企业特别是科创企业的包容性。我国试点注册制以来，发行上市条件的包容性增强，多层次市场的板块架构和功能更加完善。科创板、创业板、北交所试点注册制改革在优化发行上市条件上取得突破，将实质性门槛尽可能转化为严格的信息披露要求，提高对企业特别是科创企业的包容性。针对不同发展阶段、不同行业特色的科创企业，科创板为其“量身定制”了5套不同的上市标准，给企业提供宽松的上市环境。

2. 股权投资

股权投资方面，《私募投资基金监督管理暂行办法》的发布，对创业投资基金的运作和监管做出了特别规定，凸显了创业投资基金的重要性，但是《办法》中并未对创业投资基金监管的具体要求作出明确规定。因此，南京市创业投资基金的发展，应当在现有政策规定的基础上合法、有序运作，充分发挥其对小微企业创业和发展提供资金支持的功能。今后可以进一步完善股权投资政策支持体系，以推动创业投资机构的设立、集聚和发展，壮大股权投资机构群体，加大对科技创业企业的投资与支持力度。

一是优化和实施《关于促进南京市私募股权投资行业发展的实施细则》，通过优惠的政策吸引各类投资机构加大对南京市科技创业项目的投资力度。同时，对于已经投入了资金的企业，要加强对其的考核工作，提高资金利用率和资金回报率。

二是继续发挥政府引导基金的功能，加强与国内领先的创业投资和股权投资综合服务机构合作，聚集、吸引一批投融资机构为南京市科技创业企业提供资金支持。面对南京市上市公司及其关联主体参与对南京企业创业投资、天使投资的情况，政府相关引导基金可优先进行跟投。同时也可以联合上市公司发起设立若干支产业基金、并购基金，创投基金、天使基金以及各类支持本地经济发展的基金，政府相关产业基金和引导基金可优先进行阶段参股，以加大对新兴产业的覆盖面和支持力度。

三是进一步加强人才的培育工作。培育和引进一批高素质、专业化的金融人才负责创业投资基金的投资工作，通过专业化的运作方式提升创业投资基金的投资能力，将推动新兴产业发展、促进科创项目建设的工作落到实处。

3. 要素市场

充分发挥要素的市场功能，需要紧扣规范与发展两大主题，在推动区域要素市场可持续发展上实现新突破。

在区域股权交易所方面，需要找准功能定位，最大化地发挥自身功能。南京市的区域股权交易中心的发展，要明确区域性交易中心的功能定位，避免与全国性股权交易中心功能同质化。要明确为南京市高科技企业和中小企业提供融资交易的功能，致力于解决处于成长阶段的高科技企业和特色中小企业的融资和股份交易问题。要发挥好高新技术“孵化器”的职能，扶持南京市科技创新类中小企业发展，并为风险投资的顺利退出创造条件，实现风险投资扶持科技创新的良性循环。要解决交易所退市企业股份的交易流通，吸收南京市优质企业上市、淘汰劣质企业，提供退市企业的交易服务，拓宽退市渠道，实现资本市场的高效发展。

在要素市场创新发展方面，应依托自贸区南京片区政策优势，以构建重要金融中心为目标，积极争取中央金融监管部门的政策试点支持，充分下放省、市级行政审批及监管权限，依托江北新金融中心打造金融产品、大宗商品、大数据、排放权等要素资源的交易平台，探索监管沙盒模式，以区块链技术为引领，划定一定区域范围鼓励以要素交易为核心的金融创新模式，实现南京要素市场的特色发展。

在文化产权交易所方面，需要进一步加强监管工作。严格执行《江苏省交易场所监督管理办法》的各项规定，采取不定时抽查和实地调研相结合的监管方式，对投资者适当性、客户资金安全等进行监管，严格托管制度、强化信息披露、防范过度炒作，确保交易市场在可控制度内走规范发展之路。

Chapter-8

第八章

金融合作：海峡两岸产业协同发展的金融“润滑剂”

在中国共产党的引领推动下，70多年来特别是两岸隔绝状态打破以来，两岸关系获得长足发展。两岸交流合作日益广泛，互动往来日益密切，给两岸同胞特别是台湾同胞带来实实在在的好处，充分说明两岸和则两利、合则双赢。1978年两岸贸易额仅有4600万美元，2021年增长至3283.4亿美元，增长了7000多倍；大陆连续21年成为台湾最大出口市场，每年为台湾带来大量顺差；大陆是台商岛外投资的第一大目的地，截至2021年底，台商投资大陆项目共计123781个、实际投资额713.4亿美元。[①]

两岸贸易的发展必然带动两岸金融业的深入合作。随着《两岸经济合作框架协议》（ECFA）、《两岸货币清算合作备忘录》以及《关于人民币和新台币业务的清算协议》等协议的签订，不仅在两岸市场准入等方面有了政策支撑，而且人民币和新台币直接结算的渠道得以打通，从而降低了两岸企

①2022年8月10日发布的《台湾问题与新时代中国统一事业》白皮书.

业的货币转换和融资成本，极大地方便了两岸之间的贸易与投资，也为宁台金融合作提供了有利的政策性环境背景。

一、宁台金融合作是双方互利共赢的现实需要

在台湾各界的心目中，南京是一座具有特殊意义、特殊情结的城市。许多台湾金融机构，历史上其总部或重要机构均长期设在南京，这些金融机构的历史根脉系于南京，因而具有浓郁的“南京情结”。这种“南京情结”，是开展两岸产业协同创新和宁台金融合作的特殊资源。

（一）两岸金融合作南京优势

1. 南京在两岸金融合作中的地缘优势

南京是泛长三角经济圈内的中心城市之一，距上海这一国际化大都市约300公里（高铁车程不足两小时），且有发达的立体交通网络相连接，可以很方便地承接上海国际经济、贸易、金融、航运中心的辐射。例如，南京龙潭保税物流中心享受上海的港口对外开放、海关特殊监管和保税优惠政策，承接上海自由贸易区的政策辐射和产业转移。因此，台湾金融机构对南京毗邻上海的区位优势十分关注。

上海也是台湾金融机构布局大陆重点关注的城市。2013年，台湾最大的金融控股公司——台湾金融控股公司就在上海设立台湾银行上海分行（台湾银行由“台湾金控”控股，是台湾最大的商业银行）；2013年，台湾银行上海分行成为新台币在大陆的清算行。台湾的富邦银行（由台湾“富邦金控”控股）、台湾第一银行（由台湾“第一金控”控股）等台湾金融机构纷纷在上海设立合资或独资的分行或其他金融机构。这些台资（合资或独资）金融机构在上海站稳后，必然向长三角和其他地区拓展，南京就成为它们设立分支机构的优先选择城市（之一）。例如，2015年，“富邦华一”银行（台湾富邦银行控股80%，法人总部设在上海）就在南京设立了分行。永丰银行、台新租赁、国旺租赁、永丰金租赁、国泰财险江苏分公司、新光人寿江苏分公司等台资金融机构先后入驻南京河西金融集聚区。

此外，由于台湾金融机构规模不大，加之在上海布局成本高等因素，台湾金融机构更加青睐在上海附近的城市布局发展，这样既便利承接上海国际金融中心的对外辐射，又能获得较低的布局和运营成本。南京的地理位置和城市地位都符合台资金融机构的上述需求。

2021年，江苏全省实现生产总值116364.2亿元，仅次于广东省，位居全国第二，但增速快于广东。南京是国家发改委定位的“全国重要区域金融商务中心”，金融业是南京的重要战略性、支柱产业，金融总量及金融资源占江苏省的25%，2021年南京全球金融中心指数在内地入选城市中排名第8位。金融资源集聚必然产生“1+1＞2”的效应，这是金融发展的重要规律。南京的金融资源集聚功效省内领先，这对于台湾金融机构布局大陆具有很强的吸引力。

2021年，苏台经贸合作继续保持稳定增长，江苏省吸引台资连续18年位居全国前列。一大批台资龙头项目在江苏谋篇布局、深耕发展。江苏也是大陆与台湾经济联系最密切的省份，苏台两地间的贸易额占两岸贸易总额的四分之一以上；台商对江苏地区的累计投资金额占对大陆总投资金额的三分之一左右；省内台资企业占大陆台资企业总数的50%以上，仅苏州市就集中了大陆台资企业的四分之一（截至2020年，在苏台资企业超过1.2万家），产融合作需求旺盛且十分迫切。在江苏的台资已从制造业延伸到金融、旅游和教育等现代服务领域。台资金融机构借助南京的地缘优势，有利于接续和进一步发展苏台两地经贸关系，深化两岸产业合作，就近满足在苏台资企业的金融需求。

南京是长江经济带的枢纽城市，也是连接大陆东部与中西部地区的门户城市。南京可直接联系汉、渝（借助长江“黄金水道”），金融辐射能力可达皖、赣等省。台资金融机构布局南京，有利于直接参与和助力台资产业资本参与、融入大陆“长江经济带”“中部崛起”“西部大开发”等国家级战略，获得巨大的经济和金融利益。

2. 南京在两岸金融合作中的产业优势

南京是近代中国洋务运动是发祥地之一，也是清末率先将军工技术转用于发展民用制造业的城市之一，机器制造业具有较高水平。1949年以后，南京的机械和电子行业双轮驱动，军工和民用制造业比翼齐飞，形成很强的机电一体化产业优势。南京的电子行业一直是其他城市的榜样，南京珠江路电子一条街曾经与北京中关村齐名。近年来，南京电子产业在巩固和提升城市制造业尤其是智能制造优势的同时，转型电子商务，使南京成为“电子商务发展十佳城市之一”。

南京的机械和电子产业具有高水平的核心部件、核心工艺和基础性元器件的研发和制造能力，同时也具有强大的系统集成能力。而台湾地区具有机械和电子产业中间产品的研发和生产优势，宁台两地在通信、电子、石化和装备制造业具有较强的产业互补需求。在这一背景下，南京在宁台产业合作中的优势凸现。此外，在台湾优势出口产业融入大陆供应链过程中，可以直接衍生出供应链金融的发展，从而为宁台金融合作创造新的商机。

由于资源匮乏，台湾青睐于发展资源消耗少、投入小的产业。因此，软件产业和生物科技产业成为台湾发展高新技术产业的优先选项。而南京主城西南部的“软件谷”是大陆最大的通信软件研发基地，截至2020年底，软件谷集聚涉软企业3142家，其中，世界500强及世界软件百强企业18家，中国软件百强、中国电子信息百强及中国互联网百强企业32家，集聚涉软从业人员超过30万人；2020年，实现软件业务收入2170亿元，同比增长20.6%，

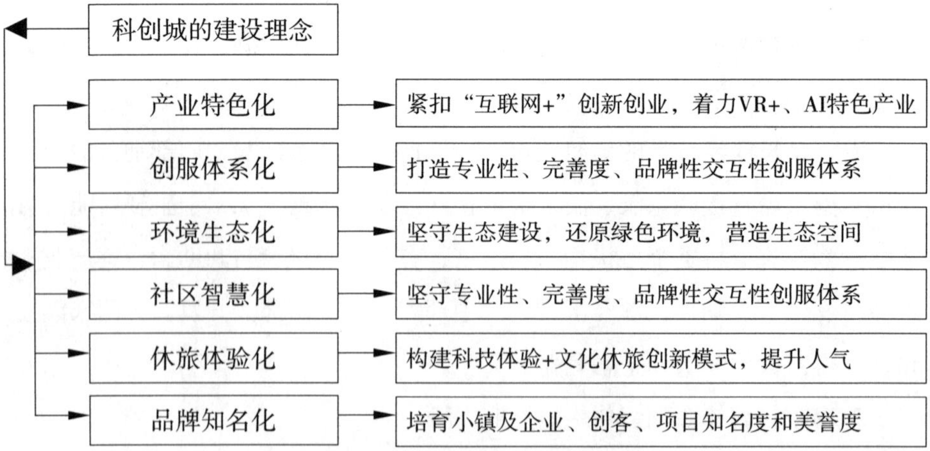

图 8–1　南京科创城的建设理念

占全市比重达36%。南京软件谷的核心区正在打造“互联网+”创新产业基地——占地217亩、建筑面积60万平方米的科创城项目，南京科创城的建设理念如图8-1所示。园区投资数十亿元，聚焦发展云计算、物联网、移动互联网、大数据等产业，旨在打造国内一流超级计算技术研发中心、互联网创业产业拓展基地。此外，南京的生物医药产业发展基础好，自主创新能力强，产业链完整，竞争优势突出，以软件和生物医药为代表的南京高新技术产业优势对于台商具有相当大的吸引力。伴随软件、“互联网+”和生物医药产业发展而衍生出的科技金融，也为宁台金融合作直接提供新的机遇。

南京服务业发展具有悠久历史。近年来，南京的现代服务业迅速发展，第三产业比重大幅提升，2015—2019年，南京市服务业增加值占GDP比重状况，如表8-1所示。2020年全年，规模以上服务业实现营业收入5862.95亿元，比上年增长2.1%，其中高技术服务业、科技服务业营业收入分别增长11.8%、16.5%。南京成为既有很强的制造能力，又具有发达的现代服务业的城市之一。

表 8-1　2015-2019 年，南京市服务业增加值占 GDP 比重状况

项目	2015	2016	2017	2018	2019
服务业占 GDP 比重	57.3%	58.4%	59.728%	62.13%	62%
服务业增加值（亿元）	5646.11	6218.45	6997.22	7965.45	8699.47

数据来源：根据南京市国民经济和社会发展公报整理

南京也是科技和人才高度集聚的城市之一，随着南京电子商务和现代服务业的发展，南京成为最具创新力的城市之一，也是创业环境最佳城市之一。2017—2021年度，南京金融业增加值呈现逐年上涨的趋势，如图8-2所示，南京的金融集聚效应显著。南京的上述产业优势进一步奠定了宁台金融合作的基础。

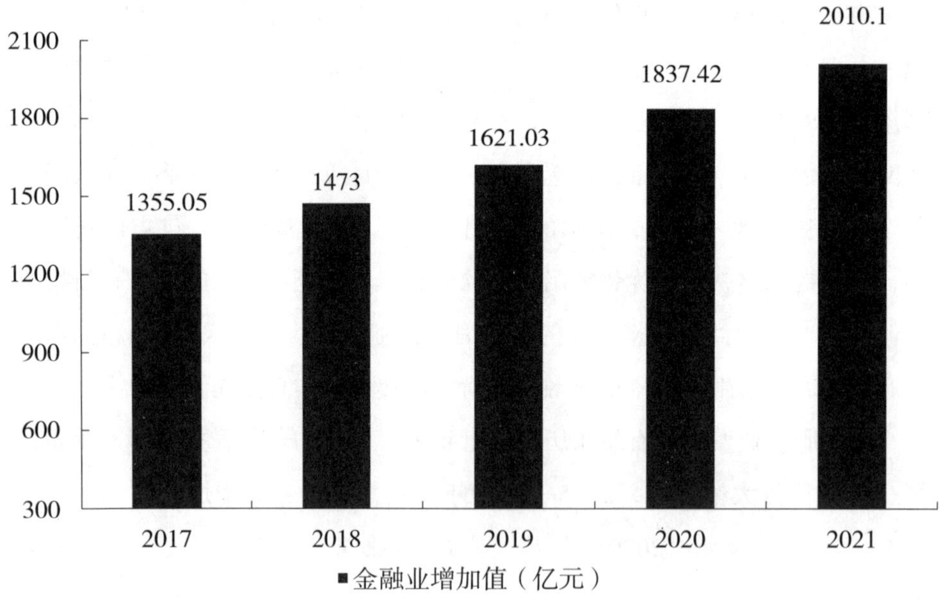

图 8-2　2017-2021 年度，南京金融业增加值增长状况

数据来源：根据南京市国民经济和社会发展公报整理

（二）宁台金融合作的必然性

1. 宁台金融合作是南京打造泛长三角区域金融中心的需要

2002年以来，中共南京市委、市人民政府做出大力发展以金融业为核心的现代服务业，推动城市经济转型发展的战略决策；此后又做出开发建设南京河西新城的战略决策，提出以南京河西金融集聚区建设为起点，打造长三角重要金融中心的战略目标。十多年来，在政府强有力的目标导向和政策推动下，南京金融业迅速发展，金融业增加值占城市（地区）生产总值的比重由不足5%提高到10%以上。“十三五”期间，南京金融业增加值年均增长10.6%，截至2020年末，金融总资产近8万亿元，金融市场规模约占全省25%，城市金融综合实力在全国副省级城市中名列前茅。但是，南京的金融业发展现状与建成区域金融中心的战略目标之间还存在较大的差距，主要表现在：金融集聚与集约发展的层次不高、金融创新的内生动力不足和金融人才培养机制不健全等。为解决这些问题，南京金融业必须加强与境外金融机构的交流与合作，促进金融要素、机构和人才在更宽领域、更深层次参与国

际分工与合作，使本地的金融运行机制和环境逐步与国际接轨。

基于两岸的历史渊源和天然优势，与其他金融机构相比，台湾金融机构前来合作与竞争，更有助于南京打造区域性金融中心。台湾金融机构的市场化改革起步较早，金融市场体系较为完善，金融机构具有较强的国际市场经验和竞争力，而且金融产品与服务更加贴近当地经济发展的需要。台湾金融机构创新能力强，能提供多种金融服务与产品，同时也拥有适应不同市场环境、多样化的盈利模式；台湾地区的资产证券化率较高，资本市场更加成熟，对公众投资者、特别是中小投资者的保护措施比较完备；台湾金融机构“小而精”的特点鲜明，金融市场结构中垄断与竞争相互依存，有机结合，并催生出有效的金融人才培养机制，拥有大量高水平的金融管理与创新人才。开展宁台金融合作，吸引台湾金融机构来宁发展，有利于南京金融机构增强实力、扩展金融业务领域和规模；有利于加快金融要素集聚，引进高素质金融人才，增强市场竞争能力。因此，推动、开展和加强宁台金融合作，是加快南京区域金融中心建设的重要抓手和推动力。

2. 宁台金融合作是推动南京金融业改革创新发展的需要

根据“十三五”规划的要求，我国金融业将顺应国内外经济尤其是金融形势变化，抓住金融改革和开放的历史性机遇，持续推动金融创新与发展，不断增强金融市场功能，更好地为加快转变经济发展方式服务。“十三五”时期，利率市场化、信贷资产证券化、中小企业融资、消费金融等是中国金融业发展和改革的重要突破口。“十四五”规划（2021—2025年）和2035年远景目标纲要，则明确了金融机构对实体企业的支持方向、提出了金融改革的方向、强调了保障金融风险安全的工作方向，提出要构建金融有效支持实体经济的体制机制，提升金融科技水平，增强金融普惠性；完善金融支持创新体系，促进新技术产业化规模化应用；推进金融双向开放。

以往开展的宁台金融合作，为南京金融业的迅速发展注入了强大的动力并提供了机遇。当前，南京市金融业的改革进入“深水区”，面临着前所未有的困难与挑战，亟待通过创新获得新动力和新突破，而持续深入地开展宁台金融合作，是破解南京金融业发展困局、战胜当前金融业面临困难与挑战的有效途径；在特殊条件下和克服某些具体困难时，甚至是一条捷径。

3. 宁台金融合作是推动南京经济转型产业升级的需要

（1）宁台金融合作是推动南京制造业转型升级的需要

随着我国经济进入“新常态”，同时通过推进高水平金融双向开放支持双循环，南京的产业结构面临着转型升级的迫切需要。推进宁台金融合作，将为南京产业结构的转型升级注入新活力，提供新机遇。

南京具有强大的加工制造能力和坚实的机电一体化基础，但南京的加工制造能力并不像东莞、无锡、苏州等城市那样突出，南京制造业的潜在优势一直未能充分发挥。当前南京制造业与那些号称“制造之都”的城市一样，面临转型“智能化”的挑战与机遇。2011年，台湾鸿海集团提出“机器换人”的设想，计划到2020年，在富士康工作的机器人达100万台以上，真正建成无人工厂，富士康工厂自动化率要达到30%。江苏、广东等省在智能设备制造和使用上领先于全国其他地区。但时至2021年，在核心工艺上，富士康的生产线依然依赖大量人工进行组装，虽然实现部分机械臂，但与“百万机器人”“完全自动化”还相距甚远。智能制造的精度问题以及机器人工艺程序的缺乏问题，使关键工艺流程和制造业环节仍然有一定滞后性。它成为转型升级过程中面临的困境，也是整个制造业在转型过程中的困境。2018年11月28日，鸿海集团京鼎南京半导体产业基地暨半导体设备制造项目正式落户南京。该项目总投资额20亿元，占地426.5亩，拟打造以半导体高端设备为主的智能制造产业园，业务涵盖半导体高端设备、智能制造、整机及零部件研发生产。

在制造业智能化浪潮扑面而来的时代，南京既有开发研制智能制造加工设备的基础，又有就近运用智能化设备、实施“机器换人”的加工制造空间。随着“机器换人”计划的实施，南京一大批制造业企业尤其是中小加工制造企业将以“弯道超车”的方式跳过“代工产业发达”的历史阶段，直接进入自主研发、创新和制造，拥有“自主品牌”和产品定价能力的崭新发展阶段。

中小企业是加快产业结构调整的重要基础，是促进自主创新的生力军。

南京制造业的转型升级，必须得到金融的强有力支持。通过宁台金融合作，可以探寻解决南京制造业尤其是中小型加工制造企业融资难的途径，推动南京地方经济的供给侧改革。

台湾地区98%的企业为民营中小企业，台湾金融机构有着为民营中小企业服务的优良传统。在台湾，专门以民营中小企业为服务对象的银行机构众多，它们的从业经验丰富。台湾的银行业、证券业、保险业和金融租赁业在为民营中小企业贷款融资、证券融资、提供保险服务和租赁服务方面具有较高的业务水准。通过宁台金融合作，引进台资金融机构服务民营中小企业的经验和模式，有利于探索解决民营中小企业融资难这一金融难题，推动南京银行业率先转型，拓展金融业务的发展空间。

此外，信用保险制度在解决台湾中小企业“融资难、融资贵”这一难题上发挥了重要作用。台湾的信用保险制度的主要内容是，以地方政府出资为主、融合金融机构资金和社会资金组成信用保险基金，为中小企业融资提供担保。一旦商业银行或其他金融机构对中小企业的贷款出现损失，由信用保险基金和有关金融机构分摊损失。这项制度有效地降低了金融机构为中小企业融资的风险。地方政府以信用保险基金为杠杆，撬动更大规模（数倍或更多）的金融资本注入实体经济中最具活力的中小企业，帮助中小企业发展壮大。这项制度成为台湾地区经济结构中中小企业占绝对优势并蓬勃发展的重要原因。开展宁台金融合作，有利于南京引入或借鉴台湾的信用保险制度，解决南京中小企业发展过程中始终存在的“融资难、融资贵”的顽疾。

南京现有7000多家台资企业，在省内，南京的台资企业数量仅逊于苏州，位居第二。截至2020年末，南京市累计批准台资项目达到3309个。南京成为台资企业布局大陆、开拓市场的前沿基地和重要窗口。与国内其他地区的台资企业一样，南京的台资企业也以中小企业为主，并且普遍面临着融资渠道少、融资成本高、融资条件差等一系列困难，这些困难需要也可以通过深化宁台金融合作来解决。

（2）宁台金融合作是扩大南京内需、推动南京消费升级的需要

南京不但是制造业发达的城市，也是一个消费需求旺盛的城市。南京消

费型城市的历史比制造业发达的历史还要长，南京新街口商业区曾拥有“中华第一商圈”的桂冠。在当前产业结构转型升级的背景下，扩大内需，尤其是扩大消费已成为南京地区经济增长的重要推动力，大力发展消费金融势在必行。2013年，南京被确定为国家试点消费金融公司的10个试点城市之一。开展宁台金融合作，将会有力地推动南京消费金融的发展，拉动南京地区的需求和消费升级。

（3）宁台金融合作是做强做大南京金融业的需要

2000年以来，南京金融业增加值占城市（地区）生产总值的比重由不足5%提高到10%以上，保持持续增长状态，金融发展有效地促进了地区经济发展和经济结构的优化。但是，南京的金融业发展现状与建成区域金融中心的战略目标之间还存在较大的差距。

开展宁台金融合作，将有力地促进南京地方金融机构的迅速壮大。金融控股公司是现代大型金融机构组织结构改革的重要发展方向。台湾地区自2000年起，开启了金融控股公司改革进程，历经12年，完成金融控股公司改革，形成16家金控公司寡头垄断的金融市场格局，16家金融控股公司共有90多家子公司，其中银行16家、保险公司10家、证券商18家。因此，台湾金融控股公司改革走在世界前列。当前，南京市地方金融机构的发展与改革、地方产业资本与金融资本的融合，也需要组建地方金融控股公司或地方产业金融控股集团。开展宁台金融合作，有利于南京地方金融资本与产业资本借鉴台湾金融控股公司改革经验，加速打造集产业资本与金融资本为一体的地方产业——金融控股集团。

4. 宁台金融合作是台资金融机构开拓大陆市场的需要

2010年《海峡两岸经济合作框架协议》（ECFA）的签字生效，打开了两岸金融合作的新空间。台湾金融机构希望抓住这一历史性机遇，加快赴大陆布局与发展的步伐。

大陆金融市场“满地都是黄金”，这已经成为台湾金融机构的共识和抢滩登陆大陆市场的强大动力。台资银行希望尽快获准在大陆设立分行，参股大陆银行；台资金融企业还希望尽快获准开展人民币金融业务。台湾金融机构认为，人民币币值稳定，大陆经济地位不断提升，经营人民币业务潜力巨大。

台湾银行业清楚地看到，大陆贷款需求旺盛，尤其是中小企业融资难问题突出，其中孕育着巨大的商机；2004—2011年，大陆银行业存贷平均利差为3.27%，而同期台湾地区仅为1.84%。2012—2014年，大陆银行业存贷款实际利差和资本收益率一直高于台湾地区银行业2—3个百分点。台湾银行业确信，来大陆开办银行业务，发展空间巨大，盈利空间可观。

台湾证券业和保险业也希望大陆增加核准台资合格机构投资者（即QFII）的数量和投资额度，以便它们加快进入大陆证券和保险市场。

在传统的银证保行业之外，台湾金融机构也具有明显的业务和经营优势，台湾金融机构希望凭借这些优势在大陆非传统、非主流金融领域（如租赁、信托、票券、托管、资管、创投、网络金融、金融咨询、金融中介、金融法律服务等类金融、新金融和准金融领域）一展身手。

台湾金融机构看好大陆金融市场，它们最大的愿望就是加快速度进入大陆金融市场，而不愿让外国金融机构抢占先机，不想被迅速成熟壮大的大陆金融机构甩在身后，更不想被早已进入大陆的数万家台资企业边缘化。

台湾金融巨头认为，大陆市场庞大，而且台湾金融机构的从业者拥有语言和文化方面的天然优势，虽然与外商以及部分民营银行比起来，进度晚了一点，不过目前大陆还在发展，成长很快，新富裕阶层正在不断壮大，企业金融和财富管理业务的发展空间巨大，因此他们提出了“深耕台湾金融，迈向大陆市场”的愿景。围绕上述愿景，台湾地区各个金控公司制定了一系列赴大陆发展的战略和策略。

此外，台湾金融界认同南京在两岸金融合作中的独特地位与优势，纷纷将南京作为其实现上述愿景的落脚点之一，将宁台金融合作视为“深耕台湾金融，迈向大陆市场”的重要支撑。

5. 宁台金融合作是深化两岸经贸交流与合作的需要

2010年《两岸经济合作框架协议》（ECFA）签署以来，两岸经贸往来迈入新的发展阶段，两岸贸易和投资向着正常化、便利化、国际化的方向迈进，已经形成了唇齿相依、相互促进的良好局面。

两岸货币清算机制的建立，进一步扩大了两岸货币的双向兑换规模；两岸银行、证券、保险监理合作平台的搭建，有利于加强两岸金融监管合作，维护两岸金融市场的稳定，为两岸金融业务的开展提供便利和监管保证；两岸金融机构加强交流与合作，共同应对国际金融风险和危机。经过不懈的努力，两岸金融交流与合作的基础日趋牢固，两岸金融机构互设和货币互通形势喜人，两岸金融业务往来规模稳步攀升。深化两岸金融合作，可以打通两岸融资渠道，提高两岸金融机构的工作效率和服务水准，为两岸间贸易、投资和人员往来提供融资、结算、汇兑、咨询和保险等金融支持与服务。由于两岸金融直接往来起步较晚，其规模与结构难以满足两岸经贸往来的现实需要。推动宁台金融合作，引进台湾地区的优质金融资源，能充分发挥南京区域金融中心的辐射功能，使之在深化两岸经贸交流与合作过程中发挥重要作用。

二、宁台金融合作已经取得的成果

南京在两岸关系发展中具有特殊的意义。2005年4月，时任中国国民党主席的连战以南京为起点，开始了“两岸破冰之旅”。除此之外，南京还是一些重要协议的签署地。因此，南京是大陆为数不多的几个具有两岸关系风向标意义的重要城市之一，也是两岸关系和平发展的“吉祥地”和“见证地”。

2009年4月26日，海协会、海基会在南京签署《海峡两岸金融合作协议》和《两岸金融监管合作谅解备忘录》，建立了两岸金融合作框架，由此拉开了两岸金融“直航”的序幕。

2010年，“两会”（海协会、海基会）又在南京签订《两岸经济合作框架协议》（ECFA），为两岸市场准入、金融监管等提供了具体的政策框架。“ECFA”为2012年《两岸货币清算合作备忘录》和2013年《关于人民币业务的清算协议》的相继签署创造了前提条件。

（一）宁台金融创新合作模式

南京市通过贯彻中央对台工作的大政方针，牢牢把握两岸关系和平发展主题，贯彻江苏省委打造对台交流合作“四个新高地”的政策部署，即台资企业产业集聚新高地、台资企业创新发展新高地、台资企业环境新高地以及两岸交流交往的新高地。南京对台经贸合作以及宁台金融方面，在高平台上保持平稳发展，宁台金融、文化、科教、旅游、农业等各领域交流合作不断深化。南京在打造宁台交流合作的新高地的同时，也在构建符合南京特色的宁台金融创新模式，如图8-3所示。

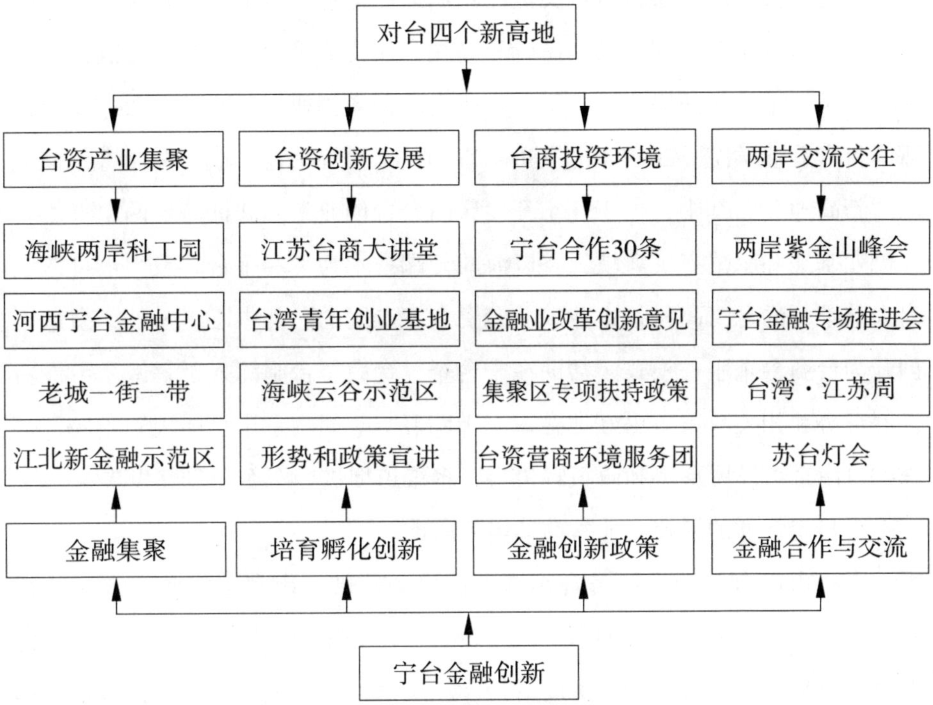

图 8-3　宁台金融创新总体模式

1. 台资企业产业集聚新高地

利用南京海峡两岸科技工业园独特的区位优势、科技优势、资金优势和政策优势、长三角地区的“硅谷”优势。南京海峡两岸科技工业园是面向台湾企业投资的国家级窗口，已经初步形成台资企业集聚的新高地，集聚31家台资企业。围绕南京（河西）金融集聚区、新街口金融商务区和江北新区新金融示范区建设，吸引和支持境内外各类金融机构来宁发展，重点引进台资金融机构法人总部和区域总部。

2. 台资企业创新发展新高地

2018年，围绕台企发展中的难点问题和台胞工作生活中的痛点问题，江苏省台办创新打造“江苏省台商大讲堂”。南京还充分利用“台商大讲堂”助力台企创新发展，“链接全球资源，携手产业创新”。南京海峡两岸科技工业园众创码头、伊诺光点创梦基地，致力于优化两岸青年和大学生创新和创业对口交流机制，将两岸最新政策、发展、技术与市场信息等进行书面通报与交换，通过整合资源交流、定向创新培育，打造两岸青年才俊共同创业、生活的年轻空间以及两岸青年高端合作交流平台，“伊诺光点创梦基地”更是一个集成两岸资源、资金与咨询的创新创业加速服务平台。江宁打造了台青创业学院（2017年成立）、青创种子村等平台，成为两岸青年交流的“新高地”。其中，位于江宁开发区的台青创业学院获评海峡两岸青年就业创业基地和示范点。海峡云谷以海峡云端技术为尖端平台，致力于打造成为大陆唯一的台湾高科技企业以及台资企业专属的总部中心。另外，南京市创新为台商台企服务模式，帮助在宁台企、台商、台胞深入了解南京市最新发展形势和相关政策，更好地融入“十四五”时期南京市总体规划布局，举办2021南京市发展形势和政策宣讲会，多渠道促进台资企业创新发展。

3. 打造优质的台资企业营商环境新高地

南京市以海峡两岸经济合作框架协议为基础，出台了宁台合作30条新政，涉及金融服务、科技创新交流、贸易合作等多个领域，以全面推进宁台经济、贸易和投资合作的“深度对接”。南京市政府关于全面深化金融改革创新发展的若干意见，明确构建宁台金融创新合作平台，在河西南部地区规划建设“台湾金融中心”，努力打造两岸金融业机制体制创新区、台湾金融机构开拓大陆金融市场的重要基地、台湾金融机构布局大陆的重要载体。出台南京（河西）金融集聚区发展专项扶持政策，强化南京（河西）金融集聚区在南京金融产业布局中的核心地位，积极推动全市金融业集聚发展。南京市成立台资企业营商环境服务团，着力构建“4+2”台商服务体系，即台商法律咨询服务团、台商金融咨询服务团、台湾青年实习就业服务团、台资企业营商环境服务团4个专业化服务平台，以及南京麒麟工业园、江北新区2个台商服务分中心。南京市台资企业营商环境服务团的成立，标志着“4+2”台商服务体系正式建立。通过以上举措，南京市全方位打造台资企业的投资政策环境体系。

4. 两岸交流交往的新高地

海峡两岸企业家紫金山峰会，已成为由两岸企业家共同倡议发起的最具权威性、开放性、互动性与务实性的高端经济交流盛会。南京利用“海峡两岸企业家紫金山峰会”、峰会金融专场、台湾·江苏周活动、苏台灯会等海峡两岸交流活动，构建了对台交流合作政策支撑的长效机制，在海峡两岸产生了积极影响。南京市整合资源，吸引台资金融业集聚发展，积极推动台湾金融机构广泛参与“南京金融城”建设，引导台湾金融业集聚发展，把先进的金融管理理念和经验带到南京；搭建平台，合力推动对台金融合作，充分利用举办“海峡两岸企业家紫金山峰会”的平台，推动对台金融合作，举办了宁台金融合作专场推进会，推介南京金融城建设及支持金融业发展的相关政策；构建机制，加强宁台金融机构及人才交流，加强金融信息共享、人才培训合作，推动两地金融界信息沟通制度化、常态化，加强金融人才教育培训交流，汇聚更多台湾高层次金融人才来宁发展，充分释放台湾金融机构精细化管理、模式创新和南京金融业跨越发展的叠加优势，共同分享南京金融业发展巨大商机，为促进两岸经济发展发挥更积极的作用。

（二）搭建海峡两岸交流平台

2008年，在中共江苏省委、省政府和中共南京市委、市政府的大力支持下，首届“海峡两岸企业家紫金山峰会”在南京举行。首届紫金山峰会的主题为“海峡两岸经贸合作与发展前景展望”。会议决定，今后每年举办一次“海峡两岸企业家紫金山峰会”，将峰会举办地永久性设在南京。

首届紫金山峰会对于推动《海峡两岸金融合作协议》（2009）、《两岸金融监管合作谅解备忘录》（2009）和《两岸经济合作框架协议》（ECFA，2010）的签订发挥了直接的推动作用。以后的紫金山峰会对于

《两岸货币清算合作备忘录》（2012）和《关于人民币和新台币业务的清算协议》（2013）的签订，也发挥了直接或重要的作用。从而使海峡两岸企业家紫金山峰会含“金”量与日俱增。

鉴于紫金山峰会在推动两岸关系（尤其是推动两岸经贸和金融发展）中发挥的特殊作用，自2012年起，峰会提档升级，成为以两岸企业家为主体，以汇聚企业家智慧、加强对话交流、深化产业合作为特色，最具权威性、开放性、务实性的两岸经济界高端交流合作平台。这是两岸首个以企业家为主体、聚焦两岸产业合作的机制化论坛，也是继“两岸经贸文化论坛”“两会商谈”“海峡论坛”之后两岸间第四个高端对话平台。

在2012年紫金山峰会上，与会企业家共同倡议成立峰会理事会并被采纳。

2015年两岸企业家紫金山峰会于当年11月初在南京举行。来自海峡两岸的850多位企业领袖、工商团体负责人、中小企业家及财经学者参加了会议。这次会议围绕“创新合作模式，促进产业融合”主题，针对多项具体议题进行深入交流。在这次峰会的宏观经济、能源石化装备、金融、信息家电、成长型和中小企业、文化创意、生物科技与健康照护7个产业合作推进小组举办专题论坛或分论坛，达成一系列合作成果和意向。

“2019年两岸企业家紫金山峰会”于当年11月4日在南京开幕。峰会自成立以来，持续推动两岸工商界交流对话、密切对接，为促进两岸经济交流合作、推动两岸关系和平发展发挥了积极作用，本届峰会年会以“深化融合发展打造共同市场”为主题。本届峰会成果丰富，两岸企业在农业、能源、电子、医药、金融、智能制造、文创及服务业、中小企业等领域达成一系列合作协议。

2020年11月11日，2020两岸企业家紫金山峰会创新发展研讨会在江苏省南京市举行。两岸企业家围绕“新基建、新愿景、新商机”主题，探讨在“双循环”新发展理念下，帮助台资企业把握大陆经济发展新脉动，融入大陆产业链、供应链，投入新基建蓝海，深化与大陆企业合作，实现更好发展。这些充分说明，两岸经济交流融合的大势任何力量都压制不住，两岸民众同根同源的文化纽带任何力量都切割不断，两岸各界扩大深化交流合作任何力量都阻挡不了。

2021年12月7日，2021两岸企业家紫金山峰会在南京成功举办。本次峰会以“把握新格局，共享新机遇”为主题，在南京市和台北市分设主会场，500多位两岸嘉宾以视频连线方式参会。

南京市充分利用“海峡两岸企业家紫金山峰会”的“东道主”身份，推动对台金融合作。在几次峰会期间，南京市举办宁台金融合作专场推进会，邀请一批台湾地区金融界巨头参会，向台资金融机构介绍ECFA实施以来宁台金融合作的情况，宣传推介南京金融发展的环境和相关支持政策。

（三）台资金融机构布局南京

《两岸经济合作框架协议》（ECFA）签订后，南京市政府下发《关于进一步深化宁台合作的若干政策意见（[2010]164）》，出台了包括加强宁台金融服务合作、科技创新交流、贸易合作等涉及多个领域的30条优惠政策，提振了在宁台商投资和发展的信心。南京市政府还先后出台了《关于进一步加快全市金融业改革创新发展的若干意见（[2011]73）》、《河西金融集聚区发展专项扶持政策实施办法（[2008]148）》等政策措施，进一步改善了宁台金融合作的环境政策。

2010年，ECFA签署后，两岸金融合作“开闸”，一批台湾金融机构涌入南京，宁台金融合作应运而生。

2011年7月，台新融资租赁（中国）有限公司开业，注册资本额为2000万美元，公司总部设立于南京河西，这是“台新金控”在中国大陆开设的第一家子公司，也是进入南京的第一家台资金融企业。台新融资租赁（中国）有限公司主要从事各类机械、办公设备等动产的融资租赁及汽车融资租赁业务。台新融资租赁法人总部扎根南京后，又在天津、苏州等地设立了多家分公司，继续扩展其在大陆的业务。

2011年9月，台湾“永丰金控”旗下的公司“永丰银行”和“永丰金融租赁”分别在南京设立代表处和子公司。这是台湾的银行业首次进入南京市场，也是台湾金融机构首家以全平台服务的方式进军南京。

“台新融资租赁”和“永丰金融租赁租赁”进入南京，标志着台商在南京的投资项目从制造业、服务业向金融业拓展，这是宁台金融合作的一次重要突破。此后，包括“国泰金控”“富邦金控”“兆丰金控”“第一金控”等多家台湾金控公司在内的20多家台资金融机构布局南京。2014年3月13日，台湾永丰银行（中国）有限公司在南京成立（即原“永丰银行”南京代表处转为法人银行），注册资本金20亿元人民币。成为首家在大陆设立法人总部的台资独资银行，其引领和示范意义十分重大。

“永丰银行（中国）”法人总部在南京设立之后，台湾地区其他金融控股公司表现出强烈的跟进欲望，纷纷准备在宁设立金融机构。台湾富邦金融控股公司决策，“富邦华一银行”（由台湾“富邦金控”旗下的“富邦银行”控股80%）申请在宁设立分行。2014年12月，中国银监会银监复[2014]993号文批准“富邦华一银行”设立南京分行。2015年10月23日，“富邦华一银行南京分行”对外营业。

2017年9月18日，彰化商业银行（中国）有限公司（属台新金控）正式获得中国银监会批准筹建，注册地在南京河西CBD，这是第二家在南京设立的台资法人银行。2018年11日，台湾彰化银行大陆法人子行，也是大陆第5家台资法人银行——彰银商业银行有限公司在南京正式开业，南京分行同步开业。

（四）建设宁台金融合作载体

1.较早开办两岸货币直接兑换业务

2010年《两岸经济合作框架协议》（ECFA）签订后，南京市抢抓ECFA机遇，积极承接台湾金融产业的转移，在大力引进台资金融机构、促进两岸货币兑换便利化、加强两地金融人才交流等方面率先取得突破，多措并举打造对台金融合作先行区。

2010年11月，南京市地方金融监督管理局向国家外汇管理局提出在南京开通人民币和新台币双向兑换试点的申请。2011年5月，这项两岸金融合作试点在南京落地，促成宁台两地金融机构密切合作，共同为台资企业转型升级提供融资支持。

2012年10月，两岸货币清算合作备忘录正式生效，中国银行台北分行负责向台湾提供人民币，台湾银行上海分行负责向大陆提供新台币，解决了困扰多年的货源供应问题，为两岸货币兑换提供了制度、机构保障，架设起货币流通的高速路。2013年起，台湾地区所有外汇指定银行（DBU）均可开办人民币存贷款、汇款、兑换业务。

2. 高标准开发建设宁台金融合作示范载体

2010年以来，南京市政府下发《关于进一步深化宁台合作的若干政策意见》（试行），出台了包括加强宁台金融服务合作、科技创新交流、贸易合作等涉及多个领域的30条优惠政策，提振了在宁台商投资和发展的信心。南京市政府还先后出台了《关于进一步加快全市金融业改革创新发展的若干意见》《河西金融集聚区发展专项扶持政策实施办法》等政策措施。明确要进一步抢抓ECFA机遇，加强两地金融交流合作，改善了宁台金融合作的环境政策，推动南京金融业的创新发展。

南京市在河西开发建设过程中，整合资源，在河西CBD二期核心地段建设“具有国际水准、地标性金融机构集聚区”——南京金融城。南京金融城位于河西新城的中轴线上，嘉陵江东街以南、雨润大街以北、东至庐山路、西至江东中路，紧邻地铁1、2号线，与南京国际博览中心隔街相望。该项目占地约8万平方米，第一期建高层和超高层建筑10栋，总建筑面积约74万平方米（其中地上建筑面积约52余万平方米，地下建筑面积约22万平方米），总投资约84亿元人民币。

南京金融城充分借鉴了国际顶级金融中心开发建设的成功经验，着力完善高端功能配置和公共支撑平台。在重点吸引高级金融机构（法人总部、营运总部、区域总部或一级分支机构）入驻的基础上，积极引进各类金融服务机构、金融交易市场、金融监管机构、创投机构入驻，形成现代金融工具和产品集聚、金融服务功能完整配套的金融重点高地，充分满足金融企业及其客户的各种业务需求。

在南京金融城开发建设中，精心打造宁台金融合作的示范载体：一方面积极吸引台湾地区银行、保险、证券、期货及金融控股集团等参与“南京金融城”建设；另一方面将规划部分面积作为宁台金融合作创新实验区，引导台湾金融机构入驻和集聚发展，为两岸金融业深度合作“探路”；此外，在河西南部地区规划建设“台湾金融中心”，打造两岸金融业机制体制创新区、台湾金融机构开拓大陆金融市场的重要基地、台湾金融机构布局大陆的重要载体。

2015年，南京金融城一期已经基本建成，并将高达46层、建筑面积60000多平方米的4号楼作为台资金融机构集中办公楼宇，该楼宇作为在南京金融城构建宁台金融重点高地的主要建筑载体。

2020年，金融城一期全面竣工。金融城二期西区A2、A3楼业主入驻办公，东区完成基坑大底板浇筑、出正负零，进行主体结构施工。

3. 打造“一街一带”都市金融圈新格局

在以南京新街口为中心的都市金融圈中，“一街”是指“中山路—中山南路—洪武路”金融街区；“一带”是指以白下路为轴线的金融产业集聚带。“一街”与“一带”构成了南京原有的都市金融圈“旧枝新芽”式发展的两大支点；成为南京都市金融圈吸引和集聚台湾金融资源的“黄金宝地”和推动宁台金融合作腾飞的两只翅膀。

2000年以来，南京市积极调整原有的都市金融商务圈布局、修缮民国金融街区，吸引台资金融机构入驻。南京市十分重视巩固和提升“中山路—中山南路—洪武路金融街区”的品牌优势，依托中山东路“民国建筑一条街”，努力向南北双向拓展，精心打造“中山路—中山南路—洪武路”金融街区和“白下路金融产业集聚带”，提升其集聚金融资源的能力和层次。

新街口是中山路（金融街）、中山南路（金融街）和中山东路（民国建筑一条街）的交汇点，“中山路—中山南路—洪武路金融街区”以新街口为轴心，向南北两翼延伸。在这里，不仅汇聚了金融机构的重要营业机构，还聚焦了“未来银行”“智能银行”等能够展示南京金融业发展未来的金融机构，从而使南京老城区内的金融集聚街区的集约水平进一步提升。

如今，南京市中山南路（洪武路）街区已经具有重要金融机构（含总部机构）聚集的基础，沿线现有人民银行南京分行、江苏省银监局、中行省级分行、农行省级分行、建行省级分行、杭州银行，以及南京国际金融中心等重要金融机构和载体，是江苏省内最密集且入驻金融机构层次最高的金融集聚街区，对台资金融机构具有很强的吸引力。2015年，富邦华一银行南京分行落户南京新街口洪武路金融街区。

由于“中山南路（洪武路）金融街”的入驻金融机构基本饱和，南京市、区两级政府努力向南北双向拓展。南线以新街口为起点，在中山南路沿线置换非金融集聚地块（如原万里皮鞋厂、老商检局大楼、电线电缆厂、市建筑设计院、省交通规划院等地块），进一步提升“中山南路（洪武路）金融街”集聚金融资源的能力，吸引金融机构入驻。重点引进外资（包括台资）金融机构及知名投资机构、金融服务外包机构、金融中介机构和高层次金融人才，丰富中山南路（洪武路）金融街区的金融业态，引导南京金融业最著名的“一街”沿中山南路由北向南开拓发展。北线仍以新街口为起点，沿中山路向北发展至广州路，其中以中山路为轴心，沿长江路和华侨路密集分布金融机构的业务网点，从而使中山南路金融街向北延伸。

南京市在老城区布局调整中以白下路为轴线，打造都市金融圈新的金融产业集聚带。依托江苏银行总部大厦、弘业期货大厦、省商检大厦等，培育南京金融要素市场，建设区域性金融衍生品交易中心、产权交易中心，以及区域结算中心（江苏省金融票据中心）和支付中心。

依托东方国际金融大厦、斯亚财富中心场地和机构等，吸引台资金融机构、金融中介机构和金融服务外包机构入驻。

南京老城区都市圈内“一街一带”的调整改造和出新，丰富了宁台金融合作示范载体建设的内涵，也为全面深入推进宁台金融合作创造了基础性条件。

（五）宁台金融合作交流紧密

2010年7月，南京市组织金融考察团赴台交流，成为ECFA签署后大陆第一个赴台交流的金融组团。2011年，南京市再次牵头组织了由江苏银监局、江苏保监局、工商银行江苏省分行、南京银行、紫金集团等单位组成的赴台金融考察团，考察团在台考察期间与台湾金融界签署了8项协议，涉及银行、保险、证券、租赁及货币经纪等领域，总投资近23亿元人民币。

2010年以来，台湾金融机构对宁台金融合作表示了极大的关注和兴趣。台湾地区16家金融控股公司中有14家通过多种方式与南京政商两界联系，探讨在南京布局发展的可能性；台湾地区86家独立于金融控股公司之外的金融机构也采取了不同方式调研来宁开展金融业务的可行性。

早在2010年，首届苏台灯会就分别在南京夫子庙和台湾嘉义成功举办。南京市在“办好灯会，增进宁台交流”上作了积极且富有成效的探索，为开展宁台金融合作进行了必要的文化铺垫。2015年2月11日至3月15日，第五届苏台灯会分别在南京和台中举办。通过两地灯会互展的营销模式，进一步弘扬中华民族优秀传统文化。南京有关部门抓住举办这次灯会的契机，向台湾同胞和有关方面宣传南京的旅游文化资源、商贸投资环境和金融合作商机。

加强金融信息共享、金融人才培训合作，是宁台金融合作交流的重要内容。2012年以来，宁台两地金融界信息沟通和培训呈现制度化、常态化和多样性的特点。南京市地方金融监督管理局每年组织的小微企业赴台湾地区金融研训院培训。紫金集团、南京银行、南京证券等地方金融机构也多次派人赴台开展业务培训、参观见学、项目考察等涉及金融业务的培训和交流活动。

2008年以来，南京大学与多所台湾地区高校建立了金融教学合作关系，双方互派金融学者赴对方学校讲学，互派金融专业学生来对方学校学习。南京大学商学院多次组织金融专业EMBA学员赴台考察，许多EMBA学员在赴台考察过程中与台湾地区有关方面或人士达成合作意向，其中许多合作意向涉及金融业。此外，南京大学商学院还为台湾培养金融学博士生5人，硕士生10多人。

2013年，南京亚太金融研究院在宁成立，首届亚太金融高层论坛同期在宁举行。南京亚太金融研究院由南京麒麟科技创新园、江苏省高投、紫金创投、香港北威国际集团、南京大学共同出资组建，委托北威国际集团规划营运，主要专注于整合金融专业知识，搭建专业平台，提供多元化金融进修通道，推动金融教育普及化，培养高端金融人才。该研究院在运营中更加关注南京科技金融发展，积极引入高阶金融培训项目，整合更多的培训资源和成果落户南京的有关园区。南京亚太金融研究院设立以来，每年都举办数次甚至更多的高端金融培训交流活动，为推动宁台金融合作提供了大量高端的智力、信息、交流、项目和人才资源。通过上述人才教育和培训交流，吸引更多台湾高层次金融人才来宁发展，充分释放台湾金融机构精细化管理、商业模式创新和南京金融业跨越式发展的叠加优势，共同分享南京金融业发展巨大商机，推动宁台金融合作深入发展，为促进两岸经济发展发挥更积极的作用。

2014年8月，南京市制定出台了《关于全面深化金融改革创新发展的若干意见》，其中提出构建宁台金融创新合作平台，加快在宁“台湾金融中心”建设，助推2020年成为泛长三角区域金融中心等。目前南京已成为北京、上海、厦门等地之后，又一个开通新台币与人民币双向兑换业务试点城市。

三、宁台金融合作未来展望

2019年1月2日，习近平总书记在《告台湾同胞书》发表40周年纪念会上的重要讲话，为新时代两岸关系发展指明方向。南京将全面贯彻新时代党解决台湾问题的总体方略，坚持一个中国原则和“九二共识”，坚决粉碎“台独”分裂图谋，坚决遏制外部势力干涉，持续推动两岸关系和平发展，勇于探索两岸融合发展新路，积极引导台胞台企融入新发展格局。

在新时代，南京将通过以下举措进一步加强宁台金融合作：

（一）利用平台推进深度合作

2021年12月7日，两岸企业家紫金山峰会在南京成功举办。本次峰会以“把握新格局，共享新机遇”为主题，在南京市和台北市分设主会场，500多位两岸嘉宾以视频连线方式参会。南京是海峡两岸企业家紫金山峰会的举办地，这一峰会已经成为两岸交流的四大平台之一。南京应充分利用这一“地利”优势，在倾力协助办好紫金山峰会的同时，尽可能通过这一平台发出“南京声音”，反映“宁台金融合作的发展要求”。例如，通过紫金山峰会呼吁设立以苏台经贸合作和宁台金融合作为特色的南京自由贸易区；在短期内单独设立南京自贸区有困难的情况，通过紫金山峰会呼吁将上海自贸区对台金融开放与合作的政策扩大到南京；通过紫金山峰会呼吁有条件地允许宁台金融合作重点高地（南京河西金融集聚区或南京金融城，海峡科工园）内的金融机构或制造企业通过离岸贷款、发行债券、发行股票等形式吸收台资，甚至允许有条件的企业收购台企的股权、其他金融资产或非金融资产；通过紫金山峰会呼吁允许有条件的地方商业银行和其他金融机构在台湾地区设立分支机构，并将南京银行等南京地方金融机构列入首选，以此丰富宁台金融合作的内涵。

（二）依托载体争取先行先试

江北新区开发建设上升为国家战略后，南京市应充分利用这一有利条件，争取在江北新区先行先试更加开放的金融政策，包括更加开放的宁台金融合作政策。对于在江北新区或南京海峡科工园注册并实际经营或投资的台资企业集团，允许其成员单位之间跨境办理新台币或（各）人民币借贷款业务。台资企业集团成员或其跨境供应链核心成员之间办理的贷款或借款业务，利率和借贷期限由双方商定。

区内企业开立一般存款账户，专门办理跨境借款或放款项下的资金收付。该账户实行跨境人民币借款或放款收付轧差余额限额管理，账户日末余额不高于该企业集团境内成员所有权益（即净资产）总额之和。区内个人和区内境外个人[①]可以办理货物贸易、服务贸易和其他经常项目跨境人民币或（和）新台币结算业务。区内个人可使用本人以人民币或新台币计价的自有金融资产进行对外直接投资。允许个人通过新设、并购、参股、承包等方式在台湾地区设立非金融企业或取得既有非金融企业的所有权、控制权、经营管理权等权益，也可以将境外直接投资所得利润留存境外，用于再投资。

台资金融机构可以在区内以人民币进行新设、增资、参股等直接投资活

①指在区内落户并在区外从事实际经营活动的个人.

动。鼓励区内金融机构与台湾金融机构发展两岸跨境信用接续、信用评级、旅游保险、商贸融资及融资保险、留学金融、风险投资、金融租赁、金融审计、金融咨询、金融调解和仲裁等业务。

在法律法规政策允许或政策创新条件下，鼓励台湾金融资本和产业资本以PPP等有效方式投资区内基础设施，进而参与南京其他地区的城市建设①。争取中央金融监管部门支持，鼓励台湾金融机构参与区内农村金融及乡（村）镇银行建设、经营和股权运作；鼓励台资金融机构参与区内新金融平台和融资模式创新，在解决地方中小微企业融资难题和化解原有的地方政府投融资平台债务风险方面作出贡献；鼓励台湾金融机构参与区内的民生金融（普惠金融）和绿色金融建设，尤其是参与区内民生保险和环境保护保险，更加充分地发挥保险江北新区的社会治理、城市治理功能。

（三）打造高地提升合作影响

金融重点高地是指金融资源丰富、金融体系健全、金融市场功能发达、金融交易活跃、金融对外开放程度高、金融人才齐备，以及金融生态环境良好的金融集聚区。精心构筑宁台金融重点高地，就是要精心打造南京的人文及金融文化环境和政策环境，精心构筑现代化的、对台资金融机构有吸引力的金融集聚区，推动台湾金融机构大批量、高层次、高密度入驻，建成两岸金融机构集聚、金融市场体系发达，金融机制完善、功能完整、创新活跃、服务高效、宁台合作特色鲜明的金融资源集聚区和集聚点。

1. 抓好南京金融城后续的开发建设

金融机构办公楼宇建设是南京金融城基础设施建设的主体，也是构建宁台金融重点高地的核心资产。南京金融城楼宇建设上必须坚持高标准、突出前瞻性。金融城规划的台资办公楼宇建设必须走国际化、高端化路线，敢于投入，舍得投入，确保在今后20年内充分体现南京金融城“综合、集约、人性、绿色”的设计理念和建筑风格，实现高水平的办公楼宇智能化。原则上，南京金融城一期台资金融机构办公楼宇建设（装修）标准尤其是智能化

①包括“海绵城市”建设、城市公用事业建设和城市公交（地铁）建设等城市基础设施建设.

水平不低于台湾金融机构在台办公楼宇建设（装修）标准；南京金融城二期台资办公楼宇的建设标准既要超过台湾地区内金融机构办公楼宇建设标准，还要超过其在大陆设立机构办公楼宇建设的最高标准，尤其是要超过（或不低于）台资金融机构在京（金融街和中关村）、沪（陆家嘴及外滩）、深（福田和前海）、厦（湖里和思明）等地金融集聚区的办公楼宇建设标准。南京金融城后期开发在基础设施和硬件建设上应预留改造升级的空间，以确保南京金融城今后50年内楼宇品质不落后。南京金融城台资办公楼宇的高端化和前瞻性还应体现在电梯、空调、强弱电、外幕墙、行驶车道与停车场、绿色智能环保设施、抗震防沉降措施等方面的高品质上。

抓好南京金融城台资办公楼宇的配套建设。按照“完善金融城功能，优化台资商务环境”的要求，加快综合环境配套项目建设，力求主体办公楼宇与配套项目建设大体同步；抓好南京金融城“复合型商务办公设施”建设和“商务楼宇商业配套工程”建设，推出一批高品质的业态必备楼宇、商务配套达标楼宇和业态示范楼宇；抓好统一各楼宇建筑设计标准的工作，优化各楼宇建筑造型和风格，建立楼宇建筑档案，加强宁台金融重点高地的楼宇品质管理。

南京金融城的硬件设施既要满足金融业的共性需求，又要满足台资金融机构的特殊需要。一是建设好南京金融城信息系统硬件，建立性能优异、容量超级、业务处理速度接轨国际先进水平，网络布局合理、能够多渠道连接外部信息网络、安全可靠的信息系统，其功能不仅要达到一行两会规定的标准，还要能满足入驻机构的特殊要求；二是为入驻机构配备现代化的金库和私密理财室设施，满足台资金融机构开展财富管理和私人银行业务的需要；三是建设畅通、安全、私密与便捷的，连通入驻机构办公地点、金库和私密理财室的地上地下通道系统，为入驻机构吸引高净值客户提供有利条件；四是为入驻机构建立的“家庭办公室”（Family Office）提供安全系数达标的通信、网络、交通等条件或便利，并为入驻机构经营高度个性化服务提供必要的保障和便利。

南京金融城的开发营运主体——南京金融城公司应以“国际标准、本土优势、服务金融”为企业使命，为入驻金融机构提供大陆一流，媲美国际金融中心的物业管理和服务；通过“走出去、请进来”，引入国际一流的金融物业公司，使南京金融城的物业管理标准和服务水平达到或超过大陆一流金融城（街、中心、大厦）的标准及水平，并能够与华尔街、伦敦金融城、新加坡等国际金融中心的物业服务相媲美。

2. 将南京海峡科工园打造成宁台金融合作的第二重点高地

南京海峡两岸科技工业园起步于1995年①。2010年，为促进海峡两岸经济文化交流，市政府决定南京海峡科工园从高新区搬迁至浦口区江浦片区；同年，启动科工园核心区建设。2014年，科工园成为国台办批复的“南京两岸产业协同发展与创新驱动合作实验区”的核心区。科工园的设计建设，基于对自然景观、人文景观等方面的现状进行分析，突破传统科研基地功能相对单一的特征，规划定位为以产业研发、商务商业、旅游居住为主体功能的“园——城”一体化发展的新型科技研发基地，南京海峡两岸科技工业园新兴科研基地功能模式，如图8–4所示。

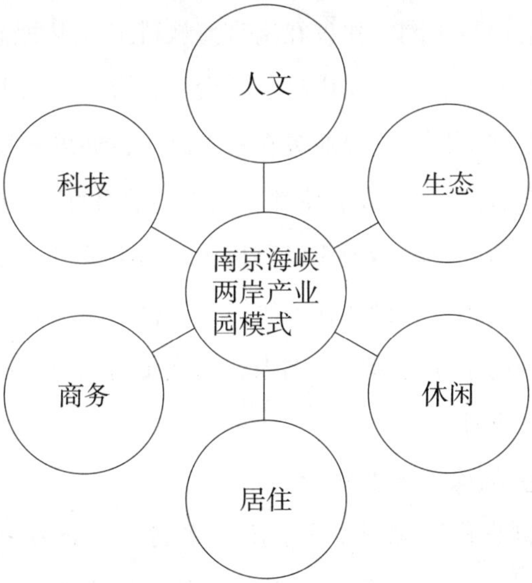

图 8–4　南京海峡两岸科技工业园新兴科研基地功能模式

①1995年，国务院批复成立两个“海峡两岸科技工业园”，一个在南京，一个在沈阳.

园区设有高新产业、教学科研、保税仓储、金融贸易等四个功能区，着重发展电子信息、生物医药、新型材料、精细化工等四个高新支柱产业。截至2020年末，园内已有三资企业124家，投资总额8.5亿美元，其中台资企业已达到31家，投资总额2.8亿美元，科工园沉淀了南京江北工业基地经济发展的精粹，成为浦口高新产业发展的坚实后盾。如今，科工园正以全新的姿态融入江北新区的发展浪潮，构筑南京江北经济转型升级的新高地。

南京海峡科工园拟建两岸大学生创业园，依托台湾地区在科技研发、产学研合作和科技成果转化等方面经验丰富、模式成熟的优势，打造两岸青年及大学生创新资源的集聚平台，鼓励大陆、台湾青年进入园区创新创业。2015年，科工园引进台湾亚克咨询管理股份有限公司合作建设两岸青年大学生创新创业基地——南京众创码头。2016年8月，国台办授予该基地“海峡两岸青年创业基地”称号。

南京海峡科工园的发展离不开金融的强有力支持，这也为宁台金融合作提供了新的空间。南京市应通过有效的政策引导和市场引导，一方面，吸引已在宁的台资金融机构参与科工园的开发建设和项目运营；另一方面，吸引更多的台资直接落户科工园。建议在南京海峡科工园规划建设实体性的宁台金融合作第二重点高地，或建设虚拟的宁台金融合作第二重点高地（台资金融机构不设在科工园，但其主要业务在科工园）；亦可先打造虚拟的宁台金融合作第二重点高地，后打造实体性宁台金融合作第二重点高地。宁台金融合作第二重点高地的金融活动应以科技担保为突破口，逐步发展到科技银行、投资银行、创业担保和创业融资等，并使科工园金融（宁台金融合作第二重点高地）成为南京江北新区范围内新的优质高端金融资源集聚区，并成为江北新区金融的支柱。

（四）借力金融探索产业融合

借力宁台金融合作探索两岸产业融合发展，可分为三个层次，即核心层产业融合发展、中间层产业融合发展和外延层产业融合发展，如图8-5所示：

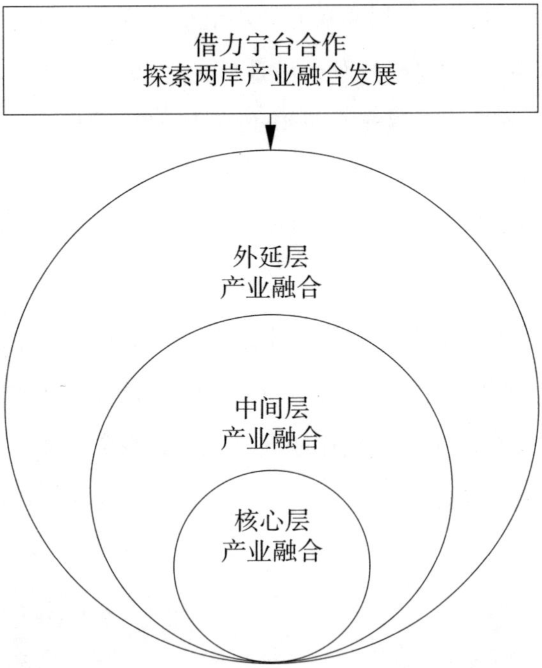

图 8-5　借力宁台金融合作探索两岸产业融合发展示意图

核心层是宁台金融合作重点高地的产业融合发展，第一重点应放在南京海峡科工园，通过宁台金融合作提供的金融支持，如两岸信用接续、担保增信、资产评估、跨海峡投融资咨询、发行离岸贷款或离岸债券、跨海峡持股或股权抵（质）押、融资租赁等金融合作方式，支持科工园内企业与台湾地区有关企业合作，包括合作研发、资产合作、企业并购、交叉持股、供应链整合、资源共享、营销合作等。还可以通过宁台金融合作方式支持台资企业入园发展。

核心层的第二重点应放在河西金融集聚区或附近，通过宁台金融合作提供的金融支持，推动区内企业在商贸、物流、会展、文化等方面与台湾地区相关产业组织合作或融合。其金融支持手段与第一重点的金融支持手段相似。

中间层的产业融合是指通过宁台金融合作，支持南京与台湾地区双方的产业组织合作或融合。具体方式有三种：第一种，南京的强势产业（如精密制造或智能制造产业、石油化工装备产业、信息产业等）与台湾地区强势产业组织开展"强强合作"，提高双方产业组织的国际竞争力。第二种，南京的强势产业组织兼并收购或持股台湾地区的弱势产业组织，补齐产业"短板"。第三种，台湾地区强势产业组织兼并收购或持股南京的弱势产业组织，补南京的产业"短板"。无论哪一种产业融合方式，都必须在宁台金融合作提供的金融支持下才能完成，其金融支持手段与核心层第一重点的金融支持手段类似。

外延层的产业融合是指通过宁台金融合作，支持南京金融辐射区内产业组织与台湾地区产业组织融合，包括双方的强强融合、强弱融合和弱强融合三种方式，产业融合的重点应放在地方特色产业融合、资源开发产业融合、基础设施开发运营产业融合、交通航运产业融合、物流及供应链产业融合等方面。

Chapter-9

第九章

农村金融：南京农业农村现代化的重要保障

党的十九大报告提出实施乡村振兴战略，指出："农业农村农民问题是关系国计民生的根本性问题，必须始终把解决好三农问题作为全党工作重中之重。要坚持农业农村优先发展，按照产业兴旺、生态宜居、乡风文明、治理有效、生活富裕的总要求，建立健全城乡融合发展体制机制和政策体系，加快推进农业农村现代化。"乡村振兴战略也首次被写入党章。这是中国特色社会主义进入新时代背景下，以习近平同志为核心的党中央在深刻把握我国国情农情，深刻认识我国城乡关系变化特征和现代化建设规律的基础上，着眼于党和国家事业全局，着眼于实现"两个一百年"的目标导向和补齐农业农村短腿短板的问题导向，对三农工作做出的重大战略部署、提出的新的目标要求，必将在我国农业农村发展乃至中国现代化进程中写下划时代的一笔。

农业是国民经济和社会发展的基础，农民是国家政权最广泛最深厚的群众基础，社会主义现代化建设没有农民的积极性，就没有农业的发展，就没有工业的进步，更谈不上实现现代化。我国是一个绝大多数人口在农村的农业大国，三农问题，始终是我国革命、建设和改革的根本问题。

南京是长江下游的重要农业区域之一，属于北亚热带湿润季风气候。南京耕地343万亩，永久基本农田293万亩，农村人口203万人，其中，农林牧渔业劳动力27万人。近年来，按照市委、市政府推进“统筹城乡”“四化同步”等重大战略部署，南京始终坚持都市型现代农业的发展定位，强化生活保供、生态涵养、都市休闲“三大功能”，做强优质粮油、经济林果、特色水产、健康畜禽、优质蔬菜“五大产业”，发展设施农业、生态农业、生物农业、休闲农业、智能农业、加工农业“六大农业”，在“产业布局、生产保供、科技引领、集约经营、农业生态、功能拓展”五个方面发生了明显变化，农业保持平稳较快发展。2020年，南京农林牧渔业总产值489.84亿元，比上年增长3.7%。其中，农业产值257.64亿元、增长7.0%；林业产值21.05亿元、增长4.4%；牧业产值28.01亿元、增长15.0%；渔业产值146.90亿元、下降4.5%；农林牧渔专业及辅助性活动产值36.24亿元、增长8.7%。

在“三农”政策大环境的利好下，南京市金融机构纷纷主动“接地气”，为“三农”发展提供金融服务，切实缓解了广大农户的“钱荒”。“十三五”时期，南京市农村金融改革得到全面深化，农村综合金融服务体系基本建立。这一举措不仅对南京市解决“三农”问题、实现农村经济转型、发展现代农业具有重要意义，而且对全省乃至全国都具有重要的示范引领作用。

一、农村金融改革有序推进

（一）改革不断深化

1978年以前，在高度计划经济条件下，南京市农村金融制度是典型意义上的计划金融制度，农村金融的主要任务是为集体农业生产提供必需的信贷资金，从而使农业能够为资本集约型的工业发展源源不断地输送廉价粮食和原材料。由于经济领域不存在真正意义上的市场，自然也就谈不上农村金融体系和农村金融市场问题。因此，南京市真正意义上的农村金融改革是从1978开始，严格上是从1979年3月国务院恢复成立中国农业银行开始。历经了30多年的农村金融改革发展历程总体上可分为五个阶段：

第一阶段：农村金融市场组织的多元化和竞争状态的初步形成阶段（1979—1993年）

1979年，以农村家庭联产承包责任制为目标的农村经济改革在全国展开，引起了农村金融需求由集中化向分散化的转变。随着土地关系调整及多种经营发展，农户满足经营性资金需求成为农户金融服务的主要需求。这个阶段农村金融的供给主体有：中国农业银行、农村信用合作社、农村合作基金会。中国农业银行是农村金融供给的主体。1984年后，中国工商银行、中国银行、中国建设银行等国有银行随着农村金融需求的增加，也进入了农村市场，但从实际而言，倾向于“重存少贷”，更多的是吸收农村的储蓄，服务城市经济发展。

中国农业银行。中国农业银行于1979年恢复设立，对支农资金实行统一管理，并且集中办理农村信贷，负责农村信用社的管理和改革。国家将以拨款、补贴等形式大力支持农业银行促进农村金融改革。这个时期中国农业银行兼具商业银行与政府银行的双重责任与义务。1986年中国农业银行江苏省分行成立。1992年中国农业银行南京分行成立。

农村信用社。1980年开始国家采取了搞活农村信用社的一系列政策。扩大农村信用社业务经营自主权，独立自主地开展存贷业务，取消农业银行对农村信用社的亏损补贴，并于1985年，实现独立经营、自负盈亏。农村信用社可以看作是农业银行对农村开放的基层业务单位。

农村合作基金会。1983年下半年，黑龙江、辽宁、江苏等地一些乡村，利用统辖的集体资金在集体经济组织成员之间有偿借用，形成了农村合作基金会的雏形。1987年中央决定创办农村改革试验区，并在部分试验区内开展农村合作基金会的规范化实验，推动农村合作基金会的蓬勃发展。截至1994年末，南京市120个乡镇设立农村合作基金会，可融资金6500万元。

这一阶段的改革措施和政策方案主要是恢复和成立新的金融机构，形成农村金融市场组织的多元化和有限竞争状态。

第二阶段：分工协作的农村金融体系框架构筑阶段（1994—1996年）

1994年至1996年是中国农村金融改革的一个重要转折点。1993年至1996年是中国高通货膨胀期：1993年14.61%，1994年24.26%，1995年16.79%，1996年8.31%，四年的平均通胀率高达15.99%。主要原因是国有企业的收支不平衡、缺乏预算控制以及不良资产累计过多。在这一时期，国有企业产权问题、加强语段控制、化解不良资产是主要工作。如何减轻政府政策性干扰是推动经济平稳健康发展的重要措施。因此，也必须对政策性金融与商业性金融做明确区分。

成立中国农业发展银行。1994年11月中国农业发展银行正式成立，农业银行将大部分的政策性任务转移至中国农业发展银行。农业银行则向国有商业银行转型。1995年2月中国农业发展银行江苏省分行在南京注册成立。

农村信用社向农村合作银行改制。1993年12月，国务院颁布了《关于金融体制改革的决定》，提出“有步骤地组织组建农村合作银行”。农村信用社联社也从农业银行独立出来，办成基层信用社的联合组织。1993年，我市浦口区率先成立了农村信用合作联社。

农村合作基金会风险出现。1992年邓小平发表南方谈话后，掀起了新一轮投资热潮，许多农村合作基金会在地方政府的干预下，将资金投向非农经济领域，并大量办理非会员及所在区域以外的存贷款业务。这一时期，农村合作基金会发展秩序混乱，供销社、计生委、民政等部门也加入创办基金会、股金会，参与高利率市场的恶性竞争。

在第一阶段改革的基础上，这一阶段的改革更明确了改革的目标和思路，国家提出了要建立一个能够为农业和农村经济发展提供及时、有效服务的金融体系的口号。这一阶段，主要形成了农业发展银行、农业银行和农村信用社的农村金融供给体系。

第三阶段：国有银行股份制改革和农村信用社主体地位初步形成阶段（1997—2002）

1997年爆发的亚洲金融危机，影响了中国整体金融体系的运行效率，中国GDP增速从1991年至1997年连续6年的超过9%的水平，降至1998年的7.85%、1999年的7.66%，直至2002年才恢复到9%以上的增速。通货紧缩问题也开始显现。1998年通货膨胀率为-0.80%，1999年为-1.4%，2000年为0.40%，2001年为0.70%，2002年为-0.80%。经济增速放缓加上通货减缩，使得我国金融体系尤其是银行业金融体系的风险也处在高位。1998年商业银行的不良贷款率达到33%，1999年达到41%。在这一时期我国金融改革的主要方向是维护金融安全，商业银行纷纷进行股份制改革。

国有商业银行撤并农村地区业务机构。1998年开始，四大国有银行纷纷开始农村地区分支机构和营业网点的撤并活动，到2001年底撤并的分支和营业网点数4.4万余个。

规范农村信用合作社发展。1997年完成农村信用合作社与农业银行的脱钩后，开始了对农村信用合作社的规范发展。一是规范合作社的股金结构。二是调整利息分配方式。三是规范民主管理组织机构。四是强化中国人民银行对农村信用合作社的监管。五是推动向农村合作银行转型。农村信用社的改革各项措施更偏重于提高管理能力与控制成本，而未注意其性质的转变，在市场趋利的金融大环境影响下，不可避免的向商业化发展了，其服务“三农”发展的功能被不断弱化。

整顿农村合作基金会。鉴于农村合作基金会实际上是非法从事经营活动，为防范风险，1996年末，国家决定开始农村合作基金会的整顿工作。1998年全国各地出现了农村合作基金的挤兑，四川、河北等地甚至出现了较大规模的挤兑风波，酿成了危及农村社会的风险事件。1999年1月，国务院发布文件，正式宣布全国统一取缔农村合作基金会。

在这一阶段，随着国有商业银行农村地区业务机构的撤并和农村信用合作基金会的取缔，农村信用合作社成为提供农村金融供给的主要力量。

第四阶段：农村金融深化改革和新型农村金融组织发展阶段（2003—2017）

2003年中国GDP进入连续5年增速超过10%的快速增长阶段。我国第一产业的增长率也摆脱了过去连续5年低于3%的增长水平，于2004年起跃升至

5%以上，2004年达到6.2%。伴随第一产业产值的增加，“三农”对金融的需求也不断增长。而此时，四大国有银行在农村地区分支机构和营业网点撤并工作基本完成，正规金融供给不足。农村金融供需矛盾呈现越发突出。为缓解农村地区的金融供需矛盾，2006年中央1号文件，提出开始新一轮的农村金融改革，加快新农村建设。农村金融体系也进入了自下而上的改革阶段，新型农村金融机构进入历史的舞台。

农村合作银行。2003年国务院印发《关于深化农村信用合作社改革试点方案的通知》，提出将农村信用社建成服务“三农”的社区性金融机构。农村信用合作社逐步向农村合作银行改制。逐渐转变为非合作性质金融机构，成为以盈利为重点的具有极强商业性质的金融机构，更多的倾向将资金贷给个体工商户和乡镇企业，农户贷款难度加大，农村合作银行的贷款比率也在降低。2011年中国银监会相关部门负责人表示将暂停成立农村合作银行，现有农村合作银行全部改制成农村商业银行。2006年，高淳农村合作银行成立，并于2011年12月改制成高淳农村商业银行。

中国农业发展银行。2007年，中国银监会批准，中国农业发展银行业务向农林牧副渔领域延伸，并将业务进一步延伸到农村基础设施建设以及农业开发的长期信贷领域。

中国邮政储蓄银行。2007年3月，中国邮政储蓄银行正式开业，改变过去邮政储蓄“只存不贷”模式，为广大农民提供资金融通业务，提供小额贷款服务等，为农村金融市场提供了新的融资方式并缓解了农村资金外流的压力。2008年1月，中国邮政储蓄银行江苏省分行在南京注册成立。

新型农村金融机构不断涌现。2006年，中国银监会公布《关于调整放宽农村地区银行业金融机构准入政策更好支持社会主义新农村建设的若干意见》，村镇银行、农村小额贷款公司、农村资金互助社首次在文件中提出。2009年，南京首家农村小额贷款公司高淳隆兴农村小额贷款公司成立。2011年11月南京首家村镇银行六合九银村镇银行正式成立。

非正规金融机构迎来发展契机。2008年，党的十七届三中全会提出“允许有条件的农民专业合作社开展信用合作”，农民专业合作社开展内部信用合作的模式正式被国家认可，后来逐步演变形成专门从事信用互助的农民资金专业合作社。2009年5月，南京市政府办公厅转发市农经办《关于开展农民资金专业合作社试点工作的指导意见》。2009年6月，南京市首家农民资金专业合作社高淳县淳溪镇渔网资金专业合作社成立。

这一时期南京农村金融的主要改革措施包括：一是各县域农村信用合作联社改制为农村商业银行，如由南京市区农村信用合作联社以及江宁、浦口、六合区的农村信用合作联社共4家机构联合组建成紫金农商银行，溧水农村信用合作联社改制为溧水农村商业银行，高淳农村合作银行改制为高淳农村商业银行。二是成立邮政储蓄银行，并设邮储南京分行，探索开展小额信贷，使邮政储蓄农村资金抽水机的扭曲机制得到一定程度的纠正。三是农业发展银行不断扩大业务范围，强化政策性职能定位，着力发展以支持新农村建设和水利建设为重点的农业农村基础设施建设中长期信贷业务。四是农业银行"三农"县域事业部制改革，县事业部经营主体地位有所提升，"三农"金融服务能力显著改善。五是开展农业保险试点，农业保险试点的险种范围和覆盖面不断扩大，风险保障能力有效提高。

第五阶段：金融服务乡村振兴不断深入阶段（2018年至今）

2018年中央1号文件提出实施乡村振兴战略，指出要坚持农村金融改革发展的正确方向，健全适合农业农村特点的农村金融体系，推动农村金融机构回归本源，把更多金融资源配置到农村经济社会发展的重点领域和薄弱环节，更好满足乡村振兴多样化金融需求。加大中国农业银行、中国邮政储蓄银行"三农"金融事业部对乡村振兴支持力度。明确国家开发银行、中国农业发展银行在乡村振兴中的职责定位，强化金融服务方式创新，加大对乡村振兴中长期信贷支持。

2019年1月，中国人民银行等5部委联合印发《关于金融服务乡村振兴的指导意见》，中国农业银行要强化面向"三农"、服务城乡的战略定位，确保县域贷款增速持续高于全行平均水平。中国邮政储蓄银行要发挥好网点网络优势、资金优势和丰富的小额贷款专营经验，加大对县域地区的信贷投放，逐步提高县域存贷比并保持在合理范围内。股份制商业银行和城市商业银行要结合自身职能定位和业务优势，突出重点支持领域，围绕提升基础金融服务覆盖面、推动城乡资金融通等乡村振兴的重要环节，打造综合化特色化乡村振兴金融服务体系。中国银保监会办公厅印发《关于推进农村商业银行坚守定位强化治理提升金融服务能力的意见》，进一步明确农村商业银行是银行业支持“三农”和小微企业的主力军，要“机构不出县（区）、业务不跨县（区）”，提升农村商业银行涉农和小微企业贷款业务不良率容忍度。同年中国银监会办公厅印发了《关于做好2019年银行业保险业服务乡村振兴和助力脱贫攻坚工作的通知》，要求大中型银行的普惠金融事业部要将普惠型涉农金融服务、扶贫金融服务纳入事业部制统一管理，在人员配备、经济资本配置、内部资金转移定价、费用安排和考核激励方面予以政策倾斜，围绕服务乡村振兴和助力脱贫攻坚形成专业化的金融服务供给机制。这一系列文件，在充分肯定农村商业银行支农主体地位的同时，促进各类银行业金融机构将业务下沉。

在这一阶段，农村商业银行（农村合作银行）仍是农村金融供给的主力军。但随着各类大中小型金融机构的业务下沉，农村金融的供给能力和水平不断提升。

（二）农村金融改革成效与不足之处

1. 农村金融改革成效显著

（1）农村金融供给体系不断完善

30多年来，遵循着全国农村金融改革的框架，南京市农村金融改革发展不断推进，目前基本建立了以农村商业银行为主力军，农业银行、邮储银行、农业发展银行以及各新型农村金融机构（村镇银行、小额贷款公司和农民资金互助社）为重要补充的农村金融体系，农村金融市场结构进一步完善。南京市现已形成涵盖政策性银行、商业银行、各类新型金融组织、保险公司、证券公司、融资租赁公司和担保公司等组成的多元化、多层次金融机构体系，2015年全面启动农村产权交易市场建设，现已建成1个市级、8个区级和46个镇街农村产权流转交易中心，信贷市场、担保市场、保险市场、产权交易市场等市场体系完备。

（2）农村金融服务覆盖面持续扩大

2014年底，南京市农村金融空白的乡镇已降为零，同时推进无银行网点的行政村农村金融服务站建设工作，集中布放转账电话、POS机、自助服务终端等电子设备，使农村金融服务延伸至无银行网点服务的行政村。截至2014年末，南京市共建成98个农村金融服务站，使全市无银行网点的行政村金融服务覆盖面达30%以上。2019年末，江苏省银行保险机构基础金融服务向基层深度延伸，实现全辖763个乡镇银行保险网点全覆盖，1.44万个行政村机构电子机具全覆盖。2020年末，南京农村金融服务站改造省级升级农村普惠金融服务点246个。2021年10月9日正式上线。“江苏省农村普惠金融服务平台”依托人民银行南京分行大数据平台，通过与商业银行、中国银联江苏分公司等机构数据共享，实现对全省农村普惠金融服务点设立、变更、撤销，业务监测和分析的全流程管理，指导服务点地理布局和业务功能持续优化，推动服务点助力普惠金融和乡村振兴动能充分释放。为解决普惠金融服务“最后一公里”问题，建行南京分行为各区商户设立了“移动金融服务站”并打造“不见面”线上申请的快贷产品，实现普惠业务“掌上办”“高效办”。

（3）农村支付环境有效改善

2009年出台的《中国人民银行关于改善农村地区支付服务环境的指导意见》（银发[2009]224号）明确了改善农村支付环境的指导思想和总体目标。截至2014年底，南京全市农村商业银行、农业银行、邮储银行以及村镇银行全部接入人民银行支付系统。农民的支付结算、跨行取款和商户消费等金融需求得到了基本满足。南京地区各类移动支付场景覆盖主体超14万个，特约商户对移动支付支持率达100%。

（4）农村金融服务“三农”成效显著

针对“三农”的融资难题，南京市在2012年启动“阳光信贷”工程，将本土地方法人银行紫金农商银行作为“阳光信贷”工作实施主体，通过覆盖全市范围内的服务网点将金融服务的触角伸入到千家万户，为全市“三农”、有生产经营和消费资金需求的城镇居民、个体工商户、小微企业等薄弱经济领域提供信贷服务。同时，各农村金融机构积极创新金融产品，如农行的惠农卡、高淳农商行的圆鼎易贷通卡等，通过灵活的“一次授信、随用随贷、余额控制、循环使用”特色，大大简化贷款手续，在一定程度上满足了农村客户小、频、急的小额贷款需求。截至2014年底，全市涉农贷款余额达到1455.3亿元，其中，农户小额贷款余额34.3亿元。发展到2021年末，南京地区小微企业贷款余额达到7031.12亿元，涉农贷款余额为2690.31亿元。

（5）农村金融机构稳健性持续增强

由于农业的弱质性，农村金融机构经营的风险普遍较大，经过改革，南京市农村金融机构经营的稳健性有所增强。在坚持“产权明晰、股权结构优化、法人治理结构完善”的基础上，南京市农村信用合作联社顺利完成改制，紫金农村商业银行2011年正式挂牌开业，高淳农村合作银行成功改制为农村商业银行，溧水农信社也于2012年改制为溧水农村商业银行。经过改制，南京市农商行资产质量显著改善，经营稳健性有所增强，历史上农信社经营的高风险情况得到控制。

2. 农村金融发展的不足之处

（1）农村金融体系还不能适应农村经济转型尤其是现代农业发展的需要

南京市作为长江三角洲地区的重要核心之一，近年来在农村经济转型和发展现代农业方面迈出了坚实步伐，传统农户的小规模生产在农村经济中的份额持续下降，取而代之的是新型农业经营主体为代表的大规模经营，他们正成为农村经济建设的主力军，农业生产的规模化、产业化、商品化趋势十分明显。可以预见，随着农业生产水平的不断提高，农村经济会逐渐由传统粗放型向现代集约型转变。现代农业将成为南京市当前以及今后农业发展的主要方式，需要一个与之相对应的现代农村金融体系作为支撑。但是，当前南京市农村金融发展明显滞后，农村金融体系还不能适应农村经济转型尤其是现代农业发展的需要。虽然经过多轮改革后南京市解决了农村基本的金融需求问题，但所提供的金融服务主要限于满足农户以及部分实力较强的涉农企业的融资需求，农村金融体系还不能满足农业生产组织化、市场化的新发展趋势，尤其是对于如农业科技、农产品深加工、农村市场体系建设等方面的金融产品和服务还基本处于空白。农村金融机构仍然将目光聚焦于寻找实力较强的大型涉农企业上，对迅速崛起的新型农业经营主体和农业中小企业的关注不足，没有发挥出其支持现代农业发展所应有的作用。

（2）尚未形成有效竞争的农村金融市场

2006年农村金融增量改革以来，以村镇银行、小贷公司为代表的新型农村金融机构的设立虽然在一定程度上增加了农村金融市场的竞争程度，但作用有限。农村商业银行仍然在农村金融供给上处于垄断地位，尚未形成有效竞争的农村金融供给市场，金融供给不足，价格竞争不充分，弱化农村金融的资源配置功能，导致新型农业经营主体融资难和融资贵的问题比较普遍。另外，由于转轨时期农村金融发展的一些经验教训，导致监管部门对金融机构监管过严、过细，市场准入条件十分严格，金融产品从研究到审批经历的时间较长，缺乏一种比较宽松自由的金融产品创新环境，金融服务能力受到限制。总体来说，南京市农村金融还处于相对明显的抑制状态，无法满足农村经济发展的需求。

（3）农村金融机构运行效率有待进一步提升

经过多轮改革，农村金融机构的运行效率整体上得到了提升，但是与城市金融机构相比依然不高。从农村资金的配置效率来看，能否有效地动员闲置资金满足农业生产投资和农村消费的金融需求，实现资源的最优配置，促进农村经济增长是农村金融机构运行效率的一个重要检验指标。但是，由于金融资本的逐利和防风险的需要，农村金融市场长期存在着大量融资需求得不到满足和巨额农村资金外流同时并存的现象。从经营效率来看，随着农业银行、农村信用社等农村金融机构股改和大量不良资产的剥离，其经营状况有了明显的改善，但是与同业相比，无论是投入回报率还是不良率均仍存在明显差距。农村金融机构运行效率不高已经成为长期困扰农村金融和农业经济发展的障碍。

（4）金融在管理农业生产风险中的作用未能充分发挥

农业生产不但面临自然风险，还面临很大的市场风险。农业生产的风险管理对促进农业产业化发展非常重要。但是南京市的农业生产风险管理中，金融的作用才处于刚刚起步的阶段，作为重要风险保障手段和套期保值功能的农业保险和农产品期货等在农业生产中的作用还远未发挥。以往农业保险和农产品期货发展较慢的一个很重要的原因是农业生产的主体以分散的小规模农户为主，远远没有实现农业生产的组织化和规模化，所以保险和期货的定价作用十分有限。近年来，随着南京市农业规模化经营趋势明显，以从事规模化、商品化农业生产为目标的新型农业经营主体异军突起，为农业保险和农产品期货的发展提供了条件，据调查数据，80%以上的新型农业经营主体没有对其农业生产项目投保，50%以上的甚至没有听说过农业保险，更不用提农产品期货等金融衍生产品。因此，目前新型农业经营主体的农业生产风险基本完全由其自己承担，金融在管理农业生产风险中的作用远未发挥，这也在一定程度上加剧了新型农业经营主体从正规金融机构贷款的难度。

（5）农村金融发展的外部环境需进一步优化

农村金融的发展不是孤立的，而是与农村经济、农村社会等各方面的发展有着紧密的联系。当前，与农村金融发展相联系的农村产权尤其是土地制度改革、司法环境、信用环境、公共基础服务设施建设等改革还没有进行到位，还不能适应农村经济发展的要求，在一定程度上制约了农村金融的改革发展，也影响了农村金融对现代农业发展的支持力度。

二、农村综合金融服务体系基本建立

（一）搭建多层次的服务平台

1. 南京市农村综合金融服务体系概况

经过多年的改革与发展，南京市形成了合作性、商业性和政策性金融相结合的农村金融供给体系，这一体系以正规金融机构为主导，以由农信社改制而来的农商行为核心，以部分新型农村金融机构为补充，在促进本地“三农”发展的过程中发挥了积极的作用。

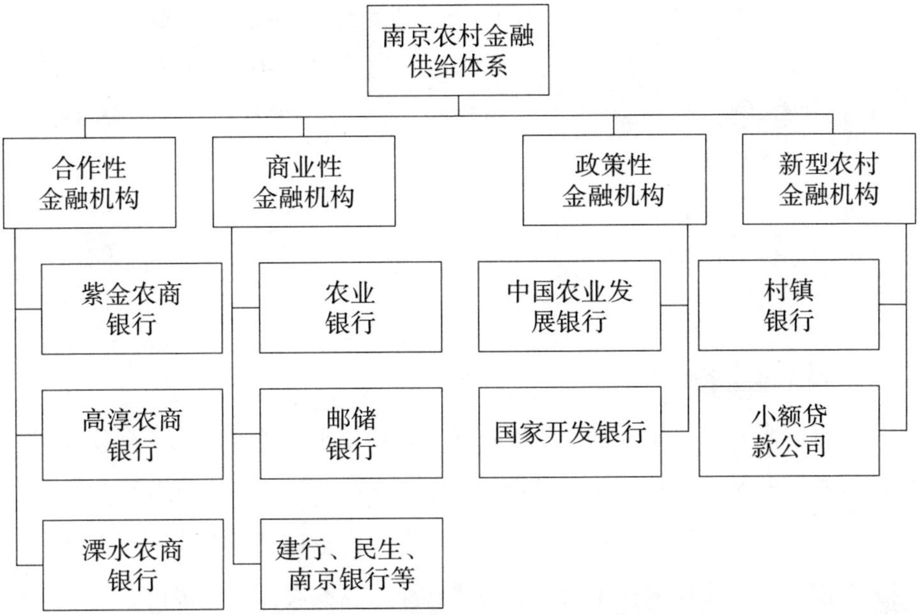

图 9-1　南京市农村金融银行供给体系

目前，南京市银行类农村金融机构主要有四类，如图9-1所示，分别是合作性金融机构中的紫金、高淳和溧水三家农商行，商业性金融机构中的农业银行、邮储银行以及其他商业银行，政策性金融机构中的农业发展银行，以及新型农村金融机构中的村镇银行、小额贷款公司。2014年末，全市各银行业金融机构在县域的网点超过130家，占全市总网点数的9.32%。截至2020年末，中国国有大型商业银行网点总量占比近半，与农村商业银行构成了全国银行业网点总量的74.78%，2017—2020年度江苏省各类型银行网点发展状况，如表9-1所示。

此外，非银行类农村金融机构主要是指农村银行类机构体系以外的其他农村金融组织形式，包括：农村保险类机构，如农业保险公司；各种形式的民间借贷；其他提供各类金融产品和服务的组织，如县域证券公司和农业担保组织等。

表 9-1　2018-2020 年度江苏省各类型银行网点发展状况

	2018	2019	2020
国有大型商业银行网点（个）	13394	133421	13433
股份制商业银行（个）	1179	1195	1236
城市商业银行网点（个）	971	988	999
农村商业银行网点（个）	3363	3379	3367

数据来源：博智经邦数据整理

2. 合作性金融机构

一直以来农村信用社都是我国农村金融体系中最重要的组成部分，2003年以来我国开始对农村信用社进行大刀阔斧的改革，将农信社改组为农村商业银行或农村合作银行。在这一改革背景下，南京市县域合作联社也进行了相关改制，先后改建成立了紫金、高淳、溧水三家农村商业银行。

紫金农商银行成立于2011年3月28号，是经中国银行业监督管理委员会批准筹建，由南京市辖区内原4家农村中小金融机构（南京市区农村信用合作联社、江宁区农村信用合作联社、浦口区农村信用合作联社、六合区农村信用合作联社）按照市场化原则组建而成的股份制农村商业银行。紫金农商银行注册资本22亿元，现有从业人员2000余人，营业网点122个，在全市范围内形成规范、完善的金融服务网络。2019年1月3日，紫金农商银行成功登陆上交所A股主板市场，成为全国首家A股上市的省会城市农商行，江苏省第8家A股上市银行，南京市第110家上市公司，服务南京本土经济，如表9-2所示。截至2021年3月末，紫金农商银行总资产、总存款、总贷款分别达2284亿元、1622亿元、1272亿元，有效助力地方经济发展。

表 9-2　2020 年紫金农商行服务地区分布

地区分布	期初		期末	
	账面余额（千元）	比例（%）	账面余额（千元）	比例（%）
南京地区	100199153	83.69	87916108	86.23
其他地区	19690097	16.31	14040135	13.77

数据来源：紫金农商行年报

高淳农商银行的前身是高淳县农村信用合作联社，2006年5月经中国银行业监督管理委员会批准，改组成立为高淳农村合作银行，成为南京地区第一家农村合作银行机构，之后又在高淳农村合作银行基础上改制组建成为现行的股份制农村商业银行，注册资本4亿元，截至2020年12月末，在职员工376人，下设23个支行、1个营业部和3个分理处，服务网点遍布全区城乡。

溧水农商银行于2012年8月10日由溧水县农村信用合作联社改制而成的具有独立法人资格的股份制农村商业银行，现注册资本3亿元，下辖1个营业部，23个支行、1个分理处，在职员工303名，已经成为溧水县市场份额最大、网点优势最强、服务层面最广的金融机构。2020年，溧水农商银行，坚守定位，躬身乡土，走访对接夯实农商根基，实现走访全覆盖和常态化，并在全面走访的基础上开展全民授信、全员营销、精准营销。

作为合作性金融机构的代表，三家农村商业银行已经成为南京市农村金融供给的绝对主力。据统计，南京市近50%的涉农贷款是由三家农村商业银行发放的，改制后的农商行不仅基本实现了自身的商业可持续，还成为本地支持“三农”发展的农村金融主力军。

3. 商业性与政策性金融机构

（1）农业银行

农业银行最初成立的目的就是为农村提供金融服务，并且在较长时期内一直代行管理农村信用社的职责，垄断着整个农村金融市场，2007年初的中央经济工作会议对农业银行股份制改革提出了“面向‘三农’、整体改制、商业运作、择机上市”的十六字方针，要求农业银行坚持为农服务的方向。因而在股份制改革实施方案中，明确提出在农业银行建立“三农”县域事业部，在体制机制上保证农业银行分配专门的资源和人员开展“三农”服务，更专业化地服务“三农”。

农业银行“三农”县域事业部的改革将一级法人的统一管理、集约化支持和事业部自主经营、专业化管理两个优势结合起来，构建专业化服务“三农”的体制机制。改革后，农行的农业贷款有了比较明显的增加，支持“三农”发展的能力进一步增强。2021年9月，农行高淳支行持续开展“万人进千村”活动，加快农户建档，同时充分利用农行“一项目一方案一授权”新运作模式助力农户螃蟹养殖。

（2）邮政储蓄银行

自从1986年国务院批准邮政部门开展只存不贷的储蓄汇兑业务以来，邮政储蓄一直是中国农村资金外流的主要通道之一。2006年12月31日，邮政储蓄银行获准成立，成为中国第五大商业银行。2008年3月，邮储银行南京市分行正式成立。邮储银行的市场定位是：面向“三农”，在农村地区开展零售业务的涉农银行。成立以来，邮政储蓄银行开始积极探索按照商业化原则服务农村的有效形式，通过农村金融机构的资金运用渠道间接实现资金返还农村。同时，邮储银行致力于发展小额贷款和县域小微企业贷款。2017年11月，该行正式成立三农金融事业部南京市分部，同时在江宁、浦口、六合、溧水和高淳分别成立三农金融事业部营业部，负责统筹推进全区三农金融业务的经营发展。2017年以来，开展了一系列涉农金融产品和服务创新工作，重点做好对家庭农场、农民合作社、龙头企业等新型农业经营主体的金融服务。财政部关于中国邮政储蓄银行三农金融事业部涉农贷款增值税政策，自2018年7月1日至2020年12月31日，对中国邮政储蓄银行纳入“三农金融事业部”改革的各省、自治区、直辖市、计划单列市分行下辖的县域支行，提供农户贷款、涉农企业和农村各类组织贷款取得的利息收入，可以选择适用简易计税方法按照3%的征收率计算缴纳增值税。通过一系列改革，邮储银行农村资金抽水机的扭曲机制得到一定程度的纠正，但发展仍面临较大的约束。虽然改革以来邮储银行贷款业务发展迅速，截至2019年一季度末，邮储银行南京市分行涉农贷款余额8.88亿元，2019年上半年存贷比例首破50%，全年存贷比52.62%，2020年，存贷比达到了55%，信贷资产在总资产当中的比重也已经超过50%，存贷比仍然有很大的提升空间。2020年，邮储银行积极践行“普之城乡，惠之于民”的普惠金融发展理念，坚持服务“三农”、服务小微和服务社区的战略定位，充分发挥自身网络、资金、品牌优势，加快信贷投放，精准发力，为地方经济转型升级、推动高质量发贡献力量。

（3）中国农业发展银行

中国农业发展银行作为我国农村地区唯一的政策性金融机构，在贯彻宏观调控和产业政策，促进农业和农村经济发展等方面发挥了重要的作用。2002年以来，农业发展银行陆续开办了一些新的涉农贷款业务，形成了多方位、宽领域的支农格局。2011年制定了“两轮驱动”的业务发展战略，即：以粮油收储、加工、流通为重点的全产业链信贷业务和以支持新农村建设和水利建设为重点的农业农村为基础设施建设中长期信贷业务，支农力度逐年加大。截至2010年底，农业发展银行在南京地区各项贷款余额达2204.13亿元，比2006年的1087.06亿元增长了102.7%。2020年，中国农业发展银行面向全国累计发放贷2.01万亿元，农发行全力服务疫情防控、脱贫攻坚等，年末贷款余额6.14万亿元，2020年累放疫情防控应急贷款913亿元，复工复产贷款1万亿元，支持企业1.12万家；累放扶贫贷款5244亿元，坚决助力打赢脱贫攻坚战。

（4）国家开发银行

国家开发银行成立于1994年，是直属中国国务院领导的政策性金融机构。2008年12月改制为国家开发银行股份有限公司。2015年3月，国务院明确国开行定位为开发性金融机构。2017年4月，“国家开发银行股份有限公司”名称变更为“国家开发银行”，组织形式由股份有限公司变更为有限责任公司。2020年，国开行认真贯彻国家宏观政策，积极服务统筹疫情防控和经济社会发展，加大信贷投放力度，精准有效支持实体经济发展，积极发挥逆周期调节作用，全力服务“六稳”“六保”，积极防范化解风险，各项工作取得良好成效。平均总资产回报率（ROA）0.71%，平均净资产收益率（ROE）8.27%，2016—2020年度，国开行贷款及垫款余额，如图9-2所示。

2020年，国家开发银行坚决贯彻落实党中央各项决策部署，高度重视支持“三农”领域发展，服务脱贫攻坚，推进乡村振兴战略实施，促进农业农村现代化。截至2020年末，乡村振兴贷款累计发放3.42万亿元，贷款余额1.82万亿元，占全行14.6%。重点支持四大领域：一是农业产业领域，重点支持粮棉油糖胶等粮食和重要农产品生产，巩固提升粮食生产能力、

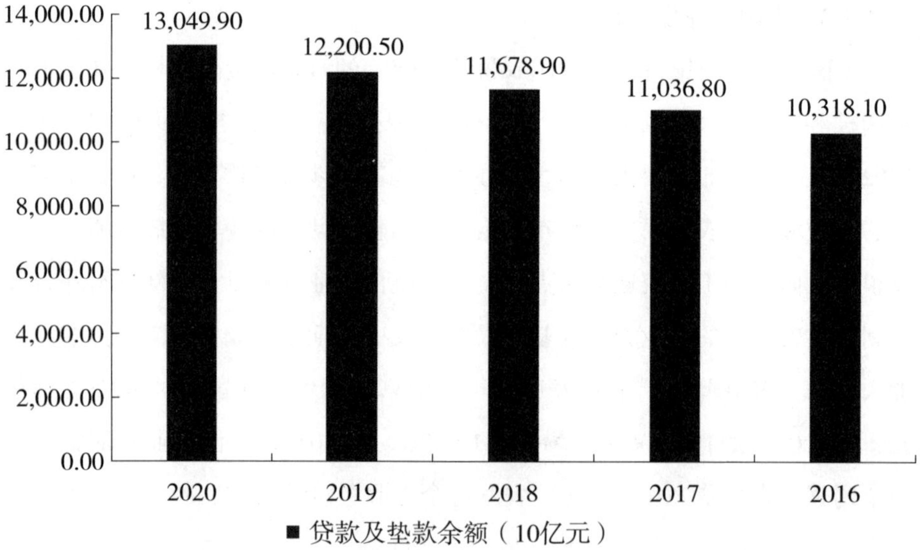

图 9-2　2016-2020 年度国开行贷款及垫款余额

数据来源：国家开发银行年报

保障国家粮食安全，累计发放贷款449亿元。二是农业农村基础设施补短板领域，包括高标准农田建设、粮棉油仓储物流体系提档升级等项目建设。“十三五”累计发放农村基础设施贷款3953亿元。三是支持农业“走出去”，不断加大对农业“走出去”项目支持力度，累计发放对外合作贷款226.6亿美元，贷款余额40.2亿美元。四是春耕备耕专项贷款，发放100亿元春耕备耕专项流动资金贷款，全力支持种子、农药、化肥等农资生产流通，切实服务春季农业生产。国开行“十四五”乡村振兴规划，不断加大金融支持力度，预计“十四五”期间支持乡村振兴每年投放3000亿元左右，累计投放约1.5万亿元。

4. 新型农村金融机构

自从中国银监会从2006年起逐渐放宽农村地区银行业金融机构准入政策以来，村镇银行发展快速，截至2020年9月末，全国共组建村镇银行1641家，已覆盖全国31个省份的1306个县（市、旗），成为金融业的一支重要力量。南京市的新型农村金融机构快速发展，据统计，至2020年底，南京市各县区共建有村镇银行5家，农村小额贷款公司41家。

（1）村镇银行

村镇银行是基于中国银监会提出的开放农村金融市场和消除“零金融机构乡镇”而发展起来的。从南京市的村镇银行的发起人来看，以城市商业银行和农村金融机构为主，这也是这两类机构希望通过设立村镇银行实现跨地经营。部分外资银行也参与发起设立村镇银行，但并非看好农村金融业务发展前景，反而更看重“广告效应”等其他因素。显然，主发起银行绝对控股下的村镇银行，很难建立起良好的法人治理结构，而其内部经营管理体制则基本上是沿袭了发起设立村镇银行的商业银行的经营管理体制，加之品牌效应的建立是一个长期的过程，因此现实中村镇银行的业务发展和经营绩效都面临较大的挑战。自2008年2月，江苏省首家村镇银行——沭阳东吴村镇银行正式挂牌营业以来，村镇银行作为地方性小银行，已成为县域金融和支农支小的重要新生力量，是服务“三农”和支持“小微”的生力军，已经延展为江苏农村金融改革进程中的特殊单元。2021年初，中国银保监会发布《关于进一步推动村镇银行化解风险改革重组有关事项的通知》（以下简称《通知》），以推动村镇银行改革重组，加快村镇银行补充资本金。根据2020年银保监会公布的村镇银行名单，南京的村镇银行有4家，如表9–3所示。

表9–3　南京市村镇银行名单

序号	名称
1	南京浦口靖发村镇银行有限公司
2	江苏高淳武家嘴中银富登村镇银行有限责任公司
3	江苏溧水民丰村镇银行有限公司
4	江苏江宁上银村镇银行有限公司
5	南京六合九银村镇银行有限公司

（2）小额贷款公司

小额贷款公司在南京的试点始于2009年，自此以后，南京市的小贷行业得到了快速发展。根据统计数据，到2015年底，南京地区注册开业的小额贷款公司达到61家，其中服务农村地区的有45家，涉农的小贷公司覆盖范围达到了全市3/4的乡镇和街道。截至2020年末，已开业的小额贷款公司注册资本金94.2亿元，累放贷款达到了458亿元，贷款余额99.2亿元，小额贷款公司在引导民间资本支持“三农”发展方面发挥了积极作用。截至2020年末，江苏省小额贷款注册企业总计562家，其中，苏州市、南京市、无锡市小额贷款公司数量排名前三。苏州市小额贷款公司数量87家，排名第一，南京市小额贷款公司数量66家，排名第二。

（二）改善支付环境提升服务

1. 支付环境改善，服务便利性提升

（1）打造标准化基层服务网点

改善农村支付环境，打造标准化基层服务网点，首先需要强化基础配套建设，满足更多的支付需求。在这一方面，南京市的紫金农商银行作了具有成效的工作。2012年，紫金农商银行启动了标杆网点打造项目，加强基层网点的标准化建设，使广大偏远地区的客户依然可以享受到专业化的服务。此外，紫金农商银行不断完善服务措施，创新服务手段，强化服务功能，积极贴近小微企业，重点支持有发展潜力、科技创新型等小微企业和个体工商户，与小微企业“同分享、共成长”。通过提高业务水平，强化服务意识的方式，助力农业发展。2015年，在紫金农商行的不懈努力下，实现了125个营业网点覆盖南京所有涉农镇街，紫金快付通覆盖全市289个行政村，成为南京地区服务网络最广的本土金融机构。截至2019年12月31日，紫金农商行下设分支机构133家，其中：总行营业部1家、分行3家、一级支行7家、科技支行1家、二级支行121家。2021年3月，紫金农商行启动“网点产能提升—标杆网点打造”，开创优质文明服务提升工作新局面。

（2）打造流程化专项服务银行

涉农小微企业往往规模不大，业务较灵活多变，对资金的需求往往比较急切，对时间比较敏感。打造专门服务于三农的银行，在小微贷款审批等各个环节和流程上，注重灵活把握，充分利用资源，便可提供快速周到的服务。

紫金农商银行成立了专项服农支农的特色支行——紫金农商银行六合

支行。该行通过召开“阳光信贷”推进会、农户座谈会、张贴海报和散发宣传单等多种形式进行宣传，全方位、多层面宣传阳光信贷的目的、意义，公开向社会承诺贷款条件和流程，从全面调查了解农户、企业合理信贷需求入手，经过进村入户走访调查，详实地建立经济档案，深度推广“阳光信贷”办贷模式，摸清信贷资金的总体需求，加大支农力度，夯实信贷基础工作，推广小额、面广、量大的“阳光信贷”，突出“普惠型”支农惠农金融服务，在支农惠民的道路上阔步前进，有效地实现了贷款扩面提质的目标。截至2014年9月末，紫金农商银行六合支行“阳光信贷”经建立经济档案96124户，建档覆盖面达到99.62%；成立“阳光信贷”评议小组164个，聘请“三员”人数达790人；完成了152个村的授信评议，共对96382户农户授信，授信金额达459912.2万元，其中用信户数达204户，用信金额达1065.5万元。目前，紫金农商银行六合支行通过“阳光信贷进农区”“阳光信贷进商圈”“阳光信贷进机关”“阳光信贷进学校”“阳光信贷进医院”五大主题，全力推进“阳光信贷”工作，为六合区的经济发展“添砖加瓦”。截至2020年5月末，紫金农商银行六合支行累计投放小微贷款861笔，共计16.56亿元，其中涉农贷款198笔，金额1.2亿元，有效推动了全区农业、文旅产业、餐饮产业的复工复产，2020年紫金农商行金融业务创新，如表9-4所示。

表 9-4　2020 年紫金农商行金融专项业务创新

银行业务创新	创新产品
普惠金融业务	推出“政银快贷”（紫金快贷）；小微复工贷、紫金微 E 贷
网络金融业务	创新闪贷业务流程、推出“企业 E 贷”
银行卡业务	推出“1+N 防疫专项贷”；乡村文旅贷；完成省网通项目、环保贷
公司业务	融资租赁项下国内信用证福费廷业务
贸易金融业务	落地首只货币净值理财并实现个人客户全渠道销售，规模 3 亿元
金融市场板块业务	发行全国银行间第一批防疫存单

（3）提供多样化支付结算服务

改善农村支付环境，需要以银行业为代表的广大金融机构提供多样化、系统化的服务，满足农村多样化的支付需求。

中国建设银行南京东路支行不断探索金融服务新渠道，为农村养殖户提供信用卡分期服务。为使养殖户更加清晰地了解信用卡专项分期服务的具体内容，该行奔赴江苏省各地为养殖户开办专项分期业务介绍座谈会，并在会后逐个解答客户的疑问。为确保客户能够及时办理分期，一方面，积极与生产商联系，认真梳理业务环节，精简业务流程；另一方面，通过对部分岗位进行调整，精选业务精干的人员充实业务受理岗，在防范风险的前提下，着力提升专项分期付款业务的处理效率，以效率赢客户。2020年，建行南京支行强化共享，面向行内外开放建行大学，开展金融惠政、金融惠创、金融惠农、金融惠工、金融惠学等社会实践，提供50场5000人次的金融培训；赋能乡村，实现南京村镇“裕农通服务点”全覆盖，打通农村金融服务最后一公里，为农村居民提供家门口的金融服务。

2. 着力扶植农业龙头企业发展

近年来，南京市各金融机构积极开展金融支持“三农”工作，截至2021年8月末，南京地区金融机构涉农贷款余额2419.84亿元，同比增长5.6%，金融支持“三农”工作取得明显成效①。

南京银行积极响应国家政策号召，不断完善涉农信贷制度，主动调整信贷结构，加大对“三农”的信贷支持力度。随着分支机构特别是郊区分支机构的不断设立，近几年来，南京银行涉农贷款稳步增长，2011—2014年，涉农贷款总量分别为152.1亿元、210.24亿元、286.64亿元、330亿元，对当地“三农”经济的发展做出了积极贡献。为解决经营主体遇到的问题，2015年，南京推出了“扶持新型农业经营主体贷款”——“金陵惠农贷”，截至2021年5月底，“金陵惠农贷”累计发放贷款56.60亿元，累计惠及新型农业经营主体5458户，每年为新型农业经营主体节省利息支出超过2800万元。“金陵惠农贷”无需抵押担保，符合条件的家庭农场最高贷款额度80万元、农民专业合作社400万元、农业龙头企业400万元，基本能满足新型农业经营主体日常融资需求，而且放款快捷，利率也远低于其他贷款产品。

①数据来源：人民银行南京分行营管部.

扶持农业龙头企业发展以带动和促进农业增收、农民致富，是拓展“三农”业务的一项长期战略。紫金农商行银六合支行积极支持农业企业发展，结合自身特点，合理调整贷款投向投量，对符合产业政策、产品有市场、经营效益好的各类农业龙头企业积极给予信贷支持，帮助其发展，增强发展后劲。该行对六合区所有农业龙头企业进行了梳理，建立农业龙头企业档案资料库，积极创新多种资金支持和服务模式，提升信贷运行效率，并积极进行银企对接，安排专人跟踪辅导，确保对接工作的质量，对有资金需求的农业龙头企业给予支持，并把对农业龙头企业的信贷支持纳入绩效考核。与此同时，该行还为入选企业提供一系列金融、信息、科技等方面的配套服务，专门建立信贷服务“绿色通道”。

2020年，紫金农商行积极利用“金陵惠农贷”产品，支持全市农场、农家乐、农产品销售等涉农产业的发展，为带动农民就业发挥了重要作用。2020年，南京市六合区地方金融监管局与紫金农商银行六合支行、省信用再担保公司合作开发出“紫金快贷”产品，由六合财政出资500万元设立风险分担资金池，紫金农商银行六合支行面向辖内缺少抵质押物的小微企业进行信贷投放，省信用再担保公司、紫金农商银行六合支行、风险分担资金池共同对出现风险的贷款进行代偿，如图9-3所示。紫金农商银行六合支行将下辖800余家企业纳入该产品服务库，并开展集中授信。此外，紫金农商银

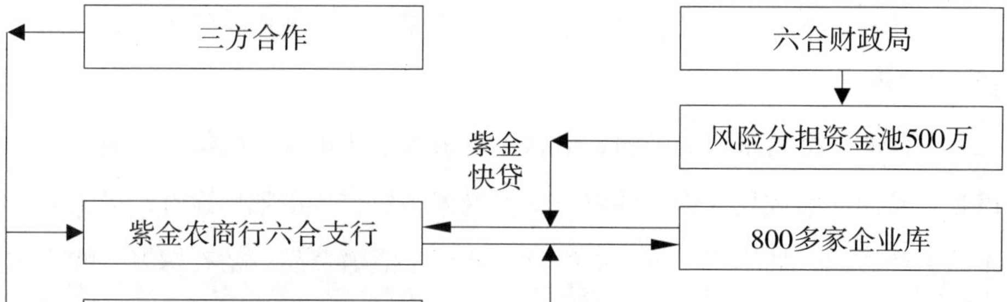

图9-3　六合“紫金快贷产品”创新产品框架

行、江苏农担南京分公司合作开发出“惠农快贷”产品，以六合区竹镇镇作为试点区域，服务地方中小微企业发展。截至2020年5月末，紫金农商银行六合支行累计投放小微贷款861笔，共计16.56亿元，其中涉农贷款198笔，金额1.2亿元。

（三）农村金融供需不匹配

1. 南京市农村金融需求的特征

农村金融需求的主体大致分为三类，一是农户、二是新型农业经营主体、三是涉农中小企业。通过对上述三类农村金融需求主体的考察，我们可以发现当前南京市农村金融需求主要具有以下特征：

（1）季节性

与工业生产不同，农业生产具有明显的季节性特征。因此，农村的金融需求也呈现出明显的季节性规律。尤其是从事农业生产的新型农业经营主体以及从事农产品加工经营的农业企业对资金的需求在时间上都会根据其所经营项目类型而呈现一定的季节性特征。以粮食生产为例，只有粮食收获并卖出才会有现金流进入，而在这之前，包括购买化肥、种子、农药等农资以及支付机械服务、工人工资等费用都需要大量的现金支出。因此，农村金融需求具有显著的季节性，这是农业生产的特征决定的。

（2）差异性

农户、新型农业经营主体以及涉农企业之间的金融需求具有明显的差异性，即使在一个主体内部，也会由于其经营项目、资源禀赋等条件各异而导致其金融需求的不同。

农户的金融需求相对较弱，借款主要来源于非正规金融渠道，通过亲友借款以及向民间放贷人借款的农户占据绝大多数。从借款用途看，借款多用于非生产方面，如用于个体工商经营、购买生活消费品、婚丧嫁娶、购房建房等。

新型农业经营主体资金需求的季节性特征强于农户，第二季度的资金需求最为迫切。其借款来源中，正规金融渠道的占比在三分之二左右，非正规金融渠道占比在三分之一左右。正规金融渠道中，农商行、农业银行和邮政储蓄银行的支持力度较大，新型金融机构中小贷公司也为新型农业经营主体的金融需求提供了较多的服务，村镇银行的作用还有待进一步挖掘。在借款用途方面，绝大多数新型农业经营主体的融资需求是基于农业生产的需要。

南京市涉农企业的资产规模以200万以下为主，企业经营规模相对较小。流动资金不足和资金成本过高是南京市涉农企业当前面临的最主要问题。流动资金不足主要表现为涉农企业流动资金短缺。在资金来源方面，大多数涉农企业希望通过银行贷款满足资金需求，且期望从银行获得中长期借款的意愿更为强烈，这主要是因为通过银行贷款的方式获得的资金成本低于非正规金融渠道。除银行贷款外，中小企业还通过自身的留存收益和民间借贷等方式获取自身发展所需资金。进一步考察涉农企业在选择融资方式时所考虑的因素。我们发现，涉农企业在选择融资方式时主要考虑资金成本高低、融资手续是否简便以及获得资金的时间长短等因素。其中，资金成本是涉农企业在选择融资方式时考虑的最重要因素，该因素对于涉农企业的资金需求尤其是中长期资金需求的影响较大。其次，融资手续是否简便以及获得资金的时间长短也是涉农企业选择融资方式时考虑的主要因素。与中长期资金相比，涉农企业在获得短期流动资金时对资金的时效性更敏感，企业更关注融资方式的便捷性。

由上我们可以看出农村金融需求主体对资金的需求主要集中在新型农业经营主体和涉农企业上，而普通农户的资金需求数额相对较少。近年来，随着农村剩余劳动力的转移，南京市土地流转范围不断扩大，新型农业经营主体和涉农企业异军突起，规模化的农业经营需要大量的资金投入，因此，新型农业经营主体和涉农企业对资金的需求将成为农村金融需求的重点，而普通农户的金融需求则更多的向微型化、多样化、便捷化方向发展。

（3）风险性

虽然近年来南京市在现代农业发展方面进步明显，但农业本身存在的弱势性并没有改变，农业对自然条件的依赖性依然较强，抵御自然风险的能力依然较弱。同时农业相关产业盈利能力较弱，决定了农民和涉农企业的实力不强，再加之农业保险等风险规避手段的缺失，从而导致农村金融面临的自然风险和经济风险都较高。

（4）抵押担保约束明显，交易成本高

导致当前南京市农村地区“贷款难”问题依然存在的一个重要原因是各信贷需求主体缺乏农村金融服务机构所认可的“合格”抵押物，也难以找到合适的担保人或担保公司。抵押担保的不足是导致其信贷约束的重要原因。同时，由于农村居住分散，金融需求比较零散，农村金融交易成本较高。

2. 农村金融服务供给不充分

（1）农村融资需求满足度不高

农村金融需求的特点主要表现在：农村金融需求主体内部差异性；农村金融需求范围和程度较大；农村金融需求的分散性。正是差异性、范围广、分散性导致了农村金融资源配置的不合理性，扩大了城乡贷款收益率的悬殊。可以借助于农村金融机构存款和贷款差额来展示农村资金要素的外流状况，2016—2020年度，江苏省涉农贷款状况与金融机构人民币贷款状况，如图9-4所示，虽然存款和涉农贷款的绝对值一直在增长，但是存贷的差距在加大。

在农村金融需求中，贷款需求是最基本的需求，因此，贷款需求的满足程度就是评价农村金融供给的最直接指标。近年来，随着农村经济的快速增

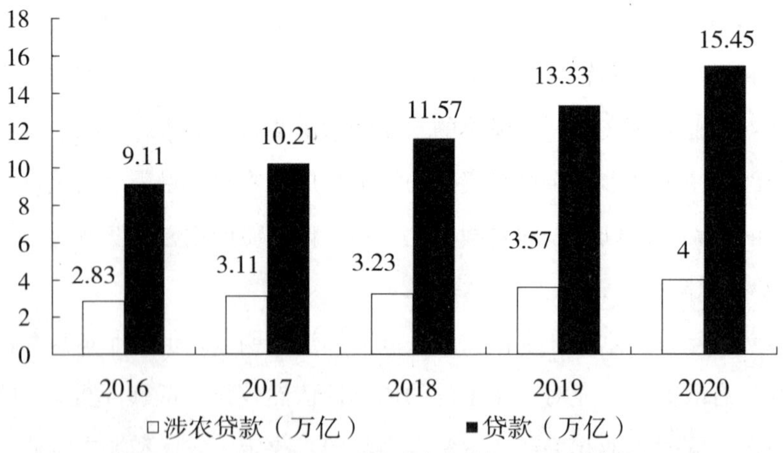

图 9-4　2016-2020 江苏省涉农贷款与人民币贷款状况

数据来源：江苏省农业农村厅

长，南京市金融机构涉农贷款余额也不断增加，每年的增长率基本都能达到两位数以上，表明南京市农村金融功能发挥整体良好。但南京市同样呈现涉农贷款与金融机构人民币贷款的差距加剧现象。可以看出，随着农村经济的不断发展，南京市农村金融供给与农村金融需求之间不匹配的程度正逐渐加大，农村金融进入发展瓶颈，亟须寻求改革突破口。由此可以发现，虽然在统计上南京市涉农贷款余额在逐年增加，但是农村金融需求主体的贷款需求满足度仍处于较低水平，仍有大量的农村信贷需求无法得到满足。

（2）农村金融供给渠道不足

从农村信贷市场份额来看，南京市农村金融供给属于一种高度“垄断化”的结构，由农村信用社改制而来的三家农村商业银行（紫金、高淳、溧水）在南京市农村信贷市场中占有绝对优势：近一半的农村信贷由农商行提供，如果再扣除掉一些较大规模的农村龙头企业的信贷额（一般来说，企业规模越大，其越有可能通过其他商业银行获得贷款），农商行在农村地区的市场份额应该更高，由此说明南京市农村金融供给结构具有高度垄断的特征。2019年1月3日，紫金农商银行在沪市主板上市，同时，其还持有高淳农村商业银行20%股权、溧水农村商业银行20%股权和江苏省农村信用社联合社1.61%的股权。

（3）农村金融服务缺乏多样性

由于缺乏农村金融方面的法律法规，加之农村金融发展理念的偏差，虽然政府在改革时对不同类型的农村金融机构都有明确的分工定位，而且各类金融机构也都根据自身的比较优势确定了各自的主要业务类型和目标客户群体，如表9-5所示，但从实际运行效果上看，由于各类金融机构都把股份制商业化以及做大做强作为改革发展的主要目标，机构服务“同质化”现象十分明显。

表 9–5　农村金融机构主要业务类型和服务对象

金融机构	主要业务类型	目标客户群体
农村商业银行	吸收存款、农村工商业贷款	农村中小微企业、农户
农业银行	吸收存款、农村工商业贷款	农村大中型企业、部分农户
邮政储蓄银行	吸收存款、农村工商业贷款、小额信用贷款	农村中小微企业、农户
农业发展银行	农副产品国家专储、购销贷款、加工企业贷款、农村基建贷款、财政贴息农业贷款	粮食营销企业、政府有关部门、加工企业
村镇银行	吸收存款、农村工商业贷款	农村中小微企业、农户
小额贷款公司	农村小额贷款	农村中小微企业、农户

（4）农村金融创新能力不足

目前南京市金融机构提供的涉农金融产品多囿于传统形态，产品创新偏少。在缺乏涉农股权融资和集合性涉农债权融资等手段下，农业经营主体只能高度依赖银行信贷融资。而银行信贷产品以传统的抵押担保贷款为多，缺少以订单数据、物流数据、税务数据、联营单位等为增信手段的创新产品。农村产权评估市场不健全导致农房和流转的土地经营权抵押存在诸多制约，农业经营主体缺乏有效的抵押担保物，导致部分金融服务需求难以满足。受访农业经营主体中约三分之一希望金融机构能够提供有针对性的金融服务。

（5）农村金融供需期限不匹配

经调研发现，家庭农场和农民专业合作社的资金需求期限多为2到3年，期限1年以下的分别仅占6.98%和1.85%。农业企业融资需求期限在2以上的，占调研农业企业样本的68.69%，期限在2年以下占比23.48%。而商业银行向新型农业经营主体提供的贷款多为1年期的小额信用贷款或联保贷款。在调研的65户家庭农场中，获得贷款期限在2年以上仅占比27.19%，调研的86家农业企业中获得贷款期限在3年以上的仅占9.3%。融资周期偏短，农业经营主体大多需要循环续贷或借新偿旧才能满足生产经营需求。近30%的家庭农场和农民合作社认为银行审批手续过于复杂。

（6）农村信用信息体系不健全抑制农业金融对接效率

目前南京尚未搭建专门的农户信用信息平台，对农户的社会信用信息查询主要依靠“信用南京”平台和“我的南京”APP。但平台上的信用信息主要采取自主申报方式，缺乏农户住房信息、农村人口社保数据、家庭用水用电、农业企业纳税、农户违法涉案等数据，资金供需双方存在较强的信息不对称，无法为金融机构发放贷款提供充足的信息支撑，金融机构开展涉农业务困难。

从总体上看，南京市建立的农村综合金融服务体系并未完全解决供需矛盾，还无法有效适应城乡一体化、农业现代化以及生产组织化、市场化的发展新趋势。尤其是针对农业现代化的金融服务，如农业科技、水利设施、农产品营销等方面的金融产品和服务还基本处于空白，对新型农业经营主体和涉农企业的金融产品创新还比较缺乏，农村金融供给创新还有很大的空间。

三、完善南京市农村金融体系的政策制度创新

（一）健全金融服务组织体系

建立由政府部门、政策性金融机构、商业性金融机构和合作金融机构组成的涵盖信贷、股权、期货、保险、担保、租赁、信托、评估等领域的多层次、多元化农村金融服务组织体系。

界定政府部门、政策性金融机构和商业性金融机构的权责边界，由政府相关部门负责制定并督促落实支农金融政策，推动农村金融基础设施建设，引导金融机构开展支农活动，加强农业金融知识和金融政策宣传，培育农业金融优质客户。政策性金融机构主导农业农村基础设施建设、农业科技成果转化与应用和粮食安全工程等市场配置不足领域的金融支持，发挥银行、保险、担保、期货等商业性金融机构在市场化领域服务农业经营主体的骨干作用。

确定金融支持的关键领域。围绕南京市都市型现代农业产业的发展重点，集中金融资源打造“优绿精健特新融”农业产业。其中，“优（质粮油产业）、绿（色蔬菜产业）、精（品园艺产业）、健（康畜禽产业）、特

（色水产产业）”为地产农产品生产业，重点满足符合其季节性特征和规模化生产的融资需求与保险需求；“新（技术农业产业）”为生物农业、智慧农业和现代种业，为其企业成长提供从种子资金到股权上市的全生命周期金融服务；“融（合农业产业）”为乡村休闲农业和乡村特色农业，着力服务乡村休闲农业基础设施建设和特色农业“一村一品”整村授信。

（二）优化农村金融生态环境

农村金融的发展需要有一个良好的农村金融生态环境作为支撑。作为农村金融主体运行的外部环境，良好的农村金融生态环境可以促进农业生产、增加农民收入以及推动农村经济发展。改善和优化南京市农村金融生态环境，可以从以下几个方面入手。

1. 加强农村经济综合实力

加强农村经济综合实力是改善和优化农村金融生态环境的根本点，而农业又是农村经济的产业基础，要想改变南京市农村中存在农业脆弱的县域现状，必须要从推动现代农业的发展着手。首先是要完善现代农业体系，各区域应根据自身的特点和优点，引领农民进行农业产业结构调整，努力发展优势产业，形成良好的产业布局。培养和扶持一批“龙头”企业，通过增加产业环节，使得农业生产规模化、专业化。积极落实支农和补贴政策，调整经济结构，转变经济增长方式，提高经济运行的效率和质量，为农村金融生态建设提供一个良好的经济环境。其次是要提高农业技术创新能力，加强农业应用技术和高新技术的推广。南京市政府相关部门可以加大对农村的资金投资力度，充分利用社会资金的力量，满足农业科技创新的资金需求。

2. 建立完善的农村信用体系

信用缺失、信用制度不完善不仅会加大金融机构贷款风险，造成农村金融机构不敢贷的局面，还会增加农村金融市场的交易成本，造成金融资源的浪费。农村信用体系的建立需要多方配合，从信用建设、诚信惩戒等多个方面来进行。首先要完善信用信息评价制度，建立信用信息库，搭建农村金融机构信息共享平台。对于农户，要按照家庭财产、劳动力、人口、债务状况等各方面综合分析，科学规范进行评价；对于新型农业经营主体和涉农企业，要将其主要管理人员、家庭成员一并纳入征信系统管理。创建农村信用工程，通过广泛开展“信用镇（街道）、信用村、信用户、”的评定活动，使农民的信用意识在无形中得意增强。加大诚信知识的普及和宣传力度，以农户和涉农企业喜闻乐见的方式，送诚信知识下乡。另外，要健全激励惩戒机制，鼓励农村金融机构将资金需求主体的信用评价与信贷投放相结合，根据信用等级来确定贷款利率的高低等。对于守信的农户和涉农企业，农村金融机构可以优先贷款，并根据实际情况增加信用额度，对于失信的个人和企业，要充分发挥法律约束作用，将其失信行为曝光并加入黑名单，迫使其行为趋于守信。

3. 完善农村金融法治环境

建立完善的农村金融法律制度是保证金融生态环境均衡发展的制度性举措，能够促进农村金融生态的良性发展与动态平衡。首先，要建立与金融环境相匹配的法律法规，推进农村金融机构市场进入和退出制度的建立，规范农村金融机构服务业务。特别是要为农村金融税收优惠相关政策的出台以及农村农业保险的开展提供法律保障。增强政府、企业和个人的法律意识。探索建立包含土地使用权、收益权、继承权、抵押权的完整土地承包经营权，缓解农村金融抵押品缺乏的状态。其次，要提升执法意识，加强执法力度，做到有法必依、违法必究、执法必严。多方配合，实现银行机构、监管部门和执法部门的协调行动，提高金融执法的公正性和效率。严惩金融违法行为，严厉打击逃避银行债务的行为。

4. 完善农村金融生态风险监管系统

首先，要充分发挥政府在优化金融生态环境中的核心作用。合理利用政府的行政干预职能，使得政府和市场相互补充。一方面，政府应制定符合本地实际的科学发展战略，减少行政干预农村金融的现象，提高农村金融的市场化程度；另一方面，在市场失灵时，强化管理职能，整顿不正当竞争的紊乱秩序，避免缺位情况的发生。其次，提升金融生态环境的监管能力，防范潜在金融风险。建立和完善农村金融监管制度，提高金融市场、金融机构的信息透明度，使市场对金融生态的质量状况和风险状况有充分的了解，从而提高应对风险和管理风险的能力。建立有效的内部约束机制，引入现代企业法人治理结构，改善内控设施，保证农村金融机构的健康持续发展。对多种形式的新型农村金融机构进行正确的引导与监督。最后，加强对涉农贷款的风险防范和管理，促进各金融机构把涉农贷款的不良率控制在合理范围内，防范信用风险集聚。

（三）提升金融支农服务效率

当前，南京市农村金融供需矛盾的重要表现就是农村金融发展的进程明显滞后于农村经济转型的步伐。农村金融机构所固守的单一的涉农信贷管理体系与农村差异化的金融需求相距甚远，产品和服务创新相对滞后。因此，不仅要鼓励农村金融机构加强金融产品与服务的创新。其次，涉农金融机构的第二个关键性问题就是维持和推进农村金融支农服务的效率。只有辅之以效率提升才能从真正意义上实现金融产品和服务创新的经济社会效应。

1. 加强农村金融产品和创新服务

要鼓励农村金融机构加强金融产品和服务创新，具体要从以下几个方面展开。第一，探索开展农村土地经营权抵押贷款。进一步扩大新型农业经营主体和涉农企业的贷款抵押范围，提高其信贷可获性，建议南京市探索开展农村土地经营权抵押贷款试点。建立农村产权流转交易市场，推动农村产权流转交易公开、公正、规范运行。出台农村土地承包经营权抵押政策制度，建立和完善农村产权信息查询系统和抵押等级制度。建立土地抵押贷款风险补偿或担保机制，通过对土地经营权的抵押比例和年限进行限制，从而规避农民“失地”风险。第二，鼓励农村金融机构建立差异化的涉农信贷管理体系。针对不同类型、不同经营规模的农村金融需求主体的差异化资金需求，提供多样化的信贷融资解决方案。根据各区的农业特色，探索以农机具、存单、水面、大额订单、大棚设施、应收账款为标的的抵押贷款业务。根据农业产业化发展新趋势，探索“企业+农户”“企业+新型农业经营主体”“企业+合作社+农户”等融资新模式，大力推行农产品供应链融资，探索核心企业担保，同业互保等信贷新模式。第三，建立农村金融产品和服务创新激励机制。首先，要积极营造创新氛围，鼓励农村金融机构间根据实际情况开展业务合作，不断学习国内外其他金融机构先进的农村贷款技术，提高贷款效率和管理水平。其次，要在全市范围内每年对农村金融机构的涉农产品服务进行评比，对影响面广、实施效果好的创新举措要给予一定奖励，并在一定条件下在全市范围进行推广。

2. 扩大金融服务覆盖面，提升支农服务效率

第一，积极改善农村支付结算体系。改善农村支付环境，要强化基础配套建设，加大行政村POS机布设范围，满足更多的支付需求，支持农产品市场交易使用银行卡、电子划汇等非现金支付方式，进一步丰富农村基础金融服务种类，方便农民的支付结算。第二，鼓励农村金融机构创新开展农村支付结算业务，尽快将小微型农村金融机构纳入人民银行支付结算系统，为各农村金融需求主体提供多元、快捷、高效的支付结算服务。第三，实施南京市“互联网+农村金融系统工程”。建议由市地方金融监管局牵头，通过与阿里、京东等大型互联网企业合作，开发出本市专用的移动互联网农村信贷平台，借助于互联网大数据优势为农村资金需求者提供方便、快捷、高效的信用贷款。首先，在各行政村建立农村电商村级服务站，这些村级服务站的作用，就是手把手教给农民学会在电商平台上进行交易，即先用互联网把大家联结起来。在农民对互联网逐渐熟悉并习惯之后，互联网公司的很多金融产品就可以直接复制过去，开展授信并发放贷款。其次，充分利用农产品供应链的优势，互联网公司可与本市的农业产业化龙头企业或一些大型的农民合作社合作，通过这些企业或合作社所掌握的农户信息，构建风控模型，设计出互联网信贷产品。通过南京市“互联网+农村金融系统工程”的实施，提高农户、新型农业经营主体等农村资金需求者的信贷可获性，进而促进农村经济的发展。

（四）推进农业保险发展

鼓励保险机构创新地方特色农产品保险、气象指数保险，构建“保险+期货”“保险+期权”“订单农业+保险+期货”等联动机制，化解新型农业经营主体和农户的自然风险。农业保险可以“隔离”金融机构无法管理的自然风险，为金融支持提供一个安全缓冲带，免除金融机构对农业自然风险的后顾之忧，使金融机构专注于其所擅长的贷款管理和金融服务工作。因此，

一个良好的农业保险体系可以撬动更多的金融资源进入农业领域。然而，目前南京市农业保险的发展还处于刚起步的阶段，其发展还有相当大的空间。加快推进农业保险发展，可以从以下几个方面入手：

1. 健全农业保险经济补偿机制

首先，要构建全方位的农业保险管理体系。设计覆盖农业生产全过程、多领域的农业保险品种，逐步完善商业保险、再保险和政府巨灾保险准备金相结合的大灾风险防范机制，增加农业保费补贴品种并扩大覆盖范围。积极探索农业保险新险种，不断丰富农业保险的内涵和外延。其次，要发展农村小额保险业务。鼓励在农村发展互助合作保险和小额保险业务，推进农村小额贷款保证保险试点，探索建立农业保险与农村信贷相结合的银保互动机制。

2. 完善经营模式，创新经营技术

第一，精心设计适合本地的农业保险的经营模式。首先，设立必要的管理和协调机构，确定本市范围内的市场主体及其结构，确定本地政策性农业保险财政支持政策和支持重点项目和险种，依据中央制定的原则，建立本地的大灾风险管理制度，进行本地农业风险区划和费率分区，逐步建立风险评估和费率厘定的科学机制和机构，对各有关政府部门如何“协同推进”农业保险制度建设做出安排，对各区县基层协助和代理农业保险业务做具体规定等。第二，尽早建立农业保险费率精算制度及合理调节机制。农业保险价格科学合理计算，对农业保险的有效和可持续经营关系极大。其次，农业保险中查勘定损是一个非常复杂、困难的难题，建议在适当时候引进指数保险。

3. 加大对农业保险的政策支持力度

财政和税收支持政策是政策性农业保险制度的主要要素，也是政策性农业保险制度的主要标志之一。当前，政府财政给予保险费补贴的农、林、牧、渔保险标的和险种范围应该继续扩大，保险保障水平应该逐步提高，相应的中央财政的补贴也应增加和提高。同时，鼓励商业性保险公司根据南京市特色农业产业创新保险产品，由政府对相关外部性较强的保险产品给予一定补贴，并以“以奖代补”的形式发放，进一步增强农业保险的吸引力，提高农业保险的覆盖面。其次，对新型农业经营主体中的专业大户和家庭农场投保实行政策倾斜，如保费优惠。这将有利于保险公司降低单位经营成本和道德风险，改善公司经营，有利于鼓励发展规模化、集约化、产业化的农业生产，促进土地流转，这符合南京市农业的发展方向。

（五）提升农业产业征信能力

依托“我的南京”APP和“信用南京”平台，全面归集能够反映农业经营主体经营、财务、信用状况的外围信息，建立和完善以农村土地和生产经营数据为核心的农户信用信息数据库，支持农村中小金融机构依法合规共享数据，缓解金融机构与农业经营主体之间的信息不对称问题。

推进大数据、人工智能和区块链等技术在农户信用信息采集与管理中的应用，通过集合交易行为、场景数据和关联政务数据等综合信息，构建“数字资产登记平台”，鼓励银行业金融机构有效整合涉农主体的信用信息，优化风险定价和管控模型，提高客户识别和信贷投放能力，减少对抵押担保的依赖，逐步提高发放信用贷款的比重。

（六）拓宽农业产业融资渠道

支持发行乡村振兴专项票据、设立不动产投资信托基金（REITs），筹集资金用于农业基础设施建设、农产品质量提升和现代农业经营体系建设。积极培育符合条件的涉农企业在上海证券交易所、深圳证券交易所、北京证券交易所和农村产权交易市场挂牌融资。设立农业产业政府投资引导基金，支持各类市场主体以市场化的方式参与投资引导基金，通过注资、入股等方式支持农业发展。

（七）创新多层次农业金融产品

健全农业风险补偿制度。建立首贷风险代偿机制，对符合规定的首贷客户信用贷款发生风险予以风险代偿，激励金融机构信贷支持更多的新型农业经营主体，提高风险代偿财政资金使用效率。完善融资担保配套体系。扩大“银行+农担公司+新型农业经营主体”担保方式的覆盖范围，落实涉农担保业务补助政策，降低农业经营主体的担保费率，持续加大对新型农业经营主体的信贷支持。

Chapter-10

第十章

商贸金融：南京争创国家消费中心城市的重要金融抓手

从金融的起源来看，贸易与金融的关系犹如亚当与夏娃的关系——贸易催生金融，金融反哺贸易。而作为现代国民经济的两个重要组成部分，商业贸易和金融的发展与演化也并非独立、割裂的，商业贸易直接推动了金融工具、金融机构、金融市场等方面的金融创新，而金融行业的革新进步又使得商业贸易的范围变得更广、成本变得更低、交易更为便利，从而加速了商业贸易的发展，推动了商业贸易模式的一次次转型升级。

一、金融助力“中华第一商圈”的形成与发展

谈起南京的商业贸易，就不能不想到南京最具代表性的商业圈——“中华第一商圈”——新街口商圈。在新街口商圈漫长而曲折的发展历程中，其发展的溢出效应直接带动了南京整体商贸环境的升级，也间接催生了南京城市金融的崛起。南京金融行业的觉醒与发展，不仅优化了城市商圈的金融环

境，而且提升了城市商圈的发展速度及战略地位，新街口商圈与新街口金融集聚街区并驾齐驱的形成与发展便是最好的印证。此外，随着近几年南京市金融政策环境的逐步宽松，南京的民间资本也以更加积极的姿态涌入商贸金融领域，而这势必成为城市金融推动城市商贸发展的一股重要力量。

（一）新街口商圈金融集聚区

新街口商圈已有90年的悠久历史，随着商圈的发展，新街口的金融聚集区逐渐形成。从战略高度上看，两者对于南京城市经济的发展、人们生活水平的提高具有同等的重要性，可以说，新街口商圈和新街口金融集聚区从形成到发展，从过去到未来，都是并驾齐驱的“两架马车”，强有力地带动着南京这座古老的城市在新时代的浪潮中不断变革与发展。

图 10–1　新街口中心广场夜景

1. 新街口商圈的发展历史及现状

享有“中华第一商圈”美誉的新街口，是南京历史最悠久、经济最发达的标志性核心商圈，其近百年的曲折发展历程也是南京乃至中国商贸市场变迁的一个重要缩影。回顾新街口商圈的历史，大致经历了如下几个阶段：

（1）形成时期：1929—1949 年

新街口商圈的历史最早可以追溯到国民政府时期。1929年，南京国民政府首都建设委员会决定对新街口进行拓宽改造，首次把新街口规划为商业区。随后的规划建设中，四条宽40多米的林荫大道在新街口交汇，形成了一

图 10-2　民国时期的新街口广场

个环形广场，新街口由此成为整个南京市的交通枢纽。由于具有独特的交通区位优势，新街口吸引了众多的商家和企业，商业中心迅速形成。1936年年初，中央商场在新街口开业，开办的目的是抵制洋货、弘扬国货、发展民族工商业，商场以出租场地招商经营的模式吸引了众多商号的入驻。

（2）寡头垄断时期：1949 年—20 世纪 90 年代

新中国成立后，经历了批购、经销、公私合营和大炼钢铁的时代，中央商场终于在1964年初被南京市政府定性为国有企业，经营方式也出现了改变：原本商场内店与店之间的间隔被打通，初步形成了整齐划一的营业格局。作为当时南京唯一的一家大型百货公司，中央商场在一段时间内几乎垄断了南京整个消费市场。

在那一特殊的历史时期，唯一能跟中央商场相提并论的是成立于1952年的新街口百货商店（以下简称“新百”）。通过股份制改革与重组，新百于1993年9月成为南京的第一家上市公司，引起了不小的轰动。

（3）快速发展时期：20 世纪 90 年代—2004 年

从20世纪90年代后期开始，在国内有一定影响力的众多连锁品牌百货商场、零售专卖店相继涌入新街口商圈，使得商圈发展速度空前加快，市场竞争日益激烈，也为打造“中华第一商圈”奠定了坚实的基础。

1996年，金鹰国际商城建成并正式开业。216米高的楼宇远远超过此前有“南京第一高楼”之称的金陵饭店，成为南京的新地标，与上海的恒隆广场、金茂大厦一起被视为中国的三大摩天楼。

1999年12月26日，苏宁新街口店正式开业，并在随后几年中开创了3C旗舰店的经营模式，定位于高端家电及外延产品，吸引了索尼、三星、西门子等品牌入驻。苏宁新街口店也在7年时间内实现了“单店百亿”的销售额，因而被冠上了“中华第一店”的称号。

2000年10月，由新百全资控股的东方商城在沿街对面开业，成为南京第一家真正定位国际化与时尚化的高档百货商店，填补了新百高端产品线的空缺。

2002年底，拥有港资与台资背景的大洋百货与万达集团合作，正式入驻新街口。逾7万平方米的经营面积超过新百与中央商场的总和，开业当天的销售总额则高达2099万元，创造了中国百货业开店当日的最高销售纪录。

随着2004年市政扩建，新街口商圈的营业面积达到了40万平方米，远超上海徐家汇的20万平方米和北京王府井的26万平方米，成为名副其实的“中华第一商圈”。

（4）并购整合与转型时期：2004 年至今

随着市民物质生活水平的日渐提高，消费需求存在由单一购物的“物质性消费”向文化、休闲、娱乐等多元化“精神性消费”升级的趋势；而在供给端，随着大量同质化百货商场进驻新街口商圈，百货业态的市场日趋饱和。因此，在消费需求升级和供给端“产能过剩”的叠加效应影响下，新街口商圈进入了并购整合和转型发展的新时期。

2004年，金鹰通过二级市场举牌及大宗交易方式购入新百流通股，成为新百的第一大股东，为整个新街口商圈带来了多元化的发展思路。被收购后的新百积极进行了调整，扩展了经营面积，提升了品牌质量，并首次引入了餐饮业态。同年，中央商场因国有股权转让被江苏雨润集团收入囊中。

2005年，德基集团抓住新街口商圈中缺乏成气候的奢侈品商场和以综合业态为经营模式的购物中心的机会，在新街口东北角、中山路18号拿地4万平方米，分两期建设德基广场，总建筑面积则超过20万平方米。2006年6月，德基广场一期正式开业。2012年5月，德基广场二期开业，新入驻的品牌多达180个。2021年新街口“四大金刚”表现依旧惹眼，共实现销售额超371亿。其中，德基广场以210亿一骑绝尘，首次迈进“200亿俱乐部”，2016—2020年度德基广场销售增长状况，如图10-3所示。

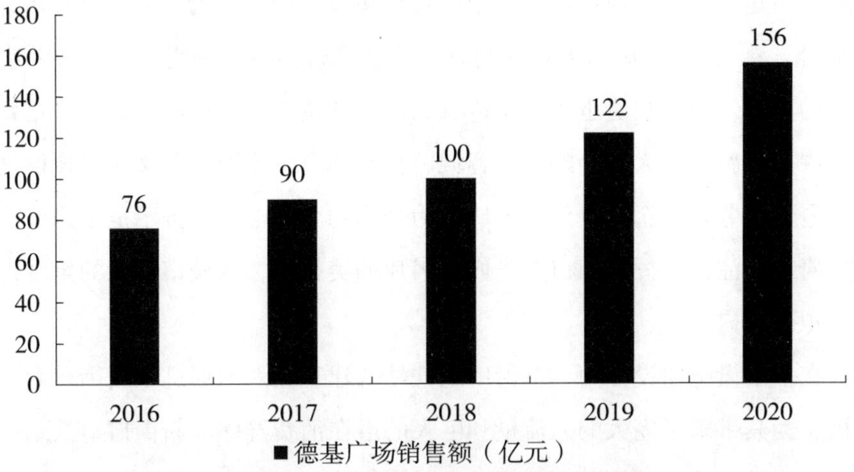

图 10-3　2016-2020 年度德基广场销售增长状况

数据来源：公开数据整理

在从传统百货中心、专卖店向综合性商业购物中心转型过程中，金鹰抢先开出了美国护肤品牌科颜氏的第一家南京专柜；中央商场引进了快时尚品牌优衣库的入驻，为了丰富业态还在商场顶层开出了几家餐饮品牌；大洋百货调整了整个商场的环境和格局，不仅在商场中央位置增设了轻餐饮品牌，服装品牌的数量也增加了至少一半。苏宁新街口店自2010年升级为全国首家Expo超级店后，又在2012年进一步升级成为集超级电器旗舰店、五星级酒店、精品酒店公寓、甲级写字楼、餐饮和娱乐为一体的苏宁电器广场。

2014年2月10日，三胞集团斥资24.8亿元买下了与新百隔街相望、与东方商城比邻的南京国际金融中心，该中心是集零售物业和甲级办公楼为一体的综合体项目，总建筑面积超过10.9万平方米。通过一系列收购，南京新街口商圈中新百、东方商城、国际贸易中心和国际金融中心都归属于三胞集团旗下，占据新街口南面的一半零售物业，整体体量超过20万平方米。

在企业并购重组、商场业态调整的转型发展过程中，南京市政府也积极发挥着引导、支持作用，在软环境、基础设施建设方面统筹布局，为新街口商圈的繁荣发展、转型升级提供了基础的软硬件支撑。

在软环境方面，南京市政府加大电子商务业发展，着力构建新街口地区B2B、B2C等第三方专业化电子商务平台及移动电子商务平台，鼓励和促进三胞集团建设“网上新街口”、中国移动建设“智慧新街口”等公共信息服务平台。总投资5个亿的大贺会购商务信息平台项目已获得国家服务业引导资金的支持。同时政府也大力支持有条件的商贸企业转型电子商务，培育金鹰、中央、新百、大贺会购、德客城、畅游体育、乐博乐器文化科技信息平台等电子商务领军企业，使新街口成为全国知名的电子商务示范区。此外，市政府十分注重发挥新街口这张城市名片的美誉度，从城市功能的角度再造“虚拟新街口”。

在基础设施建设方面，新街口地铁站的建立极大地促进了新街口商圈的发展，为其带来了庞大的人流量和巨大的潜在消费群体。新街口地铁站的出口总数多达25个，远远超过上海人民广场站的15个。已经开通的地铁1号线和2号线于新街口交汇，而根据南京市的地铁线路规划方案，到2030年南京会开通17条地铁线路，届时将有更多的人流汇入新街口。

图 10-4　新街口街景

经过多年的变迁和调整，新街口商圈的商业密集度、功能和品质不断提升，聚集和辐射能力日益增强，已经成为全国最著名的商圈之一。据相关统计，商圈内日均客流量50万人次，节假日达多120万人次，其中30家营业面积超过1万平方米的批发零售企业销售额超过100亿元，南京市每6元钱的社会商品零售就有1元出自这里。对于南京人来说，如今的新街口已经不再是只能购物的场所了，而是集商贸金融、酒店餐饮、文化娱乐等各类业态的地标性购物中心。

此外，商圈的巨大辐射能力吸引了南京周边地区的消费者。据统计，商圈的直接辐射范围达南京市各区、苏皖两省及南京周边10多个地级市，其客流量中60%为“一小时都市圈”内的外省外地来宁人员。南京的特点是“承东启西，联结南北”，长江与京沪的纵轴、横轴交界，长江下游唯一横跨南北的城市，天然就具备相当广阔的腹地。有“超级商场+奢侈品”的集中度，有广阔的南京都市圈以及苏皖辐射范围，还有另外一个重要因素，就是南京的高铁与地铁，强大的交通轨道联结了周边城市。新街口，不仅是商业中心，其实也是整个南京的地理中心、交通中心，最重要的地铁一号线、二号线的中心也是在新街口。

2. 新街口金融集聚区的形成与发展

新街口商圈初建之时，新街口的金融业便得到了初步发展，时至今日，新街口不仅是南京最大的商业圈，也成为南京核心的金融集聚区。在这段漫长的岁月中，新街口商圈贸易的发展带动了商圈金融的进步，而商圈金融的进步也反哺、催熟了“中华第一商圈”。

（1）新街口金融集聚区的历史与现状

20世纪30年代，也就是新街口商圈初创之时，新街口商圈内便已建成国货银行、浙江兴业银行、交通银行，这也标志着新街口金融区的初步形成。而随着数十年来新街口地区商贸的繁荣发展，银行、证券公司、保险公司等金融机构也相继入驻新街口，形成了初具规模的新街口金融聚集区。现如今，新街口地区是南京的中央商务区（CBD），分布的金融机构、咨询公司、法律事务所、会计师事务所和大公司总部、办公室数量居南京之首，其中世界500强企业机构约80家。

2013年3月新秦淮区成立后，确立了“全力打造国际商务商贸中心、现代金融服务中心、文化休闲旅游中心和创新驱动发展高地”的发展定位，加快了金融产业的发展。

2014年初，新街口金融商务区被正式列为南京两大金融集聚区之一，与河西金融CBD享受同等地位，给予同等支持。为加快提升新街口金融商务集聚区能级，新街口金融商务区未来将被打造成为国际金融商务先导区、金融创新试验区、区域金融营运中心。可以预见，未来新街口金融集聚区将拥有更多的金融机构，并形成以新街口中央商务区为核心、以洪武南路金融街为特色品牌的金融业集聚发展格局。

（2）商圈金融催熟“中华第一商圈”

新街口最大的特点就是商业密集度极高，正是因为其高密集度，才被冠以“中华第一商圈”的美誉。在新街口这块不到1平方公里的“弹丸之地”，目前已经集中了近百家世界五百强分支机构，近700家商店，1600余户大小商家，1万平方米以上的大中型商业企业就有近30家，仅原白下区侧0.3平方公里的范围内，就有各种地面商务商贸设施120多万平方米，近500家工企单位，其中商业面积70多万平方米，娱乐面积8万多平方米，金融面积10万多平方米，商务面积37万多平方米，另外还有20多万平方米的地下商业设施，餐饮行业更是云集于此。而能具有如此规模和密度的商业集群，与新街口商圈金融集聚区所提供的支付结算、融资等方面的服务密不可分。

支付结算工具方面，从过去最简单的现金支付，逐步发展到各类票据、银行卡、储值卡等多元化支付手段，再到移动支付模式，支付结算手段的不断革新，降低了商业贸易的交易成本，并且提升了交易速度，对新街口商业贸易的发展功不可没。

商圈融资方面，新街口金融集聚区的银行积极开展商圈融资业务、商圈担保融资、供应链融资等业务，并深入探索其他融资模式，开展商铺经营权、租赁权质押融资的试点。丰富的融资手段有效增强了新街口商圈中商贸经营主体的融资能力，缓解了融资困境，促进了商圈商业的健康发展，从而带动了税收、就业增长和区域经济发展，实现搞活流通、扩大消费的战略目标。

（二）商圈与城市金融的融合

城市诞生之初，军事防御和商业职能分别构“城”建“市”，最终形成“城市”，商业是城市最重要的功能之一，并始终是城市经济、社会生活的最基本内容。改革开放以来，南京城市的商业发展速度明显增快，尤其是进入21世纪之后，南京的社会零售总额从2003年的600亿元增长到2015年的4590亿元，年均复合增长率18.47%，具体增长情况，如图10-5所示：

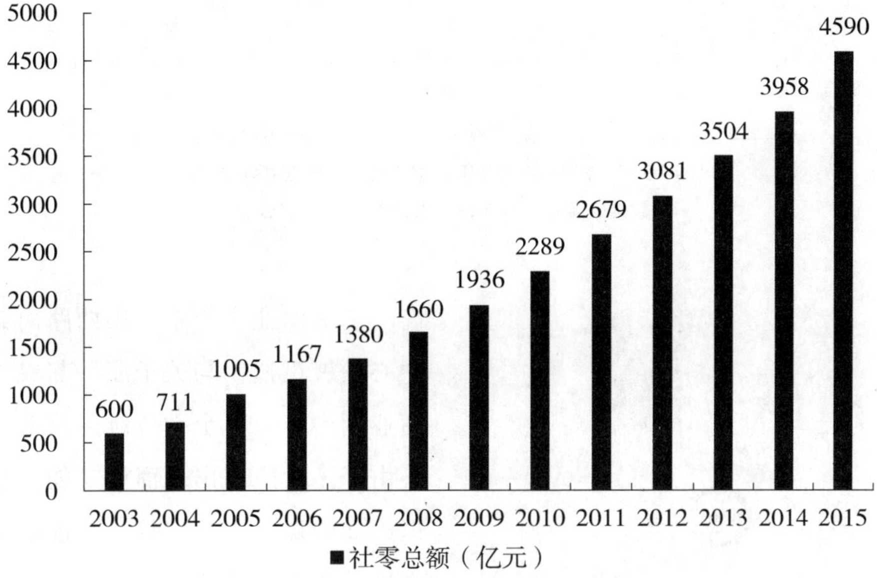

图 10-5 2003-2015 年南京市社会零售总额增长图

数据来源：南京市国民经济和社会发展公报

“十三五”期间，南京市社会零售总额增从2016年的5088.2亿元，增加到2020年的7203.03亿元，2020年受新冠疫情的影响，实现0.9%的增长，“十三五”期间仍然实现7.12%的平均年增长率，如图10-6所示。

南京主城区各商圈历经三十余年的高速发展，逐步成为城市第三产业的聚集地，商业服务设施的规模持续增长、业态不断丰富、功能日趋完备，成为满足居民购物、消费、社交等基本生活需求的重要场所。目前，南京主城商圈已经形成典型的单中心结构体系，新街口商业中心商业首位度始终较

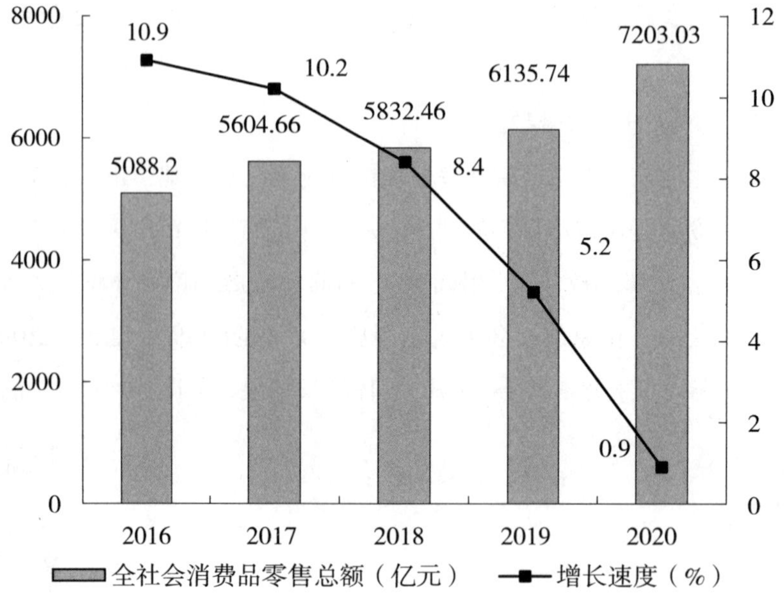

图 10-6　2016-2020 年南京市社会零售总额增长图

数据来源：南京市国民经济和社会发展公报

图 10-7　南京市主城商业中心体系[①]

高。二级商业中心中，山西路商业中心发展迅速，与夫子庙一起成为商业副中心。而个别传统的商业中心由于多种原因出现商业功能的衰退，如鼓楼、大行宫等。目前南京主城商业中心体系的等级结构是：市级商业主中心（新街口）；市级商业副中心（山西路、夫子庙）；二级商业中心（太平南路、中央门、热河路）；如图10-7所示：

依托南京城市商业日益繁荣，南京城市金融业也处于飞速发展之

①郑瑞山.新时期南京老城商业中心体系发展演变及动力机制研究[D].南京.东南大学硕士毕业论文.2005，（7）.

中，金融组织体系日益健全、市场规模逐渐扩大、金融集聚和辐射能力逐步增强，也加速了城市商业圈的扩容升级，应当说，南京城市商业圈与城市金融业的发展正保持着协同共进的良好态势。

从金融业总量来看，“十三五”以来，南京金融业增加值年均增长10.6%，如图10-8所示，本外币存贷款年均增长13.04%，保费收入年均增长36.41%，金融总资产近8万亿元，金融市场规模约占全省20%。截至2020年，实现地区生产总值14817.95亿元，按可比价格计算，比上年增长4.6%，位列23个GDP超万亿元城市第十位，这也是南京自改革开放以来首次跻身全国GDP十强。

图 10-8　2016-2020 年度南京市金融增加值发展状况

数据来源：南京市国民经济和社会发展公报

从金融业在城市发展中的地位来讲，南京金融业已经跨入国内第一梯队城市行列，在综合开发研究院发布的“2020年中国金融中心指数”排行榜中，南京在区域性金融中心城市中高居第9。

金融市场规模不断扩容。南京市已经基本形成了以货币信贷市场为主导，资本市场、保险市场等协调发展的格局，金融总量占全省的四分之一，在“南京都市圈”城市中占比接近三分之一，形成区域范围内的资金聚集和扩散效应。从2005年至2014年，南京市的金融业产值从114.46亿元激增至958.81亿元，在GDP中的占比也从4.75%上涨到10.87%，成为拉动南京市服务业快速发展的“领头羊”。

截至2020年末，南京市金融总资产从2014年的4.15万亿增加到近8万亿；金融机构本外币各项存款余额40056.45亿元，比上年增加4520.38亿元，增长12.7%，2016—2020年度南京市本外币存贷款状况，如图10-9所示；年末金融机构本外币各项贷款余额38189.99亿元，比年初增加4472.67亿元，增长13.7%；全年实现保费收入890.26亿元，比上年增长16.7%。

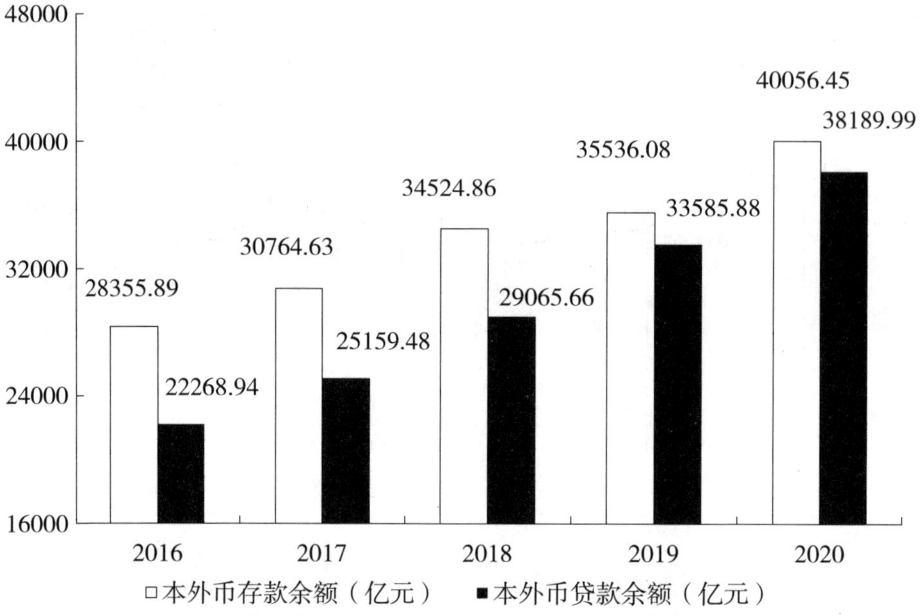

图 10-9　2016-2020 年度南京市本外币存贷款状况

数据来源：南京市国民经济和社会发展公报

金融机构逐步汇聚。打造泛长三角区域金融中心，是南京“十三五”时期的城市战略定位。近年来，南京市金融单位数量不断增加，呈现出聚集于主城区的显著特点。

金融集聚与辐射能力显著增强。早在20世纪90年代，南京市政府以及各方专家学者就开始提出构建南京区域金融中心的战略思想。在新一轮产业规划中，南京将金融业列为优先鼓励发展的重点产业之一，着力打造泛长三角重要的区域金融中心城市。作为区域金融中心建设的重要载体，2016年，南京河西CBD金融集聚区已经初具规模，区内现有国家开发银行江苏省分行、交通银行江苏省分行、江苏紫金农商银行、首都银行（中国）有限公司等银行机构51家，乐爱金财产保险（国）有限公司等保险机构22家，华泰证券、国泰君安资产管理股份有限公司等证券机构6家，以及江苏省信用再担保有限公司、南京紫金投资控股有限公司等各类准金融机构31家。截至2020年末，河西CBD已集聚各类金融及准金融机构340家，其中银行类金融机构90家，证券类金融机构27家，保险类金融机构35家，各类准金融机构88家。

3. 民间资本涌入助力南京商贸金融

2010年，南京市颁布《关于鼓励和引导民间投资健康发展的意见》，明确了对于民间资本的投资领域实行“非禁即入”原则，并强调了鼓励和引导民间资本进入金融服务领域，具体包括：支持民间资本参与商业银行的增资扩股和证券、保险等金融机构的改组改制；鼓励符合条件的民营企业参与村镇银行、贷款公司和担保公司等机构的设立和发展；支持和发展产业投资基金及创业风险投资基金等各类股权投资基金，积极支持民营企业利用企业债、公司债、短期融资券、中长期票据等债务融资工具直接融资。民间资本投资领域的放宽，对于南京经济、商业贸易的发展至关重要。南京民间资本积极涌入商贸金融领域，一方面，优化了金融业的资本结构；另一方面，也丰富了南京商贸行业的融资渠道，为商贸企业（尤其是中小企业）的发展提供了新的金融支持，庞大的民间资本未来势必将成为推动南京商贸金融飞跃发展的重要推动力。

二、金融助力南京商贸升级与新型商贸崛起

随着互联网时代的到来，横空出世的电子商务已经成为能与传统商贸模式抗衡的坚实力量，而这也意味着南京商贸金融的发展迎来了新的动力和巨大的市场空间。南京市的商贸金融适时迎合了市场变化、紧紧抓住了市场机

遇，将传统的商贸金融向电商、网购、O2O等领域渗透，并确保线上商贸金融与业务、技术、风控和管理到位。

在新型商贸模式的飞速发展过程中，南京政府充分发挥政策引导和市场机制的作用，使得南京的小贷、第三方支付、商贸担保、商贸保险和商贸资金托管等业务“万箭齐发”，商贸金融领域呈现出蓬勃发展的良好态势。

（一）电商推动南京经济增长

1. 电子商务的概念

电子商务指的是利用计算机技术、远程通信技术和网络技术开展各种商务活动，交易各方通过电子方式完成交易活动，而不需要直接面谈或当面交易完成的商业交易方式。电子商务包括电子货币交换、供应链管理、电子交易市场、网络营销、在线事务处理、电子数据交换（EDI）、存货管理和自动数据收集系统。在此过程中，利用到的信息技术包括：互联网、外联网、电子邮件、数据库、电子目录和移动电话。电子商务模式众多，按照交易对象可以划分为企业对企业（B2B）、企业对消费者（B2C）、消费者对消费者（C2C）、企业对政府（B2G）、企业对政府（C2G）、线上对线下（O2O）等模式。

2. 南京电子商务的发展情况

根据第一太平戴维斯发布的《年度中国零售20城报告》，2018—2020年度，连续三年南京排名第九。近年来，南京市电子商务呈现爆发式增长，一批重点电子商务企业交易额呈几何级增长态势。

在阿里研究院发布的《2013中国城市电子商务发展指数报告》中，南京更是跻身“2013年中国电子商务发展十佳城市”。

在南京市政府相关部门的大力支持和积极推动下，南京市的电子商务获得了迅速的发展。2014年，南京市电子商务交易额实现6656亿元，同比增长27.3%；网络零售额达988亿元，同比增长59.9%。2020年，南京市全年实现社会消费品零售总额7203.03亿元，比2019年增长0.9%，增速年内首次转正，位列全省首位，网络零售实现5416亿元。其中，限额以上单位消费品零售额4034.7亿元，增长8.6%。伴随“新型消费业态”的发展，即“文化、体育、休闲娱乐和旅游”等方面的体验式消费的发展。电子商务的健康发展，很多新消费形态不断发展，限额以上批零住餐业通过公共网络实现零售额增长24.8%，占限上社会消费零售额18.4%，比上年同期提升3.5个百分点。2020年南京市无店铺零售额增长19.2%，其中网上商店零售额增长25.9%；2021年，网络零售发展迅速，全年通过公共网络实现的商品零售额同比增长25.0%，两年平均增长24.9%；网络零售额占商品零售额的比重达到22.4%，比上年提高4.0个百分点，2016—2021年的增长情况，如下图10-10所示：

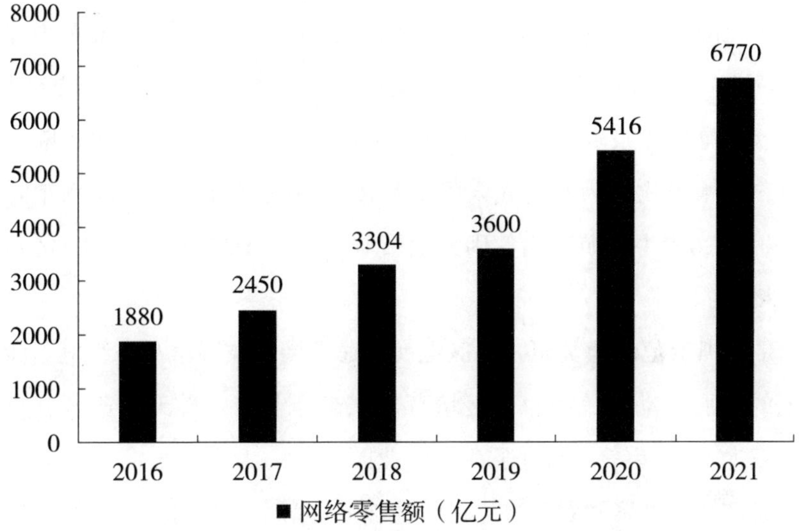

图 10-10　2016—2021 年南京网络零售交易规模增长状况

数据来源：南京市国民经济和社会发展公报整理

南京市电子商务的发展具体而言表现在以下几个方面：

一是重点企业迅速成长，竞争能力不断提升。“2021年中国互联网综合实力100强企业”榜单发布，南京的代表企业则是涌现出了新面孔，分别是汇通达、焦点科技、智通三千这三家企业，南京成为中国产业互联网发展重镇。从2014年起，南京市重点电子商务企业发展势头迅猛，竞争能力不断增强。苏宁云商加快互联网零售转型，进一步完善国内物流仓储体系，线上线下融合战略不断深化。途牛旅游网于当年5月9日登陆纳斯达克，股价不断攀升，在国内在线旅游市场中走出自己的特色之路。焦点科技稳步发展，旗下中国制造网进一步深化贸易支持服务，领军国内B2B领域。新一站保险网自营业务快速增长并占据营业收入主体，迅速成为公司三大支柱之一。焦点科技、苏宁易购等企业交易额超百亿元；好享购、途牛旅游网等交易额超50亿元。

二是网络零售快速增长，线上线下深度融合。2021年，南京市电子商务网络零售额继续保持快速增长，呈现线上线下深度融合发展态势。2021年苏宁易购加速零售服务商转型，零售云业务继续保持较快发展，报告期内新开2678家加盟店，拓展家居、快修赛道。2015年，途牛旅游网在哈尔滨、郑州、长沙、济南、青岛五大城市同步开启服务中心，同开的节奏和力度在整个旅游行业尚属首例；同时通过打造全新的“特卖频道”，帮助线下供应商销售爆款、尾货等旅游产品，深度布局旅游O2O。2019年，途牛不断升级产品品质，途牛净收入为23亿元人民币（合3.276亿美元），较2018年同期增长1.8%；2020途牛旅游疫情等因素的影响较大，2020年净营收4.5亿元，同比下滑80.3%。

三是紧抓示范创建契机，各区电商加速发展。在国家和省级电子商务示范基地的发展带动下，南京已经培育出江东产业园、舜天产业园、徐庄产业园、双龙产业园等一批电子商务产业园区，一大批电子商务企业落户园区，形成良好的集聚发展态势。在此基础上，南京市政府积极组织申报国家和省级电子商务示范基地、示范企业，以及电子商务进农村综合试点，带动全市各区的争创热情。秦淮区电子商务产业园、江宁区东山总部商务园、高淳区电商谷、栖霞区移动互联网产业园、六合区中山科技园等一批园区脱颖而出，高起点规划定位，形成各具特色的电子商务产业集聚区。南京市建邺区、南京市玄武区徐庄软件园、江宁高新区电商产业园、中国（南京）软件谷南京软件园、白下高新技术产业开发区、南京雨润菜篮子电商产业园、南京龙潭跨境贸易电子商务产业园、南京电子商务（双龙）园区、南京邮政跨境电商创业基地、南京空港跨境电商产业园共十家基地，被评为南京市2019—2020年度省级电子商务示范基地。高淳区固城街道双全社区、六合区马鞍街道巴山社区、溧水区晶桥镇水晶村成为2019年第九批省级电子商务示范村。

（二）金融助力商贸模式转型

电子商务的发展壮大，商贸模式的转型升级同样离不开金融行业的支持，而南京市在电子商务的金融支持体系建设方面走在了前面，从网络支付支持、资金融通支持等多方面确保南京市电子商务市场的积极和有序发展。

1. 网络支付支持

电子商务交易离不开网络支付，而网络支付是指消费者、厂商和金融机构等电子交易的当事人，在使用安全电子支付手段时通过网络进行的货币支付或资金流转，主要有电子货币类，电子信用卡类和电子支票类。网络支付具有数字化、借助因特网平台、通信手段先进、便捷高效和费用成本低等特点，对于电子商务的发展起到了极大的支持和促进作用。

在网络支付中，第三方支付占据重要地位。第三方支付并不局限于网络支付服务，还包括了预付卡的发行与受理、银行卡收单及其他支付服务等，但是网络服务是其应用最为广泛、影响最为深远的业务。从事网络支付的第三方机构主要分为依附型和独立型。依附型的第三方支付机构主要依附于电子商务、电子娱乐或社交网络平台。其支付服务内嵌于网络交易流程，并借助于平台在交易双方当中较高的商业信用，在交易中对买卖双方承担居民资金托管与担保功能。典型的代表是支付宝。而独立型第三方支付机构独立于电商等电子平台，通常专注于行业细分领域的在线综合解决方案。其典型代表为汇付天下、快钱等。这类机构掌握了行业交易的信息流、资金流与物流，从而具备了向供应链金融领域渗透的能力。

南京市市民卡公司、南京会购、江苏省电子商务服务中心、苏宁易付宝、大众书局、南京万商商务、江苏旅通商务等多家公司均获得了第三方支付的牌照。此外，易宝支付、支付宝、财付通等多家第三方支付机构均已经将业务范围拓展到南京，这无疑也将助推南京电子商务的加速发展。

2. 资金融通支持

南京市的电子商务企业在发展过程中积极利用资本市场进行融资，从而满足业务发展的资金需要。据南京市电子商务协会的相关统计数据显示，

2013年，YOHO！新力传媒与软银赛富基金签署了C轮融资协议，融资金额为3000万美金。而在2012年9月，苏宁电器则通过定向增发和发行公司债融资127亿元，支持苏宁易购的发展。途牛科技则从2009年3月至2013年9月，先后完成4轮融资，融资金额总计1.23亿美元，并于2014年5月9日在纳斯达克正式挂牌上市，募集资金1.18亿美元。

据联商网零售研究中心数据，2020年中国电商行业主要发生115起投融资事件，涉及企业97家。涉及社交电商领域、实现电商领域等多个方面，多个领域以及企业家数，如10-11所示。如南京希音电子商务有限公司，2020年8月获得E轮融资，全年实现商品交易总额650亿元，是专注于快时尚的跨境B2C互联网企业，集商品设计、仓储供应链、互联网研发以及线上运营于一体，主要面向北美欧洲等地区，致力于成为世界一流的快时尚品牌。《中国独角兽企业研究报告2021》显示，中国独角兽企业数量达到251家，其中南京企业11家，希音SheIn还首次挺进Top10，成为超级独角兽。

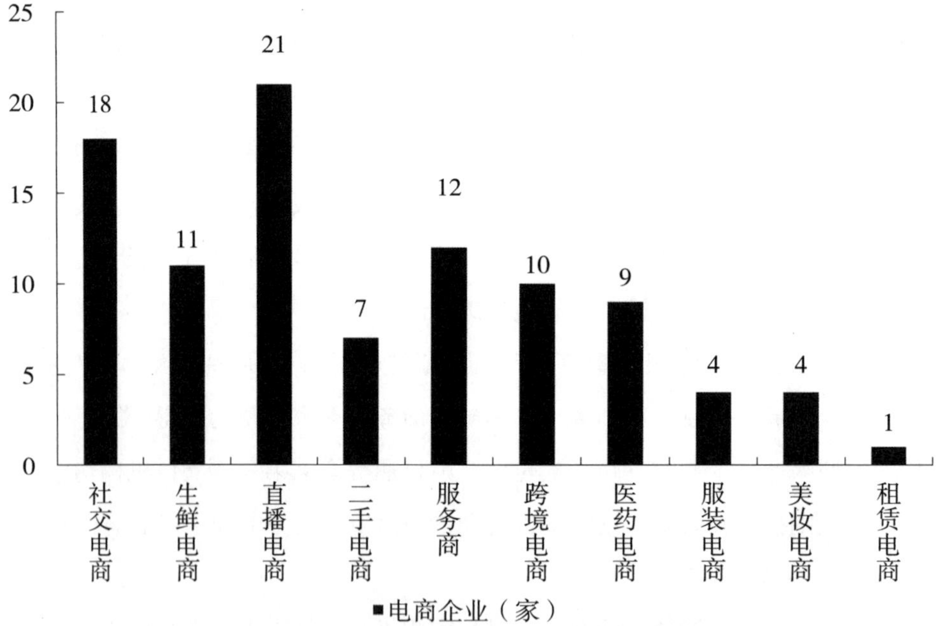

图 10-11　2020 年被投资电子商务企业涉及领域分布

数据来源：中国独角兽企业研究报告 2021

三、消费金融为南京商贸发展注入活力

消费金融是商贸金融在消费领域的延伸和深入，包括汽车金融信贷、住房信贷与信用卡业务在内的消费金融业务在南京已实现初步的发展。南京率先成为国务院批准的消费金融试点城市，中银消费、北银消费、锦程消费和捷信消费等（国内仅有的四家）消费金融公司业已抢滩南京。同时，通过地方政府的政策引导，地方资金、民间资本正纷纷涌入南京消费金融领域，消费金融的蓬勃兴起注定将为南京商贸发展注入新的活力。

（一）消费金融促进商贸升级

消费金融，是指向各阶层消费者提供消费贷款的现代金融服务方式，消费金融的发展能一定程度上满足居民不断增长的对物质文化的消费需求，有利于扩大内需，减少我国国民经济增长对投资和出口的过度依赖，促进经济健康增长，商贸领域再升级。

南京市消费金融机构通过创新优化产品功能、大力拓展零售商合作渠道、实施人性化服务、拓宽服务人群范围等措施，开发出了一系列满足南京市消费者的产品。例如，一些消费金融机构根据政府的支持政策，大力开拓装修、家电、教育、婚庆、旅游等业务合作渠道，实行节假日照常营业和一站式审批放款模式，开发出应急贷、助业贷、惠农贷等新型产品。一些消费金融机构则在原有按月付息、等额本息、弹性还款特点的基础上，创新推出按日计息、不用不计息的国内首款“Mini循环消费贷款”，改变了传统业务每次申请每次审批的模式，通过一次申请循环授信的模式，显著提高了客户消费的便捷性。还有一些消费金融机构在有效满足都市白领、社会新鲜人、蓝领工人、新婚家庭等商业银行无法惠及的各层级人群融资需求的同时，积极将消费金融服务的触角伸向金融服务不充分但金融需求旺盛的农村市场。

（二）消金公司抢滩南京市场

消费金融公司，是指经中国银行业监督管理委员会批准，在中华人民共和国境内设立的，不吸收公众存款，以小额、分散为原则，为中国境内居民个人提供以消费为目的的贷款的非银行金融机构。

2010年，银监会批准成立了分别由中国银行、成都银行和北京银行筹建的我国首批消费金融公司：中银消费金融有限公司、锦程消费金融有限责任公司、北银消费金融公司。这三家消费金融公司自从设立以来都取得了快速的发展，截至2015年3月，北银消费金融公司累计发放贷款突破230亿元，服务客户数量超40万户。

2013年9月，为贯彻落实《国务院办公厅关于金融支持经济结构调整和转型升级的指导意见》关于"逐步扩大消费金融公司的试点城市范围"和"尝试由民间资本发起设立自担风险的消费金融公司"的要求，银监会对消费金融公司试点三年来的情况进行了认真总结，经国务院同意，拟新增南京等10个城市参与消费金融公司试点工作。政策消息一经公布，国内仅有的四家消费金融公司（中银消费、北银消费、锦程消费和捷信消费）便争先恐后在南京设立分公司，抢滩登陆南京的消费金融市场。

2015年5月，苏宁消费金融公司在南京成立，成为全国首家民营资本主导、江苏省首家消费金融公司。苏宁消费金融公司由苏宁云商、南京银行、法国巴黎银行个人消费金融集团、洋河股份、先声再康药业等五家股东共同出资，各股东出资比例分别为49%、20%、15%、10%和6%，注册资本3亿元。

"任性付"是苏宁消费金融推出的首款个人消费信贷产品，开业不到半年，累计授信人数近2000万人，服务客户数量远超全国消费金融公司客户总和，授信额度1000亿元，平均单笔贷款不到1000元，真正践行了普惠金融的发展模式。此外，"任性付"对消费场景进行全面覆盖，从6月上线之初的零售，已经发展到家装、校园、婚庆等细分市场，陆续推出了任性到家、任性美家以及校花等系列信贷产品。苏宁等消费金融公司的成立与发展，将使南京市商贸金融逐步渗透进入传统金融机构难以全面惠及的领域，促进资金流通和消费增加，将极大推动南京消费金融和商贸金融的进一步发展。

2020年9月29日，江苏银行获批筹建苏银凯基消费金融。至此，中国已经拥有30家消费金融公司。苏银凯基消费金融于2021年4月6日，于昆山挂牌成立。另外，南京银行拥有苏宁消费金融公司15%的股权，早在2007年

3月，就成立了零售消费金融中心，旗下拥有包括你好e贷、南京e贷、诚e贷等在内的12款个人贷款产品，加速申请消费金融牌照。南京银行的“鑫云+”互金平台致力于做中小银行和行业平台的连接者，努力打造与实体经济、金融科技企业深度融合的共享生态圈。截至2020年末，平台用户数得到4500万户，累计贷款投放4800多亿元。

四、金融服务国际消费中心城市建设的展望

双循环新发展格局下，消费对经济发展的拉动作用彰显。2022年江苏省政府工作报告强调，要坚定实施扩大内需战略，努力保持经济平稳健康发展。把扩大内需作为发展的重要牵引，进一步畅通经济循环，推动经济运行保持在合理区间。南京“十四五”规划也明确提出，要建成国际消费中心城市。作为配套规划，2021年4月，南京发布《南京市创建国际消费中心城市三年行动计划（2021年—2023年）》。计划提出，要以提升南京城市国际知名度、影响力为主线，以提升消费者满意度、体验感为核心，以吃出南京味道、住出南京品质、行出南京畅达、游出南京气韵、购出南京时尚、玩出南京潮流为重点，建设“影响全国、载誉全球”的国际消费中心城市。

（一）激发创新活力必然之举

《中国城市科技新发展报告（2021）》显示，南京位居中国城市科技创新发展指数第四名，仅次于北京、深圳、上海，南京的科创实力明显。正确引导企业和资本，强化企业的创新主体地位，进一步激发创新动能。市场主体的创新和发展，市场才会活跃，生产、分配、交换、消费的四个环节才会全面打通，一以贯之，从而形成良性循环。南京一直在致力于构建高新技术企业、科技型中小企业和独角兽、瞪羚企业有机衔接的创新型企业梯队。2021年，南京高企总数已达8000家，入库科技型中小企业1.68万家、增长67.13%，国家级专精特新“小巨人”企业150家。数据是显化的成果，而这便是南京打造科技、制造、金融这个新的产业三角的信心与底气所在。金融创新服务与实体，促进企业产业创新，是南京建设国家引领型创新城市的子

系统，而南京创建国际消费中心城市是利用双循环的必然之举。

（二）搭建平台壮大新型零售

通过搭建“政银企”合作平台，推动南京商贸业高质量发展。首先，持续培育壮大新型零售生态建设。南京市利用现有商业银行集聚的特征，依托现有支付产品和支付技术，为商圈、餐厅等重点场景的数字化经营提供解决方案，在南京地区的民生消费领域为实体商户支付服务赋能，优化和提升消费体验。其次，充分挖掘南京地区商贸发展潜力。围绕南京地区专业市场建设及发展诉求，推广专业市场信用卡手续费封顶优惠政策。针对南京地区专业市场行业类别，推广商业银行批发市场数字化解决方案及试点产品，提升面向专业市场的支付服务能力、供应链金融服务能力、跨境贸易服务能力。另外，联合开展大数据应用合作。商业银行还应依托双方大数据资源从城市消费力、资源力、吸引力、人口力、活力等维度进行跟踪与分析，提供决策辅助。

（三）积极探索消费金融新模式

消费金融行业作为消费信贷专营机构，通过下沉客群、增加信贷供给在保障民生、促进消费扩容升级等方面发挥重要作用，可提升国内大循环的效率与顺畅程度。当前消费金融的模式很多，比如银行自有体系模式、平台型集资借贷等。然而，随着金融科技的介入，为消费金融市场带来新的发展方向，比如玖富数科的“连接器”模式，即依托于玖富数科自身流量、场景、数据、AI、风控、云计算等核心技术，连接资金端和资产端，并通过第三方机构予以担保，进而建构起一个开放式的数字科技普惠生态体系；南京银行的“鑫云+”模式，南京银行的“鑫云+”互金平台致力于做中小银行和行业平台的连接者。南京应该争取数字人民币应用试点，引导社会资本对消费领域新技术、新业态、新模式加大投入。支持创新消费金融服务，拓展消费信贷、信贷担保业务。开展消费年金制度和长期护理保险制度试点，优化离境退税服务。

Chapter-11

第十一章

城镇化金融：南京争做城乡融合示范的重要基础

一、城镇化进程催生金融支持需求

（一）城镇化概念及现状

城镇化是伴随工业化发展，非农产业在城镇集聚、农村人口向城镇集中的自然历史过程，是人类社会发展的客观趋势，是国家现代化的重要标志。“城镇化”是极具中国特色的词汇，与国际通用的“城市化”概念的主要区别在于“城镇化”概念更加契合我国“就地城镇化”的基本国情，更加重视中小城镇的发展。为了既保持城镇化的发展速度，又提高城镇化的质量效果，我国于2012年12月在中央经济工作会议正式提出了“新型城镇化道路”的理念，并于2014年3月19日正式发布了《国家新型城镇化规划（2014—2020年）》。

我国的城镇化进程从改革开放起才真正开始提速。据《国家新型城镇化规划（2014—2020年）》的相关数据显示，1978—2013年间，我国城镇常住人口从1.7亿人增加到7.3亿人，城镇化率从17.9%提升到53.7%，年均提高1.02个百分点，目前仍处于城镇化率30%—70%的快速发展区间，距离代表国家现代化的拐点（70%）尚有空间；城市数量从193个增加到658个，建制镇数量从2173个增加到20113个。城市水、电、路、气、信息网络等基础设施显著改善，教育、医疗、文化体育、社会保障等公共服务水平明显提高，人均住宅、公园绿地面积大幅增加。城镇化的快速推进，吸纳了大量农村劳动力转移就业，提高了城乡生产要素配置效率，推动了国民经济持续快速发展，带来了社会结构深刻变革，促进了城乡居民生活水平全面提升，取得的成就举世瞩目。

据江苏省统计局的数据，2014年江苏城镇化率为65.2%，比上年提高1.1个百分点，截至2021年，江苏省城镇化率达73.94%，十年比重上升11.93%。而南京的城镇化率也呈现逐年稳定增长态势，从2005年的76.24%，上升到2021年的86.9%，在江苏省排名第一。截至2020年末，南京市常住人口为931.47万人，比上年末增加81.47万人，全市户籍总人口为722.57万人，比上年末增加12.75万人。在就业方面，全年城镇新增就业34.32万人，比上年多增1.8万人。

如图11-1所示，2021年南京市企业职工养老保险参与人数达372.94万人，比上一年增加35.34万人，同比增长约10.47%；比2000年增加274.75万人，增长约279.81%，增长了近三倍，可见2000年以来南京市民化进程不断加快，社会保障愈发完善，取得了喜人的成果。

但是，在城镇化高速发展过程中，一些问题和矛盾也日益凸显，比如，大量农业转移人口难以融入城市社会，市民化进程滞后；“土地城镇化”快于人口城镇化，建设用地粗放低效；城镇空间分布和规模结构不合理，与资源环境承载能力不匹配；城市管理服务水平不高，“城市病”问题日益突出；自然历史文化遗产保护不力，城乡建设缺乏特色；体制机制不健全，阻碍了城镇化的健康发展等。南京市虽然拥有较高的城镇化率，在城镇化过程中也存在不少问题，比如，经济总量不大；各区县城镇规模偏小，基础设施和公共设施落后；城镇建设缺乏有效的融资渠道，资金支持不足；土地流转

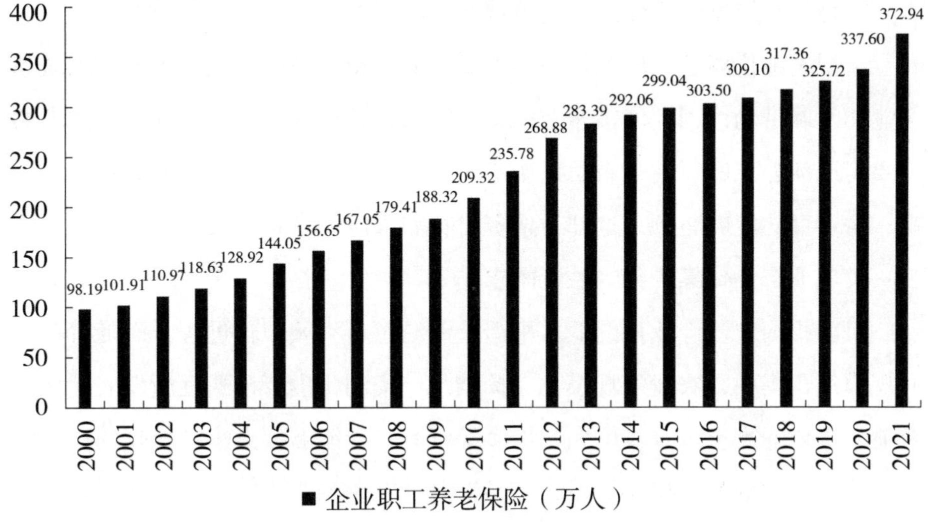

图 11-1　2000-2021 年度南京市企业职工养老保险

数据来源：南京市人社局

不规范，产生失地农民问题；农村剩余劳动力的转移缺乏动力；城市规划缺乏长远、统一的规划等。因此，在新一轮城镇化建设过程中，南京也要积极采取相关措施，努力提升南京城镇化的品质和内涵，实现在产业结构、就业方式、社会保障、人居环境等各个方面全面的城镇化。

（二）城镇化产生的融资需求

1. 基础设施建设的融资需求

城镇化建设的一个重点任务就是促进城镇基础设施和公共服务设施向农村延伸，实现基本公共服务均等化，缩小地区差距和城乡差距。在新型城镇化过程中所必需的基础设施（如农田水利、电力电信、道路交通、供水供气等）及公共服务设施（如医疗、教育等）建设需要大量资金投入，其数额之巨前所未有。据测算，到2025年，城镇化发展带来的总投资需求将近150万亿元，全国将有13座人口规模超过千万的巨型城市，建筑面积需求近400亿平方米，电力需求近9亿千瓦，有多达170座城市要建立大规模交通系统，需要铺设50亿方的公路和2.8万公里的地铁[①]。

①陈元.当前经济形势与开发性金融的作用[N].学习时报，2010-7-19，(3).

2. 城镇经济发展引致的融资需求

新型城镇化离不开城镇经济的发展，而城镇经济的繁荣，主要依靠城镇企业的发展带动，因此城镇企业的融资需求也就成为城镇化发展融资需求的重要组成部分。就目前来看，以中小企业为主体的城镇企业普遍面临着融资难、融资贵的发展瓶颈，这部分融资潜在需求巨大，相关问题亟待解决。

3. 农业产业化集约化的融资需求

目前我国农业产业化的低水平严重制约了新型城镇化进程。而随着耕地向规模经营集中，农业的规模化、标准化、集约化生产模式逐渐发展，涉农企业对资金的需求量日益增大，许多经营者希望能够扩大小额贷款的授信额度，创新贷款抵押、担保等类型产品，促进农业产业化经营的发展。

4. 农民角色转变催生的融资需求

新型城镇化的根本落脚点是改善民生，实现在教育、医疗、就业等方面的城乡一体化。在新型城镇化进程中，农民将逐渐向城镇集中，其角色也将由农民转变为城镇居民。而农民逐步转变为城镇居民的过程中将催生出强烈的信贷支持需求，包括自主创业贷款需求（如创业培训、项目支持）、消费信贷需求等。

二、南京城镇化金融支持的现状及问题

（一）城镇化的金融支持现状

在南京的城镇化建设过程中，政府起主导作用，然而仅仅依靠国家财政的拨款和地方的税收难以满足城镇化快速推进过程中的资金需求，因而，政府需要通过法律、行政、市场经济等手段积极开拓新的融资渠道，为城镇化建设的融资活动创造良好的外部环境。在众多融资方法中，建立地方政府融资平台是一种普遍的做法。

所谓地方政府融资平台，是指以土地等国有资源和资产作为抵押，以地方政府作为隐性担保的方式向银行借贷的融资工具。融资平台主要包括城市建设投资类公司、交通运输投资类公司、国有资产管理公司、各类开发区

（园区）投资类公司和土地储备类公司等。在南京市的城镇化进程中，南京市政府一方面积极推动国资国企的改革进程，另一方面建立了各类政府融资平台，通过“改革+创新”两手抓，逐步释放了国有资本活力，并以此为引导吸引广泛的社会资本加入到南京市的城镇化进程中。此举不但充分发挥了国有资本的主力军作用，使其不断保值增值，更是利用市场化运作机制优化了社会资本的配置，实现了多赢的局面。

2000年以来，南京市城市建设呈现出迅速发展的态势，投融资金额逐年增加。南京统计局的相关数据显示，南京市社会固定资产投资从2000年的412.2亿元增加到2016年的5533.56亿元。尤其是“十三五”期间，表现出逐年增长的态势，2011—2021年度南京市固定资产投资变化状况，如图11-2所示。

图 11-2　2012-2021 年度南京市固定资产投资变化状况

（注：因国家固定投资统计方法制度改革 .2018 年数据按新制度执行 2017 年数据同口径调整）

数据来源：南京市国民经济和社会发展公报

1. 推进国资国企改革，增强国有资本主导作用

为解决城镇化高速建设过程中旺盛的投融资需求问题，南京市政府积极搭建各类政府投融资平台，着力推进国有企业改革，发挥国有资本在南京市

城镇化进程中的主导作用。

1978年，党的十一届三中全会作出了实行改革开放的重大决策，拉开了国有企业改革的大幕。在改革开放至今四十多年的时间里，南京市国企改革先后经历了放权让利、扩大企业经营自主权、建立现代企业制度、抓大放小、战略性整合重组、推进国有资产管理体制改革、推动国有企业高质量发展等历史阶段。通过持续深化国资国企改革，使得国有资本布局持续优化，竞争力、创新力、控制力、影响力、抗风险能力持续增强。进入21世纪，经过2002年以来的多轮改革，南京市形成了当前的国有资本格局。

（1）2002—2005年，着力实施国企产权制度改革

2002年初，针对国有企业存在的产权制度改革不到位、人员及债务负担沉重、经营机制不活、核心竞争力不强、企业内部三项制度改革不到位等问题，南京市出台了《关于推进我市国有工业企业“三联动”改革工作的指导意见》，全面启动了国有企业资产、劳动关系、债务“三联动”改革。同时，2002年组建成立了城建集团、交通集团、国资集团以及报业集团、广电集团等市属企业。

（2）2005—2011年，着力推进国企战略性整合重组

这一期间，南京市以优化国有经济布局、增强国有资本聚集度、减少监管幅度为主线，着力推动战略性整合重组。期间，南京市国资委于2005年正式成立。2007年，南京市6家电子企业与中国电子组建中电熊猫集团，南汽与上汽实现战略重组。2009年，组建成立了文投集团。2011年，引入中外运长航增资参与南京港集团重组，完成了南京港集团的体制机制改革。

（3）2012—2015年，着力推进国资国企综合改革

为进一步优化国有资本战略布局，南京市委市政府实施了两轮国有企业综合改革工程，突出主业做精、资产做优、企业做强、规模做大，围绕增强企业活力、提升运营效率。《南京市企业国有资产监督管理条例》的出台，创造了国内第一部城市国资监管条例。以《条例》为制度保障，南京市着力推进企业集团整合重组：2012年，机电、轻纺、化建、医药四家工业集团合并重组为新工集团，国资集团拆分为紫金集团、商旅集团、安居集团、新农集团等四家市属集团，改组成立了地铁集团，组建成立了出版集团；2014年，整合江南、江北功能区板块企业股权，分别组建成立了东南集团、扬子国投；2015年，整合市属体育资产，组建成立了体育集团。在2012—2015这几年间，南京市实施经营性资产统一监管，推进国有资本退出一般竞争性领域。

（4）2016年以来，着力推动国有资本做强做优做大

2016年南京市委市政府出台了《关于深化国有企业改革的实施意见》，以做强做优做大国有资本为目标，以推进供给侧结构性改革为主线，全力实施新一轮国资国企改革，促进国有企业转型创新发展。着力向数字经济、创新投资、旅游服务等新兴产业集聚，优化整合资产近千亿。2017年，整合旅游资产资源，成立了旅游集团。2019年，明确水务集团列名南京市国资委监管，实现河西集团独立运作。2020年，整合数据领域资源，成立了大数据集团。同时，南京市国资委监管企业发起设立及受托管理基金22支，完成82户混合所有制改革。

2.“七个集团＋一个中心”八大融资平台，引入社会资本参与城镇化建设

在国资国企改革的进程中，南京市自2000年起逐步建立了由国资集团、城建集团、交通集团、地铁集团、河西集团、安居集团、东南集团和土地储备中心构成的“七个集团+一个中心”八大融资平台，通过建立市场化的运作机制，在充分运用国有资本的控制力和影响力的基础上，将社会资本引入进城市建设和发展领域，实现了政府投资成本最小化、社会经济效益最大化的预期目标。

八大融资平台中，国资集团是南京市最大的国有资产经营管理公司和首家融国有资产管理与投融资功能为一体的综合性平台。在南京市政府的委托下，主要承担大型公益性、先导性和基础性项目的投资建设任务。目前，国资集团形成了以金融为龙头、多元并举的运营格局，投资涉及金融、创业投资、资产管理、房地产、现代农业、酒店旅游服务、商贸等七大行业，打造了紫峰大厦、南京青少年科技活动中心、金陵图书馆新馆等多个城市地标性

建筑，为南京经济社会发展做出了重要贡献。

城建集团成立于2002年11月，主要职能是运用市场化的运作方式，承担城市基础设施及市政公用事业项目的投资、融资、建设、运营、管理任务，盘活城建存量资产，广泛吸纳社会资本。自成立以来，城建集团投资建设了青奥体育公园、火车站站前广场、火车站北广场、高淳溧水长江引水工程等民生建设项目，江东门纪念馆、公共卫生中心等高品质重大基础设施，完成了城市快速内环系统，秦淮河、钟山风景区、聚宝山、南捕厅、幕燕风貌区等环境综合整治项目，城北、城东、仙林、桥北、铁北等污水处理系统等一大批重点民生建设任务。集团注重服务民生，城市保供水平得到持续增强，自来水供应能力和水质在同类副省级城市中名列前茅，天然气家庭客户已突破100万户。近些年，城建集团不断拓展产业布局和业务领域，在城乡基础设施建设、城市运营、生态环境、智慧城市、产业投资、土地开发等产业板块精耕细作，将业务范围拓展到了城建领域全产业链。

交通集团组建于2002年11月，肩负南京交通基础设施项目的融资、投资、建设和管理任务。集团目前形成了以高速公路、过江通道、高速铁路及综合枢纽等重大基础设施投资建设为主业，同时兼顾资源综合利用形成的优质辅业高效发展的战略格局。集团承担了南京市政府19项以上的重点交通基础设施路桥隧等工程，投资运作了龙潭物流基地和保税物流中心、丁家庄物流基地、玉桥市场等一批经营性项目，是目前南京市交通投资建设领域的领航者，为巩固提升南京市的全国重要交通枢纽地位、推动区域经济社会发展作出了积极贡献。集团主体信用评级3A，自成立以来，累计完成融资2116.69亿元、投资1154.12亿元。目前，集团直接管理子公司达到15家。经过近二十年的发展，交通集团从最初的路桥及交通、物流等相关产业，发展成为投建运管、“交通+”、交通产融、资产运营等四大业务经营板块。

地铁集团前身为南京市地下铁道有限责任公司，成立于1999年5月。2012年6月，公司改组为南京地铁集团有限公司，负责地铁的前期工作、投融资、资源开发、征地拆迁和建设、运营管理。经过20多年的发展，南京地铁运营管理11条线、191个车站、运营里程达到427公里。

河西集团成立于2003年1月，自成立以来与河西管委会合署办公，主要负责河西新城重大项目投融资和资产运营管理等。2019年9月，按照南京市委、市政府的部署，河西集团与河西管委会实行“事企分离”改革，实现独立运作，集团以市场化为导向，继续参与建设河西新城。目前经营业务范围覆盖了房地产开发、工程代建、园林施工养护、会议展览、酒店管理、物业服务管理、商业资产运营与管理等。

安居集团成立于2012年6月，成立之初主要任务是推进四大片区建设、承担危旧房改造项目和重要近现代建筑修缮保护与利用等功能。近些年，集团加快向市场化方向转型，积极拓展商品房开发市场，打造了房地产开发平台、保障房及租赁住房建设平台、康养产业发展平台、资产运营平台、城市更新建设平台及若干产业拓展平台等，形成“5+N”业务平台。2021年，集团位列南京市房地产企业首位，打破了十多年来被央企、广东等房企垄断第一的行业局面，全国排名第72，稳居全国业绩百强阵营，有力增强了南京市国有企业的影响力。

东南集团成立于2014年3月，是在南京市委市政府贯彻中央、省改革精神，实施综合二轮改革和推进功能区体制改革的背景下组建的。成立之初，定位为负责承担河西新城、南部新城、仙林新城和麒麟科创园等江南各功能区重大功能项目投资和产业转型升级载体（含持有型物业）建设、区域内土地开发整理、资产运营管理。集团立足于南京城市发展，担当政府与市场之间的桥梁纽带，构建起“1+4+1”战略，充分发挥了国有资本基础支撑、战略引导和公共服务作用。

土地储备中心主要负责统筹全市土地储备运作和融资工作，制定土地储备规划、项目实施计划和资金使用计划等。截至2019年底，集团总资产达889.57亿元，净资产达441.76亿元，主体信用评级3A。集团自成立以来，累计完成融资1830.89亿元、投资1012.28亿元。

截至目前，八大平台的建设均取得了显著成果。例如，城建集团自成立以来，累计融资1600亿元，完成投资700亿元。此外，集团还积极进行融资渠道、融资方式的创新，开展了银行信贷、资产证券化、资产支持票据、个人委托贷款、企业债券、中期票据、信托贷款、TOT、BT、IBR等多元化融资，其中污水资产证券化、资产支持票据、15年期中期票据等融资业务创造了全国城投行业多项“第一单”。交通集团自成立以来累计完成融资2116.69亿元、投资1154.12亿元，投资建设及运营管理长江二桥、长江三桥、长江四桥、长江五桥，长江隧道、扬子江隧道，绕越高速、绕城公路、宁马高速、雍六高速等重大交通基础设施，参与京沪、沪宁、宁杭、合武、宁安、宁启等铁路项目的投融资和建设，推动高铁南京南站区域的市政配套和综合交通建设。“十三五”期间，地铁集团轨道交通建设投资总额累计超过949亿元，完成客运量48.7亿乘次，公共交通分担率达59%。经过20多年的发展，南京地铁运营管理11条线、191个车站、运营里程达到427公里，在服务社会、拉动内需、支撑城市发展等方面做出了重大贡献。河西集团在近二十年的发展历程中，先后累计为河西新城开发、建设和运营提供融资上千亿元，陆续建成了南京国际博览中心、青奥双塔、奥体新城和滨江风光带等一大批标志性工程，以及学校、医院、道路、桥梁等一批公益性基础设施，多个项目获得了鲁班奖、扬子杯等奖项，圆满完成了一系列国际国内重大赛会、活动的服务保障。安居集团承建的南京市四大片区等保障房项目，总建筑面积逾一千万平方米。东南集团自成立以来，充分利用3A最高主体信用评级优势，综合运用委托贷款、债务融资工具，为江南功能区高质量发展提供金融支持，累计为四个功能区提供担保超过470亿元，提供委托贷款超过100亿元，累计拉动功能区投资近580亿元。通过广泛吸收社会资本投资或出售国有资本的方式，八大平台实现了投资主体的多元化，实现了向南京城市建设的资本运作中心和资产管理中心的转变，能够更好地利用资产的流动增值为城市建设筹措更多的资金。

（二）城镇化金融的风险

近年来，南京市以八大平台为主体的投融资模式，虽然取得了靓丽的成绩，为南京市的城市建设和城乡统筹发展做出了巨大贡献，但仍然存在不少问题，隐含众多风险，亟须改进和完善。

1. 市场化程度有待提高，融资方式较为单一，银行贷款仍占主体地位

目前南京市政府融资平台融资的主要途径是土地增值转让、财政直接融资和银行贷款，而其中绝大多数资金来自于银行贷款。2014年以来，我国债券市场融资增量突飞猛进，如图11-3所示，成为继银行信贷之后的第二大融资渠道，但与银行贷款相比仍存在较大的差距。这主要是由于作为政府融资平台的公司净资产规模有限，缺乏良好的财务支撑，导致在资本市场直接融资难度较大、融资规模较小。

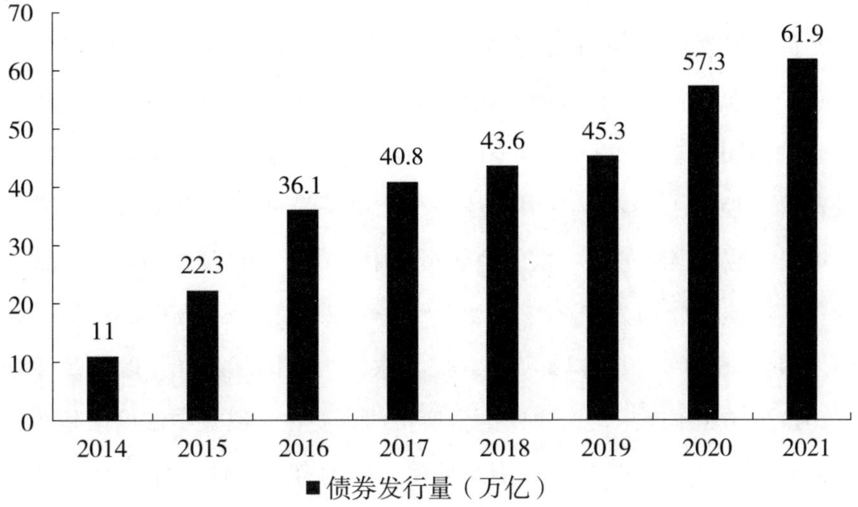

图 11-3　2014-2021 年度中国债券发行量

数据来源：中国证券登记结算有限责任公司

作为间接融资主要途径的银行贷款，在城镇化的基础设施建设融资中始终扮演着重要角色。然而主要依靠银行贷款进行基础建设融资不仅加大了政府融资平台的债务压力，增加了平台的经营风险，而且银行体系自身也遇到了多重障碍。主要表现为以下几个方面：

一是基础设施作为公共物品具有非竞争性和非排他性的特征与商业银行信贷的逐利性存在着不可调和的矛盾。二是基础设施建设具有资金需求量大、建设周期长，但收益相对固定的特点，这与商业银行在短期内追求利润最大化的目标不一致，并且大量沉淀成本的存在也加剧了银行信贷资金的投放风险。三是在政策支持方面，政策性金融对城镇化过程中基础设施建设的

支持力度也非常有限。三家政策性银行——国家进出口银行、国家开发银行以及中国农业发展银行中只有国家开发银行一家能够对基础设施建设给予资金支持，但是国家开发银行的扶持重点是国家支柱产业和重点开发项目而非城镇化的基础设施建设。四是在银监会等监管机构对银行资本充足率的要求越来越严格的背景下，由于受到存贷比的限制，银行除了有巨大揽存压力，在贷款的投放方向上也会有一定的改变，更加倾向投放于能够较早收回贷款的项目。综上所述，在目前的形势下，将银行贷款作为基础设施建设融资的主渠道的可能性越来越低。

2. 负债与收益不相匹配，资本运作水平和持续融资能力有待提升

南京市政府融资平台普遍存在负债率较高的特点。以南京市城市建设投资控股（集团）有限责任公司（以下简称“城建集团”）和南京市国有资产投资管理控股（集团）有限责任公司（以下简称“国资集团”）为例：2014年，中诚信国际最新一次的评级报告中显示，2011至2014年南京城建集团的资产负债率分别为62.71%，65.59%，67.85%和67.47%；国资集团分别为54.13%，56.64%，64.14%和67.04%。根据大公国际2020年度跟踪评级报告，2017至2020年南京国资集团的资产负债率变化，以及中诚信国际2019年跟踪评级报告，2016至2019年南京城建集团的资产负债率变化，如图11-4所示：

在总资产收益率方面，2011至2013年城建集团分别为1.80%，1.23%和1.60%；国资集团分别为3.10%，3.21%，3.06%。在EBITDA利息倍数方面，城建集团2010年、2011年、2012年的EBITDA利息倍数为0.76、0.92、0.62，均不超过1，这意味着城建集团依靠自身能力很难还本付息；而国资集团2011年、2012年、2013年的EBITDA利息倍数为2.72，3.10和4.66。但从该集团母公司的统计角度来看，其EBITDA利息倍数则变为1.67，0.85和0.65。根据大公国际2020年度跟踪评级报告，2017至2020年南京国资集团的资产收益率变化，以及中诚信国际2019年跟踪评级报告，2016至2019年南京城建集团的资产收益率变化，如图11-5所示。

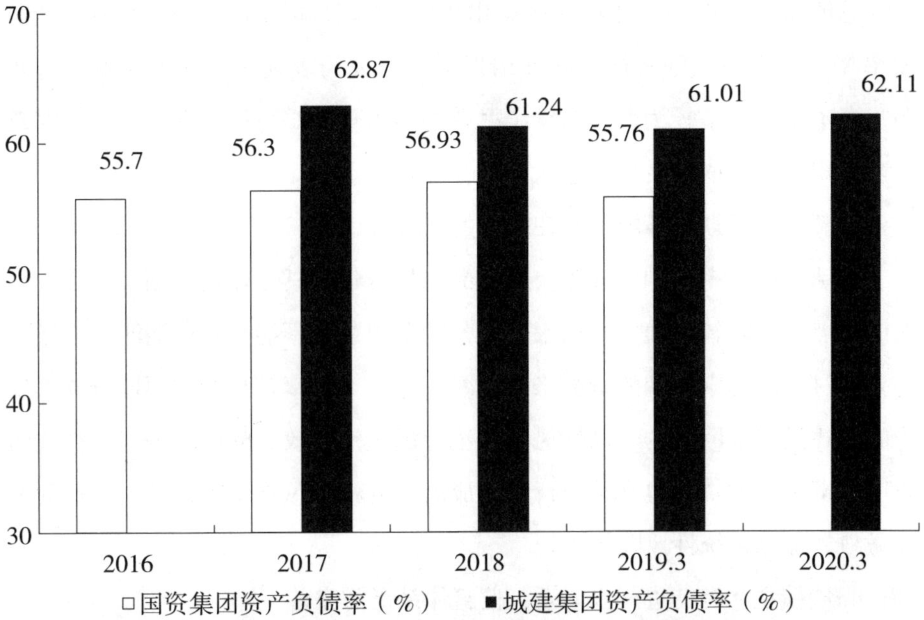

图 11-4　南京城建集团和国资集团的资产负债率变化

数据来源：南京城建集团年报

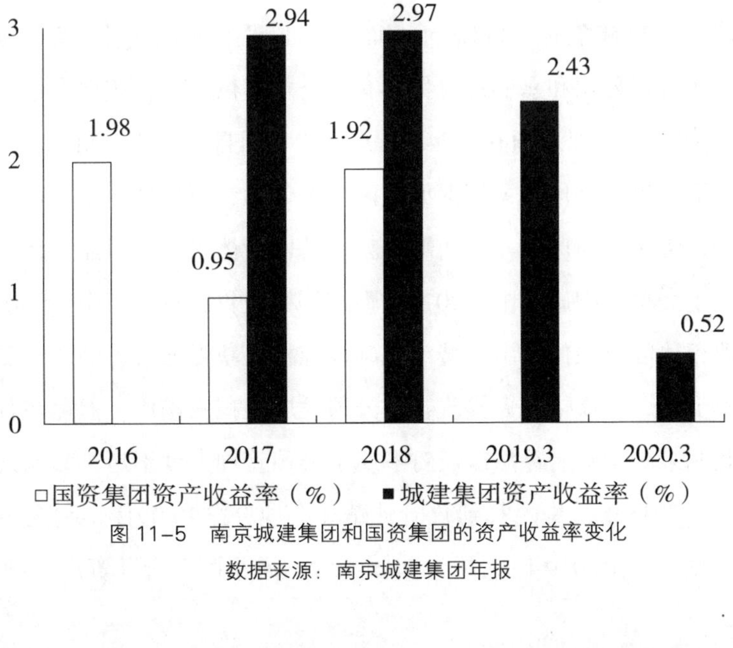

图 11-5　南京城建集团和国资集团的资产收益率变化

数据来源：南京城建集团年报

总体而言，两家公司中国资集团的表现稍好，但是两家公司都有资产负债率高、收益率低的特征。在此情形下两家公司表现出了还本付息能力较弱、资本运作水平较为低下、继续融资的能力较低等特征，即使有政府财政的隐性担保，获取社会的普遍认同还存在较大空间。

3. 资金长短期不匹配，存在较大的风险敞口

城镇化过程中基础设施等公共产品的投资建设具有建设周期长，资金量大的特点，风险较为集中，而银行贷款的期限往往不能与建设期匹配，通常需要通过多次的中短期的贷款来满足融资需求。利率较高的中短期贷款不仅为施工建设带来巨大的流动性风险，也会加重地方政府的债务负担。投放给政府融资平台的贷款也会给银行业造成潜在的经营风险压力，扩大银行的风险敞口，加剧系统性风险。

4. 偿债主体有待进一步明晰，监管体系尚需完善

负债状况不透明一直是政府融资平台的一大问题，无论是作为主要贷款方的商业银行，还是作为股权持有者的地方政府，都无法完全掌握平台的负债情况。此外，由于实际资金运用者往往并非平台公司，受益者也非平台公司，这就导致了偿债主体的不明确。

据城建集团2013年度第三期中期票据募集说明书显示，截至2013年6月末，城建集团拥有净资产344亿元，而公司本部正在为两家民营公司——南京建工集团有限公司和嘉盛建设集团有限公司提供担保，担保余额分别为69亿元和5.3亿元，担保总额共计74.3亿元。在集团自身的资产负债率达60%以上的情形下，仍为其他公司担保如此巨大的数额，更加加剧了平台的运营风险。此外，借款人与用款人之间缺乏完整的监管体系，也可能导致资金滥用现象的发生。根据中诚信国际2019年跟踪评级报告，肯定了南京经济稳定，公共事业板块区位地位突出，城市基础设施板块获得强有力的政府支持以及债务规模下降、偿债指标大幅改善对公司发展的积极作用。但存在着利润率较低，利润来源于政府补贴以及对下属子公司管理力度不足等影响公司未来信用状况。2018年，集团收到政府补贴和专项补贴40.09亿，利润主要来源于政府补贴。截至2019年9月末，集团（含旅游集团）合并资产总额1102.61

亿元，净资产482.99亿元，资产负债率56.20%；三季度实现营业收入85.21亿元，利润总额8.51亿元。

5. 统筹规划不足，政府资源分散

在四大平台之下，南京各区县也相继成立了大大小小的各类平台公司。平台公司之间各自为政，立足于本区发展开展投融资活动，相互间的协调作用不足，凝聚力差，难以发挥协同效应，使优质的国有资源没有得到充分利用。特别是“十一五”以来南京大规模的城建计划，南京区县融资平台数量激增，平台数量从一地一个到一地多个，规模由小至大，既加速膨胀了地方的融资能力，埋下隐患，也不利于国有资产的合理利用。

6. 依赖政府隐性担保，缺乏担保体系和风险预警机制

自2010年以来，国务院连年发文，坚决制止地方政府为地方融资平台做担保，旨在划清政府与融资平台的边界，但实际操作中，地方政府与地方融资平台仍有千丝万缕的联系，其影响力不可忽略。在评级机构的评级模型中，地方融资平台所在城市的财力是重要的参考。南京市的政府融资平台也不例外，平台主要依靠没有真正法律效力的财政担保等形式，缺乏正当的担保机构，一旦平台公司的财务状况出现问题，投资收益无法覆盖其成本，作为非盈利机构的地方政府显然不是最后的承受者，国有资产和财政收入或将最终埋单。

三、金融支持城镇化发展的国外经验

金融系统作为现代经济的核心，是引导生产要素配置调整的先导，应优先于城镇化进程进行制度、产品等金融创新，以更好地发挥金融支持作用。但相比城镇化进程中日益增长的各类金融需求，金融供给在数量和质量上都难以匹配，其中最显著的表现就是城镇化基础建设的资金供求缺口较大、融资手段单一。因此，本章将重点介绍几个西方发达国家在城镇化过程中创新融资模式的成功案例，以供参考借鉴。

（一）多元化融资的美国模式

美国城镇化进程虽然相对于西欧国家起步较晚，但发展速度很快。在西部开发和工业化飞速发展的过程中，美国城镇化水平迅速提高。到1920年，美国的城镇化水平由1890年的35%发展到1920年的51%，第二次世界大战后，由于美国在战争中没有受到损伤，进一步加速了其发展，城镇化水平在2010年达到77%左右①。美国城镇化发展如此之快，一方面，应归功于其良好的市场竞争机制，另一方面，则得益于其不断创新的多元化新型融资模式，其中，发行市政债券和资产证券化对于推动美国城镇化进程可谓居功至伟。

1. 发行市政债券

市政债券（Municipal Bond），又称地方政府债券、“银边债券”，是指为满足地方基础设施建设所需资金，由各级地方政府（州、市、县等）及其授权机构以地方政府信用为担保发行的有价证券。早在19世纪20年代，美国便开市政债券融资的先河，而经过近二百年的发展，市政债券已经成为美国地方政府最主要的融资模式，与股票、国债、企业债券共同构成了美国资本市场的主体②。

对于投资者来说，美国市政债券具有“收益稳定、信誉高、流动性强、免所得税”的特点，因此吸引了包括个人、银行、保险公司、投资基金等在内的多元化投资群体。大规模市政债券的发行，有力推动了美国市政债券市场的发展，也充分发挥了支持美国城镇化建设的作用。

美国市政债券根据融资项目的收益类型，可分为一般责任债券（General Obligation Bond）和收益债券（Revenue Bond）。一般责任债券所融资金用于无固定收益的基础设施建设，以地方政府税收作为债务偿还的保障。收益债券所融资金投资于有固定收益的基础设施项目（如地铁、机场等）建设，其

---

①张绍红，王雷雷，阎东彬．国外城镇化发展模式及对中国的借鉴与启示[J]．世界农业，2014，(2)．

②郭兴平，王一鸣．基础设施投融资的国际比较及对中国县域城镇化的启示[J]．上海金融，2011，(5)．

偿债资金主要由基础设施有偿使用产生的收益提供。一般责任债券一般采用竞标的公募方式发行，收益债券可采用公募或私募方式销售。

市政债券的风险监管方面，美国已形成了成熟的组织及法律制度保障。市政债券法规制定委员会（MSRB）是监管市政债券市场的专设机构，主要职责是规范券商、银行、经纪人和交易商的行为。美国国会通过的《1975年证券法修正案》，详细规定了有关市政债券的法律问题，使得私人部门投资市政债券有了法律保障。2010年7月25日，美国国会通过《Dodd-Frank华尔街改革和消费者保护法案》加强了MSRB对市政债券市场的监管权利，从而强化了债券系统的安全性①。

市政债券筹集资金具有规模大、期限长的特点，与基础设施融资要求相符。另外，发行市政债券具有降低项目加权平均成本、提高项目知名度的优点，因此，已成为国际上常用的基建融资方式。

2. 资产证券化

资产证券化，是指以未来特定的资产组合或现金流为支持，发行可交易证券的一种创新融资方式。按照证券化的基础资产可分为不动产证券化、信贷资产证券化、未来收益证券化、债券组合证券化等类别。相比传统融资方式，资产证券化融资具有效率高、成本低、信誉等级高等优点。

1970年，美国政府国民抵押协会首次发行住房抵押贷款转手证券（Mortgage Pass-through Security），偿付资金由贷款资产池提供支持，这也是全球首笔资产证券化交易。住房抵押贷款的资产证券化创新，有效弥补了美国房地产市场的资金供求缺口，释放了美国房地产市场的发展活力，间接推动了美国城镇化的发展。

随着资产证券化形式的不断发展，城镇基础设施资产证券化应运而生。城镇基础设施资产证券化以基础设施项目有偿使用所产生的预期收益作为资产池中的资产，以此为基础在资本市场发行证券募集建设资金。该模式已运用到公路、机场、地铁等项目建设中，这也进一步加速了美国城镇化进程。

①郭兴平，王一鸣．基础设施投融资的国际比较及对中国县域城镇化的启示[J]．上海金融，2011，(5)．

今天，资产证券化在西方和一些亚洲国家得到了广泛应用，而我国仍处于资产证券化发展的初级探索阶段。2007年，重庆市获批在全国银行间市场推出了国内首批“市政资产支持证券”。主要是市政府采取分期付款的方式，购买负责轻轨资产和市政道路运营的轨道公司及城投公司的“特定市政资产”，轨道公司及城投公司将获得的政府应收账款信托给信托公司，由信托公司打包设立财产信托，在银行间市场发行“市政资产支持证券”融资。证券的本息由市政府从每年财政预算中单独划拨支付①。可以预见，在不久的将来，资产证券化也会是我国创新城镇化融资模式的方向之一。

（二）政府发债的澳大利亚模式

回顾澳大利亚城镇化融资模式的变迁，就是一部联邦政府与地方政府权力博弈的历史。20世纪初，澳大利亚建国初期，州政府享有自主举债的权利。直至20世纪30年代，州政府发债权被取消，改为由中央政府代地方政府发债的模式。至20世纪80年代，澳大利亚为满足加速城镇化发展的融资需要，在全国设立“州国库公司”，并发行公司债券为地方建设融资。20世纪90年代初期，中央政府代发债模式终结，州政府重新获得独立发债权。因此，州政府融资主要依靠直接发债和“国库公司”发债两种渠道，其中，“国库公司”债券融资已经成为澳大利亚地方政府融资的主要途径。

目前，澳大利亚在除首都外的每州均设立一家国库公司，共七家。各国库公司由各州依据本州的《州国库公司法》设立，发挥州政府融资平台的功能，首先通过发行公司债券（州政府提供担保、信用评级公司进行评级）从资本市场上募集资金，然后再通过贷款借给州政府机构、市政公司、州所属国有企业等机构，以满足这些机构发展的资金需求，从而推动城镇化发展建设。

2009年，我国为解决地方建设资金不足的问题，进行了中央代发地方债券的尝试，由财政部代理发行地方政府债券2000亿元，该债券以省级政府为发行和偿还主体，并纳入地方政府预算管理，这与澳大利亚曾实行的联邦政

---

①王蕴，胡金瑛，徐策.我国地方政府债务性融资模式选择[J].经济研究参考，2012，(2).

府代发模式非常类似。另外，我国目前存在大量由城投公司发行的“城投债”，其公司债券的性质与澳大利亚的“国库公司”债券也极为相似。在我国地方政府直接发债融资方式尚未普及的现阶段，需要积极借鉴澳大利亚成功经验，完善现有地方投融资平台的“城投债”融资模式，有效降低地方投融资平台的债务风险。

（三）公私合作的英国模式

为促进城镇化快速发展，基础设施投资建设是重中之重。20世纪90年代，英国政府遵循打破垄断、放松管制的方针，首次在全国范围内推行公私合作（Public Private Partnerships，PPP）模式，从而吸引民间资本进入城镇基础设施建设领域。

PPP模式是指在政府公共部门与民营部门合作过程中，让私人部门参与提供公共产品和服务，从而实现政府公共部门职能的管理模式。通过这种合作和管理，可以在不排除并适当满足私人部门的投资盈利目标的同时，为社会更有效率地提供公共产品和服务。PPP模式具有伙伴关系、利益共享和风险分担三大特征。

在一个典型的PPP项目里，政府部门和私人部门合作成立项目公司——特别目的公司（Special Purpose Company，SPC）。然后，以项目为主体，根据项目的预期收益、资产以及政府扶持措施（如税收优惠、贷款担保、沿线土地优先开发权等）的力度来安排融资。项目资金最主要的来源是SPC出资以及SPC向商业银行的贷款。政府部门赋予SPC项目的特许开发权，由SPC代替政府进行项目的开发，项目建成后，SPC在一定期限内拥有项目的经营权，在经营期限内，SPC通过项目经营的直接收益和通过政府扶持所转化的效益来回收资金，经营期满后经营权将移交给政府。广义的PPP可以分为外包、特许经营和私有化三类[①]。对于已经建成或是正在建的城镇基础设施，英国主要采取出售股权的方式引入民间资本，即通过私有化缩小政府投资占比；对于一些经营性比较强的项目，英国政府积极采取项目融资的方式，通

①李金波.地方政府融资的PPP模式：应用与分析[J].中国市场，2011，(6).

过特许经营等方式引入民间资本投入。

自1992年正式实施PPP以来至2010年2月，英国共完成667个项目的签约，共涉及金额560余亿英镑。其中大部分项目都已经完成融资封闭并进入实施运营阶段。英国的PPP项目不仅仅限于传统的交通和建筑领域，更广泛扩展至医疗、教育等其他公共服务领域。

（四）政府与市场融合的德法模式

工业化革命浪潮的兴起催生了西欧发达国家的城镇化建设开端。对于西欧部分发达国家而言，工业化革命与城镇化进程是牢牢结合在一起的，二者相互促进、相辅相成。在这一过程中，市场机制起主导作用，而市场机制力度不足的地方，则由政府进行行政干预，由此形成了市场机制与政府调控相结合的模式。在此过程中，形成了金融服务紧随产业布局发展的局面，城镇金融机构在城镇特色产业方面高效布局，推动城市产业结构转型升级，以“产城融合”为导向带动城镇化建设，吸引大量人口聚集，形成特色化产业，发挥产业集聚效应。同时，在农村城镇化方面为弥补市场机制的不足，德国、法国等通过金融政策进行行政干预，在进程中通过建立农村金融合作社与督促城镇金融机构等形式为城镇基础设施建设提供投资补贴、低息贷款以筹集资金。①

德国各城市在“产城融合”模式中形成了各大特色产业中心，例如，作为文化工业中心的柏林、作为媒体业、化工中心以及香水之都的科隆以及以煤钢作为基础产业的多特蒙德。②这些发展特色产业的城市在过程中发挥了规模经济与集聚效益，推进了统筹城乡一体化发展进程，吸引众多金融机构与投资者进一步推进德国城镇化进程。同时，德国在市政结合推进城镇化的进程中，以政府为主导，也逐渐引入市民公众参与到了城市规划的过程中，对于推进市民化、增强市民归属感与城市责任感、推进城镇的可持续发展大有裨益。

---

①唐鹏.国外金融支持城镇化的理论实践与经验启示[J].经济研究导刊,2016(06):98-99+105.

②李海龙.德国城镇化发展有哪些典型特点[J].理论导报，2022(02)：62-63.

法国政府早在19世纪就开始着手建立农业信贷机构，经过多年的发展，逐渐形成了以法国农业信贷银行、地区金库以及地方金库三级机构组成的农业政策性金融体系，其中，法国农业信贷银行由国家所有，参与农业信贷政策制定与投资方向调整，地区金库及地方金库实行自治，“半官半民”的组织体制为法国城镇化建设提供了丰富的融资渠道，商业性金融与政策性金融界限淡化，市场机制与政府调控并行，大大推进了法国农村向城镇化转变的进程。[①]同时，省级农业互助信贷银行与地方农业互助信贷合作社等众多民间金融机构由农民参与资本投入。由此，国家预算、政策性银行拨款以及农民自身资金的共同参与大大加快了农村基础设施建设的进程，推进农民向市民转型，推动了农村城镇化建设发展。

四、南京城镇化金融的创新实践

城镇化金融，就是在推进城镇化过程中充分发挥金融对于城镇化的支持作用。而在推进城镇化过程中，同步加快构建城镇化金融体系，为城乡一体

图 11-6　2015-2021 年度南京市金融机构本外币贷款余额

数据来源：南京市地方金融监督管理局

①郑燕洪，雷连鸣.美、日、法农业政策性金融体系比较[J].福建金融，2005(08):40-42.

化提供助力就显得格外重要。南京市在发展城镇化金融的过程中，积极地进行了各种模式创新尝试，如引保险资金入市、发行市政债券、推广公私合营模式等等，构建了一个多渠道、多层次的城镇化金融体系，在推进城乡一体化进程中充分发挥了金融的独特作用。

图11–6给出了2015—2021年度南京市金融机构本外币贷款余额，可以看到，2015年南京市金融机构本外币贷款余额为18,217.80亿元，而2021年这一数据已经上升至了43,305.40亿元，在短短六年间增加了25,087.60亿元，涨幅近138%，而仅2021年同比增幅就达到了15.19%，说明近几年南京市金融机构信贷投放规模逐渐扩大，金融支持力度逐渐加强，南京市用于社会投资周转的资金吸附能力日益增强。南京市城镇化脚步的加快与取得的成就，得益于南京市对于城镇化金融渠道模式的探索与创新，也得益于社会各方积极的配合参与。

（一）引入保险资金，有效缓解资金短缺顽疾

保险资金运用是指保险公司将积聚的保险资金中暂时闲置、未用于补偿的部分，用于融资或投资，从而获得资金增值的行为。2021年，我国保险业原保费收入达到4.49万亿元，而资金运用余额更是达到了23.23万亿元，成为我国资本市场重要的资本供给方。自2012年下半年以来，原中国保监会密集出台了关于保险投资的一系列新政策，放开了针对保险资金运用的诸多限制。以2003年7月16日人保资产成立为标志，保险资金运用开启了集中化和专业化运作的新时代。随着银行贷款的逐步收紧，保险资金正成为各地方融资平台、企业争取的重要资金来源，极大缓解了市场资金不足的问题。

1. 保险资金的运用渠道和主要优势

（1）保险资金的运用渠道

保险投资资金来源于保费收入。近年来保险业的迅猛发展，为保险资金运用提供了稳定依托。保险资金大类资产配置主要包括债券投资、权益投资、协议存款及另类投资等。其中另类投资最能够满足地方政府基于城镇化建设的融资需求。另类投资主要包括基础设施债权计划、不动产投资和股权投资，其中模式较为成熟的基础设施债权计划（含基础设施投资计划和不动

产债权计划）受到政府的高度关注。

（2）保险资金的优势

相比其他融资渠道，保险资金在支持城镇化建设方面有下列明显优势：

一是投资期限长。由于寿险的投保时间长，为了与其平均负债期限相匹配，利用保险资金融资的期限一般为5—7年，最长可达10年以上，十分符合基础设施工程建设中对于大额资金长期需求的特点。

二是资金一次性到账。投资计划获银保监会注册后，一般一次性放款。即便分两批，放款的间隔时间也不长，一般在半年内，能够使需要融资的项目工程在短时期内获得大笔的融资支持，有利于项目的尽快推进。

三是费率相对较低。实际操作经验表明，债权计划的费率对利率变动敏感性很高。在目前宏观资金面紧张的形势下，贷款企业的综合成本与同期银行贷款基准利率相当或略高，同时受有无担保企业、有无反担保措施等因素影响。而保险资金的费率远低于同期银行贷款的利率。

四是不占用净资产额度。保险资金的基础设施债权计划更侧重于强调担保人的资格，对于借款企业自身没有净资产的要求，而企业债、中期票据等有着严格的40%的净资产额度限制。

2. 南京市保险资金运用基本情况

保险资金在基础设施建设融资中的显著优势引起了政府部门的广泛关注和高度重视，南京市委、市政府就保险资金的运用工作，在多个另类投资项目的设立过程中进行服务协调，就融资成本、项目担保、反担保措施等方面多次与相关各方洽商。

2010年以来，保险资金在南京市的投资取得突破性进展，投资或正在洽商的领域涉及债券、股票、债权、股权等直接投资，基金、信托计划、银行存款等间接投资，以及后台中心、养老社区、自用物业等与保险业相关的实体等，为保险业全方位、多层次参与南京市经济社会发展做出了重要贡献。

2011年2月28日，全国社保基金理事会副理事长王忠民在南京市正式宣布，全国社保基金以信托方式为南京提供30亿元贷款，以支持当地的保障房项目建设。南京成为全国首个实行全国社保基金以信托产品形式投资保障性住房的城市。同时，南京又与华泰保险和中国人寿保险两家公司合作，吸引保险资金“输血”保障房项目，保证2012年总量高达1200万平方米的保障房续建顺利实施。

南京市金融监管局也将保险资金运用作为拓宽融资渠道的一项重点工作予以推进，积极引导保险资金对南京交通、地铁、保障房建设的支持，先后分别拜访了原中国保监会及人保、太保、平安、泰康等保险资产管理公司，推荐南京优质的、符合保险资金运用标准的项目。付出的努力取得了巨大的成果，仅2013年，南京市就发行了5单保险资金债权计划，总融资规模160亿元，如表11-1所示。

表 11-1　南京市 2013 年已发行 5 单保险资金债权计划表

项目名称	注册时间	偿债主体	融资规模	期限	综合费率
中国人寿——南京地铁债权投资计划	2013.4	地铁集团	60 亿	7 年	7.5%
中国人寿——南京河西债权投资计划	2013.3	河西国资集团	30 亿	5 年	7.7%
太平洋——南京河西债权投资计划	2013.3	河西国资集团	30 亿	5 年	7.9%
光大永明——南京秦淮河环境综合整治债权投资计划	2013.3	公用控股集团	20 亿	7 年	6.7%
太平洋——南京市土地储备债权投资计划	2013.7	市土储中心	20 亿	7 年	8%

数据来源：南京市地方金融监督管理局

2014年7月1日，原中国保监会在北京、上海、广州、武汉正式开展老年人住房反向抵押养老保险试点，这意味着保险版“以房养老”正式开闸。2017年，8月23日，南京市出台了《南京市住房反向抵押养老保险试点工作方案》，标志着保险版“以房养老”正式落地南京。

2020年，中国人寿围绕“新基建”领域，引导资源优化配置，包括推进国寿投资—南京交通债权投资计划项目、南京安居集合资金信托计划项目、中国人寿—宁高轨交基础设施债权投资计划等，引导保险资金加大对南京市重点企业、重点项目的支持。截至2020年9月，共出资110亿元支持南京市经济社会发展。持续推进南京地铁集团两笔保险债权投资计划项目：宁天城际一期、宁天城际二期。保险资金目前已成为我市一条重要融资渠道，截至2020年8月，全市保险资金运用余额1599.73亿元，共支持各类项目1189个，当年投资额达468.66亿元。

3. 南京市保险资金运用的重要意义

当前，银行信贷仍然是南京市融资平台的融资主渠道，长周期性的保险资金的加入，对南京市城镇化金融工作体制机制的创新具有重要意义。

（1）提升融资总量，优化融资结构

多年来，南京市保费收入一直位于江苏省前列，但保费基本流向了上海、北京等保险公司总部所在地，未能对南京市平台融资做出贡献。保险资金的运用，可以吸引部分保费回流南京，用于支持南京自身城镇化基础设施建设，起到了增加融资总量、优化融资结构的重要作用。

（2）缓解重点平台与项目资金需求

2011年以来，金融宏观调控力度加大，监管层加强了对银行资本充足率的要求，信贷规模收紧，融资难度加大。保险资金可作为银行信贷的重要补充，有效缓解南京市融资平台、重点项目的建设资金需求。

（3）沉淀银行托管账户资金，为城建融资留出授信额度

保险债权计划项目周期较长，并且采取募集资金到位后分批、分期使用的放款方式。商业银行在获得保险债权计划托管业务资格后，托管账户会形成包括保证金在内的可观资金沉淀，有效拉动银行负债业务增长。同时，借助保险资金进入存量授信项目，将促使商业银行存量贷款提前退出，腾挪授信额度，提高授信业务灵活度，既减轻了银行方面的压力，又能有效帮助城镇化建设顺利融资，一举两得。

（4）促进金融业创新发展

2014年初，南京市有关保险创新试验区的报告报送至原中国保监会。2015年，南京市出台了《市政府关于全面深化金融改革创新发展的若干意见》，明确提出，“推进保险创新试验区建设”。南京市提出的有关金融保险业创新发展的设想，为保险业转型发展、保险资金运用创新提供了先行先

试的平台，有利于密集出台的保险投资新政效应在南京市释放。

4. 南京市保险资金运用的问题与对策

（1）南京市保险资金运用的问题

保险资金在支持城镇化建设过程中虽然具有诸多优势，但是在实际运用过程中也存在难点，尤其是在城镇化进程中重点运用的另类投资项目。总结起来遇到的困难主要有以下两类：

一是产品设立的门槛较高。作为一种债务性融资，保险债权计划除关注偿债主体的还款能力外，对担保人的要求非常高。保险债权计划的信用增级方式主要有两种：其一是由商业银行提供本息全额无条件不可撤销连带责任保证担保，银行省级分行必须提供总行授权担保的法律文件；其二是由企业提供本息全额无条件不可撤销连带责任保证担保。由于各保险资产管理公司对于担保人的实力有着十分苛刻的要求，有时甚至为了满足担保要求，不得不调换偿债主体。如南京市发行的江苏省第一单保障房债权计划，为了满足担保要求，将偿债主体由市城建集团变为丰盛集团。

二是商业银行出具融资性保函的意愿不强。由商业银行为项目债权提供担保，实质是以商业银行信用替代或补充了项目信用。但从在南京市设立的保险债权计划看，商业银行的担保费率远低于同期贷款利率水平，因而，商业银行获得的担保收益实际上无法覆盖其承担的信用风险，同时考虑到融资性保函为表内业务，在信贷规模受限的大环境下，多数商业银行并不愿意参与到保险债权计划的设立，承担较大的信用风险。

（2）南京市保险资金运用的发展策略

就南京市保险资金运用而言，需要正确面对保险资金运用的难点，进一步提高保险资金运用市场化程度，分享保险资金运用的改革红利。重点需要做好以下几个方面的工作：

首先，充分发挥地方政府综合协调作用。保险资金运用本身是市场行为，地方政府和金融监管部门应该简政放权，充分尊重和发挥市场主体在配置资产和资源中的基础作用。由于中国保险业起步较晚，保险资金运用的规则体系与信贷、信托等存在冲突之处。地方政府部门之间也可能存在一定的信息不对称。在这种情况下，尤其需要地方政府发挥综合协调作用，提高保险资金投资效率。金融、国资、国土、财政等部门的可以展开协作，按照部门职能合理分工，加强储备项目备案管理，合理配置担保资源，有效防范债务风险。

其次，深入研究政策，推进创新运用。中国银保监会的系列新政效应将逐步显现，为保险资金运用创新留下很大空间。南京市将坚持保险业市场化改革的方向，紧紧围绕城镇化和服务民生的国家战略，引导保险集团、资产管理公司创新运用债权、股权、股债结合、资产证券化等金融工具，支持南京市重点项目和战略性新兴产业的发展，打通保险资金和实体经济的联系。在股权投资领域加强银、保合作，针对商业银行拟贷款投资但资本金短缺的项目，引导保险资金以入股方式介入。推动建立一些类似登记结算中心的基础性组织，为保险资产管理产品提供集中登记与结算等服务等。

再次，加强政策支持。政府相关部门需要研究出台针对引进保险资金企业的奖励或贴息政策，如对提供担保的企业，给予一定担保费补贴等，以弥补担保占用担保企业净资产的损失。

最后，加强联络机制和信息互通渠道的建立。保险债权计划主要由保险资产管理公司等专业管理机构作为受托人发起设立。而目前我国的保险资产管理公司主要集中于北京、上海等地。南京市要想最大化地实现保险资金的使用效率，需要尽快建立与全国资产管理公司建立联络渠道，加强项目对接，解决存在的信息不对称问题①。

（二）政府融资平台债券融资

从金融支持城镇化发展国外经验来看，债券融资是一种重要的融资渠道，由于中国地方政府在很长一段时间以来不允许直接发行市政债券，只有少数几个城市进行了发行市政债券的试点工作。但地方政府利用融资平台或其他途径，实际已举借了大量政府性债务。

---

①《南京市保险资金运用现状与发展策略——基于地方政府视角》：http://www.circ.gov.cn/tabid/1423/InfoID/3921235/Default.aspx?type=Apply.

1. 地方政府融资平台发行的债券

为了推动城镇化建设，南京市通过地方政府融资平台发行了大量各种类型的债券。以南京城建集团为例，集团以发挥“公共职能、基础作用、战略导向”功能为己任，以“分类实施，合理举债，盘活存量，引进增量”为原则，创新开展了银行信贷、资产证券化、资产支持票据、个人委托贷款、企业债券、中期票据、信托贷款、TOT、BT、IBR等多元化融资，其中污水资产证券化、资产支持票据、15年期中期票据等融资业务创造了全国城投行业多项“第一单”。自2013年以来，集团已先后发行了15年期中期票据10亿元、5年期中期票据10亿元、1年期短期融资券20亿元，发行利率分别为5.8%、5.1%和3.96%，融资成本持续走低，为南京市城市建设快速发展和公用保供的稳定运营，提供了有力的低成本资金保障。

2. 市政债券

市政债券，是指地方政府及地方公共机构在信用原则下，以承担还本付息责任为前提筹集资金而发行的债务凭证，一般用于交通、通信、住宅、教育、医院和污水处理系统等地方性公共设施的建设。市政债券一般有两种类型：一般责任债券与收益债券。两种债券的区别主要体现在偿还方式上：前者主要以地方政府的财政收入作为偿还来源，如税收；后者则是以发行债券建造的基础设施的有偿使用带来的收益作为偿还来源，如公路收费等。

与地方融资平台相比，市政债券具有以下优势。首先，在信息披露方面，市政债券的财政状况透明，方便评级机构进行评级，市场参与者可以根据评级对债券定价，迫使地方平台风险显性化。金融市场也能够通过内部机制对发债主体进行有效地约束与监督。其次，在风险性方面，由于市政债券以地方税收或项目收益做担保，具有相对较低的融资成本和较长的发行期限，与项目使用周期相匹配，因而拥有效率较高的特点。

经十二届全国人大二次会议批准，国务院决定，2014年发行4000亿元地方政府债券。政府债券将在上海、浙江、广东、深圳、江苏、山东、北京、江西、宁夏、青岛试点地方政府债券自发自还，此举被视为我国进一步规范地方政府举债、探索市场化发债的重要举措。财政部核定江苏2014年地方政府债券发行额度174亿元，债券期限为5年、7年、10年，结构比例为4：3：3。根据宏观调控需要，江苏发行的174亿元债券资金拟由省级直接使用55亿元，与上年持平；转贷市县119亿元，比上年增加21亿元。为缓解市县还款压力，7年、10年期债券全部用于转贷市县，5年期主要用于省级。

转贷市县的119亿元拟按如下方案进行分配：比照往年做法，综合考虑地方政府性债务率、综合财力、城镇化率、债务管理等因素分配108亿元；突出支持沿海开发港口建设、棚户区改造等增加转贷11亿元。

2014年8月22日，在南京市第十五届人民代表大会常务委员会第十二次会议上，批准南京市2014年省转贷地方政府债券及市本级预算调整方案。

2017—2021年度，江苏省地方政府发行债券限额，如图11-7所示。2020年，江苏省分十批累计发行政府债券4031.2亿元，比2019年增加1178.9亿元，其中，新增债券2576亿元（一般债券363亿元、专项债券2213亿元），再融资债券1455.2亿元（一般债券859.73亿元、专项债券595.47亿元），完成财政部已下达的2020年新增债券和再融资债券额度。新增债券资金全部用于支持1879个公益性项目建设，解决全省各市县铁路、公路、农林水利、棚户区改造、生态环保、卫生健康、市政和产业园区基础设施等重大项目资金

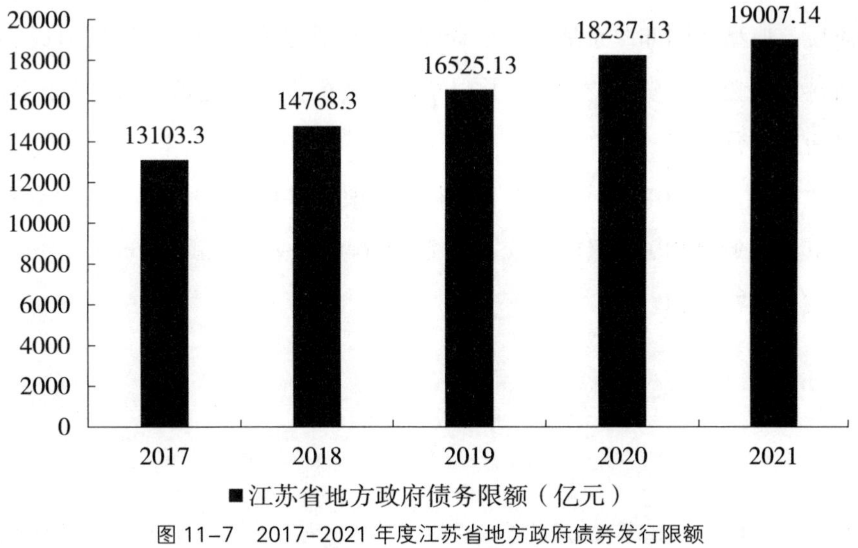

图 11-7　2017-2021 年度江苏省地方政府债券发行限额

数据来源：江苏省财政厅

需求。

（三）公私合营，助力引流民资

1. 公私合营模式简介

公私合营模式，也称PPP（Public Private Partnerships）模式，是指公共部门和私人部门通过合作的方式，提供传统上由公共部门提供的公共项目或服务。在这种合作关系中，公共部门和私人部门在某一特定公共项目的基础上开展合作，双方通过协议明确各自在项目中的权利和义务、风险和收益，最大限度地发挥各自的优势，从而实现“双赢”，甚至是“多赢”。需要注意的是，PPP模式不同于BOT、TOT等特定项目融资模式，它是一系列项目融资模式的总称。城市公共基础设施投融资采用PPP模式，一方面，通过将私人部门引入公共领域，有效缓解公共基础设施投入不足的现状；另一方面，又能充分利用私人部门在某一方面的专门技能，提高公共设施服务的效率和效益。

在全球范围内，1985—2008年间，约有1100个融资额超过4500亿美元大型交通基础设施项目采用了PPP模式[①]。中国的PPP项目也得到了快速的发展，2016—2021中国PPP项目入库数量，如图11-8所示。

在我国城镇化过程中，PPP模式从开始的初步探索阶段已经进入成熟运用阶段，典型案例如北京地铁四号线建设融资就是通过地方政府的国资公司与香港地铁公司合资成立SPC，并以特许经营的方式对地铁项目进行前期投资及后期运营管理。

数据显示，2020年江苏省全口径PPP项目共成交39项，成交额约772亿。其中财政部PPP项目的成交项目数为26项，成交金额约559亿元，占全口径成交额7成以上。

①吴时舫.项目融资ABS模式与PPP模式在城市可持续发展中的运用[J].襄樊学院学报，2010,(9).

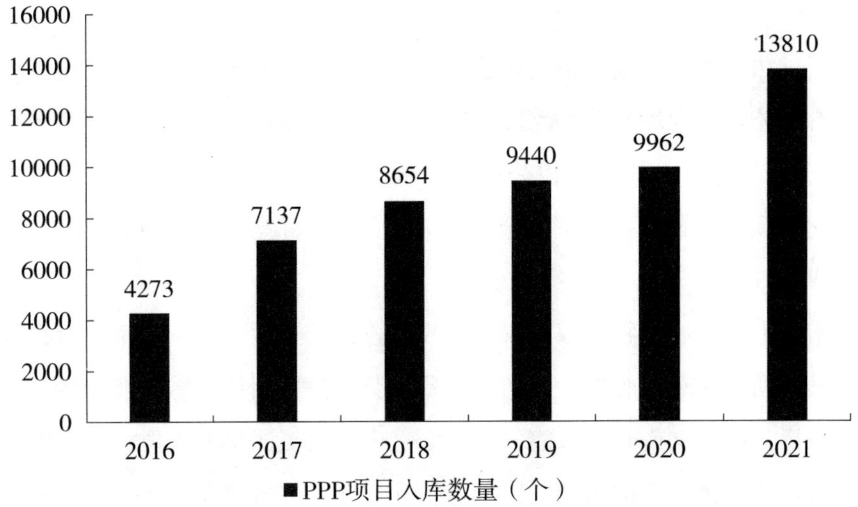

图 11-8　2016-2021 中国 PPP 项目入库数量

数据来源：财政部 PPP 中心 PPP 综合信息平台项目库季报数据

2. 南京市运用公私合营模式的典型案例

在金融支持南京市城镇化建设过程中，PPP模式也得到了广泛采用，为城镇化建设做出了巨大的贡献，经典案例有南京三桥项目、城建集团污水处理项目、南京地铁南延线项目等。下面以南京三桥PPP项目为例，对南京市创新运用的公私合营模式进行介绍：

南京长江第三大桥（简称“南京三桥”）是沪蓉国道主干线在南京地区跨越长江的重要过江通道。全线长15.6公里，其中跨江大桥长4.744公里，主跨648米，是双塔双索面钢塔钢箱梁斜拉桥。南京三桥总投资是30.9亿元，工程于2003年8月正式开工建设，2005年5月22日顺利实现主桥合拢，2005年10月7日全线建成通车。

南京三桥的具体投融资采用了BOT模式中的法人招标模式。BOT（Build—Operate—Transfer）指“建设—经营—转让”模式，该模式实质上是基础设施投资、建设和经营的一种方式。BOT模式以政府和私人机构之间达成协议为前提，由政府向私人机构颁布特许，允许其在一定时期内筹集资金建设某一基础设施并管理和经营该设施及其相应的产品与服务。如果BOT项目的项目公司的股东是通过招标方式选择的，那么这种投融资模式也称为法人招标。

通过法人招标，南京市交通建设投资控股（集团）有限责任公司、亿阳集团有限公司、深圳高速公路股份有限公司，以及江苏省南京浦口经济开发总公司4家股东单位组成三桥公司，将原国有独资公司三桥公司变更为股权多元化的项目公司，注册资本金为10.8亿。该项目具体的投融资由以下几部分组成：

南京市政府通过特许权协议，将收费权授予三桥公司。三桥公司在特许期内通过向来往车辆收取一定的过桥费，获取投资回报。特许期满后三桥公司把三桥无偿移交南京市政府。作为南京市政府直属事业单位的三桥指挥部将全权负责三桥建设的组织、协调与管理，保证三桥建设和运营的正常。三桥建设的大部分资金投入由三桥公司向银行等债权人进行融资，相应的保险机构提供担保。

在PPP模式下，南京市城市公共基础设施建设资金的不足的情况得到了缓解。民营高科技企业亿阳集团等合作伙伴不仅获取投资回报，也由此进入基础设施领域，实现了“双赢”。

表 11-2　2019-2021 年度南京市江苏省省级 PPP 项目库项目

	入库项目	投资额（亿元）
2019	南京牛首山金陵小镇项目	61.24
	南京市高淳固城公共物流作业区建设项目	18.96
	南京航空产业园项目	20.2
	秦淮区城市公共智能停车场及配套设施建设项目	2.12
2020	六合区农村污水处理设施全覆盖项目	20.67
	栖霞区餐厨废弃物处置厂项目	2.48
	江北新区中心区地下空间二期工程项目	130.3
2021	南京市栖霞区餐厨废弃物处置厂项目省级示范项目	2.41
	江南生物能源再利用中心一期工程项目	6.49

数据来源：江苏省财政厅

2019—2021年，南京有9个项目纳入江苏省省级PPP项目库，如表11-2所示。2019年，为调动各地加快PPP项目实施的积极性，进一步高质量推动我省政府和社会资本合作（PPP）工作开展，出台了《政府和社会资本合作（PPP）项目奖补资金管理办法》。2020年，南京市分两批公布了获奖的11家PPP项目名单（如表11-3所示），并确定我市六合区农村污水处理设施全覆盖项目作为江苏省2020年度第一批PPP项目入库，作为省级PPP项目试点，栖霞区餐厨废弃物处置厂项目和江北新区中心区地下空间二期工程项目作为第二批入库项目。

表 11-3　2020 年度南京市获奖的 11 家 PPP 项目名单

序号	南京市 PPP 项目奖补名单
1	建邺区部分片区环卫保洁市场化项目
2	上秦淮文化旅游项目
3	江宁开发区市政道路等基础设施项目
4	江宁开发区正方大道改造等基础设施项目
5	江宁开发区苏源大道改造等基础设施项目
6	南京江北新区研创园芯片之城科创基地项目
7	秦淮区城市公共智能停车场及配套设施建设项目
8	S204（溧水段）建设项目
9	南京市浦口区永宁街道休闲旅游特色镇项目
10	南京市浦口区桥林新城新型城镇化示范区老城开发建设项目
11	南京市六合区农村污水处理设施全覆盖项目

数据来源：江苏省财政厅

（四）构建城镇化投融资体系

南京市城镇化发展过程中，已初步构建出南京市自己的、独具特色的城镇化金融体系，该体系以城镇化金融模式创新为着力点，围绕着融资渠道和投融资主体多样化进行了诸多探索与创新。

1. 渠道多元化

渠道是指融资的渠道，主要分为直接融资和间接融资两大类。间接融资主要指银行贷款。在城镇化进程中要充分发挥信贷支持的主渠道作用，引导信贷投入城建重点项目。相关部门采取多项措施做好协调工作，一是协调各银行业机构积极向上级部门争取信贷规模，加大对南京市城市建设重大项目的信贷投放力度；二是引导驻宁商业银行合理配置权限内信贷资源，优化信贷结构，适当向南京市城建重点项目倾斜；三是协调组织银团贷款，满足全市城建项目的资金需求。通过与银行开展战略合作，城建发展中长期的融资需求基本得到满足。

直接融资分为债权融资、股权融资和保险资金三部分，近年来南京市直接融资发展迅速，支持力度不断加强。

债权融资又可以分为通过市政债券融资和通过银行间债券市场融资。目前国家刚刚放开地方政府债券的发行，南京只能发行省转贷地方政府债券，主要用于满足公益性城建项目的融资需求。银行间债券市场的债券产品十分丰富，南京市政府积极推动市安居集团、城建集团、交通集团、地铁集团等城建平台积极进行产品创新，发行中期票据、短期融资券、资产支持票据、非公开定向债务融资工具等，不断拓宽融资渠道。对于实力较强的投融资平台，政府鼓励其通过收购、兼并等方式进行上市融资活动。

股权融资蓬勃兴盛，助力南京产业专、精、深发展。据清科报告显示，截至2020年底，于中国证券基金业协会存续登记的南京市私募股权、创业投资基金管理人（简称“管理人”）227家，占江苏省全部AMAC注册管理人数量（共计870家）的26%；管理私募股权投资基金733支，规模合计3,488.69亿元，分别占江苏省AMAC注册管理人管理基金数量和规模的27%、32%。南京市AMAC注册管理人数量、管理私募股权投资基金数量和规模均位居江苏省各地级市第二。南京企业获得VC和PE机构投资数量较高、融资总量较大，2016—2020年，南京企业获得VC和PE机构投资数量分别为462起、353起，分别占融资总量的49%、37%，合计占比为86%；金额分别为711.20亿元、175.92亿元，分别占全部融资金额的79%、20%。这五年内，南京高新技术企业融资活跃度较高，获得融资数量前五的行业依次为IT、生物技术/医疗健康、互联网、半导体及电子设备、机械制造，融资数量分别为209起、133起、105起、86起、37起，数量占比分为27%、17%、13%、11%、5%，合计占比为73%；融资金额最高的五大行业依次为互联网、生物技术/医疗健康、金融、IT、汽车，融资金额分别为231.02亿元、113.98亿元、85.92亿元、82.72亿元、68.47亿元占比分别为26%、13%、10%、9%、8%，合计占比为66%。2020年，南京市企业获得PE、VC、早期机构投资数量分别为85起、132起、24起，占比分别为35.3%、54.8%、10.0%，同比增长-8.6%、20.0%、-25.0%；涉及金额分别为78.55亿元、53.86亿元、3.43亿元，占比分别为57.8%、39.6%、2.5%，同比增长-65.5%、25.8%、30.6%。南京市高新技术产业发展势头迅猛，股权融资支持产业发展不断增强，集聚效应显著，加速了南京市的城镇化进程。

此外，南京市属集团在直接与间接融资拉动城镇化方面也频频发力。以东南集团为例，2021年，集团通过直接融资和间接融资相结合，牢牢把握融资定价权，集团综合融资成本控制在4%左右，处于市场较低水平。集团在全市首幅自持租赁用地上打造的东南青年汇广场（仙林）正式运营。集团公寓板块新筹集租赁住房4026套、累计拓展房源面积超84万平方米，长租公寓门店实现全市11个行政区全覆盖。集团基金板块已投项目中5个IPO过会，其中，诺泰生物在上交所科创板挂牌，康诺亚、微泰医疗、微创医疗、商汤科技在港交所挂牌。东南基金在投中2021年中国最佳母基金TOP20榜单中名列第4位。

在保险资金的运用方面，南京市委市政府积极推动保险资金对接城建项目，一是建立与保险资产管理公司的工作联系机制和信息沟通渠道；二是梳理城建重点项目与保险资产管理公司进行对接，争取保险资金通过债权计划方式对南京市重大基础设施提供资金支持；三是推动南京市与大型保险集团总部合作，探索通过股权、不动产方式支持重点城建项目建设。

2. 主体多样化

南京市城镇化金融体系的主要参与者，可以分为参与主体和服务主体两大类。

（1）参与主体

就参与主体而言，主要有政府、融资平台、银行、保险公司和其他社会主体。其中政府在整个城镇化金融体系中起主导作用，努力为城镇化金融服务提供政策指引和监管支持。一是发挥政策指引作用，完善城建投融资体系建设。政府相关部门要认真贯彻落实《市政府关于做好融资工作确保金融平稳运行的通知》的有关文件精神，不断完善城建投融资体系建设；鼓励城建平台提高直接融资比重，降低融资成本；按照推进全市发展和利用资本市场的有关政策规定，对城建企业利用资本市场直接融资给予补贴和奖励。二是监管部门要加强监管层面的合作，共同营造城镇化建设的良好环境。人民银行南京分行、江苏银监局、江苏证监局、江苏保监局等金融监管部门要积极开展战略合作，积极争取金融监管部门政策层面上的支持，实现合作共赢；加强与中国银行间市场交易商协会的沟通，争取率先将南京市列入协会创新产品运用的试点城市，在创新型融资工具使用、注册备案审批等方面给予政策倾斜。

城镇化的建设也离不开其他主体的积极参与。各城建平台主要负责基础设施建设项目的投融资，根据立项审批及项目建设需要，编制年度建设项目计划和投融资计划；投融资计划涉及政府性债务的，应按规定履行报批手续；对涉及城建投融资的重大事项，主管部门会同市、区金融局及时召开协调会议，研究解决相关问题。银行作为参与主体需要积极承担间接融资的功能，为城镇化进程中的重点项目提供资金支持。保险公司应当充分利用丰富的保险资金入市投资，发挥对银行信贷的补充功能。其他社会主体可以利用自身在相关领域的专业优势，积极参与到城镇化建设的融资过程中来，在进入基础投资领域的同时获取较为丰厚的投资回报。

（2）服务主体

城镇化金融体系的服务主体，除了需要建设的基础设施，还有在城镇化进程中，由农民变市民的“新市民”。这些“新市民”面临着身份的转变，住所的变更等问题。目前对于被征地农民，以前的一次性货币补偿被改变，而是以实施养老保险为主、货币化安置为辅的方式，使得青壮年农民可在消除后顾之忧的状况下进城创业。在此情形下，金融的支持作用主要体现在对新市民社保资金的支持、为新进程的农民提供小额的创业贷款，以及廉租房和经济适用房等保障性住房的项目融资。

3. 预期未来

2021年3月22日，经国家发改委批复同意，江苏省政府正式印发《南京都市圈发展规划》，确定了南京在东部重要城市的龙头地位，以“一极两区四带多组团”的城市空间格局带动周边城镇一体化程度提升，促进城乡融合发展。可以预见，在不久的将来，南京市城镇化力度与程度将进一步提高，并发挥主导作用辐射周边城市，带动长三角地区基础设施、产业融合、生态环境、公共服务等建设的进一步发展。同年8月21日，江苏省人民政府办公厅印发了《江苏省“十四五”新型城镇化规划》，为全省新型城镇化高质量发展提供了更加深入的指导。

在今后推进城镇化金融的相关工作中，南京市需要建立“政府主导、社会参与、市场运作、规范发展”的新型城镇化建设投融资体制，实现投融资主体多元化、融资渠道市场化、投资决策程序化、项目运营专业化、政府调控透明化和购买服务社会化。

政府部门要明确鼓励各类社会资本参与城镇基础设施建设和市政公用事业项目方式。做好区分国有资本与社会资本的投资范围的相关工作，明确向各类社会资本开放领域。与此同时，也要大力培育市场主体，将过去完全由政府依靠行政性方式组织、建设、经营的城建项目，交由市场主体按市场化的运作方式统一建设经营。在规划设计、投融资、建设运营等各个环节引入竞争及潜在竞争机制，以实现提高建设效率、拓宽融资渠道、减少财政包袱、平抑项目成本和惠及民生等目标。

Chapter-12

第十二章

金融科技：信息科技赋能金融发展的南京“新动能”

一、金融科技：科技赋能金融的理论逻辑

数字化转型和新一代信息技术的浪潮，持续地改变着各个行业。金融是现代经济的核心，是实体经济的命脉，由于利率市场化加快、金融科技兴起的双重冲击，当前金融行业发生了翻天覆地的变化。因此需要金融机构从根本上调整业务战略，通过提升管理运营水平，注重金融科技应用，全方位重塑客户及金融机构内外部体验等手段，改变传统的以公司业务为经营重心，转向专注个人用户的体验和业务创新。由此实现金融与科技深度融合、协调发展，增强人民群众对数字化、网络化、智能化金融产品和服务的满意度，响应国家金融发展政策的号召，最终提升我国金融科技发展的国际化水平，金融科技生态圈，如图12–1所示。

金融科技是金融与科技深度融合的产物。根据金融稳定理事会（FSB）的定义，金融科技是基于大数据、云计算、人工智能、区块链等一系列技术

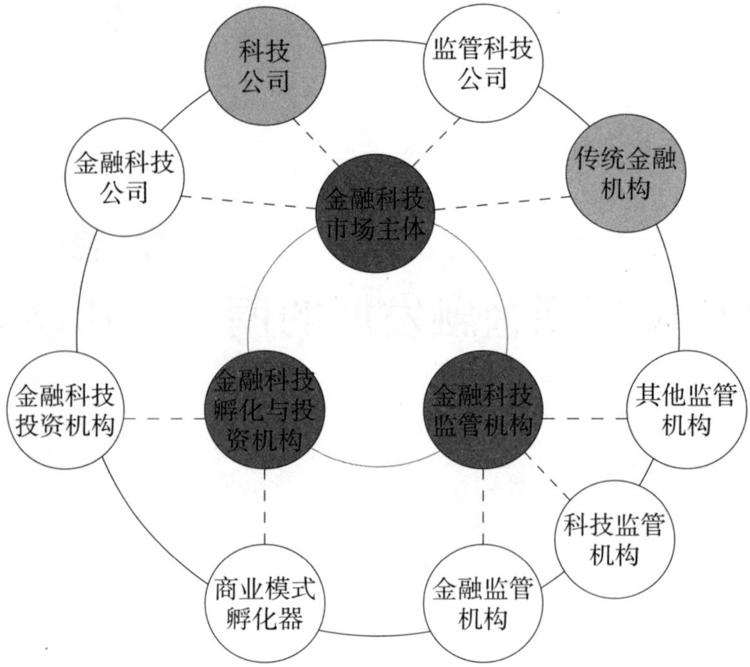

图 12–1　金融科技生态圈

资料来源：南京金融发展报告委员会（2021）《南京金融发展报告》

创新，全面应用于支付清算、借贷融资、财富管理、零售银行、保险、交易结算等六大金融领域，是金融业未来的主流趋势。金融科技涉及的技术具有更新迭代快、跨界、混业等特点，是大数据、人工智能、区块链技术等前沿颠覆性科技与传统金融业务与场景的叠加融合。主要包括大数据金融、人工智能金融、区块链金融和量化金融四个核心部分。金融科技市场主体主要有三类，一类是科技公司，他们通过科技赋能金融业务，甚至直接进入金融行业，成为金融科技领域的主要参与者。举例来说，海外出现了“GAFA”（谷歌/Alphabet、亚马逊、苹果）、微软、IBM和Intel等新兴企业，而在中国则出现了“BATJ”（百度、阿里、腾讯、京东）。二是利用科技手段，使持证金融机构能够为消费者提供更为完善的金融产品；三是一些互联网金融公司、金融科技公司、网络小额贷款公司等，一些金融科技公司、网络小额贷款公司逐渐涉及金融科技领域。

2019年8月，央行公布首轮金融科技发展规划——《金融科技

（FinTech）发展规划（2019—2021年）》，这份纲领性文件的出台明确了金融科技发展方向、任务和路径，开启了金融科技在国内蓬勃发展之路。在2021年1月，央行继续政策加持，出台《金融科技发展规划（2022—2025年）》，提出的重点任务包括“金融科技治理”“数据能力建设”“绿色高可用数据中心”“数字技术金融应用”“金融科技创新体系”“金融服务智慧再造”“监管科技的全方位应用”“金融科技人才培养”八方面。相比之前一轮规划，“底座”“最后一公里”“再造”等关键词提示我们政策正在推动金融科技向基础设施迈进。

随着新冠疫情常态化以及对数字化金融服务需求的增加，全球金融科技投融资市场增速明显，从2020年第四季度开始，大量金融科技公司在资本市场的活跃度不断提升，到2021年金融科技投融资规模较同期增幅明显，全球范围内公开披露的金融科技融资数量4969笔，融资额度1315亿美元，同比分别增长了42%和168%，2015—2021全球金融科技融资规模与数量，如图12-2所示。

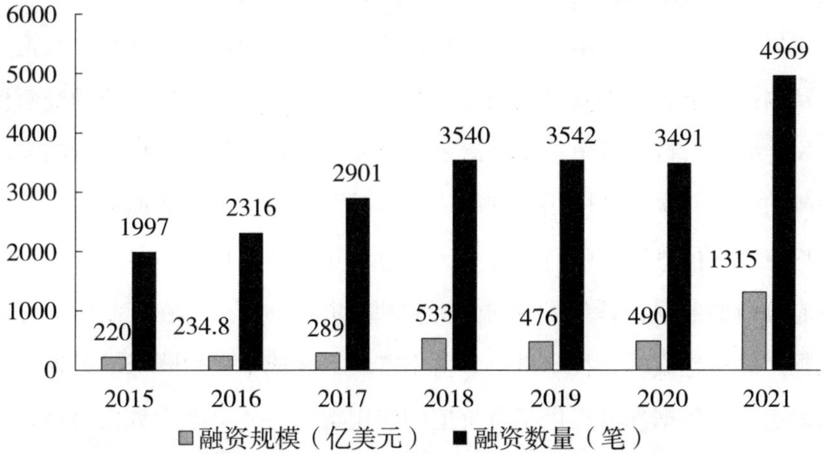

图 12-2 2015-2021 全球金融科技融资规模与数量

数据来源：Plug and Play China 璞跃中国

（一）大数据时代的现代金融发展

1. 大数据与金融业发展

近年来，随着电子商务、社交、综合信息网站等网络应用的不断发展，大量的数据产生和存储在网络中，信息量呈爆炸式增长。据IDC研究，全球数据总量以每50%的复合年增长率增长。这样的增长速度意味着，在接下来的两年里，全球新增的数据量将会超过人类历史上所有数据的总和。IDC预测，到2020年全球数据总量将达到40亿兆字节，这意味着地球上每一个人平均产生5TB的数据。人类正从信息技术时代向数字时代迈进，数字时代以数据为“石油”，而大数据则是数字时代的“冶炼工艺”。通过数据采集、存储、分析、可视化等技术，解决了海量、高速、多变、低密度的问题，使数据由散乱的信息转化为知识和智慧，帮助企业解决实际问题。

纵观金融业的发展历史，每一次金融行业的变革，都是科技创新推动的。电报技术、互联网技术的引入，极大地影响着金融机构的服务模式和风控方式。近年来，科技创新越来越受到各国政府的重视。科技创新步伐不断加快，逐步与金融业务深度融合，以大数据、云计算、人工智能、区块链等新技术为代表的新兴科技正逐渐成为金融业发展的新动力。

普华永道的调查显示，金融科技行业投资和应用最多的就是大数据。首先，从内部需求看，随着互联网金融模式的冲击，整个金融行业的经营模式正在发生变化，行业竞争越来越激烈，对基于数据进行精细化运营的需求也越来越迫切。其次，就应用基础而言，金融业拥有海量的数据资源；金融业是最愿意投入信息资源的行业之一，经过多年的信息积累，各系统都积累了大量有价值的数据，具备了数据分析的基础资源。最后，在产品供给方面，大数据产品日趋成熟，技术供给日益丰富，部署成本大幅降低。另外，一些先行者也为大数据部署提供了有价值的应用案例，使金融大数据解决方案更加完善。

大数据主要应用于金融领域，主要面向银行业、证券业、保险业、互联网金融等行业，覆盖从数据采集、存储、分析挖掘到可视化展示全流程的解决方案，用于提升资源配置效率、强化风险管控能力和创新业务能力等。金融领域的大数据应用可以分为两大类：监管应用和机构维护服务应用。金融监管主要是通过数据采集、分析、挖掘等技术，形成综合性的监管分析报告，使监管机构了解和掌握各类金融业务的发展变化和潜在风险，从而丰富和完善监管基础设施，提出风险预警模型。

金融大数据主要应用于客户服务、客户营销、风险控制、信用管理、交易监控、运营管理、客户画像、精准营销、供应链金融、监管报送、智能投顾等场景应用，典型应用包括反欺诈识别、风险传导预测、风险信息服务、反洗钱、客户画像、可视化数据分析、智能营销、风险监控及预警、网点效能管理、普惠金融、决策分析、流程优化、商户选址预测、境外客户需求洞察、市场欺诈侦测等。

进入大数据时代，金融行业的客户信息、交易信息、资产信息、信用信息等数据经过有效的收集、整理、分析，最终成为有价值的数据信息。通过内外数据的结合，可以有效地帮助金融企业实现精准营销、提高经营效率、提高欺诈管理水平、增强信用风险管理能力、有效支持决策，同时帮助金融企业了解客户需求，开发具有创新精神的新产品。

2. 发展现代金融的重要性

发达的金融市场是现代金融体系的鲜明特征。我国是全球第二大经济体，一个日益接近世界舞台中央的发展中大国，基于我国新的发展阶段、发展趋势和国际地位，要充分认识金融市场的重要性。

首先，建设现代金融市场体系是实现金融体系对标高质量发展的必然要求。与银行间接融资相比，金融市场在完善公司治理、增强信息披露和加强风险管理等方面具有比较优势：金融市场通过较高的信息披露要求和透明度可以建立有力的外在约束，通过明确的所有权和经营权分离可以构建更有效的内在激励，通过资金要素的市场化配置可以有力地促进其他要素市场的发展。

其次，建设现代金融市场体系是贯彻新发展理念的必然要求。“创新、协调、绿色、开放、共享”的新发展理念以“创新”为首，而“创新”发展以发达的金融市场为有力支撑。只有形成较为完善的资本投资机制和相应的中介服务体系，才能加速科技创新成果转化为现实生产力，推动科技创新创业企业从无到有、从小到大，形成新的经济增长点。

第三，建设现代金融市场体系是“去杠杆”的必然要求。要从源头上降低债务率，就必须建立长效机制，将储蓄转化为股权投资。关键在于大力发展股权融资，补充实体经济的资本金。

第四，建设现代金融市场体系是货币政策由数量型调控为主向价格型调控为主转变的必然要求。金融市场是货币政策传导的基础。金融市场定价合理，市场间联系紧密，能够实现资金价格的联动传导，这是货币政策向价格型调控转变的重要前提。

第五，建设现代金融市场体系是金融业对外开放的必然要求。历史经验表明，扩大开放会加速金融市场既有缺陷的暴露，只有自身过硬的金融市场才能充分体现其福利改善、效率提高、竞争力增强等积极作用。

（二）互联网时代的大数据与金融科技

根据研究机构Gartner的定义，“大数据”是需要新处理模式才能具有更强的决策力、洞察发现力和流程优化能力来适应海量、高增长率和多样化的信息资产。IBM提出大数据的5V特点Volume（大量）、Velocity（高速）、Variety（多样）、Value（低价值密度）、Veracity（真实性）。奥巴马政府更是形容大数据为“未来的新石油”。金融数据产生的主体包括“人”、“机”和“物”三大类。“人”是指人类活动过程中产生的各种数据，包括评论、通话记录、照片、网页浏览记录、交易记录等等。“机”指信息系统所产生的数据，主要以文件、多媒体等形式存在，包括自动生成的审计、日志等信息。“物”指的是物理世界所产生的数据，是通过摄像头、传感器等数字设备采集到的数据，如服务器运行监测数据、押运车辆监控数据等。

金融机构有三种数据获取的方式：在自有系统中沉淀、在网上采集和从第三方购买。一是在自有系统中沉淀数据。金融机构通常部署了数以百计的应用系统，这些应用系统在日常运营中不断产生和存储数据，经过长时间的数字化运营积累，其规模已经相当庞大。以银行业为例，目前中国单家股份制商业银行累计数据已达数百TB。二是在网上采集数据。金融机构主要收集企业舆情数据和个人行为数据。其中，企业舆情数据包括政府公开数据：工商、司法、行政处罚、一行两会处罚涉诉数据；企业经营动态数据：资产重组、投融资、高管变动、员工招聘、新产品发布和产品销售情况等。个人行为数据包括：性别、年龄、学历、职业等基本属性数据，以及喜好数据：浏览页面、浏览商品、页面停留时间、关注的商品、支付的商品、产品评分、产品投诉、产品建议、加入的社群、经常互动的话题等。三是从第三方购买数据。金融机构主要购买企业数据，购买个人数据比较谨慎。大型金融机构普遍认为个人数据交易更为敏感和谨慎。目前，大型金融机构从第三方购买个人数据的行动基本停滞，主要是购买公共数据，如公积金、社保、税务等。

随着数字经济时代的全面到来和数字科技渗透率进一步提升，未来以大数据为核心的金融科技必将对金融发展产生更加深远、广阔和全面的影响，驱动形成更多的新业态、新模式和新产品。综合上述分析来看，未来大数据主要在以下五大方面产生影响。

1. 大数据应用水平正在成为金融企业竞争力的核心要素

金融的核心在于风控，而风控则是数据驱动。金融机构的风控水平对坏账、收入、利润有直接影响。金融机构经过长时间的数字化改造，积累了大量的数据，但由于分散在各个系统中，而无法集中分析。金融机构已经认识到有效管理数据资产的必要性，他们积极思考并实践数据资产治理的方法。

相比于传统的风控技术，大数据风控具有更丰富的维度，除了传统的年龄、收入、学历、职业、资产、负债等信用数据之外，行为数据还能反映用户的还款能力和还款意愿。由于数据量大、数据分散，传统风控系统应用较少。但是随着数据处理能力的不断提高，用户行为数据的收集变得越来越容易。作为信用数据的补充，行为数据能够捕捉到更小的风险。纵观金融风控的各个发展阶段，利用传统央行征信、基于规则的风控通常被称为金融风控1.0，金融风控2.0在传统征信数据的基础上加入了混合结构数据，而随着大数据的加入，金融风控正式进入了3.0时代，如图12-3所示。

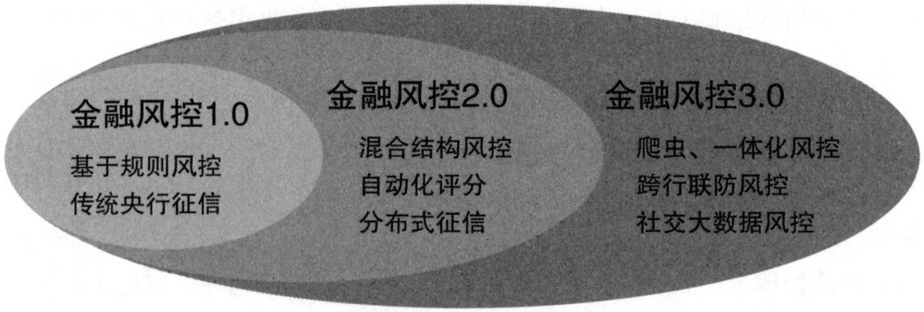

图 12–3　金融风控发展

资料来源：2020 江苏金融科技发展报告

2. 金融行业数据整合、共享和开放成为趋势

数据的关联度越高，价值越大。随着各国政府与企业逐渐认识到数据共享所带来的社会效益和商业价值，全球范围内出现了数据开放的热潮。大数据技术的发展需要各组织、个人的共同努力，整合个人私有的、企业自有的、政府自己的数据，将私有的大数据转化为公共的大数据。

目前，美欧等发达国家和地区政府已经为共享数据做出了表率，开放了大量公共事业数据。中国政府还在致力于推动数据开放。一方面，政府在推动政府数据公开方面起到了带头作用。国务院《“十四五”数字经济发展规划》提出，建立健全国家公共数据资源体系，统筹公共数据资源开发利用，推动基础公共数据安全有序开放，构建统一的国家公共数据开放平台和开发利用端口，提升公共数据开放水平，释放数据红利。另一方面，通过推动各类大数据服务交易平台的建设，进一步丰富了数据使用者的数据来源。在《国家发展委员会办公厅关于请组织申报大数据领域创新能力建设专项通知》中，发改委明确提出，要建设大数据交易平台，支持数据共享。

3. 金融数据与其他跨领域数据的融合应用不断强化

在2015年之前，金融机构的分析主要是基于金融机构自身的信息。金融机构的经营分析、产品设计、市场设计等都是基于自身静态数据进行人工对内的分析。从2016年开始，随着大数据技术的不断成熟，数据采集技术得到了飞速的发展。金融机构通过获取客户动态数据，能够更好地了解客户。

未来数据流通市场将更加健全。金融机构可以方便地获取电信、电商、医疗、交通、教育等行业的数据，这将极大地促进金融数据与其他行业的数据融合，让金融机构的营销和风控模型更加精准。另一方面，跨行业数据的融合将产生跨行业的应用，使金融行业能够设计出更多基于场景的金融产品，并与其他行业进一步融合。

4. 人工智能正在成为金融大数据应用的新方向

新兴科技的迅猛发展，大数据与人工智能正在快速融合。大数据与人工智能技术正在飞速地融合。大数据强调数据的采集、存储、处理和显示。人工智能强调数据的采集、存储、处理和展示。人工智能可以帮助大数据在各个阶段发挥更大的作用，帮助大数据发挥更大的作用。

在采集方面，利用人工智能认知技术，如图像识别、语音识别、语义理解等，实现海量非结构数据的采集。在数据存储与管理方面，利用人工智能技术实现了数据自动标注、数据分类等功能。在数据处理方面，深度学习、机器学习、知识图谱技术等都能提高算法模型数据处理的效率和准确度。在数据显示方面，采用智能大屏技术，实现了数据实时监控和可视化显示。大数据与人工智能在多维深度融合，拓展了金融大数据应用的价值和应用场景。

5. 金融数据安全问题越来越受到重视

大数据应用给数据安全带来了新的风险。数据具有高价值、无限复制、可流动等特点，使得数据安全管理面临新的挑战。对于金融机构来说，网络恶意攻击呈几何倍数增长，组织数据被盗事件层出不穷，这就要求金融机构提高数据安全管理能力。大数据集中了金融机构中的海量高价值数据，实现了对数据的高速访问。但是，如果信息泄露可能会一次性泄露组织中几乎所有的数据资产。一旦数据泄露，很可能会迅速扩散，导致数据被篡改，智能欺诈。对于个人来说，个人信息的泄露会暴露大量的个人基本信息和消费信息，而大数据技术可以方便地大量收集这些信息，从而使公民更容易受到欺诈，从而造成经济损失，造成经济损失。

二、我国金融科技发展现状与前景

中国在金融科技市场正逐渐成为市场的领导者。根据星展银行和安永咨询公司的报告，中国金融技术投资在2016年猛增到88亿美元，占全球25%。零壹财经发布《2016年全球金融科技投融资与指数报告》显示，2016年全球金融科技投融资共504起，获投企业累计融资1135亿元。其中，中国金融科技投融资281笔，占全球56%；金融科技投融资总额875亿元，占全球77%。随着金融投资持续增长，中国有望超越发达国家，提前进入数字金融时代，抢占金融科技高地。

多家国际研究机构也认可这一趋势，花旗、毕马威、麦肯锡等机构都曾发布研究报告和统计数据，提到2016年中国金融科技市场开始接替日渐萎缩的西方市场，成为全球金融科技投资人最关注的地区。花旗报告显示，亚洲已经取代北美成为金融科技的第一投资重镇，成为VC们最青睐的金融科技创新地区；相比2015年，2016年中国金融科技风险投资至少增长一倍；相比之下，美国和欧洲则分别下滑38%与27%。美国国际贸易署（International Trade Administration，简称ITA）发布的《2016顶级市场报告（Top Markets Report）》认为，中国金融科技市场总体发展居全球第二位，其中在支付市场领域居全球第一位。会计师事务所毕马威与风险投资公司H2Ventures联合发布的《2016全球金融科技百强榜单》显示，中国金融科技发展速度很快，蚂蚁金服排名第一，进入名单前十名的还有陆金所、京东金融等四家，总体占据五席。

（一）我国金融科技起源

2016年以来，我国金融科技发展呈现出巨头涌现、全面开花的景象。一方面，资本市场对金融科技公司的追捧；根据毕马威公布的季度报告，仅2016年第三季度，中国金融科技企业共投入了超过10亿美元。另一方面，中国金融科技企业在资金、技术发展、产品开发等方面取得了长足的进步。毕马威国际投资公司H2Ventures联合发布了《2016金融科技100强》，中国企业共有8家，前5名中有4家来自中国。在毕马威发布的《2016中国金融科技公司50强榜单》中，中国金融科技公司的业务涵盖了支付、信贷、智能投顾等领域，并在人工智能、大数据、区块链等领域取得了领先地位。综合国内知名专家和研究机构判断，可以将我国金融科技应用金融业分为以下三大阶段。

第一阶段：1993年—2004年金融电子化阶段。1993年，国务院发布了《关于金融体制改革的决定》。2001年以后，金融机构更加重视数据库技术的应用，主要包括ATM、POS机、银行核心交易系统、信用系统、清算系统等。

第二阶段：2004—2016年互联网金融阶段。互联网金融时代的特征表现为：金融机构和互联网企业通过搭建在线业务平台，聚集海量用户，通过移动互联网技术变革传统金融服务，对接金融的资产端、交易端、支付端和资金端，实现渠道网络化。这一时期代表性的应用有：网上证券开户、网上银行系统、P2P、移动支付等。

第三阶段：2016年至今，金融技术阶段。除了互联网技术之外，更多的新兴技术如大数据、云计算、人工智能、区块链等技术被应用到金融业务中，传统金融企业、金融行业的新进入者、科技企业通过科技手段变革传统金融产品与服务。这一时期的代表性应用包括征信大数据、智能投顾、供应链金融等。

（二）我国金融科技发展现状

2019年是中国金融技术发展的不同寻常的一年。中央政治局集体学习区块链技术发展现状与趋势；中国人民银行发布了首份规范金融科技发展的顶层文件《金融科技（FinTech）发展规划（2019—2021年）》；中国人民银行数字货币（DCEP）呼之欲出；中关村金融科技发展联盟，北京第一个金融科技社会组织——中关村金融科技发展联盟成立；外资支付机构正式进入中国市场；银行业金融科技子公司再添新成员；民营银行再度获批“开闸”……每一件大事背后，都蕴藏着更深层次的逻辑。

2019年，中国金融科技整体市场规模超过3753亿元，预计到2022年，中国金融科技整体市场规模将超过5432亿元，2017—2022年中国金融科技整体

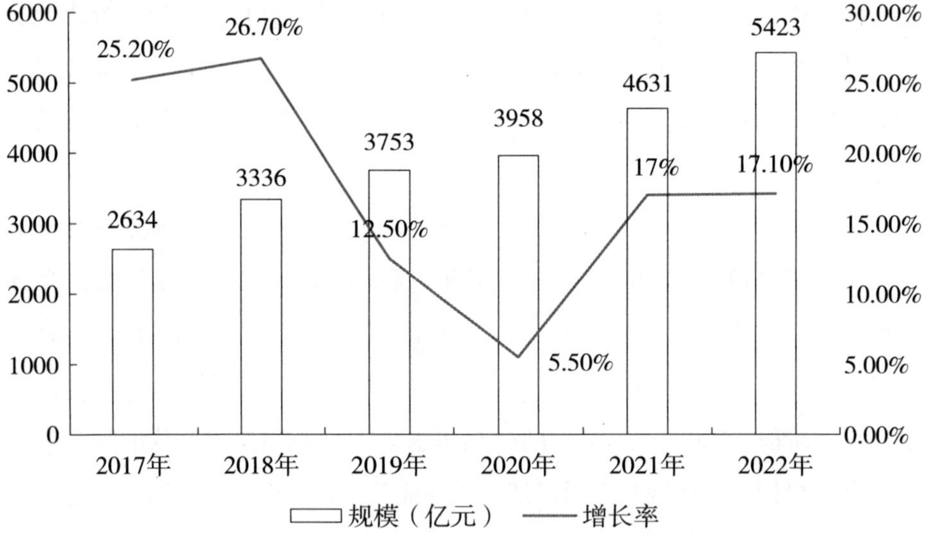

图 12-4　2017-2022 年中国金融科技整体市场规模及预测

数据来源：赛迪顾问《2020 金融科技发展白皮书》，p.8

市场规模及预测，如图12-4所示。

2019年，中国金融科技投融资事件数量达977件，与2018年相比有所下降，但仍然保持高位，2015—2019年中国金融科技投融资事件数量及增长，如图12-5所示。

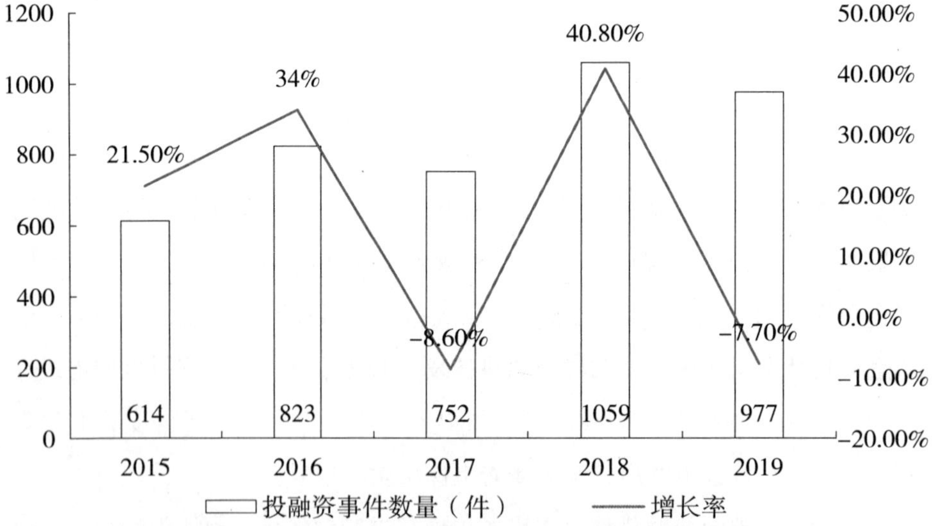

图 12-5　2015-2019 年中国金融科技投融资事件数量及增长

数据来源：赛迪顾问《2020 金融科技发展白皮书》，p.9

从金融科技从业人数分布趋势来看，2019年以北京、上海、广东、浙江为重点聚集地，其中北京拥有34.1%的金融科技从业者，具备绝对优势。上海拥有14.3%的从业人数，位居第二，2019年中国金融科技从业人数情况，如图12–6所示。

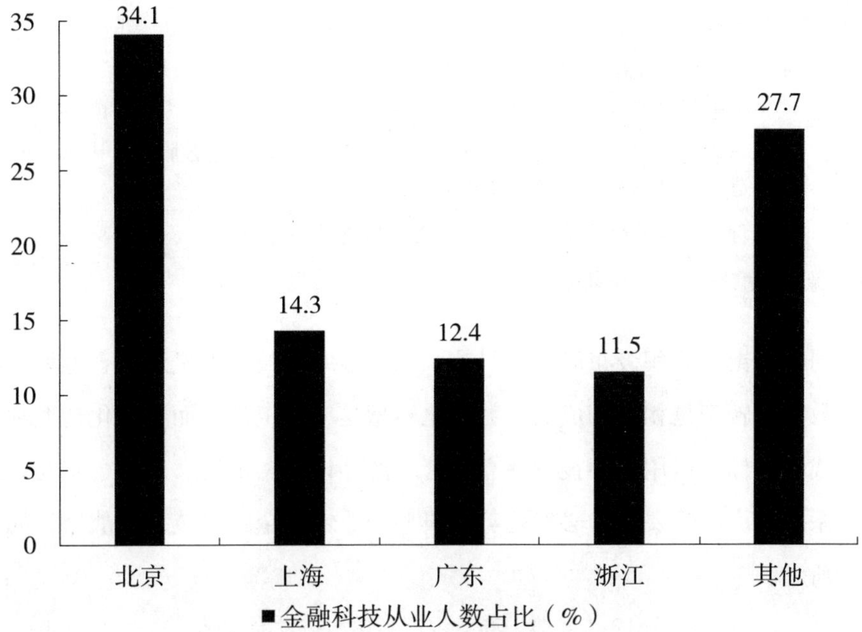

图 12–6　2019 年中国金融科技从业人数情况

数据来源：赛迪顾问《2020 金融科技发展白皮书》

金融作为经济体系运行的核心，其与科技的融合发展，就像一场深刻的“化学反应”，正在不断推动着金融业组织结构、服务能力、客户体验等深刻变革、不断提升。多地纷纷发力金融科技产业，整个市场尽显生机。

表 12–1　主要城市金融科技发展重大举措

地区	举措
北京	金融科技监管创新以“监管沙盒”为核心，正在加速推进；北京金融科技人才集中；综合实力全球领先
上海	国家支持上海金融科技中心的建设，中央银行上海总部出台了40条指导意见。
深圳	深圳为金融科技应用制定了时间表和路线图，推动了深港金融市场的互联互通，推进科技金融试点，加强金融科技载体建设。
广州	力争在 3 至 5 年内建成广州现代化金融中心服务体系建设，建设广州金融科技强市。

续 表

地区	举措
杭州	将聚力于金融科技核心技术的开发，深化金融大数据技术的应用和金融领域的人工应用。研发和应用智能技术，金融信息安全技术。
成都	正努力打造金融科技创新高地，打造金融产业生态圈，以实现成都金融科技创新中心。创新发展与实体经济融合。
重庆	加快推进科技金融深度发展，推进“四区”、“两中心”和“一基地”建设融合，把重庆市建设成为“一带一路”沿线“数字经济中心”，打造内陆金融开放高地。
南京	加强基础设施建设，打造公共平台，应用技术场景，金融服务。未来，南京将打造千亿级的数字金融产业集群。
青岛	依托青岛金家岭金融聚集区建设青岛财富管理中心

资料来源：赛迪顾问《2020 金融科技发展白皮书》

同时，银行业积极布局金融科技，抓住金融科技发展机遇。金融科技与银行数字化转型是相辅相成的，数字化转型是一种工具，而数字化转型则是一种战略目标。运用金融技术建立完善的产品设计、销售、风控、交易和运营体系是适应监管要求的必然趋势。典型商业银行金融科技发展战略，如表12–2所示。

表 12–2　典型商业银行金融科技发展战略

银行	战略	发展策略
工商银行	打造“数字工行”	· 强化顶层设计：制定了以金融 + 科技为核心的《中国工商银行金融科技发展规划（2019–2023 年）》。建设智慧银行生态系统，深化金融科技创新，建设“数字工行”。 · 推动智慧银行战略转型：成立工银科技有限公司，金融科技研究院，建立金融科技研究院（总行金融科技部，业务研发中心，数据中心，软件开发中心，工银科技有限公司，金融科技研究院）。 · 智慧银行生态系统 ECOS1.0 发布：ECOS 智慧银行生态系统 ECOS，以开放、融合、智能化应用、弹性业务支撑、双核心 IT 架构、安全新技术平台等成果为标志，致力于实现智慧服务、智慧产品、智慧风控和智慧运营。 · 推出线下 5G 智慧网点：中国工商银行首家 5G 智慧网点在苏州落地北京金融街。 · 截至 2019 年末，共有 615 项专利被公开。全年共获专利 54 项，累计获专利 603 项，居银行业首位。

续 表

银行	战略	发展策略
建设银行	新金融、第二发展曲线、三大战略	·推进智能平台建设：构建企业网络和信息安全管理系统，人工智能平台，物联网平台，机器人流程自动化平台。 ·金融科技支持业务发展：构建“场景化、个性化、智能化”新零售、“交易性与新兴业务无缝融合”的全新对外服务；建设“智能、高校、强风控”的普惠金融体系；完成海外 29 家机构新一代核心系统的推广；打造 5G+ 智能银行新型网点体验；深耕建设、住房、社保等领域，连接政府、商户和个人，为客户提供整体解决方案，提升获客、活客能力。 ·对外构建 G 端、B 端、C 端新生态，以开放共享的理念向外赋能；打造智慧政务服务平台，建立 APP、PC 端、网点 STM、建行裕农通、政务大厅等“五位一体”服务模式。
邮储银行	科技兴行	·深化信息技术治理：成立金融科技创新部、信息管理部，形成总行“三部两中心”的 IT 治理结构；苏州新研发中心投入运营，形成了“1+3+N”的自主研发体系。 ·实施“双线作战”：一方面，推进“十三五”信息技术规划的实施，重点推进个人金融、信贷工厂、互联网金融大数据等十大项目群和规划重点工程建设；另一方面，全面启动新一代个人业务核心系统建设。 ·推进“双模 IT”建设：大力推进自主研发，实现业务系统自主研发，向核心系统安全迈进；加快从“瀑布”研发模式向“敏捷”转型；建立专业技术团队，采用“派驻式”、“嵌入式”等新型组织形式。 ·制定新一轮大数据五年规划（2020–2024 年）：从应用场景、数据治理、技术体系、组织架构四个方面提出银行大数据能力建设的总体规划方案。 ·设立科技创新基金：加强新技术的研究与应用 . 在云计算方面，基于开放云平台的 OpenStack，构建了“两地三中心”的云服务体系。
中信银行	推进全面数字化转型	·自主研发的“中信大脑”人工智能平台已全面落地，开展了上百项精准金融服务。 ·区块链技术与应用：20 多家银行加入了由银行主导的区块链贸易金融联盟平台。敏捷 IT 组织转型布局基本完成，科技全流程研发提速 50% 以上。 ·基础技术架构建设突破：自主研发的新核心系统 StarCard 系统上线投产；作为国内首个拥有自主知识产权的新一代云架构信用卡核心业务系统实现“新服务、新技术、新管理”三位一体的综合能力提升；全行信息科技基础架构整体云化率接近 94%。 ·构信用卡核心业务实现“新服务新技术新管理”三维计划组建 400–600 名专业数据分析人员，为一线操作人员、前中、后、各层级管理角色量身定制数据应用能力。

续 表

银行	战略	发展策略
民生银行	"科技金融的银行"、科技引领"数字民生"	·制定了《中国民生银行科技金融战略发展规划（2019–2022年）》。 ·线上银行平台的总体规划：通过手机银行、网上银行、微信银行三大银行及数字化运营平台、银企直连、网上支付、银行开放服务"四个平台"建设。 ·直销银行准独立经营模式的创新、分布式核心技术的应用、差异化的自主风控模型的建设以及商业模式的转型升级。 ·科技金融赋能业务：探索和应用人工智能、大数据、5G等技术，全面推动业务创新；建立敏捷科技业务协同机制，建立应用创新实验室，加快分布式、云端、平台等技术架构转型。

资料来源：赛迪顾问《2020金融科技发展白皮书》

目前，我国金融科技发展的总体特征可以归结为以下三点：

第一，金融科技组织形态呈现出多元化的发展态势，互联网巨头引领金融科技的发展，打造金融生态圈，金融产业正由电子化向智慧化转型。在区块链、云计算、人工智能、物联网等科技创新的推动下，传统的金融模式出现了交叉创新的趋势。同时，技术创新也为传统金融机构在风险管理、融资渠道管理、资源配置、基础定价、交易安全等方面提供了创新和升级的空间。

第二，金融科技的应用领域包括信贷、支付和供应链。在这些领域中应用最广泛、影响最深的是信贷领域和支付领域。据智研咨询统计，截至2019年上半年，我国居民消费信贷规模已达39.7万亿元，占居民贷款总额的79.04%。但是短期消费信贷规模只有8.81万亿，占17.54%，还有很大的发展空间。另外，第三方支付模式发展迅速，移动支付极大地方便了消费者的支付，降低了企业和消费者的支付成本。线上支付作为销售行业新的驱动力，对电商产业的发展起到了巨大的推动作用，同时也拓展了云计算、大数据、区块链等应用领域。

第三，我国在鼓励金融科技发展的同时，更加注重风险控制。根据壹零财经·壹零智库的数据，2013年以来，融资事件和专利数量不断增加，金融科技风险控制的数据不断增加。其中，2017年风控融资达到57宗，2019年融资总额最高达63.5亿元。

（三）我国金融科技发展前景展望

金融技术在金融技术和技术领域的结合下，有七大发展趋势。

1. 云计算将步入深水区，将会更加重视安全、稳定和防范

随着云计算技术的成熟，金融云的应用也逐渐走向了“深水区”。根据中国资讯通讯研究所的调查，超过一半的金融机构都采用开放源码的云计算技术，如OpenStack。传统的计算，网络和存储的云计算方案都是同质化的，用户对PaaS、SaaS、业务和业务解决方案的需求都很高，有实际业务经验和生态合作伙伴的企业更容易获得用户的青睐。

2. 面向跨国界的大数据应用，未来发展的关键在于标准和规范

金融业拥有大量的数据资源，并且企业的发展需要大量的数据。大数据技术应用于金融业，发展迅速，是金融业发展的重要基础。目前，大数据在金融业中的应用已相当普及和成熟，其应用效果也比较明显，其最突出的特征就是数据资产的日益突出，大数据的深度分析日益受到重视，而用户的肖像和知识图谱则是其中的关键技术。2017年，知识图谱突然风靡全球，除了传统的物理知识之外，更多的是对实时的需求。此外，法律、政策、技术、机制等方面的问题也很多，这是一个亟待解决的问题。

3. 人工智能技术的快速发展，从计算到认知的高度进化

人工智能通常分为三个层面：计算智能、感知智能和认知智能。根据当前金融行业人工智能的发展趋势，基于大数据技术的计算智能已经覆盖了营销、风控、支付、投顾、投研、客服等各个金融应用场景。人工智能最重要的是AI，传统的金融行业大多都是“知道型”，按照规则和经验来做，很多重复的工作都会被AI代替（比如客服），而现在，从智能投顾、智能营销等方面来看，人工智能也不会逊色于人类。所以金融行业最重要的就是怎样充分利用人们的价值。一是风险的预防，AI的计算并不是绝对正确的，必须要做好样品的准备和审核；二是金融创新，创新是一门艺术，没有任何证据可以证明AI在创新方面有什么独到之处，所以人类的创造力很重要；三是发挥领域知识的价值，AI现在最大的缺点就是没有常识是不行的。

4. 从概念到实际应用的区块链

由于其技术公开、不可篡改、分散化等技术特性，区块链技术在金融行业有着天然的优势，因为它本身就是一种经济模型，它的作用在于解决不可信网络的账务问题，而其他技术则是生产力的改变，而区块链则是一种生产关系的变化。

由于区块链并不是单纯的技术，在这一次技术革命中，它的影响力要比其他任何技术都要大得多，或许会有新的商业、技术、企业诞生，这种趋势是无法阻止的，甚至可以说，这是一个价值网络的春天。

5. 监管技术越来越受到重视，将是新的金融技术应用的爆发地

我国政府十分重视防范和防范金融安全，党的十九大报告中提出，要加强金融监管，确保不出现系统性金融风险。随着金融技术的普及，金融行业的生态环境发生了深刻的变化，以网络金融为代表的各种金融服务方式不断地出现。传统的基于传统的结构性数据的事后、人工的监管范式已经无法适应新的金融技术的要求，以降低合规成本和有效防范金融风险为目的的监管技术（Reg tech）正在成为金融技术的重要组成部分。

通过监控技术，金融监管部门可以更加准确、快捷、高效地进行合规审查，降低人力成本，实时监控金融市场的变化，并对监管政策和风险进行动态的调整。另一方面，金融机构可以与监管政策无缝对接，及时进行自我检测与核查，实现风险的主动识别与控制，有效降低合规成本，增强合规能力。可以预计，在今后一至三年内，由于监管当局的要求和行业内部人员的要求，监管技术将会迎来一个迅速发展的时期。

6. 产业应用需求的扩大，将反过来推动金融技术的持续创新发展

技术既能满足市场的需要，又能在市场需求的驱使下进行创新。金融技术的运用促进了金融业的转型和发展，而金融服务的发展和变革也催生了新的技术应用，从而形成了逆向的驱动。这一推动力主要表现在发展和管制两个方面：

一是在发展上，新技术的运用促使金融产业向普惠、微型金融、智能金融等方向发展，而新金融的发展也带来了一系列新的市场、风控、客户服务

等新的需求。

二是监管方面，网络与金融的融合为金融服务提供了一种新的商业模式，但与此同时，网络金融的迅速发展也给金融监管带来了一系列的问题，这也给金融监管提出了新的要求，这就需要通过技术监管来实现和支持。从未来的发展趋势来看，金融技术和技术的融合将会越来越密切，技术和市场需求之间的交互效应将会越来越显著，而金融技术的技术创新和应用将会进入一个良性的循环和互动。

7. 新一代的信息技术将促进金融技术的发展，构建一个新的生态环境

云计算、大数据、人工智能、区块链等新技术的出现，不仅相互关联，而且相互促进。大数据是基础资源，而云是基础，而人工智能则是以云、大数据为支撑，将金融技术推向智能化的时代。区块链技术为金融服务体系结构与交易机制的改革提供了条件，而要实现区块链则需要大量的数据资源和计算分析能力。

从未来的发展趋势看，云计算、大数据、人工智能、区块链等技术在实际应用中日益密切，技术壁垒也在逐渐缩小，技术创新的重点将会集中于技术交叉和融合领域。尤其是在金融领域的具体应用上，金融云和大数据平台都是集中式的，而人工智能的应用则是集中式的。新一代信息技术的发展，使金融技术的发展呈现出一种新的融合生态。

三、南京金融科技发展基础与成效

与全市金融业（不含金融科技）综合排名相比，南京金融科技综合实力略微靠前，大致位于全国重点城市第6—8位。在省会城市中，主要位居杭州、广州之后，但具体综合得分与这两个城市差距逐渐拉大。

2021年4月，《中国金融科技燃指数报告（2021）》发布。该报告编制中国金融科技燃（FIRE）指数评估体系，主要涵盖要素基础、智力支撑、资源环境和企业实力等四个方面，并利用全国59个重要城市的基础数据进行评测。

表 12-3　2020 年中国金融科技燃（FIRE）指数 Top10 城市

城市	总排名	总得分	要素基础	智力支撑	资源环境	企业实力
北京	1	9.105	7.489	10.000	7.928	10.000
上海	2	8.657	6.974	8.847	9.288	8.790
深圳	3	8.221	6.439	8.594	7.889	8.954
杭州	4	7.973	7.189	8.582	7.831	7.976
广州	5	7.682	7.062	8.636	6.928	7.803
南京	6	7.352	5.895	8.665	7.485	6.943
武汉	7	7.175	6.171	8.107	7.849	6.458
成都	8	7.108	6.956	8.041	7.239	6.414
苏州	9	6.628	5.181	6.562	6.875	7.118
西安	10	6.520	6.001	7.995	6.946	5.386

数据来源：中国社会科学院金融研究所《中国金融科技燃指数报告（2021）》

从综合指数排名来看，北京、上海、深圳位居前三；南京位居全国第六，排杭州、广州之后，如表12-3所示。

表 12-4　2019 年中国城市金融科技 TOP10 城市排名

城市	2019 总排名	较 2018 变动	2019 产业排名	2019 体验排名	2019 生态排名
北京	1	–	1	5	1
上海	2	–	2	4	3
深圳	3	+1	4	2	2
杭州	4	–	3	1	4
广州	5	+1	7	3	5
香港	6	–1	5	20	6
南京	7	–	6	10	7
成都	8	–	9	15	8
武汉	9	+2	16	6	9
苏州	10	新增	8	9	10

数据来源：浙江大学互联网金融研究院司南研究室、浙江互联网金融联合会《2019 金融科技中心城市报告》

从单向指数排名来看，南京在智力支撑方面得分较高，仅次于北京、上海，位列全国第三；在要素基础方面得分相对较低，排名全国第11位；在资源环境、企业实力方面居于中上游，均位居全国第7名，表12–4所示。

与其他同类报告类似，该报告对南京在全国金融科技中心排名地位比较一致。即综合水平位列全国Top10，具体位次位居杭州、广州之后。

（一）南京金融科技发展政策环境

2017年以来，南京金融科技体系建设加速，金融科技环境不断优化，形成了以“科技金融31条”为核心、“宁创贷”为特色、私募股权投资基金支持的金融科技服务体系。2017年，南京市出台了《加快科技金融体系建设促进科技创业的若干意见》，出台了31条支持科技银行、支持科技创业的政策（简称“31条”），旨在促进金融科技融合，优化金融科技生态。2018年，南京市全面参照国内股权投资先进城市的优惠政策，出台了具有影响力的《股权投资十条》，大力发展天使投资、风险投资、股权投资，引导社会资本投向初创期、成长型科技企业。建立股权投资政策体系，涵盖创业补贴、增资补贴、投资奖励、风险补偿和租赁补贴。2019年，南京市设立“宁创贷”，规模达10亿元的南京市创新创业贷款，用于鼓励合作银行向南京市各类小微企业发放一千万元以下贷款，有效扩大科技信贷规模，为“宁创贷”合作银行提供各类科技信贷余额600亿元。近几年来，南京私募股权投资基金得到了大力发展，登记注册的私募基金共有349家，管理基金1171只，管理规模2995亿元。

南京市各地区根据不同的产业发展阶段、产业结构形态，建立相应的金融服务业态和服务模式。江北新区是江苏省唯一的国家级新区，也是中国（江苏）自由贸易试验区南京片区的所在地。新兴产业形态要求金融服务科技创新水平提高。2017年，江北新区启动了金融、科技、产业合作创新先导工程——“灵雀计划”，为创新型科技企业量身定制金融一体化支持体系，从股权投资、应急周转、贷款贴息、研发补助等方面对科技企业进行全链条、多方位、一站式扶持。江宁区作为江苏省社会主义现代化建设的试点地区，具有突出的枢纽地位、丰富的科教资源和雄厚的产业实力，拥有多个重大创新平台，为科技金融的发展提供了广阔的舞台。近年来，江宁区不断鼓励银行加大科技金融支持力度。比如，2019年江宁区出台了《江宁区关于扶持科技服务业发展的若干政策措施》（江宁政发办[2019]88号），明确“大力发展科技信贷，经区科技局备案、连续两年以上支持江宁区科技型中小微企业贷款的苏科贷，给予最高30万元奖励”（江宁政发办[2019]88号）。同时，加快江宁区区域金融服务中心建设的步伐，为科技金融的发展提供了新的支点。

（二）南京金融科技发展产业基础

近年来，南京金融科技产业快速发展，尤其是2017年以来，金融机构向金融科技业态转型步伐明显加快，目前已形成以持牌金融机构金融科技部门为骨干，以众多科技型创新企业为支撑的区域金融科技产业生态。

金融机构加速数字化转型。金融机构方面，目前已形成一批具有代表性的金融科技产品和金融科技人才队伍。如2014年，南京银行总行成立数据治理部，负责全行数据治理。2017年确定了南京银行数字化转型战略。2018年，数字银行部成立了全行数字化转型专职牵头推进部门。目前，南京银行数字化转型已经初步实现了四种数字化能力的输出：数字获客、营销、风控、运营四种数字化能力，为企业的发展和经营管理提供了有力的支持。2017年，江苏银行在全分行条线设立了数字金融部，以传统信息科技职能为基础，增加网络金融业务营销发展和金融科技场景创新的职能。华泰证券的数字金融业务部门主要包括信息技术部门和数字运营部门，目前拥有近千名技术人员。

表 12-5　南京持牌类金融机构金融科技部门或子公司情况

金融机构名称	金融科技部门情况	主要金融科技产品
华泰证券	信息技术部 数字化运营部	华泰证券持续建设和运营针对不同客群的 App 平台，包括服务零售客户的“涨乐财富通”，华泰证券报务国际业务客户的“涨乐全球通”，服务机构客户的“行知”，并对外部客户提供数据能力、数字员工等科技增值产品。

续 表

金融机构名称	金融科技部门情况	主要金融科技产品
南京银行	数字银行管理部	以鑫航标大数据平台为中心，面向行内不同的数据金融需求和不同的业务条线人员，开发多种鑫航标系列产品，提供综合化的数据金融产品服务。平台对接行内外数据，通过数据治理、数据采集、数据加工、数据服务和数据应用五个层面构建面对不同用户、不同业务、不同场景的差异化数据产品体系，支持全行业务与决策高效、便捷处理。
南京银行南京分行	分行金融科技部	资金监管“履约宝”产品。围绕客户缴款、资金监管、资金支付、资金清算对账等关键环节，以支付为核心搭建平台，打通政府、企业、个人及银行四方。强化外部数据合作，加快数字化转型。与南京经济技术开发区合作共创“园融智慧”合作新模式。整合“随e融”“金e融”等产品，上线“随e贷”经营贷和消费贷

资料来源：南京金融发展报告委员会（2021）《南京金融发展报告》

（三）南京金融科技发展主要成效

1. 数字金融基础设施建设成效显著

南京数字金融产业研究院于2018年11月成立。随后成立了南京金融科技研究创新中心（中国人民银行数字货币研究所（南京）应用示范基地），由南京市人民政府、南京大学、江苏银行、中国人民银行南京分行、中国人民银行数字货币研究所等五方合作，创建了一个国际化的金融科技专业孵化器。数字金融研究院的成立为南京市数字金融科技企业的集聚奠定了良好的基础。近几年来，数研院完成了国内首个数字金融基础设施——扬子江数字金融平台，为各类金融平台提供自主可控的技术支持；在标准建设方面，全球首家国际互联网标准组织——W3C——全球首家金融科技代表处落户南京，抢占国际数字资产标准话语权。2020年，数研院将为南京证券交易所、省股交中心区块链业务平台建设提供技术支持，探索新基建服务资本市场的新模式。与此同时，一批科技企业聚集在南京，为金融机构提供服务，初步形成了集聚效应。

2. 典型数字化场景应用标杆初步树立。

依托扬子江数字金融基础设施平台，数研院针对数字化转型需求及各行业痛点难点，推出了“5+3+2”的数字金融创新方案（包括5个国家级数字金融创新试点项目（证监会区域性股权市场区块链试点、人民银行金融科技试点长江之舟数字化智慧园区、国家知识产权局知识产权数字化融资创新平台、大商所大宗商品数字化管理与融资、六部委金融科技试点解决方案），3个国有企业数字化转型标杆项目（新工集团企业数字化转型、南钢数字化转型、数字扬子建设），2个数字化服务深化项目（江北新区数字化社会治理创新升级、江北新区征拆迁数字化共享服务平台）。

3. 数字金融发展氛围日益浓厚

随着南京数字金融产业的不断壮大，各地区对数字金融的发展也越来越重视。2020年，玄武数字金融创新大赛由玄武区主办，数研院承办，针对南京数字金融的若干应用场景，征集国内外上百个项目，邀请相关专家参与项目评审，评选出智能风控、数字资产、敏捷贷款、供应链金融、新研机构数据服务等领域的优秀案例。此外，鼓楼区出台“区块链八条”，支持优质区块链企业在办公场所、租金等方面落地。栖霞区明确了“数字城市核心区，紫东科创走廊”的区域定位。

2020年，南京数字金融产业研究院在全球实施了4批示范项目，共引进阿里云等56项数字金融科技项目。7月5日，江苏省获得证监会区域股权交易市场区块链试点资格，率先在全国五个试点省份实现了中央监管链的互联互通。

2019年，南京金服平台在南京市正式成立（全称南京市创新企业金融服务中心），旨在为南京市中小微企业提供高效便捷的综合金融服务。截至2021年4月，在南京金服平台入库的企业有8.23万家，注册企业有10610家，科技型中小企业有4278家，银行有44家，担保公司数量为1家。

南京市创新创业贷款（简称“宁创贷”）于2019年1月正式启动。2020年8月，南京市科技局与南京紫金投资集团联合推出了“宁科投”系统，通过南京金服平台或市科技创新创业金融服务平台，为南京市科技企业提供各类投融资服务。截至2021年4月，网上申请市级科创基金企业366家，科技局审核通过341家企业、247家投资机构和33家合作银行，累计贷款余额共计2461.20亿元，累计贷款额3982.90亿元。

经过多年的发展，南京已经形成了由省、区级、母基金、子基金等多层次产业基金集群体系，成为建设创新名城、加强科技金融服务的重要力量。风险投资母基金是科创金融体系培育的核心内容。南京市创新投资集团于2018年5月成立。创投集团受托管理南京市新兴产业发展基金、南京市级科技创新基金、市级天使基金等项目，资金规模近200亿元，重点投向八大产业链产业领域以及处于天使、中早期的科技创新项目，精准支持科技创新企业发展。通过建立“母——子”基金结构，吸引、撬动各类社会资本、专业市场化投资机构参与，引入多元化创新资源，对科技创新企业进行投资。

四、南京金融科技创新实践典型案例

（一）“鑫云＋”消费金融展业平台

“鑫云+”平台由南京银行与阿里云、蚂蚁金服合作搭建，资金投入达到1个亿。平台创立了“1+2+3N”的合作模式，“鑫云+”平台合作模式，如图12-7所示。“1”代表南京银行，“2”代表阿里云、蚂蚁金服，“3N”分别代表了N家中小银行、N个生活服务场景（如医、食、住、教、产、销等）、N个行业平台（如游、电商、快递等）。“鑫云+”平台：一

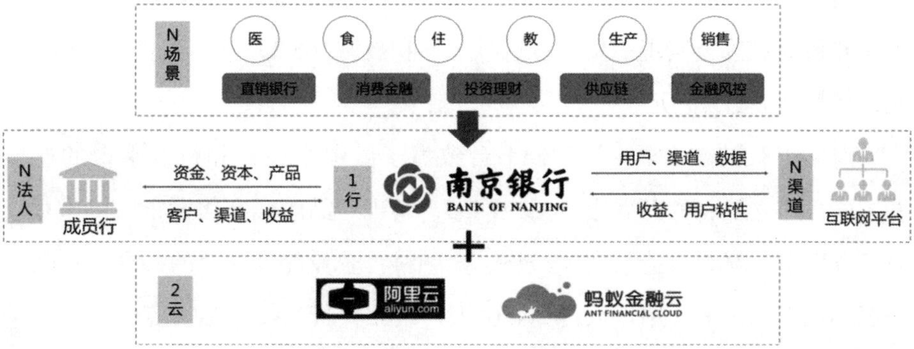

图 12-7　“鑫云＋”平台合作模式

方面，联通多方资源；一方面，通过SDK、API、H5等方式将消费金融、账户服务、聚合支付、财富管理等多领域金融服务能力整合一体，打造合作展业生态圈，其中消费金融是最早上线也是发展最为成熟的业务模块。

依托金融科技助力，“鑫云+”平台上线后助力南京银行消费信贷业务模式的变革升级，解决了南京银行及其合作参与方在消费金融展业过程中遇到的痛点问题。从而实现了下列的目标：支撑大规模、高并发、智能化线上展业解决；自动化运维监控及快速迭代解决；支撑缺乏资源的中小银行开展消金创新业务；开拓展业场景，触达更多用户；降低展业成本。

“鑫云+”项目一期的设计容量支持千万级用户、亿级账户、以及日均百万级别的贷款交易，交易TPS超过4000。目前“鑫云+”平台共搭载核心账户、网贷系统、对账核算、产品管理、客户管理等60余个应用模块。支撑30余款线上贷款产品运营（含联合贷等产品），可实现秒级放款。

“鑫云+”平台上线后，截至2019年5月，共累计服务用户1500余万，为用户累积放款1432.5亿元，贷款余额达到475亿元，未结清贷款账户超过2000万户。平台高峰期每天约处理250万笔贷款放还款交易，交易对应借据量超过2000万，这2000万笔贷款借据的计提时间压缩在半小时之内完成。

目前，南京银行“鑫云+”平台已与唐山银行、日照银行、柳州银行、宁夏银行、鞍山银行、石嘴山银行、肥西农商行、延边农商行、济宁银行、东营银行、建湖农商行、长春朝阳和润村镇银行、雄县丰源村镇银行、唐山农商等10余家银行签署战略合作协议。截至2019年5月，已与日照银行、延边农商行、长春朝阳和润村镇银行、雄县丰源村镇银行等9家中小银行完成了业务系统对接，实现消费信贷放款。累积放款166.2万笔，放款金额52.2亿元，贷款余额27.4亿元。

南京银行的“鑫云+”互金平台致力于做中小银行和行业平台的连接者。该行建立统一的开放银行门户网站，实现产品的标准化发布，快速对接第三方生态，努力打造与实体经济、金融科技企业深度融合的共享生态圈。截至2020年末，平台用户数得到4500万户，累计贷款投放4800多亿元。

此外，平台广泛外接互联网平台、行业平台，已与蚂蚁金服、腾讯、百度、小米、360、万达、今日头条、理财通等20余个互联网及行业平台对接，通过多场景引流获客，营造消费金融服务生态圈。

（二）开鑫贷升级为开鑫科技

开鑫贷是由开鑫贷融资服务江苏有限公司（简称“开鑫贷公司”）建设的国有准公益性社会金融服务平台，以“开发性金融引领民间借贷阳光化、规范化”为宗旨，为社会富余资金和具有融资需求的实体经济单位提供信用评级、交易撮合、信息登记、资金结算等居间中介服务，拓宽小微企业融资渠道，降低融资成本，合理有效增加居民财产性收入。开鑫贷公司由国家开发银行全资子公司——国开金融有限责任公司（简称“国开金融”）和江苏省内国有大型企业共同投资设立。国开金融致力于运用并引导社会资金推进国家经济结构战略性调整及中国经济社会的发展。目前，国开金融投资并管理着包括中非发展基金、中国—比利时基金、中国—东盟基金等具有重大战略意义的涉外基金以及弘毅、渤海产业基金、绵阳产业基金等国内优秀私募股权基金。

在风险控制方面，开鑫贷与小贷公司展开合作，因为开鑫贷认为控制最终贷款的小微企业的风险方面，小贷公司具有得天独厚的分布优势，基本分布在江苏的各个乡镇。由于贴近客户，离客户很近，小贷公司可以利用熟人经济或类似于熟人经济的方式提高获取信息的效率。相比于银行对小微企业的风险控制，小贷公司显然具有更低的服务成本。因此开鑫贷通过小贷公司来承担网贷服务“最后一公里”的任务是极为有效的。不过开鑫贷也并不是将风险控制全盘甩给这些合作小贷公司，对于这些小贷公司，开鑫贷有自己独特的监控手段，即运用大数据与云计算，构建大风控体系。

利用先进的网络技术实时动态监测小贷公司的流动性，是开鑫贷对小贷公司进行风险控制的核心。江苏省从2010年开始建设小贷公司业务系统，每个小贷公司不再设立独立的后台系统，所有业务的操作都在统一的小贷公司业务系统上完成。成为开鑫贷的一个大的平台——“云服务”。小贷公司在后台进行操作的每一笔贷款业务，都需将详细的情况全部录入云服务系统，财务数据和报表随即自动生成，包括开鑫贷网站上的每一笔成交数据都会自动同步到云服务系统上去，自动生成并报送人民银行、金融局的报表。监管部门可以通过云服务系统做一些辅助性的监管工作。例如监管评级，监管部门可以通过系统给出一部分得分，而不用针对所有情况亲临现场查看，只需针对一些必须赴现场查验的事项，例如数据录入是否准确，有没有账外经营等通过现场进行检查。通过云服务系统，可以使监管工作量大大减少，节省了成本。开鑫贷在这个系统的基础上面，实现了对小贷公司高效的风险控制。通过以上种种手段，开鑫贷对各个环节的风险进行严格的把控。不仅做到了“零坏账”，而且因为其高效率，小微企业的融资成本得到了大大降低。

2019年10月21日，开鑫金融科技服务江苏有限公司入选由江苏省商务厅、省工业和信息化厅、省生态环境厅、省住房城乡建设厅、省农业农村厅、省地方金融监管局等部门联合开展的“江苏省首批供应链创新与应用重点培育企业”名单。开鑫金服运用自身金融科技（X-LINE供应链金融系统、鑫云大数据系统、灵析风控系统），把金融和产业链接起来，疏通中小微企业融资路上的堵点，助力省内供应链金融的发展。

2020年8月，为了融汇江苏特殊资产行业资源，联合构建特殊资产行业创新生态，助力江苏特殊资产行业新发展，由开金中心发起设立的“江苏特殊资产互联网小镇”正式成立，通过“线上+线下”的模式，有机链接的特殊资产互联网小镇。目的在于凝聚江苏省内特殊资产行业的中坚力量，通过信息共享、资源整合、培训学习，提升江苏省特殊资产处置效能，前瞻性布局新产业、新业态，进一步加大对实体经济的支持力度，为地方金融解压、为地方政府解围、为金融机构解难、为中小企业解困。

2021年9月9日，开鑫金融科技服务江苏有限公司（下称“开鑫金服”）宣布进行品牌升级，由“开鑫金服”正式更名为“开鑫科技”。开鑫科技表示，品牌升级更好地体现了其在市场上的长期战略定位。未来，开鑫科技将继续加大在前沿科技领域的投入，着力建设数字化平台，提供和产业互联网有关的数字化解决方案，通过数字化持续为实体产业的转型与升级创造价值。

（三）建行善融金陵钢宝网项目

建设银行“善融商务”平台于2012年6月28日正式推出，是国内商业银行当中首批将电商业务同金融服务相结合的银行自建电商平台，是建设银行客户的增值服务平台。“善融商务”平台由建设银行总行下属的电子商务部统一管理，同时总行各业务条线部门对其业务进行支持和管理。平台具体的集中运营与管理工作由电子银行业务中心承担，以各级分行为单位分管各辖区的平台业务拓展、客户营销、平台推广以及风险控制。“善融商务”平台作为建设银行发展互联网金融业务的重要一环，承接着线上与线下，外拓与厅堂，企业与个人，是建设银行下一阶段发展“第二曲线”核心关注的项目之一。2020年，善融商务扶贫交易额170.80亿元，增幅18.48%，帮助销售贫困地区农产品25.18亿元，员工购买贫困地区农产品3.06亿元；“善付通”当年交易额951.40亿元，已形成1587个活跃供应链。

建行善融B2B外联——金陵钢宝网项目（建设银行南京分行）获得南京市2019年度金融创新奖。金陵钢宝网是江苏省内在线成交量最大的钢铁电商平台，也是国内最大的中厚板尾材现货交易平台，金陵钢宝网依托JIT+C2M智能制造新模式，着重打通企业到客户的连接，取消中间环节，线上线下协同，与用户的直接触达，以及上下游供应链信息的交互，实现从单纯的钢铁产品到“产品+服务”全面解决方案的转变，实现了从制造型企业向制造服务型企业全面转型，同时重构了全价值链。通过“善融商务B2B”平台，贸易企业可在线办理相关借贷手续；物流企业可实现物流运输和质押监管的电子化；银行可实时跟踪和监控整个供应链的商流、资金流运转情况，从而进行融资决策和在线金融、支付结算服务。

（四）华泰的互联网风控系统

信用分析和管理系统（CAMS）是华泰证券自主研发的大数据信用分析和管理系统，获得南京市2019年度金融创新奖。在疫情防控期间，华泰证券于3月13日成功发行了上海证券交易所首单疫情防控信用保护合约。本期信用保护合约名义本金1000万元，挂钩标的为“云投租赁2019年第1期资产支持专项计划（疫情防控ABS）”（下称“疫情防控ABS”），部分募集资金用于云南的新冠肺炎疫情防控。华泰证券运用信用分析和管理系统（CAMS）实现了本次信用保护合约的专业化定价及发行，在信用保护合约的支持下，疫情防控ABS最终发行8.98亿元，优先级发行利率为4.4%。信用保护合约的发行提高了投资者对ABS的认可度，通过市场化的手段保障了该期疫情防控ABS项目的成功发行。

2020年4月16日，华泰证券与中债金融估值中心合作开发的“中债—华泰证券高收益活跃债券指数”（代码：CBA14001）正式发布。该指数可满足投资者对高收益债券类产品的多样化投资需求，提升高收益债券市场的流动性。在指数的编制上，华泰证券运用信用分析和管理系统（CAMS），基于违约预警模型、流动性模型和量化评级模型进行智能化择券，对高收益债券蕴含的高信用风险实施了多重防控；同时，考虑到高收益债市场流动性较弱、交易性不强的特点，指数还引入个券流动性因子，剔除流动性弱的债券，提升指数样本券的可交易性，系国内首只运用Smart Beta策略的高收益活跃债券指数。中债—华泰证券高收益活跃债券指数兼顾收益性和流动性，弥补了可交易性高收益指数领域的空白，是华泰证券对外输出信用定价能力的重要尝试。后续华泰证券将推动指数相关金融产品的创设发行，满足投资者基于高收益债券的多样化投资需求，同时引导更多市场资金关注以民营企业为主的高收益债券领域，活跃高收益债券市场流动性，助力金融服务民营实体经济。

（五）南京证券构建数据风险集市

金融科技赋能业务发展，数字化转型趋势明显。随着新一代信息网络技术高速发展和移动互联终端的快速普及，大数据、云计算、区块链和人工智能等金融科技与证券行业的融合不断深化，并推动资本市场生态环境向智能化、定制化、虚拟化和全球化发展。南京证券持续加大对数字化转型和金融科技创新的投入，积极利用金融科技手段为公司业务发展、运营管理、合规风控等方面工作提供有效支持，为行业发展注入新的动能。

南京证券参评的“基于数据中台建设券商数据风险集市”项目，荣获“2020年度南京市优秀金融创新项目”金融创新奖励三等奖及奖金。南京证券依托大数据技术构建风险数据集市，采用标准数据模型，管控数据质量，统一风险指标，赋能风险管理应用，有效提升公司风控自主开发能力，有力推进公司风险管理数字化转型。风险数据集市最大的用处是“供数”，服务于各类风险识别、计量、缓释、监测、控制、处置等主题。当然毕竟风险仍属于中台部门，生产出来的数据（风险量化参数或排序结果），依然是下游的原材料数据。所有的外部数据及内部生产的数据都应计入数据仓库。数据仓库是一个面向主题的、集成的、相对稳定的、反映历史变化的数据集合，用于支持管理中的决策制定。风险数据集市在风险主题的基础上进行数据的再加工，提供给风险模型引擎系统，生成风险量化参数或排序结果。从理论角度讲，数据集市是满足特定的用户或场景的需求，面向某个特定的主题，解决灵活性与性能之间的矛盾，为特定用户存储预先计算好的数据。

Chapter-13

第十三章

投资者保护：“以人为本”发展理念的集中体现

投资者保护是金融市场的重要内容，随着金融市场的发展应运而生，自始至终位于金融市场的核心与基础性地位。投资者保护是否有效而全面，是评价金融市场制度建设是否健全、金融市场是否有效的关键性指标。一方面，投资者保护会随着金融市场发展的阶段与特点的不同而与时俱进、渐臻完善，强化投资者参与金融市场的积极性；另一方面，依托健全的投资者保护制度体系，金融市场才得以健康、有序地高质量发展。

1996年，我国宏观经济政策转向，随着中国人民银行连续8次降息，大量投资者涌入资本市场。在活跃资本市场的同时，侵害投资者的事件越来越多，投资者保护的理念开始逐渐受到各方的重视。2005年6月，国务院批准中国证监会、财政部、中国人民银行联合发布《证券投资者保护基金管理办法》（以下简称《管理办法》），同意设立国有独资的中国证券投资者保护基金有限责任公司（以下简称“投保基金公司”），并批准了公司章程。2005年8月30日，投保基金公司在国家工商总局注册成立，由国务院出资，财政部一次性拨付注册资金63亿元，归属中国证监会管理。2014年12月，证券金融类公益机构中证中小投资者服务中心有限责任公司（简称投服中心）成立，归属中国证监会直接管理。至此，我国资本市场证券投资者保护制度体系“一体两翼”的格局——以证监会为主体，以投保基金公司、中证中小投资者服务中心为两翼——就此形成。

中国证监会下设中国证监会投资者保护局，主要职能为负责投资者保护工作的统筹规划、组织指导、监督检查、考核评估；推动建立健全投资者保护相关法规政策体系；统筹协调各方力量，推动完善投资者保护的体制机制建设；督导促进派出机构、交易所、协会以及市场各经营主体在风险揭示、教育服务、咨询建议、民事纠纷多元化解等方面，提高服务投资者的水平；推动投资者受侵害权益的依法救济；组织和参与监管机构间投资者保护的国内国际交流与合作。同时，证监会稽查执法部门负责证券期货稽查执法工作[①]。

中国证券投资者保护基金有限责任公司的主要职责有筹集、管理和运作基金；监测证券公司风险，参与证券公司风险处置工作；证券公司被撤销、关闭和破产或被证监会采取行政接管、托管经营等强制性监管措施时，按照国家有关政策规定对债权人予以偿付；组织、参与被撤销、关闭或破产证券公司的清算工作；管理和处分受偿资产，维护基金权益；发现证券公司经营管理中出现可能危及投资者利益和证券市场安全的重大风险时，向证监会提出监管、处置建议；对证券公司运营中存在的风险隐患会同有关部门建立纠正机制。其下设置调查评价与研究部，负责编写《中国资本市场投资者保护状况蓝皮书》，每年对中国资本市场投资者保护状况的进行评价；资金监控与监管协作部、证券公司风险监测部等负责投资者资金监控与证券公司风险监测；资产管理部对公司自有基金与投保基金进行管理，构建多层赔付体系维护投资者的权益；法律事务部（证券纠纷调解中心）、投资者教育服务部则进行证券期货纠纷多元化解以及投资者教育工作，包括12386热线日常运

①中国证券监督管理委员会投保局：http://www.csrc.gov.cn/pub/newsite/tzzbhj/.

营管理及系统运维。[1]

中证中小投资者服务中心有限责任公司的主要业务包括行权服务、纠纷调解、维权服务、投资者教育以及调查监测五大方面，具体而言，有如下职责：面向投资者开展公益性宣传和教育；公益性持有证券等品种，以股东身份或证券持有人身份行权；受投资者委托，提供调解等纠纷解决服务；为投资者提供公益性诉讼支持及其相关工作；中国投资者网站的建设、管理和运行维护；调查、监测投资者意愿和诉求，开展战略研究与规划；代表投资者，向政府机构、监管部门反映诉求；中国证监会委托的其他业务。其中，中国投资者网（www.investor.gov.cn）以“为广大中小投资者服务”为宗旨，为我国投资者实现了“一站式”的投保服务。据中心数据，截至2020年12月底，投服中心共计持有4133家上市公司股票，累计行使股东权利2680场，督促1200余家上市公司完善了公司章程、49家公司修改了收购方案、56家公司终止了重组、17家公司追回了业绩补偿款或采取了诉讼等司法手段进行追偿。[2]

在投资者保护顶层制度设计与建设的基础上，我国的行业自律组织与市场主体在投资者保护方面也逐步建立了相应的规章制度并切实落实。行业自律组织，包括上海证券交易所、深圳证券交易所、中国银行间市场交易商协会、全国中小企业股份转让系统有限责任公司、中国证券业协会、中国证券投资基金协会、中国上市公司协会等；市场主体，包括上市公司、新三板挂牌公司、证券公司、公募基金管理人、私募基金、信托公司等均为我国建设全方位的投资者保护制度体系作出了重要贡献。

此外，近年来新型金融业态层出不穷，有力地补充了传统金融市场相关功能的缺失，同时也引发了新型金融业态参与者的投资者保护新思考。金融租赁、融资租赁、普惠金融、消费金融、互联网金融以及数字金融等新型金融业态突破了原有的投资者保护制度体系的边界，在很大程度上增加了监管

---

①中国证券投资者保护基金有限责任公司：http://www.sipf.com.cn/gywm/zzjg/index.shtml.

②中证中小投资者服务中心：http://www.isc.com.cn/html/gywm/.

的难度，对新型金融业态的投资者保护提出了严峻挑战。为规范新型金融业态的可持续健康发展，有效保护投资者权益，从中央到地方出台了一系列相应的规范与治理政策，如《国务院办公厅关于加快融资租赁业发展的指导意见》《推进普惠金融发展规划（2016—2020年）》《互联网金融风险专项整治工作实施方案》《防范和处置非法集资条例》等。但是，不论是传统的金融市场还是新型金融业态，其复杂性决定了投资者保护是一个动态发展的过程，需要与时俱进与不断创新。投资者保护永远在路上。

一、南京投资者保护主要成果

21世纪初以来，受益于长三角地区经济社会的高速发展和上海作为国际金融中心的辐射带动，南京金融市场亦发展迅速，逐渐形成了具有区域特色的金融发展格局。从金融市场结构和主体组成来看，截至2020年末，全市共有银行业金融机构63家，保险业法人及省级以上分公司110家，证券公司法人及分公司60家，期货公司法人5家，小额贷款公司66家，融资担保公司28家，典当行60家，融资租赁公司59家，商业保理公司33家。同时，全市在中国证券投资基金协会登记备案的私募基金管理人349家，管理基金1171只，管理基金规模2995亿元。①这显示出南京市具有较为完整的金融体系，以及丰富的金融业态，能够为政府、企业以及个人提供全方位的金融服务。

从金融业的贡献来看，截至2020年末，南京市金融业实现增加值1838.22亿元，可比增长6.1%，占GDP的比重为12.4%；全市本外币存款余额4.01万亿元，同比增长12.7%；本外币贷款余额3.82万亿元，同比增长13.7%；新增上市公司12家，首发融资总额216亿元，全市上市公司总数达到126家，全年证券交易额总量30.3万亿元；各类保险机构实现保费收入890.26亿元，同比增长16.71%。②

从金融业的发展水平来看，南京市的“全球金融中心指数”（GFCI）

①数据来源：南京市地方金融监督管理局.

②数据来源：南京市地方金融监督管理局.

排名提升至第89位，显示出南京市的金融业在量和质两个方面都获得了大幅提升，得到了国际社会的认可。

在南京市金融业创新发展的进程中，以及取得一系列成绩的过程中，最突出的亮点就是与时俱进的进行“投资者保护”的制度体系的构建、完善与有效落实。蓬勃发展的金融业，伴随着的就是南京市投资者规模与分布复杂程度的提升，南京市不断创新投资者保护的边界与内涵，高度重视投资者保护程度与金融业发展阶段和特征相匹配，将投资者权益的保护贯穿于金融市场特别是资本市场改革发展与稳定的各项工作之中。南京市的投资者保护，以制度保障为基础、以制度落实为抓手，切切实实地保护了广大投资者的权益与利益。

（一）制度建设落实齐头并进

2013年12月27日，《国务院办公厅关于进一步加强资本市场中小投资者合法权益保护工作的意见》即保护中小投资者权益的“新国九条”出台，针对我国中小投资者信息弱势、抗风险能力和自我保护能力较弱的特点提出九大意见，从此我国资本市场投资者权益保护有了纲领性文件，这是我国资本市场投资者保护制度建设的里程碑。此后，一系列有关投资者保护的规章制度陆续出台。2019年，《中华人民共和国证券法》修订版出台，增设“投资者保护专章”，将投资者分为了“普通投资者”与“专业投资者”，对证券公司、上市公司、债券发行人以及证券纠纷调解诉讼等作出了一系列规定，是我国资本市场投资者保护制度建设的又一里程碑。

以国家层面的系列制度为基础，江苏省以及南京市在投资者保护制度建设与落实方面积极作为，成果显著。

1. 全面排查金融风险，重拳打击非法集资

2021年3月31日江苏省第十三届人民代表大会常务委员会第二十二次会议通过了《江苏省地方金融条例》，其中第三十七条规定，“非金融组织引发或者可能引发重大金融风险、投资者群体性事件的，由县级以上地方人民政府组织协调有关部门依法开展风险处置相关工作，督促非金融组织按照要求整改规范、消除风险隐患、落实投资者保护机制，协调非金融组织的实际

控制人、控股股东、主要股东和相关金融机构、地方金融组织参与化解处置风险”，表明江苏省在金融风险防范与化解以及投资者保护方面的基础性制度保障体系全面建立。实际上，在这项省级层面的条例出台之前，江苏省以及南京市在排查金融风险、打击非法集资方面已经深入推进多年，有效保护了投资者权益。例如，近年来，江苏证监局把稽查执法工作的重点落在抓大案、抓要案上，以严查典型证券期货违法案件为重心，从而对市场形成震慑作用；同时，联动江苏省公安厅、南京市公安局等多级公安机关、人民银行等部门单位，开展深度合作，保护广大投资者的合法权益。南京市作为江苏省省会、长三角区域金融中心，在金融风险处置以及投资者保护方面更是一马当先。

非法集资，是违反国家金融管理法律规定，向社会公众（包括单位和个人）吸收资金的行为，其具有非法性、公开性、利诱性与社会性，通常承诺低风险甚至无风险以及高额回报，利用亲情诱骗等方式虚假宣传造势。缺乏相应行业与市场知识的社会公众（特别是老年人），尤其成为非法集资的“画饼”对象。而社会公众一旦参与非法集资，利益不受法律保护，其造成的损失更无法得到相关政府部门的托底赔偿，容易暴发群体性事件，极度影响社会和谐稳定，后患无穷。2020年，南京市继续保持打击非法集资的高压态势，持续开展非法集资风险隐患排查，依法加大行政处置工作力度，使得全市非法集资立案数、涉及集资规模、参与人数同比分别下降了56.7%、71.9%、82.7%，非法集资多发势头得到有效遏制。同时，南京市持续深入开展风险排查，2020年全年累计排查企业超过5.7万家。在持续的排查过程中，同时有效推进个案风险处置，协同处置重大疑难案件，加大陈案攻坚力度。数据显示，2017年前审结陈案结案217件，结案率超过92%，2018年后审结陈案结案202件，结案率超过40%。在排查手段上，南京市不断完善监测预警系统，发挥监测预警的处置功能，通过系统向各区下发核查900余条风险线索。①

①数据来源：南京市地方金融监督管理局.

2020年，南京市持续开展以“守住钱袋子、护好幸福家”为主题的宣传活动，防范与打击非法集资，各区与街道通过线上、线下相结合的方式积极开展防范非法集资风险集中排查整治工作。线下方面，不仅通过以悬挂横幅、张贴海报、视频宣传等显眼的方式进行宣传，更是直接与居民、企业直接沟通交流，发放宣传手册与传单开展工作。线上方面，通过组织工作人员利用微信、朋友圈、微博、抖音、公众号等自媒体进行宣传与咨询，并与广大投资者形成良好互动，排解疑问和相关知识普及。除了对社会公众进行“保姆式”的非法集资的教育宣传以外，更是围绕重点行业进行了风险排查，从源头上打击非法集资。

2. 强力推进普惠金融，积极践行共享发展理念

普惠金融的概念最早是由联合国在2005年宣传小额贷款时提出的，其内涵丰富，表现形式多种多样。2015年12月31日，国务院印发了我国的《推进普惠金融发展规划（2016—2020年）》，其中对普惠金融的定义是指：“立足机会平等要求和商业可持续原则，以可负担的成本为有金融服务需求的社会各阶层和群体提供适当、有效的金融服务”，其主要面对的人群为小微企业、农民、城镇低收入人群、贫困人群和残疾人、老年人等特殊群体，故其涵盖的内容非常丰富，包括了金融租赁和融资租赁、小额贷款、融资担保、典当行、农村金融、互联网金融等。这样的定义充分体现了共享发展理念，即要让更多的有金融需求的人公平享受到我国金融改革和创新的成果。

在推进普惠金融创新发展方面，南京市首先全面加强地方金融监管基础性制度建设，在全省率先研究制定了融资担保、小额贷款等八类地方金融业态的监管指引，进一步加强了地方金融监管效能。在制度的保障与指引下，各个层面的主动推进度大，南京市普惠金融的发展态势日趋良好。即便在新冠疫情肆虐的2020年，南京市全力聚焦“六稳”“六保”，保市场主体，使得普惠口径小微企业贷款余额达到2251亿元，同比增长45%，覆盖28.4个市场主体，加权平均利率下降了近50个基点。在市场机制的作用下和相关政府部门的指导下，普惠金融的快速发展为南京市现代金融组织体系的日趋完善

发挥了不可估量的作用，全市集聚各类金融市场主体超过了1000家。[①]

具体而言，在融资租赁方面，截至2020年末，全市共有融资租赁公司法人机构59家，注册资本159.5亿元，资产总额达432.5亿元，其中融资租赁资产总额341.5亿元；另有外地在宁设立的分支机构82家。在小额贷款方面，截至2020年末，全市共有开业小额贷款公司66家，其中农村小额贷款公司41家、科技小额贷款公司25家，总注册资本102.2亿元，累计发放贷款1361.2亿元，年底贷款余额128.8亿元。42家小额贷款公司年度监管评级结果均在A级及以上。15家小贷公司开展了私募债、资产证券化等创新业务，各项创新业务余额8.9亿元，合作机构数量居全省第一，业务合作规模居全省第二。在融资担保方面，截至2020年末，全市共有融资担保公司28家（含分支机构6家），注册资本62.5亿元，在保余额332.5亿元，年累计担保金额495.6亿元。其中，12家国有融资担保公司到2020年底新增中小企业、新型农业主体融资担保业务31.5亿元，涉及企业近380户，平均担保费率为1.32%，较上年度降幅超20%，减免担保费700余万元。此外，政府性融资担保体系建设进一步加快，全市共有5家担保机构入选全省首批政府性担保机构名单。另外，截至2020年末，全市共有60家典当行法人机构和17家非法人机构，典当企业合计注册资金18.39亿元，从业人员485人；全市典当贷款余额14.72亿元，同比增长了20%。[②]

南京市在推进普惠金融发展的过程中，快速发展与提升效率双管齐下，着力化解了近年来蓬勃兴起的互联网金融风险，对投资者保护做到言必信行必果。截至2020年底，全国范围内实际运营的P2P在线借贷机构归零，P2P在我国互联网金融的发展历程中正式成为历史。P2P网贷平台作为互联网金融的主要模式之一，具有一定的普惠性，其功能的发挥需要一个成熟的金融市场环境，特别需要相关制度保障。实践证明，在我国尚不成熟的金融市场环境下，其在国内的兴起、井喷直至衰亡是一个必然趋势。在快速兴起并缺乏制度保障的互联网金融领域中，配套的规范措施缺位是极其危险的。P2P

①数据来源：南京市地方金融监督管理局.
②数据来源：南京市地方金融监督管理局.

网贷在我国的发展脱离了“信息中介”本质而因逐利转向了“信用中介”，脱离其本质的发展方向必然加速整个行业的消亡。由于愈演愈烈的P2P网贷爆雷风险，2019年，国家互联网金融风险专项整治领导小组办公室发布了《关于做好网上贷款机构分类处置和风险防范工作的意见》，即著名的175号文。《意见》的总体工作要求指出，网贷行业“坚持以机构退出为主要工作方向，除部分严格合规的在营机构外，其余机构能退尽退，应关尽关，加大整治工作的力度和速度”，这预示了网贷行业消亡成为必然。2019年10月16日，湖南省地方金融监督管理局对外发布公告，一致认定该省整治名单内纳入行政核查的24家网贷机构P2P业务均不符合“一办法三个指引”有关规定，予以取缔，并对该省其他开展P2P业务的机构及外省在湘从事P2P业务的分支机构所开展的P2P业务一并予以取缔，打响了取缔P2P网贷平台的第一枪。紧接着，山东省、湖南省、四川省、重庆市、河南省等省份纷纷跟上，陆续发文取缔P2P网贷平台。2020年2月21日，央行召开2020年金融市场工作电视电话会议，将“多措并举，彻底化解互联网金融风险，建立完善互联网金融监管长效机制”作为2020年重点工作之一，意味着到2020年

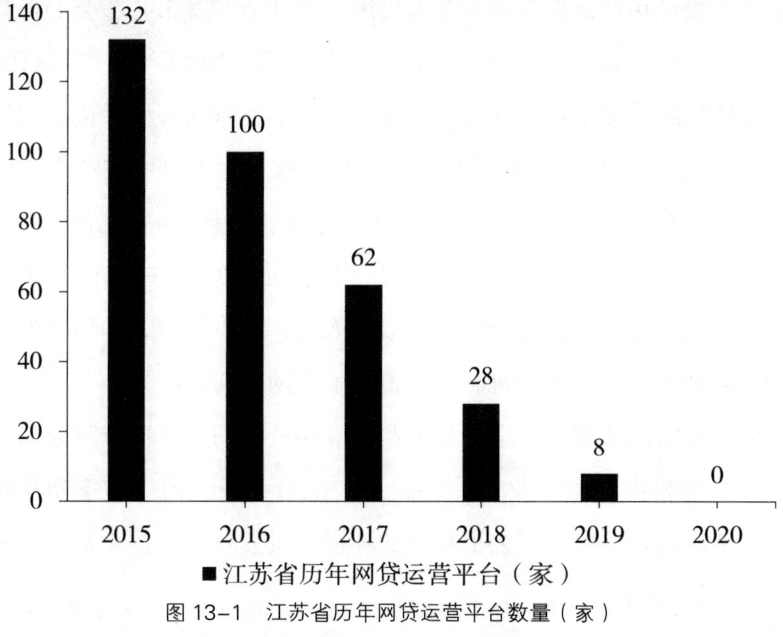

图 13-1　江苏省历年网贷运营平台数量（家）

数据来源：国泰安数据库

末，P2P网贷行业将退出市场。在2021年1月15日国务院新闻办公室举行的新闻发布会上，中国人民银行副行长陈雨露表示，2020年，P2P平台已全部"清零"。

2016年是互联网金融监管开始趋严的一年。2016年以来，江苏省配合中央开展互联网金融风险专项整治工作，覆盖P2P网络借贷、虚拟货币交易等方面，化解处置了一批风险，取得了良好成效。其中，江苏省重点开展了P2P网贷机构的专项整治，网贷运营平台数量逐年下降，成为全国第17个全面取缔P2P网贷平台的省份。截至2020年底，实现了行业性的全面退出。南京市在此过程中积极主动，稳步推进P2P网络借贷风险整治，业已实现本地法人P2P机构线上全面清退。P2P网贷平台的全面取缔并不意味着借款人和贷款人签订的借贷合同失效，而是二者之间的借贷关系依然受到法律的保护，有效保护了平台借贷双方的利益。接下来，南京市将持续推进网贷平台清退风险化解工作，解决出资人出借资金回收问题，切实维护广大投资者的合法权益。

3. 合力推进营商环境的优化，以制度保障投资者保护的实效

2019年12月30日，南京市中级人民法院召开新闻发布会，会上强调，自2018年以来，南京市委市政府陆续推出"营商环境100条"、"民营经济30条"等政策措施，多单位多部门合力推进南京市的营商环境优化。例如，在优化营商环境100条中，有15条优化营商环境政策由南京中院牵头；在民营经济30条中，有4条民企政策亦由南京中院牵头，而且这4项民企政策又分别细化为61项、20项具体举措，贯穿至相关案件处理的每一环节。[①]南京市中级人民法院在优化法治营商环境方面敢为人先，亮点纷呈，如加大中小投资者保护、创新破产案件审理机制等，走在了全国的前列。

营商环境的优化有助于金融租赁和融资租赁公司、小额贷款公司、融资担保公司、农村中小微企业/中大型企业、消费金融公司等的蓬勃发展，为新型金融业态的发展提供了公平竞争的环境。投资者保护，通常意义上会认

①南京法院"晒"优化营商环境成绩单 揭晓涉企案件审理十大典型案例：http://k.sina.com.cn/article_2694985291_a0a2364b02000m7wl.html?subch=onews.

为是保护中小个人投资者，即社会公众，但金融租赁和融资租赁公司的出租人、小额贷款公司、融资担保公司、农村中小微企业/中大型企业、消费金融公司的发起人与股东，实际上也是需要保护的“投资者”。一个健康平稳、公平有序的营商环境对于各种类型的投资者的合法权益保护有着基础性的评价意义与价值。因此，南京市在优化营商环境方面不遗余力，多措并举，极大地提升了投资者保护的效能。

例如，南京市某资产管理有限公司解散纠纷案便是南京市全市法院优化营商环境的一个经典案例。2017年，某资产管理有限公司开立的基金账户停止操作，股东们通过各种方式进行协商未果后，引发了一系列纠纷诉讼甚至刑事案件，股东们的利益受到了严重侵害。最终，南京市中级人民法院二审判决该资产管理有限公司解散。在该案件的判决之中，南京市中级人民法院将股东利益作为核心要素考虑，打破了公司僵局，及时减少了后续公司的经营管理困难对投资人带来的继续侵害，有效保障了投资人的权益。

4. 推动区域资本市场高质量发展，切实保护中小投资者利益

江苏省作为经济社会发展和资本市场大省，近年来区域性多层次资本市场体系的建设逐渐完善。南京市作为江苏省的经济金融与文化中心，担负着建设区域性多层次资本市场体系的引领性职责。在江苏省委省政府的正确领导下，以南京市为核心的区域资本市场建设取得了显著成绩。

2020年，全市新增上市公司12家，分别是南京万德斯环保科技股份有限公司、南京市测绘勘察研究院股份有限公司、南京迪威尔高端制造股份有限公司、南京伟思医疗科技股份有限公司、南京科思化学股份有限公司、南京大学环境规划设计研究院集团股份公司、前沿生物药业（南京）股份有限公司、南京金海威国际供应链管理有限公司、传奇生物科技有限公司、弘阳服务集团有限公司、先声药业集团有限公司、世茂服务控股有限公司。其中，在上海证券交易所科创板上市4家，在深圳证券交易所创业板上市3家，在香港交易所上市4家，在美国纳斯达克交易所上市1家。截至2020年底，全市有境内外上市公司126家，其中上海证券交易所主板52家、深圳证券交易所主板5家、中小板11家、创业板22家、科创板5家、境外上市34家（含境内外同

时上市3家），境内上市公司总市值12742.4亿元。此外，“新三板”挂牌公司达163家。在融资额方面，12家新增上市公司首发募集资金216亿元，7家境内上市公司定向增发再融资311.42亿元，1家境内上市公司配股融资148.03亿元，9家上市公司发行可转债再融资82.69亿元；各类企业发行债券融资总额12911.1亿元，其中通过短期融资券、中期票据、公司债、企业债、金融债、同业存单、资产支持证券、定向工具、可转债、项目收益票据分别融资1920.58亿元、708.97亿元、688.77亿元、76亿元、1529亿元、7332.5亿元、228.39亿元、327.2亿元、82.69亿元、17亿元。各类债券融资余额15008.83亿元，比上年同期增加2539.86亿元。[①]以上资料和数据显示，南京市已成为江苏省乃至全国重要的上市公司聚集地，融资规模大，融资效率高，“南京板块”已成形。

区域资本市场的高质量发展离不开南京市对投资者利益和权益的保护，二者利益攸关，特别是上市公司的行为规范严重影响着投资者保护工作的成效。2021年6月，南京市政府发布《市政府关于进一步提高上市公司质量促进资本市场健康发展的实施意见》，在大力培育优质上市公司、引导上市公司规范发展、推动上市公司做优做强以及妥善处置上市公司风险等四个方面对上市公司高质量发展提出了指导性意见。

在过去的几年里，江苏证监局着力提高上市公司治理质量，不断创新监管手段与措施。在规范上市公司行为方面，江苏局成立市场培育领导小组和办公室，牵头研究制订“市场培育课程体系”与“实施方案”；在股票质押、债券违约等重点领域风险化解方面，动态监测股票质押风险，“一司一策”制定股票质押风险应对措施，及时准确遏制风险；在监管执法方面，实地走访调研上市公司，开展上市公司高管及核心人员的培训与约谈，强化日常监管，严厉打击财务虚假、资金占用、违规担保等违法违规行为。目前，已形成了强监管、严监管的常态化监管态势，对多家涉及信息披露违规的上市公司下发了警示函。疫情以来，江苏证监局稳步推进金融支持实体经济复

①数据来源：南京市地方金融监督管理局.

苏，不仅会同人民银行南京分行等单位发布强化金融支持防控疫情的21条举措，更是借助互联网技术开发上线“拟上市公司辅导监管信息系统”，与上市公司协调推迟年报披露时间，帮助上市公司节约时间成本、纾解流动性困境等，真正做到监管为民、监管为国①。未来，江苏证监局将联动地方政府与相关部门，关注企业未来的高质量成长，切实从投资者的角度出发，打造优质且具有成长性的上市公司群体，实现投资者与上市公司利益一体化。

5. 引导私募基金行业规范发展，活跃与完善直接融资市场

目前，南京市私募基金行业发展非常活跃，但也存在良莠不齐的现象，时有风险暴露，损害投资者利益。江苏证监局针对这种情况，将工作重点放在推动私募基金行业发展与风险防范化解两个方面，既注重效率，更关注投资者保护。

截至2020年末，全市在中国证券投资基金协会登记备案的私募基金管理人349家，管理基金1171只，管理基金规模达2995亿元。金鱼嘴基金街区和扬子江国际基金街区两大基金集聚区建设初具规模，特色街区品牌已具辐射效应。2020年，市新兴产业基金新签约子基金8支，签约规模110.31亿元，子基金新增投资项目162个，投资金额63.67亿元；市级科创基金新签约子基金18支，签约规模32.15亿元，子基金新增投资项目117个，投资金额11.83亿元。项目投资方面，2020年市新兴产业发展基金直接投资项目1个，投资金额5亿元，市级科技创新基金直接投资项目31个、投资金额2.58亿元。②

在推动私募基金行业发展方面，江苏证监局联动江苏省投资基金业协会，通过开展培训等方式从基金管理人自主意识上推动其规范运营；在风险防范化解方面，主要通过开展私募基金管理人自查工作、对私募基金管理人进行现场检查等方式依法查处违法违规行为，并协助公安机关查办涉嫌非法

---

①“诚实守信 做受尊敬的上市公司”投资者保护专项行动 江苏局专访：https://www.investor.org.cn/learning_center/investors_classroom/hot_topic/online/essay_competition_2568/202008/t20200831_451304.shtml.

②数据来源：南京市地方金融监督管理局.

集资案件。[①]推动发展与风险防范双管齐下，二者相辅相成，从私募基金管理人这一源头提升其运营规范性，从而大大降低对投资者权益的损害，有力保护了投资者的权益。

（二）推进投资者教育与服务

2019年，中国证监会为保护投资者权益，发布《关于设立“5·15全国投资者保护宣传日”的决定》，宣布将每年的5月15日设立为“全国投资者保护宣传日”。据数据统计，在证监会投保局举办的2021年“5·15全国投资者保护宣传日”活动中，各地共开展投教活动1.94万场，累计参与人次超过3.2亿，制作原创投教产品约1万种，发放实物投教产品186万件，电子投教产品总点击量达6.56亿次。在此次活动中，江苏证监局不仅在学习强国江苏学习平台“江苏投保”开设“5·15”宣传专栏，集中宣传资本市场知识，还将投资者教育“从娃娃抓起”，发起“梦想计划”财商公益活动，开展主题绘画征集，选拔大学生支教员，对乡村中小学生开展财商素质拓展[②]。

实际上，就投资者保护，中国证监会一直在从而各方面持续推进，已做出多项具体安排。例如，2015年9月8日，中国证监会发布《关于加强证券期货投资者教育基地建设的指导意见》（证监会公告[2015]23号），对投资者教育基地（以下简称投教基地）给出了定义：“投教基地，是指面向社会公众开放，具有证券期货知识普及、风险提示、信息服务等投资者教育服务功能的场所、网络平台等载体，是开展投资者教育的重要平台”，该指导意见同时对投教基地的建设进行了规范。由此可见，建设具有物理空间和网上虚拟空间的投教基地，对广大中小投资者接受投资者教育服务提供了载体平台，具有重要的实践意义。

在建设投教基地方面，江苏省包括南京市迅速落实并取得显著成效。截

①全力维护公开公平公正市场秩序　江苏证监局以法定职责促资本市场健康发展：https://www.investor.org.cn/information_release/market_news/202012/t20201208_466231.shtml.

②证监会系统组织开展5·15全国投资者保护宣传日活动：http://www.csrc.gov.cn/pub/newsite/tzzbhl/tbjtbzt/hgttzzbh/hgtdtzx/202106/t20210624_400297.html.

至目前，江苏省共拥有国家级投教基地3家，分别为东海证券全国证券期货投资者教育基地、国联证券投资者教育基地、华泰证券投资者教育基地；省级投教基地1家，为太湖金谷投资者教育基地。其中，东海证券全国证券期货投资者教育基地为互联网投教基地。2016年5月，位于南京市新街口地区的"华泰证券投资者教育基地"由中国证监会命名为全国首批国家级投资者教育基地，目前已迁至南京市建邺区庐山路168号新地中心二期一层。不负众望，华泰证券投资者教育基地在2020—2021年度全国证券期货投资者教育基地考核中取得了"优秀"的级别。华泰证券投资者教育基地的投资者教育工作可以视为南京市投资者教育工作的一个缩影和一个品牌，展现了南京市在推进投资者教育工作方面的具体做法与良好成效。

华泰证券投资者教育基地的建成是华泰证券投资者保护体系的进一步优化，是华泰证券投资者保护工作在政策指引下的具体落实，已形成常态化与规范化态势。一直以来，华泰证券投资者基地以"公益、专业、特色、节约建设"为原则，物理网点与线上网点相结合，实体基地与线上基地互为补充，形成了"线上线下联动、基地辐射全国"的体系格局，为广大中小投资者提供了一个获取投资者教育服务、学习投资者教育知识的有效平台，为我国投资者保护工作作出了样板和重大贡献。基地总面积480平方米，设有7个主题空间与21个主题投教展示区，依据"回顾、警示、学习、体验、交流"的参观流程划分为历史回顾区、风险警示区、投资必知区、互动体验区和培训交流区五大区域。其中，历史回顾区帮助投资者回顾资本市场的发展历程；风险警示区给出了对投资者的建议，对投资者进行案例等的普法教育；投资必知区为广大投资者带来了相关业务知识，包括股票、基金、债券、融资融券、金融期货、股票期权、新三板、港股通、贵金属等；互动体验区通过电子游戏互动等方式辅导投资者学会投资，带给投资者沉浸式、充满乐趣的互动体验；培训交流区则结合资本市场发展与客户需求，举行各种不同主题的培训课程，夯实投资者的知识技能。五大区域的设置在功能相互独立的基础上衔接紧密，具有科学性、规划性，为投资者"了解市场、知晓风险、了解业务、掌握工具"从而更好地参与市场提供了一站式教育。

华泰证券投资者教育基地在运行方针与考核要求等方面，加强与监管部门的沟通，采用线上与线下相结合的方式开展了各项投资者教育工作。线下方面，主要包括承办大型的投教服务活动，制作与发放宣传手册、宣传品等投教产品以及持续开展“投资者进基地”的参观学习活动。华泰证券投资者教育基地举办的“基地品牌行”系列活动，通过论坛、讲座等形式将投资者教育普及至各大高校与社区，使投资知识深入人心。此外，华泰证券投教实体基地不断升级优化，从“参观型”迭代至“体验型”，运用互联网技术给予了投资者生动的沉浸式体验，各个区域所投放的电脑、手机、LED屏、触摸屏、多媒体学习机等多媒体设备丰富了参观的趣味性，投资者可以在投教基地体验模拟交易、风险测评、知识问答等互动。

线上方面，以电子化的形式呈现了线下基地的各项内容，使得社会公众能够更加便捷地获取投资者教育的相关讯息。例如，通过“整治利用网络等媒体从事非法证券活动典型案例”、“非法发行股票案例”等经典案例对投资者进行风险警示；制作各种形式具有趣味性的投教产品，如《大咖访谈》《投顾圆桌会》、打非防非情景小短片、新三板漫画等，以接地气的形式进行投资者教育。近年来，除了线上投资者教育基地外，华泰证券还依托涨乐财富通App打造“涨乐财富公开课”线上直播平台，开设投资者教育专项直播课堂。同时，在江苏证监局和江苏省证券业协会的指导下引入VR全景技术，搭建VR投教空间，2020年5·15全国投资者保护宣传日期间，半个月内就吸引了17万线上投资者。①

2020年5·15全国投资者保护宣传日期间，华泰证券投教基地积极联动全国分公司，在美丽的六朝古都南京开启“28城一呼百应”接力活动，积极响应证监会号召，通过互动游戏、知识普及等由点至面将投资者教育推广至全国，贯彻投保理念，将南京市的投保工作影响力向外扩散，树立了投资者教育的南京品牌。

除了证券行业，南京市的期货行业所开展的投资者教育工作也显得异彩

---

①科技赋能 体验创新 华泰证券打造投资者保护新模式：http://jsgzw.jiangsu.gov.cn/art/2020/7/1/art_11783_9275569.html.

纷呈。2020年中国期货业协会举办了第三届期货投资者教育优秀案例征集活动，共入围35篇优秀案例，其中之一即为弘业期货股份有限公司—南京审计大学“高校期货人才培育平台”。该项目由总部设在南京市的弘业期货股份有限公司和南京审计大学联合主办，并由大连商品交易所进行支持。在该项目的启动仪式上，大连商品交易所着重强调了高校人才培育的重要性，应推动期货纳入国民教育体系；南京审计大学的金融学专业是江苏省品牌专业、国家级特色专业，肩负着高级金融人才培养的重任，而弘业期货是江苏区域内优秀的期货公司，其与南京审计大学携手培育优秀期货人才，是创新金融人才培养、解决金融人才困境的新举措，为投资者教育提供了新思路。①该项目被选为2020年中国期货业协会第三届期货投资者教育优秀案例，彰显了南京市在期货行业领域内投资者教育工作所取得的成效和实力。

除此之外，在国家层面多部门统筹推进的“全国投资者保护宣传日”“全国打击和防范经济犯罪宣传日”“大学生金融节”“金融知识普及月”“走进上市公司”“投资者教育文化大讲堂”“股东来了”知识竞赛等系列化活动无一不体现了国家对投资者教育工作的重视程度，南京市在积极参与并落实上述活动方面始终不遗余力，并在完成规定动作的同时，大力创新方式方法，使得投资者教育与服务工作不断取得成效，亦取得了良好社会效益。

（三）建立纠纷多元化解机制

2018年，最高人民法院、中国证券监督管理委员会印发了《关于全面推进证券期货纠纷多元化解机制建设的意见》的通知，明确指出要建立、健全证券期货纠纷多元化解机制，包括加强调解组织管理、健全诉调对接工作机制、强化纠纷多元化解机制保障落实三个方面的内容。其中，证券期货调解组织是指由证券期货监管机构、行业组织等设立或实际管理的调解机构。《意见》不仅对证券期货调解组织作出了详细的定义，还对调解员队伍建设、小额速调机制等进行了相应的解释与规定。实际上，早在2015年，江苏

①弘业期货与南京审计大学合作开展“高校期货人才培育”项目：https://baijiahao.baidu.com/s?id=1628502492363334947&wfr=spider&for=pc.

证监局为贯彻《国务院办公厅关于进一步加强资本市场中小投资者合法权益保护工作的意见》，便已积极督促江苏省证券业协会落实《江苏省证券业协会证券纠纷调解工作暂行办法》，在通过选拔、培训的方式打造调解员队伍的基础上，积极推动省证券业协会与人民法院的联系沟通，探索诉调协作机制。此外，江苏证监局不断加强省证券业协会、省内证券期货公司与投服中心的合作，不仅建立了中证江苏调解工作站，签订合作备忘录，还探索了远程与线上调解模式，已有多起虚假陈述纠纷案诉前调解成功。同时，江苏证监局分别与江苏省高级人民法院、南京市中级人民法院、中证中小投资者服务中心有限公司（以下简称投服中心）、中国证券投资者保护基金有限责任公司、中国人民银行南京分行等单位签订合作备忘录，在建立健全调解员队伍、高效化解证券期货纠纷方面合作，发挥各自优势，共同推动证券期货纠纷多元化解机制的建设与落实。

据江苏省证券业协会的统计信息显示，截至2020年底，江苏省投资者数量为1985.28万人，比2015年增加了157.1%。[①]投资者数量的激增意味着证券期货纠纷的数量也会在一定程度上增加，因此，南京市在证券期货纠纷多元化解工作方面不断向纵深推进，纠纷化解成果显著。需要强调的是，江苏省证券业协会以及南京市中级人民法院在其间各司其职、通力合作，充分发挥各自的优势，为南京市的投资者纠纷多元化解机制的建立与落实作出了重要贡献。

1. 江苏省证券业协会强化行业自律组织功能，多方调解证券期货纠纷

2020年9月18日，南京市中级人民法院举行了特邀调解组织和特邀调解员聘任仪式，为首批聘任的15家特邀调解组织及32名特邀调解员颁发了聘书，积极加强调解组织的建设与调解员队伍的扩充管理。其中，南京市中级人民法院将江苏省证券业协会聘任为首批特邀调解组织之一，通过与法院等相关部门之间的交流学习，为南京乃至江苏省的证券市场的纠纷化解打造了良好的环境。

---

① “3·15”投资者保护江苏在行动 打造高标准平台 促证券期货纠纷多元化解：http://www.csrc.gov.cn/pub/jiangsu/xxfw/jsgzjx/202104/t20210402_395238.htm.

江苏省证券业协会通过调解员队伍建设与各组织部门联动等方式，不断加强证券期货纠纷多元化解机制的建设与优化，立足南京，向全省推广。在人才队伍建设方面，江苏省证券业协会通过协会聘请、中证协聘请、中证资本市场法律服务中心聘请等方式聘请多名专业人士对队伍进行扩充；在组织部门联动方面，调解员队伍涵盖业内合规风控人员、律师、协会工作人员和公安人员等，覆盖全省13个地市，充分满足了广大投资者的调解需求。同时，协会以线上、线下两手抓的方式对调解员进行培训，进一步深化调解员的调解技巧。近五年来，协会共受理调解案件577件，成功调解纠纷案件435起，调解成功金额1829.69万元。①

2. 南京市中级人民法院优化证券期货纠纷调解制度，强力维护公平与正义

在多主体参与的南京市投资者保护体系中，南京市中级人民法院主动作为，不断优化纠纷调解制度，特别是针对证券期货等金融领域频发的纠纷，既维护了法律的尊严，更是维护了社会的公平与正义，得到社会各界特别是投资者群体的好评。

例如，中国证监会投资者保护局编写的《投资者保护典型案例汇编》，就收录了一起发生在南京的投资者与上市公司虚假陈述赔偿纠纷案例。

证券市场中的虚假陈述，主要包括虚假记载、误导性陈述、重大遗漏、不正当披露信息四种类型，分别对应上市公司披露信息的不真实、不准确、不完整、不及时与不合适的情形。虚假陈述最大的危害性在于迷惑与误导广大中小投资者，导致投资者作出不正确的投资决策，从而引发一系列的市场动荡，后患无穷。

2015年11月，南京某上市公司被证监会立案调查，认定其构成旧《证券法》有关信息披露和误导性陈述行为的规定，拟对其进行行政处罚，下发了《行政处罚及市场禁入事先告知书》。紧接着，2017年4月，多名投资者向南京市中级人民法院提起诉讼，认为南京该上市公司构成了虚假陈述违法行

① “3·15”投资者保护江苏在行动 打造高标准平台 促证券期货纠纷多元化解：http://www.csrc.gov.cn/pub/jiangsu/xxfw/jsgzjx/202104/t20210402_395238.htm.

为，要求其赔偿投资损失。南京市中级人民法院受理并委托投服中心作为中立第三方对该案件进行了调解。投服中心从中斡旋，分别对上市公司与投资者进行了沟通工作，指出调解这一纠纷的解决方式具有保密性、灵活性、效率性。在数轮磋商之后，2017年5月，投资者与上市公司达成和解。该案为资本市场上市公司虚假陈述赔偿案件中首例行政处罚前达成民事调解协议的典型案例，表现了南京市中级人民法院对于证券期货纠纷多元化解机制的开创精神，在全国范围内都具有较大的引领性与影响力。在该案中，南京市中级人民法院联动投服中心，从上市公司与投资者两方的角度考虑，积极推动了案件受理制度和证券民事赔偿案件行政处罚前置程序的改革，发挥了调解解决纠纷有效、及时的正面作用，在维护上市公司形象的基础上保障了投资者的合法权益。由此可见，南京市对投资者证券期货的纠纷多元化解机制的推进力度可见一斑。

在证券民事赔偿案件行政处罚前置程序未能得到良好的结果的情况下，证券纠纷代表人诉讼具有强制性、公开性，更具有力度，为证券期货纠纷多元化解决提供了一个途径。新《证券法》所增设的投资者专章，加大了对上市公司的行为约束，对投资者与上市公司之间所产生的纠纷解决作出了指导，并就证券纠纷代表人诉讼作出了相应解释："投资者提起虚假陈述等证券民事赔偿诉讼时，诉讼标的是同一种类，且当事人一方人数众多的，可以依法推选代表人进行诉讼。对按照前款规定提起的诉讼，可能存在有相同诉讼请求的其他众多投资者的，人民法院可以发出公告，说明该诉讼请求的案件情况，通知投资者在一定期间向人民法院登记。人民法院作出的判决、裁定，对参加登记的投资者发生效力。投资者保护机构受五十名以上投资者委托，可以作为代表人参加诉讼，并为经证券登记结算机构确认的权利人依照前款规定向人民法院登记，但投资者明确表示不愿意参加该诉讼的除外。"而《关于全面推进证券期货纠纷多元化解机制建设的意见》中明确规定要建立示范判决机制，《意见》指出，"对虚假陈述、内幕交易、操纵市场等违法行为引发的民事赔偿群体性纠纷，需要人民法院通过司法判决宣示法律规则、统一法律适用的，受诉人民法院可选取在事实认定、法律适用上具有代表性的若干个案作为示范案件，先行审理并及时作出判决；通过示范判决所确立的事实认定和法律适用标准，引导其他当事人通过证券期货纠纷多元化解机制解决纠纷，降低投资者维权成本，提高矛盾化解效率。”《意见》发布以来，投服中心积极推进支持诉讼示范判决机制试点工作，由投保基金公司进行技术支持，开发证券虚假陈述案件投资者损失计算软件，对多起虚假陈述案件进行损失核定。近几年来，南京市中级人民法院与投保基金公司建立了良好的合作关系，不断配合探索诉调对接工作格局，借助投保基金公司专门的投资者损失计算系统获取专业的辅助支持。2019年修订后的《证券法》第九十五条第三款对有关投资者保护机构代表诉讼作出了相应规定，但目前代表人诉讼制度的配套规则仍然缺失，南京市中级人民法院是少数出台相应制度规范的地方法院之一，并不断推进代表人诉讼制度与证券期货纠纷化解机制的互相融合。

2020年9月8日，南京市中级人民法院发布了辉丰股份证券虚假陈述责任纠纷代表人诉讼原告名单，共167人。2020年9月17日，南京市中级人民法院确定了许某挺等4人作为辉丰股份证券虚假陈述责任纠纷普通代表人诉讼的代表人。早在5月8日，南京市中级人民法院就已经发布了对澄星股份等4家江苏上市公司证券纠纷代表人诉讼登记公告。在第三届中小投资者服务论坛上，南京市中级人民法院介绍道，辉丰股份及涉澄星股份等4家江苏上市公司合计有430人提出诉讼，投资者诉讼总标的额约1.16亿元。

2021年7月16日，江苏辉丰生物农业股份有限公司证券虚假陈述责任纠纷普通代表人诉讼一案在南京市中级人民法院进行了一审，此时许某挺等4人代表的已经是230名投资者的权益，江苏省证券业协会组织相关人员在南京市中级人民法院观摩学习了江苏省这一首例证券纠纷代表人诉讼案件庭审判决，审判长作出被告赔偿原告投资损失共计8719.92万元的判决。①

3. 开设投资者联络点下沉对接网络，及时响应投资者诉求

在全国层面，为进一步提升投资者保护工作水平，2018年10月，中国证

①江苏省证券业协会组织观摩学习江苏首例证券纠纷代表人诉讼案件庭审判决：http://www.sajs.net.cn/website/sajs/54/510.html.

监会发布了《关于“12386”中国证监会服务热线运行有关事项的公告》。12386投资者热线目前由投保基金公司运营维护，在投资者诉求处理方面发挥了重要的作用。除了这一全国热线以外，江苏省为及时响应本区域的投资者诉求，相应建立了投资者联络点，即位于江苏省南京市秦淮区太平南路389号凤凰和睿大厦四楼的国泰君安证券股份有限公司南京太平南路营业部的中证中小投资者服务中心投资者联络点。[①]该服务点是投服中心与国泰君安证券合作设立，这为南京乃至江苏省的广大投资者提供了一条表达意愿、提出诉求、反馈问题、解决问题的渠道，为广大投资者与政府机构、监管部门之间建立了有效沟通的桥梁。投资者联络点的设立，打通了投资者诉求的“最后一公里”，使得南京市整个投资者保护体系更加高效的运转。

（四）南京市投资者保护新动向

在过去的几年内，南京市有序化解重点企业资金链风险，依法积极推进地方交易场所清理整顿，全市金融风险防范和化解的系统性、专业性得到进一步加强。在防范、化解区域金融风险，保护投资者权益的同时，南京市的金融改革创新动能也得了进一步增强，标志性的创新成果即是江苏股交中心获得了中国证监会批准开展区块链建设试点的资格。

2020年7月7日，中国证监会发布《关于原则同意北京、上海、江苏、浙江、深圳等5家区域性股权市场开展区块链建设试点工作的函》，江苏被选为全国5家试点省份之一。在试点工作推进的过程中，在江苏省委省政府的领导下，南京市委市政府、江苏省地方金融监督管理局、江苏证监局、南京市地方金融监督管理局、南京市江北新区管委会和扬子国资投资集团等单位高度重视并给予专业性指导和政策性支持，以江苏省股权交易中心为试点牵头单位，南京市数字金融产业研究院为技术支持，南京市联合产权交易所等为服务支撑，率先在2020年8月底实现江苏省股权交易中心的区块链业务平台与证监会监管区块链的联通，成为全国首个联通证监会监管区块链的试点省份。区块链业务平台的联通在提高资本市场运行效率、创新金融服务、保

①江苏省投资者联络点：https://www.investor.org.cn/investor_interaction/investor_contact/china_map/jss/event/202001/t20200102_408710.shtml.

障数据安全、跨部门互联互通等方面具有重大意义，从底层数据的保护、共享、可追溯等方面进一步提升了投资者保护工作的效率。

同期，南京市数字金融产业研究院打造的“扬子江数字金融平台”在江北新区顺利完成一期建设，这是国内首个数字金融基础设施，贯彻落实了《南京市数字经济发展三年行动计划（2020—2022年）》，服务南京数字金融创新发展，为南京区域经济高质量发展打下扎实的基础。这在很大程度上为南京市在数字经济、数字金融时代的投资者保护工作提供了强有力的技术支撑。

二、南京投资者保护体系的创新发展

（一）南京投资者保护的创新

1. 投资者保护协作大机制

2019年9月份，证监会主席、投资者保护工作领导小组组长易会满在署名文章中提出，保护好投资者尤其是中小投资者合法权益，必须坚持“法律保护、监管保护、自律保护、市场保护、自我保护的大投保理念”。在江苏证监局领导下，南京市近年来积极践行大投保理念，整合多方资源，拓展思路，不断增强监管部门、自律组织、投保机构、市场主体之间的投资者保护协同性，推进监管协作机制建设、证券期货纠纷多元化解、联合投教活动开展，探索构建全方位、多层次、立体化的南京资本市场投资者保护大格局。

（1）监管协作机制

2017年11月10日，上交所与江苏证监局签署《监管协作备忘录》，这是建立交易所与派出机构一线监管新模式、加强监管协作的一次重要探索。[①]双方将依据《备忘录》要求，强化各业务部门的对接与合作，共同加强对相关市场参与主体的监察管理，持续建设完善监管协作机制，推动江苏资本市

①加强监管协作　提升监管效能——上交所与江苏证监局签署《监管协作备忘录》：http://www.sse.com.cn/services/list/events/activity/flashback/c/c_20171212_4432985.shtml.

场实现有序规范发展。

在严厉打击各类资本市场违法违规行为、维护投资者合法权益的过程中，江苏证监局不断探索拓展合作渠道，深化与系统内外各部门之间的执法配合，与江苏省公安厅、南京市公安局、人民银行南京分行等多部门在信息共享、调查取证等方面开展深度合作，有效形成监管执法合力，提升稽查执法效能。

早在2013年9月23日，江苏证监局便与江苏省公安厅在南京签署《关于办理证券期货违法犯罪案件工作合作备忘录》，以探索建设打击证券期货违法犯罪行为的合作新机制。该合作备忘录主要从四个方面强化证券期货行政执法与刑事执法的衔接配合：一是指出调查取证过程中双方应利用各自优势展开配合，证监局为公安机关提供专业支持，公安机关则为监管机构提供更加多样有效的稽查执法手段；二是明确了行政执法向刑事追责平行移送的通道，包括线索移送和整案移送，这有利于提高证券期货违法犯罪行为的刑事打击力度和效率；三是对现场调查阶段双方的执法协作机制进行安排；四是确认了双方在日常工作中就信息共享、情报互换、出具意见、业务交流等方面建立长效的协作交流机制。①合作备忘录的签署，标志着双方执法协作的全面深化，对于进一步加强行刑衔接、高效打击证券期货违法犯罪、保护中小投资者权益、推动南京资本市场健康运行具有重要意义。

在此基础上，2021年1月29日，江苏证监局与江苏省公安厅在南京签署《关于办理证券期货基金违法犯罪案件工作合作备忘录》。规模庞大的江苏资本市场为江苏证监局与省公安厅的执法合作提供了丰富的实战演练机会，近年来已有大批具有全省乃至全国影响力的财务造假、违规信披、市场操纵、内幕交易等资本市场违法犯罪活动被成功查办，双方的合作领域不断拓展，合作层次不断提升。此次《合作备忘录》的签署，是在金融供给侧结构性改革持续深化、以信息披露为核心的注册制改革全面推行之际，在我国证券执法司法体制不断完善、对证券领域违法犯罪行为打击力度不断强化的大

①江苏积极探索查办证券期货犯罪案件合作新机制：http://www.csrc.gov.cn/pub/jiangsu/xxfw/xqyw/201309/t20130926_235411.htm.

背景下，双方立足各自职能优势，开展深度捆绑式合作的新一轮探索。[①]

（2）金融纠纷多元化解机制

伴随着资本市场的不断深入发展，投资矛盾问题日益突出，金融纠纷类案件迅速增多，此类案件往往由于专业性较强成为司法界的难点。因此，建立多元化纠纷解决机制、为投资者提供公平便捷的维权途径，对于深化投资者保护、优化资本市场环境具有重要意义。南京市在多部门协同构建金融纠纷多元化解机制方面，一直走在全省、全国的前列。

证券期货作为重点金融行业，是探索建设纠纷多元化解机制的排头兵。江苏证监局很早便意识到行业协会将成为纠纷调解的中坚力量，积极指导江苏省证券业协会、上市公司协会、期货业协会成立专门的纠纷调解委员会，建立相应的纠纷调解平台。以江苏省证券业协会为例，登入官网首页，便可一眼看到“证券纠纷调解在线申请”板块，轻松开展线上纠纷调解。

而实现证券期货纠纷多元化解的关键，则在于诉调对接工作机制的构建。调解制度具有高效简便、经济成本低等优势，是诉讼制度的重要补充，而诉讼制度又为调节功能的有效发挥提供了司法公信。建立健全诉讼与非诉讼相衔接的矛盾纠纷解决机制，有助于充分融合人民法院、行政机关、监管机构、自律组织等多方力量，为投资者提供更加多样化、高灵活度的纠纷解决方式选择。2015年12月16日，江苏证监局与南京市中院签署《关于加强证券期货纠纷案件诉讼与非诉讼衔接机制工作合作备忘录》，进一步扩大了诉调对接的适用范围，并就不同类型调解的发起、司法确认等工作程序与相关流程进行规定，这标志着江苏辖区证券期货纠纷多元化解决机制迈出了新的步伐。《合作备忘录》签订后，江苏证监局不断深化与试点法院的合作对接，指导行业协会审慎选派调解员，在具体案件的调解工作中进一步理顺诉调对接流程，江苏省证券业协会、中国证券投资者保护基金有限责任公司都在南京市中级人民法院首批特邀调解组织之列。之后，依据在南京的试点经验，江苏证监局与江苏省高院进一步将试点范围扩大至苏州、无锡两市，整

①江苏证监局：促进行政执法与刑事司法衔接 形成行政刑事执法合力：http://www.cs.com.cn/xwzx/hg/202102/t20210201_6136218.html.

个江苏辖区的证券期货纠纷多元化解决机制建设工作开始由点及面地有序展开。2016年5月25日，最高人民法院、中国证券监督管理委员会联合发布《关于在全国部分地区开展证券期货纠纷多元化解机制试点工作的通知》，此前已率先就证券期货纠纷多元化解机制进行探索的南京市也被列入了首批试点地区。这一通知主要从理论层面就健全诉调对接工作机制、强化纠纷多元化解机制保障落实提出要求，并未细化到具体的实践操作层面。基于此，江苏证监局与江苏省高院共同印发了《证券期货纠纷诉调对接工作办法》，就如何与试点法院进行对接、怎样在符合法律规定的基础上尽可能简化司法确认程序等重点问题进行解答，明确了司法确认的管辖、程序及收费等问题，为诉调对接工作机制建设提供了有效的制度保障。[①]

2018年12月18日，中证江苏调解工作站在南京正式成立。该工作站是在江苏证监局指导下，由江苏省证券业协会、上市公司协会、期货业协会、投资基金业协会与投服中心共同参与建立，是各部门合作推进投资者保护工作的重要抓手。工作站在硬件设备方面配有专属调解室和全套高清远程调解系统，软件方面则配备了专职调解员，为实现线上线下同步开展江苏辖区证券期货纠纷案件的登记、受理和调解工作提供了有力保障。[②]工作站的成立打破了之前各行业协会分别受理、分别调解的工作格局，实现了辖区内证券期货纠纷的集中受理、统一调解，对于规范整合调解员队伍、实现诉调无缝对接、推动证券期货纠纷多元化解机制建设具有重要意义。

在充分汲取证券期货先行经验的基础上，南京市的金融纠纷多元化解机制建设近年来取得了飞速进展。2019年3月28日，由人行南京分行营管部牵头、南京市金融消费权益保护协会发起，经南京市司法局批准，南京市金融消费纠纷人民调解委员会正式成立。这一行业专业调解组织的建立将显著提升调解模式在南京金融消费纠纷中的规范性和司法公信力，进一步拓宽调解

①江苏证监局：多管齐下 构建证券期货纠纷多元化解机制：http://stock.hexun.com/2016-12-23/187465040.html.

②江苏投资者的福音！中证江苏调解工作站在宁正式挂牌运行：https://www.sohu.com/a/282963565_100195512.

工作范围、推动南京非诉解决机制建设。2019年11月，最高人民法院、中国人民银行、中国银行保险监督管理委员会联合印发《关于全面推进金融纠纷多元化解机制建设的意见》，奠定了全面深化金融纠纷多元化解机制建设工作的总基调。南京市积极响应这一文件要求并快速将工作落实落细，2020年4月，人行南京分行营管部与南京市中级人民法院联合印发《关于全面推进南京地区金融纠纷多元化解机制建设的实施意见》，双方就建立诉调对接协作机制等事宜达成一致合作意向，并明确了具体的工作要求、受理范围、职责分工、对接流程等内容。2020年9月15日，江苏省高级人民法院、中国人民银行南京分行、中国银保监会江苏监管局联合发布《关于全面推进金融纠纷多元化解机制建设的实施意见》，提出要在全省建立完善金融纠纷调解组织、强化调解员队伍建设、探索建立小额纠纷快速解决机制，并就具体调解流程予以确认。2020年12月17日，最高人民法院第三巡回法庭与江苏证监局签订《金融纠纷多元化解合作协议》，双方将在专家引入、案件调解、人员交流、纠纷预警、信息通报等多个方面进行协作，这是最高人民法院第三巡回法庭首次尝试与金融监管机构就金融纠纷多元化解工作开展合作[①]。

《关于全面推进南京地区金融纠纷多元化解机制建设的实施意见》颁布后，人行南京分行营管部坚决贯彻落实习近平总书记关于“坚持把非诉讼纠纷解决机制挺在前面”的重要指示，大力推动南京市金融消费纠纷人民调解委员会与南京法院系统构建深度协作关系，促进金调委专业领域调解优势与法院司法职能的充分融合。在法院诉讼服务中心设立“金融纠纷调解工作室”，便是双方合作关系向前迈出的关键一步，也是南京市诉调对接机制建设过程中的重要创新举措。2020年5月26日，南京市首家“金融纠纷调解工作室”在秦淮区法院诉讼服务中心正式揭牌成立，之后建邺区、六合区、溧水区、江宁区、江北新区的基层法院也陆续开展法院附设金融纠纷调解工作室的实践探索。2021年6月8日，在总结前期6家法院先试先行的经验基础上，南京中院、玄武法院、鼓楼法院、雨花台法院、栖霞法院、浦口法院、

①江苏局与最高人民法院第三巡回法庭 签订《金融纠纷多元化解合作协议》发布：http://www.csrc.gov.cn/pub/jiangsu/gzdt/202104/t20210407_395559.htm.

高淳法院和江宁开发区法院8家法院进行“金融纠纷调解工作室”的统一揭牌。至此，南京市在全省率先实现法院金融纠纷调解工作室的全覆盖。[①]金融纠纷调解工作室的设立为广大消费者提供了“投诉受理+调解+裁决”的“一站式”金融纠纷解决服务，法院若受理到具备非诉方式解决基础的金融纠纷案件，可依据自愿原则引导当事人向南京金调委以立案前委派、立案后委托、诉中邀请等多种方式申请调解，成功调解的案件将由法院对调解协议进行司法确认。为了更好适应疫情管控要求、提高诉调对接工作效率，南京金调委与法院系统创新实施“线上+线下”两种诉调对接工作模式。线下方面，由固定人员在每月的固定时间进行案件卷宗的交接工作；线上方面，充分利用江苏省高院与省司法厅共同开发的“江苏微解纷”线上平台进行案件传输和远程调解，积极推动法院系统调解平台与“中国金融消费纠纷调解网”的线上对接，实现数据互联互通。2020年以来，南京各法院已通过“金融纠纷调解工作室”委派金调委成功调解了近百起金融纠纷，包括多起利用网络调解平台解决的省内跨地区、跨省、跨境的疑难复杂案件。目前，南京市在设立专业化调解组织、建设诉调对接机制、打造诉调对接信息化平台等方面的探索工作已取得显著成效，正逐步形成专业权威、高效流转、衔接顺畅、经济便民的金融纠纷多元化解“南京模式”，努力为全省乃至全国提供具有高度参考借鉴价值和推广复制可能的“南京样本”。[②]

（3）联合投教活动

南京市的投资者教育同样具有多方协作的特征，在江苏证监局的领导和组织下，每年都会有很多联合发起、多方参与、跨界合作的投资者教育活动在宁展开，区域投教合力正逐步形成。

一是统筹推进“5·15全国投资者保护宣传日”与“3·15投资者保护宣传月”系列主题活动。自2019年中国证券监督管理委员会决定设立“全国

①我为群众办实事｜6+8！南京全市法院“金融纠纷调解工作室”实现全覆盖：https://new.qq.com/rain/a/20210609A003E700.

②开通金融纠纷化解“直通车” 南京市“金融纠纷调解工作室”实现全覆盖：https://www.financialnews.com.cn/qy/dfjr/202106/t20210617_221207.html.

投资者保护宣传日”以来，江苏证监会连续三年都组织行业协会、市场主体以及投资者举办主题投教活动；而以“3·15国际消费者权益日”为契机的投资者保护宣传月活动，南京市更是从2010年以后便开始响应。以2020年第二届“5·15全国投资者保护宣传日”为例，江苏证监局与江苏省上市公司协会、江苏省证券业协会、江苏省期货业协会、江苏省投资基金业协会在江苏分会场通过网络视频线上参与了5月15日下午中国证监会举行的开幕会议，并组织江苏辖区内的上市公司、证券公司、期货公司、投资基金公司和调解组织、投资者教育基地，以及投资者与媒体代表共百余人参会。在这之后，江苏证监局紧密围绕会议提出的“贯彻落实好新《证券法》”要求，启动了江苏地区“心系投资者，携手共行动”投资者保护系列活动，指导四家行业协会开展“诚实守信，做受尊敬的上市公司”投资者保护专项活动、“创业创新共迎发展”创业板改革投资教育专项活动、“理性投资，远离非法证券期货陷阱”防非宣传月活动、“三板新风携手向前”投资者教育专项活动等一系列专题活动。这些活动通过投保信息推送、知识竞赛、主题征文比赛等多种形式线上线下同步进行，旨在大力普及新《证券法》修改要点、新型金融工具知识、创业板和新三板改革政策、防范非法证券期货交易等内容，在规范各市场机构经营行为的同时提升投资者的行为理性和维权意识，营造多方共同参与投资者保护的浓厚氛围①。

二是联合江苏省教育厅、共青团江苏省委等单位共同开展“大学生金融节”活动，至今已连续举办三年。2020年9月4日，由人民银行南京分行、江苏银保监局、江苏证监局、江苏省网信办、江苏省地方金融监管局主办，江苏省教育厅、共青团江苏省委、新华日报社联合主办的江苏省2020年“金融知识普及月，金融知识进万家，争做理性投资者，争做金融好网民”活动在南京举行启动仪式，与此同时，子活动“第三届大学生金融节”也同步启动。此次大学生金融节包含了“金融宣传公益代言人高校选拔赛”、“金融知识第一课”、在线金融知识问答、金融文创大礼包派送等一系列活动，以

①积极组织开展第二届“5.15全国投资者保护宣传日”活动 江苏证监局在行动：https://www.sohu.com/a/395608745_100195512.

丰富多样、新颖有趣的形式进行金融知识宣传和金融安全教育，向江苏百万大学生群体传递基础实用的金融文化。①

三是积极参与沪深交易所与投服中心的品牌投教活动。“投资者教育文化大讲堂”和“走进上市公司”是深交所打造的代表性品牌投教活动，江苏证监局多次组织辖区内协会和公司参加。2019年4月3日至4日，深交所联合江苏证监局、中证中小投资者服务中心、江苏省证券业协会共同开展“投资者服务季（江苏站）”活动，活动形式包括以宏观经济形势、理性投资策略、上市公司股东权利为题的投教大讲堂，在华泰证券投教基地举行的会员投教工作座谈会，走进中小板上市公司智能自控（002854），以及“理性投资，走进校园”等专项内容。②2019年11月28日，深交所携手江苏证监局在南京举办第262期走进上市公司的活动，组织50余名投资者走进创业板上市公司药石科技（300722）进行实地调研。公司就自身发展历史和经营情况展开介绍，带领投资者参观了研发实验室，并解答了市场空间、商业模式、竞争优势等投资者关心的问题。“ETF知识大赛”是上交所的品牌投教活动，首届大赛于2019年11月8日启动，是在中国ETF产品成立十五周年之际，由中国证券投资基金业协会联合上海证券交易所举办的，彼时江苏省证券业协会迅速下发了《关于参加ETF知识大赛活动的通知》，号召辖区内证券经营机构踊跃参与，向投资者普及ETF产品的投资知识和潜在风险。至于投服中心的品牌投教活动——“股东来了”知识竞赛，江苏地区同样是从未缺席。2020年8月20日，江苏证监局印发《关于组织开展“股东来了”2020知识竞赛的通知》，指出各行业协会应积极动员组织会员单位及广大投资者参赛，并及时报送活动中的特色做法；辖区内各证券期货经营机构、上市公司、私募基金管理人等单位要组织动员投资者和从业人员关注并参赛。

---

①江苏省2020年“金融知识普及月”系列活动正式启动：http://nanjing.pbc.gov.cn/nanjing/117525/4091909/index.html.

②深交所投资者服务季——江苏站系列投教活动完美收官：http://www.p5w.net/stock/news/zonghe/201904/t20190408_2278035.htm.

2. 投资者教育特色品牌

近年来，在江苏证监局和江苏省证券业协会的指导组织下，各会员单位以及省内几家投资者教育基地在充分结合本土经济社会发展情况的基础上展开投资者教育模式的创新探索，逐渐打造出一批具有南京特色的投资者教育品牌。

一是“江苏VR投教空间”的设立。随着数字经济的高速发展，越来越多的新兴科技正赋能于传统金融，华泰证券作为金融业数字化转型的先行者，积极尝试以科技思维推动投资者教育服务内容和形式的创新，丰富数字化服务场景与路径，提升投资者教育的覆盖范围和投资者服务体验。2020年“5・15全国投资者保护宣传日”活动期间，在江苏证监局指导下，“江苏VR投教空间”由江苏省证券业协会主办，华泰证券策划，国联证券、东海证券、太湖金谷协办设立。空间创造性地引入了720VR全景技术，实现了江苏省内全部投资者教育基地的实景交互展现，集中展示了各投教基地的优质投教作品。投资者可以足不出户，通过一部手机就能“一站云游”省内全部投资者教育基地，观看丰富多样的投教作品，参与趣味答题、闯关游戏等互动环节，彻底打破时空界限。投教空间上线仅三天，在线参观便突破50000人次，活动规模十分可观。①

二是“投资者保护工作精品联展”的举办。为了及时总结投资者保护工作经验、宣传推广先进单位事迹和优秀的产品活动案例，江苏省证券业协会一直坚持进行投教作品展播工作，也举办过多届“投资者保护H5作品大赛”之类的评比活动。2020年“5・15全国投资者保护宣传日”活动期间，在江苏证监局指导下，由江苏省证券业协会主办，国联证券策划，华泰证券、东吴证券、南京证券、东海证券、国信证券江苏分公司、中信证券江苏分公司、招商证券江苏分公司协办，共同开展江苏证券业投资者保护工作精品联展。此次联展创新性地采用线上展播方式，在线上平台为各参与券商设置展位，以投教课程直播、投教动态分享等多种形式对各券商精心挑选出的

①江苏VR投教空间亮相，华泰等券商创新科技加强投资者保护：https://baijiahao.baidu.com/s?id=1666762803281156993&wfr=spider&for=pc.

优秀投教作品进行展示。联展活动上线一周内，已获得超11万次的点击量，大量投资者以这种方便快捷的模式了解到了资本市场的最新动态。①

三是“世界投资者周”系列活动的开展。“世界投资者周”是由国际证监会组织（IOSCO）举办的一项全球性的活动，旨在提升世界各国对于投资者保护重要性的认识，让更多的投资者能够从投资者教育和保护工作中获益。从2018年起，我国陆续有行业自律组织和证券公司参与活动。2020年，正值新《证券法》首年实施，在江苏省证券业协会的组织下，江苏地区也有很多会员单位响应了“2020年世界投资者周”，结合“诚实守信，做受尊敬的上市公司”、“理性投资，远离非法证券期货陷阱”等主题，开展形式多样的投保宣传活动。例如，东吴证券为响应“2020年世界投资者周”和中证协鼓励开展“2020年度投资者教育进百校”活动的相关部署要求，于2020年10月14日走进西交利物浦大学举行国民教育公益讲座系列活动，为大学生们分析了后疫情时代的宏观经济与行业发展趋势。又如2020年11月7日，华泰证券携手上交所举办“世界投资者周”投教活动，以“上交所指数ETF讲堂”为主题，为客户们介绍指数ETF产品的投资策略以及股票期权在资产管理中的应用。

四是“学习强国”江苏学习平台中“江苏投保”专栏的开设。在2021年“3·15投资者保护宣传月”活动期间，由江苏省证券业协会指导，华泰证券投资者教育基地筹办的“江苏投保”栏目上线学习强国APP。“学习强国”学习平台是由中共中央宣传部主管，以学习宣传习近平新时代中国特色社会主义思想为主要内容，立足全体党员、面向全社会的公益性学习平台，是目前全国受众最广的学习平台之一。在这样的平台开设“江苏投保”栏目，极大地克服了大部分投教服务平台都存在的受众面狭窄问题，能够充分利用平台的普及度优势实现对投资者教育服务对象的最大化覆盖。

除此以外，南京市在推动投资者教育纳入国民教育体系方面的工作也取得了显著成效。自从《国务院办公厅关于进一步加强资本市场中小投资者合

---

① “3·15”投资者保护江苏在行动 | 构建“大投保”新格局 织牢江苏投资者保护安全网：https://www.sohu.com/a/455668556_100195512.

法权益保护工作的意见》（国办发[2013]110号）中明确指出要“将投资者教育逐步纳入国民教育体系，有条件的地区可以先行试点”后，各省、市、自治区纷纷展开不同程度的试点工作，但实践结果的参差不齐反映出了统筹规划和规范指引文件的匮乏。2019年3月15日，证监会与教育部联合印发《关于加强证券期货知识普及教育的合作备忘录》，指出应充分发挥证券期货投资者教育基地作用，通过开展系列讲座活动、开发多媒体学习资源等途径不断创新证券期货知识的学习和应用方式，推动证券期货知识有机融入课程教材体系。江苏证监局积极贯彻落实《合作备忘录》要求，协调各单位部门开展投教进校园、儿童财商教育、青少年财商教育、高校理财大赛等覆盖不同教育阶段的投资者教育活动，成果喜人。2021年4月20日，江苏证监局与江苏省教育厅在南京举行《关于加强江苏辖区证券期货知识普及教育合作备忘录》签署仪式，双方将就证券期货知识纳入课程教材体系、教师培训、学生实践等方面开展深度合作。①此次合作备忘录的签署将充分发挥南京市资本市场快速发展、高等教育资源集聚的双重优势，推动证券监管部门与教育部门建立常态化的长效协作机制，强化证券期货知识普及教育的顶层设计，加速在全国率先形成投资者教育纳入国民教育体系的南京经验。

（二）新型业态下投资者保护

在稳步推进传统资本市场健康有序发展的同时，南京市也实时关注着各类新型金融业态的成长动态，大力扶持金融租赁公司、融资租赁公司、融资担保公司、小额贷款公司、消费金融公司、互联网金融公司等新兴现代金融组织的建设，不断丰富完善南京市的金融服务体系。而这些创新性金融业态下的投资者保护工作同样未曾缺席，主要通过优化金融业营商环境、规范创新型金融业务发展、开展互联网金融投教活动等方式分别实现对法人和自然人投资者的权益保护。

1. 金融租赁和融资租赁

南京市的金融租赁、融资租赁行业近年来发展态势良好，相关企业的资

①江苏证监局与江苏省教育厅签署加强投教合作备忘录：https://baijiahao.baidu.com/s?id=1697631587460520107&wfr=spider&for=pc.

产总额、业务规模、客户数量都实现了大幅增长，成为金融服务实体经济的重要载体，这离不开南京市政府的政策支持。

2016年5月18日，“融聚智慧共创价值”长江经济带金融租赁公司合作研讨会在南京举行，来自全国各地共17家金融租赁公司的高层管理者参会，一同见证了长江经济带金融租赁公司合作联盟的成立。[①]这一合作联盟的成立，将促进各成员单位加速建立互帮互助、多方共赢的沟通协作机制，共同探索机遇与挑战并存的经济环境下金融租赁业的发展路径。

为贯彻落实《国务院办公厅关于加快融资租赁业发展的指导意见》（国办发[2015]68号），进一步提高江苏辖区内融资租赁业的市场渗透率，江苏省政府办公厅于2016年5月9日下发了《关于加快融资租赁业发展的实施意见》。《意见》针对融资租赁公司融资渠道狭窄这一关键难题，指出：要扩大融资租赁公司的直接融资规模，鼓励其与银行、信托、保险、融资担保等机构搭建交流合作平台，积极引导各种所有制资本、保险资本、社保基金等进入融资租赁业，同时鼓励融资租赁公司通过债券市场募集资金，支持符合条件的融资租赁公司通过发行股票和资产证券化等方式筹措资金，支持内资融资租赁公司利用外债。同时，《意见》还提出了推动融资租赁业快速、集聚发展的保障措施。首先是完善融资租赁企业内部管理和外部协作的沟通协调机制，让省商务厅、省公安厅、省地税局、省金融局、省国税局、人民银行南京分行、江苏银监局、江苏证监局、国家外汇管理局江苏省分局等多个部门就融资租赁行业管理、外汇管理、税收政策、金融稳定、风险防控等领域展开协作。其次是强化对融资租赁行业的政策扶持，一是来保证将国家层面的各项优惠政策落到实处，如相关税收政策；二是鼓励各级政府和中小微企业使用融资租赁服务，加大政府采购支持力度；三是鼓励传统金融机构与融资租赁企业展开合作，如鼓励商业银行为融资租赁公司提供快捷便利的本外币结算业务、鼓励保险公司开发融资租赁相关的保险品种；四是重视融资租赁业的人才培养，鼓励高校设置融资租赁相关专业，鼓励省内各地结合实

①长江经济带金融租赁公司合作联盟成立：https://www.yicai.com/news/5057371.html.

际制定引进专业人才的奖励措施。五是优化融资租赁业的发展环境，要完善融资租赁相关登记公示制度以明晰租赁物权属问题，同时指导融资租赁公司加强内控管理制度建设、建立健全客户风险评估机制，并建立融资租赁信用服务体系，从而实现对企业经营风险和行业系统性风险的有效控制。

2019年4月26日，首届“陆家嘴融资租赁国际论坛”在上海举行，江苏省融资租赁行业协会与上海市租赁行业协会、安徽省融资租赁企业协会以及浙江省租赁业协会共同签署了长三角融资租赁行业协会合作机制，这标志着融资租赁长三角区域一体化正式启动，①江苏省融资租赁业正式参与到长江三角区域一体化发展这一重要国家战略中来。

在给予融资租赁业充分支持的同时，南京市政府也没有放松对这一行业的监督管理，坚决杜绝非法集资、吸收或变相吸收存款、发放或受托发放贷款等违法情况的发生。“亿响启德”案便是典型例子，无锡启德光电传媒科技股份有限公司法人代表王某民指示犯罪嫌疑人王某岐、郜某波在南京成立“亿响（上海）融资租赁有限公司”南京分公司，以“亿响启德”公司名义，向社会不特定人员宣传22.8%—24%的年化收益、非法吸收公众存款，并将吸收的资金转入“启德”公司相关账户。2018年8月6日，鼓楼公安分局对这起涉嫌非法吸收公众存款案立案侦查，先后对“启德”公司法人代表王某民、“亿响”公司法人代表王某岐等11名犯罪嫌疑人采取了刑事强制措施。②

2. 普惠金融

南京市出台的一系列优化营商环境的文件中，多处提及要拓宽小微企业的融资渠道，聚焦普惠金融发展。《南京市优化营商环境政策100条（2021版）》指出，要加大对中小企业信贷融资的支持力度，尤其要为初创科技型企业、科技型中小企业、高新技术企业、新型研发机构及其孵化企业建立信

①首届陆家嘴融资租赁国际论坛举行，四地融资租赁协会签约长三角一体化合作协议：https://baijiahao.baidu.com/s?id=1632046325719229759&wfr=spider&for=pc.

②南京警方通报“亿响启德”案进展，敦促非法集资行为人退缴非法所得：https://xw.qq.com/cmsid/20200531A07JEB00.

贷绿色通道。“民营经济30条”中，有关融资问题就占了8条，将完善金融机构对民营企业、小微企业的信贷激励机制摆在了重要位置。2020年6月10日，江苏省财政厅、江苏省地方金融监督管理局、人行南京分行、中国银保监会江苏监管局联合印发《江苏省普惠金融发展风险补偿基金管理办法》，决定设立江苏省普惠金融发展风险补偿基金，以缓解省内经济发展重点领域和薄弱环节的融资难、融资贵问题。针对小额贷款公司、融资担保公司等小微金融体系的重要组成机构，省市两级政府同样出台了很多指导文件予以扶持。

（1）小额贷款公司

2017年11月16日，江苏省金融局正式下发《关于促进小额贷款公司持续健康发展的指导意见》（苏金融局发[2017]90号），在全国小贷行业政策并不明朗的情况下率先全面优化小贷监管，具有一定的前瞻性。《意见》明确了小额贷款公司始终坚持服务“三农”、中小微企业和科技型创新创业企业的普惠金融定位，从加大政策支持、放宽市场准入、改善监管服务三方面指明小额贷款公司持续发展的路径。小额贷款公司既可以向银行或其他金融机构以借款、同业拆借等方式进行间接融资，也可以在境内外上市或“新三板”、江苏股权交易中心挂牌，或通过发行股份、发行债券、资产证券化、资产收益权转让等方式直接融资；与此同时，小额贷款公司还享受部分利息收入免征增值税、贷款损失准备金税前扣除等政策优惠。

在2021年南京全面实行疫情管控的环境下，南京市财政局会同市税务局，认真贯彻落实李克强总理在四月份国务院常务会议上提出的延续实施普惠金融和小额贷款公司部分税收支持政策的决策，以确保小额贷款公司充分发挥对小微企业、个体工商户和农户的普惠金融服务，帮助他们渡过疫情难关。

（2）商业银行小额贷款业务

在小额贷款保证保险等创新型金融工具的支持下，南京市商业银行的小额贷款业务近年来实现高速发展，成为全市中小微企业资金融通的重要支撑。早在2014年11月，由南京市地方金融监督管理局、市财政局拟定的《南京市小额贷款保证保险试点工作实施办法》便经市政府同意下发至市内各有关单位。《实施办法》明确了参与试点工作的借款人、保险公司、商业银行的挑选标准，并就贷款期限、贷款额度、贷款利率、保险费率、风险分摊比例等问题进行规定，同时提出要设立小额贷款保证保险专项扶持资金，并将小贷险业务纳入对市内金融机构的贡献度考核。2019年3月，南京市政府发布《关于加强小额贷款保证保险试点工作的实施细则》，依据几年间的实践情况对试点工作的运行细节进行适当调整，并提出对投保小贷险的初创期、成长期科技型企业给予50%保费补贴，以及对试点保险公司按照当年新增保证保险所撬动的贷款规模给予1.5%补贴，进一步加大政策扶持力度。

南京市优化营商环境的系列政策中同样涉及了小额贷款保证保险。《南京市优化营商环境100条（2018版）》指出，具备一年以上连续经营记录、无违法违规行为和不良信用记录的中小微企业，出于生产性用途申请贷款，可至试点保险机构购买小额贷款保证保险进行增信，以获取合作银行贷款支持。《南京市优化营商环境政策100条（2021版）》在此基础上提出实现银行与保险公司间的业务数据信息共享和系统对接，以便提供差异化的小微企业贷款保证保险产品。“民营经济30条”中也提到要发挥保险的资金融通和融资增信功能，推动保险公司与银行合作开展小额贷款保证保险业务，从而有效拓展小微企业的融资渠道。

（3）融资担保公司

为贯彻落实《国务院办公厅关于进一步明确融资担保业务监管职责的通知》（国办发[2009]7号）、《融资担保公司管理暂行办法》（中国银行监督管理委员会2010年第3号令）和《江苏省政府关于进一步促进中小企业发展的实施意见》（苏政发[2010]90号）等相关文件精神，南京市从2011年1月1日起便开始施行《促进全市融资担保行业健康发展实施办法》。根据该办法要求，市政府将安排财政专项资金对重点扶持的担保机构给予业务补助和风险损失补偿，鼓励担保机构做大做强。2019年12月，江苏省政府办公厅下发《关于充分发挥融资担保体系作用大力支持小微企业和“三农”发展若干措施的通知》（苏政办发[2019]77号），明确发展融资担保是破解小微企业和“三农”融资难、融资贵问题的重要手段和关键环节，对于稳增长、调结构、促改革、惠民生具有重要作用。《通知》提出要通过加快发展政府性融资担保和再担保机构、充分发挥省级政府性再担保机构作用、推动各类融资担保机构协调发展、引导降费让利等途径进一步完善全省融资担保体系，并推动构建可持续的银担风险分担和合作机制，同时加大保费补贴和财税支持力度，营造良好的融资担保发展环境。2021年3月10日起施行的《南京市优化营商环境办法》中也提到，要在全市建立健全融资担保体系，完善资本补充机制和风险补偿机制，依法设立民营企业转贷基金，推动银企融资对接、银担全面合作、银税信息共享。

融资担保风险分担机制是推动融资担保行业发展的重要保障。2017年5月，南京市地方金融监督管理局、市财政局共同出台了《关于开展南京市融资担保风险分担试点工作的通知》，以及《南京市融资担保风险分担试点工作实施办法》，提出要通过试点工作探索建立政银担风险分担机制，实现融资担保风险在政府、银行业金融机构和担保机构、再担保机构之间的合理分摊。南京银行成为首家试点合作银行，南京紫金投资信用担保有限责任公司、南京市科技创新投资担保管理有限责任公司、南京白下高新技术产业园区投资担保有限公司、南京长丰投资担保有限公司、瀚华担保股份有限公司江苏分公司为5家首批试点担保机构。2017年8月9日，南京市金融发展办公室、南京市财政局共同举办了“南京市融资担保风险分担首批试点机构签约仪式”，试点工作就此展开。①

3. 消费金融

我国的消费金融自2009年开放试点起，经历了初期的高速扩张，已于2017年后逐渐步入行业规范期。国家鼓励消费金融的同时，针对校园贷、现金贷、网络小贷、P2P等业务以及非持牌机构进行严格的管控和整顿清退，同时提高牌照发放门槛。这使得正规持牌的消费金融机构逐渐凸显出竞争优势，迎来政策红利期。

---

①南京市融资担保风险分担首批试点机构签约：http://www.jiangsu.gov.cn/art/2017/8/10/art_33718_2445286.html.

2018年8月，中国银保监会办公厅发布《关于进一步做好信贷工作提升服务实体经济质效的通知》，提出要积极发展消费金融，增强消费对经济的拉动作用。2018年10月，中国银行业协会消费金融专业委员会正式成立，标志着消费金融行业向着规范、健康、可持续的发展方向迈出了突破性的一步。2019年8月，国务院《关于加快发展流通促进商业消费的意见》指出，要鼓励金融机构创新消费信贷产品和服务，推动专业化消费金融组织发展。2020年11月，银保监会办公厅发布《关于促进消费金融公司和汽车金融公司增强可持续发展能力、提升金融服务质效的通知》，降低了消金公司拨备覆盖率监管要求，使其风控压力得以缓解；同时支持消费金融公司在银登中心开展正常的信贷资产收益权转让业务，符合许可条件的消金公司在银行间市场发行二级资本债券，拓宽了市场化融资渠道。①

苏宁消费金融公司作为全省首家消金公司，近年来取得了很多突破性成果。2017年1月，公司联合上海财经大学合建了金融科技创新基地；2018年1月，与科大讯飞合作成立“智能催收实验室”；2018年10月，当选中国银行业协会消费金融专业委员会副主任单位；2018年12月，获批开办资产证券化业务资格；2019年4月，获准进入全国银行间同业拆借市场，进一步拓宽了融资渠道；2019年11月，成功发行首期个人消费贷款资产支持证券；2020年11月，成功入围“2020年度第一财经金融价值榜——年度消费金融公司TOP10”，获得广泛关注。

4. 互联网金融

2014年7月17日，南京市人民政府印发《关于加快互联网金融产业发展的实施办法》，旨在抢抓互联网金融发展机遇，加大对互联网金融产业的支持力度，优化全市互联网金融产业发展环境。近年来，互联网金融异军突起，凭借其准入门槛低、产品类型多、交易速度快等特征，以惊人的速度持续扩张。但与此同时，信息不对称、投资者信息泄露等隐患日益凸显，行业乱象丛生，金融纠纷屡见不鲜，针对互联网金融的监管措施和投资者权益保

①史上最全！独家消费金融政策大梳理：https://www.sohu.com/a/446502731_100434.

护工作刻不容缓。

2016年6月29日，南京市人民政府办公厅印发《南京市互联网金融风险专项整治工作实施方案》，提出要围绕网络借贷业务、第三方支付业务、股权众筹业务、互联网保险业务、通过互联网开展资产管理及跨界从事金融业务、互联网金融领域广告等行为、各类交易场所业务、民间投融资机构等工作重点进行专项整治行动。监管部门将严格执行准入管理，强化对互联网金融从业机构的资金检测，通过建立举报制度发挥社会监督作用，整治不正当竞争行为，同时督促互联网金融企业加强内控管理，建立健全一套适应互联网金融发展特点的监管长效机制，促进行业健康可持续发展。

江苏省互联网金融协会是领导全省开展互联网金融投资者保护的中坚力量，该协会成立于2014年12月，是由江苏省内开展互联网金融业务的企业自愿组成的行业性、非营利性社会组织。2016年3月，江苏省互联网金融协会出台了《关于加强对互联网金融消费者权益保护的指导意见》，提出：要重点推进维护投资人合法权益的十大机制建设。一是强化协会准入机制，通过前置审批从源头上提高互联网金融企业的安全性起点；二是完善教育培训机制，同时加强对互联网金融投资人的投资安全意识培训和对互联网金融从业人员的综合培训；三是建立维权举报机制，畅通消费者投诉与举报渠道；四是促进形成社会监督机制，定期进行信息披露；五是落实定期交流机制，拉近企业与投资者距离；六是完善自我约束机制，督促会员单位依法合规经营；七是建立风险警示机制，适时对涉嫌违法违规行为的平台企业开展警示提醒；八是推动建立调解协调机制，协助投资人正当维权；九是落实惩戒维稳机制，严厉打击违规经营活动；十是建立信息通报机制，加强与工商部门、公安部门、网信部门、法院等之间的沟通与合作。

自2015年起，江苏省互联网金融协会每年都会举办江苏互联网金融投资者权益保护高峰论坛，探讨互联网金融投资者权益保护的有效途径。2018年3月14日，在“第四届江苏互联网金融消费者权益保护高峰论坛”上，江苏“互联网金融消费者权益服务中心”正式挂牌成立。这一服务中心由江苏省消费者权益保护委员会、江苏省互联网金融协会、江苏省互联网协会、江苏省律师协会共同创建，是全国首个互联网金融权益保护服务通道，对于加大互联网金融行业监管和规范力度、切实保护互联网金融消费者合法权益、打造安全健康的互联网金融消费环境具有重要意义。江苏省互联网金融协会经常组织会员单位召开研讨会，进行工作总结和政策解读。例如，2018年7月30日，江苏省互联网金融协会召开网贷投资人依法维权座谈会，就网贷投资人如何依法维护自身权益等问题展开讨论，提出要建立完善的网贷投资人维权机制，引导暴雷网贷平台投资人以正确的方式维护自身权益；又如2021年3月4日，江苏省互联网金融协会召开互联网贷款新规和机构业务转型研讨会，对中国银保监会日前印发的《关于进一步规范商业银行互联网贷款业务的通知》进行详细解读，探讨新规出台后行业的发展思路。江苏省互联网金融协会也重视与其他地区行业协会的沟通交流，2018年7月，江苏省互联网金融协会、浙江互联网金融联合会、安徽省互联网金融协会共同参加由上海市互联网金融行业协会主办的2018年长三角互联网金融行业组织联席会议，推动三省一市互联网金融行业跨区域的信息共享和协同发展。

另外，江苏省互联网金融协会还积极开展投资者教育活动。2016年3月14日，江苏省互联网金融投资者教育大型巡展启动仪式在南京召开。此次活动由江苏省互联网金融协会、开鑫贷融资服务江苏有限公司共同主办，组织了全省十多家网络借贷企业的专家组成投资者教育讲师团，以案例分享、法理分析等多种方式为投资者答疑解惑。2019年1月3日，在江苏省金融局的支持与指导下，江苏省互联网金融协会和江苏省老年大学协会在南京联合举办“银发金融教育工程”公益活动启动仪式，共同签署“江苏省银发金融教育工程战略合作协议”，就联合开展投资人教育活动、联合举办研讨会、合作课题调研等内容达成共识。老年群体是非法集资的主要目标对象，银发金融教育工程将引导老年投资者识别投资过程中的潜在风险，帮助他们防范非法集资、互联网传销等骗局，在保护老年投资者养老钱的同时配合省金融监管部门打击非法集资工作。这一系列投教活动的开展有助于促进消费维权工作关口前移，尽可能将互联网金融消费者维权工作从事后补救转变为事前防范，未雨绸缪实现投资者权益保护。

三、南京投资者保护的发展思路

（一）投资者保护的问题

1. 司法建设尚不完善

我国目前尚未出台投资者保护方面的专项法律，很多相关的法律条款分散于《证券法》《刑法》等不同的系统之中，难以形成完整的投资者保护法律体系。立法的不足又直接提高了司法层面的操作难度，使得很多违法违规的市场行为无法被处罚或处罚力度过小，这种低违法犯罪成本的资本市场环境下中小投资者的权益很难被保障。在投资者保护工作方面，我国法律保护、政府监管、市场自律保护三者的责任承担显然并不均衡，目前法律建设进度落后于另外两方，这与我国目前资本市场正处于初级阶段、亟须法律保驾护航的发展现状并不协调。更为重要的是，政府监管和市场自律保护都存在各自固有的局限性，无法弥补法律的缺失。金融行业的监管对政府提出了很高的专业要求，过度的行政干预也可能会抑制市场活力；而证券交易所、行业协会等自律组织的法律地位不足，缺乏自主性和权威性，经常只能扮演监管部门下属执行机构的角色。

2. 区域性投保机构缺位

我国现今的投资者保护机构设立仍然停留在国家层面，尚未全面开展下属派出机构的铺设工作。目前，所有省、市级有关投资者保护的规范性文件和自律规则都是由不同的行政部门或行业协会依据上级政策单独发布和制定，不同机构间的投保协作机制建设也是由一份份相互割裂的双边或多边合作协议拼凑而成，缺乏专门的投资者保护机构进行统筹规划和汇总归纳。相关文件的交叉重叠使得各单位无法真正实现投保规则的全面统一和投保工作的无缝对接，不利于南京市投资者保护机制体系的构建，也降低了辖区内投资者对于投资者保护这一概念的认知程度。另外，南京作为省会城市，是很多省级投保活动的开展地，还面临着省、市两级政府在投资者保护方面边界模糊、工作重叠的潜在问题。

3. 投资者专业性不足

我国股票市场发展尚不成熟，政策市氛围依旧浓重，导致很多投资者缺乏关注上市企业成长前景的长期价值投资理念，过分关注于短期的盈亏和各行业的政策红利预期。而以中小投资者为主的市场结构更加剧了投机行为的聚集，缺乏信息获取渠道和专业分析能力的个人投资者们很容易在市场波动时出现追涨杀跌的羊群效应，成为资本市场的牺牲品。在低利率的经济大环境下，近年来新入市的投资者数量不断增加，这些新鲜血液整体呈现出年轻化、高知识水平、高风险偏好的特征，热衷于追求产品的高收益率，风险防范意识相对较低，这一特点在南京这样的高校聚集地尤为明显。另外，绝大部分投资者对于投资者保护的理解较为狭隘，仅局限于风险提示及事后的维权与止损，鲜少行使股东权利，监督上市公司经营业绩、资产状况以及信息披露情况的意识相当匮乏。

（二）投资者保护的发展方向

1. 加速投资者保护立法，推动配套机制落地

法律基础是开展投资者保护工作的根本和必要保障，南京市政府及相关部门应积极传达立法诉求，由下至上推动我国投资者保护专项法律的建设工作，进而提高对资本市场违法犯罪行为的执法效率和处罚力度。同时，要结合相关法律进一步加强全市投资者保护的顶层设计和制度体系完善，明确各政府部门、监管机构、行业自律组织、投资者保护机构、市场主体及相关职能部门在投资者保护中的角色定位和权责划分，对投资者保护涉及的先行赔付、行政和解、诉调对接、代表人诉讼等机制进行细化落实。在推进立法工作的同时兼顾以保护投资者合法权益为核心的监管体制建设，以及通过提升行业协会的权威性和独立性充分发挥其自律监管作用，结合本土实际情况打造具有南京特色的法律、行政、自律三位一体的常态化投资者保护制度体系。

2. 设立市级投保机构，汇总披露投保工作情况

参考中证中小投资者服务中心的运行模式设立市一级投资者保护机构，统筹部署南京市的投资者保护工作。与江苏省各金融监管机构、江苏省各行

业协会、参与投资者保护的省市两级政府职能部门、投保基金公司、投服中心、证券交易所、南京辖区内所有上市公司和金融机构建立互通协作关系，及时传达中央和省政府关于投资者保护的意见决策并制定相应的实施细则，督促各部门依据具体分工情况将工作落到实处。借鉴中国证券投资者保护基金有限责任公司的做法，推进大数据平台建设和监管数据共享，及时整理更新各层级的投资者保护法律、行政法规、部门规章、规范性文件，汇总记录全市所有的投保处置案例、投保产品、投教活动，并定期出具总结报告，向全市投资者展示汇报，潜移默化提升投资者的投保意识。

3. 系统推进投资者教育工作，提升投保意识和能力

为了更加有效地引导中小投资者树立风险防范意识和理性投资理念，在继续系统推进现有投教活动的基础上，探索提供差异化的、更具针对性的投资者教育服务。尝试将金融科技应用到投教工作中来，充分发挥投资者保护数据共享平台的作用，结合各层级部门提供的信息对投资者进行精准的用户画像，分析其投资需求、风险偏好和行为特征。依据画像结果针对不同投资者群体组织差异化的投教活动，为所有投资者提供个性化投教服务，保持对投资者画像的定时更新，以便及时掌握投资者特征的动态变化和场景差异。同时，进一步丰富投资者教育内容，向投资者普及司法维权流程、提供政策解读和指导，提升投资者依法维权能力；鼓励投资者行使股东权力，发挥投资者对上市企业的监督作用。另外，加快推进投资者教育内容纳入南京各教育阶段课程体系，提升资本市场后备力量及民众整体的金融知识素养。

Chapter-14

第十四章

重要金融中心：南京推动金融业高质量发展的重要载体

一、南京区域金融中心竞争力分析

（一）东部沿海地区金融竞争力比较

“综合开发研究院（中国深圳）（CDI）中国金融中心指数”（China Financial Center Index，简称CFCI），利用公开的统计数据，对中国金融中心的发展状况进行科学客观的总体评价，旨在为中国金融中心更好更健康地发展提供一定可借鉴的线索。根据CDICFCI，城市金融中心竞争力由金融产业绩效、金融机构实力、金融市场规模和金融生态环境等四个方面要素构成，一、二级指标，如表14-1所示。CDICFCI构建的金融竞争力评价指标体系，经过多年的实证分析，已经具有一定的统一性、权威性和适用性。

表 14–1　城市金融中心指标体系

	一级指标	二级指标
金融竞争力	金融产业绩效	金融业增加值
		金融业从业人员
		金融业务规模
		业务相对水平
	金融机构实力	银行类机构
		证券类机构
		保险类机构
		地方金融机构
	金融市场规模	货币市场
		股票市场
		债券市场
		黄金、外汇及衍生品市场
		资本市场利用
		区域要素市场
	金融生态环境	人才环境
		商业环境
		国际化程度

全国来看，排名前三位的是上海、北京、深圳三大全国性的金融中心。南京在全国范围内，综合竞争力排名第8，但和前三名的得分差距较大。在28个区域金融中心中，广州、杭州、成都、天津、重庆、南京、武汉、郑州、西安和苏州处于发展领先态势，已经较其他区域金融中心有比较明显的竞争优势。上海作为全国金融中心，综合竞争力强劲，对周边乃至全国的金融资源形成强大的“集聚效应”。因此，从金融中心的金融实力角度，南京金融中心首先应该定位在区域金融中心，打造重要金融中心，尽可能承接来自上海金融中心的金融辐射，以得到更好的发展，第13期中国金融指数排名如表14–2所示。

表 14-2　第 13 期中国金融指数排名（CDICFCI）

排名	综合竞争力		金融产业绩效		金融机构实力		金融市场规模		金融生态环境	
1	上海	293.82	北京	317.40	北京	451.91	上海	450.33	北京	180.01
2	北京	245.43	上海	297.23	上海	288.01	深圳	118.04	上海	176.93
3	深圳	152.7	深圳	215.61	深圳	234.90	北京	55.77	广州	136.16
4	广州	78.62	广州	134.03	广州	57.03	大连	35.70	深圳	116.20
5	杭州	69.6	杭州	119.59	杭州	55.80	广州	24.98	成都	105.16
6	成都	63.12	南京	117.85	天津	54.28	郑州	22.19	杭州	98.30
7	天津	61.88	重庆	111.56	重庆	49.70	杭州	15.72	武汉	94.26
8	重庆	59.73	成都	110.07	成都	36.44	苏州	14.78	南京	91.20
9	南京	58.04	天津	108.80	南京	35.93	武汉	14.61	苏州	86.78
10	武汉	52.81	西安	91.54	武汉	35.22	成都	12.16	青岛	85.72

数据来源：2021 中国金融中心指数（CFCI）报告（第十三期）

从东部沿海地区域范围来看，东部沿海地区包括浙江和江苏两省，国土面积21万平方公里，江浙两省地处中国东部沿海，是长江三角洲地区的核心区域。目前，地区内分别有杭州、宁波、温州、南京、苏州和无锡等6个城市提出了打造区域金融中心的设想，东部沿海城市金融中心指数及排名，如表14–3所示。在东部沿海城市中，南京金融综合竞争力排名第2，同时面临着来自杭州、苏州等城市激烈的金融竞争，杭州金融中心综合竞争力比2019年全国排名上升1个名次，排名全国第5，在东部沿海区域继续排名第1。南京曾在CFCI8、CFCI9两期中一度逼近杭州，两者分差最小的时候仅1分左右，但近3期中差距又持续被拉大，暂时难以撼动杭州的地位。苏州金融中心发展有所回升，与南京发展基本步调一致，稳居东部沿海地区金融中心第3城。2020年3月，国家发展改革委批复同意《南京都市圈发展规划》，成为国家层面批复同意的第一个都市圈发展规划，标志着南京都市圈建设上升到新的战略高度。都市圈以南京为中心，规划范围拓展到南京、镇江、扬州、淮安、芜湖、马鞍山、滁州、宣城8市全域及常州市金坛区和溧阳市，总面积6.6万平方公里，2019年末常住人口约3500万。临近南京的安徽一带区域相比东部城市来说，经济实力要相对弱很多，综合实力较强的合肥得分也仅为38.79，排名21位。可见，区域间的梯度效应明显，在构建南京的都市圈的同时，打造南京成为重要金融中心，发挥南京金融中心的集聚效应和辐射效应，将更具有竞争力。

表 14–3　东部沿海城市金融中心指数及排名（CDICFCI）

城市	综合竞争力		金融产业绩效		金融机构实力		金融市场规模		金融生态环境	
	得分	排名	得分	排名	得分	排名	得分	排名	得分	排名
杭州	70.96	5	119.59	5	55.80	5	15.72	7	98.30	6
南京	61.82	8	117.85	6	35.93	9	10.12	13	91.20	8
苏州	51.06	12	88.01	12	23.36	16	14.78	8	86.78	9
宁波	41.97	18	66.40	22	26.18	13	11.46	11	69.50	18
无锡	36.42	24	60.64	26	16.91	25	8.59	16	66.10	23
温州	27.63	31	44.12	31	13.98	30	2.91	29	54.67	28

数据来源：2021 中国金融中心指数（CFCI）报告（第十三期）

（二）副省级城市金融竞争力比较

副省级城市内的金融中心排名，如表14–4所示，南京在金融中心竞争力二级指标中的前三项均排名第5，只有金融市场规模指标排名第8，表明在金融金融市场规模发展方面相对较弱。在15个副省级城市中，珠三角地区深圳和广州，以及长三角地区杭州和南京金融均位列前5，其金融业发展与城市经济地位相符。同时，济南、青岛、厦门、沈阳、宁波、哈尔滨和长春7个城市综合竞争力得分低于全国区域金融中心平均得分，这反映出副省级城市行政级别优势不断减弱，对金融资源集聚能力不足，东北地区除大连外，沈阳、长春和哈尔滨金融中心城市综合竞争力分别排名第13、14和15，整体处于副省级城市末位，这三个城市金融市场规模和金融生态环境得分在全国金融中心中都处于较低水平，因此影响了其整体竞争力排名。

表 14-4　副省级城市内的金融中心排名比较（CDICFCI）

城市	综合竞争力		金融产业绩效		金融机构实力		金融市场规模		金融生态环境	
	得分	排名	得分	排名	得分	排名	得分	排名	得分	排名
深圳	175.35	1	215.61	1	234.90	1	118.04	1	116.20	2
广州	85.48	2	134.03	2	57.03	2	24.98	3	136.16	1
杭州	70.96	3	119.59	3	55.80	3	15.72	4	98.30	4
成都	63.66	4	110.07	5	36.44	4	12.16	6	105.16	3
南京	61.82	5	117.85	4	35.93	5	10.12	8	91.20	5
武汉	53.68	6	75.21	8	35.22	6	14.61	5	66.37	12
西安	50.71	7	91.54	6	27.89	7	6.58	10	84.42	7
大连	44.60	8	57.81	15	24.10	9	35.70	2	66.79	11
青岛	44.55	9	75.94	7	18.70	14	6.70	9	85.72	6
济南	42.06	10	68.18	9	22.50	10	4.06	14	80.93	8
宁波	41.97	11	66.40	11	26.18	8	11.46	7	69.50	10
厦门	39.40	12	60.92	12	18.40	15	5.66	11	80.53	9
沈阳	37.74	13	68.08	10	20.25	11	4.36	12	64.17	13
长春	34.20	14	59.10	14	20.23	12	3.13	15	59.45	14
哈尔滨	32.68	15	60.48	13	19.60	13	4.19	13	50.71	15

二、南京重要金融中心建设的政策支持

（一）金融先行先试政策

2010年9月南京出台《关于进一步深化宁台合作的若干政策意见（试行）》（宁政发[2010]164号），实行“先行先试”：积极创造条件，争取国家、省优惠政策选择我市台资企业先行先试。在市权限范围内制定出台的优惠政策，同等情况下优先选择台资企业试点、实施；规定对台湾银行、保险、证券、投资等金融业务领域来宁设立总部或分支机构的龙头企业按照到位注册资本给予一定的奖励，购房或租赁自用办公房的给予一定的补贴。2011年，又出台《关于进一步加快全市金融业改革创新发展的若干意见》，明确要进一步抢抓ECFA机遇，加强两地金融交流合作，推动南京金融业的

创新发展。一是推进宁台金融合作先行先试，合力把南京打造成台湾金融机构布局大陆的重要平台、开拓大陆金融市场的重要基地；二是推动宁台科技金融深度合作，借鉴台湾金融机构在对中小企业金融信息服务、融资需求受理、征信体系建设、融资方案解决等方面的优势，共同分享南京科技金融体系建设的商机；三是积极参与“南京金融城”建设，推动台湾的银行、保险、证券、期货及金融控股集团等广泛参与“南京金融城”建设，把先进的金融管理理念和经验带到南京；四是加强金融信息共享、人才培训合作，推动两地金融界信息沟通制度化、常态化，加强金融人才教育培训交流，吸引更多台湾高层次金融人才来宁发展。

（二）综合类金融改革创新

2011年，南京市委、市政府曾出台《关于进一步加快全市金融业改革创新发展的若干意见》宁政发[2011]73号，为南京金融业的发展创造了良好的政策环境。

2013年，国务院实施的《苏南现代化建设示范区规划》（发改地区[2013]814号）赋予南京打造区域金融中心的发展定位。

2013年1月，南京出台了《南京区域金融中心建设规划（2011—2020）》，对金融中心建设进行了全面规划部署，力争到2020年，把南京建设成为承接上海、覆盖江苏、辐射皖赣、延伸全国的具有持续创新能力、专业特色和国际化特征的泛长三角区域金融中心。在空间层次与布局上，提出了打造“一核、两区、多点”的整体协同发展格局。

2014年出台《关于全面深化金融改革创新发展的若干意见》（宁政发[2014]172号）。涉及十个方面市一级的财政支持，未来实体经济将获得更多元化、多层次的创新型融资服务；鼓励地方金融企业、金控平台、金融交易平台做大做强。

（三）创新城市专项扶持政策

1. 河西金融集聚区专项扶持政策

2014年8月13日，南京市地方金融监督管理局正式发布了《关于全面支持南京（河西）金融集聚区发展的实施办法》（宁政发［2014］192号），同时公布的还有《南京（河西）金融集聚区发展专项扶持政策实施细则》，对新政策扶持对象范围、补贴标准及建邺区发展环境等内容作了介绍。《南京（河西）金融集聚区发展专项扶持政策实施细则》自2014年1月1日起执行，根据《市政府关于全面支持南京（河西）金融集聚区发展的实施办法》（宁政发[2014]192号），通过15条措施、23条细则进一步支持金融体制改革创新，进一步强化南京（河西）金融集聚区在南京金融产业布局中的核心地位，加大了河西建成泛长三角区域金融中心核心功能区的力度。

2. 股权投资集聚扶持政策

针对南京的短板和初创期企业资金需求的特征，根据宁委发[2018]1号）第九条规定，南京市制定了《扶持股权投资机构发展促进科技创新创业的实施细则（2018）》（简称“股权十条”），集合全国最优政策，建立了涵盖开办补贴、增资奖励、投资奖励、风险补偿和购、租房补贴的股权投资发展政策扶持体系，各项扶持政策的享受门槛全国最低、优惠力度全国最大。对新注册在本市的天使投资、创业投资企业，根据实缴注册资本1000万元以上和实际募集资金规模等给予最高1500万元奖励，并建立重大项目“一事一议”制度。2021年2月，印发《关于促进南京市私募股权投资行业发展的实施细则》的通知，对上述相关措施进行修订，进一步加大了南京股权投资的支持力度。对本市私募股权投资行业发展有重大意义，实际募资规模100亿元以上的社会化母基金落户南京，按照“一事一议”原则，报请市政府予以政策安排。

3. 南京市引领性国家创新型城市建设下的金融创新政策体系

“十三五”期间，78个国家创新型城市汇聚了全国77%的全社会研发经费投入、75%的研发人员，拥有全国83%的有效发明专利，培育了全国80%的高新技术企业，贡献了全国90%的技术市场合同成交额。2021年，科技部批复同意《南京市加快引领性国家创新型城市建设行动方案》，科技部对南京创新型城市建设成效进行总结，梳理形成了国家创新型城市建设“南京经验”。这些经验包括坚持“一张创新蓝图绘到底”、形成“大科技”合力，发挥高新区“主阵地”作用，促进创新链、产业链深度融合，创新产学研用合作模式、将科教优势转化为科技产业优势，深化科技体制综合改革、营造开放合作的创新生态等。在此基础上，科技部、江苏省、南京市研究制定了支持南京加快引领性国家创新型城市建设行动方案，发挥好南京在科技强省、国家创新型城市建设中标杆作用。

2018年市委一号文，南京出台10条政策措施建设具有全球影响力的创新型城市。2019年市委一号文，南京又拿出18条措施，深化创新型城市建设提升创新首位度。2020年市委一号文，在2018年和2019年“10+18”条措施继续执行的基础上，再拿出18套措施，加快提升产业基础能力和产业链水平。2021年，优化集成了3年创新型城市建设的政策，又制定了9大创新政策举措。金融创新方面，每年均制定了金融创新的政策措施。2018年，制定了科技金融服务于财政支持体系；2019—2020年，修订和优化整合了股权投资、市级科技创新基金、小额贷款保证保险试点以及知识产权质押贷款融资实施细则；2021年，进一步推进金融创新，拓展股权融资、完善信贷融资，制定了市级私募股权机构、知识产权融资、市级创投发展等奖励措施，2018—2020年度南京创新型城市建设下金融创新政策，如图14-1所示。

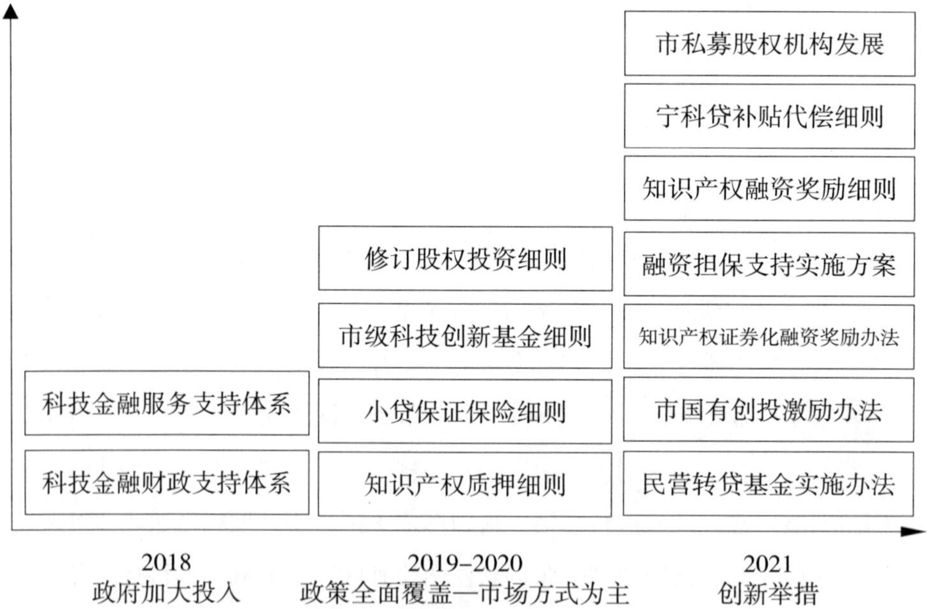

图 14-1　2018-2020 年度南京建设创新型城市下金融创新政策

三、南京重要金融中心载体建设

（一）重要金融中心条件与动力

1. 重要金融中心产生的基本条件

金融中心产生的基本条件由总体环境因素和金融因素构成，如图14–2所示。环境因素包括：优越的区位条件，主要指地理优势和时区优势；良好的基础设施，主要指发达的交通通信设施和城市建设；稳定的政治环境，主要指社会的安定和政府的合理作为；持续增长的经济，形成经济持续增长和金融创新发展的良性运行；开放的经济体系，主要指经济市场化和国际化、生产要素和产品的流动性等；充足的金融人才资源。

金融因素包括：金融机构的集聚，主要指数量众多的多元化金融机构的存在；金融市场规模化，主要指金融市场体系完善，交易量大，交易价格对其他地区的金融市场有影响；完善的金融法规，金融管理制度和法规完备；高效的金融监管，监管制度和体系的建立，能够有效地防范和化解金融风

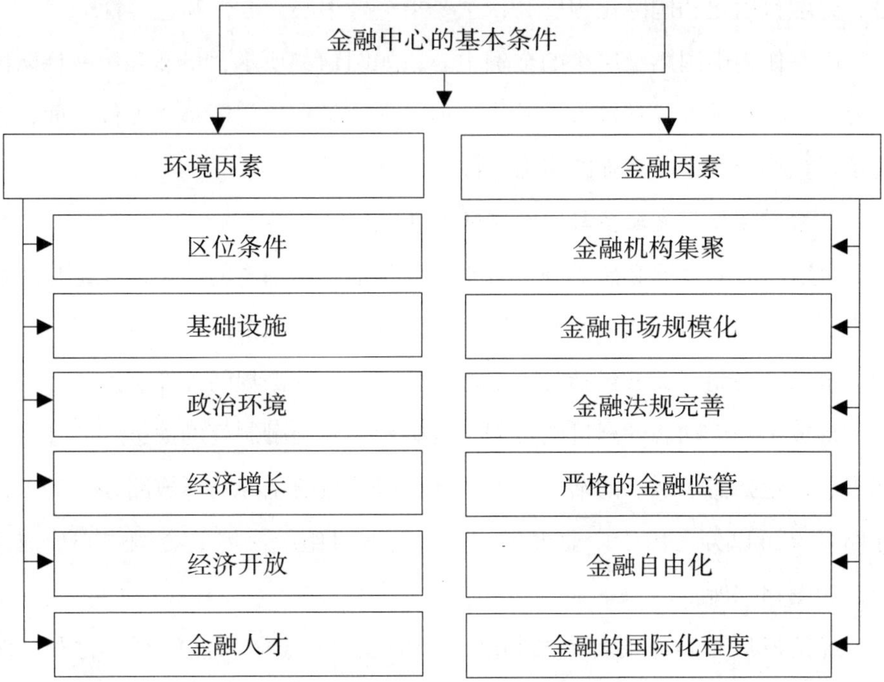

图 14–2　金融中心产生的基本条件

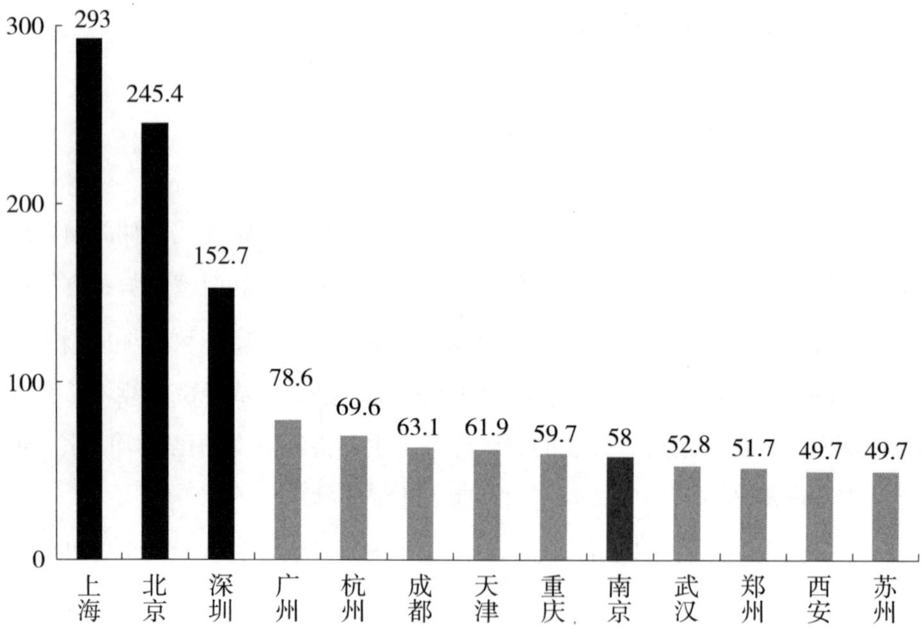

图 14-3　中国金融中心第一、二梯队金融中心竞争力得分排名

数据来源：12 期中国金融中心发展报告

险；金融自由化和国际化程度高，主要指金融中心开放性和包容性。

南京作为中国第二层次的金融中心，如图14-3所示，虽然和第一梯队的上海、北京和深圳存在较大的差异，但是无论是在软件还是在硬件方面，都显示了重要金融中心较强的实力。

2. 金融集聚与区域金融中心形成的动力机制

金融中心的发展必然受到金融制度及其他相关制度的约束，无论是环境因素还是金融因素，均涉及制度因素。金融制度既包括约定俗成的惯例和道德规范的内在制度，又包括各种金融及相关的法律法规的外在制度。金融中心的形成是一个动态的渐进的过程，也必然涉及金融制度的演进和变迁。整体来看，包括需求诱导的渐进式形成路径以及政府主导的形成路径，需求诱导路径又可以分为由于产业聚集、金融产业自组织发展的金融中心形成路径，如图14-4所示。

经济发展总是伴随着金融制度、金融过程、金融功能的复杂化和高级化，金融集聚和产业集聚必然是相辅相成的伴生关系，产业集聚为金融产业

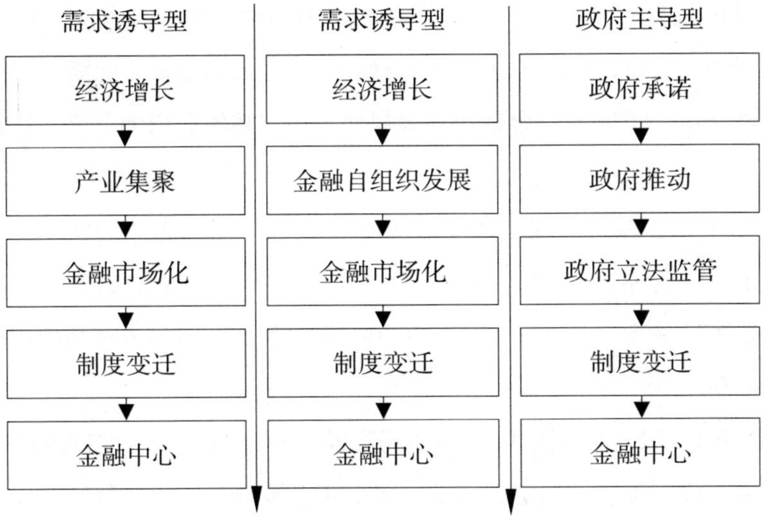

图 14-4　金融集聚、金融中心形成的基本路径

成长提供了承载的空间，金融产业的成长又成为产业集聚的助推器；金融产业的集聚效应和扩散效应开始持续快速发挥作用，通过自组织系统作用于区域实体经济，金融业的主导地位不断深化，在区域经济中引领地位和核心作用不断增强，总体上呈现出一种自组织强化的路径；另外，金融中心的形成过程，离不开政府行为的干预，政府有效的制度供给是金融中心形成的又一特殊动力，发挥政府的规划、协调的承诺功能，出台相应的优惠政策和创新政策的政府推动，制定金融法规，提供制度保障并进行有效风险的监管。

（二）河西金融城金融集聚区

金融集聚与重要金融中心的形成过程具有同步性的特征，金融集聚的形成路径显然和金融中心的路径具有统一性。南京河西金融城的建设，定位为区域金融中心核心功能区。

2005年，河西金融集聚区相关规划正式启动。以河西中央商务区为载体，打造金融总部、新金融、金融信息服务等金融机构集聚区。2006年，建邺迎来第一家省级金融机构瑞福德健康保险江苏分公司正式入驻河西CBD。2008年，南京市明确将河西CBD定位为南京市金融总部核心区。2012年，南京市发布《南京区域金融中心建设规划（2011—2020年）》，明确了“南京区域金融中心核心功能区”的战略地位。2013年，国家《苏南现代化建设示范区规划》支持河西CBD建设为“南京区域金融中心核心功能区”。2017年，《南京市“十三五”金融业发展规划》强化将河西CBD定位为泛长三角区域金融中心核心功能区，形成“一核、两区、多点”的整体协同发展格局。2020年，建邺区实现金融业增加值322亿元，占GDP29.3%，实现税收47.5亿元，占全区44.7%（不含烟厂），全区96家纳统金融业单位营收1320亿元，成为第一支柱产业。2016—2020年建邺区金融增加值及其GDP占比，如图14-5所示。

2021年11月24日，中国共产党江苏省第十四次代表大会明确提出，支持引导金融更好服务实体经济，推动更多企业直接融资，助力科技、资本和实体经济高水平循环，支持南京建设重要金融中心。南京市已集聚各类金融和新型金融近1000家，是苏皖赣三地金融集聚度最高、组织体系较为完善的城市。南京河西金融城金融集聚功能区建设状况如下：

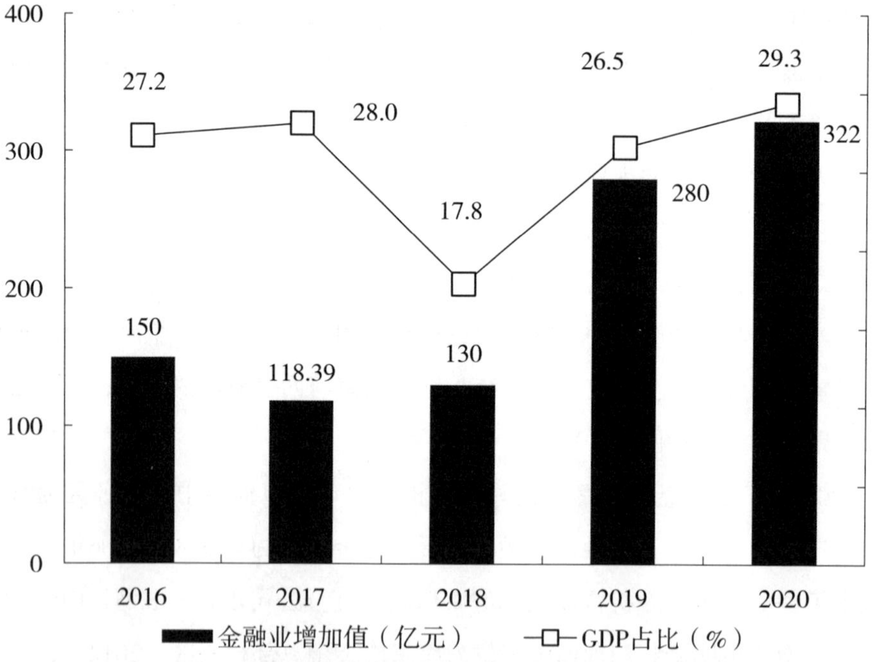

图 14-5　2016-2020 年建邺区金融增加值及其 GDP 占比

数据来源：建邺区国民经济和社会发展公报

1. 项目概况

南京金融城是南京金融业加快发展、提档升级的核心载体，是南京市建设重要金融中心、加快发展金融业的重要支撑。南京市作为央行九大跨区域分行所在地和全国第二批向境外金融机构开放的城市，近年来金融业始终保持快速健康发展势头。为了进一步吸引银行、保险、证券、基金以及外资金融机构进驻，大力发展地方金融产业，南京市规划布局并推进建设南京金融城。

金融城一期位于南京河西中央商务区二期核心地段，用地面积8万平方米，总建筑面积74万平方米（地上52万平方米，地下22万平方米），地上超高层建筑10栋。

在建的金融城二期位于江东路金融总部黄金轴和江山大街科技金融走廊的交会点，是重要金融中心核心集聚区的关键项目和重点工程。金融城二期用地面积6.5万平方米，总建筑面积约80万平方米（地上50万平方米，地下30万平方米），地上超高层建筑5栋，其中主塔楼建筑高度416.6米，项目建设规模、投资总额和标志性均超过金融城一期。

2. 建设历程

2011年，金融城一期完成了土地拆迁、规划方案设计与评审、项目立项、地质勘探、试桩和场地平整等前期工作。

2012年，金融城一期正式动工，当年完成桩基础和地下连续墙工程以及3条自来水管线迁移切换工作。

2013年，金融城一期地块内五条高压线的迁移工程彻底完成，Ⅰ区、Ⅱ区完成地下室结构施工进入主体结构施工阶段。

2014年，金融城一期Ⅰ区、Ⅱ区5栋超高层建筑结构封顶，Ⅲ区完成地下室结构施工进入主体结构施工阶段。

2015年，金融城一期基本建成，十栋现代化超高层建筑集体亮相。8月，公司成功摘牌河西CBD第47号地块，用于开发建设金融城二期。

2016年，金融城一期完成部分楼栋内装工程和景观绿化工程，业主陆续入驻办公。金融城二期举行奠基仪式，9月西区动工，当年完成桩基础和地下连续墙工程。

2017年，金融城二期西区完成地下室结构施工，进入主体结构施工阶段。

2018年，金融城二期西区主体结构陆续封顶，东区正式动工，桩基础和地下连续墙完成50%工程量。

2019年，金融城二期西区幕墙完工，形象全面展现。东区紧锣密鼓推进地下室结构施工。

2020年，金融城一期全面竣工。金融城二期西区A2、A3楼业主入驻办公，东区完成基坑大底板浇筑、出正负零，进行主体结构施工。

3. 项目现状

2016年，金融城一期工程基本建成并陆续投入使用，工商银行、邮储银行、信达资管、江苏租赁、江苏再保、江苏农担、紫金保险、南京证券、南京银行、紫金银行、苏宁银行、广州银行、天安保险、永丰银行、彰化银行、国旺租赁等二十余家境内外金融机构法人总部和地区总部入驻办公。

2016年9月，金融城二期西区于正式动工，目前已完成除A1楼（邮储银行江苏分行）外所有楼栋的竣工备案，A2楼江苏交通控股集团、A3楼民生银行南京分行已于2020年10月入驻办公。东区因超高层主塔楼设计周期长，超限审查复杂，于2018年6月动工，目前已进入主体结构建设阶段。计划2022年西区全面投入使用，2023年超高层主塔楼建设完工，2025年东区全面投入使用。

4. 集聚效应

目前，金融城一期入驻率超过98%，金融集聚区集聚金融类机构近1000家，其中金融法人总部16家，持牌金融机构省级以上总部135家，股权投资机构超800家，注册基金规模超2800亿，为金融机构交流互动、金融资源优化配置提供了重要的空间载体，形成了强大的集聚效应和辐射效应，在河西金融集聚区建设进程中发挥了突出的推动和示范引领作用，切实达成了市委、市政府决策建设金融城的战略目标，为推动金融产业跨越式发展、产业结构转型升级注入了强劲动力。金融城二期建成后将成为集办公、酒店、商业、公寓于一体的综合性高端金融载体，进一步升级金融集聚能级，为南京打造创新型城市和建设重要金融中心做出新的更大贡献。截至2020年年底，河西中央商务区累计注册基金222只，注册资金规模达2274.13亿元，形成了以银行、保险、证券等传统金融业为主体，私募基金、金融租赁等新兴金融业态为补充的功能完备的多元化金融体系和全方位的发展格局。

“金鱼嘴每日路演”是建邺区“十四五”期间重磅打造的全国基金街区中首个资本要素撮合平台。秉承“每日金鱼嘴，创投汇活水”宗旨，解决创投机构投资信息不对称、获取信息成本高的痛点和难点，从项目筛选、赛道比选、机构遴选、专家优选等多个环节进行优化和耦合，为全国投资伯乐找到心仪的创业黑马，为创业黑马找寻驰骋万里的沃土，进一步优化创新生态，提升营商环境。目标是将“金鱼嘴每日路演”打造成为全国基金街区（小镇）中最具吸引、影响最广、首屈一指的创投活动标杆品牌。南京金鱼嘴基金街区作为助力重要金融中心核心集聚区建设的重要发力点，成立以来已引入全国私募机构1000余家，基金注册规模超3000亿元。“金鱼嘴基金街区”和“金鱼嘴每日路演”双擎驱动，持续激发投资新活力，为全市产业发展注入源源不断的金融“活水”。

（二）江北新区打造新金融中心

江北新区自2017年以来，金融业增加值平均年增幅达21%，2020年金融业增加值占新区GDP比重达到9.1%。金融机构体系不断健全，截至2020年末，持牌类金融机构达到128家，股权投资行业规模进一步扩大，基金管理总规模近5000亿元。根据《南京江北新区“十四五”金融业发展规划》，到2025年，新区将形成强大的资本吸纳能力、产融结合能力和创新转化能力，基本建成现代金融监管体系，基本实现金融治理现代化，成为“两城一中心（即“芯片之城”、“基因之城”和“新金融中心”）”主导产业的重要支撑，基本建成全市领先、国内一流、国际知名的扬子江新金融中心，为南京建设主要金融中心城市增添了新的发力点。到2035年，新区金融业规模实力显著增强，金融业增加值占全市比重达到40%，成为长三角区域具有重要战略地位、影响力和带动力的新金融支点，打造国际金融中心的协同承载区，成为国内具有重要竞争力的新金融产业集聚区、产融结合创新引领区。

1. 五大发展定位服务实体经济高质量发展

金融是现代经济的血液。江北新区将着力围绕自贸金融、绿色金融、数字金融、普惠金融、科技金融等五大发展定位，为实体经济发展创造良好金融环境，疏通金融进入实体经济的渠道。

自贸金融：围绕贸易投资便利化，加大金融服务对贸易投资便利化的支撑力度，加快跨境金融服务机构集聚，打造高水平对外开放的制度创新高地。获批两年来，自贸南京片区已形成金融领域制度创新成果16项，其中“打造知识产权交易融资服务运营平台”入选国家服务贸易创新发展试点“最佳实践案例”，向全国复制推广；“知识产权质押融资”“‘1+N’科创融资综合解决方案”“打造资产数字化应用新场景”等8项制度创新成果在全省推广；服务跨境金融方面，2021年QDLP、QFLP试点项目落地南京片区，自贸试验区南京片区完成多笔人民币跨境收支业务，实现自贸试验区南京片区人民币跨境收付款全流程直通式处理，全面提升企业跨境支付效率，降低汇率风险。

绿色金融：围绕构建绿色金融生态，支持“碳达峰、碳中和”行动计划，加快培养绿色金融机构主体，稳步推动绿色金融产品创新，积极发展碳金融服务体系。发布全国首个“绿色银行挂牌及星级评定办法”，设立了全省首家绿色融资担保公司，出台全省首个全业态支持绿色金融十条举措；成立了全国第一家致力于绿色金融领域研究的专业化智库平台——中研绿色金融研究院；发行了“新创融·绿票惠”，优化绿色企业银行承兑及贴现业务；创新全国首款贷款利率与控排企业碳表现挂钩的贷款产品——“鑫减碳”；发行了全国首单碳中和绿色科技创新债券。

数字金融：围绕完善场景应用和产业创新，支持金融科技企业规范发展，打造数字金融应用场景标杆项目，力争保持江北新区数字金融和应用创新的领先性和聚合性。与央行共建南京金融科技研究创新中心，建成全国首创的扬子江数字金融基础设施平台，完成数字资产登记207笔，为近百家中小微企业提供金融服务金额约67亿元；围绕“芯片之城”和“基因之城”建设，设立总规模超50亿元数字金融、金融科技类投资基金，孵化金融示范项目超过50个。

普惠金融：围绕完善货币传导机制，健全产业支持和财税支持政策，加快推进数字普惠金融发展，重点构建以小微金融、消费金融、三农金融为主的现代普惠金融体系。小微金融方面，建行江苏省分行首家“创业者港湾旗舰店”暨自贸支行2021年2月在新区揭牌，联合政府部门、创投公司、核心企业、科研院校、孵化机构等，为自贸区科创企业打造“金融+孵化+产业+辅导”的线上线下一站式综合服务平台；三农金融方面，新区出台农产品品牌建设补助办法，推进绿色食品、有机食品认证管理，以及《江北新区扶持新型农业经营主体发展奖补实施办法》，与多家金融单位合作，深入推广“金陵惠农贷”，支持新型农业经营主体发展。

科技金融：围绕创新驱动战略，重点加强金融对产业链薄弱环节和重大科技创新的支持保障力度，构建以科技信贷为支撑、科技资本为补充的多层次科技金融服务体系。推出了支持科创企业发展的一系列金融服务方案，包括苏科贷、宁科贷、灵雀计划、创新型领军企业培育、知识产权质押融资、知识产权证券化等，搭建了科技金融服务平台，线上推出了全国首创的“科创数金”政企银一体化数字金融服务平台。截至2020年12月，片区共集聚科技类基金90余家、创投机构84家，科技金融服务覆盖科技类企业1000余家，企业获得银行等各类金融机构科技贷款支持近70亿元

2. 江北新区新金融中心一期项目

江北新金融中心一期项目，总建筑面积约72万平方米，预计2023年建成并投入使用。根据南京市集中政策资源，从江苏省省级层面、从导向上更加支持江北新区发展，“加快江北新区扬子江新金融集聚区建设”的决策部署，江北新区着力打造绿色金融新地标——新金融中心。项目位于江北新区中央商务区核心区域，定山大街以南、横江大道以西，地上总建筑面积约72万平方米，总投资约150亿，将建设有顶级金融总部、超五星豪华酒店、酒店式公寓、5A级写字楼、大型集中式商业等功能的国际新金融中心，项目建成后将促进优化江苏省金融生态环境，为江苏金融业发展提供巨大的战略契机和发展空间，同时对新区的城市空间发展发挥引领示范作用。

Chapter-15

第十五章

思考与展望：助力南京金融高质量发展

一、南京金融高质量发展的战略思考

未来南京金融发展，必须贯彻落实把南京建设成为区域性重要的中心城市和长三角城市群特大城市的国家区域发展战略部署，抢抓“一带一路”倡议机遇，积极对接“长江经济带战略”，把握区域金融中心和城市金融发展规律，抓住机遇迎接挑战。

（一）遵循规律发展城市金融

纵观2500年以来南京城市经济发展史和明朝以来南京金融业发展史，总结改革开放后南京发展金融业的实践，尤其是进入21世纪后打造南京区域金融中心的经验，可以得出结论：未来南京金融业的发展，必须遵循区域金融中心发展规律，科学地发展城市金融。

1. 依托城市发展和区域经济、服务城市建设和区域经济

南京的金融业，与南京的城市发展相伴共生；南京未来的金融发展依然

需要依托城市，背靠所在的经济区域，寻求金融发展的新业务、新产品、新动力、新空间。实践证明，南京城市和区域经济发展的需要，就是南京金融业发展的导向，也是南京金融业的生存之本和发展的动力之源；南京城市和区域经济发展的潜力有多大，南京金融业发展的空间就有多大；南京金融业在南京城市经济发展中实际起到的作用，决定着南京金融业在本地产业和经济结构中的地位。

2. 与城市产业结构相协调，与城市地位相适应

金融业作为南京经济结构中的一个重要产业，甚至是支柱产业，已经并将继续被本世纪以来南京经济发展实践所证实。金融业属于现代服务业，南京的金融业必须为城市实体经济服务，并在提供金融服务过程中谋求自身的迅速发展。作为支柱产业的金融业，必须处理好与城市实体经济各产业、与现代服务业产业群中其他产业的关系，必须与实体经济各产业以及现代服务业产业群中其他产业相互依托、相互融合、协调发展。任何脱离实体经济和现代服务业其他产业而自我发展的做法，只能给城市金融业带来暂时的辉煌，也必将会给南京金融业带来持续的衰退，甚至带来灾难。

南京通江达海，在自然景观、人文景观和财富聚集等方面可以媲美苏杭及其他的江南名城都市，是长江经济带的重要城市，也是距上海国际金融中心较近（仅远于杭州）的省会城市。作为江苏的省会，其优越的地理位置和经济地位给予南京金融业广阔的发展和辐射空间。南京金融业的发展，应始终与南京的经济地位相适应，南京的城市社会经济发展到哪一步，南京的金融业就应发展到与之相适应的阶段。南京金融业可以适当超前于南京城市社会经济的发展，但不能太超前，也不能落后，更不能拖城市社会经济发展的后腿。

3. 融入城市发展战略，服务城市建设和发展

南京市的金融发展，必须融入城市经济社会发展战略，必须服务于城市建设和发展。在这个问题上，南京既有经验又有教训。长期以来，由于紧紧围绕南京的社会经济发展战略，南京金融业获得了高速发展，城市金融业增加值占地方GDP的比重不断攀升，南京的金融业发展走在全国特大城市的前

列。但是，由于南京港航运输和岸线资源开发建设规划与城市发展规划未能协调好，南京的港航物流金融长期裹足不前，举步维艰。今后，南京的金融发展要更好地融入南京城市经济社会发展战略，而南京的城市社会发展战略也需要融入国家改革和对外开放的新战略、新格局。惟有如此，未来南京金融业的发展才有不竭的活力和持久的动力，才有广阔的空间和巨大的市场。

（二）抓住机遇激活城市优势

南京未来的金融发展，面临一系列新的挑战与机遇。其中最主要的，一是上海国际金融中心和其他邻近地区金融中心的崛起，以及珠三角、武汉城市圈等一批金融分类改革试点区域，将会分流原本可以流入南京的现实金融资源和潜在金融资源；二是“一带一路”倡议和长江经济带发展战略，中韩自贸区、海峡西岸自贸区、天津自贸区等已经启航，这些新的国家级战略的实施，为南京金融业未来的发展提供了新的机遇。正视未来发展中的挑战，抓住当前新的机遇，是成功实现南京金融“突围”，拓展南京金融发展新空间的关键。

1. 必须处理好与邻近地区金融中心崛起的关系

未来南京金融中心建设首先需要处理好与上海国际金融中心的关系。根据国务院批准的规划，上海的金融发展目标是建立国际金融中心，而南京的金融发展目标是建立重要金融中心。两个城市在金融发展目标上形成层次落差，并可以相互补充。上海与南京相距300多公里，是距南京最近的国际金融中心。上海自由贸易试验区发展迅速且日趋成熟，上海国际金融中心建设步伐加速。建设重要金融中心，南京必须遵循现代金融中心建设和发展的客观规律，走与上海国际金融中心差异化和错位发展的道路。未来南京的金融发展应在与上海金融要素集聚差异化和错位发展的重要前提下，参照、借鉴上海金融改革和国际金融中心建设经验并有所创新，寻觅和补充上海国际金融中心的功能及层次上的空缺，满足其外延发展的需要，尽可能发挥南京金融发展的区位优势，推动在宁金融机构突破物理意义上时空限制，促使人流物流财流集聚于南京；并促使在宁金融机构提供丰富的高质量金融产品，承接上海国际金融中心金融价值链向南京的传递和延伸。

未来南京金融中心建设还需要处理好与邻近城市金融发展的关系。一区多（双）核是各国金融发展的普遍规律。纽约和芝加哥两个金融中心构成美国的“金融双核”，日本的东京和大阪也是一国“金融多（双）核”建设的典型案例。当前，南京邻近的诸多城市都在积极打造城市金融中心，这些城市的金融发展不仅会与南京争夺金融资源，还会争夺政策资源。

例如，江苏省内的苏州及昆山经济发展迅速，城市金融发展迅猛。2020年，苏州地区生产总值（GDP）达到20171亿元，在全国大中城市排名稳居第6，南京GDP14818亿元，排名居第十位；苏州地区生产总值超越南京36%以上，宁苏两地GDP差距进一步拉大。苏州现有12个国家级开发区、5个省级开发区、4个综合保税区、1个保税港区和3个出口加工区，是全国开发区及海关特殊监管最为密集的城市。2013年，国务院同意设立昆山深化两岸产业合作试验区（简称“昆山试验区”），当年昆山试验区正式启动跨境人民币业务创新试点；2014年，苏州地区金融改革先行先试启动，起步早于南京。

表 15-1　南京、苏州新区、开发区、保税区数量对照表

城市	国家级新区个数	国家级开发区个数	省级开发区个数	综合保税区个数	保税港区个数	出口加工区个数
苏州	0	12	5	4	1	3
南京	1	4	6	1	1	2

数据来源：根据各地公开数据整理

总之，南京邻近地区金融中心的崛起，给未来南京金融发展既带来挑战，也带来机遇。因此，未来南京金融业发展，必须加大政策支持力度和工作力度，全力迎接这一竞争和挑战。从本质上讲，南京重要金融中心建设，关键还在于南京市自身的努力，在于南京市的有关政策力度和市场化改革成效，省内其他城市金融中心的崛起不可能从根本上改变南京区域金融中心的地位。如果关系处理得当，借鉴参照得法，不仅能够避免其对南京金融发展的不利影响，还能使南京与邻近城市金融发展相互借力，相得益彰。

江苏是全国台资企业最集中的省份，截至到2020年12月底，苏州市场主

体总数达到了244.3万户，昆山市93.2万户，外商及港澳台企业2.23万户，苏州市境内的台资企业数量占全国台资企业数量的四分之一，仅昆山市就有台资企业1万多家，而在宁的台资企业只有7000多家。江苏省内多个台湾金融高地的同时或相继崛起已成定局。苏（州）台金融高地或昆（山）台金融高地的崛起，可以为宁台金融高地的构建提供模式和政策方面的借鉴，也为宁台金融高地扬长避短、错位发展提供参照；宁台金融高地与苏（州）台金融高地或昆（山）金融高地的共同崛起，有利于形成“一省双核”的江苏对台金融合作的新格局。

此外，未来南京金融发展还要处理好河西、新街口金融集聚区与市内其他金融机构集聚街区的关系。“一城双（多）核”是现代金融集聚的重要表现形式，在纽约，有时代广场（纳斯达克）和曼哈顿（华尔街）等多处（新老）金融集聚街区；伦敦的金融城和金融新城构成伦敦国际金融中心的“一城双核”格局；北京金融街和中关村等多个金融集聚街区构成北京市一主多副的金融集聚格局；上海的陆家嘴和外滩、深圳的前海和福田、厦门的思明（片区）和湖里，均构成同城金融新老“双核”的格局。[①]未来南京金融发展必须正视“同城多核”的金融发展现实，既追求城市金融资源的集聚，又重视市内金融布局的适度分散和梯次布局；既重视打造新型高端的城市金融集聚区，又注重原有金融集聚街区旧枝新芽式的创新发展，坚决摈弃畏难情绪和保守心态，积极应对，主动出击，扬长避短，变压力为动力，化挑战为机遇。对外（对外省市的金融中心）坚持错位发展，对内（对市内各个金融集聚街区）精心构建差异，通过借鉴、竞争、合作与错位、差异等手段，加速南京金融发展，突出南京区域金融中心的特色并在发展过程中及时提档升级。

2. 必须融入国家级战略的新格局

无论是长江经济带、“中韩自贸区”，还是上海自贸区、福建自贸区、天津自贸区和广东自贸区的开辟、开发和建设，都是国家级战略，其中的

①此为新的海西金融集聚区和厦台金融合作高地.

机遇必然向外辐射，国家新的战略格局为南京金融业的发展提供了宝贵的“天时”。

南京是长江经济带上不可或缺的重要城市。江苏省已经初步入围国家的“一带一路”倡议，江苏省北部的连云港和徐州既是“丝绸之路经济带”的桥头堡，又是中韩自由贸易区的物流和贸易枢纽城市。江苏省东南部（接近上海）的沿江城市毗邻“海上丝绸之路”的东海起航线。这些地缘（区位）便利或优势，为南京融入国家新的战略格局提供一定的“地利”条件。

客观地讲，就地理位置而言，南京虽然不像新疆、兰州那样，位于近年来推出的若干国家战略新格局的“风口”上，南京所拥有的“地利”条件不如上海、连云港、西安等许多城市。[①]因此，南京必须积极作为，主动“靠上去”，将南京的经济和金融发展融入国家的“大战略”和“新热点”，从“抓机会”和“寻借鉴”两个方面入手，寻觅未来南京金融发展的新的“突破口”，努力避免南京在国家对外开放新战略、新格局中被“边缘化”。

面向国家经济发展的新战略、新格局，南京市应及时调整本市金融和经济发展规划，进一步激活南京的地缘区位优势、历史文化优势、先机与后发优势、城市产业优势以及“一城多核”的金融集聚和布局优势。一是面向长江经济带培育区域经济中心的对外金融辐射能力，加强与武汉、重庆等长江经济带重要城市的金融合作；二是借鉴福建（海峡西岸）自贸区发展，创新对台金融合作的新模式，构筑宁台金融合作的新高地，持续深化宁台金融合作；三是加强与连云港及其他苏北黄海沿岸港口和城市的经济联系及航运物流合作，搭乘中韩自贸区和“丝绸之路经济带”的经济发展快车；四是借鉴上海和天津自贸区经验，做好“功课”，及时承接上海自贸区和其他自贸区的“辐射”和扩展；五是紧盯国家“一带一路”倡议，通过资金输出、投资入股、合作建设、技术转让等形式，直接参与“海上丝绸之路”和“丝绸之路经济带”建设，为南京金融辐射区企业参与“一带一路”建设提供创新型金融产品和优质金融服务；六是依托长三角区域经济优势、南京市的经济和

①这里不包括“长江经济带”战略.

金融实力，扬南京科技金融之长，支持南京的要素输出和产品输出，支持和参与国家对外开放的新战略、新格局；七是加速发展南京港航物流金融，支持南京航运物流业打通南京经长江、黄海至韩国的江海联运航线和南京经东海、南海至中南半岛的通江跨海航线、南京经陆路至东盟的运输通道，积极靠拢和融入中韩自贸区和海上丝绸之路建设。八是携手重庆、成都、西安、兰州、乌鲁木齐、伊宁等城市，寻求丝绸之路经济带的发展机遇等，通过上述积极作为，使南京金融业在国家对外开放新战略、新格局中发挥重要作用，同时得到更好更快的发展。

2015年6月27日，南京江北新区建设上升为国家战略后，南京市应抓住这一历史性机遇，将江北新区建设成为国家级产业转型升级、新型城镇化和开放合作示范新区；长江经济带和长江三角洲的重要发展支点；南京都市圈和苏南地区的新增长极，作为长江经济带与东部沿海经济带的重要交汇节点，长三角辐射中西部地区的综合门户，作为是南京北上连接皖江经济区和中西部广大地区的重要枢纽。

（三）发挥政府主导引导作用

在金融创新体系中，政府通过确定重点发展的产业，来引导金融机构开展金融创新。同时，地方政府作为宏观经济调控者，能够协调主体间的关系，在一定程度上能够影响金融机构和一般企业的创新行为。因此，在金融创新体系中，要强调政府主导的强制性金融创新和微观创新主体主导的自发性金融创新共生性。2018—2021年，市委市政府连续四年以“1号文件”的形式，推出了创新型城市建设的各项政策，为各类企业、人才提供最优良的创新环境和最具含金量的政策支持，尤其是南京2021年1号文，强调进一步深化创新，涉及企业创新、产业创新、制度创新、创业创新、金融创新、人才创新、载体创新、全城创新以及开放创新9个方面。并制定出38个配套实施细则。金融创新方面进一步完善拓展股权融资、完善信贷融资，并给出了相应的奖励措施。

（四）努力打造科创金融高地

发展科创金融服务机构。鼓励金融机构设立科创金融事业部、科技支行、科创贷款中心、科创金融服务中心等特色机构，在组织架构、产品设计、风险管理、考核激励等方面探索差异化运营管理方式。鼓励和引导保险公司设立科技保险专营机构，引入科技保险公司总部研发和创新中心，积极争取设立法人科技保险公司。培育和引进知识产权评估、认证、法律咨询等科创金融辅助服务机构。

推动科创金融服务创新。支持商业银行创新投贷联动模式，通过理财子公司投资等方式合规开展私募股权投资业务。支持商业银行与私募股权投资机构联动，通过“远期共赢”利率定价贷款、选择权贷款等模式，以适当方式分享科技型中小企业成长价值。推动知识产权与金融要素有效融合，实现知识产权质押贷款增量扩面，深化知识产权资产数字化交易平台建设，支持企业构建底层知识产权资产，大力发展知识产权证券化和知识产权信托融资。

构建区域科创金融改革创新联动机制。加强与长三角重点城市联动，共同推进区域科创金融改革创新。深化科创板企业培育中心（南京）建设，积极争取中国证券投资基金业协会、资本市场学院等支持，打造区域性资本市场服务基地。促进区域金融资本与创新要素的有序流动和优化配置，依托“南京科技金融路演中心”“金鱼嘴每日路演”等，打造具有影响力的常态化路演平台。

构建以政府基金为引导、社会资本为主体、市场化运作的创新创业资本筹集机制。充分发挥南京市创业投资引导基金、创业投资风险补偿资金的作用，优化政府引导基金运作模式，构建以政府基金为引导、社会资本为主体、市场化运作的创新创业资本筹集机制。鼓励创业投资向产业链前端投资，进一步加大天使投资的财政奖补等措施，激发创投企业投资潜力，拓宽创投资本退出渠道，引导创投机构增强价值投资和长期投资理念。鼓励银行机构与创业投资、股权投资等专业投资机构建立市场化长期合作机制。

（五）加快推动金融科技发展

培植金融科技产业。鼓励具有业务基础和研发能力的金融机构、科技企业设立金融科技子公司、金融科技研发中心、开放式创新平台，培育一批在金融科技细分领域具有领先优势的领军企业和研发机构。大力争取国家级金融科技重大项目和平台、全国性金融机构和央企旗下金融科技企业落地。推动金融科技集群式发展，鼓励和支持有基础、有条件的区设立金融科技产业园。

提升金融科技竞争力。依托南京金融科技研究创新中心，发挥南京数字金融产业研究院功能，深化扬子江数字金融基础设施平台建设。鼓励开展多种形式的产学研用合作，支持多方共建各类金融科技实验室、开放式研发平台、孵化器、加速器、创客空间等，全面提升金融科技基础研究创新和底层、共性、关键技术研发的水平。大力推动金融数据中心、金融云服务平台、区块链底层技术服务平台等金融科技基础设施建设。

拓展金融科技的场景应用。支持银行、保险、证券期货、支付清算、股权交易中心等各类金融机构、金融组织，在风险可控、安全可靠的前提下，运用科技手段改造业务流程、优化风控模式、创新金融产品，提升产业链金融、普惠金融、贸易金融等实体经济金融服务的线上化、数字化水平。依法有序推动政府公共服务部门为数字金融业务开放衣食住行、医疗健康、税费缴纳、智慧城市、社会保障、社会救助等应用场景，全面提升金融惠民便民服务水平。深化区域股权市场区块链试点建设，推进资本市场金融科技创新试点，推动组建区域性大数据交易所。

（六）强化重点领域金融供给

加快供应链金融发展。鼓励金融机构之间通过融资推荐、交易信息共享、债权债务确认等合作，共同开发个性化、特色化供应链金融产品和服务。鼓励供应链核心企业运用物联网、智能监控等技术确保单货相符，为金融机构开展供应链融资夯实风控基础。推动各金融服务平台互联互通，为供应链金融便利化、安全性提供平台和路径。支持信用良好、产业链成熟的供应链核心企业设立小额贷款公司、商业保理公司、融资租赁公司等地方金融组织。

扎实推进普惠金融体系建设。加强普惠金融政策支持和激励，加大科技手段的运用，推动金融机构运用再贷款、再贴现、普惠小微企业贷款延期还本付息政策和信用贷款支持计划等货币政策工具，增加小微企业首贷、无还本续贷、信用贷款的规模和覆盖面。综合运用“宁创贷”奖励补助、民营企业转贷基金、融资担保补贴等政策，引导金融机构加大对中小微企业融资支持力度。充分运用江苏省综合金融服务平台，强化南京金服平台在线融资功能，提升中小微企业融资可获得性和便捷度。鼓励金融机构运用“政府采购小企业融资平台”，为中标中小微企业开展信用融资。健全政府性融资担保机构绩效评价体系，提高风险容忍度，降低盈利要求，突出支农支小功能。力争“十四五”期间普惠型小微企业贷款余额实现翻番。拓宽金融资本与文化资源对接渠道，积极推动金融服务文化建设和文艺繁荣发展。强化金融对乡村振兴的支持，推动开展集体经营性建设用地使用权抵押贷款，提高农村“两权”抵押贷款的覆盖面和贷款规模。

提升绿色金融发展水平。鼓励商业银行、保险公司、证券公司等设立绿色金融特色机构。鼓励银行机构开辟绿色信贷研发、审批、推广专项通道，配套绿色信贷专项规模。建立健全贴息、风险分担、财政奖补等金融政策体系，促进绿色信贷、绿色债券、绿色保险、绿色担保、绿色基金等绿色金融发展。促进应对气候变化投融资发展，积极争取国家气候投融资试点，鼓励各类金融机构探索开展碳基金、碳债券、碳租赁、碳资产证券化等气候友好型的创新业务，探索以碳期货为代表的碳金融衍生品交易。有效对接国家绿色金融标准，加强绿色金融标准的推广应用。积极争取创建绿色金融改革创新试验区。

大力发展消费金融。支持各类金融机构深耕消费场景金融，充分运用金融科技，加大消费场景金融的升级力度和传统渠道业务的转型力度，针对不同群体的收入结构，研发与收入相适应的消费信贷产品。加强养老、家政、文化、旅游等领域产业政策与消费金融的联动，推进消费场景与金融服务的深度融合。推动新设消费金融公司。

（七）危机意识助力金融创新

2020年，面对突发的新冠疫情，对我国甚至全球的经济金融创新与发展带来深刻冲击。金融业在应对类似突发事件时应该及时调整经营战略，在面对特殊营商环境，创新金融服务的方式与途径，利用科技手段保证金融服务的效率，充分利用金融科技发挥线上化、智能化的手段开展“非接触式”金融服务，提高金融服务实体经济的覆盖面；提升大数据分析的能力与精准度，利用智能手段防控信用风险；开发新型有效的金融产品和金融模式，支持在疫情中遭到重创的小微企业、农副产业，变革传统作业方式，真正实现精准高效的普惠金融；利用大数据和科技创新成果，加快数字化转型，重构金融服务实体经济的模式，进而保障金融业的持续发展和稳定经营。面对新冠疫情的侵袭给传统金融业态的带来的巨大挑战，无论是政府部门还是金融机构必须牢固树立危机意识，积极总结经验，制定突发公共（卫生）事件开展金融创新的应急预案，以及配套的促进企业复工复产的纾困基金、转贷基金等配套的政策措施，防患于未然。

二、南京金融发展潜力与空间

“十三五”以来，南京金融业增加值年均增长10.6%，2020年，南京市金融业增加值达到1838.22亿元，2021年金融业增加值达到2010.1亿元。在“金融业增加值千亿元俱乐部城市”层面上持续“表现良好”，保持旺盛的增长势头，开拓南京金融发展的新空间。

（一）稳步发展离岸金融业务

1. 开展离岸金融业务创新

鼓励南京的内外资企业在对外贸易、投资、融资和信用担保活动中直接以人民币计价，允许符合条件的在宁中资、合资和外资企业开立人民币与外币直接结算的离岸银行账户，协调有关人民币和外币清算行，开通在宁金融机构人民币与外币网络结算渠道，提供结算便利。

稳步推出南京离岸（跨境）人民币贸易结算、实业投资、证券投资和融资等业务，适时开通跨境借款融资和发行离岸债券渠道；鼓励在宁企业和金融机构在经贸往来和金融合作中使用人民币跨境支付系统。

将人民币与外币跨境结算由集团企业总部级机构扩大到一般企业和经集

团总部授权的分支机构，再由企业扩大到个人（家庭）。开通（放行）个人经常项下结算和交易，开通（放行）跨境股权激励计划的实施渠道。

在南京金融对外开放中，可以考虑超越内外分离型离岸金融业务的发展路径，争取率先或与其他金融开放先行先试城市同时（同批）发展内外渗透型离岸金融业务，交易方可以是已经入驻南京的外资工商企业和金融机构，也可以是在宁注册企业的海外分支机构，业务上可以办理以外汇存款为来源的贷款服务。

参照或承接上海自贸区及离岸金融市场的政策，通过适当的方式为符合条件的本地企业开设离岸金融账户，包括离岸银行账户（OSA）和非居民账户（NRA），设立初期的离岸金融账户专门用于人民币与外币的结算、交易、兑换、融资和投资。其中，非居民账户（NRA）又分非居民外汇账户和非居民人民币账户。非居民外汇账户接收来自境外的外汇存款，但用此账户放款需要向金融监管机关或银行提交支持性证据；非居民人民币账户的资金可以进行境内股票投资、债券投资、购买境内金融衍生品和直接投资、贸易和贷款。在有效监管、控制风险的前提下，允许离岸账户与在岸账户资金适度融通转换。在宁的离岸账户依法享受一系列政策优惠，如可免征利息税，利率水平可不受央行限制且无法定存款准备金要求，离岸银行业务的贷款规模监管指标放宽。同时，央行（南京分行）依法保留对这些离岸银行业务征收存款准备金的权力，央行（南京分行）可以相机抉择，根据国内经济状况和金融市场形势调节南京离岸资金渗透到在岸市场的规模和节奏。

与离岸金融账户管理相适应，南京的离岸银行业务主要分为两类：一类以台湾或港澳为主要对象吸收人民币或外汇存款，并对在宁离岸机构发放人民币或外汇贷款；另一类是吸收外汇存款，在法规政策允许的条件下，以吸收的外汇存款为资金来源，为南京的在岸企业发放贷款。在法规政策允许的前提下，这两类离岸金融业务可以进行适度的相互渗透。具有离岸性质的外汇贷款的发放对象是主要有外汇还款能力的机构、企业和个人，可以优先考虑三类群体作为贷款对象：第一类，未来具有可靠的外汇净现金流入的在宁机构、企业和个人；第二类，具有可靠的外汇还款担保的在宁机构、企业和个人；第三类，有能力利用国际国内市场筹措外汇还款的在宁机构、企业和个人。

2. 有效地管控南京离岸金融业务的风险

在确保套利金融风险管控的前提下，充分发挥人民币境外借款的优势，让企业和个人享受境外借款融资价格低廉的利益。

在跨境借款额度管控方面，遵循国际通行性规则，引入资本杠杆率管控指标，规定企业最多可借实缴资本的n倍（1或2倍），非银行金融机构为m倍（1.5或2.5倍）。将跨境债务人的资本金作为对跨境债权人利益的最后保障，同时对跨境债务人的偿债能力进行持续跟踪和科学管控，防止和控制跨境借贷风险。

引入宏观审慎政策参数，借款总额需乘以这个参数，参数值一般设定为1，可以根据国内外金融市场形势适时适度调整。防止境外大量短期资金跨境异常流动，冲击国内尤其是南京的金融市场。

此外，南京还应有效地引导负债长期化，如规定借贷期限下限（最低期限为1年），将跨境短期资金转化为长期资金来使用。

（二）金融创新助力江北新区

江北新区的开发建设，打开了南京市未来20年发展的新空间。南京市应抓住这一契机，推动南京金融业全面发展。国务院关于同意设立南京江北新区的批复明确要求，南京江北新区建设应“加快构建现代产业体系，推进新型城镇化建设，完善现代化基础设施”。

1. 创新金融支持模式，加快基础设施和新型城镇化建设

新区建设，交通和基础设施先行。金融不但要为江北新区的交通和基础设施建设提供可靠的资金支持，还要支持江北新区的交通和基础设施建设走出良性、可持续发展的新路径。“江苏省省政府办公厅关于印发江苏省‘十四五’铁路发展暨中长期路网布局规划的通知”显示：18号线、宁和二期、宁滁二期、S10号线提上日程！其中涉及江北的有三条，分别是：南京至和县二期，南京经乌衣至滁州线、南京江北新区至仪征线。

以往国内城市轨道交通建设，往往走“政府筹资（或通过政府的平台公

司筹资），再投资建设，建成后实施营运补贴”的路径。未来江北新区的轨道交通，可借鉴香港地铁①和北京地铁4号线②的建设和营运经验，减少政府的投融资（或投融资担保）和营运收支差额补贴，甚至实现赢利。要达到这一目标，必须通过金融创新。其中值得探索的主要有以下两点：

第一，统一规划江北新区轨道交通建设和沿线开发，并提供充足的资金支持，通过沿线商用和住宅建筑等开发获利补贴轨道交通建设投资，通过沿线广告和物业收入补贴建成后的营运开支。

第二，通过PPP（公私资本合作）项目融资等有效的金融模式筹措江北新区轨道交通建设和沿线开发所需资金，减轻政府对江北新区轨道交通建设的投融资压力和营运补贴。

在江北新区轨道交通建设项目金融创新取得成功后，总结经验，尝试在未来的六合机场建设中局部、主要或全面采用PPP项目融资模式，探索统筹六合机场建设与六合机场物流圈开发建设的投融资新模式。

江北新区初步规划建设浦口片区、高新暨大厂片区、雄州片区三个中心城和桥林、龙袍两个新城；建成竹镇、金牛湖、八卦洲等7个新市镇。到2030年，江北中心城区人口规模约210万人，城市建设用地规模达262平方公里，形成巨大的城镇化建设资金需求。江北新区的新型城镇化建设和其他城市基础设施、交通设施建设，也应尝试采用PPP项目融资和市场化投资、运营方式，通过金融创新培育新的经济增长点。

2. 着力发展科技金融，推动江北新区的产融结合

加快构建现代产业体系，是江北新区建设的重要任务，也是未来江北新区金融的主要着力方向之一。未来江北金融发展，应以大厂科研创新中心、三桥科研创新中心、高桥技术制造基地、江北新区先进制造业基地和绿色化工基地③以及科工园内隧道片区、核心区、三桥片区开发建设为契机，以

①香港地铁是全世界唯一盈利的城市地铁.

②北京地铁4号线是目前国内运用PPP项目融资模式建设地铁最成功项目，是建成后政府投入营运收支补贴较少的地铁线路，因而成为未来国内城市轨道交通建设和营运的翘楚.

③根据初步规划，江北新区至少有南北两个先进制造基地和两个绿色化工基地.

项目落户和企业入驻为引导，以科技金融为核心，大力开展科技担保、创新担保、科技贷款、科技成果融资（含科技成果入股、科技成果抵押融资）、高科技风险投资活动，支持江北新区产融结合先行快走，闯出一片新天地。同时打造一批专业水平高、服务效果佳、声誉形象好的（高）科技银行、（高）科技担保公司、股权投资基金等新区金融机构，作为推进新区产融结合的重要推手。

此外，江北新区还应利用南京及新区自身的吸引力，广泛吸引国内外产业资本入驻，尤其是利用自己是省内唯一国家级新区的有利条件，通过省市各级政府政策引导和新区自身的商贸金融环境建设，着力吸引省内大型产业资本的法人总部、资金中心和其他重要机构入驻，以此推动新区的产融结合更快发展。

3. 打造新区物流产业及物流金融新格局

江北新区是长江经济带与东部沿海经济带的重要交汇节点，具有先进制造业和新型城镇化建设等坚实的供求基础，是培育现代物流产业温床。江北新区物流产业发展需要巨大的资金投入，也为新区物流金融新格局的打造提供了前提条件。打造新区物流金融新格局，应注重解决以下两个重要问题：

第一，围绕新区七坝港口物流园、西坝港口物流园和六合机场物流园建设以及浦口、雄州等商业中心建设，创新资金筹措、投资方式和园区（中心）营运方式，形成良性、可持续的资金运动方式（如采用PPP项目融资，融资方分享项目营运收益的方式）。在物流园区和商业中心，建设配套的现代物流服务设施和物流服务体系，完善物流园区的运输工具、通信设施和交通条件，吸引物流企业入驻发展。物流园区通过招股、发债、贷款等方式筹措资金，统一建设仓储中心（基地），包装、分拣、加工基地，向入驻的轻资产物流企业提供出租服务和配套的其他服务。

第二，针对物流产业“先物流后收款”、容易产生应收账款的特点，在新区大力发展物流金融，如物流票据（提单、仓单、货票、保单）和商业汇票（商业承兑汇票和银行承兑汇票）融资，物流债权融资（物流债权的抵押、买卖等），适时推出物流实物资产和物流债权资产证券化等成熟的物流金融形式，活跃新区物流金融市场。

此外，还应从规划上入手，将江北新区的物流金融融入南京港航物流金融的大格局中。

（三）积极开拓港航物流金融

1. 南京具有巨大的港航物流金融发展空间

江河岸线和港口资源丰富、水（航）运业发达曾经是南京历史上商业兴旺发达和城市发展迅速的重要原因，也是南京城市金融早熟先发的禀赋。民国初期，南京长江航运和港口的发展直接催生了南京下关滨江商业和金融圈。历史上南京一直就有成为“港航经济强市”的梦想。长期以来，南京的港口航运资源得到持续开发积累，资源品质不断提升，南京港航资源的现实和潜在优势与日俱增，港口航运和物流金融，是南京未来发展中尚待开发的一座“品位”极高，潜在价值极大的“金融富矿”。

未来振兴南京的港口航运和物流业，大力发展城市港航物流金融，首先，必须使南京的城市发展规划与港口岸线、江河治理和资源开发规划相协调，使港口水运建设融入南京现代高速立体交通枢纽建设规划之中，形成江、河、公、铁、空航线通达，港口车站货场机场吞吐集散能力强大，转运联运高效便捷的物流中枢；其次，南京的港航物流金融必须与城市的港口航运和物流发展相协调，金融要服务于南京的港口航运和物流经济的全过程，南京的港口航运和物流发展到什么规模，城市的港航物流金融就发展到什么水平；并且以专业化的港航物流金融来推动南京港口航运和物流仓储业价值链的延伸；第三，南京的港口航运和物流仓储发展应连接和借力上海国际航运中心建设，南京的港航物流金融也必须对接上海国际航运金融发展，承接上海国际航运中心的辐射和航运金融价值链的延伸。

保险是港航物流和国际贸易发展不可或缺的金融服务支持。发展南京港航物流金融，应以设立港口航运和物流专业保险公司、拓展专业保险业务为突破口。围绕南京港口航运和物流经济活动的价值链，设立港航物流专业保险（子）公司，开展专业保险活动。

港航物流专业保险（子）公司的经营范围包括与港口、航运物流密切相关的财产保险、责任保险以及船舶保险、货物运输保险、仓储保险、运输物流专业经营者法律责任保险等业务。在此基础上，港航物流专业保险公司还将拓展一系列相关业务领域，包括车辆保险、工程保险、意外伤害保险等相关险种，经营上述保险业务的再保险业务，国家法律、法规允许的资金运用业务以及中国保监会（江苏省保监局）和国家有关部门批准的其他业务。

在南京设立港航物流专业保险（子）公司，有利于汇聚和融合南京市内外港航物流保险资源，推动南京港航物流保险产品和商业模式的创新，开拓南京港口航运和物流保险市场，为南京港航物流业和保险业的发展提供更加丰富、专业、高品质、高效率的产品和服务支持，同时，也将进一步提升南京港口航运和物流业的配套服务层次，丰富南京现代服务业的发展内涵。目前，我国从事港口航运和物流保险业务的专业保险（子）公司鲜见，各港口和物流中心城市的港航物流保险几乎都在起跑线上，南京应抓住机遇，率先突破。

南京港航物流专业保险公司的组建，其实质是南京市金融资本与港口、航运、物流业产业资本的相互渗透和融合。因此，必须以开放的姿态发展南京港航物流保险，可以采用南京地方金融机构和港航物流机构、上海（外地）金融企业和港航物流企业、中央金融企业和港航物流企业合资的方式设立南京港航物流专业保险公司，并积极吸引外资参与，迅速拓展南京港航物流专业保险公司的业务，壮大其资本实力。

在发展南京港航物流保险的基础上，积极发展南京港航物流融资和金融产品交易，组建南京港航物流融资交易机构及交易平台①，开展港航物流及仓储货物和单据（提货单、货票、保单）抵押、质押、买断交易、回购交

①2015年，南京市着手筹建南京航运交易中心。南京航运交易中心以港航企业、船货代理企业、金融保险机构、政府部门等为服务对象，为水路货物运输、船舶租赁、船舶买卖、航运人才、航运金融等航运业务提供交易场所、设施、信息和其他服务。通过构建一个平台——港航综合服务平台，打造两个中心——口岸服务中心和信息服务中心，发展四大市场——船舶交易市场、货运交易市场、航运金融市场、航运人才市场，提供六项服务——口岸服务、航运信息服务、船舶交易服务、货运交易服务、航运金融服务、航运人才服务，打造完善的航运物流服务体系.

易、仓储交易、期货（远期）交易和保税及税务递延业务[①]，相应地发展专业评估、金融与财务代理、第三方担保与保证、票据金融（贴现）、证券化、信托、银行理财产品、资金管理、单据票据和实物互换（融资）业务，做大做活南京港航物资代收代付、应收账款（债权）买断、信用证、保函业务，拓宽南京港航物流金融的业务领域，活跃南京港航物流金融市场，真正做大做强南京港航物流金融。

2. 大力推进金融资本和产业资本的融合

南京江北地区有丰富的长江岸线资源有待开发建设，有发展潜力巨大的现代物流产业需要培育发展，在江北地区发展港航物流金融，一方面可以放大长江沿线的区位优势、政策优势和产业优势，倍增它们对南京经济的引领带动作用；另一方面可以加快江北岸线资源开发利用和沿江经济发展，推动江北新区建设迈上不断新台阶。

在江北发展港航物流金融，必须走产业资本和金融资本融合的道路。一是以扬子国资投资集团为蓝本，组建新的产融结合的投融资主体，并对原有的国资投资集团进行股份制及股权分散化改造，吸引民资、外资和其他资本（尤其是混合资本）入股。二是设立地方国有资本、民营资本、外资和混合资本等性质不同的产业投资基金、股权投资基金、风险投资基金等。三是设立各种融资机构，提供资金融通和资金流通便利与服务。

（四）大力发展绿色低碳金融

“绿色低碳环保”是当今世界和平发展所需解决的重要课题。这一课题之新，史无先例可借鉴；这一课题之重，关乎全人类的福祉和未来。“慎重者，始若怯，终必勇”。在2009年哥本哈根世界气候大会上，中国政府向世界承诺：到2020年，单位国内生产总值（GDP）CO_2排放比2005年下降40%至45%。2014年11月，中美发布应对气候变化联合声明，中国政府再次坚定承诺，到2030年前后，二氧化碳排放达到峰值且将努力早日达峰；到2030年，非化石能源占一次能源消费比重提高到20%左右。天下环境兴亡，国家

①在南京航运交易中心开展此类业务.

低碳决策，南京落实有责。南京应率先建设低碳城市；未来南京金融发展，必须以“绿色金融”为引领，抢占“低碳金融”的发展先机。

南京建设绿色低碳城市，既有现实基础也面临着严峻的挑战。2014年10月，南京市政府发布《建立区域排污权交易机制实施方案》设定了南京市建立排污权交易机制的具体时间表，2015年2月，南京实现了企业排污权上市交易。

2014年11月，中国科学院上海高等研究院领衔发布《中国低碳城市建设报告》，全国低碳城市十强排行榜出炉，南京排名前三（仅次于合肥、广州）；但是，2013年、2014年，南京连续两年空气质量未能达标[①]城市社会经济发展与绿色低碳的环保要求面临着尖锐的冲突。2015年，虽然南京市PM2.5平均浓度与2013相比下降了26.9%，空气质量好于前两年，但环保形势依然严峻。

2020年，中国发布了中国绿色城市指数TOP50报告；依据人居舒适度、绿色交通、空气质量、水治理、能源消耗、废物再利用、环境噪声、卫生教育、经济发展和财政管理等10大方面，得出了TOP50的城市榜单，南京仅排名21名。因此，南京低碳环保城市建设任重道远，南京金融业必须在发展“绿色金融”“低碳金融”领域有作为、有突破、有创新，为用“APCE”“阅兵蓝”“刷新”南京天空作出必须的、不可替代的贡献。

率先发展南京的绿色低碳金融，就是要推出和推动旨在减少温室气体排放的各种金融制度安排和金融交易活动。一是应抢先建设南京（区域性）碳排放权交易平台，把城市或区域内各机构单位的碳排放量指标打造成一个有价格、可交易的商品，并以此开发系列化的碳排放金融产品和金融工具，在南京碳排放交易平台进行现货（即期）、期货、期权、远期、互换等绿色金融产品交易，进行碳排放金融产品（资产）与其他产品（资产）的交易。二是在碳排放权及其衍生品交易的基础上，积极推动城市低碳项目开发的投融资和其他相关的金融中介活动，即在碳排放权交易基础上推动各种金融创

①这种情况与南京以往获得的“国家环保模范城市”的城市地位极不相称.

新，包括开发城市低碳环保评价和交易指数体系，既作为城市低碳环保的评价标准和导向，又为碳排放权及环保产品（资产）交易提供不可替代的金融工具。三是在建设低碳环保城市的目标和战略引导下，以科技和产业为支撑，以政策创新为杠杆，以金融创新为驱动，主要通过市场化运作的模式开展各种绿色信贷和低碳投资，大力发展绿色低碳环保产业，加速城市社会经济的转型和发展。四是在碳排放权交易基础上，探索南京城市和区域排污权交易产品和交易机制，以此控制南京的排污量，提高城市和区域的控排治污能力；五是充分发挥保险在社会治理中的特殊作用，重点开发城市低碳环保保险产品，探索运用保险工具提高城市（或区域）低碳水平和环境质量的有效途径。通过上述低碳环保金融交易，控制南京地区的碳排放量和排污量，并为发展低碳经济和开展环境保护筹集资金。

（五）加强数字金融基地建设

南京地区高校、科研单位林立，互联网和金融科研实验设施先进完整，专业科研人才云集、科研实力强大和潜力巨大，国家级和部省级互联网金融科研课题众多，南京应充分利用这些优势，率先、领先、争先发展南京数字金融。南京市政府积极运用财政补贴或奖励、产业基金支持、创新政策优惠、创业支持（便利）和帮助等政策杠杆，通过建设数字金融孵化基地的形式，引导国家级和省级互联网金融课题研究服务于本市数字网金融实践，引导江苏互联网产业资本与本地金融资本和高校研究资源融合，引导南京的科技银行为这些数字金融孵化基地和孵化出的数字金融实体提供强有力的支持。南京的科技银行要加强与国家级或部省级互联网金融课题承接单位的联系，加大对互联网金融孵化基地及其孵化企业的金融支持力度。做到一个国家级或部省级数字金融课题解决若干本市数字金融实践难题，举办若干次有影响、实效大的互联网金融论坛和其他形式的活动，并在市内孵化若干数字网金融企业，培养和筛选一批数字网金融人才，打造一个互联网人才训练、产品开发和业务创新平台；以国家级和部省级数字金融课题（科研）为牵引，推动南京金融业的互联网化，加速南京数字金融业的发展并走在全国的前列。

（六）推动城市普惠金融升级

开展金融民生工程建设，拓展金融服务民生的覆盖面，提升城市民生金融层次。一是通过资产证券化（REITs）等新兴金融形式和金融工具，引导社会资本参与保障房、社区医疗卫生机构和健身设施（工程）、养老中心与设施（工程）、社区服务（工程）等民生工程建设；二是积极引导社会资金直接参与或通过理财产品、信托计划、资管计划等金融工具参与PPP（公私资本合作）、BOT（建设——经营——转让）、BT（建设——转让）、TOT（移交——经营——移交）等形式的市政工程建设，加快具有普惠性质的城市公用事业、公共交通、市政工程和养老机构设施建设；三是编制系列化的民生指数，再运用政府与商户或经销商按比例出资（政府出资占大头）购买商业保险的形式，开展蔬菜价格指数保险；积极探索开展城市主副食品价格指数保险，绿色（有机）食品质量和价格保险，城市低保、低收入人群生活费用指数保险；市民基本书化消费价格指数保险；探索通过民生指数或民生金融指数交易转移民生价格和数量风险的途径；四是通过建立街道或社区民生（普惠）金融（流动）服务站、政府购买普惠金融服务再免费提供、动员社会力量参与等形式，开展公益金融活动，如定期或不定期举办市民金融（理财、财富配置与管理、守财与财富传承）讲坛，为广大市民提供普惠性质的金融咨询和金融服务；五是支持互联网金融机构满足本市网民基本、低端、碎片化和个性化的金融服务需求。

（七）推动金融机构战略合作

南京市政府与一大批中央金融机构，全国性（股份制或非股份制）金融机构和著名的外资金融机构签订了战略合作协议，双方开展特定金融业务领域合作或广泛的（全面的）金融合作。南京市政府承诺将完善地方金融体系，打造良好的地方金融生态环境，给予对方在南京开展业务以更多的优惠政策和便利；对方承诺深度融入南京社会经济发展，开展金融创新，支持南京区域金融中心建设，提升南京金融集聚区的水准，支持宁台金融合作的深化，支持南京自贸区及离岸金融市场建设；积极参与南京地方金融机构股份制改革及股权结构优化，帮助南京地方金融机构做大做强和走出去，开展跨境金融业务合作，参与国家“一带一路”建设和长江经济带开发建设；推动未来南京金融业加快提档升级。

三、提升南京地方金融综合实力

南京区域金融中心的建设发展，必然伴随着南京地方金融实力的壮大。而谋划好地方金融机构的改革和发展，是壮大南京地方金融实力的必由之路。

（一）做大做强做优地方金融

1. 南京银行打造成为一流的综合金融服务商

间接融资是一直是占主导地位的融资方式。南京银行在服务地方经济的过程中发挥了主要的融资作用，2016—2020年度南京银行服务江苏地区以及南京地区的信贷投放占比，如图15-1所示。

坚定清晰的战略定位。南京银行以“做强做精做出特色，成为中小银行中一流的综合金融服务商”为战略愿景，围绕客户和科技两大主题，以公司

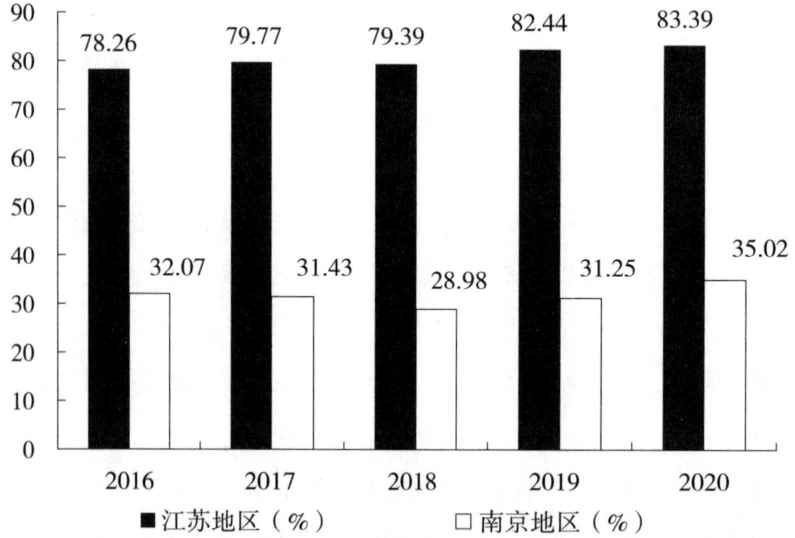

图 15-1　2016-2020 年度南京银行在江苏省及南京地区信贷投放占比

数据来源：2016-2020 年南京银行年报年度报告

金融、零售金融、金融市场三大业务板块为驱动，打造产业实体生态圈、政企银生态圈、零售生态圈、金融市场生态圈四大特色，提升战略引领能力、客户服务能力、研究创新能力、组织协同能力以及运营管理能力，以公司治理与内控、资源配置与激励约束、风险与合规、IT与数据、人才与组织、品牌与文化为基石，共建高效协同的同一个南京银行。

开放创新的两大战略。大零售战略纵深推进，围绕“以客户为中心”经营理念，搭建全量零售客户分层服务管理的组织架构，完善零售金融板块专业分工与统筹协同相结合的机制体制，构建零售业务三四三战略体系，为零售业务发展注入新动力。交易银行战略重点发力，牢牢把握业务转型升级机遇，充分发挥扎实的地缘和品牌优势，坚定“四三二二”工程整体发展思想，围绕“三聚焦、二统筹、一提升”发展思路，通过产品和科技两大核心手段，打造交易银行核心服务能力，现金管理支付结算场景挖掘已见成效，供应链金融加快拓展，创新业务多点突破，在国内国际“双循环”新发展格局下，迎来新的发展机遇。

协同高效的公司金融。公司以“聚焦实体客群，完善客户管理”为指导思想，响应“服务实体经济，支持小微企业”号召，以客户为中心，加强业务和产品创新能力变革，逐步构建起产品丰富适用、服务敏捷高效、科技支撑有力的公司客户服务体系。“1+3”行动计划深入推动，实体客户数量稳步增长；聚焦支持制造业高质量发展，出台“鑫制造”专项服务方案；投行业务保持直融优势，债务融资工具发行省内份额连续三年蝉联第一；科技文化金融特色品牌优势明显，在南京市场份额始终保持在一半以上；绿色金融打造新亮点，在江北新区创建了区域内首家绿色支行。

2. 实施根据地战略的南京证券

南京证券形成了综合性、多元化的业务体系。公司拥有较为齐全的证券业务资质，同时控股宁证期货、巨石创投、蓝天投资和宁夏股权托管交易中心，并作为主要股东参股富安达基金，形成了包括证券业务、期货业务、基金管理业务、另类投资业务、股权托管业务等在内综合性的证券金融服务体系。近年来，公司以客户需求为导向，积极整合服务资源，加大金融科技投入，综合金融服务能力实现持续提升。

南京证券战略布局的重点区域具有显著的区位优势。公司总部位于江苏南京，近一半的营业部布局于江苏地区，2020年末南京证券营业收入按地区来源分布情况，如图15–2所示。江苏是中国经济最活跃的省份之一，各项主要经济指标位于全国前列，投融资需求较为旺盛，优质客户资源较多，同时地方政府高度重视资本市场发展，为公司发展提供了良好的外部环境和拓展空间。近年来公司将江苏作为战略布局的重点区域，积极实施根据地战略，持续加大布局，精耕细作，强化业务拓展。同时，公司战略性布局宁夏地区，在宁夏地区的营业部网点覆盖宁夏地区全部地级市，在宁夏市场具有较强的竞争优势。经过多年耕耘，公司形成了以长三角地区为核心、以宁夏为中西部地区战略立足点、向全国拓展业务的总体布局。

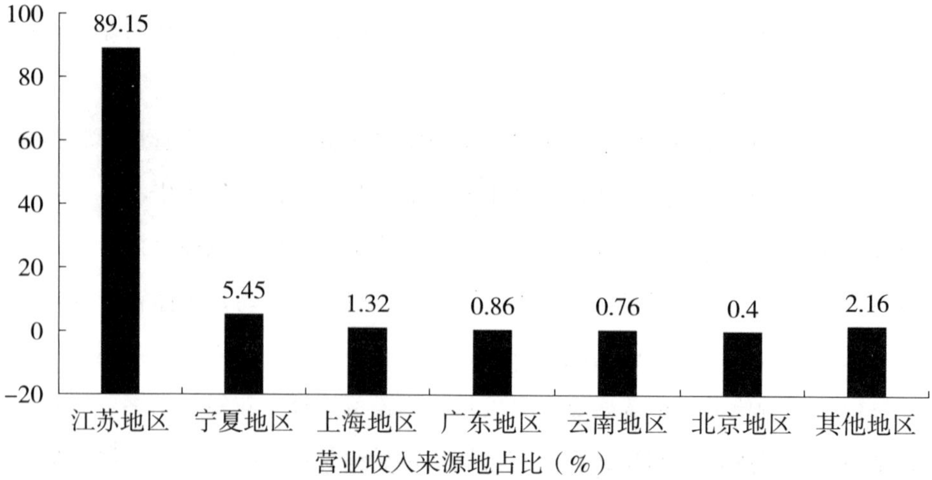

图 15–2　2020 年末南京证券营业收入按地区来源分布情况

数据来源：2020 南京证券年报

南京证券构建了务实有效的合规风控体系。公司始终坚持稳健合规的经营理念，注重提升合规和风险管理的主动性和有效性，不断健全管理制度体系，利用金融科技手段提升风险防控能力，全面加强对重点业务领域和子公司的管理，积极培育合规与风险管理文化，努力确保业务经营合法合规、风险可测可控，保障和促进公司持续稳健发展，创造了自成立以来持续盈利、从未亏损、稳定回报的优秀经营业绩。

南京证券形成了特色鲜明的企业文化、拥有稳定高效的经营管理团队。经过30余年的发展，公司形成了“正统、正规、正道”的企业文化，形成了较强的企业凝聚力和向心力。公司中高层经营管理团队较为稳定，对公司的经营理念和企业文化高度认同，对证券市场和行业发展具有深刻的认识和理解，具备较为丰富的证券行业从业和管理经验。

3. 为客户提供定制式服务的南京信托

南京信托的战略规划。坚持“为客户提供定制式服务的财富管理人”的发展愿景，致力于成为中产家庭美好生活的坚定守护者、实体经济高质量发展的有力推动者。

南京信托的经营方针。提倡实干，向市场要厚度，利用优势禀赋，聚焦成熟业务模式，苦干实干，做厚公司可持续经营的安全垫。提升能力，向市场要深度，找到能力提升点，切实加强细分领域专业能力，做深做透，形成公司长期发展的比较优势。提高协同，向市场要宽度，打破部门界限，形成公司统一合力，协作互补，构建公司新一轮发展的增长极。

南京信托的经营理念。紫金信托秉持“行远者，必有信”的经营理念，充分发挥“受人之托、代人理财”的信托功能，秉持“责任、专业、开放、分享”的企业文化，围绕“为客户提供定制式服务的财富管理人”的愿景，不断迈进建设“特征鲜明的细分市场领军企业”步伐，积极探索转型时代下的信托公司稳健发展之路，推动公司高质量发展。公司立足信托主业，探索金融创新，为企业提供全方位的综合金融解决方案，为投资者提供立体化的资产管理、财富管理方案。

积极探索信托业务创新和特色业务。一是探索家族信托：坚守受托人根本定位，满足人民日益增长的美好生活需要，公司在成功推出“紫金信托·私享系列家族信托”后，2020年推出“紫金信托·丰享系列·家族信托”。结合长三角区域高净值客群特点，通过家族信托满足客户对资产管理、财富传承、生活保障等多方面需求。资产管理方面，根据委托人风险评估结果、信托财产类型、家庭支出特点等，确定资产组合的风险、收益特征及流动性要求，建立多市场金融资产遴选配置。财富传承方面，针对委托人家庭实际情况，通过信托利益分配，实现家庭财产定向传承，保全资产完整性。生活保障方面，根据委托人家庭现金流情况，通过定期分配、临时分配相结合的方式，满足信托受益人日常生活、出国留学、医疗健康等多方面支出需求。二是以科技赋能推进数字化财富管理服务：2020年初开始的新冠疫情加速了公司财富管理向数字化转型的步伐。在2020年春节期间，公司启动了“抗疫情·稳生产”工作，扩容“远程双录系统”及“客户身份线上认证”等多个应用系统或模块，以技术手段及时有效地应对疫情带来的管理、服务、销售上的冲击。上线“紫金信托小程序”，实现多个产品的线上认购。优化“六度”系统模块，立足于服务销售，打造理财经理展业和客户服务的随身中台。

（二）优化紫金集团控股模式

在进行本级进行股份制改革的同时，对其直接控股的银行、证券、保险、信托、基金和风投等子公司，按照股权结构分散化的目标开展股模式的调整优化，将完全控股转变为绝对控股，再将绝对控股转变为相对控股或联合控股，为其核心子公司引进战略投资者、上市融资和迅速壮大资本实力创造条件。通过紫金集团控股模式的调整优化，打造一批资产达千亿（元）级的地方银行、证券、保险、基金、信托等金融机构；打造若干个资产达万亿（元）级的银行、金融控股公司和产融一体的控股公司，大幅提高紫金集团在这些子公司的股权价值和投资回报，同时提升这些子公司的资本实力和竞争能力。

（三）推进金融机构海外布局

完善与金融发达国家和地区的交流合作机制，加强与新加坡、伦敦、纽约等地对接互动，开展专项招商和国际金融合作，积极导入国际金融要素资源。充分发挥海峡两岸企业家紫金山峰会等平台功能，持续深化宁台金融交流，开展特色金融业务合作，探索金融改革创新先行先试。南京银行、紫金信托等金融机构，应围绕国家“一带一路”等对外开放新战略、新格局和江苏省、南京市企业“走出去”战略的实施，独立或联合本地跨境性、外向型、国际化产业资本，有重点、有选择地积极进行海外金融布局，通过业务委托代理、资金融通、掺股投资、兼并收购等方式，进入港澳台、东南亚、中西欧、俄罗斯、南北美、中东、非洲等地金融市场；在当地开展离岸金融业务，为南京“走出去”企业提供海外信用接续和延伸金融服务，适度参与海外布局所在地的金融业务和国际金融业务；联合国内外有关著名的专业机构，开展机构资产和私人财富的全球（跨境）运作与管理，为机构跨境融资、投资和资金调度提供金融服务，为私人财富的全球配置、保护和传承提供金融工具。

（四）培育新的地方金融资本

以政策和市场为引导，促使南京各大型产业集团、超级企业和产业园区的产业金融资本从产业资本中分离出来，转化成新的地方金融资本[①]。整合全市分散、小规模的金融资本和准金融资本，在南京紫金集团系统之外培育新的地方金融机构，尤其是孵化培育和做大做强从属于南京教育、科研产业的金融资本，这些新的地方金融机构应具有各自的专业特色，形成不可替代的核心金融业务竞争力。

在新的地方金融资本和地方金融机构的培育过程中，建立新的地方金融交易平台，引入更多的金融活动交易主体，创新适合南京地方经济发展的新型金融工具，积极探索本地政府担保债务证券化、本地企业资产证券化、本地金融机构信贷资产证券化的新途径、新形式和新工具。

（五）加快产业金融资本融合

产业资本与金融资本融合，是未来南京经济发展的重要突破口和南京金融发展的重要方向。在未来南京产业资本与金融资本融合过程中，这两种资本相互依存、互为纽带、可以分别承担或共同承担融合主体的职责，其具体融合方式既可以是以金融资本为纽带、产业资本为主体；又可以是以产业资本为纽带、金融资本为主体；还可以是产业资本与金融资本共同成为融合主体。其融合的方向和模式有：

---

①产业金融资本是指由产业资本控制并独立承担金融职能的资本，包括从属于教育、科研产业资本的金融资本.

1. 股权渗透和融合为主要路径，实现地方产融一体的资本融合

实现南京产融一体的资本融合，打造以股权为纽带的产业金融复合体组织，可以通过以下三个步骤进行：

第一步，以金融资本为纽带、产业资本为主体加快江北新区、南京江北新区以外的国家级经济技术开发区的股权渗透与股权溶合①。江北新区、“南京经济技术开发区”、“江宁经济技术开发区”这“三个国家级区块”或（同）处于南京产业经济和科技成果产业化的最高端，或（同）处于南京改革开放的最前沿，或（同）处于南京政策创新和扶持的聚焦点上，对未来南京经济和金融发展具有引领作用。未来南京似应通过企业上市挂牌和股份交易、股权流转、兼并收购等方式鼓励非银行金融资本优先在这“三个区块”持股，鼓励南京金融集聚区机构与这“三个国家级区块”产业组织交叉持股，鼓励这“三个国家级区块”内产业组织交叉持股或联合有关金融机构交叉持股，鼓励其他产业组织对“三个国家级区块”内的产业组织进行股权渗透，形成产业资本于金融资本融为一体的新型控股集团。走这一步的意义在于，首先将产融一体的资本融合聚焦于这“三个国家级区块”，再带动南京其他地区的产业资本与金融资本融合。

第二步，以上述“三个区块”的产融资本融合为核心，向外辐射，推动南京产业资本与金融资本融合。一是鼓励上述“三个区块”产融一体的资本向南京六个省级经济技术开发区和两个出口加工区扩张，进一步壮大南京产融一体的新型控股集团的资本实力和地方经济影响力、本地产业控制力；市级新型控股集团在“三个国家级区块”、六个省级经济技术开发区和两个出口加工区实现金融资本与产业资本融合的广（全）覆盖。

第三步，市级新型控股集团在全市范围内跨产业实现金融资本与产业资本融合的广覆盖；全市各区属新型控股集团在本区资本整合的基础上，跨区

①南京有四个国家级经济技术开发区，分别是“南京经济技术开发区”“江宁经济技术开发区”“南京化学工业园区”和“南京高新技术产业开发区”。其中南京在江北新区以外的国家级经济技术开发区是“南京经济技术开发区”“江宁经济技术开发区”.

实现金融资本与产业资本融合。

第四步，南京市区两级新型控股集团向其他地区进行股权渗透和融合，在更大空间上和广阔的市场范围内实现产业资本与金融资本的融合。

2. 推动南京科技成果的产业化

南京是一座科研实力和科技创新能力很强大的城市。南京科技成果产业化的主要工作可以分为以下几个方面：

创新主体加快裂变。做好培苗育树、移栽大树、老树发新芽“三棵树”文章，打造了“百、千、万、亿”的创新矩阵。“百”就是组建新型研发机构430多家，孵化引进企业9000多家，包括剑桥、魏兹曼研究院等国内外顶尖机构参与其中。“千”就是高新技术企业从2016年的1698家，增至2020年的6507家，年均增长1205家。“万”就是入库科技型中小企业达到1.5万家。“亿”就是形成了万亿级的高新技术产业集群。

创新载体系统集成。整合集成各类创新载体，持续完善“巷港湾园”的总体布局。“巷”，即城市硅巷，通过盘活老校区、老厂区和传统街区等资源，打造创新综合体，目前硅巷面积已超过百万平方米。“港”，即大学创新港，我们联合高校优势学科、研发平台和龙头企业，加快推动南理工、南航等大学创新港建设，全力打造校地融合创新的典范8区。“湾”，即“海智湾”国际人才街区，致力营造“类海外”环境，为留学归国人才提供“一站式”服务。“园”，即高新园区，目前已完成15家高新园区的去行政化改革，形成“一区多园”发展格局，南京高新区全国排名从五年前的31位提升至12位。

创新产业蓬勃发展。推动产业链与创新链深度融合，聚焦软件和信息服务、人工智能、新医药与生命健康、智能制造装备、集成电路、智能电网、轨道交通、新能源汽车8条产业链，加强关键技术攻关，狠抓龙头企业培育，全力实施强链补链，取得了明显成效，软件和信息服务、智能电网入选首批国家先进制造业集群，人工智能、智能制造装备产业链增速超过30%。

2020年4月10日，在中央财经委员会第七次会议上，习近平总书记强调要构建以国内大循环为主体、国内国际双循环相互促进的新发展格局。未来南京金融业的发展必须适应这种“新发展格局”，必须始终遵循城市和区域金融发展规律，必须融入国家和城市经济社会发展的新战略、新格局，必须始终如一地服务于城市和区域实体经济，必须不断地改革创新和对外开放，必须脚踏实地积极进取。唯有如此，南京金融业才能排除阻力和羁绊、战胜困难和挑战，拥抱辉煌灿烂的明天。

附录：科研团队近年成果

南京加快区块链技术和产业创新发展的思路与对策①

2019年10月24日，习近平总书记在主持中共中央政治局第十八次集团学习时强调："要把区块链作为核心技术自主创新的重要突破口，明确主攻方向，加大投入力度，着力攻克一批关键核心技术，加快推动区块链技术和产业创新发展。"自此以来，南京市委市政府深入贯彻落实习近平总书记关于区块链技术和产业创新发展重要指示精神，将区块链发展纳入十四五规划纲要和引领性国家创新型城市建设行动方案，积极推进区块链技术创新、抢占产业技术制高点，推动区块链和经济社会融合发展和数字经济加快发展。

一、南京区块链技术和产业发展现状

2018年以来，南京区块链产业综合发展水平稳居全省第一、全国前列。《中国城市区块链发展水平评估报告（2019）》（赛迪区块链研究院）②显

①本章节是南京加快区块链技术和产业创新发展研究课题的部分成果，主要内容已经发表于2020年《南京调研》[2020]61号.

②赛迪区块链研究院等.《2019年中国城市区块链发展水平评估报告》.http://www.199it.com/archives/1024404.html.

示，南京区块链综合发展水平位居全国第8位，与重庆、青岛、成都等同属于全国第二梯队；《2020中国区块链城市创新发展指数》[①]显示，南京区块链创新发展综合得分名列全国第7位。2021年，紫金山实验室和金宁汇科技联合发布了区块链在CENI未来网络上的联网协同实验成果，NewSpiral在实时跨城市网络环境下，每秒处理能力超过1万，实现了对国际主流联盟链技术IBMHyperledger的超越。

表 1　2020 中国区块链城市创新发展指数 10 强

排名	城市	综合评分	排名	城市	综合评分
1	北京市	99.82	6	成都市	74.16
2	深圳市	91.20	7	南京市	71.12
3	上海市	87.80	8	武汉市	69.22
4	杭州市	86.50	9	重庆市	68.93
5	广州市	76.82	10	西安市	65.78

资料来源：《2020 中国区块链城市创新发展指数》

（一）全产业链布局基本形成

南京顺应区块链产业演进规律，通过培引一批高成长区块链技术公司实现全产业链布局。基础设施层主要有南京数字金融产业研究院、南京可信区块链研究院、南京第三极等，通用应用层主要有金宁汇、纯白矩阵、中诚区块链研究院等，垂直应用层主要有荣泽信息、众享科技、润辰科技、一多数字、星链科技、壹证通等。截至2020年末，南京区块链企业数量较上年增长394%，信息服务备案31个、全省占比超过56%。2021年8月，南京纯白矩阵科技成功入选全球区块链创新50强榜单。

①中国电子学会区块链分会等.《2020中国区块链城市创新发展指数》.http://www.cbdio.com/BigData/2020-09/07/content_6159975.htm.

表 2　南京市区块链全产业链及代表性企业

基础设施层	通用应用层	垂直应用层	备注
南京可信区块链研究院；南京第三极。	金宁汇；纯白矩阵；博雅区块链；中诚区块链研究院（南京）等。	南京星链高；南京蜂链；润辰科技；壹证通；荣泽信息；众享科技；一多数字（南京）科技有限公司；崇新科技等。	不同产业链缓解仅列示部分公司。

（二）一批顶级研究机构入驻

南京先后组建一批国内顶级金融科技研究机构，加快推进技术创新和产业落地。2018年7月，贵阳翼帆金融科技与南京经济技术开发区设立中诚区块链研究院；8月，市政府联合人行南京分行、人行数字货币研究所等五方共建南京金融科技研究创新中心。2019年4月，南京博雅区块链研究院有限公司成立；11月，南京区块链产业应用协会揭牌。2021年6月，南京博雅区块链发展中心揭牌。

（三）组建全国百亿产业基金

2018年7月，南京江北新区发起设立“百亿级南京公链共同体创新投资基金”，成为全国最大的区块链产业基金之一。同年12月，国内第一支专注于区块链技术和实体经济融合的股权投资基金—扬子区块链股权投资基金成立。至今，该基金已投资20余个项目，累计投资额超过2.5亿元。

（四）建设丰富应用场景平台

截至2020年9月，南京区块链已落地项目暨应用场景主要覆盖金融领域、电子政务、电子存证等领域。其中，包括借助“我的南京”APP打造区块链普惠金融平台。2019年5月，全国首个数字资产登记结算平台在江北新区上线。2020年9月，南京数字金融产业研究院参与建设的江苏区域性股权市场区块链业务平台成功与证监会监管区块链连通，成为全国5家试点单位中首个实现与中国证监会监管链业务连通的试点单位。2021年2月，全国首个“区块链”智能保理平台在南京上线；4月，“南京数字版权交易平台”正式上线；9月，南京区块链农村信用平台入选国家创新试点。

（五）出台系列配套支持政策

2020年4月29日，《南京市数字经济发展三年行动计划（2020–2022

年）》发布，提出“核心业务收入超过5亿元，带动相关产业规模50亿元”发展目标。5月30日，《江北新区（自贸区）促进区块链产业发展若干政策措施》出台；9月6日，《南京鼓楼区块链产业先导区发展若干政策措施（试行）》发布。2021年3月，南京市十四五规划纲要将区块链纳入前沿领域，力争率先布局形成未来产业集群；8月，《南京市加快引领性国家创新型城市建设行动方案》将区块链纳入“抢占未来产业技术制高点”重要内容。

二、南京市区块链技术和产业发展的主要短板

从综合排名来看，南京区块链（技术）产业位列全国Top25城市第二梯队。但考虑到全国区块链产业分布的“高度集聚性”，各方面主要指标得分实际上与位居前列的城市仍有不小的差距。

（一）相对不足的应用场景供给制约区块链企业发展

在我国区块链产业发展现阶段，应用场景成为驱动区块链技术和产业创新发展的第一动力，且以电子政务为代表的政务场景供给是核心动力。纵观全市区块链技术及其应用看，全市区块链场景供给主要集中在市政府层面和江北新区，难以形成供应持续、规模较大、形态丰富的场景供给体系。比如，大部分区块链应用平台均落户江北新区，即：社会治理领域的金宁汇区块链、工银科技征拆迁资金管理区块链平台、南钢供应链金融等。

（二）亟待强化的政策体系不利于推动产业加快扩张

作为新兴产业的区块链发展更是离不开强有力的配套政策体系支持，用以支持区块链企业获得“订单”、促进市场发育，并成为直接决定区块链发展的关键要素和重要支撑。与大多数城市出台的政策体系相比，南京区块链政策体系亟须升级、加大支持产业快速扩张力度。全市除江北新区和鼓楼区出台区块链专项政策外，市政府层面及其他各区大多仅在政府工作报告提及，尚未制定专项政策体系，更缺乏明确的行动抓手、空间布局和项目载体。

（三）相对偏少的专业载体影响企业孵化能力提升

为发挥空间集聚的交流便利性、网络效应、知识溢出和规模经济等优势，面向区块链技术及应用创建专业化载体也就成为推动区块链发展的重要

保障。除深圳比较特殊外，北上广杭均设立了若干产业园区。其中，广州6个、杭州4个。作为南京事实上的区块链产业集聚（园）区，江北新区研创园集聚全市超过四分之一的企业；但与全国重点城市相比，研创园孵化能力和专业载体建设仍有较大的提升空间。

（四）领军型企业相对缺乏阻碍区块链全产业链布局构建

纵观产业链布局看，南京区块链企业相对集中于垂直应用层。垂直应用层直接承担了应用场景落地的规划、建设和实施，且其最终效果和使用体验对区域应用场景范围扩大具有至关重要的作用。调研问卷显示，13%的公司致力于基础设施层开发、26%的公司从事通用应用层研究，其余超过60%的公司分步在垂直应用层。因此，支撑区块链产业持续发展的基础设施层和通用应用层企业相对较少，不利于全市构建高水平的区块链全产业链布局。

三、先进城市区块链技术和产业发展的成功经验

综合多家第三方智库机构的评估结果，北京、上海、深圳、广州、杭州等区块链发展水平整体处于全国第一梯队，在政策环境、人才培养、产业基础、资本支持等方面得分比较靠前，其相关经验和主要做法值得南京借鉴。

（一）强化政策体系构建，引领产业加快发展

作为重要的新兴产业和使能技术，区块链技术暨产业创新发展离不开政府的大力支持，尤其是政府重大战略层面的顶层设计更是直接决定产业发展高度和成长速度。以广州为例，2017年以来，持续推出专项政策予以支持，形成“政府引导-->场景发布-->企业承接-->-开发区支持-->产业集聚”的闭环发展模式。2017年12月，《广州市黄埔区广州开发区促进区块链产业发展办法》发布。2019年4月，《广州市黄埔区广州开发区加速区块链产业引领变革若干措施》出台；10月28日，《广州市黄埔区广州开发区加速区块链产业引领变革若干措施实施细则》作为配套措施出台。2020年3月，制定出台《广州市推动区块链产业创新发展的实施意见（2020–2022年）》；7月初，正式印发《广州市政务区块链+营商环境工作方案》，聚焦“1个平台、2个体系、9类应用”的任务主线。

（二）专业化的产业载体，培育高水平产业集聚区

作为区块链产业集群发展的重要载体，区块链产业园或园中园成为培育和发展区块链产业的“标配”。这不仅有助于吸引高成长企业、形成产业集聚效应，还有助于孵化创业型企业、培育企业健康成长。除深圳比较特殊外，北上广杭均设立了若干产业园区。截至2020年7月底，全国23个城市设立38个产业园区。北京2个（成立时间最早）、上海4个、广州6个、杭州4个。在18个政府主导建设的区块链产业园中，面积较大的有4个。湖南星沙区块链产业园（规划面积41.48平方公里，下同）、苏州高铁新城的“链谷”（28.52平方公里）、海南自贸区（港）区块链试验区（一期2平方公里，二期规划达14.5平方公里）、中国（萧山）区块链创业创新基地（8.42平方公里）。

（三）海量应用场景供给，支撑区块链企业高速成长

由于区块链自身发展的“惰性”，企业自身缺乏快速应用区块链技术的“内生动力”，需要借助政府之手引导和培育应用场景，形成开放的场景供给理念和海量的场景供给体系。与全国其他地区相比，处于第一梯队的北上广深杭，区块链场景供给呈现出覆盖面广、渗透度深、场景广泛等主要特征。以深圳为例，截至2019年底，深圳新上线区块链电子证照应用平台，“i深圳”APP累计整合近4700项政务服务事项、居全国前列，98%的行政审批事项实现网上办理，94%的行政许可事项实现“零跑动”，企业和个人政务办事需提交的材料减少70%。区块链电子发票引领全国，商事登记等近200个事项实现“秒批”。

（四）高水平数据开放环境，承载区块链应用加速发展

作为拥有数据（权限）共享机制的使能技术，区块链应用于数据共享的加密技术和共识机制，是推动区块链技术落地应用场景的重要领域。对照《中国地方政府数据开放报告》（2020年上半年）①，位居全国城市区块链

①复旦大学数字与移动治理实验室.《中国地方政府数据开放报告（2020上半年）》. http://ifopendata.fudan.edu.cn/static/papers/中国地方政府数据开放报告（2020上半年）.pdf

发展第一梯队的北上广深杭，其数据开放程度综合评估排名同样位居全国前列。以上海为例，2019年8月，《上海市公共数据开放暂行办法》出台，明确公共数据可以通过无条件、有条件两种形态对社会予以开放；11月，《上海市公共数据开放分级分类指南（试行）》发布，推动有条件开放数据具体落地。2021年9月，《上海市数据条例（草案）》经上海市第十五届人大常委会第三十五次会议审议后，进入公开征求意见程序。

表 3　2020 年全国对标城市区块链和数据开放指数得分及排名

城市	区块链综合指数	区块链综合排名	数据开放综合指数	数据开放综合排名
北京	99.82	1	44.13	7
上海	87.80	3	68.08	2
广州	76.82	5	38.64	28
深圳	91.20	2	59.64	1
杭州	86.50	4	49.76	10

注：在数据开放综合排名中，北京、上海的名次属于“省级综合排名”、广州、深圳、杭州的名次属于“地级（含副省级）综合排名”

资料来源：《中国地方政府数据开放报告》、《2020 中国区块链城市创新发展指数》

四、南京区块链技术和产业创新发展的前景展望

作为全国金融科技领先、江苏金融首位度最高的区域中心城市，南京在区块链发展方面具有政策引领、业态布局、场景应用、技术保障、资金支持等方面形成相对雄厚的基础。随着国家政策支持力度的不断加大、区块链应用场景的不断丰富和区块链技术发展的日益成熟，南京区块链技术和产业创新有望在十四五时期迎来新的跨越式发展。

（一）相对成熟的平台为区块链快速发展营造良好的技术支撑

1.从应用需求视角来看，区块链行业应用正加速推进。金融、政务、医疗、数据存证/交易、物联网设备身份认证、人工智能等领域应用均纷纷展开，娱乐、创意、文娱、软件开发等版权（交易）应用场景也纷纷出现。

2.从技术演进趋势来看，区块链技术有助于推动数据记录、数据传播和数据存储管理模式等转型，构建新的数据中间层—提供可信、有宿主、有价值的数据，保障数据生成、存储、交易、管理等实现全面的安全可信，形成

价值互联网时代的安全可信标准/规范。

3.从服务供给渠道来看，云的开放性和云资源的易获得性决定了公有云平台是当前区块链创新的最佳载体，利用云平台让基于区块链的应用快速进入市场，获得成本、渠道和场景等方面的综合优势，推动区块链与云计算更加紧密地结合，成为公共信用的基础设施。

（二）“自主创新重要突破口”定位引领区块链政策体系保障

1.2020年6月30日，江苏省政府出台《关于加快推动区块链技术和产业创新发展的指导意见》，明确了“培育一批技术创新能力处于国内领先水平的区块链龙头骨干企业，区块链产业增速不低于10%，高标准建设2–3个省级区块链产业园区”等系列目标。

2.2020年4月29日，《南京市数字经济发展三年行动计划（2020—2022年）》发布，提出“核心业务收入超过5亿元，带动相关产业规模50亿元”发展目标。5月30日，《江北新区（自贸区）促进区块链产业发展若干政策措施》出台；9月6日，鼓楼区政府公布“区块链八条”。

3.2021年6月，工信部、中央网信办发布《关于加快推动区块链技术应用和产业发展的指导意见》。该指导意见指出，到2025年，区块链产业综合实力的目标是达到世界先进水平，产业初具规模。培育3–5家具有国际竞争力的骨干企业和一批创新引领型企业，打造3–5个区块链产业发展集聚区。

（三）“研发机构＋行业龙头＋丰富案例”生态奠定加速发展动力基础

1. 拥有一批行业领先的研发机构

2018年以来，南京各级政府机构（含开发区、高新区等）先后组建多个探索性的研发机构，启动区块链技术研发、会议/论坛和产业招商等工作，形成了一批以底层/通用层技术研发为主的研究型专业平台。

2. 拥有一批成长型专业技术公司

区块链发展离不开企业主体的支撑，尤其是需要一批具有丰富行业经验和专业技术团队的公司。调研结果表明，南京已经拥有场景丰富、成长迅速的区块链技术开发及应用公司。比如：江苏银行、南京银行等金融机构，以及荣泽信息、众享科技、金宁汇、纯白矩阵等高成长区块链技术公司。

3. 建设一批业内领先的应用场景平台

截至2021年9月，全市区块链项目暨应用场景主要覆盖金融、电子政务、电子存证、公益慈善、医疗健康、物流、征信等领域。比如：2021年2月，全国首个“区块链”智能保理平台在南京上线；4月，“南京数字版权交易平台”正式上线；9月，南京区块链农村信用平台入选国家创新试点。

（四）供应链、电子政务、新基建三大方向构建丰富场景供给

1. 供应链金融

作为区块链技术应用最早和最为广泛的重要行业，供应链金融、跨境支付和票据等将成为金融领域最为重要的应用场景。数据显示，南京制造业（占比30%）与批发和零售业（占比11%）的GDP占比均超过10%，且市场主体结构以大型企业为主、存在众多上下游供应商。

2. 电子政务

随着区块链技术应用越来越普遍，电子政务日益成为主要应用场景的最大市场空间所在，包括通过借助区块链技术提高效率、改善营商环境。2020年1月，南京对外发布《南京市优化营商环境政策新100条》，重点在政务效能、商务环境、市场监管、法治建设、社会服务等方面寻求创新突破。

3. 新基建投资

作为支撑人工智能应用到产业数字化领域的基础平台，区块链技术更是推动产业数字化的重要支柱，必将成为面向以“物联网+区块链+人工智能”为特色的新基建重点。因此，随着全市新基建投资的不断加大，与区块链技术及应用平台相关的投资必然迎来广阔的成长空间。

五、加快南京区块链技术和产业创新发展的对策建议

围绕总书记2020年11月视察江苏时提出的“争当表率、争做示范、走在前列”重大使命和殷切期许，南京以南京市十四五规划纲要和《南京市加快引领性国家创新型城市建设行动方案》为指引，牢牢把握新发展阶段、贯彻新发展理念、服务构建新发展格局，全面启动新一轮的区块链产业发展规划和顶层设计，推动全市区块链做强做大并真正成为支持实体经济发展的技术支撑和平台保障。

（一）强化顶层设计，编制十四五专项发展规划

1. 强化顶层架构设计

组建市领导兼任的领导小组，加强对规划实施的战略指导和统筹部署。学习借鉴全国区块链发展先进城市的成功经验，支持和引导各市辖区、政府部门、国有企业等主动参与区块链产业协同发展平台建设；围绕场景开发、落地路径、经费保障等方面，建立健全政府部门、重点平台、大中型企业和区块链企业之间的产业沟通机制。

2. 提升产业发展能级

按照“区块链作为核心技术自主创新的重要突破口”战略定位，将区块链产业发展纳入全市未来一批产业的重要方阵，参照地标产业的发展要求确立区块链产业能级，编制“十四五”区块链发展专项规划；引导市级政府部门、市辖区和国有企业等，参与全市区块链政策制定、场景开发和企业培育等工作。

3. 营造良好舆论氛围

立足全国和全市区块链发展现状，制定区块链技术创新和应用场景等典型案例的年度宣传计划。重点加强区块链应用示范工程的推广推介，面向党政机关和部委办局主要领导及部分负责人和业务骨干，加大区块链基础知识普及力度。大力宣传区块链领域的先进典型，营造区块链技术和产业发展的良好舆论环境。

（二）提高安全意识，推动大数据合规开放应用

1. 解放思想，树立开放观念

全市层面开展区块链发展和数据开放专题培训，引导市委市政府及各级部门主要领导更加开放数据共享观念，理解区块链发展和数据开放对数字经济和高质量发展的技术支撑和重要保障作用。组建多种形式的区块链发展和数据开放宣传活动，推动全市解放思想、提升数据开放观念。

2. 包容审慎，营造创新范围

按照包容审慎的监管原则，加快编制区块链技术与应用管理规章制度体系，构建完善区块链技术创新和应用场景风险管理机制。重点针对涉及数字

货币的领域加大监管力度，防范系统性风险，保护投资者权益。在区块链技术研发、应用中加强数据安全监管，依法保护个人和商业信息。

3. 政务先行，加强预期引导

以推动电子政府转型升级为契机，加快推动传统业务场景导入区块链技术平台，构建系统化、生态化、动态化的应用场景。面向“数据共享交换”、“业务协同办理”、“电子存证存照”等领域，聚焦航运物流、食品溯源、医疗健康、社会信用等政府部门发力比较精准的方向。

4. 因地制宜，突出特色应用

发挥政府公共财政的配套支持作用，引导重点行业的核心企业参与“物联网+区块链+人工智能”等新基建的建设，重点构建支撑数字经济发展的公共技术平台；引领供应链金融应用场景的区块链技术平台构建，创新机制推动全市大中型核心企业提升供应链金融参与度和融入度。

（三）多方龙头合作，打造一批示范性应用落地场景

1. 组织多方参与，共建开放平台

立足全产业链条布局，巩固特色的基础层领域优势，发力重点行业的垂直层应用场景落地，组织区块链技术领先企业与全市各部委办局、市辖区政府、经济开发区（高新区）及大中型国有企业和大型民营企业及中介服务机构对接，编制南京市区块链技术落地目标及落地场景行动路线图。

2. 发挥互补优势，推动龙头引领

区块链核心技术领域，以南京数字金融产业研究院和可信研究院为主体；区块链垂直应用技术领域，以金宁汇、润辰科技、荣泽科技、众享科技等为主体，分工推动专业应用场景白皮书和场景落地引导方案；供应链金融领域，以南钢股份、熊猫电子、南汽集团等大型企业为主体，开发标准的区块链技术应用场景；经开区（高新区）以中小企业链为主要应用场景，组织开发供应链金融应用平台；江宁、栖霞、浦口、江北、溧水等工业较为发达的区域，重点以工业制造（产业互联网）为方向开发区块链技术应用平台。

（四）增强孵化能力，重点培育一批优质区块链企业

1. 顺应技术发展趋势，拓宽区块链应用场景

围绕区块链技术的广泛应用场景相匹配，推动以数字资产为特色的区块链技术领先优势；加强区块链拓展技术和互操作性与兼容性等方向研究，重点进行跨链侧链、分片、闪电网络、数字加密、智能合约等区块链拓展技术攻关。

2. 与应用场景相适应，构建“政府主导＋市场主导”相结合的孵化模式

构建与南京区块链产业发展阶段、重点应用场景和实体经济特征等相配的优质孵化体系；引导和支持江宁区、雨花台区、栖霞区等出台专业化园区规划，重点推动优质孵化基地落地运营、切实发挥企业培育和集聚功能。

3. 加大基金支持力度，重点支持技术创新、企业培育和人才引进

发挥财政资金的引导作用和杠杆功能，推动市区两级财政加大支持力度，坚持长短期投入相结合，引导创新主体积极参与产业基地建设；重点支持本地区块链创投基金加快发展，协同推进领军企业培育、顶尖人才引进、核心载体打造等重点工作。

（五）优化发境氛围，培育打造区块链创新创业人高地

1. 专业人才培育

围绕南京市区块链产业发展诉求，编制“产业人才地图”、动态发布重点人才招引指导目录，吸引人才入驻创新创业，支持企业“人才飞地”柔性引才，构建“人才兴业、产业聚才、产才融合”的发展模式。

2. 领军人才引进

引进一批具有国际/国内影响力的领军型人才，深化实施“区块链产业科创森林成长计划”；围绕区块链全产业链的关键环节，构建涵盖创新型领军企业、“专精特新”高成长企业、科技型中小企业的科创森林体系。

3. 协作攻关平台

围绕区块链核心技术领域，以南京大学、东南大学、南京数字金融研究院和可信研究院等为主体，面向全市从事区块链技术研究、开发和应用的专业人才搭建学术联盟，协同攻关技术难题、推动行业标准建立、推广应用场景落地。

4. 培育知名品牌

重点依托南京数字金融研究院的号召力，分层次、分阶段、分类型地围绕南京区块链产业发展、核心技术研发和应用场景落地等重点方向，举行国际学术会议、国际/国内研讨会、重点行业主题沙龙等活动，培育和打响南京区块链产业发展的品牌、提升业内的影响力和知名度。

关于后疫情时期南京市金融创新支持科技型小微企业高质量发展的对策建议①

摘要：目前南京已形成了“财政金融政策扶持+科技金融专营机构建设+科技金融产品创新+金融服务平台建设”的科技金融模式，本文立足南京市引领性国家创新型城市建设、八大产业链打造及金融支持科技型小微企业的现状，就金融创新支持科技型小微企业高质量发展提出以下建议。即：厘清认定标准提高财政支持的精准性；完善专项政策促进科技金融协调发展；设立专项资金支持金融科技赋能；统筹政策扶持与市场配置联动机制。

作为科技创新最为活跃、最具潜力的群体之一，科技型小微企业发展对我市高质量打造八大产业链具有重大意义。与众多小微企业类似，科技型小微企业同样面临“融资难、融资贵”压力。而新冠疫情的暴发导致企业收入缩减，更是加剧了这一压力。因此，如何通过金融创新支持科技型小微企业渡过“难关”，成为我市后疫情时期建设引领性国家创新型城市、打造八大产业链的关键。

一、南京金融创新支持科技型小微企业的现状

疫情发生后，我市财政金融政策加大了对科技型企业的扶持力度，对科技型企业的研发投入给予奖补，免收转贷基金费用并施行流动资金贷款贴息；市科技局、市金融监管局联合南京银行提供20亿元融资额度；成立了市级科技创新基金天使投资联盟。科技金融专营机构建设成效明显，目前南京市成立了11家科技银行、24家科技小贷公司、3家科技保险公司、2家科技担保公司，并成立总规模达50亿元的市级科技创新基金。商业银行加快创新科技金融产品，先后开发了“科技防疫贷”“抗疫贷”“同鑫贷”“复工贷”等产品。金融服务平台功能不断丰富，目前提供的服务有“宁创贷”、“宁

①本节是后疫情时代南京市金融创新支持科技型小微企业高质量发展研究课题的部分成果，主要内容已经发表于《南京智库成果专报》[2021]第1期.

科投”、民营企业转贷互助基金、科技金融路演活动和“众创板”挂牌等。

二、南京市金融创新支持科技型小微企业存在的问题

（一）缺乏科技型小微企业的认定标准

由于国家和省级缺乏针对科技型小微企业的认定标准，导致我市短期内难以出台比较匹配全市八大产业链发展的小微企业认定标准，不利于发挥政策定向扶持科技型小微企业的精准性和有效性。

（二）财政支持落实力度有待加大

由于取消了对科技企业贷款的贴息政策，目前财政对科技贷款的增量补贴与其他类型的小微企业相差仅为0.5%，风险代偿对科技型小微企业与其他企业没有差异，商业银行发放科技贷款的动力不足。此外，财政资金对股权投资的奖励和风险补偿操作流程较为繁复，不利于激励股权投资机构加大对科技型小微企业投资的力度。

（三）科技金融产品供给仍需丰富

与全市丰富的金融产品和创新服务供给相比，我市科技金融服务则高度依赖地方商业银行。一方面，截至2020年11月，全市11家科技银行中南京银行的科技贷款累计发放额占比高达54.40%。另一方面，科技保险业务规模较小、年均不超过50笔，且品种单一，小额贷款保证保险占比高达99.28%。

（四）政府基金引导效率还需提高

与相对成熟的大中型科技企业相比，科技型小微企业风险识别成本和投资收益匹配难度较大，使得民营创投基金投资愿意不高，亟须政府引导基金加大前期支持力度、发挥杠杆撬动作用。但由于政策限制和绩效考核压力，我市国资背景创投基金对科技型小微企业的投资主要采用“明股实债”的投资模式，难以真正发挥政府基金的引导作用。

三、促进南京市金融创新支持科技型小微企业的对策建议

（一）厘清认定标准提高财政支持的精准性

聚焦八大产业链市场主体结构和产业规律，重点面向软件信息、人工智能、集成电路和生命健康等领域，分门别类、因地制宜地设置认定标准，并针对不同行业类型、不同发展阶段的科技型小微企业制定差异化财政支持机

制，提升财政支持的精准性、有效性和匹配度。

（二）完善专项政策促进科技金融协调发展

出台专项激励政策，引导商业银行加大科技型小微企业支持力度，重点关注信贷规模、客户总数、户均余额及首贷户数等指标。引导科技保险公司与核心企业、优质平台和金融租赁等联动发展，重点面向科技型小微企业创新保险产品，支持R&D投入和科技成果转化。

（三）设立专项资金支持金融科技赋能

囿于科技型小微企业户均贷款规模不大，以金融科技为支撑的产品创新是支持科技型小微企业发展的现实路径。设立金融科技赋能专项发展基金，通过关键共性技术开发、公共基础平台建设和共用大数据采购等投入，加快推动中小金融机构创新面向科技型小微企业的金融产品，充分发挥金融科技对小微企业类金融产品创新的促进作用。

（四）统筹政策扶持与市场配置联动机制

一方面，针对新冠疫情带来的结构性冲击，适当加大政策性金融支持力度，对冲科技型小微企业抗风险能力偏低的系统性风险。另一方面，优化政府投入劣后资金的引导机制，对标国内一流城市优化豁免机制，发挥社会资本产业识别、市场把握和激励机制等综合优势，助推投资科技型小微企业。

基金项目：2020年度南京市社会科学基金一般（青年）项目“后疫情时代南京市金融创新支持科技型小微企业高质量发展研究”（项目编号：20YB20）研究成果。

强化金融创新支持我市科技型中小微企业发展[①]

作为科技创新最活跃、最具潜力的群体，科技型中小微企业发展对我市高质量打造八大产业链、建设引领性国家创新型城市、服务构建新发展格局具有重要意义。金融是现代经济的血液，对科技型中小微企业发展不可或缺，金融创新是科技创新的重要支撑和条件。

一、我市金融支持科技型中小微企业的主要成效

2020年，全市净增高新技术企业1827家，总数达6507家；万人发明专利拥有量达81.93件，居全国第3；新增上市企业10家，其中4家在科创板上市。在世界知识产权组织最新发布的2020年版全球创新指数中，南京排名全球第21位，在国内创新集群中，仅次于深港穗、北京、上海，名列第4。科技创新展现巨大活力，金融发挥了重要作用。

（一）财政金融政策扶持力度加大

我市财政对科技型企业的扶持主要体现在对商业银行、保险公司、担保公司和创投机构的补贴、奖励和风险代偿。新冠肺炎疫情发生后，市政府出台政策对科技型企业研发投入给予奖补，免收转贷基金费用并给予流动资金贷款贴息；市金融局和科技局联合南京银行，提供了20亿元专项融资额度；成立“南京市级科技创新基金天使投资联盟”，引导市级科创基金出资成立天使子基金，投资科技型企业。

（二）科技金融专营机构建设加快

间接金融方面，我市成立了11家科技银行、24家科技小贷公司、3家科技保险公司和2家科技担保公司，截至2021年2月末，科技贷款余额216.68亿元。直接金融方面，2018年成立总规模50亿元的市级科创基金，至2020年底共批复合作成立41支子基金，总规模超70亿元，共对外投资项目超过400

①本节是强化科技型中小微企业投融资创新支持的研究课题的部分成果，主要内容已经发表于《南京调研》[2021]29号.

个，总投资近150亿元。2020年，全市新增市级新型研发机构113家，累计323家；新型研发机构孵化引进科技企业3538家，累计7248家。

（三）科技金融产品和业务持续创新

银行尤其是城商行针对疫情影响开发了科技防疫贷、同鑫贷、复工贷等信贷产品，为科技型中小微企业服务；保险公司开发了小额贷款保证保险、高新技术企业产品研发责任保险等产品；连续八年举办“创业江苏”科技创业大赛，聚集各类创新创业资源，地方财政给予奖励，银行提供授信额度，紫金科创、毅达等知名创投机构进行股权投资。

（四）金融服务平台功能不断完善

搭建南京金服平台，为不同发展阶段的企业提供债权融资、股权融资、政策服务、资本市场服务、信用服务等一站式服务，缓解企业融资难、融资贵、融资繁等问题。至2021年4月末，平台入库企业达8.23万家，10610家注册企业中，科技型中小微企业达4278家，银行44家，担保公司1家。

二、金融支持我市科技型中小微企业存在的问题

科技型中小微企业大多聚焦新兴领域，市场风险高，前期研发投入大，且需持续投入。但科技型中小微企业多为轻资产运营，缺乏抵押物，加上信息不对称，所以融资难、融资贵的问题比较突出。新冠疫情的发生促使金融机构的风险偏好降低，进一步加剧了科技型中小微企业融资困难。

（一）财政政策对科技型中小微企业针对性不够，科技金融发展不平衡

财政支持方面，取消对科技企业贷款的贴息政策后，对科技型企业贷款的增量补贴与其他中小微企业只存在0.5%的差异，在风险代偿方面不存在差异，对科技型企业的支持力度减弱；创投机构获得奖励的附加条件过多，申请程序繁琐，风险补偿的前置条件较高。科技金融产品开发方面，地方性银行开发的种类居多，国有商行开发的产品太少。科技贷款方面，地方性银行科技贷款占比较高，增长空间有限。截至2021年2月，我市科技贷款余额中五大国有商行仅占26.90%，而南京银行占比高达53.85%。科技保险方面，业务规模较小且品种单一，2021年1–2月小额贷款保证保险投保企业仅新增2家，小额贷款保证保险收入占比高达99.28%。

（二）公开资本市场直接融资门槛过高，民营创投基金投资意愿不强

科技型小微企业很难达到主板的上市条件，新三板交易尚不够活跃。科技型中小微企业估值难度大，民营创投基金投资的风险成本和收益不匹配，投资愿意不高。国资背景创投基金大多以“明股实债”的方式投资科技型中小微企业。政府引导基金的投资区域及返投比例限制较多，决策流程较长。

（三）金融机构考核评价制度不利于科技型中小微企业融资

科技型中小微企业融资需求往往单次金额小、频率高、用款急、周期短，且发展趋势受多种要素影响，风控难以把握，对金融机构而言增加了人工成本和贷款风险，这与金融机构以经济效益为导向的考核评价制度相悖，金融机构从业人员失去了服务动力。

（四）支持科技型企业的平台较为分散，金融服务平台的功能尚不健全

市科技局下辖的“南京市科技创新创业金融服务中心”负责科技型企业的认定和发布融资需求，而南京联合产权交易所下辖的“南京市创新企业金融服务中心”也提供投融资信息，两者功能存在重叠，不利于数据整合。南京金服平台的流量相对不足，目前仅有企业转贷互助基金业务通过平台全流程运行，而宁创贷等业务只是由银行导入数据，其他业务也处于起步阶段，尚未实现“一站式”综合金融服务。

三、金融支持科技型中小微企业的成功经验

清科研究中心发布的《2021年中国城市科技金融发展指数》从政策环境服务、创新创业资源服务、科技金融活跃度三个方面，对30个城市金融支持科技型企业水平进行综合评价，北京、上海、深圳、广州、杭州位居第一梯队。这些城市的成功经验值得借鉴。

（一）打造金融科技基础设施，培育数据共享支撑条件

在科技型中小微企业金融支持政策环境和基础设施建设方面，各地建立了完备的担保、金融、风险投资等法律法规，北京、深圳、广州、苏州、上海处于领先水平，北京还成立了金融公共数据专区。2019年央行批设苏州小微企业数字征信试验区，之后安徽、广东、云南、四川、沈阳、杭州等省市地方征信平台先后上线运行。

（二）加大投资和信贷资金配给额度

从中央到各省市，一方面设有政府引导基金，引导方式包括阶段参股、跟进投资、风险补助等；另一方面提供信贷风险补偿、贷款贴息、担保费用补贴等。北京、上海、深圳作为国际金融核心城市，风险投资聚集度高、信贷供给规模大；杭州、苏州、广州则采取组合投资和信贷调节的办法支持创业资本，弥补高新技术产业不同阶段与区域的融资缺口。

（三）加快多层次金融产品体系创新

各地金融机构综合运用信贷、租赁、保理、众筹等金融服务手段提供综合化服务。北京、上海、深圳的城商行推出“人才贷”业务，吸引高层次科技人才、推动科技成果转化，同时充分运用股权、知识产权、应收账款、订单融资等新型抵质押工具发展供应链金融，并通过金融技术创新，在业务流程、还款期限、还款方式、融资利率等方面提供定制化产品。

（四）推动科技型中小微企业投融资创新服务集成化、数字化发展

浙江以金融改革为契机，相继建立宁波普惠金融信息信用平台、温州“金融大脑”、湖州“绿贷通”、丽水农村信用信息平台等地区性平台，并上线省级金融综合服务平台。一方面，金融机构在案源、审查、风控等领域进行模式变革，提高服务质效；另一方面，完善对企业融资的相关业务培训与技术支持，通过人工智能技术提供远程金融支持、咨询及增值服务等。

四、加快金融支持我市科技型中小微企业的政策建议

（一）实施差异化财政金融政策，促进科技金融平衡发展

对不同行业及发展阶段的科技企业实施差异化的投资和贷款风险补偿、增量补贴政策。科技贷款方面，可将知识产权质押贷款纳入宁创贷的信用贷款统计口径。完善激励政策，调动国有大行的积极性，将科技型中小微企业贷款投放的总量、增量、增幅作为考核指标，引导商业银行调整信贷结构，促进不同银行间科技贷款平衡发展。引导科技保险公司与核心机构、优质平台等开展联动，重点面向科技型中小微企业创新保险产品，为其研发、成果转化和产业化活动提供风险保障。

（二）拓宽科技型中小微企业直接融资渠道

优化股权投资机构开展补贴、投资奖励及风险补偿等政策的操作流程，合理设置补偿条件，提高民营创投机构的投资积极性。加大市级、区级政府引导基金的出资比例和额度，通过出资承担劣后责任、让渡超额收益等方式，撬动社会资本尤其是长周期资金注入天使基金和创投基金；政府引导基金管理办法及规则确定后，完全市场化运作，发挥社会资本产业识别、市场把握、激励机制等综合优势；放宽市级科技创新基金投资企业的设立年限、人数等标准，扩大项目备选池。进一步增强免责机制，对国有资本参股的天使子基金，主要考量杠杆效应、基金投向、社会效益等因素。优化“众创板”，引导多层次资本市场贴身服务我市科技型中小微企业。

（三）完善金融机构考核、评价和尽职免责制度

对我市金融投资机构实施考核激励机制，提升从业人员服务科技型中小微企业的积极性，引导更多社会资本流向具有科技含量的中小微企业。分类考核投贷联动促进科技创新效应；专业化评估和下沉服务科技型中小微企业水平；一般金融与科技金融风险抵充，适度放宽科技投贷款项不良容忍度和还款灵活性。针对科技型中小微企业设计投融资服务尽职免责制度，消除直接服务人员顾虑和束缚，实现科技型中小微企业融资“增量、降价、提质、扩面”。

（四）完善金融基础设施，充分发挥南京金服平台的综合服务功能

将不同平台进行整合，减少维护成本、提高对接效率，开放公共信用信息与金服平台数据联通共享，使金融资源与企业资金需求有效对接，发掘交易价值。广泛招引专利评估、融资顾问以及财务、法务、管理等中介机构基于平台开展业务，提升各类资金的交易活跃度，充分发掘中小微科技企业的价值，生成资产有效价格。进一步细化投融资事件要素、融资需求、新闻动态、运行成果、投贷机构等信息，增强平台的时效性。

我市农业产业金融支持政策的研究与思考①

实施乡村振兴战略，产业兴旺是重点。农业产业发展离不开金融的大力支持，金融业应在乡村振兴战略的引领下，找到促进农业产业发展的突破口，推进金融资源向农村地区合理、有效流动，提升农村金融供需适配性，满足乡村振兴多样化的金融需求。

一、我市金融支持农业产业发展的主要成效

（一）涉农金融服务组织体系建设较为完备

我市支持农业产业发展的涉农金融服务机构和市场环境基本形成。截至2020年末，全市共有银行业金融机构1575家（含一级分行、二级分行、支行及支行网点），证券公司（含分支机构）222家，保险业金融机构488家（含分公司、中心支公司、支公司、营业部），小额贷款、融资担保、商业保理、融资租赁等地方金融组织总量258家，经中基协备案私募基金管理人349家。建成1个市级、8个区级和46个镇街农村产权流转交易中心，形成支持农业产业发展的信贷、担保、保险、产权交易等服农金融机构和配套市场体系。

（二）惠农兴农“金融产品超市”初见雏形

围绕农村产业发展和多层次产业经营主体融资需求，我市积极引导金融机构创新一系列金融产品，建设支农惠农的“金融超市”。一是畅通农业产业经营主体与金融机构的对接渠道，重点支持涉农银行机构开发弱担保惠农信贷产品，如金陵惠农贷、惠农快贷、农户幸福消费贷等。二是引导金融机构围绕重点行业和农业龙头企业创新推出涉农金融服务产品，如紫金农商行园林绿化行业产业链融资方案等。三是推进银行业金融机构开展农村集体经营性建设用地使用权抵押贷款试点，初步形成金融支持乡村振兴示范效应。

①本节是南京市农业产业金融支持政策研究课题的部分成果，主要内容已经发表于《南京调研》[2021]39号.

（三）围绕农业产业发展金融服务成效显著

聚焦都市现代农业高质量发展和提升农业科技创新能力，我市以降低融资成本、扩大投放规模为抓手，先后出台一系列配套支持政策，引导农业产业各类经营主体充分利用信贷、担保、保险和股权等金融服务。截至2021年三季度末，全市金融机构涉农贷款余额2640.39亿元，同比增长7.02%；政策性农业保险总保额1869.53亿元，达到134.45万户次；累计有4家涉农企业在沪深证券交易所上市、10家涉农企业在新三板挂牌、51家涉农企业在江苏股交中心农业板挂牌。

二、我市金融支持农业产业发展的不足之处

（一）供需规模不匹配，农业产业金融渗透度不高

调研显示，我市70.93%的家庭农场和82.61%的农业企业有扩大生产经营规模的外部融资需求。其中，金额在50万元以下的小额融资需求占32.55%，50%以上的农业企业和专业合作社融资需求在100万元到500万元。在股权融资和债权融资等直接融资手段不充足的情况下，我市农业经营主体高度依赖银行信贷融资，而“金陵惠农贷”等弱担保惠农信贷提供的贷款额度不高，40%以上的新型农业经营主体认为从银行业金融机构获得贷款的满足程度不足需求60%。

（二）供需期限不匹配，农业产业金融下沉不充分

商业银行向新型农业经营主体提供的贷款多以1年期小额信用贷款或联保贷款为主，导致我市信贷类产品难以满足农业经营主体的长期融资需求。调研发现，在融资需求期限方面，超过90%的家庭农场和专业合作社资金需求期限多为2–3年，近70%的农业企业融资需求期限超过2年。但从贷款获得情况看，仅27.91%的家庭农场获得2年以上的信贷支持；仅9.3%的农业企业获得3年以上的信贷支持。

（三）数据化程度不够，难以满足金融“画像”需求

我市新型农业经营主体信用管理平台尚在建设中，当前查询农户信用信息主要以“信用南京”平台和“我的南京”APP为主，缺乏农户住房、农村人口社保、家庭用水用电等数据信息，以及订单数据、物流数据、税务数

据、联营单位等经营信息。一方面，农业经营主体信息不对称现状难以缓解，致使金融机构难以开展涉农业务；另一方面，农业经营主体大数据画像难以“清晰”，使得基于特定场景和新一代信息技术的金融创新产品难以落地。

（四）专业化服务不足，产权财产性功能有待提升

资产评估是农村产权抵押融资的重要环节，也是农村产权流转的重要条件。虽然我市已建有农村产权交易中心和农村产权交易信息服务平台，但功能主要是交易信息发布、项目推介、政策咨询、交易结果鉴证、数据统计分析等，缺乏专业性资产评估等市场配套服务，农村产权交易、农村资产权益抵质押业务的发展受到制约。调研显示，55.72%的受访者希望交易中心和服务平台能提供农村集体资产的转让、抵押等财产性服务功能。

三、加快推动金融支持我市农业产业发展的对策建议

（一）强化顶层结构设计，健全农村金融服务体系

1. 建立农村金融工作推进机制

建立由发改委、财政局、农业农村局、大数据管理局、地方金融监管局、人行南京分行营管部等部门组成的市农村金融工作议事协调机制，统筹推进全市农村金融发展。积极与江苏银保监局、江苏证监局等驻宁中央金融监管部门及省相关部门的协调沟通，争取中央、省相关扶持农业发展的财政金融政策在南京落地实施。

2. 强化财政金融政策的引导作用

综合运用投资、奖励、补贴等方式，引导各类金融机构积极开展涉农金融业务。推动“金陵惠农贷”扩面增量，将更多银行业金融机构纳入“金陵惠农贷”合作范围，建立“金陵惠农贷”授信规模动态调整机制。积极构建涵盖财政补贴基本险、商业险、附加险等农业保险产品体系，探索增加价格保险、收入保险、天气保险等新型政策性保险品种，推动风险保障扩面。

3. 确定金融支持的重点领域

集中金融资源打造“优绿精健特新融”都市型现代农业产业。围绕优质粮油产业、绿色蔬菜产业、精品园艺产业、健康畜禽产业、特色水产产业等

地产农产品生产业，提供符合生产季节性特征和规模化生产需求的周期性金融产品；围绕生物农业、智慧农业和现代种业等“新技术农业产业”，提供从天使投资到上市融资的全生命周期金融服务；围绕乡村休闲农业和乡村特色农业等“融合农业产业”，提供期限长、价格低的政策性金融产品。

（二）丰富资金供给渠道，拓宽农业产业融资来源

1. 发展农业供应链金融

推动金融机构围绕农业产业链核心企业，协同上下游农户、中小农业企业的历史交易记录、信用信息、资产负债情况等创新供应链金融产品，培育一批农业产业供应链金融品牌。

2. 探索信托融资模式

支持符合条件的证券公司或基金管理公司对权属清晰、有成熟经营模式和市场化运营能力的农业综合开发项目和农业基础设施项目，开展农业相关基础设施公募REITs业务试点。

3. 鼓励发行债券融资

鼓励农业科技园区组织符合条件的中小型高科技农业企业捆绑发行集合债券，实现中长期资金融通。支持符合条件的农业企业单独或集合发行乡村振兴票据和绿色债券，加大对特色涉农领域资金投入。

4. 拓宽股权融资渠道

支持建邺金鱼嘴每日路演开设“涉农企业专场”，鼓励国家农创园等园区推介优秀涉农企业开展路演。引导天使资本、风险创业资本流入农业产业，重点支持符合条件的涉农企业利用不同层次资本市场挂牌融资。

（三）夯实金融基础设施，完善农业产业征信体系

1. 加强农村信用体系建设

开展“信用镇（街道）、信用村（社区）、信用户”评定创建工作，建立农村地区信用的激励约束机制，鼓励金融机构利用评定结果，扩大对信用状况良好地区的信用贷款规模。

2. 完善农村信用信息服务平台

以数字乡村建设为引领，推进区块链、大数据、物联网等技术在涉农金

融数据采集、分析、使用等方面的应用。

3. 推动农村金融服务站点改造升级

加强对农村金融服务网点、普惠金融服务站、自助服务终端等基础设施进行数字化改造和智能化升级，推进金融服务“最后一公里”建设。

4. 建设农村金融线上服务平台

在“南京金服”平台开设农村金融服务子平台，支持农村金融服务平台和农业经营主体信用管理平台开展政务类涉农数据的联通、核验、共享。

5. 完善农村产权交易市场

探索集体资产股权和农村抵质押产权流转机制，推进农村产权交易线上化，引导农村产权交易公正高效开展。

（四）推动农村金融创新，提升农村金融供给能力

1. 创新“政金”合作模式

以全市3个国家级农业产业园、9个省级农业产业园和41个市级现代农业园区为核心承载，支持金融机构与农业产业园共建园区综合性金融服务体系，放大农业产业生产要素集聚效应、推进农业产业现代化。

2. 强化金融科技运用

建立金融科技运用引导机制，支持各类金融机构加强金融科技和数字化技术在涉农金融领域的应用，提高农村地区客户的授信效率、农业保险的数字化和智能化水平，重点建设一批金融科技应用示范场景。

3. 推进直接融资模式创新

充分盘活用好集体所有的闲置房屋和山林、池塘等资源，推动农村资产的资本化，拓展以农村资产权益为载体的直接融资方式。

4. 加强间接融资模式的灵活转换

围绕新型农业经营主体的金融服务需求，培育小额信贷、保险和储蓄相结合的金融创新机制，构建多层次的农村金融资产结构，形成涵盖农业创新链、产业链、价值链的农村金融资产服务体系。

（五）健全风险防控机制，完善农村金融发展环境

1. 加强农村金融人才队伍建设

加大农村金融人才的培引力度，建立农村金融人才奖励政策。建立金融机构和镇（街道）交流机制，支持金融机构派员到镇（街道）挂职交流。

2. 健全农村金融风险防控机制

严厉打击农村地区非法金融活动和恶意逃废债行为，营造诚实守信的良好氛围。建立健全农村金融风险监测、预警和防范机制，强化依法治理、综合治理和源头治理。

3. 强化金融宣传教育

用农民乐于接受的方式、农民听得明白的宣传用语开展诚信宣传教育和金融风险警示教育。以典型案例为内容，开展形式多样的农村信用宣传与金融知识教育普及活动，力求宣传工作贴近农户生活。

4. 加强农村金融消费者权益保护

依托农村金融普惠金融服务点，畅通金融消费者权益保护咨询和投诉处理渠道，推进金融纠纷非诉第三方解决机制，切实维护农村地区金融消费者合法权益。

加快推动科创金融高质量发展对策研究

科创金融是通过创新财政科技投入方式，引导和促进银行业、证券业、保险业及创业投资等创新金融产品、改进服务模式，实现科技创新链条与金融资本链条有机结合，围绕科技创新主体全生命周期提供资金支持和金融服务的系统性政策和制度安排。加快推动科创金融高质量发展，健全金融支持科技创新机制，是南京建设引领性国家创新型城市、勇当国家科技和产业创新开路先锋的必然要求，对南京打造具有全球竞争力的创新之都具有重要意义。

一、南京科创金融发展主要成效

作为首批促进科技和金融结合试点之一，南京不断推进金融与科技融合发展。2019年以来，南京连续三年入选“中国城市科技金融发展指数”Top10，2021年位列全国第6。最新发布的第13期中国金融中心指数报告显示，南京金融业综合竞争力位列全国第8，较上期晋升1位。

（一）**初步形成以“本地银行为引领、国有大行为主体、其他银行为补充”的多层次科技信贷服务体系**。通过贷款风险补偿和信贷投放增量奖励机制，重点加大对初创期、成长期科技创新创业企业支持力度。2021年1–10月，“宁科贷”合作银行为科技型中小企业、新型研发机构、海外人才创业企业发放贷款接近9000笔、累计金额超过180亿元。

（二）**“创投+股权+资本”融资名列前茅**。加快推动创业投资、股权投资和资本市场服务科技型中小企业，新增直接融资规模占全社会融资规模增量40%以上，综合融资规模在全省位居前列。截至2021年11月末，全市在中基协登记私募基金管理人375家，位列全省第2；境内外上市公司累计140家，位列全国第8，其中科技型企业占比超过70%。

（三）**初步构建“政策+平台+创新”生态**。强化政策支持和信息平台的基础保障作用，建立完善涵盖“科技孵化、创业投资、股权投资、银行信贷、科技保险、资本市场”的政策支撑体系，建成南京金服等一系列集成对接平台，累计入库企业超过11万家，加快QFLP和QDLP“双Q”试点、资本市场金融科技创新试点、“知识产权”服务贸易创新发展试点等工作。

二、南京科创金融发展的短板

（一）**跨部门协同机制需要进一步完善**。南京涉及科创金融的政府机构包括科技、金融、发改、财政等，实行平行分工、交叉协调、联合办公的协作机制。这在科创金融早期发展起到一定作用，但难以打破信息“孤岛”局面。比如：以科创主体为纽带，链接科技创新、研发投入、主营收入、金融支持及行业分布等跨部门数据，以便及时掌握、评估、统筹全市重点行业的科创金融支持力度和实际效果。

（二）**区级创投潜力需要进一步挖掘**。全市政府引导基金分布不均衡，尤其是区一级数量不多、规模偏小。区级政府引导基金偏弱，既不利于调动属地产业载体支持科创企业发展的积极性，也难以发挥其“贴地性”优势、为科技型中小企业精准“画像”。

（三）**大数据要素市场需要进一步激活**。科技型中小企业征信体系是支撑金融服务科创的基础支撑。南京税务、社保、工商、法院、海关等结构化数据发展迅速，但在重要场景数据、非结构化数据、创新评估体系等对接应用相对滞后，不利于“做大数据资源存量、激活数据要素价值”。

三、上海、深圳科创金融发展的相关经验

（一）**强化“科创金融顶层设计”**。上海成立市科技金融试点工作领导小组，下设推进工作小组，由市地方金融局和市科委牵头，市财政局、人民银行上海分行、上海银保监局、上海证监局等参加，累计出台40多项各类科技金融政策，形成“1+4+1”的科技金融工作机制和政策支撑体系。

（二）**打造“科创服务集成平台”**。金融服务科技型中小企业集成平台，是畅通银行、证券、保险、担保、租赁、小贷、专项扶持和财政支持等协作机制的基础支撑。深圳南山科技金融在线平台通过汇集企业、金融机构、担保机构、保险机构等，持续积累科技型企业信用信息数据，保障平台良性运转，优化风险管理机制。

（三）**构建“多维度评级机制”**。深圳南山中小科技企业创新能力综合评价系统以“兼顾金融机构、政府部门关注点，聚焦创新能力、弱化财务指标”为原则，涵盖创新能力、管理能力、财务指标、外部评价等科技企业创新能力指标，为“南山科技创新在线平台”提供核心支撑。

（四）**引导“载体特色化发展”**。上海推动科创金融服务体系直接下沉到主要产业载体，以产业为驱动、技术为支撑，因地制宜推动杨浦区形成以“双创企业全生命周期投融资服务链”为特色的科创金融服务体系，推动闵行区构建“线下科技金融超市+线上24H科创服务平台”的工作服务网络，推动漕河泾开发区打造园区科技金融生态圈。

四、加快南京科创金融高质量发展的对策建议

（一）强化顶层设计，提升“政产学研金”跨部门跨体系多方协同效率

1. 提升科创金融发展能级

围绕2025年初步建成区域科技创新中心和重要金融中心目标，将科创金融纳入引领性国家创新型城市建设重要内容，引导各区、金融机构、行业龙头、科研院所等参与申建国家科创金融改革试验区。

2. 统筹资源资本政策要素

组建市级层面科创金融议事协调机构，畅通科创主体跨部门信息流转，推动社会力量探索符合多方利益的协作模式，建立健全科创金融创新基地、服务工作站、特派员等运作机制。

3. 明确重点支持产业领域区域

在产业方向上，重点支持软件信息、新型电力（智能电网）装备、绿色技术及生命健康、集成电路等创新产业；在产业载体层面，优先支持省级以上高新区、经开区和优势产业集聚区等科创金融发展。

（二）完善联动机制，优化“服务下沉＋特色定位＋技术赋能”发展布局

1. 引导科创金融服务下沉

组织推进科创主体与创投机构、金融机构高效沟通，重点构建以国家级高新区和开发区为核心载体的科创金融联动模式，引导科创金融服务进一步

下沉产业载体，探索综合服务与创业资金相互支持、良性互动的“创业合伙人”协作机制。

2. 引导科创金融特色化发展

立足优势产业，培育打造各具特色的科创金融服务机制；优先支持雨花台区围绕软件信息服务产业集群、江宁区围绕智能装备制造（智能电网）产业集群、江北新区围绕半导体和生物医药领域、栖霞区围绕新型电子信息和生物医药等优势产业，创建符合产业规律和发展实际的科创金融服务机制。

3. 试点区块链技术赋能

对标国家区块链创新应用试点申报要求，优先支持“区块链+”赋能科创金融发展。重点推动江宁区、栖霞区建设“区块链+智能制造”，溧水区、高淳区建设“区块链+农业（农产品）”，国资平台和国家级开发区建设“区块链+供应链管理（金融）”场景。

（三）健全产品体系，增强“信贷 + 保险 + 创投 + 资本”立体化服务能力

1. 推动科技信贷做优

发挥在宁商业银行科创金融发展“压舱石”作用，强化“宁科贷”政策运用，引导科技信贷增量扩面。重点提升新型研发机构、科创型中小企业的首贷比和单户贷款授信上限，面向重大科技创新及研发项目提供中长期信贷资金支持。

2. 引导保险产品创新

推动保险机构补齐科技保险产品偏弱的短板，健全科创金融服务生态。鼓励各类保险机构在风险可控前提下，开展贷款履约保证保险、侵权责任保险、知识产权质押融资保证保险、生物医药产品责任保险等创新业务。

3. 推动股权投资做强

规范发展私募股权投资，培育和壮大股权投资基金市场主体。支持股权转受让基金（S基金）市场创新发展，开展私募基金份额转让平台试点。支持商业银行创新投贷联动模式，在风险可控的前提下，通过理财子公司投资等方式开展私募股权投资业务。

4. 推动创业投资做大

培育“金鱼嘴”每日路演平台，打造南京“科创金融”品牌。优化绩效考核机制，推动创投机构“投本地、投早、投小、投科技”。发挥引导基金等作用，集聚一批具有较强行业影响力的天使投资、创业投资、股权投资机构。鼓励国有创投机构开展混合所有制改革，支持打造一批国内领先创投机构。

（四）加强技术开发，健全“企业库 + 征信 + 产品生态”集成化平台体系

1. 打造企业信息“一库集中”平台

以市大数据公司为实施主体，贯通工商、税务、工信、科技、发改等数据接口，构建跨部门、跨层级、跨体系的大数据流转机制和覆盖行业、财务、科创、核心管理层等多维度信息的集成数据库，实现全市科技型中小企业的“一库集中”。

2. 打造“创投思维”信用信息平台

提升市企业征信公司能级，建立以创业投资思维为导向的综合评级体系，对接工商、社保、税务以及场景数据等结构化数据源，叠加研发投入、专利技术、新品开发等个性指标和创投机构评分，构建契合产业创新方向的大数据集成平台。

3. 打造全业态科创金融产品集成平台

以南京金服为核心平台，集成科技信贷、科技保险、科技担保、科技租赁、产业基金、资本市场服务等科创金融产品，构建与本地科技型中小企业金融需求匹配度最高的金融产品生态体系。

（五）构建涵盖“龙头 + 高成长 + 中小微企业”的科创矩阵

1. 做优高成长企业主营收入

组织推动企业对接行业龙头、金融机构、科研院所等，主攻重点市场、核心区域和关键客户。充分发挥产业联盟、行业协会、商会组织等的作用，加强区域内产业链对接协作，压降企业间业务对接成本。

2. 做强中小企业自生能力

搭建“一站式”服务平台和公共服务平台，降低中小企业成长初期行政事务成本。组织推动行业龙头和金融机构面向产业链搭建集中服务平台，降低单个企业原料采购、业务对接、金融服务等综合成本。

3. 做大科创企业规模基数

推动行业龙头组建产业基金，围绕企业生态链构建，助推科技创业团队和初创企业孵化。推动创投机构发挥资源整合和产业对接优势，招引科创企业落地，构建创投机构与科创企业相辅相成的良性发展模式。

参考文献

[1]Silber, WilliamL..The Process of Financial Innovation. American Economic view,73（2, May）, 1983.

[2]Desai, Meghnad and William Low. Measuring the Opportunity for Innovation[M]. In Marcellode Cecco（ed.）, Changing Mone[M]: Financial Innovationin Developed Countries. Oxford: Basil Blackwell,1987.

[3]Buckle, Mike & John Thompson, The U.K. Financial system：Theory and Practice[M].（Manchester：Manchester University Press,1998）, 3rd Edition, P.48.

[4]Frame, W. Scott and Lawrence J. White. Empirical Studies of Financial Innovation：Lots of Talk, Little Action?[J]. Federal Reserve Bank of Atlanta Working Paper 2002–12（July）,2002.

[5]GublerZ.J.,The Financial Innovation Process: Theory and Application[J]. DelawareJournal of Corporate Law,2011,36（1）,pp.55–119.

[6]陈岱孙、厉以宁主编．国际金融学说史[M]．北京：中国金融出版社，1991.

[7]高材林．西方金融创新研究[R]．北京：北京大学博士后研究工作报告，1997.

[8]谢赤．金融创新及其对货币供给与货币政策的影响[D]．长沙：湖南大学博士学位论文，1999.

[9]Merton,R.C.Financial Innovation and Economic Performance[J]. Journal of Applied Corporate Finance,1992,4（4）.

[10]Thomas Palley. Asset–based Reserve Requirements：Reasserting Domestic Monetary Control in an Era of Financial Innovation and Instability[J].Review of Political Economy,2012（（35）：4617–4629.

[11]Qamruzzaman, M., Jianguo, W. Financial innovation and economic growth in Bangladesh[J]. Financ Innov3, 19（2017）.

[12]Allien,FandGale,D.Incomplete Markets and the Incentives to Set up an Option Exchange[R]. General papers, Risk Insurance,1990,（15）：17–46.

[13]Jameson,M.,S.Dewan,and C.F.Sirmans. Measuring Welfare Effects of "unbundling" Financial Innovations: The Case of Collateralized Mortgage Obligations[J]. Journal of Urban Economics,1992,（31）：1–13.

[14]Minsky,HymanP., The Financial Instability Hypothesis[R].NBER Working

PaperNo.74,1992.

[15]Acharya,V.V.,Schnabl,P.,&Suarez,G.（2013）.Securitization without risk transfer. Journal of Financial Economics,107（3）,515 - 536.

[16]Tufano,P.Financial Innovation,in Hand book of the Economics of Finance, edited by George Constantinides, Milt Harris and ReneStulz, North Holland, Chapter6,2002.

[17]Li,S.Future trends andc hallenges of in financial risk management in the digital economy[J]. Managerial Finance,2003,29（5/6）：81–82.

[18]Bhattacharyya,S.,Nanda.V.Client Discretion,Switching Costs, and Financial Innovation[J]. Review of Financial Studies,2000,13,（4）：1101–1027.

[19]BrownJR,Martinsson G,Petersen BC.Law,StockMarkets, and Innovation[J]. Journal of Finance, 2013,68（4）.

[20]Tadesse,S.A.Innovation,Information and financial architecture[J].Journal of Financial & Quantitative Analysis, 2006,41（4）:753–786.

[21]Consoli,D.ThedynamicsoftechnologicalchangeinUKretailbankingservices：Anevolutionaryperspective[J].ResearchPolicy,2005,34（4）：461–480.

[22]Revilla,A.J.&Fernandez,Z.Therelation between firmsize and R&D productivity in differentte chnological regimes[J]. Technovation,2012,32（11）：609–623.

[23]李科，徐龙炳．融资约束、债务能力与公司业绩[J]．经济研究，2011（5）：61–73.

[24]毛茜，赵喜仓．科技金融创新与我国经济增长效应研究——基于科技型中小企业发展视角[J]．科技进步与对策，2014，31（12）：23–26.

[25]李林汉，田卫民．金融创新、制度环境与实体经济增长——基于空间杜宾模型的实证分析[J]．金融发展研究，2021（12）：14–25.

[26]康志勇，张杰．中国金融结构对自主创新能力影响研究[J]．统计与决策，2008（19）：130–133.

[27]徐玉莲，王宏起．我国金融发展对技术创新作用的实证分析[J]．统计与决策，2011（21）：144–146.

[28]张志强．金融发展、研发创新与区域经济深化[J]．经济评论，2012（3）：82–92.

[29]蒋岳祥等．区域金融创新的空间外部效应：金融竞争与金融集聚[J]．社会科学战线，2014，（03）：79–84.

[30]胡国晖，郑美美．金融集聚、金融创新与区域经济增长[J]．河北经贸大学学报，2020，41（04）：22–30.

[31]冉茂盛，张宗益．中国各地区金融发展与经济增长实证分析[J]．技术经济，1997（08）：50–52.

[32]周立和，王子明．中国各地区金融发展与经济增民实证分析[J]．1978-2000年[J].金融研究，2002，10.

[33]李妍．金融监管制度、金融机构行为与金融稳定[J]．金融研究，2010（9）：198-206.

[34]张萍，张相文．金融创新与金融监管：基于社会福利性的博弈分析[J]．管理世界，2010（8）：167-168+183.

[35]张汝根，张微．我国金融创新与金融监管的动态博弈研究[J]．商业经济[J]．2020（04）：163-165+174.

[36]许文彬，赵霖，李志文．金融监管与金融创新的共同演化分析[J]．经济研究，2019（05）：81-95.

[37]王仁祥，安子铮．金融创新和金融稳定的关联性分析[J]．金融发展研究，2008，（02）：32-37.

[38]石睿．金融创新、金融风险与金融稳定的理论分析[J]．南方金融，2011，（06）：32-37.

[39]尚福林．把握好金融创新与金融稳定的平衡[J]．求是，2014，（08）：23-25.

[40]潘晓娟．专家建言：金融创新与投资者保护应并重[J]．中国战略新兴产业.2016，（14）：28-29.

[41]崔涵冰，仇森．金融创新与投资者保护：中国式对冲基金的蓝图——兼论我国对冲基金的发展与监管[J]．理论界.2014，(08)：65-68.

[42]洪艳蓉．证券公司金融创新与投资者保护——以资产管理合同监管为例[J]．理论界证券市场导报．2013，（09）：4-10.

[43]解维敏，方红星．金融发展、融资约束与企业研发投入[J]．金融研究，2011（5）：171-183.

[44]谈儒勇．中国金融发展和经济增长关系的实证研究[J]．经济研究，1999（10）：53-61.

[45]戴相龙，黄达．中华金融辞库[M]．北京：中国金融出版社，1998.

[46]李延凯，韩廷春．金融环境演化下的金融发展与经济增长：一个国际经验[J].世界经济，2013（8）：145-160.

[47]裴平，孙兆斌．经济全球化背景下南京的金融发展与结构调整[J]．南京社会科学，2001，48-53.

[48]杨丽君．金融发展影响区域产业结构优化的实证分析：中国经验[J]．2020（03）：185-190.

[49]邵宜航等．创新差异下的金融发展模式与经济增长：理论与实证[J]．管理世界，2015（11）：29-39.

[50]黄解宇，杨再斌．金融集聚论[M]．北京：中国社会科学出版社，2006.

[51]孙伍琴，王培．中国金融发展促进技术创新研究[J]．管理世界，2013（06）：172-173.

[52]杨星．论金融创新在经济中的作用[J]．暨南学报（哲学社会科学版），2000：87-91.

[53]董经纬，冯文丽．论京津冀区域金融创新模式与发展战略[J]．全国商情，2008（17）：73-85.

[54]周建松，姚星垣．区域金融创新的理论与实践：浙江经验[J]．浙江金融，2010，（08）：14-16.

[55]扬为乔．金融危机与金融监管的关系反思[J]．金融服务法评论，2010，1（01）：303-313.

[56]蒋岳祥，蒋瑞波．区域金融创新：效率评价、环境影响与差异分析[J]．浙江大学学报，2013，43（4）：52-65.

[57]阙方平，陶雄华．中国金融生态制度变迁研究—金融运行中的矛盾与调和[M]．北京：中国金融出版社，2014.

[58]李杨等．中国城市金融生态环境评价（2004-2005）[M]．上海：上海出版社，2005.

[59]闫海．金融生态视角下的银行私法发展研究[M]．北京：知识产权出版社，2014.

[60]陈志斌，孔令伊．公司治理、金融生态环境与企业现金流断流[J]．东南大学学报．2015，17（03）：90-95+147-148.

[61]Thrift, Nigel. On the Social and Cultural Determinants of International Financial Centers：the Case of the City of London, in Stuart Cambridge[M], Ron Martin and Nigel Thrift（eds.）Money，PowerandSpace.Oxford：Blackwell.1994：327-55.

[62]华民，曹宏成．构建国际金融中心的路径[J]．南京大学学报．2007（01）：50-56.

[63]刘悦．区域金融中心演化机理的统计研究[D]．长沙：湖南大学博士论文，2017.

[64]倪鹏飞，孙承平．中国城市金融中心的定位研究[J]．财贸经济，2005（2）：17-22.

[65]李士华，邓天佐，李心丹．创业投资在科技金融中的定位研究[J]．科技进步与对策，2013，30（18）：156-159.

[66]李士华．中国创业投资在科技金融中的定位和作用[M]．南京大学出版社，2014，11.

后　记

在书稿即将付梓之际，回顾整个成稿过程，内心不禁感慨万千。组织上于2019年12月安排我到金陵科技学院担任校长，这次重回高校距离我研究生毕业分配至中共中央党校工作已有30余载，我不由回想起在中央党校从事教学科研的青春岁月，以及后来从事金融研究和实务工作的难忘经历。20世纪90年代初，我从海南赴香港研修投资银行业务3年，其后相继担任过国家高新技术产业开发区管委会负责人、上市公司和金融机构高级管理人员。2013年出任南京市金融发展办公室主任，2019年担任南京市地方金融监督管理局局长。作为一名“金融老兵”，此次重新站在三尺讲台，希望将自己从业多年积累的实践经验应用到学生培养工作当中。同时，也更加坚定了我立足高校、扎根学术，再次以学术研究反哺教学和服务地方经济社会发展的信心。

2017年7月中旬召开的全国金融工作会议首次明确将金融事业定位在“国之重器”的高度、将金融安全从技术层面提升至战略层面、将金融发展从行业维度提升到国策维度。这不仅为我国金融业发展和金融工作开展提供了根本遵循，也为我们重新思考我国金融发展提供了行动指南。2020年1月以来，我带领团队聚焦金融服务实体经济和数字技术赋能金融业等重点问题开展深入研究，基于更高层次和更多维度重新审视南京金融创新发展，先后主持《区块链技术与江苏实体经济深度融合研究》《强化金融创新支持南京科技型中小微企业发展》《后疫情时期金融创新支持科技型小微企业高质量发展的对策》《南京市农业产业金融支持政策研究》等省市重点课题，阶段性成果刊发在《群众》《调查研究报告》《唯实》《南京调研》《南京日报》（理论版）等省市重要决策咨询刊物，并得到省市领导批示，被相关政府部门吸收运用，同时也领衔获批了省级工程技术研究中心、江苏高校哲学社会科学重点研究基地等科研平台。2020年3月，南京市地方金融监管局、南京市社科院、南京市委党校及有关金融机构负责同志和专家学者来学校交流，希望我能够在与南京大学商学院裴平教授共同撰写的《南京金融创新与发展》（2017年出版）的基础上，继续研究南京金融创新发展问题，重点反映全国金融工作会议以来的南京现代金融体系发展和金融中心建设，以便能够为南京金融发展和金融服务实体经济做出更大贡献。经过反复考量，我多次与南京大学、南京财经大学和中国人民银行南京分行、财政部江苏监管局、南京市地方金融监督管理局等专家学者一起研讨，重点对指导思想、方向选题和研究视角等进行讨论和磋商，并于2020年6月确定了“南京金融：传承与创新”书名，该选题旨在以总结历史经验及演进规律基础上，重点反映2017年全国金融工作会议以来南京金融业发展取得的主要成就，探索和思考“十四五”时期南京重要金融中心建设等内容。而后，我们又邀请南京大学裴平教授参与研讨，重点就写作体例、重要方向和重点内容及研究方法等进行指导、论证，并于7月底初步确定基本框架、写作提纲及重要时间节点和实施方案，会同南京大学孙武军副教授、金陵科技学院李士华博士一起推进撰写工作。孙武军副教授主要负责第二章、第三章、第十章、第十三章等内容并协助我做好统稿工作，李士华博士主要负责第一章、第四章、第七章、第十四章、第十五章等内容并整理全书的数据、制作所有图表；金陵科技学院陈浩博博士负责第四章初稿，南京大学商学院博士生朱桂宾负责第六章、第九章的撰写；我负责写作思路与大纲的确定、调研写作的组织与推进、部分章节内容的撰写以及全书统稿和审定。

从调研到成稿，裴平教授不仅是推动本书的重要“发起人”，也是本书样稿的第一位“审阅人”，并多次抽出宝贵时间参与讨论和指导，为最终成稿花费了大量心血。同时，本书稿也得到江苏省政府研究室、规划办和新闻办，中国人民银行南京分行，江苏省银保监局、江苏省证监局、南京市国资委等多部门相关领导的精心指导和大力支持，他们是郑焱主任、郭新明行长、钱刚副主任、鲁颂宾局长、范慧娟主任、朱长会局长、王伟和胡俊及多位金融业务和管理方面专家。此外，金陵科技学院科技处刘磊处长、商学院顾晓燕院长、郑文杰秘书，哈佛大学金融系研究生刘天源同学也积极参与相关工作，尤其是商学院李忠海博士为本书的体系构建和成稿付出了大量辛劳。江苏省政协委员、加拿大中国商会副会长周剑芝先生为本书的调研论证提供了经费支持。好朋友吴启庆将军、王会军先生、张伟行长、桂爱平先生、芮伟先生、华萦女士、王玮先生，他们积极为本书的发行奔走助力。南京出版传媒集团项晓宁董事长把本书出版列为社里的重大课题，亲自为本书出版出谋划策。在此郑重向以上各位领导、专家、同事和朋友表示衷心感谢！

尤其要感谢我国著名经济学家、南京大学原党委书记洪银兴教授在百忙之中抽出时间与我们交流，就重点内容发表独到见解和精当点评，并为《南京金融：传承与创新》作序，让我们受益匪浅，也倍感荣幸。

科研之路，道阻且长，行而不辍，未来可期。对南京金融发展的研究，虽然我们力求有所创新，囿于见识水平和材料搜集上的不足，成果中肯定还会有不成熟或不完善之处，敬请各位专家批评指正！今后我将继续带领团队持续聚焦南京金融创新发展，致力于从更深层次更多角度进行研究，以期能更好地为南京金融服务实体经济和金融业发展提供有益参考。

刘永彪

2022年3月18日于南京方山南麓

图书在版编目（CIP）数据

南京金融：传承与创新 / 刘永彪，孙武军，李士华著. -- 南京：南京出版社，2022.9

ISBN 978-7-5533-3792-0

Ⅰ. ①南… Ⅱ. ①刘… ②孙… ③李… Ⅲ. ①地方金融事业—经济发展—研究—南京 Ⅳ. ① F832.753.1

中国版本图书馆 CIP 数据核字（2022）第 126276 号

书　　名　南京金融：传承与创新
著　　者　刘永彪　孙武军　李士华
出版发行　南京出版传媒集团
南　京　出　版　社

社址：南京市太平门街53号　　邮编：210016
网址：http://www.njcbs.cn　　电子信箱：njcbs1988@163.com
联系电话：025-83283893、83283864（营销）　025-83112257（编务）

出 版 人　项晓宁
出 品 人　卢海鸣
责任编辑　张　龙
装帧设计　王　俊
责任印制　杨福彬

排　　版　南京新华丰制版有限公司
印　　刷　南京鸿图印务有限公司
开　　本　787毫米 × 1092毫米　1/16
印　　张　38.25
字　　数　565千
版　　次　2022年9月第1版
印　　次　2022年9月第1次印刷
书　　号　ISBN 978-7-5533-3792-0
定　　价　80.00元

用微信或京东APP扫码购书

用淘宝APP扫码购书